图书情报学发展导览
(2008~2009)

The Guide of Development for
Library and Information Science
(2008~2009)

赵海江　编著

社会科学文献出版社
SOCIAL SCIENCES ACADEMIC PRESS (CHINA)

前　言

"太阳每天都是新的"，图书情报事业亦然。跟踪图书情报事业的最新发展，站在图书情报学科的前沿，是每一个图书情报工作者、研究者乃至学习者的愿望。然而，图书情报学最新发展的文献可谓汗牛充栋，大多数读者由于种种原因，不可能一一阅读，也难以做出筛选。为了让更多的人更容易、更快捷地了解图书情报学的最新研究动态、研究内容和研究进展，我们开始编写《图书情报学发展导览》。该书为连续出版物，每年出一本。

《图书情报学发展导览（2008～2009）》，介绍2008年和2009年全国图书情报领域公开发表、出版的重要研究成果。

本书的编排，先按学科的分支领域进行分类，二级类目以下的具体的成果信息基本上以时间的先后为序。每一种成果的介绍，一般包括书（篇）名、作者、出版单位（期刊名称）、出版时间（年、期）、结构及主要内容等，字数一般控制在200～500字。

书稿的编写工作得以顺利完成，首先要感谢河南大学经济学院张瑞平、黄芳、张志成、胡永志、陈永魁、吴鑫海、程万强等同学的鼎力相助，他们做了大量工作，付出了辛勤劳动！也特别感谢河南大学经济学院耿明斋名誉院长、宋丙涛院长、高保中副院长和冯海清副院长的关心与支持！感谢科研与研究生办公室汤爽主任、张巍馆员的帮助！当然本书的竣稿出版更离不开社会科学文献出版社编辑们的认真工作，在此不一一列举，一并致谢！

由于编者学识水平所限，本书在选目、文字加工、体例等方面难免有疏漏和欠妥之处，敬请专家、学者和广大读者批评指正。

赵海江

2013年仲夏于河南大学金明园

目　录

第一章　图书馆学

第一节　图书馆学基础理论与图书馆学教育

图书馆学基础理论研究的走向　吴慰慈，《图书馆》，2008 年第 1 期。本文的结构为"总 – 分 – 总"式。文章开头，作者肯定了改革开放以来我国图书馆学理论研究工作，并指出写作本文的目的，即对今后一段时间内，图书馆学理论研究应当怎样推进和发展发表看法、提出建议。文章"分"的部分的结构为横向分论式，作者论述了我国图书馆学理论研究的四个方面的走向。其一，拓展研究范畴：更加重视学科和学者的多样化，更加关注学科的融合，探究图书馆学多元发展模式。其二，探寻学科新的知识生长点：关注学科变革中出现的新问题、新理念、新方法，为新理论、新方法的发展提供可容纳的空间，并且关注图书馆学应用领域中的基础理论问题。其三，促进理论与技术融合：正确处理基础与应用的关系。其四，调整理论研究的思维方式：它应是通过大科学观正确认识图书馆学的思维方式；这种思维方式是以解放思想、超越自身有限经验为前提，以整个人类社会图书馆活动的全部历史与实践为对象的开放型思维，这种思维是开展图书馆学理论研究的思想基础。文章结尾，作者说明了陈述以上看法的本意：抛砖引玉，引发更多的人思考有关问题，共同促进图书馆学理论研究的繁荣昌盛。

中国图书馆学应进一步弘扬实证研究　邱五芳，《中国图书馆学报》，2008 年第 1 期。本文为"总 – 分 – 总"结构。文章开头，作者简要阐述了提出"中国图书馆学应进一步弘扬实证研究"这一论题的背景与重要意义。"分"的部分采用纵深推论式，从实证研究及其在图书馆学中的应用、实证研究是图书馆学发展的基础和主要动力、中国图书馆学发展呼唤实证研究和弘扬实证研究的几点建议四个层面，深入论述了弘扬实证研究对于我国图书馆学主导话语基础的改变、研究视野的拓展、研究内容的转换、研究水平的提升具有巨大的益处。文章指出，实证研究是一种通过对研究对象的观察、实验与调查，获得客观材料，归纳出事物的本质属性和发展规律的研究方法。因为它非常切合图书馆学实践性的学科特性，所以成为图书馆学最常用的研究方法，同时它也是图书馆学形成、更新和变革的基础与主要动力。实证研究是中国图书馆学发展的必然选择。图书馆学实证研究应该始终坚持现实主义取向；切忌自上而下的单一研究视角；客观认识图书馆的地位、作用和社会责任；避免陷入伪实证研究的泥淖。文章结尾，作者强调，中国图书馆学当前正以前所未有的速度进入构建学科体系的临界期，而实证研究则是已经躁动着的新突破早日来临的助产士。

论图书馆学研究方法的创新　林晓英，《图书馆学刊》，2008 年第 1 期。本文结构属于纵深推论式。全文包括图书馆学研究方法的创新历史、图书馆学研究方法创新中的问题和图书馆学研究方法创新的措施三个部分的内容。作者认为，在我国图书馆学研究方法的发展历史上有三次大的创新，这就是图书馆学研究方法的从无到有、图书馆学研究方法论体系的创立以及图书馆学专门研究方法的认可与研究。图书馆学研究方法创新过程中所存在的问题主要表现在两个方面：一方面是借鉴和移植其他学科的方法成为主流，另一方面是忽视自身独特方法的完善与应用。图书馆学研究方法的创新，可以从两个方面考虑：一是思维创新，就是要改变传统的、常规的思维方式，换一种角度或方式思考问题；二是结合问题进行创新。因为有了问题才会有思考，有了思考才会有解决问题的方法，才能作出创新。

我国图书馆学教育发展现状的调查分析　肖希明、司莉、黄如花，《图书情报知识》，2008 年第 1 期。本文的结构属于"总 – 分 – 总"式。文章开头，作者指出承担"我国图书馆专业教育与职业教育需求的调查分析"这一课题的背景与动机，并简要介绍了本次调查的具体做法、过程及相关问题。该文"分"的部分的结构为横向分论式，对近年来我国图书馆学教育的进展，作者在本次调查结果的基础上，从图书馆学的专业教育体系发展、招生与就业、课程设置、专业师资队伍的建设四个方面进行了概述与分析。在本文的结论与思考部分，作者对图书馆学教育未来的发展得出了四点结论：其一，我国图书馆学教育在变革中继续发展，专业教育体系更加完善，那种认为我国图书馆学教育"日渐萎缩"的说法是片面的，是没有事实根据的。其二，图书馆学专业招生与就业总体形势平稳发展，但许多考生对图书馆学专业还不了解，图书馆职业也没有被社会普遍看好，图书馆教育在这方面仍有许多工作要做。其三，图书馆学专业核心课程的设置总体上适应图书馆实践的要求，但图书馆学课程中确实存在内容陈旧、脱离实际、重视理论而忽视方法和技术教育等弊端，削弱了学生的职业竞争力，必须进行改革。其四，图书馆学专业师资队伍建设取得了很大成绩，但师资队伍结构在更多地吸收 35 岁以下的年轻教师加入、进一步增加具有博士学位教师的比例等方面仍需继续努力。

图书馆学基础理论的四个时期　范并思，《国家图书馆学刊》，2008 年第 1 期。本文结构为"总 - 分"式。在"总"——引言部分，作者指出自己对图书馆学基础理论体系及其形成过程的认识，并说明本文的写作动机：阐述图书馆学基础理论体系的演变。"分"的部分采用纵深推论式结构，主要分析讨论了图书馆学基础理论体系变化经历的四个时期：第一个时期为 1909～1949 年间，这个时期理论体系侧重于描述图书馆活动。第二个时期为 1949～1976 年间，这个时期理论特征属于批判式图书馆学。第三个时期为 1977～1999 年间，这个时期理论重心转为追问"什么是图书馆学"，构建经院式图书馆学体系。1999 年至今为第四个时期，这个时期开始探索现代图书馆理念，诸如公共图书馆精神、读者权利和信息公平等，尽管这些研究目前尚未写入图书馆学的专著和教材，从而成为图书馆学基础理论体系的主要内容，但它已经预示着一个以公共图书馆精神为核心，以现代图书馆精神为支撑的新的理论体系即将建立。

浅谈图书馆权利冲突　杨敏群、陈爱民、王俊辉，《图书情报工作》，2008 年第 1 期。本文属"总 - 分 - 总"结构。引言部分主要指出"权利冲突"作为一种日趋普遍的社会问题，在图书馆学领域也出现了泛化趋势，因此，本文拟讨论与之相关的问题。正文部分采用纵深推论式，从图书馆权利的限定、图书馆权利冲突的实质、图书馆权利冲突的原因及解决办法三个层面对图书馆权利冲突进行了论述。小结部分对全文进行了总结。概括全文，作者认为，作为一个集合名词，图书馆权利实质是指图书馆自由，然而这种自由的获得和使用，是以信息源、图书馆和读者三者的和谐互动为基础，并且以一定的法律界定范围和一定的现实条件限制选择为保证的。同时作者还指出，由于当前仍存在公民信息素质低下、图书馆人文精神缺失以及图书馆经费投入不足等多方面问题，因而图书馆权利依然有失衡的危险，所以他提出了诸如对读者进行信息素质培养、对图书馆工作人员进行职业价值教育以及鼓励民办或企业办图书馆等方案，以期为图书馆事业的发展打造一个真正意义上的自由空间。

书理学论纲 叶鹰，《中国图书馆学报》，2008年第1期。本文的结构属于"总-分-总"式。文章开头，作者指出构建一个既能指导实践，又能导引理论研究的"书的理论"的重要性，并简要介绍前辈学者对此孜孜不倦的探求。此外还说明了本文所采用的研究方法和所要达到的目的，即用抽象分析法建构图书馆系统的基础理论——书理学。该文"分"的部分为纵深推论式结构，主要包括理论内核、动力分析、研究内容、问题讨论四部分内容。作者认为，图书馆学的研究轴心是"书-人-用"，将这一轴心与"书是基础""人是关键""用是目的"三原则作为基础，可以将图书馆学基础理论纳入分析的框架。把"一个轴心，三条原则"倒置为前提或公理，则可以构成"书理学"理论的内核。书理学既有图书馆学的分析性基础理论，又有理解图书馆学研究体系研构的 R 范式和 H 范式及 S 范式。文章结语部分，作者强调"一个轴心，三条原则"符合作为基础理论的简明扼要的要求，有益于图书馆学的理论探索，有助于图书馆学学术思考。

重读《图书馆学要旨》——也谈图书馆学前辈学术著作的传与读 陈源蒸，《中国图书馆学报》，2008年第1期。1934年刘国钧先生出版了他的《图书馆要旨》（以下简称《要旨》）一书。《要旨》汲取了他在美国所学到的西方图书馆学知识，并针对中国图书馆事业实际，勾画了图书馆学研究的蓝图，提出了许多独到的科学见解，全面说明了图书馆学的基本理论，具有极高的学术水平。《要旨》所表述的图书馆学理论既有杜威的实用主义，也有巴特勒的科学精神，并将二者有机地结合，避免了它们的片面性。他所建构的理论体系，一直影响着我国的图书馆学的学术研究工作，他所运用的从要素分析和认识图书馆整体的研究方法，至今为许多研究者所使用。该书堪称我国图书馆学的奠基之作。

对我国图书馆学基础理论研究的反思与展望——历届全国图书馆学基础理论会议回顾与21世纪图书馆学理论研究思考　杨文祥、周慧，《大学图书馆学报》，2008年第2期。本文的结构是"总－分"式。"分"为纵深推论式，包括对四届全国图书馆学基础理论学术研讨会的回顾、反思与21世纪图书馆学基础理论研究思考两部分内容。作者通过对四届全国图书馆学基础理论研讨会进行回顾与反思，认为21世纪人类社会的图书馆实践与人类社会信息文明建设的内在联系是21世纪图书馆学研究的理论基点；基于系统论、信息论与控制论的人类科学的整体发展是图书馆学的科学基础和理论基础；根据图书馆学的建设方向，全面反映当代图书馆学学科基本性质和特征，通过图书馆学同各相关学科的交叉和互动所形成的多元互补、相互统一与整体发展的多元一体的图书馆学理论体系的构建，是21世纪图书馆学理论研究的基本趋势。

图书馆学上位学科再探究：知识管理学还是公共管理学　龚蛟腾，《中国图书馆学报》，2008年第2期。本文结构属于"总－分－总"结构。其中"分"的部分即正文部分，从图书馆学研究对象与学科归类、图书馆学可归属于知识管理学、图书馆学可隶属于公共管理学三个层面论述了图书馆学的上位学科究竟是什么学科。总括全文，作者认为，图书馆是人类公共知识中心，馆藏资源的实质是人类的公共知识，图书馆学实质是公共知识管理学。公共知识管理既是知识管理的重要组成部分，同时它又是公共管理框架下的公共知识管理。图书馆学具有知识管理和公共管理双重特征，它既可隶属于知识管理学，又可归类于公共管理学。显然，它的上位学科选择目前还是一个两难问题。但是，随着管理学的发展，可以断定，作为公共知识管理学的图书馆学的上位学科，最终将会被确立。

试论图书馆核心价值体系的定位与构建　于佳璐，《图书情报工作》，2008年第S2期。本文采用"分－总"式结构。其中"分"为纵深推论式，包括图书馆核心价值的内涵与特点、现有关于图书馆核心价值体系的研究与进展、图书馆核心价值体系的构建等三部分内容。作者认为，图书馆核心价值，决定了图书馆发展的方向、目标和使命，为图书馆人确立了统一的价值观和行为准则，它是图书馆事业的基础。在总结前人已有研究成果的基础上，本文将图书馆核心价值体系界定为社会价值、服务价值、管理与发展价值等三个维度。其中社会价值主要表现为作为公益性服务机构，图书馆对知识自由及平等获取的保障，对于社会文化的保存与传承以及有利于知识挖掘与科研价值等职能上；服务价值主要是指图书馆作为文化信息交流中心，为读者提供的无偿信息咨询服务、文献信息查找服务和多元化的读者活动与交流以及教育培训服务等；管理与发展价值包括自身定位与发展、行为规范与专业化管理、协助建立图书馆合作体系三项内容。

公共图书馆与政府信息公开　李国新、于良芝、徐珊，《中国图书馆学报》，2008 年第 3 期。本文内容包括《政府信息公开条例》实施给公共图书馆带来挑战和机遇、国外公共图书馆政府信息服务的形式与效果、我国公共图书馆开展政府信息服务的主要内容、我国公共图书馆开展政府信息服务需要的保障措施等四个部分。作者认为，对照《政府信息公开条例》的有关规定，立足中国现实，参考国外经验，目前我国各级公共图书馆开展政府信息服务的主要内容应该是以下几个方面：其一，发挥自身专业优势对接受和收集的政府信息进行科学组织、加工整合和深度提示，以方便利用；其二，创新服务方式方法；其三，积极介入当地政府信息公开目录、指南、索引和摘要的编制工作。作者还认为，当前急需落实政府信息及时、完整地进入公共图书馆的制度保障，并认真落实各级政府为公共图书馆开展政府信息服务提供必要保障的规定。

当代图书馆学情报学研究与探索　朱琴华主编，江苏大学出版社，2008 年 3 月。本书共分七篇。主要内容包括图书馆学、情报学理论与探索；信息资源建设；资源共享理论与方法；信息用户与信息服务；参考咨询及管理；信息技术研究；比较研究等七个专题。该书中会集了十年来南京财经大学图书馆图书馆学、情报学的主要研究成果，第一次提出图书馆学、情报学、信息学三位一体的观点，主张把高校图书馆建设成为一个开放的、网络化的、特色鲜明的文献信息资源中心，数字化的校园信息检索与文献传递中心，教学与科研并重、二者共同发展的知识管理中心与素质教育基地，以满足当今读者个性化、专业化、多样化的信息需求。

我国图书馆学专业教育与职业需求的调查与分析　肖希明、黄如花、司莉，《中国图书馆学报》，2008 年第 3 期。本文的结构为"总 - 分 - 总"式。"分"（正文）采用横向分论式结构，包括 2001～2006 年我国图书馆学教育发展状况的调查分析、职业竞争力与图书馆学教育——馆长的视角、职业竞争力与图书馆学教育——馆员的视角三部分内容。作者认为，对我国图书馆学教育机构和图书馆馆长以及毕业于图书馆学专业的图书馆工作人员的调查表明：我国图书馆学教育在变革中发展，但仍然面临诸多困难；图书馆学专业知识是图书馆职业的核心竞争力，坚守与拓展是图书馆学教育改革的理性选择；当前图书馆学专业核心课程的设置基本合理，当务之急是教学内容与教学方法的改革；图书馆学教育不仅要传授图书馆学专业知识，而且要弘扬图书馆职业精神；图书馆学的教育领域和实践领域应加强联系与沟通，联手培育图书馆人才。

图书馆学是什么　王子舟著，北京大学出版社，2008年3月。本书主要论述了10个问题，主要内容包括图书馆学的研究对象、图书馆学的基本内容、图书馆学的用途、图书馆学的产生与发展、图书馆学大家及其贡献、图书馆学的专门方法、书籍的发展及未来命运、图书馆的发展及未来命运、图书馆职业的发展前景、图书馆学研究的趋势和重点。该书将图书馆学关注的焦点、研究的热点、理解的难点几近全部收进自己的体系之中，深入浅出、条分缕析地引导读者一步步走进图书馆学的腹地与前沿。

图书馆学情报学新论　黄建年著，江苏大学出版社，2008年3月。该书分为八个部分，主要内容包括：图书馆学、情报学、档案学理论，图书馆生态，文献资源建设，特色资源库建设，信息组织与信息技术，搜索引擎，开放存取。作者运用信息资源管理理论，融合社会学等相关学科知识，从古代典籍到现代电子文献，从传统图书馆学、情报学、档案学理论到现代信息技术，从中国图书馆学、情报学、档案学发展现状到国际同类学科最新走向，系统而深入地探讨了现代图书馆学情报学的研究对象、学科体系以及网络时代的图书馆等重大课题。资料翔实，论述精辟，富有哲理性与时代感，对于图书馆学、情报学理论研究与实践具有较高参考价值。

构建面向职业的图书馆学理论体系——第五次全国图书馆学基础理论研讨会综述　刘兹恒、高丹，《中国图书馆学报》，2008年第3期。本文为"总－分－总"结构。其中"分"又采用横向分论式，文章梳理了第五次全国图书馆学基础理论研讨会中的一些基本观点，包括图书馆学理论研究的展望和回顾，如何拓展图书馆学基础理论研究的领域，加快构建图书馆学学科理论体系，探寻图书馆核心价值的研究，研究图书馆学基础理论的定位以及图书馆学实证研究回归六个问题。作者认为，本次全国图书馆学基础理论研讨会不仅探讨了目前我国图书馆学基础理论研究的焦点与热点问题，而且还共同绘制了我国图书馆学理论研究发展的蓝图。在今后一段时间里，研讨会取得的成果将引导我国图书馆学学科的理论研究者不断拓展图书馆学理论研究的领域，深入发掘图书馆职业的核心价值。

关于改变图书馆学研究立场的思考——从"用户永远都是正确的"说起 程焕文，《中国图书馆学报》，2008 年第 3 期。本文的结构属于"总 - 分"式。其中"分"采用纵深推论式，包括关于立场、"用户永远都是正确的"争鸣之启示、图书馆学研究立场、用户立场是图书馆学研究的大趋势四部分内容。作者认为，立场是学术研究的出发点，它决定了学术研究的价值取向、目标、方法与手段。一般说来，图书馆学研究立场主要包括图书馆立场和用户立场两种基本类型。20 世纪 80 年代以来，图书馆立场是我国图书馆学研究的主流，但是这种研究立场并不具备图书馆学研究的主要意义。而尽可能地站在用户立场上去研究图书馆，则既是图书馆发展的必然要求，同时也是图书馆学发展的必然要求。

从文华精神谈我国图书馆精神的培养 张新鹤、于淑霞，《图书馆建设》，2008 年第 4 期。本文采用纵深推论式结构。全文包括影响至今的文华精神、图书馆精神的内容——爱、图书馆精神的重要性、如何培养图书馆人的图书馆精神四部分内容。作者指出，"智慧与服务"作为文华精神，是武昌文华图书馆学专科学校的校训，它不仅对于文华学子有着深刻的影响，而且也一直影响着我国的图书馆界，是"爱国、爱馆、爱人、爱书"的精神，也是客观存在的图书馆精神。该文还认为，图书馆精神有助于图书馆界正确的价值观的确立，最大限度地发挥图书馆应有的作用。图书馆学教育应该重视以实践与图书馆史的教育来培养图书馆人的图书馆精神。

文化权利的春天　图书馆事业的春天 付雅慧，《中国图书馆学报》，2008 年第 4 期。本文结构采用"总 - 分"式。其中"分"的部分为纵深推论式，包括靠领导，还是靠制度；政策解读；对图书馆界的几点建议三部分内容。作者认为，国家近期相继出台的一系列文化政策，昭示着我国公民的文化权利保障开始走上了制度化和规范化之路。保障公民文化权利，也应当成为图书馆核心价值的最高定位。他建议图书馆界抓住时机、积极行动、迎接新的发展高潮。

由 ALA《图书馆权利宣言》内容之演变看知识自由的内涵 袁庆东，《图书馆建设》，2008 年第 4 期。本文的结构为"总 – 分"式。其中"分"又采用纵深推论式，内容包括美国图书馆协会（ALA）制定《图书馆权利宣言》的背景、《图书馆权利宣言》内容的演变以及知识自由的内涵三个部分。作者通过对美国图书馆协会《图书馆权利宣言》的制定背景和内容演变的探讨，认为知识自由是指每个人都有无限制地寻求和接收所有观点信息的权利。同时，知识自由既包括表达自己意见的自由即表达自由，还包括接触他人意见的自由即资讯自由。

在学科交叉中创新发展——《图书馆知识管理研究》评荐 陈伟莉，《晋图学刊》，2008 年第 4 期。由南开大学柯平教授等人所著的《图书馆知识管理研究》是研究图书馆学与知识管理科学的交叉融合的专著。该书选取独特视角，论述点面结合，深入浅出，资料客观翔实，注重实证。它是柯平教授多年研究及课题最终成果的反映。

图书馆学概念衍进二百年之思考 柯平、弓克、孙情情，《大学图书馆学报》，2008 年第 4 期。本文的结构为"总 – 分 – 总"式。其中"分"又采用纵深推论式，包括图书馆学概念的提出及其意义、关于图书馆学定义的发展模式、图书馆学与图书馆概念的辨析三部分内容。作者指出，自从"图书馆学"概念产生以来，图书馆学的定义已经进行了二百年的探索，并且取得了重要进展。他认为，图书馆学定义的发展有其规律，这就是由对图书馆基本活动的认识逐渐上升到对图书馆学实质的认识。他还认为，图书馆学应和图书馆保持密切的关系，但是不能局限于作为机构的图书馆的范畴，研究当代图书馆学内部学科体系的科学化建设，应当是当前图书馆学研究的重点。

促进中国科技文献信息开放存取的法律与制度研究 王应宽，《大学图书馆学报》，2008 年第 4 期。本文共分六个部分。作者研究了有利于促进科技文献信息开放存取的法律和制度，目的是推动发展适合中国国情的科技文献开放存取机制和模式。作者提出如下五点建议，其一，修订《著作权法》有关条款，将合理使用的范围扩大到非商业利用；其二，制定与实施具有中国特色的出版物法定送存制度；其三，制定和实施国家许可制度；其四，建立防止信息垄断的机制；其五，维系信息网络传播权保护与信息公共获取的平衡。

理念·权利·制度——论"图书馆精神"的"三剑客" 王梅，《图书馆建设》，2008 年第 4 期。本文的结构为"总－分－总"式。其中"分"的内容又采用横向分论式，包括"图书馆精神"的理念意识、"图书馆精神"的权利归位、"图书馆精神"的制度保障三个部分。作者认为，"图书馆精神"的理念意识、"图书馆精神"的权利归位和"图书馆精神"的制度保障是一个系统，它们三位一体，构成"图书馆精神"的基本思路与走向。"图书馆精神"理念需要不断更新，现实的难度难以阻挡精神追求的快乐；"图书馆精神"的权利归位是针对社会和读者的权利归位；"图书馆精神"的落实需要图书馆制度的保障。

新时期年轻馆员应发扬图书馆精神 张云鹏、赵建秀、许静，《中华医学图书情报杂志》，2008 年第 4 期。本文的结构为"总－分－总"式。其中"分"的内容又采用纵深推论式，包括图书馆精神的含义、图书馆精神的基本内容、年轻馆员应学习并发扬图书馆精神三个部分。作者认为，图书馆精神是图书馆的灵魂与精髓，是图书馆员精神风貌的集中体现，是图书馆事业整体发展和形象塑造的内在动力与激励因素。新时期年轻馆员，应凭借开放的思维、渊博的知识、广阔的视野、较好的业务素质、较高道德水平与无私奉献精神，积极发扬图书馆人的团队精神、敬业精神、奉献精神、开放共享精神、科学精神、创新精神等，推动图书馆事业向前发展。

新时期图书馆学组编教材的质量控制 王友富，《中国图书馆学报》，2008 年第 4 期。本文的结构为"总－分－总"式。其中"分"又采用纵深推论式，包括新时期图书馆学教材应着力解决的几个问题、高教版图书馆学系列教材的成功经验和不足之处、新时期图书馆学组编教材质量的控制三部分内容。作者认为，新时期图书馆学教材存在内容和现实脱节、教材和专著不分、适应层次不清、水平低层次重复、编写不精等问题。质量是图书的生命线。在当前的情况下，只有发挥图书馆学教学指导委员会的指导作用，充分调动教材主编与各位编委的主动性，特别要做好编写、统稿、审稿、编辑加工、校样处理等各个环节的工作，才能够合力打造出一套优质的图书馆学组编教材。

澳大利亚公共图书馆在政府信息公开制度中的作用 周吉、李丹，《中国图书馆学报》，2008 年第 4 期。本文的结构为"总－分－总"式。

其中"分"的内容又采用横向分论式，包括图书馆界的讨论、政府行政机构的认识与行动、公众需要图书馆帮助获取政府信息、图书馆帮助提供政府信息有助于克服数字鸿沟四个部分。作者认为，在澳大利亚向公民提供政府信息的过程中，图书馆扮演着重要的角色。在电子政务时代，这一角色的作用不仅没有削弱反而有所加强。其原因在于，在这个国家，一方面网络还未广泛普及，图书馆是公民事实上的政府信息访问点；另一方面，电子政务的发展和公民信息素质之间尚存在明显差距，公民在获取政府电子信息时还需要图书馆工作人员的特别帮助。澳大利亚一些政府机构积极和公共图书馆建立联系和互动，被其他国家看作这一方面的典范。

图书馆用户教育　游丽华编著，中国社会科学出版社，2008年5月。全书共分八章。主要内容包括：图书馆用户教育的历史、意义和任务；图书馆用户教育的基本知识；图书馆用户教育的环境；图书馆用户教育的内容和教学方法；图书馆用户教育的教学评估；公共图书馆用户教育；高校图书馆用户教育；数字时代高校图书馆的用户教育。作者撰写本书的目的在于更好地发挥图书馆第二课堂的教育作用，以便用户更好地利用图书馆，更新知识，拓宽知识面，完善知识结构，提高用户的信息素养和创新能力。本书系统地阐述了有关图书馆用户教育的一系列教育学问题。

什么是图书馆？怎么研究图书馆学？——我的学习体会　周文俊，《大学图书馆学报》，2008年第5期。本文主要包括以下几方面的内容：第一，图书馆是文献和信息资源社会共享的机制；第二，图书馆是信息技术应用、开发和创新的平台；第三，图书馆是文献交流的枢纽，是信息交流的枢纽；第四，图书馆学的性质可定位于图书馆科学技术。图书馆学研究工作应特别重视统计、情报调研、国外引进与亲身实践诸环节。

作为图书馆核心价值的知识自由研究　王宏义、蒋永福，《中国图书馆学报》，2008年第5期。本文是"总－分"结构。在"总"的部分，作者提出：知识自由该不该成为我国图书馆职业的核心价值？如果应该，是否需要进行"中国化改造"的问题。在"分"的部分，作者采用纵深推论式从知识自由的概念、知识自由是图书馆核心价值的主要范畴之一和知识自由理念在我国图书馆职业中的适用性问题三个层次进行了论述。作者认为，知识自由包括三个方面：知识持有的自由和知识接收的自由以及知识传播的自由。在图书馆领域中，知识自由主要表现为个人获取信息或知识的自由。知识自由是国外图书馆界普遍认可的核心价值，它也应当成为我国图书馆职业的核心价值。知识自由理念同我国图书馆界普遍尊奉的社会教化观念、我国现行意识形态之间存在一定的冲突，但并非不可调和。

图书馆员网络社区信息交流行为实证研究　金武刚、陈晓亮、钱国富、刘青华、俞传正，《大学图书馆学报》，2008年第5期。本文的结构是"总－分－总"式。其中"分"的部分为纵深推论式，包括"大旗底下"QQ群概况、以聊天信息为基础的定量分析、对网络社区的组织认同分析以及进一步的讨论四部分内容。作者以聊天记录和在线问卷调查为基础进行定量分析，展示出图书馆员们的网络社区信息交流行为模式和规律，并由此探讨图书馆员的精神世界的变化发展情况。总结全文，作者认为，可以通过充分利用 Web 2.0 信息技术所带来的便利和迅捷，让更多的图书馆员融入各种社区，在跨地区、跨部门的不断的信息交流中，汲取图书馆职业精神的养分，培育起对图书馆现代理念和核心价值观的社会认同，从而推动图书馆事业的健康发展。

图书馆核心价值及其实现　黄俊贵，《中国图书馆学报》，2008年第5期。本文的结构为"总－分"式。其中"分"又采用纵深推论式，包括三部分内容：其一，研究"图书馆核心价值"必须树立明确的图书馆价值观；其二，图书馆核心价值是公共知识服务效益；其三，深化改革，提升理念，以优质服务实现图书馆核心价值。作者认为，"图书馆核心价值"是一个具有重要现实意义的研究课题。研究这一课题，必须首先树立明确的图书馆价值观，并且必须认识到图书馆的核心价值在于公共知识服务效益的实现。图书馆存在的理由是服务，服务是图书馆的生命力所在，也是社会对图书馆认同的基础，图书馆的效益与价值必须首先体现在服务绩效上。图书馆核心价值的实现是一项系统工程，体现在以下方面：紧跟时代发展，面向社会需求；普遍服务公众，确立服务标准；拓展文化协作，构建效率服务系统；优化资源结构，实行知识服务；完善服务管理，凝聚图书馆意识；促进阅读和谐，做好阅读辅导；走进社区乡镇，惠及基层大众；吸引社会参与，接受社会监督；培养优秀人才，提高服务水平；充分利用资源，凸显服务效益。

中国公共图书馆核心价值观的形成与演变　李超平，《中国图书馆学报》，2008年第6期。本文为"总－分"结构。"总"的部分指出，作者旨在梳理中国图书馆职业核心价值观的形成和演变，试图对刚刚问世的《图书馆服务宣言》作出一个相对完整且富于历史感的注释。"分"的部分的结构属于纵深推论式，内容包括中国公共图书馆职业核心价值观的第一次确立，中国图书馆职业核心价值观的再次确立，为社会主义精神文明建设服务——第三次确立核心价值观，自主选择——基于现代图书馆理念的核心价值观的确立，图书馆核心价值与主流意识形态的趋同五个层次。作者认为，新中国成立以后，我国图书馆职业从来没有缺少过核心价值观，然而那些核心价值观的确定过程，却是一个自上而下的过程以及图书馆职业对行政指令的被动接受过程。而开始于 2007 年的中国图书馆核心价值的研究，则具有了鲜明的自主性。在这个基础上形成的《图书馆服务宣言》表述的也不再是一个不得不接受的政治任务，而是图书馆从业者整体的理想宣示，同时也是所有图书馆人在工作中共同努力的方向。承载我国图书馆工作者核心价值观的《图书馆服务宣言》的问世，恰逢最好的历史时期。

冲突与协调——对知识产权与图书馆权利的现实思考　汪琼，《图书情报工作》，2008 年第 6 期。本文结构属纵深推论式。全文包括知识产权与图书馆权利之间的冲突、知识产权与图书馆权利冲突的典型表现和对知识产权与图书馆权利协调的思考三部分内容。作者认为，知识产权和图书馆权利都是公民的基本权利。二者具有根本利益上的一致性。但是，知识产权侧重于保护私权，图书馆权利则更侧重于谋求知识公益，使得知识产权的专有性与图书馆权利的公共性存在天然的冲突。探究知识产权和图书馆权利冲突的根源与典型表现，寻求二者之间的协调和平衡点，实现二者中的最优化配置，是鼓励知识传播，推动知识创新的需要。

图书馆学教育与现代图书馆理念　范并思、胡小菁，《图书情报知识》，2008 年第 6 期。本文的结构为"总 - 分 - 总"式。其中"分"又采用纵深推论式，包括 IFLA 文件中的现代图书馆理念、美国 LIS 课程中的现代图书馆理念和思考三部分内容。作者认为，20 世纪 80 年代初，中国图书馆学理论变革没有触及现代图书馆理念，因而导致图书馆学教育体系缺乏现代图书馆理念指导。现代图书馆理念包括图书馆对全社会开放、读者具有接受图书馆服务的权利、图书馆对所有人平等服务、服务应该对弱势群体有所侧重、维护知识自由、维护读者隐私权等。国外 LIS 课程中已经体现了这种理念。近年我国部分图书馆学教材中开始体现这种理念。

图书馆跨界服务的内涵、模式和实践　刘细文、熊瑞，《中国图书馆学报》，2008 年第 6 期。本文的结构采用"总－分－总"式。其中"分"的部分为纵深推论式，包括图书馆"跨界服务"的内涵与模式、图书馆组织"跨界服务"的成功范例、中国科学院国家科学图书馆组织"跨界服务"的构想三部分内容。作者认为，现代图书馆的服务需要跨越文献与文献信息边界，大力开展跨界服务。总的来说，图书馆组织跨界服务的思路模式包括以信息链为基础的横向跨越、以知识链为基础的纵深跨越、以用户工作流为基础的造就性跨越以及以服务主体为基础的跨界合作等。集成化跨界服务是扩展图书馆服务外延、深化图书馆信息服务内涵的一种新型的服务理念与模式，已成为国家科学图书馆新的发展理念，其内容必将伴随着信息、技术和应用等因素的进步，在实践中不断地完善和扩充。

信息共享空间：弘扬图书馆精神的重要途径　倪代川，《情报资料工作》，2008 年第 6 期。本文的结构为"总－分－总"式。其中"分"的部分为纵深推论式，包括三部分内容：图书馆精神；图书馆精神与信息共享空间；科学构建信息共享空间，弘扬图书馆精神。作者从近年来信息共享空间在中国的研究和构建背景出发，在对图书馆精神核心理念"以人为本、平等自由、传承文明"进行分析的基础上，分别从实体层彰显图书馆精神、虚拟层传播图书馆精神、支持层秉承图书馆精神、用户层验证图书馆精神四个方面，系统阐释了信息共享空间是弘扬图书馆精神的重要途径。

现代图书馆理念的艰难重建——写在《图书馆服务宣言》发布之际　范并思，《中国图书馆学报》，2008 年第 6 期。本文的结构采用"总－分"式。其中"分"为纵深推论式，包括国际图书馆界的主要立场和中国现代图书馆理念的百年历程两部分内容。作者认为，中国图书馆学会发布的《图书馆服务宣言》，向社会公众表明了中国图书馆人对现代图书馆理念的基本认同，宣示了图书馆向全社会普遍开放、维护读者权利、平等服务、对弱势群体的人文关怀、消弭数字鸿沟或信息鸿沟的理念。这些理念来源于 IFLA 的各种文件中，中国图书馆人经过一个漫长的过程，现已系统接受了这些理念。

新世纪以来图书馆学基础理论研究内容和特点综述（2000~2007 年）　刘新良，《产业与科技论坛》，2008 年第 7 期。本文采用"总－分－总"

式结构。其中"分"为横向分论结构，包括关于图书馆学基础理论研究对象和范围、关于图书馆学基础理论学科属性的研究、关于图书馆学基础理论学科体系建设的认识、关于图书馆学基础理论研究方法的创新四部分内容。作者认为，21世纪信息技术革命、网络环境与知识经济的出现，为图书馆学研究提供了更加广阔的实践基础和研究内容，因而在我国图书馆学基础理论研究领域中，出现了不少新的研究成果。作者试图从图书馆学的研究对象、学科属性、体系结构和研究方法等方面，对21世纪以来的学界研究进展情况进行概括性的总结，以探寻当前条件下图书馆学和图书馆事业的发展方向和特点。

从图书馆哲学到图书馆文化哲学——文化视阈中的图书馆哲学研究
岳爱华，《现代情报》，2008年第7期。本文包括图书馆文化哲学的提出及其学术界定、图书馆文化哲学产生的社会历史因素、图书馆文化哲学理论建构的意义和结论四部分内容。作者认为，图书馆文化哲学作为一门学科或者一个研究方向，它以文化为视角，从人类文化发展的历史过程审视和理解作为文化现象的图书馆，因此它开辟了图书馆哲学研究的新视野，从根本上克服了以往图书馆哲学学科由于定位过于狭隘而制约其发展的局限性。本文阐述了图书馆文化哲学内涵与特征，指出了图书馆文化哲学产生的社会历史因素，并分析论述了图书馆文化哲学研究的理论意义与现实价值。

论图书馆作为独立实体的权利　王小兰，《图书情报工作》，2008年第7期。本文结构为"总－分－总"式。作者认为，图书馆作为独立实体，其权利应该具有独立性，将图书馆看作独立实体并研究其权利，具有一定的学术意义。作者在研究有关"图书馆权利"论述的基础上把图书馆作为独立实体进行研究，并重点论述了公共图书馆的平等发展权、经费保障权、独立自由权、无偿服务权及文献资源提供权五项权利。

图书馆学概论（修订二版）　吴慰慈、董焱编著，北京图书馆出版社，2008年7月。丛书名为"普通高等教育十一五国家级规划教材"。全书共分十一章。主要内容包括：图书馆学研究的对象、体系、内容、性质、方法与趋势；图书馆及其社会职能；图书馆的类型；图书馆事业；图书馆微观工作体系；图书馆管理原理与实务；图书馆现代化与电子版权问题等。书后附有联合国教科文组织公共图书馆宣言（1994）和全民教育中的中小学图书馆（国际图联/联合国教科文组织中小学图书馆宣言）两个附录。该书反映了作者对图书馆理论与实践问题的独立思考，同时也广泛吸收了国内外图书馆理论研究与工作实践的最新成果。

图书馆学研究方法：困境及其出路 李林华，《图书情报工作》，2008年第8期。本文采用"总－分－总"式结构。其中"分"为纵深推论式，包括从图书馆学的学科定位来寻求图书馆学研究方法的出路、社会科学的科学化历程与图书馆学研究方法的启示、图书馆学实证研究方法的基本内涵等三部分内容。作者谈了当前我国图书馆学方法研究的困境，阐述了图书馆学的上位科学应当是社会科学，介绍了社会科学的科学化历程和当前社会科学所采用的主要方法，分析了实证方法是走出目前图书馆学方法论研究困境的主要方法；并且论述了包括尊崇科学理性、尊重客观事实、坚持理论的精确性、坚持理论的可检验性为基本内涵的图书馆学实证方法，指出实证研究方法能够克服当前图书馆学研究的经验性和思辨性，从而走上"实在科学"之路。

图书馆哲学探究 刘安福，《图书馆建设》，2008年第8期。本文的结构为纵深推论式，包括图书馆哲学的概念与内涵、图书馆哲学研究的作用与意义、关于图书馆哲学研究的几点看法等三部分内容。作者从图书馆哲学概念与研究意义出发，利用学界已有的图书馆哲学研究成果，就关于"图书馆哲学"的提法、关于图书馆哲学与图书馆学其他分支学科的关系问题、关于图书馆哲学建构的方法问题、关于图书馆哲学是否应该把教育哲学归入讨论范围之内的问题、关于图书馆学术研究应不应该以哲学理念作为始点的问题、关于人文关怀与图书馆哲学统一性的问题、关于图书馆哲学的深入应用和发展——图书馆2.0等几个问题提出了初步的看法，并且倡导发扬哲学的批判精神。

西方话语的困惑和中国先贤的智慧：图书馆哲学新论 傅荣贤，《图书情报工作》，2008年第9期。本文采用"总－分－总"式结构。其中"分"为横向分论式，包括作为西方话语的图书馆哲学的困惑、中国先贤的智慧和本土制造的图书馆哲学两部分内容。作者认为，介绍源于西方的图书馆科学，由于其以客观性见长因而是可复制的；同样肇始于西方的图书馆哲学，由于它是主观的——致力于追问如何在技术面前寻求精神平衡，因而是不可拷贝的。针对我国有关图书馆哲学的研究不能从根本上区分可与不可之间的异同去取，以至于难免造成方向性迷失的现状，论述中国古代在文献收集、整理与利用的每一个环节都是向个体存在敞开的，表现出同科技相对的哲学性；并且相对于图书馆科学而言，我们更有可能建构出本土制造的图书馆哲学。

城市图书馆公共文化服务体系论丛 王世伟主编，上海社会科学院出版社，2008 年 10 月。本书共 31 篇文章。主要有：关于加强图书馆公共文化服务体系结构与布局的若干思考；坚持四大创新，推进国际大都市文化共享工程建设；图书馆文化多样性服务述略——以上海图书馆为例；把公共图书馆建成城市教室和市民客厅——中国城市图书馆的未来发展愿景；城市中心图书馆发展若干问题研究；立足当下着眼未来——上海图书馆公共文化服务体系的文化特色；策划理念在图书馆项目管理与开发中的运用——《上图导航》创刊 5 周年案例分析；网络环境下公共图书馆特种文献资源建设的特色、品牌和竞争力——以上海图书馆"上海年华"数字图书馆项目为中心的探讨；迎接电子资源的挑战：上海图书馆电子资源远程访问服务案例研究等。加强图书馆公共文化服务体系建设，是公共图书馆事业发展的一项重要任务，而这一体系科学合理的结构与布局，是本书思考研究的重点。

图书馆精神之我见 李雪仙，《农业图书情报学刊》，2008 年第 10 期。本文结构为"总－分－总"式，其中"分"为横向分论式。总括全文，作者认为，图书馆精神是图书馆职工在长期的学习、工作实践中建立起来的对图书馆发展起推动作用的群体意识与心理特征，是图书馆全体成员自觉养成的特殊的意志与信念，是图书馆工作人员精神面貌的浓缩。它作为一种群体共识的准则，也是图书馆的立身之本、职业之魂。作者从淡泊名利的奉献精神、锲而不舍的进取精神、求真务实的科学精神、勇于变革的创新精神、亲密合作的团队精神、任劳任怨的公仆精神等六个方面对图书馆精神的内涵进行了论述。

中国高校哲学社会科学发展报告（1978～2008）：图书馆学情报学与文献学 吴慰慈主编，广西师范大学出版社，2008 年 11 月。本书共分三篇，系统回顾了改革开放 30 年来图书馆学、情报学、文献学学术发展的过程，叙述了 30 年来图书馆学、情报学、文献学学术发展的重大事件与标志性成果，总结了 30 年来图书馆学、情报学、文献学的学术发展成就。具体来说，图书馆学为第一篇，作者分别从图书馆学理论、信息资源建设、信息组织与服务、参考咨询服务、信息资源共享、数字图书馆、图书馆管理、图书馆自动化等方面展开论述。情报学为第二篇，作者分别从情报学理论及其教育、情报研究和竞争情报、信息计量学、信息政策法规和伦理、信息服务与用户研究、信息检索等方面展开论述。文献学为第三篇，作者分别从文献整理研究、文献学专题与专书研究、文献史与文献学家研究等方面展开论述。

实践对"图书馆精神"贫困论的质疑 吴凯，《图书馆建设》，2008年第11期。本文采用"总－分－总"式结构。其中"分"为纵深推论式，包括"图书馆精神"贫困的现象与本质、"图书馆精神"贫困的个性与普遍性、"中国图书馆精神"需体现民族特色三部分内容。作者指出，近来常有"图书馆精神"缺失、贫困的提法。但是在作者看来，"贫困论"者列举的种种现象所表明的并非"图书馆精神"的本质特征，而是属于"图书馆的精神"的范畴，所以应当区分"图书馆精神贫困"的现象与本质、特殊性与普遍性、相对性与绝对性等问题，使"中国图书馆精神"和"中华民族精神"保持一致，并且逐步与"国际图书馆精神"接轨。

试论图书馆的本质与定义方法——兼评图书馆学研究对象某些定义的不足 王淑华，《图书馆杂志》，2008年第11期。本文结构为"总－分"式。其中"分"为横向分论式，包括图书馆具有图书馆学研究对象的本质规定、把握图书馆的本质必须进行合理抽象、把握图书馆的本质必须恰当定义三部分内容。作者认为，图书馆的本质在于它能够满足人们对图书资料需求的属性，它表现在对人类思想观念和生活经验的各种载体所进行的搜集、整理、保存和流通之中。对图书馆本质的把握，一方面需要在图书馆的各种具体现象中做出合理抽象，另一方面也需要按照定义规则来合理确定它的定义项和被定义项之间的相应性。以此来分析学界某些关于图书馆学研究对象的定义，能够发现其中存在的抽象不足与违背定义规则的不足。

对图书馆学研究中两个基本范式的反思 傅荣贤，《中国图书馆学报》，2009年第1期。本文结构采用"总－分－总"式。其中"分"的部分为两个平行（或者说并列）的纵深推论式，包括实在论范式的特点、对实在论范式的反思、价值论范式的特点、对价值论范式的反思四个方面的内容。作者认为，到目前为止的图书馆学研究主要有实在论和价值论两大范式。回答"图书馆的本质是什么"是实在论范式的最高目标，它集中关注图书馆学的研究对象；追问"图书馆应该怎样"是价值论范式的核心旨趣，它立足于人的主体价值的实现。只有在反思两者不足的前提下，才能建立合理的研究范式，确立图书馆学究竟应当"研究什么"以及"怎样研究"。

对图书馆学研究对象"知识说"的反思——从知识之学走向智慧之学的取向　傅荣贤，《情报资料工作》，2009 年第 1 期。本文结构为"总－分－总"式。其中"分"的部分采用纵深推论式，包括"文献信息：从知识的载体到智慧的载体"和"图书馆学：从知识之学到智慧之学"两个部分内容。作者认为，文献信息作为人类心智的产物，不仅是知识的载体而且是智慧的载体。图书馆学研究对象"知识说"所建构的关于"知识管理"的概念框架和操作技术，不仅使理智知识日益取代了人类心性中的德行智慧，同时强化了图书馆学的工具理性，并遮蔽了其价值理性，从而放弃了图书馆学的终极关怀与更高担当。图书馆学研究对象应当以"智慧"为关键词，图书馆学应当从知识之学走向智慧之学。

论图书馆精神：图书馆精神的整体性（之一）——纪念黑格尔《精神现象学》发表 203 周年　余昌俊，《图书馆》，2009 年第 1 期。本文为"总－分"结构。"总"的部分——引言，指出了图书馆精神研究的背景、意义、重要性及作者的动因与思路。"分"的部分——正文为纵深推论式，包括图书馆精神的定义及整体性特性，远离了图书馆精神的图书馆是滋养对立性的图书馆两个部分。作者以图书馆精神的核心概念"爱"与"精神"为逻辑起点，论证了图书馆精神的整体性。认为图书馆精神的整体特性是其第一大特性。图书馆精神由于它具备整体性的特性，因此才拥有了能够动员、配置与统一使用包括图书馆员在内的所有现实存在物的软实力。此外，作者还认为远离了图书馆精神的图书馆，是滋养对立性的图书馆。

迈向数字时代的图书馆学教育：在规范中寻求发展——教育部高校图书馆学学科教指委 2008 年工作会议暨系主任联席会议观察　沙勇忠，《中国图书馆学报》，2009 年第 1 期。本文为"总－分－总"结构。在序言部分，作者指出本文写作的背景和动因，并说明写作的目的：围绕2008 年教育部高等院校图书馆学学科教学指导委员会会议讨论的主题进行观察和思考。"分"的部分为横向分论式，包括关于图书馆学教育定位、关于图书馆职业理念培养、关于图书馆人才培养结构与模式、关于图书馆学课程体系建设四个部分内容。在文章的结尾部分，作者进一步肯定了本次会议所讨论确定的《高等学校图书馆学本科指导性专业规范》的意义：它将会或可能会在方向和全局的意义上促进图书情报学教育的发展。

图书馆认知：从功利到权利 王洁，《新世纪图书馆》，2009 年第 1 期。本文为"总－分－总"结构。引言简述了图书馆精神从功利到权利的发展过程，并指出研究这一问题对图书馆事业的发展具有重要意义。"分"的部分采用纵深推论式，包括图书馆功利与图书馆权利国内研究成果、图书馆功利和图书馆权利、图书馆功利与权利的关系三部分内容。作者认为，在处理图书馆功利和权利的关系上要把握以下六个方面：①正确认识功利；②与功利的明显性和直接性相反，图书馆利益和功效具有隐蔽性和长期性两个特征；③功利和权利是可以并存的，但是并不意味着二者并重；④处理好图书馆经济效益与社会效益的关系；⑤处理好权力与权利之间的关系；⑥处理好市场机制与图书馆公共机制之间的关系。文章结尾部分作者进一步强调指出，图书馆无论是功利还是权利都是社会发展的必然，只有正确把握二者之间的关系，才能正确把握图书馆自由精神的实质，从而克服图书馆狭隘功利主义的迷惑。

图书馆权利的辩证解读 沈光亮，《图书馆》，2009 年第 1 期。本文为"总－分－总"结构。文章开头主要指出"图书馆权利"问题被全面提出并迅速成为研究热点的背景。其中"分"又采用纵深推论式，分为国内外有关图书馆权利的主要观点，图书馆权利、自由和义务，图书馆权利的辩证解读三个部分。在图书馆权利的辩证解读中，作者从五个方面进行了说明：①图书馆权利是图书馆承担社会义务与责任时所应拥有的自由空间和职务权利；②图书馆权利是图书馆自身发展与正当职业活动的权利诉求；③图书馆权利诉求的正当性是图书馆义务的实现；④图书馆义务的实现有效保障了公众的知识信息权利；⑤公众知识信息权利的保障以公众对图书馆发展的义务的实现为前提。文章结尾，作者指出只有在读者的权利得到合理维护的前提下，图书馆自身的权利才得以实现，图书馆精神的自由才得以体现。

图书馆学基础理论研究热点述评——基于中国图书馆学会年会主题的分析　梁桂英，《新世纪图书馆》，2009 年第 1 期。本文为"总 – 分 – 总"结构。文章开头部分，作者首先指出图书馆学基础理论研究的背景与意义，之后又说明了本文的切入点——年会主题，所论述的内容——2004 年以来国内图书馆学基础理论研究热点问题。"分"的部分采用横向分论式，包括图书馆精神、图书馆的核心价值、图书馆的核心竞争力、图书馆权利、图书馆立法五个方面内容。结语部分作者预测了未来图书馆学基础理论研究走向。

是"知识传播"还是"知识资源"？——就图书馆学研究对象问题与马恒通先生商榷　赵益民，《图书馆》，2009 年第 1 期。本文为"总 – 分 – 总"结构。前言中作者首先指出图书馆学研究对象对于图书馆学理论研究的重要性。同时说明写作本文的动因和目的：以馆藏知识的传播为图书馆学研究对象的理论存在一些问题，就此与马恒通先生进行商榷，同时也尝试将"知识传播论"和"知识资源论"进行比较，并力求在二者之中确认哪种学说更符合图书馆学研究对象的本质。"分"采用纵深推论式，分为三个部分，分别是质疑"知识传播论"、提出"知识资源论"和两种学说的比较。其中质疑"知识传播论"，作者又从五个方面进行论述：①基本概念的含混；②机构的局限；③"单向传递"的偏颇；④实践目标的缺失；⑤学科发展的阻碍。文章结语部分，作者指出图书馆学研究对象认识多元化的原因。并对两种学说作出评价："知识资源论"力图描绘图书馆存在及运动的整体图景，它具有合理性；"知识传播论"具有科学成分——知识传播是知识资源建设重要的有机组成部分，同时也是图书馆学的重要研究内容之一。

论创建"大公"图书馆的精神源动力　吴稌年，《新世纪图书馆》，2009 年第 2 期。本文为"总 – 分 – 总"结构。文章开头，作者指出创建"大公"图书馆的精神原动力产生的背景以及它的意义和重要性：它既有与近代中国图书馆精神总体上的一致之处，同时又有私人图书馆特有的精神特质，也正是这一特质，丰富了中国的图书馆精神。"分"的部分为纵深推论式，作者从遵照家训创建家族不朽之事，以大众为落实对象造福桑梓，倡导社会教育、构建终身学习平台三个方面进行了深入论述。结语部分，作者进一步总结了创建大公图书馆的原动力：①爱国忧民、从我做起、造福桑梓；②社会公器、公众享用；③终身学习、构建平台。这些具有时代特征的特殊群体的办馆精神，是现代中国图书馆精神的重要组成部分。

关于图书馆学基础研究的若干思考　王宗义，《中国图书馆学报》，2009 年第 1 期。本文为"总－分－总"结构。前言中作者首先提出了人们对图书馆学基础研究与图书馆活动实践之间联系的看法存在分歧，因此本文主要分析了基础研究与专业活动之间的关系问题。在"分"的部分，作者采用横向分论式，分别对图书馆学学科基础研究和图书馆专业活动的基础研究进行了论述。作者首先通过观察和分析图书馆学基础研究工作的内容和研究的现状，认为对基础工作的研究有利于揭示图书馆学发展的内在规律，并对专业或专业活动进行前瞻性研究。而目前图书馆界缺乏对专业活动的基础研究，使理论与实践相脱离。因此，在信息技术发展的今天，当代图书馆的社会职能需要被重新认定，使之成为社会文化中心。另外，明确认清当代图书馆活动的基本范畴是信息资源管理与服务，努力加强专业方法的归纳与提升，并借鉴国外同行的先进理念，是图书馆学科与事业发展的需要。

图书馆的文化本质和图书馆学研究的文化选择　李满花，《中国图书馆学报》，2009 年第 2 期。本文为"总－分－总"结构。文章开头，作者介绍了图书馆的三种文化本质，并指出目前人们对图书馆文化本质的认识存在局限性。"分"为纵深推论式，包括工具论视野下图书馆学研究图书馆只是特定文化的被动产物及其表现，图书馆文化本质的全面认识，图书馆学研究的文化选择三部分内容。作者认为，大部分观点认为图书馆只是像工具一样是特定文化的被动产物，这造成了图书馆的被决定地位，使图书馆与文化分离并走向趋同化。作者通过对图书馆本质的全面认识，总结出图书馆在文献收集、整理和利用等各个环节都体现出自我的文化选择尺度，它本身就构成了一种文化现象的概念，图书馆对于它所归属的文化还具有反向建构能力。因此，要重视馆员与用户之间的文献互动，重视图书馆活动中民族主体性的研究，并致力于图书馆成果为其他学科所共享的研究。只有全面深刻地揭示图书馆的本质，才能让图书馆有更高的社会文化担当。

美国高校图书馆社会服务发展现状及启示　谢丽娟、郑春厚，《中国图书馆学报》，2009 年第 2 期。本文为"总 - 分 - 总"结构。引言简述了随着网络的发展，高校图书馆所面临的新的挑战和发展契机，而美国高校图书馆的管理可以为提高我国图书馆的社会服务质量及其核心价值提供借鉴。"分"的部分为纵深推论式，包括美国高校图书馆社会服务现状和美国高校图书馆社会服务给我们的启示两部分内容。作者认为，当代图书馆的核心价值表现在信息流动性，而不是传统的馆藏。作者通过研究美国 10 所高校图书馆的社会服务对象的设置、合作项目的开展、校外学习支持服务的构建以及特殊群体服务的活动，总结出值得国内高校图书馆借鉴的经验。我国高校图书馆需要重视发展公众服务项目，提升社会关注；积极开展合作，实现资源共享的社会化与国际化；创建学习支持系统，以服务远程学习和终身学习；注重服务的情感色彩，开展特殊服务。我国图书馆还应根据自身情况合理安排，以实现长远发展。

逼近图书馆学研究对象的"斯芬克司"之谜——兼与王子舟先生商榷
张天霞，《图书馆杂志》，2009 年第 2 期。本文为"总 - 分 - 总"结构。在前言部分，作者确定了图书馆学研究对象的重要意义。"分"的部分为纵深推论式，包括我国图书馆学研究对象的研究概况，挑战图书馆学的研究对象之谜，辩证探讨图书馆学的研究对象之谜三部分内容。作者认为，图书馆学研究对象是图书馆学认识和研究的起点，也是图书馆学最根本、最复杂的元问题。而中外学者对图书馆学研究对象进行了长期争论但尚未达成共识。作者通过全方位罗列国内各种"对象说"，结合各家观点的辩证评析，提出图书馆学的研究对象是主客观知识、知识集合、知识受众及三者之间的关系。作者提出辩证地运用哲学、科学学、语言学和逻辑学，能够较好地揭示图书馆学研究对象"斯芬克司"之谜。

高校图书馆在大学生心理健康教育中的作用 夏迪，《大学图书馆学报》，2009 年第 3 期。本文为"总 - 分 - 总"结构。在"总"的部分，作者指出大学生心理健康的重要性，学校需要积极发挥图书馆对心理健康教育的辅助性作用。在"分"的部分，作者采用纵深推论式，从图书馆的独特优势对大学生心理健康教育的辅导作用和发挥图书馆在大学生心理健康教育中辅导作用的构想两个方面论述。作者认为，图书馆中丰富的文献信息资源是学生心理教育的源泉，图书馆开放和宁静的环境是学生寻求心灵恬静与舒适的最佳场所，图书馆能保护个人隐私从而使学生具有安全感，图书馆人性化的服务也能保障学生心情愉悦。因此，图书馆应充分发挥对大学生心理健康的辅导作用。为此，要加强馆员自身修养，提供和谐的心理环境；提高馆员心理素质，发挥榜样示范效应；丰富馆藏结构，满足大学生心理健康自主教育的需求。图书馆还应向学生推荐好书，开展各种专题讲座和读书节活动，并形成网络宣传与教育合力，为大学生心理健康教育做出贡献。

从国际期刊论文发表情况看我国图书馆学研究　经渊、郎杰斌、胡海燕，《大学图书馆学报》，2009 年第 3 期。本文为"总 - 分 - 总"结构。在"总"的部分，作者指出我国图书馆学研究在取得丰富成果的同时，还应与图书馆事业相适应，与国际接轨。在"分"的部分，作者采用纵深推论式，包括国际期刊论文发表情况、问题分析和对策三部分内容。作者认为，我国图书馆学者在国际期刊上发表论文的情况能够反映图书馆学研究状况。作者通过分析三大引文数据库收录期刊中我国图书馆学者发表的研究成果，提出国内图书馆学研究在国际化方面还存在一些问题，如相关部门支持力度不够、图书馆对科研工作重视不够、图书馆学专业起步较晚，馆员普遍学术水平不高等。作者建议图书馆要争取主管单位的支持，加强国际交流与合作，并重视提高馆员素质，提高期刊档次，使图书馆学显学化和图书情报一体化。最后，作者强调现在我国图书馆学科研工作发展有着良好的机遇，我们应抓住时机，提高国内图书馆学研究的竞争力。

对地方高校图书馆参与重点学科建设的探讨　朱红，《大学图书馆学报》，2009 年第 3 期。本文为"总 - 分 - 总"结构。在"总"的部分作者阐述了学科建设对高等学校全面发展的重要性，而地方高校更应积极参与重点学科建设，以促进图书馆事业发展。在"分"的部分，作者采用横向分论式，内容包括：构建"三级互补"的文献资源体系，为重点学科提供丰富的文献信息资源；加强重点学科信息服务体系建设，为重点学科提供多渠道文献信息特色服务；积极探索和应用新技术，为重点学科文献信息服务提供安全的技术保障。作者详细分析了重点学科在高校发展中的地位以及与图书馆的关系，认为图书馆要以强化化纸质文献馆藏特色为基础，以使用电子文献馆藏为保证，还要以共享文献为补充，来改善学科馆员服务和网络导航服务等。最后，作者建议图书馆应转变观念，树立建设和服务并举的理念，不断提升图书馆自身服务能力。

应当避免对高校图书馆向社会开放的误读　武继山，《大学图书馆学报》，2009 年第 3 期。本文为"总－分－总"结构。在"总"的部分，作者总述了社会对高校图书馆向社会开放的呼声和理由，提出这些论断是有限制条件的。在"分"的部分，作者采用了横向分论式，论述了关于"公共资源"共享的问题，关于"封闭"和"资源利用率低"的问题，以及关于"全国图书馆事业基础薄弱"与高校图书馆的开放三个部分。作者认为，高校图书馆主要面向学生和教师的需求建立，高校的扩张已使图书馆人满为患；学校为了保证其教学秩序有理由不对外开放，而图书馆系统的资源共享活动也提高了其利用率；高校图书馆的丰富程度也有限，对于填补公众文献信息资源的短缺只是杯水车薪。因此作者得出结论，高校图书馆的开放应该是"有条件的""尽可能的"。要根据我国的实际情况，正确理解这种"开放"，避免使用不合理的理论和理由对这种开放进行强制。

图书馆精神的导入与塑造　王蔚，《高校图书馆工作》，2009 年第 3 期。本文为"总－分"结构。在引言部分作者阐述了图书馆精神对于图书馆发展的重要性。在"分"的部分，作者采用纵深推论式，分别介绍了图书馆精神的内容、图书馆精神的基本特征，以及塑造图书馆精神三个方面内容。作者认为，图书馆的精神包含了积极参与、团队协作、奉献、开拓创新与竞争，这些精神源于实践和馆员的群体意识，反映了图书馆的理想目标，已成为现代图书馆精神的主导。图书馆精神是反映客观实体的，是被群众拥有的，是与时俱进的，也是积极创新、追求卓越。因此，为了更好地塑造图书馆精神，我们不仅要以精准、深刻、个性和简明生动为原则来表达图书馆精神，还应采用表达目标、荟萃经验、继承传统和升华人格的方式表达图书馆精神，更需要按照确认、倡导、深化的步骤，这样才能对当代图书馆建设给予帮助。

基于历史分析的中国图书馆事业政策展望　郑建明、范兴坤，《情报资料工作》，2009 年第 3 期。本文的结构为"总－分"形式，在"总"的部分，作者交代了写作的时间和历史背景，强调了对图书馆事业的总结对图书馆未来的发展具有重要作用。"分"的部分，为纵深推论式，包括新中国成立 60 年图书馆事业的曲折发展历程回顾，我国图书馆事业社会定位的特殊性和制度建设的缺失，打破单位化体制束缚是促进图书馆事业社会化协作的关键，借鉴西方现代图书馆制度、形成适合中国国情的图书馆事业价值观，尝试建立多元化的图书馆事业建设和管理机制、探索图书馆事业发展之路五个方面内容。在文中，作者首先全面回顾了新中国成立以来图书馆事业发展的历程，在此基础上分析了图书馆社会定位和制度建设上的缺失，认为造成图书馆事业发展内部动力缺失的重要因素是单位化的社会体制结构。我国必须结合具体国情，合理借鉴西方现代图书馆制度，形成符合图书馆事业发展的新价值观，并引进多元化竞争体制，通过政策手段来推动图书馆设立、管理、运行、评价机制的多元化发展。

图书馆与社会主义和谐文化建设　卢燕，《河南图书馆学刊》，2009 年第 4 期。本文的结构为"分－总"形式，在"分"的部分，作者采用纵深推论式，分别探讨了和谐社会的内涵和和谐社会的关系，充分发挥图书馆职能、为和谐文化的建设服务，强化图书馆管理、为和谐文化建设提供优质服务三部分内容。作者认为，和谐文化是和谐社会的重要特征，是和谐社会建设的重要组成部分，更是实现社会和谐的文化源泉和精神动力。而图书馆是建设和谐文化的坚强后盾，是建设和谐文化的课堂，也是人们公平获取知识的地方，是人们共享和谐文化的场所，因此图书馆成为建设和谐文化的得力助手。要重视图书馆的管理，加强读者至上、服务第一的理念，坚持以人为本、平等服务的原则，从读者利益出发，改革规章制度，并开展多种形式的服务满足读者个性化需求。在最后，作者总结了图书馆对于促进人的发展和社会稳定的重要作用，以及图书馆在和谐文化传播与和谐社会构建过程中具有的得天独厚的优势。

图书馆学学科体系构建思想的演变与发展　杨晓农，《图书馆》，2009年第 4 期。本文为"总－分－总"结构。在引言部分，作者指出了图书馆学科体系的内容和研究意义，并将图书馆学科体系的构建思想的发展分为三个部分。在"分"的部分，作者采用纵深推论式，论述了图书馆学科体系发展的三个阶段，它们分别是梦想、合流、超越。20 世纪 70 年代之前的图书馆学学科体系是以图书馆工作内容为基础的，其理论直接反映了工作经验。此时预设的梦想便是使图书馆走向有理论指导的整体发展阶段。20 世纪 70 年代至 90 年代初，图书馆学学科体系以图书馆或图书馆事业为基础，其安排不仅反映时代发展需求，同时其结构体系也开始参考学术著作中的逻辑划分方法，二者出现合流趋势。20 世纪 90 年代以来，图书馆学学科体系以信息资源和知识为基础，超越现有图书馆学学科体系成为时代发展的必然。在文章结尾部分，作者再次强调了图书馆学学科体系的发展是从直观到整体，再到本质的正确认识过程，三者形成理论逻辑的互补关系，有助于图书馆学研究形成不同的思想流派。

试论图书馆与社会经济的关系 邓璋琼，《内江科技》，2009年第4期。本文为"总－分－总"结构，在"总"的部分，作者揭示了图书馆的发展与经济文化发展之间的紧密关系。并指出本文主要论述世界金融危机情形下，社会经济发展与图书馆之间的关系。在"分"的部分，作者采用纵深推论式，分别论述了古代社会经济与图书馆的关系、现代社会经济与图书馆的关系，以及金融危机与图书馆的关系三方面内容。作者认为，古代图书馆主要以藏书、文献收集和整理为主，间接地对经济发展产生影响，推动了相关产业的发展，也促进了书籍等产品的流通。而改革开放后三十年来的经济文化发展促进了图书馆的发展，图书馆的发展又对教育、科技的进步和全民素质的提高产生积极作用。面对当前的金融危机，作者建议推行"国民文化消费计划"，贯彻科学发展观，制定并实施"文化振兴"战略，并加快建设"特色文化产业群"，以推动图书馆的良性改革。

俞爽迷的图书馆学研究及其瑕疵 吴稌年，《大学图书馆学报》，2009年第4期。本文为"总－分－总"结构，在"总"的部分，作者综述了俞爽迷先生在20世纪30年代的踪迹，提出他对中国近代图书馆理论与实践做出的重大贡献。"分"为纵深推论式，包括俞爽迷先生的主要学术思想、创办《厦大图书馆馆报》、在厦大图书馆的主要工作业绩三方面内容。作者认为，俞爽迷先生的学术研究成果集中发表在1936年前后，在图书馆理论的构建方面提出了"要素说"，归纳了现代图书馆的性质，并指出图书馆是重要的社会教育机构。俞爽迷先生不仅创办了《厦大图书馆馆报》，还在厦大图书馆担任主要管理职务，其先进的管理思想推动厦门大学图书馆工作发生第二次飞跃。在文章最后，作者对俞爽迷先生的学术引用提出了疑问并阐述了自己的见解。

实然的超越和应然的解说：图书馆学如何提高学科地位 傅荣贤，《中国图书馆学报》，2009年第5期。本文为"总－分－总"结构，在"总"的部分，作者提出了图书馆学研究者心中的两大"永远的痛"，指出出本文探讨的主题。在"分"的部分，作者采用纵深推论式，分别研究了图书馆学为什么没有取得应有的学科地位、图书馆学研究应该体现实然与应然的双重自觉、图书馆学应然知识的可能内涵三部分内容。作者认为，图书馆研究之所以只能在实然的层面上讨论图书馆之所"是"，是因为人们对图书馆实践的认识狭隘和过度迷恋图书馆学研究中科学理性方法。图书馆学需要实然知识和应然知识的双重呵护，一方面要构建能直接回应文献收集、整理和保存、利用等具体操作的实然学科知识体系；另一方面还要思考文献背后的文化，探究人类文化的一般问题，形成关于文化的超越性认识和无限性见解。作者通过介绍图书馆的发展历程，揭示了只有从感性经验的实然事实层面深入本体反思的应然价值层面，才能构建出具有内在逻辑统一性的学术领域，不仅能为其他学科提供共享的自主性成果，还能真正提升图书馆学自身的学科地位。

公共文化服务体系中公共图书馆的服务定位 王瑞英，《图书与情报》，2009年第5期。本文为"总－分－总"结构，在开头的部分，作者阐述了构建公共文化服务体系的重要性，提出公共图书馆在建设公共文化服务体系中担任重要角色。"分"为纵深推论式，包括公共文化服务体系的内涵、公共图书馆在公共文化服务体系中的地位，以及公共图书馆在公共文化服务体系中的定位三部分内容。作者认为，公共文化服务体系是以满足公民的基本文化生活需求为目的，向公民提供公共文化产品与服务的制度和系统的总称。而公共图书馆的产生和发展就是人类自我实现的一种人文关怀，其公益性、公平性、正义性的特点也决定了它在公共文化服务体系中的重要地位。因此。公共图书馆需要创新服务形式、关注弱势群体、保障公民文化权利，要弥合数字鸿沟，维护信息公平，还要教育社会、保护文化多样性，并实现政府信息公开及传播先进文化。最后，作者建议改革图书馆体制和财政制度，使图书馆更好地成为公共文化服务体系建设的中坚力量。

美日图书馆法律体系比较研究及其启示 荣红涛，《图书馆》，2009年第6期。本文结构为纵深推论式，全文共分三个部分：研究美日图书馆法律体系的原因、美日图书馆法律体系比较、美日图书馆法律体系的启示。作者认为，之所以借鉴美日图书馆的法律体系，是因为这两个国家图书馆法律体系具有协调性、完整性和权威性，其法制建设与经济社会发展相协调，地方性图书馆和国家图书馆的关系与我国相似，图书馆行业立法与教育立法也息息相关。美日两国在图书馆立法上的完备性、图书馆行业自律规范的巨大影响力以及图书馆立法与教育的同步性上有相似之处。而两国图书馆立法在发展道路、体系结构方面存在差异。借鉴美日两国图书馆法律体系的发展经验，我国需借助法律权威和力量推动现代图书馆观念传播，使地方性立法与国家立法相结合，尽快制定并公布中国的《图书馆权利宣言》，并努力使图书馆立法和教育立法同步，才能进一步完善我国图书馆法律保障体系。

中国图书馆学教育九十年回望与反思　王子舟，《中国图书馆学报》，2009 年第 6 期。本文为"总 – 分 – 总"结构。"总"的部分作者阐述了本文的研究背景和写作动机。在"分"的部分，作者采用纵深推论式，分别论述了图书馆学的形成及早期专业的特点、图书馆学教育的开端及第一个繁荣期、图书馆学教育的第二个繁荣期及其跌落、图书馆学教育的第三个繁荣期及其走低与再兴、未来图书馆学教育发展的理性前瞻五个部分内容。作者认为，图书馆学是在图书馆实践中逐步产生的，早期图书馆以经验型、操作性知识为主，但缺乏知识深度与理论含量。中国图书馆教育已有近九十年的发展历史，它所经历的有起有伏的三个大阶段已成为图书馆职业稳定发展的支撑。21 世纪图书馆学专业教育已进入理性振兴的发展阶段，需要将注意力转移到"知识"领域，重新定位其办学层次，继承"建设中国的图书馆学"思想，逐步形成中国特色的专业教育。

图书馆核心价值研究综述　王东艳、周威，《情报资料工作》，2009 年第 6 期。本文的结构为横向分论式，全文内容主要包括国外图书馆核心价值研究的起源与发展、我国图书馆核心价值研究的起源与发展、图书馆核心价值研究主题、对图书馆核心价值的几点思考。文章运用文献计量方法，基于对 1989 ~ 2008 年间有关图书馆核心价值的论文做出的统计分析和回溯研究，深入分析了国内外图书馆核心价值研究的起源与发展过程，总结了图书馆价值、图书馆核心价值、图书馆职业价值等概念。作者认为，我国对图书馆核心价值的研究与国外机构在概念和内容上具有差异。追求中国传统文化特色，塑造基于民族文化和图书馆职业伦理，并根据现阶段我国国情和图书馆实际状况的图书馆核心价值观，才有利于我国图书馆事业蓬勃发展。

Web 2.0 环境下图书馆核心价值的实现　王敬福，《情报资料工作》，2009 年第 6 期。本文为"总 – 分 – 总"结构，在文章开头，作者介绍了图书馆核心价值观的含义，并提出文章的主要研究内容。在"分"的部分，作者采用纵深推论式，分别探讨了 Web 2.0 环境下图书馆核心价值的概念，Web 2.0 环境下图书馆核心价值观体系的重构，Web 2.0 环境下图书馆核心价值的实现以及 Web 2.0 环境下图书馆核心价值实现应该注意的问题。作者认为，图书馆价值是图书馆存在的理由，随着 Web 2.0 时代的到来，为用户提供服务应该成为图书馆的核心价值观之一。作者重构了图书馆的核心价值是以图书馆核心价值观为指导，以用户的需求为导向的，以Web 2.0 技术为支撑的主动为用户服务的过程。作者提出利用 Wi Ki、Blog、IM 来实现图书馆核心价值，并要求注意利用 Web 2.0 技术宣传图书馆核心价值观理念，将核心价值观制度化，依托 Web 2.0 技术来建设图书馆文化机制。最后作者强调，图书馆只有结合用户的实际需求，适应时代的发展趋势，以各种先进的技术为支撑，才能用先进的核心价值观指导核心价值的实现。

新中国图书馆学研究对象争鸣六十年——一个"知识说"的视角　马恒通，《图书馆论坛》，2009 年第 6 期。本文为"总－分－总"结构。文章开头，作者简述了图书馆学研究对象的重要性，指出该文以"知识说"的视角对新中国成立 60 年来图书馆学研究对象争鸣状况进行研究。在"分"的部分，作者采用横向分论式，分别介绍了个案视域中的中国图书馆学研究对象诸"知识说"及争鸣，集中批评视域中的上述图书馆学研究对象诸"知识说"两部分内容。作者认为，在个案视域中，图书馆学对象的研究包括"知识说""知识交流说""知识组织说""可获得性论""知识集合论""知识管理说""知识存取论""信息组织与传播说""客观知识说""公共知识管理说""知识资源论""知识功能说""共享知识说""知识信息传递服务说"等。在集中批评视域中，学者又对上述思想有了新的发展。作者相信，对图书馆对象的不断深入研究，最终将揭开"对象说"之谜，百家争鸣的研究也必将推动图书馆学的可持续健康发展。

文化生态视阈下图书馆的服务与建设　张维，《图书馆理论与实践》，2009 年第 7 期。本文为"总－分"结构，在"总"的部分，作者提出图书馆是文明社会的文化生态园林，加强图书馆服务与建设能够促进我国和谐社会建设与可持续发展。"分"的部分，属横向分论式，包括文化"生态位"和生态意义、服务对象的"共生"理念、文化建设的"结构平衡"

原则以及文化多元和服务的"多样性"内涵四个方面内容。作者认为，图书馆的工作核心是"以人为本"，因此图书馆的服务应该遵循"相依共生"原则，要关注到社会的每一个群体，尤其是社会弱势群体。此外，图书馆的文化建设要考虑到结构平衡、功能平衡、物质和能量输入输出数量的平衡，不仅要构建外部完整的网络体系来保持与国民经济其他文化建设同步，还要在内部重视文化多元性和服务多样性，并引入市场机制，以保持其性质、社会功能和追求目标的公益性。

大学图书馆服务课程的实践研究　向群、郑春汛，《图书馆建设》，2009 年第 9 期。本文为"总－分"结构，在"总"的部分，作者阐述了新时期教育制度发展的方向，图书馆应该直接介入教学过程帮助学校增强竞争力。在"分"的部分，作者采用纵深推论式，分别阐述了图书馆员与教师合作教学的实践、"他山之石"、启示与设想三方面内容。作者认为，钱伟长科学教育思想让大学图书馆员走出图书馆，走入课堂，与授课教师和学生沟通并推广介绍学科资源，显现出图书馆在推动高校教学改革中的巨大潜力，使图书馆员从幕后走向台前、由被动变为主动、由间接参与转为直接参与、从局部参与走向整体参与。作者建议，学校领导应重视推动图书馆服务创新，构建具有特色的学习空间，为学生提供一站式服务，树立读者即用户的人本思想，加强多方协作与融合，并引进人力资源，努力培养一支高素质的馆员队伍。

图书馆学研究方法的拓展　隋彦明，《现代情报》，2009 年第 9 期。本文的结构为"总－分"式。在"总"的部分，作者指出研究方法对学科的发展具有重要作用，图书馆研究方法应与时俱进才能适应社会发展。在"分"的部分，作者综合采用横向分论式与纵深推论式，分别介绍了研究图书馆的数学方法、系统工程方法和试验方法，并提出方法取舍的标准和相关建议等方面内容。随着时代的发展，传统的图书馆研究方法对于新问题的解决已显得无能为力，作者认为，积极引入、移植其他学科理论，寻求更新、更强有力的方法，有利于逐步建立图书馆学方法体系。我们还需以图书馆实践为标准，对引入的新方法加以取舍、去粗取精，使之与我国国情相适应。作者提出，我国图书馆学研究者应重视知识更新，开设方法论课程，并加强图书馆学方法的研究，方能推动图书馆的改革。

北京大学图书馆学开放论坛演讲集　北京大学信息管理系、东莞图书馆编，国家图书馆出版社，2009 年 11 月。本书一共包含 18 篇演讲稿，内容包括《阅读的时代性与个性》（彭斐章）、《信息资源开发与利用的十个热点问题》（吴慰慈）、《文献信息加工体系及方法创新》（倪晓建）、《图书馆业态的变化与发展趋势》（陈传夫）、《后现代主义与图书馆阅读指导服务》（陈书梅）等。本书收录的是一批当代著名的图书馆学家在北京大学对图书馆学相关问题进行的精彩演讲，内容从图书馆信息资源的开发与利用、信息科学的理论和方法，到图书馆的阅读指导服务、图书馆法的创立，以及图书馆的未来。本书旨在使读者更多地了解图书馆的相关发展及努力，对图书馆学的发展具有指导意义。

近十年来我国图书馆学学科体系研究述评 刘亮，《图书馆建设》，2009 年第 11 期。本文的结构为"总－分－总"式，在文章开头，作者介绍了近十年来国内外图书馆学科体系的发展与研究表现，指出图书馆学学科体系研究的重要意义。"分"的部分为横向分论式，包括：对 20 世纪以来我国图书馆学学科体系的总结与反思；对已有图书馆学学科体系不断修正与完善，构建新的图书馆学学科体系；面对图书馆学生存与发展的新环境，对图书馆学学科体系的全新探索等。作者认为，图书馆学学科体系是图书馆学基础理论研究中最基本的问题之一，重构图书馆学理论体系是当前图书馆学基础理论研究的重要任务。作者通过对我国图书馆近十年的学科体系进行总结与反思，对图书馆学科体系进行修正与完善。

图书馆学的性质和图书馆学研究的价值重估 周礼智，《图书馆建设》，2009 年第 12 期。本文为"总－分"结构。在"总"的部分，作者总结了国内外有关图书馆性质的探讨，指出本文所研究的主要问题。"分"的部分为纵深推论式，包括图书馆学科学理论与图书馆学实践理论之间的逻辑鸿沟、建构图书馆学科学理论的可能性，以及图书馆学研究的价值重估三部分内容。作者认为，图书馆学科学理论以已经存在的图书馆事实为研究对象，而图书馆学实践理论则研究已经存在的图书馆事实的改革实践，两者具有很大差别。由于图书馆员与读者都是具有一定能动性的人，所以图书馆学应当进行实践理论研究，并对图书馆实践起指导作用。作者指出图书馆学研究的价值就在于：以图书馆问题为出发点，以事实知识为基础，根据不同的价值取向生产出不同价值的知识，为图书馆实践提供可以选择的解释路径，帮助图书馆实践者启迪智慧，即图书馆学研究的价值便是解释图书馆实践而非指导实践。

近十年来国内外图书馆核心价值内涵研究综述　宋剑祥，《图书情报工作》，2009 年第 15 期。本文为"总 – 分 – 总"结构。在文章开头，作者简述了图书馆在不同阶段的发展表现，指出社会环境的变化要求图书馆研究其核心价值。在"分"的部分，作者采用横向分论式，分别介绍了国内外对图书馆核心价值的研究。国外方面，作者重点介绍了美国图书馆核心价值的形成过程，指出核心价值包括公平取用、民主、差异性、教育与终身学习等内涵，这为美国图书馆界宣扬执业理念，形成思想共识起过重要作用，也为其他国家提供了丰富的思想资源。我国图书馆核心价值的研究也在信息技术的迅速发展下应运而生，我国现代图书馆核心价值包括保存人类精神文化遗产、文献信息资源的开发利用、传递和生产多元信息等方面。在结语部分，作者表示我国应借鉴国外对图书馆核心价值研究的成果，努力提高国内图书馆的核心竞争力，实现图书馆的核心价值。

发展公共图书馆事业的政府制度供给责任　梁欣，《图书情报工作》，2009 年第 17 期。本文为"总 – 分"结构。在"总"的部分，作者指出政府是公共图书馆事业的核心责任主体，需以必要的制度供给来保障图书馆事业的发展。在"分"的部分，作者采用纵深推论式，分别讨论了制度供给与图书馆制度供给的含义、公共图书馆事业的制度需要与供给、政府制度供给现状分析，以及完善政府制度供给的责任探讨四部分内容。作者认为，政府在知识领域的主要责任是提供给公共图书馆产品与服务，而制度供给是核心。政府为图书馆提供制度供给是保障公民文化权利的实现、保障图书馆公益性事业的健康发展的关键。但长期以来我国图书馆制度供给与需求严重失衡，已制约公共图书馆事业的发展。因此，政府应重新界定其在制度供给中的角色和作用，完善对图书馆的制度供给，推进公共图书馆制度供给均衡。

图书馆学研究对象的认知问题——从一元辩护到多元理解　段小虎，《图书情报工作》，2009 年第 17 期。本文结构为"总 – 分 – 总"式，在前言部分，作者综述了图书馆界对图书馆学研究对象的各种观点，提出需要重新审视认知活动并进行规范。在"分"的部分，作者采用纵深推论式，分别探讨了认知对象的"不确定性"、认知偏见的必然性和认知结果的多元性三部分内容。作者认为，图书馆学的研究对象不是绝对确定的，也不是永恒不变的，由于历史条件、社会条件和研究视角的影响，人们对图书馆学对象认知带有偏见，造成了认知结果的多元化。因此，多元化的认知结果不仅为认知对象提供了的多个视角，而且有利于通过凝聚众人智慧，不断地消除偏见和错误，也有助于反映图书馆学是一个民主而开放的理论体系。

知识自由之哲学理念在图书馆的实践——托马斯·杰斐逊对美国图书馆事业的贡献　刘懿，《图书情报工作》，2009 年第 17 期。本文采用"分－总"式结构。其中"分"为纵深推论式，包括托马斯·杰斐逊知识自由的哲学思想、托马斯·杰斐逊践行知识自由、托马斯·杰斐逊知识自由之哲学思想对美国图书馆事业的深远影响三部分内容。托马斯·杰斐逊是美国历史上著名的哲学家和政治家，他的知识自由哲学理念在图书馆事业建设和发展中起到了关键作用，他对图书馆的功能进行了深入剖析，认为图书馆具有传播知识和实施教育的卓越功能。托马斯·杰斐逊思想对美国图书馆事业产生了重大影响，它有助于图书馆领导体制的创新，有助于形成"广泛论"的购书理念，有助于"知识民主"理念的传播。在结语部分，作者再次强调了托马斯·杰斐逊的"知识自由"理念在理论和实践上扩大了图书馆的功能，对美国图书馆事业的长期发展做出了巨大贡献。

图书馆核心价值在图书馆 IC 中的诠释与实现　赵铁琴，《图书情报工作》，2009 年第 19 期。本文为"总－分－总"结构。在文章开头，作者指出图书馆核心价值对图书馆可持续发展的重要性，并提出一种新的服务模式来提高图书馆信息共享效率。"分"的部分为纵深推论式，包括图书馆的核心价值、IC 的概念，以及图书馆核心价值在图书馆 IC 中的诠释与实现三部分内容。作者认为，图书馆的核心价值包括服务大众、保存资源、平等和自由利用图书馆，教育和传播知识以及尊重读者，这些都影响着图书馆的生存与发展。而 IC 是一个一站式服务设施和协作学习环境，能够帮助培育读者信息素养，促进读者交流学习。图书馆核心价值的内容在 IC 中得到了很好的诠释与实现，IC 也充分发挥了图书馆的优势，为图书馆核心价值的实现探索了新的方法与途径。

第二节　信息资源建设

弘扬地方特色　谋求发展之路——定西师专图书馆特色馆藏的建设思路
汪海峰，《大学图书馆学报》，2008 年第 1 期。本文为"总－分－总"结构。其中"分"的部分为横向分论式，作者结合定西师专教学科研和定西市场经济文化发展的需要，从院校特色和地方经济文化特色两个方面探讨了定西师专图书馆院校特色馆藏建设的思路。作者认为，在突出院校特色方面，要立足于服务地方基础教育，适应学科设置和教学与科研的需要，具体可以从以下方面来开展：一是建设定西教育文献馆；二是建设重点课程、精品课程的特色馆藏；三是建设本校课程和乡土特色课程的特色馆藏；四是建设师生文库、教师教学资料库。在突出地方经济文化方面，一是要结合地方支柱产业和特色产业，建设地方经济特色馆藏（如地方特色产业文献馆藏和干旱地区引水工程文献馆藏）；二是要结合地方文化特色建设地方文化特色馆藏（如建设史前文化馆藏、姓氏文化馆藏、地方人物馆藏、地方史料馆藏、民俗文化馆藏）。

北京大学图书馆图书招标工作的过程及特点　张美萍，《大学图书馆学报》，2008 年第 1 期。本文为"总－分－总"结构。其中"分"的部分介绍了北京大学图书馆在内地版中外文图书招标方面的工作过程及其各阶段的特点。最后一部分对全文做出总结，指出此次招标过程中出现的一些问题。北京大学图书馆开展的图书招标工作的过程大致分为明确目标、着手准备、进入实施三个阶段。此次招标过程也积累了一些经验，主要体现了以下特点：一是选择文献资源供应商应有政策依据。二是文件起草工作应逐项展开，重点准备。该次招标文件内容要求：①文献供应商的资格要求应贴近本校实际；②标段的划分应以实现采访理念为原则，促进供应商发展为取向，实现双赢；③标书编制需简明扼要，评标打分表要细化合理。三是实施阶段应组织严密、责任明确、时间紧凑、循序落实。

把好高校图书馆招标采购工作八大关　洪涛，《中国图书馆学报》，2008 年第 1 期。本文为"总－分－总"结构，其中"分"的部分为横向分论式，分别探讨了为保证图书采购的质量，高校图书馆在招标采购中需要严把的八大关：一是把好资质预审关，通过审查材料、客户咨询、实地考察和考察网站等深入细致审查招标商资质；二是把好文件制作关，使招标内容全面具体；三是把好评标关，综合多种因素制定评标标准，突出质量要求；四是把好采购计划关，在制订采购计划时要长短结合、突出重点，同时兼顾其他；五是把好沟通关，同供货书商深入沟通、融洽合作；六是把好验收关，严格执行验收程序，合理处理验收中出现的问题，并认真撰写验收情况报告；七是把好考核评估关，做到考核评估到位，履约措施落实；八是把好廉政建设关，要筑牢思想防线、强化法制观念、加强廉政监督。最后，对全文做出总结，并指出目前在高校图书馆招标采购中的一些好的做法，例如"培养书商"的理念、实行准入制度等。

新进图书印装质量问题的调查及对策探析 钱春元，《大学图书馆学报》，2008 年第 1 期。本文为"分－总"结构。其中"分"的部分为纵深推论式，包括新购图书的印装质量问题调查、造成图书印装质量问题的主要因素、新购图书的印装质量控制等三部分内容。高质量的藏书是图书馆做好服务工作的前提，也是图书馆生存和实现可持续发展的物质基础。然而通过调查，作者发现新进图书的印装质量问题普遍存在，直接影响了图书馆藏书的使用期和流通外借服务工作。图书印装质量问题主要由以下因素造成：①图书发行市场发生巨变，出现专门向图书馆提供图书的供应商，而其对印装质量的控制作用却很有限；②各种民营文化公司在图书出版中的作用越来越大，策划的成分也越来越多，而其质量监控却不到位；③制版质量成为影响印刷质量的主要环节；④图书和期刊交叉出版的现象严重，利益驱动导致出版商忽略国家印刷质量标准；⑤一些小规模装订厂设备条件差技术水平低、员工素质差、生产周期短、工时紧等因素造成的问题等。作者认为，新购图书的印装质量应从以下几方面加以控制：①广泛收集图书出版信息；②拓宽采访渠道，实现采访渠道多样化；③约定"新书质量保证期限"；④认真执行购书合同；⑤确定合适的选书模式。

我国高校图书馆资源整合的现状：调查与建议 夏明春、强切云，《大学图书馆学报》，2008 年第 1 期。本文为"总－分－总"结构。其中"分"的部分为纵深推论式，在调查国内 106 所高校图书馆资源整合现状的基础上，主要探讨了高校图书馆资源整合的方式、各种资源整合系统的特点及其再整合、存在的问题及建议三部分内容。作者认为，目前我国高校图书馆在数字资源整合实践中主要有基于资源导航的整合、基于链接系统的整合、基于 OPAC 的整合和基于跨库检索的整合等几种方式。每种整合方式都各有特点，所适合的情况也不相同，但它们却是资源全面整合中所不可或缺的一部分，因此，各种整合方式应相互结合，实现优势互补。我国高校图书馆资源整合虽取得了一定的发展，但也存在一些问题：基于OPAC 系统的整合囿于 MARC 的资源描述能力，导航系统仅定位于资源检索入口的整合，跨库检索系统性能不稳定，检索功能"退化"，只能实现关键词检索等；链接整合不能检全资源，易迷失方向和"断链"等问题。基于此，作者提出以下建议：一是加强与数据库商沟通，充分利用 OPAC资源整合功能；二是加强导航系统的维护、改进和宣传；三是慎重选择并定制个性化跨库检索系统。最后，作者对目前少数几个高校图书馆正试行的"学术资源门户"全面整合方式进行了介绍，指出该方式能在一定程度上弥补某一种整合方式的不足，最大程度地满足各类用户需求。

试析少数民族地区县级图书馆的藏书建设问题　宋玲、李杰伟，《中共伊犁州委党校学报》，2008 年第 1 期。本文为"总 - 分 - 总"结构。其中"分"的部分为纵深推论式，包括加强少数民族地区县级图书馆藏书建设的必要性、藏书工作中存在的问题及少数民族地区县级图书馆事业发展的对策三个方面的内容。作者认为，图书馆的藏书是图书馆基础性的硬件建设。少数民族地区县级图书馆的藏书建设工作对发展先进文化，建设富强民主文明和谐的社会主义小康社会有着重要的作用，所以必须搞好其建设工作。然而目前少数民族地区县级图书馆藏书建设中还存在如下问题：①县级各图书馆的文献书刊资料严重短缺；②图书馆经费严重短缺；③缺乏具有图书馆专业知识和技能的管理人员；④缺乏现代管理图书资料的设备和手段。对于如何发展少数民族地区县级图书馆事业，作者提出以下建议：①县级图书馆要强化内部管理，并做好文献信息资源开发服务的基础工作；②地方政府要转变思想认识观念，高度重视图书馆各项事业的建设与发展；③积极培养适应数字图书馆发展的人才；④县级图书馆要尽量多地帮助少数民族农牧乡、村建立起能满足农牧民需要的图书室。

信息资源建设　肖希明主编，武汉大学出版社，2008 年 2 月。丛书名为"普通高等教育'十一五'国家级规划教材"。本书共分为十章，主要介绍了信息资源建设的多方面的内容。第一章概述了信息资源建设的相关定义、演变及其类型和特征；第二至第四章主要阐述了信息资源建设的基本理论、影响因素和信息资源建设相关政策；第五至第十章分别从文献采访的理论和方法、印刷型文献的采访、数字信息资源建设、信息资源共建与共享、馆藏信息资源的组织管理、信息资源保障体系建设等具体方面探讨了信息资源的建设。作者还大量借鉴了国内外关于信息资源建设在实践和理论研究上的新观点、新技术、新方法，使本书的内容和体系结构有了一定的创新和突破。

馆藏期刊信息资源的配置　何华连，《中国图书馆学报》，2008 年第 2 期。本文为"总－分"结构。"总"的部分，作者指出我国图书馆期刊资源配置中存在的一些错误倾向，如或偏重电子期刊或偏重纸型期刊，或过分强调现实馆藏或过分依赖虚拟馆藏等。并指出要改变这一局面，需要妥善处理好馆藏期刊信息资源配置中的一些关系。在"分"的部分，作者采用横向分论式的结构，分析了馆藏期刊信息资源配置中应处理好九个方面的关系及其相应的配置原则：纸型期刊与电子期刊的关系、专业期刊与非专业期刊的关系、中文期刊与外文期刊的关系、正式刊物与内部刊物的关系、图书与期刊的关系、杂志与报纸的关系、特色馆藏与一般馆藏之间的关系、现实馆藏与虚拟馆藏的关系、现实需要与未来发展的关系。

特色数字信息资源建设的相关问题研究　蒲筱哥、张敏，《现代情报》，2008 年第 2 期。本文为"分－总"结构。其中"分"的部分为横向分论式，分别从特色数字信息资源建设标准化建设的国际化发展趋势、知识产权的合理化解决、产业化发展趋势、深层次营销策略四个方面进行了探讨。作者认为，在特色信息资源建设的标准化建设方面，我国要加强标准化制定速度和宣传力度，加强全局观念和各行业的联系合作，紧跟国际标准化技术和业务发展趋势。在知识产权合理保护问题上，要重视特殊信息资源开发过程中的版权保护和数据库自身版权保护问题，对侵权行为加以严厉打击。在产业化发展方面，要走产业化发展道路，将由政府主导变为商业化运作的模式。在深层次营销策略方面，要深入了解客户需求，建立"员工－单位"深入了解机制，将特色数字信息资源生产单位及其数据库产品"深入"推销给用户，尽可能最大限度地发挥数字信息资源产品的价值。

开设"布罗提根阅览室"的构想　唐雷、林春田，《大学图书馆学报》，2008 年第 4 期。本文为"总 – 分"结构，其中"分"的部分为纵深推论式，包括"未刊本图书馆"的提出背景、高校图书馆开设未刊本阅览室的可行性、开设未刊本阅览室的意义、具体操作、未刊本阅览室及后现代图书馆五部分内容。布罗提根阅览室，即未刊本阅览室，来源于美国作家布罗提根的小说《堕胎》中虚构的"未刊本图书馆"意象，指的是接受、展示未公开发表的作品的图书馆。这一文学想象几十年来都影响着图书馆的改革发展。作者认为，高校图书馆具备丰富的未刊本资源及多方面的开发利用价值，而且未刊本阅览室的设立成本低、价值大、易操作、可推广，具备后现代图书馆的特质，因此，可以探索在高校开设未刊本阅览室。

学科信息门户及其优化途径　蔡箐，《中国图书馆学报》，2008 年第 4 期。本文为"总 – 分 – 总"结构。其中"分"的部分为纵深推论式，探讨了学科信息门户的概念、特点及其分类，国内外学科信息门户建设概况及存在的不足之处，学科信息门户的优化途径三方面的问题。学科信息门户本质上是一个整合网络学术资源的虚拟图书馆，能将特定学科领域的信息资源、工具和服务集成到一个整体中，方便用户进行信息检索。我国学科信息门户建设从 21 世纪起步到现在已形成规模并且取得了一些进展，但是与国外的相比仍还存在以下缺陷：①资源内容单一，信息总量不足；②资源的更新不及时；③门户合作共建水平低；④组织体系不规范；⑤学科资源开发深度不够；⑥利用率相对较低；⑦缺少用户的参与和评价。针对我国学科信息门户建设中所出现的一些问题，作者认为应当通过以下途径进行优化：①大力推进科学信息门户的合作化建设；②整合不同类型、不同形式、不同渠道的信息资源并建立起信息资源的更新维护机制；③推行服务的个性化、人性化；④实行规范化和标准化；⑤以用户为中心，使用户能够广泛参与。

清华大学图书馆集中存储系统的规划和实施　窦天芳、张成昱、陈武、张喜来，《大学图书馆学报》，2008 年第 4 期。本文为"总 – 分 – 总"结构，其中"分"的部分为纵深推论式，首先分析了不同类型的数字化资源对存储系统容量、性能及数据完整性的需求，然后详细阐述了清华大学在构建图书馆集中存储系统时所进行的存储技术的分析、方案的规划及其具体实施过程，最后还对应用中发现的问题进行了研究分析并提出相应的建议。本次规划的主要指导思想是采用大量的不同级别的存储设备共同构建一个集中存储的系统架构，具体思路是：将基于 FC 的 SAN 作为存储系统的主体，选择虚拟化设备和 ISCSI 来降低接入成本，并增强架构的灵活性和扩展性；选用合适的硬盘，保证足够大的存储空间；并通过多路径冗余设计保证重要业务的高可用性。集中存储系统自实施以来，极大缓解了存储压力，提高了服务器端接入的灵活性，而且还有效地保证了全国镜像服务器的访问效率，但是 ISCSI 的应用以及免费的多路径冗余软件仍然存在一些局限性。作者认为，当代图书馆不仅是数字化信息资源的服务者，而且是海量数据的管理者。清华大学图书馆集中存储系统的成功部署也表明，融合多种产品和技术于一体的图书馆集中存储管理方案能够有效应对图书馆日益复杂的存储需求，促进数字化内容的收集、整理和深层服务。

大学图书馆数字资源需求与服务的读者调查及分析 涂文博，《大学图书馆学报》，2008 年第 5 期。本文为"总 - 分"结构。"总"的部分，作者介绍了武汉大学图书馆数字资源的基本概况及其本次调查分析的目的。"分"的部分为横向分论式，首先介绍了读者调查的基本情况，然后从读者对数字资源的认知度、需求与利用特征、利用数据库的行为特征、对数字资源服务的利用与评价等几方面对武汉大学图书馆数字资源需求与服务的读者进行了调查统计与分析。通过调查，作者发现读者对图书馆数字资源的依赖与日剧增，这很大程度地影响了高校图书馆的文献资源建设。作者认为，大学图书馆要从以下方面来满足读者数字资源需求，提高数字资源利用率：①在数字资源选择方面，高校图书馆数字资源建设的初期，应从引进高质量的全文型期刊数据库入手，这样不仅利用率高，还有利于培训读者，提高其检索技能；②在数字资源管理方面，高校图书馆要认真规划数字资源结构，以便能适应网络用户新的检索习惯，不断满足其信息需求；③在馆藏文献资源数字化方面，以读者需求为导向，依据本馆文献的学科特色来建立数字化馆藏系统；④在数字资源共建共享方面，图书馆要努力完善馆藏目录，积极发展联合目录，构筑健全的文献传递服务系统；⑤在服务方面，要整合图书馆数字资源，建立以用户为中心的个人数字图书馆。

对大学图书馆资源整合与揭示现状的分析与思考 邵晶、阎晓弟、韩萌、魏青山、周琴，《大学图书馆学报》，2008 年第 5 期。本文为"总 -

分 – 总"结构。前言部分简单介绍了我国大学图书馆资源整合的概况。正文部分为纵深推论式，主要分析了目前大学图书馆在电子期刊与印刷期刊整合、各类电子资源的整合、自建数据库以及图书馆服务资源整合等方面存在的问题，并提出高校图书馆应该从资源、管理和技术三个层面来实施各类资源的整合。结论部分对全文做出总结，并指出高校图书馆在资源层面上，要明确资源的揭示程度、规范各类资源的组织形式；在管理层面上，无论是自主开发系统还是引进系统，都需要一支专业技术队伍去研究相关的技术和标准；在技术层面上，引入 Lib 2.0 的技术，真正实现图书馆资源的多层次、全方位的整合。

利用开放存取资源提升馆藏质量　黄如花，《中国图书馆学报》，2008年第 5 期。本文为"总 – 分"结构。"总"的部分，作者概述了开放存取资源的定义及其在优化图书馆的馆藏结构、提升馆藏质量、推动图书馆的发展中所起的作用。"分"的部分为横向分论式，作者从以下五个方面分析了如何有效利用开放存取资源来提升图书馆的馆藏质量：一是把开放存取资源收集和管理作为馆藏发展的有机组成部分，关键是要增加包括开放存取资源在内的数字资源的比重，重视开放存取资源的建设，并考虑其相关投入；二是充分了解客户需求，利用开放存取资源优化馆藏体系，增强馆藏的时效性；三是组织开放存取资源，主要包括对开放存取资源进行元数据描述和将开放存取资源整合成图书馆虚拟馆藏两方面；四是可以利用开放存储资源的调查结果从数据库商或出版商获取更多的优惠；五是加强开放存取资源建设和管理中的合作，包括图书馆间的合作、基于图书馆联盟的合作和超越图书馆界的合作三个方面。此外，作者还提出在利用开放存储资源时要注意知识产权保护和许可问题。

图书馆文献资源建设的若干科学发展问题　叶杭庆，《大学图书馆学报》，2008 年第 5 期。本文为"总 – 分"结构。其中"分"的部分为横向分论式，分别从文献资源建设的系统观、效益观，品牌观、共享观、和谐观、开发观、用户观、文献资源配置的优化观、文献采访方式的辩证观、文献组织方式的发展观和文献资源存储的安全观 11 个方面探讨了文献资源建设中的科学发展问题。作者认为，文献资源是图书馆赖以生存和发展的基础，图书馆的文献资源建设应以科学发展观为指导思想，坚持"以读者为本"，走文献信息资源共建共享之路，科学使用文献经费，合理调整各类型、各学科、各载体文献资源的比例，减少文献资源的重复购置及使用权的过度重叠，从而促进图书馆事业和经济社会的全面、协调、可持续发展。

特色数字信息资源建设的发展趋向　朱烨，《现代情报》，2008 年第 5 期。本文为"分－总"结构。其中"分"的部分为横向分论式，包括特色数字信息资源标准化建设的国际化、数字信息资源内容整合的国际化、特色数字信息资源建设的产业化、深层次营销战略在特色数字信息资源网络营销中的运用四部分内容。作者认为，特色数字信息资源建设的发展趋势是投资的国际化、数字信息资源内容整合的国际化以及数字信息资源生产和联机服务的跨国经营越来越普遍。在特色信息资源建设的标准化建设方面，我国要加强标准化制定速度和宣传力度，加强全局观念和各行业的联系合作，紧跟国际标准化技术和业务发展趋势。在特色信息资源内容的国际化方面，要进一步加强特色信息资源的全球化整合与分享。在产业化发展方面，要走产业化发展道路，将由政府主导变为主要由商业化运作的模式。在深层次营销策略方面，要深入了解客户需求，建立"员工－单位"深入了解机制，将特色数字信息资源生产单位及其数据库产品"深入"推销给用户，尽可能最大限度地发挥数字信息资源产品的价值。

评估环境对高校图书馆藏书建设的影响及对策　何芳，《重庆文理学院学报》（社会科学版），2008 年第 5 期。本文为"总－分－总"结构。其中"分"的部分为纵深推论式，分析了评估环境对图书馆藏书建设的影响，并基于此探讨了评估环境下高校图书馆藏书建设的对策。馆藏文献资源是图书馆提供文献信息服务的物质基础，教育部所开展的本科院校水平评估为高校图书馆的藏书建设带来了一些机遇：促使学校领导重视图书馆藏书建设，增加了对其的经费投入，藏书量得到很大提高，管理更加规范，并且在一定程度上提高了读者利用率和文献保障率，促进了图书馆文献资源的合理配置等。但评估环境同时也带来一些消极影响：一是为应对评估在短时间内大量投入文献购置费，突击购书，很难保证馆藏文献的质量；二是突击采购造成编目质量下降，影响了高校图书馆书目数据库的建设；三是不能正确选择图书采购的供应商；四是采购工作与读者需求调查严重脱节；五是不再对过期藏书进行定期剔旧处理，影响藏书质量。作者认为，高校应该利用评估环境，化不利因素为积极因素，从以下几个方面使图书馆的藏书建设更加科学合理：①科学地组织和管理采访工作；②把好图书采购的质量关，通过多种途径不断提高图书采购质量；③不断提高采购人员的素质；④重视读者需求调查；⑤建立合理的藏书评价体系。

上海市生物医学外刊资源建设调查和分析　周月琴，《大学图书馆学报》，2008 年第 6 期。本文为"总 - 分"结构。其中"分"的部分为纵深推论式，作者首先从数量与学科分布、文献类型、语种及获得方式、购刊经费、特色馆藏建设五个方面对上海市生物医学外文期刊资源引进的基本情况作了统计分析，然后基于此分析了其外刊资源建设所存在的问题并给出了自己的对策建议。通过调查，作者发现上海市生物医学外文期刊资源建设的总体情况较好，但也存在以下几个问题：外刊馆藏重复建设、外刊覆盖率低、新兴学科外刊建设落后、医院外刊馆藏数量不足、电子期刊取代印本期刊问题突出等。作者认为，可以从以下几个方面来解决：一是开展分工合作和协调，减少重复建设，加速新兴学科外刊建设，从而提高期刊保障率；二是加大建设力度，提高外刊覆盖率；三是完善电子期刊与印本期刊间的平衡；四是开展地区间协作，实现资源共建共享。

山东省高校图书馆招标采购图书问题分析——以山东大学图书馆为例　姜保良，《大学图书馆学报》，2008 年第 6 期。本文为"总 - 分 - 总"结构。其中"分"的部分为纵深推论式，主要分析了山东省高校图书馆招标采购的情况和出现的问题，并基于此对以后的招标工作提出自己的建议。目前山东省高校图书馆招标采购工作主要存在以下问题：①招标主管部门的多样化，造成招标工作差异很大；②评委中非专业人士居多，难以保证图书招标质量；③关于"明标"的问题，虽具有标的明确的优点，但有时也会出现断货现象，不能保证采到率；④评标依据不够完善，影响馆配商的质量。作者认为，在以后的招标工作中，既要满足"以最高的效率获取更多所需文献，给读者最好的服务"的要求，又要达到"提高资金使用效率，规范财务管理和市场秩序，规避各种风险，获取优质服务"的目的，从而使以招标为主导的文献资源多元化采购机制更加规范合理。

艺术院校图书馆采访工作的特点及模式探索　刘健，《大学图书馆学报》，2008 年第 6 期。本文为"总 - 分 - 总"结构，其中"分"的部分为纵深推论式。随着艺术院校对内对外交流合作的不断扩大与深化，其图书馆的文献资源建设也面临新的挑战，采访工作模式也需要随之作出调整与改变。基于此目的，作者首先分析了北京舞蹈学院图书馆的特点，然后结合这些特点提出了适合舞蹈学院及艺术院校图书馆采访工作特点的新思路，并对其采访模式进行了探讨，以便更好地为读者服务。作者认为，本科教育评估、经费大幅度增加和提高馆藏文献利用率是目前艺术院校图书馆所共同面临的三大问题，艺术院校应该以评估为契机，高效地利用经费来最大限度地进行馆藏文献资源建设，并坚持高水平采访工作，提高文献的利用率。具体的思路是：①提高采访人员的各方面的综合素质以保证采访到馆文献的正确率；②艺术院校图书馆在馆藏规模上基本都属于中小型图书馆，因此各馆资源建设的重点是特色文献的采访；③对大型文献和数据库的采购要慎重，应该优先考虑馆际互借，最大限度地节约经费；④可以成立艺术类院校图书馆合作组织，实现资源共享。

刍议高校图书馆招标采购的可行性　陆凤红，《农业图书情报学刊》，2008 年第 6 期。本文为"总－分－总"结构。其中"分"的部分为纵深推论式，共分为三个部分：第一部分从高校图书馆招标采购的背景、优越性等方面，分析了高校图书馆招标采购的可行性；第二部分探讨了图书采购中市场行为的选择；第三部分分析了图书采购招标策略的设置，提出了招标采购过程中应注意的问题及对策。作者认为，《国家招标法》和《采购法》的制定与实施、图书市场的迅速发展和各种类型图书供应商的出现、高新技术的发展、教育改革及各种评估等都为高校图书馆实行招标采购提供了各种有利的条件，而且实行招标采购具有节约采购成本、提高图书采购的透明度、提高工作效率、减轻采编人员工作压力的优点，因此高校图书馆采取招标采购是切实可行的。但是在采购的市场行为选择时要充分考虑书商的综合实力和合作情况、书商的规范化服务、适当的优惠折扣三个方面；在招标过程中注意招标文件的编制要详尽规范，不能以折扣为依据，避免一年一招的情况出现；具体策略上应确定两家以上有实力的书商为供应商，建立图书招标专家评审委员会，实行多元化的采购方式以克服招标过程中的各种弊端。

外文图书采访的传统与网络模式之比较　崔琼，《大学图书馆学报》，2008 年第 6 期。本文为"总－分"结构。"总"的部分介绍了采访模式的概念，分析了外文图书的参考价值，并基于此提出本文的研究内容。"分"的部分为纵深推论式，首先分析了目前高校图书馆采访实践中的两种模式——

传统模式与网络模式，然后又从图书推荐方式、采访信息源、订单制作与发送方式、采访反馈方式等方面对二者进行了比较分析，简述了以 POSP 为代表的现代网络采访模式相对于传统采访模式的诸多优势，同时也肯定了传统模式因长期沿用，因而在现阶段还存在的不少合理成分。最后，作者提出了高校选择外文图书采访模式的策略：一是立足于学校实际，选取以其中一种为主、另一种为辅的采访模式，兼采传统与网络之优势，实现优势互补；二是着眼于未来，加强网络图书推荐方式的宣传与推广。

对高校图书馆馆藏评估与优化的思考　刘华、万燕萍，《大学图书馆学报》，2008 年第 6 期。本文为"分 - 总"结构。其中"分"的部分为纵深推论式，共分为三部分。第一部分分析了馆藏评估工作的重要性和目的。第二部分以上海大学图书馆为例，从各学科图书入藏量、图书借阅流通情况、各类图书利用率、各类图书平均借阅次数等方面对该馆 2007 年入藏的中文图书的流通使用状况进行了统计分析。第三部分基于上海大学图书馆新书使用统计分析，提出高校图书馆馆藏优化的建议：①图书馆应根据学校总体发展目标与中长期发展规划制订周密完善的近期和长期馆藏建设规划方针；②馆藏评估采取定量与定性相结合的方法；③学校应更加重视图书馆的教育引导职能以及社会热点对读者阅读倾向的影响；④图书馆要大力宣传推广馆际互借、文献传递和电子图书利用服务；⑤进一步提高文献建设水平和质量，采取先进、科学的方法开展馆藏建设；⑥学习欧美学术图书馆的经验，请各专业教师提出必读书目，专架陈列，形成本校的教学参考书数据库。最后对全文做出总结，指出学术图书馆在确保一定馆藏数量和种类的同时，要随时结合社会发展、学校建设和读者需求，及时调整藏书，优化藏书结构，从而使图书馆的藏书建设工作向科学化、规范化、现代化发展。

图书馆特色馆藏资源建设　金以明，《大学图书馆学报》，2008 年第 6 期。本文为"总 - 分 - 总"结构。其中"分"的部分为纵深推论式，包括图书馆建设特色馆藏的必要性、建设特色馆藏应遵循的原则、开发特色馆藏资源的途径与方法、图书馆特色馆藏的数字化以及利用图书馆特色馆藏展开特色服务五部分内容。作者认为，建立特色馆藏能直接促进高校学科建设和整体发展，推进馆藏精品化和服务优质化；可以缓解经费紧缺问题，解决重复订购和缺藏的矛盾，实现信息资源共享。开展特色馆藏资源建设应遵循以下原则：①应与学校发展和读者的需求相协调；②应与原有馆藏资源保持连贯性和均衡性；③各种载体文献的最优化组配原则；④合理使用经费，资源共享原则；⑤自建具有本校特色数据库原则。图书馆可以通过学科特色馆藏建设、学校特色馆藏建设、外部资源特色馆藏建设、地方性特色馆藏建设等途径来开展特色馆藏资源建设。此外，作者还提出，馆藏资源数字化是现代图书馆发展的必然趋势，图书馆可以通过传统馆藏特色文献数字化、有针对性地对数字化文献资源进行直接采购、迅速发现并利用网络文献延伸自己的数字化特色馆藏三种途径来开展特色馆藏数字化建设；利用特色馆藏为读者开展信息查询、特色馆藏资源增值服务，实现资源共建共享，进行网络服务等特色服务。

武汉大学图书馆地图资料管理现状与对策研究　邱岚，《大学图书馆学报》，2008 年第 6 期。本文为"总 - 分 - 总"结构。其中"分"的部分为纵深推论式，首先从载体类型、收集途径、地图资料现有管理工作流程三个方面对武汉大学图书馆地图资料管理的现状分析进行了分析，并指出当前地图文献建设工作中存在的实际问题，然后基于此提出加强信息时代地图文献资源建设的对策建议。通过分析，作者认为目前地图文献建设中主要存在以下问题：①收集渠道不畅；②地图文献宣传力度不够；③管理手段落后；④地图文献类多而复杂，难以按图书分类法归类；⑤地形图两种坐标系的并存和使用，造成同一幅图有两个图幅号的现象。可以通过以下途径来完善对图书馆地图资料的管理：①发挥网络的优势，拓宽收集渠道，完善地图文献数据库；②选择具有保密性能的数据库，不同密级采取不同保密措施；③提高工作人员的素质；④推广应用计算机地图管理系统，改变手工操作的落后面貌；⑤规范地形图著录；⑥明确地图文献的分类，使其更符合学科性质；⑦改善地图文献收藏条件。

数字环境下文献资源建设的再思考　刘素清、李晓东，《大学图书馆学报》，2008 年第 6 期。本文为"总 - 分 - 总"结构。其中"分"的部分为纵深推论式，包括三个部分。第一部分从文献资源建设理念、内容结构、用户需求、图书馆联盟的影响、其他虚拟数字图书馆项目的冲击、数字资源的长期保存等多个方面分析了数字环境下文献资源建设所面临的冲击与影响。第二部分明确指出应对这些挑战的方法：①通过引文分析、文献流通和电子资源使用数据分析、馆际互借数据分析等数据挖掘分析法全面分析用户需求，以用户为核心来开展文献资源建设；②更新观念，开阔视野，通过全方位、多层次合作共建我国国家级文献资源保障体系。第三部分探讨了文献建设人才的培养问题，指出现代文献资源建设工作需要培养引进具备学科知识、法律知识和信息技术背景的复合型人才以及专门的数据分析人员。

数字环境下图书馆学术期刊的订购　徐守杰，《大学图书馆学报》，2008 年第 6 期。本文为"总 – 分 – 总"结构。其中"分"的部分为纵深推论式，主要分析了数字环境下的学术期刊网络版发行方式、定价策略对印刷版订购的影响以及图书馆对两者的协调订购三个问题。学术期刊的印刷版与网络版各具特色：网络版具有引文链接、检索途径多、实时全文阅览、免费提供现期内容通报等优点；而印刷版则具有高质量、高知名度、历史悠久、阅读界面友好、性能稳定、便于携带、阅读手段方便等优点。因此，图书馆的学术期刊的订购需要兼顾印刷版和网络版，从而实现高质量的信息服务。作者认为，图书馆在进行印刷版与网络版协调订购时需考虑以下几个方面：①学科之间的差异，根据学科特点合理配置两者间的订购比例；②一次文献与二次文献的差异，对于一次文献的核心学术期刊，可以考虑一定程度的印刷版和网络版同时订购，而对于二次文献，则应只订购网络版；③重点学科与非重点学科的差异，重点学科可以兼顾两者的合理布局；④核心期刊与非核心期刊的差异，利用率高的核心期刊应该两者同时订购，利用率低的核心期刊以及利用率高的非核心期刊可以只订购其中一个版本。

论我国数字信息资源建设政策体系　肖希明、李书祥，《情报资料工作》，2008 年第 6 期。本文为纵深推论式结构，共分为四部分。第一部分主要探讨了构建我国数字信息资源建设政策体系的意义：为数字信息资源建设提供科学的发展方向；规范各相关主体在建设中的各种行为，有效协调与平衡各方利益；通过统一规划和科学布局，减少建设中的重复浪费现象，提高信息资源利用效率等。第二部分分析了我国数字信息资源建设政策现状，指出我国信息资源建设起步晚、发展快，但是却缺乏一套规范系统的数字信息资源建设政策体系，一些重要领域还存在政策空白而且有些政策之间还存在不协调、不一致的现象。第三部分提出我国数字信息资源建设的政策体系框架，主要包括数字信息资源的选择与采集政策、数据库的建设政策、网络信息资源的整合与开发利用政策、数字信息资源安全政策、数字信息资源长期保存政策等几个方面。第四部分指出构建我国数字信息资源建设政策体系应遵循的原则：系统性原则、平衡性原则、适用性原则和前瞻性原则。

甘肃省主要高校数字信息资源建设与利用分析　宋戈、田金徽、杨克虎、魏志鹏，《图书与情报》，2008 年第 6 期。本文为"总－分－总"结构。其中"分"的部分为纵深推论式，作者通过对甘肃省 10 所高校数字信息资源建设和利用现状的调查，分析了制约其信息资源利用的因素，并指出提高甘肃省高校数字信息资源利用率的措施。通过调查，作者发现：数字资源的类型与品种越来越多，在高校图书馆文献资源体系建设中所占比重较大，在教学和科研中的作用也越来越大，其中大型商业数据库尤其是国外商业数据库所占比重加大，但是数字资源实际利用率却偏低。甘肃省主要高校信息资源利用的制约因素主要源于以下方面：①经费限制，制约了部分高校数字资源的完整性；②对数字资源的宣传和用户的培训不够；③高校图书馆人员结构不合理，普遍存在整体素质偏低现象；④高校图书馆数字资源用户的信息素质不高。作者认为，数字信息资源建设和利用已成为衡量高校图书馆实力的重要指标。高校图书馆应该采取以下措施来提高数字信息资源的利用率：一是促进数字资源与纸质文献的协调发展；二是加强数字资源整合；三是加强高校图书馆数字资源的推介宣传工作；四是开展多形式、多层次优质数字信息资源服务；五是建立学科馆员制度，提升馆员队伍水平；六是开展多种形式的信息素质培训；七是加强馆际协作和资源共建共享。

浅议高校图书馆数字信息资源建设　孙宁，《山东省农业管理干部学院学报》，2008 年第 6 期。本文为"总－分"结构。其中"分"的部分为纵深推论式，第一部分从数字化信息资源收录范围、存储方式、保障模式和价格几个方面分析了数字化信息资源的特点。第二部分指出高校图书馆应该如何利用数字化信息资源，主要包括采集特色信息资源、自建"专、精、全"的特色数字资源数据库、合理配置数字化资源与印本资源三个方面。第三部分分析了数字化信息资源存在的问题并基于此提出自己的观点：①部分信息资源的真实可靠性得不到保证，各高校图书馆在选择购买数字化信息资源时应全面了解其真实性，并正确引导读者有选择性阅读，提高师生对信息的鉴别、筛选和分析能力；②数字化信息资源所涉及的领域还不够全面，因此某些专业性院校在突出其馆藏特色的同时，还应顾及文献收集的广泛性，在数字化信息资源未能涉及的领域，相应增加其印本资源数量，确保印本资源和数字资源的共存互补；③数字化信息资源的使用受到一定的限制，各高校图书馆应积极开发本馆信息资源并使之数字化，从而丰富自己的数字馆藏内容，更大限度满足师生的信息需求。

探讨当今高校图书馆藏书剔除工作的必要性　黄荣、黄萍，《中国科技信息》，2008 年第 24 期。本文为"总 – 分"结构，其中"分"的部分为纵深推论式，主要探讨了开展藏书剔除必要性与重要性、目前开展藏书剔除工作存在的问题、如何开展藏书剔除工作三个问题。作者认为，藏书剔除是根据科学的发展、读者阅读兴趣的转移、任务的变化以及采购工作缺点等各方面的情况，对馆藏书刊的品种和复本进行必要剔除，从而使藏书处于适应读者需要、便于科学管理的最佳状态。合理藏书剔除能够提高藏书质量、提高藏书利用率、提高管理水平，同时满足读者需求的实效性，因此，藏书剔除也是关系到图书馆信息资源建设的一项重要工作。但是由于它是一项专业性很强的工作，而且图书馆深受传统藏书模式影响，只重视数量而忽视质量，一些图书馆未能及时开展图书剔除工作。作者认为可以通过以下措施搞好藏书剔除工作：第一，必须充分认识剔除工作的必要性；第二，坚持藏、管、用三利原则，既有利于藏书建设，又有利于科学管理，同时又有利于读者使用；第三，统一步骤方法，平时多注意记录所要剔除的藏书使用情况。此外作者还指出在开展藏书剔除过程中一定要注意保持馆藏的系统性和完整性。

英国、澳大利亚、日本的公共图书馆建设指标　王萱、徐珊，《中国图书馆学报》，2009 年第 1 期。本文为横向分论式，共分为三个部分，主要探讨了英国、澳大利亚、日本关于公共图书馆建设指标的规范性指标。作者指出，在英国，与公共图书馆建设有关的规范性指标主要体现在《英国公共图书馆服务标准》之中。在澳大利亚，目前没有对全国所有图书馆适用的标准，针对公共图书馆建设的标准主要是昆士兰州制定的《图书馆建设标准》和新南威尔士州制定的《公共空间：新南威尔士州公共图书馆建设指标》。在日本，1999 年修订之前的《图书馆施行规则》主要针对以下事项规定了"最低标准"：馆长资格、年新增藏书量、建筑面积、专业馆员配置数量；在 1999 年又取消了该"最低标准"的规定，主要由《公立图书馆设置与运营的期望标准》与《公共图书馆的任务与目标》来对图书馆的建设标准进行规范和约束。

云计算与未来图书馆数字信息资源建设　卢晓娟，《四川图书馆学报》，2009 年第 2 期。本文为"总 – 分 – 总"结构。文章开头，作者简单概述了云计算的定义和基本原理，并阐述了数据库在图书馆信息资源建设中的重要性，然后基于此提出将云计算运用到未来图书馆信息资源建设。"分"的部分为纵深推论式，共分为四部分。第一部分介绍了现阶段图书馆数据库建设大体包括四个方面的内容——馆藏书目数据库、特色文献数据库、联合书目数据库、数据库产品。第二部分指出现阶段图书馆数字信息资源建设所面临的问题：一是纸质资源与数字资源不能相互补充；二是数字资源相互独立、重复建设概率高；三是信息资源共享还存在局限性。第三部分分析了图书馆数据用云计算管理的优点：云计算能为图书馆提供最可靠、最安全的数据存储中心；对用户端设备要求最低，使用起来也最方便；能轻松实现不同设备间数据的应用和共享，从而轻松实现馆与馆的数据共享。第四部分指出，在运用云计算进行图书馆的数字资源建设时还应注意数据位置问题、网络的建设问题以及所需的费用问题。文章结尾，进一步指出云计算的重大作用，以及它与图书馆结合的重要意义。

网络环境下虚拟馆藏的建设　张乐，《科教文汇》（上旬刊），2009 年第 2 期。本文为"总 – 分 – 总"结构，其中"分"的部分为纵深推论式。主要包括虚拟馆藏的概念、虚拟馆藏超越传统文献资源的特点、虚拟馆藏资源建设的策略和虚拟馆藏资源更新与维护四部分内容。图书馆信息资料包括虚拟馆藏与图书馆传统的现实文献资源。虚拟馆藏网上信息资源极为丰富且形式多样，具有广泛的共享性，打破了文献传播的区域限制使信息传播更加迅速，并能为更多的用户使用。但是图书馆对虚拟馆藏的实际开发利用却十分有限。作者认为，未来图书馆信息资源建设应该遵循数字化和书体化资源"共存互补"原则，可以通过与数据库提供商签署协议购买虚拟馆藏，也可以与其他图书馆签署协议，相互租用对方的电子馆藏。由于网络信息资源的更新速度快，所以应该加强对虚拟馆藏的更新和维护，从而提高界面的友好性，加强安全防护，确保虚拟馆藏资源的质量。

图书馆虚拟馆藏初探　王雪松，《黑龙江科技信息》，2009 年第 2 期。

本文为"总－分－总"结构。其中"分"的部分为横向分论式，主要论述了虚拟馆藏的含义、来源、特点、构成及其相对于传统馆藏的优缺点。作者认为，虚拟馆藏是相对现实馆藏而言的，主要由网上数据库、网上电子出版物、馆际共享的数据库和网上联机馆藏目录数据库构成，具有共享性强、使用方式的间接性和一般有权限方面的限制等特点。与现实馆藏相比较，虚拟馆藏具有数量庞大、存取自由、流通传递速度快、关联程度强和易复制等优点，但同时也有持续性与稳定性不高、信息筛选和分析成本高等缺点，因此图书馆需要立足实际，采用科学合理的方法组织虚拟资源，建立特色系统的虚拟馆藏，最大限度发挥它的优势。

医学信息资源建设与组织　郭继军主编，人民卫生出版社，2009 年 3 月。本书共分为医学信息资源建设和信息资源组织两篇，共十三章。其中第一至第六章为第一篇（医学信息资源建设），主要探讨了信息、信息资源与信息资源建设（即绪论部分）、医学信息资源的类型与特征、信息资源建设的理论与原则、信息资源建设技术、信息资源的评价与管理、信息资源共建共享等内容。第六至第十三章为第二篇（信息资源组织），主要包括信息组织引论、信息资源描述、信息资源的目录揭示、信息资源组织分类描述语言、信息组织主题描述语言、通用标记语言及其相关标准、数字图书馆的信息组织等方面的内容。本书作者综合了传统的藏书建设、分类编目等内容，全面系统地介绍了医学信息资源建设与组织的基本知识、基本理论和基本技能，同时在内容上重在突出本领域的最新理论进展和实际工作需要，并强调理论和技能的实用性，从而使学生能够系统地掌握本领域的基本理论体系和信息资源的处理方法。

转型期民办高校纸质图书采访质量控制研究　朱一红、侯素华、周卫华，《河北科技图苑》，2009 年第 3 期。本文为"总－分－总"结构。引言部分通过"图书馆读者需求问卷调查"的方式，对浙江树人大学不同层次读者的需求进行了统计分析并对统计结果进行了描述。正文部分为纵深推论式，包括民办高校图书馆中文图书的采访现状和民办高校图书馆中文纸质图书采访质量控制策略两方面内容。结论部分对全文做出总结。民办高校往往依据《全国新书目》《科技新书目》和《社科新书目》的数据来订购图书，其图书来源于网上书店订书、读者推荐、现场采购等途径，然而通过这些途径的图书采访质量并不高，其中有图书出版发行商的原因，如内容选材雷同、形式浮夸、外观装帧印刷质量低劣等；也有采访人员普遍综合文化素质低的原因。作者认为，转型期的民办高校可以通过以下策略控制纸质图书采访质量：一是基础是要提高采访人员的素质；二是要合理使用和控制经费；三是保证畅通的信息渠道，采取灵活多样的采访手段。

高校图书馆小语种图书采访策略探讨　郑燕平，《大学图书馆学报》，2009年第3期。本文为"总－分－总"结构。其中"分"的部分为纵深推论式，共分为四部分。第一部分简述了小语种图书的定义，指出本文研究的小语种是除英语外其他的外国语言文字，而非《联合国宪章》所规定的小语种。第二部分探讨了加强小语种图书采访工作的重要性：一是高校学科建设及其发展的需要，由于小语种专业开设院校的逐年递增以及国际合作办学的迅速发展，对小语种图书的需求增加；二是完善馆藏结构体系，促进教学科研和学生学习，充分发挥图书馆职能的需要。第三部分分析了小语种图书采访工作存在的问题，如出版源较少、采访渠道不畅、采访数据难以编制、具有相关知识背景的采访人员缺乏等。第四部分提出了加强小语种图书采访的策略建议：一是通过接受捐赠、委托代购、馆际共享、国际交换等途径努力扩大采访渠道；二是实行馆系合作，克服语言障碍；三是建立替代性小语种采访与编目数据库，如用中文替代法代替小语种编制有关数据；四是加强馆际采访人员的交流合作，以便及时了解小语种图书采访信息并相互借鉴工作经验。作者认为，随着小语种专业招生规模的逐渐增大，提高小语种图书采访质量、完善小语种图书收藏已经成为高校图书馆馆藏建设非常重要的组成部分。

高校图书馆文献资源建设与评价　唐文惠、潘彤声著，武汉大学出版社，2009年3月。本书共分为九章：第一章概述了文献的概念、类型、特征及高校文献资源的类型和特点；第二章分析了高校图书馆文献资源建设的思想性、针对性、系统性、计划性、效益性、发展协调与协调共享原则；第三章介绍了高校图书馆文献资源的长、短期发展规划；第四章概述了高校图书馆文献资源的来源包括我国和外国的文献出版发行；第五章从需求信息调研、采购原则、采购方式方面分析了高校图书馆文献资源的选择与采购；第六章介绍了高校图书馆文献资源的复选与剔除问题；第七章从文献资源引进程序、采集工作、采访队伍建设、经费利用、效益评估、藏书布局等方面论述了高校图书馆文献资源建设的组织管理；第八章分析了高校图书馆文献资源的评价标准与方法；第九章运用具体的调研、评价方法和评价指标体系对高校图书馆数字资源进行评价。作者认为，随着高等学校事业的发展，图书馆文献资源也迅速增长，图书、期刊、电子型文献、网络型文献等各种信息资源极大丰富了图书馆的馆藏内容，但馆藏文献量的飞速增长也带来了馆藏结构的优化以及文献资源质量控制等问题，高校图书馆应该理性认识，认真对待文献资源建设和评价工作，从而实现图书馆馆藏工作的可持续发展。

高校图书馆图书采访的采后评价研究　王玲、杨晓华，《图书馆工作与研究》，2009 年第 3 期。本文为"总 - 分"结构。"总"的部分概述了自己的研究目的以及本文的研究思路。"分"的部分为横向分论式，首先从图书品种、复本数量、图书价格、采购的资金分配等角度，运用文献计量学的方法，对 2005～2007 年度某高校图书采访进行了全面的分析，并结合图书预约、借阅频次、请求增订等读者需求情况，系统地评价了图书采购对高校教学科研与学科建设的保障程度；然后通过对各年度图书采购的特点进行对比研究，探讨了高校教学评估时期图书馆资源采购规律及其趋势的变化，总结了教学评估给图书采访工作带来的负面影响；最后基于此提出促进图书资源建设规范化的具体措施。通过分析，作者认为，该校图书馆 2005～2007 年，各类图书的采购比例基本能维持稳定，图书采购工作具有较强的稳定性和连续性；但随着高校教学评估的临近，其采购重心极大地偏向于完成采购数量，突击采购打破了原有藏书组织计划，而且社科类和科技类图书在采购结构上仍然显示出比例失衡的弊端，基于此作者提出图书资源建设规范的具体措施：一是把握重点投入的原则；二是完成馆藏缺失的补充；三是紧抓特色馆藏的建设。

新环境下中文图书采访模式探究　谢耀芳，《图书馆工作与研究》，2009 年第 3 期。本文为"总 - 分 - 总"结构。其中"分"的部分为纵深推论式，包括传统的图书采访模式的优缺点和新环境下采访模式的探究两部分。书目预订与现书选购是两种传统的主流采访模式。书目预订具有系统性强、批量大、易查重查漏等优点，但是却存在出版社信息覆盖面太小不足以反映当前出版动态、文学类和学术性图书以及地方特色文献报道较少、周期长、信息滞后、到货率不高等缺点。现货采购有效缩短了文献和读者见面的周期，避免文献订购的盲目与不确定性，提高了藏书质量，但难以保证藏书的完整性、系统性以及藏书建设的计划性，而且采访的匆忙有时也导致藏书质量的低劣。作者认为，传统的图书采访模式已经不能适应当前采访环境的新变化，应该采用电子书目预订与现采相结合、采访主渠道和特色补充渠道相结合、现货采购与网上订购相结合等多元联合的新采访模式，以满足当代信息社会条件下不同读者群体对文献信息的不同需求。

论电子资源与纸本资源的协调发展　李咏梅、袁学良，《中国图书馆学报》，2009 年第 4 期。本文为"总－分"结构。"总"的部分提出如何使电子资源和纸本资源的协调发展已经成为图书馆文献资源建设迫切需要解决的问题。"分"的部分为纵深推论式，包括电子资源与纸本资源的发展现状、电子资源的缺陷及电子资源与纸本资源协调发展的思考和建议三部分内容。根据当前资源购置经费与读者的使用情况，不难发现电子资源的比重要大于纸本资源，而且纸本资源也逐步向电子资源转化。然而电子资源具有重复性、不稳定性、垄断性和不易长期保存等缺陷，影响了图书馆馆藏建设的发展。所以，图书馆应该按照目标性、互补性、满足需求、重点保障以及成本效益的基本原则，不断修订和完善馆藏发展政策，使馆藏评价制度化，同时有机整合电子资源和纸本资源，构建与出版商合作的新模式，建立区域联合馆藏，实现资源的共建共享，从而促进电子资源和纸本资源的协调发展。

我国图书馆信息资源建设政策需求的调查与分析　肖希明、张新鹤，《中国图书馆学报》，2009 年第 4 期。本文为"总－分"结构。"总"的部分提出本文的研究目的：了解图书馆对国家信息资源建设政策的需求，从而为制定和完善国家层次的信息资源建设政策提供参考。"分"的部分为纵深推论式，通过调查问卷的形式对我国图书馆信息资源建设的政策需求进行了调查，主要包括调查设计、调查结果分析以及制定国家信息资源建设政策的若干建议三部分内容。随着我国社会信息化进程的不断加快，制定国家信息政策来指导我国的图书馆信息资源建设已是当务之急。通过调查，作者发现，信息资源建设政策应当重点关注数据库建设、知识产权制度、信息资源共建共享以及资金投入等问题；而信息技术、标准化与信息人才政策也应当予以重视；此外图书馆人还要确保政策的有效实施，提高效率，避免资源的浪费。

河北省医学图书馆电子资源建设调查分析　周慧、冯顺利、梁烨、梁立华，《大学图书馆学报》，2009 年第 4 期。本文为"总－分"结构。其中"分"的部分为横向分论式，作者以河北省 11 个设区市的医学类图书馆作为样本，通过电话调查和问卷调查的方式获得原始数据并对其进行统计分析，了解了河北省医学图书馆电子硬件、管理系统软件、数字资源建设、电子文献经费、特色数据库建设等方面的情况，并对电子资源建设的相关问题提出了建议与对策。通过调查，作者发现，河北省医学图书馆电子资源建设方面还存在以下问题：一是电子硬件数目较少，且普遍配置偏低，现代化水平不高；二是先进的大型管理软件应用较少；三是电子图书馆建设方面有待加强；四是对国外数据库的投入明显偏低，外文数据库的利用率不高；五是对电子信息资源利用的重视程度一般，电子资源建设与服务均亟须加强；六是特色数据库较少。基于此，作者提出河北省医学图书馆应该从加大电子资源建设投入力度、建立医学信息资源管理中心、建立医学信息电子资源会员制度、加强特色数据库建设四个方面完善电子资源信息建设，从而促进数字化医学信息的传播。

以教学评估为导向的高校藏书建设反思　沈光宝，《高校图书馆工作》，2009 年第 5 期。本文为"总－分"结构，其中"分"的部分为纵深推论式，共分为三个部分：第一部分对高校本科教学工作水平评估中的图书馆评估指标内容部分进行了分析；第二部分总结了评估指标对高校藏书建设的负面效应；第三部分结合高校图书馆的实际情况，提出了改进指标体系的若干建议。教学评估对高校藏书建设的影响是双向的，一方面提高了高校图书馆管理水平和服务质量，加快了馆藏建设力度，促进了高校图书事业的发展，但另一方面也带来一定的负面效应：一是馆藏评价仅限于纸质文献，影响了数字馆藏的建设与发展；二是过分地强调藏书量指标，影响馆藏质量与数量均衡发展；三是不能反映与学科的相关度，影响学科馆藏建设的发展；四是往往使高校为应对评估，突击采购，影响资源配置效益。基于此，作者认为，在进行教学评估时应该从以下几方面加以改进：一是强化分类指导功能，以减少地区差异，增强评估结果的可比性；二是根据高校校情和馆情，适当调整生均藏书标准，避免突击采购，从而提高馆藏质量建设；三是将电子文献计入馆藏总量；四是提高指标与教学

科研的相关度；五是增设馆藏资源共享能力评价指标；六是增设馆藏质量
评价指标。

论中小公共图书馆的数字信息资源建设　盖永照，《企业技术开发》，
2009 年第 6 期。本文为纵深推论式结构，共包括数字信息资源的定义、数
字信息资源建设对于中小公共图书馆的必要性和数字信息资源建设应注意
的问题三部分内容。作者认为，数字资源是文献信息的表现形式之一，包
括电子期刊、数据库、电子图书、网页、多媒体资料等多种形式，从提供
渠道上可以分为商业化和非商业化两种类型。加强中小公共图书馆的数字
信息资源建设能够极大丰富图书馆馆藏，提高其管理效率和准确率。作者
认为，中小公共图书馆在进行数字信息资源建设时应该注意以下问题：一
是必须在认识上将信息资源建设作为数字图书馆建设的核心内容；二是要
侧重体现本馆特色，建立特色数据库；三是注重资源建设的质量控制。

中文图书采访与馆藏建设的原则和策略　姜宝良，《情报资料工作》，
2009 年第 6 期。本文为"总 – 分"结构。其中"分"的部分为纵深推论
式，共包括三部分。第一部分分析了高校图书馆中文图书采访与馆藏建设
的原则，包括学术性与权威性原则、思想性与实用性原则、系统性与重点
学科文献建设相协调原则。第二部分用数据实证的方式分析了高校图书馆
中文图书采访和馆藏建设存在的问题和趋势：一是核心出版社的测定与分
析问题；二是中文图书购置经费比例逐年下降而电子资源购置经费逐年增
加的趋势；三是中文图书复本减少、品种增加的趋势。第三部分提出中文
图书采访和馆藏优化的对策建议：一是采取科学合理方法，确定采访资源
的重要来源；二是遵循馆藏结构的优势互补与协调发展的原则；三是遵循
图书采访的专新精广与复本适量的原则；四是加强图书馆馆藏特色化和数
字化建设，促进文献资源的共建共享。

大规模数字化对文献资源建设的影响及对策　陈寿，《图书馆理论与
实践》，2009 年第 7 期。本文为"分 – 总"结构。其中"分"的部分为纵
深推论式，共包括三个部分。第一部分详细介绍了国内外大规模数字化图
书的基本概况。第二部分从收藏地位和馆藏结构、资源购置经费和获取方
式、采编人员以及工作模式等方面探讨了大规模数字化对文献资源建设的
影响。第三部分提出图书馆文献资源建设的主要策略及措施：一是注重图
书馆的开放性，加强与 IT 界合作；二是逐步促进印刷型馆藏的数字化；三

是调整收藏结构，逐渐增加数字化资源购置比重；四是加强免费数字资源的组织与保存；五是重组文献采编机构；六是再造采编业务流程；七是数字资源加工进入知识层面。最后，对全文做出总结。总括全文，作者认为，应对大规模数字化图书热潮以及信息技术变化的冲击，高校图书馆应注重公益性与开放性，加强合作，促进共享，提高其核心竞争力从而为读者提供更高效优质的信息服务。

数字信息资源建设的内容与评价 张波、周敬治，《情报科学》，2009年第7期。本文为"总－分"结构。其中"分"的部分为纵深推论式，共分为三个部分。第一部分简要概述了数字信息资源建设的概念和内涵；第二部分较为详细地分析了数字信息资源的采选、开发、组织管理与共建共享等内容；第三部分提出了五项切实可行的数字信息资源建设评价准则，包括保障评价、质量评价、虚拟数字内容评价、检索功能评价及利用评价等。作者认为，数字信息资源建设目前已成为世界各国信息资源建设的重要内容，在我国已成为科技创新体系中最为重要的支撑体系，同时，也是用户获取知识信息的第一途径。因此，图书馆亟须加大投资力度，深入开发网络数字资源，积极开展数字信息资源建设。

黑龙江省高校图书馆的数字信息资源建设 文丽，《情报科学》，2009年第8期。本文为"总－分－总"结构。其中"分"的部分为纵深推论式，共分为三部分，作者通过对黑龙江省23家高校图书馆的数字信息资源的建设以及数字信息资源开发与利用情况进行调查分析，分析了其数字资源建设存在的问题，并基于此提出相应的解决对策。通过调查，作者发现黑龙江省数字信息资源建设主要存在以下问题：一是数字信息资源分布不均，出现了数字资源分布上的"马太效应"；二是数字资源建设缺乏宏观指导和统一规划，重复订购现象比较严重；三是数字资源还没有实现共建共享；四是受学校经费影响，数字信息资源建设得不到良性发展。作者认为，高校图书馆数字资源的建设和发展能够有效促进教育、科研、经济等的快速发展。因此，一方面需要加强宏观指导，逐渐实现国家的统一规划，使其在一个科学的管理环境下开展，从而避免盲目、重复建设等问题；另一方面需要依托中国高等教育文献保障系统（CALIS），实现数字信息资源的共建、共享。

高校图书馆图书采访质量影响因素权重测定及模糊评价分析 马启

花，《农业图书情报学刊》，2009 年第 9 期。本文为"总 – 分"结构。在"总"的部分，作者指出进行高校图书馆图书采访质量影响因素分析及其评价的必要性：高质量的图书采访工作是图书馆文献信息资源建设的核心，同时也是使图书馆保持在快速稳定、可持续发展状态的关键。"分"的部分为纵深推论式，共分为三个部分：第一部分从图书出版发行、供应商、购书经费、采访人员以及采访工作管理等方面对影响高校图书馆图书采访质量的因素进行了分析；第二部分运用了层次分析法对图书采访质量影响因素进行了权重测定；第三部分对图书采访质量作出模糊综合评价分析。本文旨在通过测定影响因素的权重，进而以此为突破口，探讨提高图书采访质量的方法。

高校图书馆文献资源建设模型探讨　李美文、林玉蕊，《情报科学》，2009 年第 11 期。本文为"总 – 分 – 总"结构。引言部分介绍了本文所用的研究方法"效用理论和边际效用"。正文部分为纵深推论式，共分为两部分：第一部分分别从文献的产出效用标准、文献的效用函数与择优分配原理、文献资源建设的投入产出函数和人均效用函数三个方面探讨了现代资源择优分配原理在文献资源建设中的运用；第二部分运用文献资源建设资金分配模型对该校图书馆文献利用情况进行了实例分析。最后，对该模型的合理性和优点进行了讨论。本文作者在分析图书产出效用函数性质的基础上，把效用函数的约束条件转变成对资金变量的约束条件，大大简化了图书馆文献资源建设中资金分配方案。作者认为，高校图书馆文献资源建设模型有利于指导图书馆文献资源建设，使图书馆有限的采购经费发挥最大的效用。

中文图书采访辅助支持系统的开发与应用——以西北师范大学图书馆为例　张会田，《图书馆建设》，2009 年第 12 期。本文为"总 – 分"结构。"总"的部分分析了新时期图书采访工作的新特点，并指出目前图书馆集成管理采访子系统在支持采访工作中的局限性，然后基于此提出构建中文图书采访业务辅助支持系统的问题。正文部分为纵深推论式，以西北师范大学图书馆为例，探讨了如何构建中文图书采访业务辅助支持系统的问题，包括系统应用可行性分析、系统结构与功能设计、系统的优点与不足三个部分。作者认为，中文图书采访工作是目前图书馆文献资源建设工作的重中之重。采访工作中的新书书目信息收集与管理、图书选购及数据查重等环节是提高采访工作质量和效率的重要环节。作者认为，构建中文图书采访辅助支持系统，是有效解决新书采访数据的统一管理和利用、拟购图书信息采集、网上学科选书、数据重复性检验，以及弥补图书馆集成管理系统采访子系统功能缺失的理想途径。

基于读者需求的图书采访决策研究　张必兰，《情报杂志》，2009 年第 12 期。本文为"总 – 分 – 总"结构。其中"分"的部分为纵深推论式，共包括三部分。第一部分将读者需求按获取方式的不同划分为直接需求、分类需求、隐式需求三类。第二部分首先介绍了关于读者需求采访决策模型的研究背景，进而分析了 D – S 证据理论的基本原理并将其运用于以读者需求为基础的图书采购决策中，针对各种证据的影响程度，赋予不同的权重，从而使决策结果更具合理性。第三部分通过示例给出具体的证据合成流程。在结论部分，作者总结了将权重证据理论用于图书采购决策的优点以及在实际运用中应该注意的问题。作者认为，读者需求是影响图书采访决策的首要参考因素，以读者需求为导向进行的图书馆资源建设能够更合理地调整馆藏结构，提高图书馆服务质量和图书利用率。

中学图书馆数字信息资源建设初探　刘慧，《科技信息》，2009 年第 16 期。本文为"总 – 分 – 总"结构。其中"分"的部分为纵深推论式，共分为四部分。第一部分分析了中学图书馆数字信息资源建设的必要性：一是数字化信息资源能增加有效学习时间；二是中学生对网络教学资源的需求不断增长；三是中学生健康成长迫切需要建设健康有益的网络环境。第二部分从国内 Internet 连接情况、网络资源情况、目前中学信息技术状况以及一些成功事例等方面分析了中学图书馆数字信息资源建设的可行性。第三部分论述了中学图书馆数字信息资源建设的内容：一是建立与完善图书馆的书目数据库；二是建立特色数据库；三是建立全文数据库；四是数字化信息资源的采购；五是网上信息资源的联合采集与利用。第四部分探讨了中学图书馆所能提供的数字信息服务，如网上书目检索、网上参考咨询、电子资源提供、网络视频点播、"我的图书馆"服务等。最后作者给出结论：中学图书馆数字信息资源建设势在必行，并且会随着社会信息化的发展愈加完善，成为中学教育中不可或缺的核心。

小岗位　大作为——浅谈科研院所信息文献室的图书采访工作　李亮亮，《科技创新导报》，2009 年第 34 期。本文为"总 – 分 – 总"结构。其中"分"的部分为横向分论式，主要探讨如何进行科研院所的信息文献图书采访工作的问题。作者认为，科研单位的信息文献室归类于小型的专业图书馆，图书采访工作是其中最重要的基础性工作。它对馆藏有更加具体的要求，在实用性、专业性、权威性、对口性、学术性及系统连续性等方面要求更高。因此，在图书采访工作中，要利用广泛渠道进行文献资料挖掘、开发与搜集；牢牢把握专业发展方向，不但要保证图书数量，更要注重提高采访质量；同时还要有针对性，重点兼顾，体现科研院所信息文献室的特色，从而实现其价值。

第三节　信息资源共享

基于网格的 e – assessment 题库资源共享平台研究　董敏、毕盛、齐德昱、林伟伟，《计算机应用研究》，2008 年第 1 期。本文为"总 – 分 – 总"结构。引言部分分析了现代教学题库系统中存在的问题与不足。正文部分为纵深推论式，作者在研究 e-assessment 和现代教育测试理论模型的基础上，提出了利用面向资源融合的树型网格来解决 e-assessment 中的题库资源共享问题，建立一种面向主题的、分布式、可扩展、高效可靠的题库资源共享平台，并就该共享平台实现过程中的信息服务、系统安全、服务质量等问题进行了探讨研究。结论部分总结了该共享平台的实现机制。作者认为，该共享平台能够实现资源的知识化管理、协同的安全控制、统一透明的共享访问，更好地适应新一代 e-learning 发展的需求，为教学现代化的实现开创了新环境、新技术、新平台。

近 10 年国外馆际互借理论研究进展　黄洁晶、高波，《中国图书馆学报》，2008 年第 2 期。本文为"总 – 分 – 总"结构。在文章开头"总"的部分，作者对国外 1996 ~ 2006 年间对于馆际互借的研究成果进行总结，将其按主题分为八大类。"分"的部分为横向分论式，分别对图书馆的馆际互借物流体系、论文馆际互借与电子期刊自由存取的相关性、馆际互借与馆藏的关系、馆际互借的成本优势、馆际互借的版权问题、馆际互借的服务、馆际互借的措施与发展八类主题进行了探讨。文章的结尾部分罗列了本文没有分析的关于馆际互借的一些其他理论，并指出图书馆对于馆际互借系统应做好的准备工作。作者认为，应对馆际互借系统的将来，图书馆所做的准备工作，不仅包括知识，还包括深谋远虑、灵活性和警觉性等方面。

图书馆联盟知识转移障碍及其消除　周九常，《中国图书馆学报》，2008 年第 2 期。本文为"总－分"结构。"总"的部分概述分析了本文的研究目的和研究意义。"分"的部分为纵深推论式，分别探讨了图书馆联盟知识转移的概念、障碍、消除方案和基于障碍消除的图书馆联盟知识转移模式的构建四个方面的内容。图书馆联盟知识转移是发生在图书馆成员之间的知识转移，具有"组织内"和"组织间"双重性以及动态复杂等特点。图书馆联盟知识转移中主要存在"知识嵌入障碍"和"知识黏滞障碍"两类障碍。作者认为，可以通过以图书馆联盟知识共享文化建设为主导，以技术利用和制度安排为辅助的协同解决方案来消除知识障碍，实现图书馆联盟成员间的知识和资源共享，进而提升整个联盟的服务能力。

我国博硕士学位论文资源共建共享机制构建　张学福，《中国图书馆学报》，2008 年第 3 期。本文为"总－分"结构。其中"分"的部分为横向分论式，分别从管理机制、运行机制和服务机制三个方面探讨了博硕士论文资源共建共享机制的构建。作者认为，在管理机制上，应建立起以董事会为主导的混合管理模式，具体的联盟构建可以分为两步：第一步依托国家现有法定呈缴机构 CALIS、NSTL 成员单位建立第一联盟；第二步在第一联盟的基础上逐步把其他单位纳入第一联盟。在运行机制方面，可以建立以董事会为主导的混合管理模式与联合、开放、共享的公益性运行机制，并从国家争取相应的政策与经费支持，制定合理、规范的联盟规章制度。在服务机制上，构建以非营利为基础的三层服务机制，并分两个阶段来提供共建共享服务：第一阶段通过原文传递途径提供全文服务，第二阶段利用全文数据库提供全文服务。

信息共享空间理论模型建构与动力机制研究　任树怀、盛兴军，《中国图书馆学报》，2008 年第 4 期。本文为"分－总"结构。其中"分"的部分为纵深推论式，共分为三部分。第一部分综合分析了信息共享空间的产生背景、内涵特征、发展趋势、服务模式及其实施意义。第二部分提出一种新的信息共享空间概念模型，并对该模型的内容、功能和理论基础进行了探讨。第三部分阐述了信息共享空间的动力机制。作者认为，信息共享空间概念模型是以培育读者信息素养，促进其学习、协作、交流和研究为目标，以功能集成、战略协同、知识管理和协同论等理论为基础而建立的"以用户为中心""因需而变"的动态模型。它可以从实体层、虚拟层和支持层三个层次来描述：实体层由实体空间、硬件设备、服务设施以及人力资源等部分构成；虚拟层由虚拟空间、信息资源、社会网络以及网络软件设施等部分组成；支持层由信息技术、文化与精神、组织与管理三大核心驱动力构成，是系统运行和发展的核心动力层。

学习共享空间的构建 任树怀、盛兴军，《大学图书馆学报》，2008年第4期。本文为"分－总"结构。其中"分"的部分为纵深推论式。共分为四个部分。第一部分介绍信息共享空间向学习共享空间发展。第二部分以协作式学习模式在高校的兴起为背景，阐述了大学图书馆构建学习共享空间来支持学生协作式学习和研究的必要性。第三部分从实体环境、虚拟环境、支持环境三个方面论述了构建学习共享空间的基本原则与应思考的问题。第四部分以加拿大皇后大学学习共享空间的构建为案例，探讨了学习共享空间的具体构建。作者认为，学习共享空间是信息共享空间发展的新阶段和主要分支之一，它具备信息共享空间所有的特征和功能，但更加强调对协同式学习过程的全面支持。在学习共享空间的构建中，功能齐全、布局合理、引人入胜的实体环境是基础，基于社区生态特征的虚拟协同环境是其重要组成分，跨学科、跨部门的协同支持环境是关键。

新西兰的图书馆信息资源共享模式 白冰、高波，《大学图书馆学报》，2008年第5期。本文为"总－分－总"结构，共分为七个部分。第一部分为前"总"，分析了新西兰图书馆之间合作历程和新西兰图书馆联盟概况。"分"的部分为横向分论式，包括第二至第六部分，分别从管理体制与组织形式、技术标准、联盟经费、共享内容、共享形式与成果等方面探讨了新西兰的图书馆信息资源共享模式。第七部分为后"总"，总结了新西兰各图书馆联盟在信息资源共享工作中所存在的问题。总括全文，作者认为，新西兰图书馆联盟的信息资源共享开展比较成功，取得了一定成果，但整个共享过程中还存在管理体制与组织形式过于简单、一些共享资源还有限制等问题。

德国的图书馆信息资源共享模式 朱前东、高波，《大学图书馆学报》，2008年第5期。本文为"总－分－总"结构，共分为七个部分。第一部分为前"总"，分析了德国图书馆联盟的概况。"分"的部分为横向分论式，包括第二至第五部分，分别从管理体制与组织形式、技术标准、联盟经费、共享的内容、形式与成果等方面探讨了德国的图书馆信息资源共享模式。第六和第七部分为后"总"，总结了德国图书馆联盟的特点和存在的问题。作者认为，德国图书馆联盟主要存在以下特点：一是多层次性，形成了地区、国家和国际三个层次合作体系，但其信息资源共享主要集中在州层次上，主要的组织形式是地区性图书馆联盟；二是高度开放性；三是共享内容丰富、形式多样；四是协会和政府机构积极参与，推动了图书馆事业的发展。此外，德国图书馆联盟在相应的法律规范和中央管理机构的建立、费用的分担方式等方面还存在一些问题。

北欧四国的图书馆信息资源共享模式　钱丹丹、高波，《大学图书馆学报》，2008年第5期。本文为"总－分－总"结构，共分为七个部分。第一部分为前"总"，作者分别从丹麦、芬兰、瑞典、挪威四国各自的图书馆之间、四国图书馆之间及共同参与的图书馆国际合作项目等角度出发，分析了各国图书馆信息资源共享的概况。"分"的部分为横向分论式，包括第二至第六部分，分别从管理和组织机制、经费来源、采用的技术和标准、共享的内容、形式与成果、共享模式的特点等方面探讨了北欧四国的图书馆信息资源共享模式。第七部分为后"总"，对全文做出总结。作者认为，北欧四国图书馆联盟主要存在以下特点：一是信息资源共享形式的多样性，采取了联合编目、馆际互借、联机并网、公共目录、联合开发数据传输系统等共享方式；二是信息资源共享合作的多层次性，形成了各地区之间、国家之间和参与国际合作的完整体系；三是各个图书馆的分工明确，重点突出；四是注重全国性书目数据库的建设；五是核心图书馆在信息资源共享中发挥了重要作用。

南非的图书馆信息资源共享模式　高波、白冰，《大学图书馆学报》，2008年第5期。本文为"总－分－总"结构，共分为六个部分。第一部分为前"总"，分析了南非图书馆联盟的概况。"分"为横向分论式，包括第二至第五部分，分别从组织管理，技术标准、经费来源，共享内容与形式等方面探讨了南非的图书馆信息资源共享模式。第六部分为后"总"，主要分析了南非信息资源共享过程中所存在的问题。南非有一个全国性的图书馆联盟联合体和五个地区性图书馆联盟，它们是南非信息资源共享的主体。由于其特殊的国情，南非在信息资源共享的各个方面都有自己的特点，也取得了不小的进步，但同时还存在以下问题：①高校的合并，使得合并后的各馆和联盟的权力机构产生矛盾，从而对联盟的发展产生不良影响；②贫富差距大，地区发展不平衡，经济发展好的地方联盟发展比较快，而不发达的地方发展比较慢，而且外界的捐赠在各地区图书馆联盟之间的分配也存在"马太效应"。

美国的图书馆信息资源共享模式　孔令玉、高波，《大学图书馆学报》，2008 年第 5 期。本文为"总－分－总"结构。其中"分"的部分为横向分论式，分别从管理体制、管理模式、经费来源、共享内容四个方面分析了美国的图书馆信息资源共享模式，并总结了美国图书馆联盟的特点，指出其建设和发展的不足之处。美国的图书馆信息资源共享在管理体制上，可以分为政府管理和民间管理两种模式，其中民间管理又包括松散型联盟和有组织的联盟两种，在管理模式上可以分为理事会管理模式、层级委托管理模式和松散协议联盟管理模式三种。其经费主要有以下几种渠道：一是以州政府出资为主导，其他方式为补充；二是以会费为主导，其他费用为补充；三是大学等研究机构的资助；四是会费和服务费相结合；五是基金和费用分摊相结合。资源的共享主要体现在技术资源的共享、文献书目资源共享、统一的联盟资源检索界面、合作馆藏建设、集团采购、馆际互借和文献传递、合作参考咨询以及异地书库等方面。作者认为，美国图书馆联盟呈现管理有序、类型多样、数量最多、服务内容多样化、ICOLC 等超级联盟崭露头角等特点。但也存在一些问题，如没有真正打破电子资源价格壁垒，其运转需要消耗大量人力、财力、物力、时间资源，某些质量和经费差异导致合作不对等状态，还需要一种新的联盟去解决更大的问题等。

Wiki 在图书馆中的应用与实践　郭鸿昌，《新世纪图书馆》，2008 年第 5 期。本文为"总－分"结构。"总"的部分简述了 Wiki 的基本概念、发展历程及其主要应用领域。"分"的部分为纵深推论式，包括图书馆应用 Wiki 的可行性及意义、Wiki 在图书馆界的应用分析、Wiki 在国内外图书馆领域应用的实践现状和图书馆界应用 Wiki 应注意的问题等方面的内容。目前，Wiki 在国际图书馆界已得到了充分运用，是非常有名的沟通和交流的网站平台，它可以运用于图书馆知识管理中作为学术研究的合作空间、构建馆员内部知识共享平台；也可以运用信息服务领域，用于管理图书馆指导项目、改善信息服务水平、建设参考咨询服务知识库；同时还可以运用于图书馆交流中，作为内部交流的平台和馆际交流的工具来开展馆际合作咨询与资源共享。然而，它在国内图书馆的应用却不广泛。因此，作者认为我国图书馆界应该充分吸收、借鉴和总结国外图书馆应用 Wiki 的实践经验，加快 Wiki 在图书馆应用的进程。在具体应用中要注意以下三个问题：一是如何做到功能和技术的"无缝契合"；二是如何管理 Wiki 以保证系统的良好运转，确保安全，保证信息的真实客观性；三是如何促使成员乐于在 Wiki 上进行知识交流和经验共享，将个体知识变成集体知识。

区域性科技文献资源共享服务机制探索——以上海为例 慎金花、龙甜恬，《大学图书馆学报》，2008 年第 5 期。本文为"总 - 分 - 总"结构。其中"分"的部分为纵深推论式，共分为三个部分：简要地介绍了区域性科技文献资源共享服务机制的相关理论，系统地分析了上海地区科技文献资源共享服务机制的发展状况及其在共享机制建设中的瓶颈问题，并提出了具有针对性的改进措施。目前我国上海地区科技文献资源共享服务机制已经取得了较好的服务效益，形成了几种有效的运行模式，但是我国共享机制建设中还存在以下瓶颈问题：一是固守传统观念，二是忽视用户的个性需求，三是各方的利益不均，四是技术标准、服务规范等相关制度落后。作者认为，科技文献资源的使用率目前已成为制约我国科技进步与科学发展的一个重要因素，而建立区域性科技文献资源共享服务机制能够降低科技文献资源的建设成本，提高文献资源的建设质量和读者对文献资源的利用率，促进区域内"产学研"的合作，从而为地区经济和社会发展提供重要的文献支撑。但是在探索建立过程中一方面需要参与各方加强合作、摒弃传统的条块分割思想；另一方面要充分了解用户需求，建立一种符合各方利益的运行机制；此外，还需改进相关制度，不断提高文献资源建设和服务的质量。

西欧四国的图书馆信息资源共享模式 杨丽、高波，《大学图书馆学报》，2008 年第 5 期。本文为"总 - 分"结构。其中"分"的部分为横向分论式，分别从图书馆联盟的管理体制、组织制度、技术标准、经费来源、共享内容、共享形式以及联盟特点七个方面探讨了葡萄牙、西班牙、瑞士和比利时四个西欧国家的图书馆信息资源共享模式。作者指出，西欧四国的图书馆信息资源共享模式，在管理体制上基本是民间模式和政府模式相结合，组织制度上主要有会员制和理事会制两种形式，技术标准上主要有集中式（西班牙）和分布式（瑞士）两种。其经费来源方式一般有以下几种：一是以联盟成员出资为主，服务性收入和政府援助为辅；二是联盟成员与政府共同出资；三是联盟成员提供、用户支付、政府补助与捐献；四是联盟成员与社区共同出资。其资源共享大都通过馆际互借、文献传递和咨询服务等形式，内容涉及文献资源、网络资源、目录、人力资源、管理资源、数字化馆藏生产制作、基础设施、信息技术、服务等各个方面。其特点主要体现在：西班牙联盟主要是大学图书馆联盟和区域性联盟；瑞士联盟的成员则类型多样，有学术性的、专业性的，也有公共的，而且瑞士联盟多带有语言倾向。

网络环境下南京地区三大系统图书馆资源共享需求满足率及满意度研究　刘磊、朱锁玲，《大学图书馆学报》，2009 年第 1 期。本文为纵深推论式，共分为四部分：作者通过问卷调查的方法，从本馆资源与共享资源的使用频率比较、信息资源载体类型对于用户获得信息的影响、本馆信息资源的用户满足率与满意度等几个方面对南京地区公共、科研和高校三大系统的图书馆资源共享需求的满意度、满足率及其影响因素进行了研究，总结了南京地区图书馆资源共享系统在满足用户的信息需求方面所取得的成绩和存在的问题，并基于此也提出了相应的对策建议。通过调查，作者发现南京地区的图书馆共享系统在满足用户的信息需求方面发挥了重要作用，基本上能得到不同层次和类型的用户的认可，但也存在一些明显的问题，如用户信息需求的满足率随着馆内、系统内、跨系统共享层次的扩大而降低，网络条件和设备限制阻碍了信息共享系统的建设，服务质量、方式以及服务人员的素质有待提高。基于此，作者认为，南京地区三大地区图书馆应该从以下方面来提高用户的满足率和满意度：一是建立面向用户的分布式地区共享资源系统；二是以用户需求为导向优化地区共享资源服务体系；三是以资源整合为目标加强网络设施和集成系统建设；四是建立统一的地区管理机构和利益协调运行机制。

研究型综合大学图书馆信息共享空间的构建——以四川大学江安校区图书馆为例　姚乐野、蔡娜，《大学图书馆学报》，2009 年第 1 期。本文为纵深推论式，共分为五个部分：作者首先简要介绍了信息共享空间产生和含义，然后从组成部门和服务项目等方面详细分析了构建研究型综合大学图书馆信息共享空间的要素，并以四川大学江安校区的图书馆为例，详细介绍了研究型综合大学的图书馆在信息共享空间方面的建设情况和实施效果，最后对其未来的发展趋势做了简要分析。信息共享空间自20世纪90年代产生以来，就成为国外大学图书馆一种流行的服务模式，然而在我国的发展还相对滞后。作者认为，我国研究性综合大学应该抓住数字图书馆建设或信息化校园的契机，将信息共享空间理念引入图书馆建设和服务中，更好地为学校教学科研服务，更好地吸引读者，发挥最大的效益。四川大学江安校区图书馆，利用信息共享空间服务平台，打破了传统图书馆分布，以用户为中心，实行了"藏、借、阅、咨"一体化的服务方式，使数字资源与实体馆藏、读者阅读与咨询服务、馆内阅读与馆外借阅、个人学习与群体交流、阅读学习与休闲娱乐共存在一个开放、共享、互动的信息空间，极大地吸引了读者，提高了到馆率和借阅率。

CASHL 模式的主要特色和战略价值　陈兰杰、杨文祥，《大学图书馆学报》，2009 年第 1 期。本文为"总 - 分 - 总"结构。其中"分"的部分为横向分论式，共分为两部分。第一部分探讨了中国高校人文社会科学文献中心（简称 CASHL）的三大主要特色：①非返还式非营利性的文献传递；②点面结合的三级联合文献保障结构模式；③以建立国家级人文社会科学信息资源平台为使命。第二部分详细分析了该项目所拥有的五大战略价值：其一，是消除全国高校人文社会科学"数字鸿沟"的一个有效途径；其二，是关于信息资源共建共享运行机制的重要探索；其三，是高校图书馆进行社会化服务的重要实践；其四，是繁荣全国哲学社会科学研究的重要的保障；其五，是国家创新体系信息资源保障系统的重要构成部分。目前 CASHL 作为构建我国人文社会科学体系的重要工程，已形成了一个共知、共享的文献服务体系，产生了广泛的社会影响和社会效益，有效地发挥了繁荣全国哲学社会科学研究的助推器作用。因此作者认为，未来的 CASHL 一定能为全国人文社科工作者提供更加可靠丰富的文献信息资源保障，为我国人文社科事业的振兴和国家创新体系信息资源保障系统的建设与发展做出更大贡献。

OA 期刊共享集成方案及其关键技术研究　邵晶、周奇、李威，《大学图书馆学报》，2009 年第 1 期。本文为"总 - 分 - 总"结构，共分为四个部分。第一部分为前"总"，介绍了本文的研究背景。"分"的部分为纵深推论式，包括第二、第三两个部分。首先指出目前 OA 期刊共享集成所遇到的问题，然后从整体方案设计、关键技术研究以及 OA 期刊共享集成系统的模块化设计与实现三个方面深入研究了 OA 期刊共享集成问题，并提出解决问题的具体思路和方案。第四部分结论为后"总"。总结全文，指出该方案的可行性。OA 期刊共享集成的整体方案设计主要包含数据采集和不同 OA 期刊源的共享集成两个方面，其中不同 OA 期刊源的元数据收割问题是该方案的关键问题，系统模块化的设计与实现主要包括 OA 期刊元数据采集模块、元数据本地化集成化模块和数据发布与服务三个方面。作者认为，该方案的研究为今后 OA 期刊的收割、发布、跟踪与维护问题提供了解决方案，同时为现有期刊与 OA 期刊导航系统的整合奠定了基础，也为以后整合 OA 仓储资源积累了实践经验。

信息技术对文献信息资源共享范式转变的影响　郑红宇、朱艳霞，《情报资料工作》，2009 年第 2 期。本文为纵深推论式结构，共包括四个部分。第一部分介绍了文献资源共享所经历的三次范式转变：一是从自发共享阶段到有组织性共享阶段。二是传统文献共享到信息技术支持下的文献共享阶段。三是信息技术驱动下的文献资源共享数字化发展阶段。第二部分分析了信息技术对文献信息资源共享范式转变的影响：一是信息技术渗透到文献资源建设的各个方面；二是在文献资源建设中信息技术的角色由技术支持向技术驱动转变，地位由外生向内生转化。第三部分阐述了新范式下我国构建文献信息资源共建共享体系的基本原则，包括系统性原则、以用户信息需求为导向原则、以信息技术为纽带原则、以信息资源的集成化管理为主导的原则。第四部分探讨了新范式下我国文献资源共建共享体系的构建问题：①从信息管理的角度看，需要构建供应链管理模式下的文献信息资源共享体系；②从信息服务的角度看，需要构建基于用户的文献信息集成服务体系；③从信息技术角度看，需要构建基于网格技术的文献信息共享新模式。

文献信息资源共享的博弈分析及管理机制设计研究　孙瑞英、马海群，《情报资料工作》，2009 年第 2 期。本文为"总－分－总"结构。其中"分"的部分为纵深推论式，共分为三个部分：作者首先运用博弈理论对图书馆文献信息资源共享中的决策过程进行了分析，然后基于此建立了文献信息资源共享博弈模型，指出了文献信息资源共享中存在的"囚徒困境"，并分析了其形成的原因，最后提出相应的破解"囚徒困境"的方法。作者认为，文献信息资源中也存在"囚徒困境"，即每个图书馆都追求个体效用的最大化，而导致了整个图书馆共享联盟集体效用不能达到帕累托最优状态，最终也使自己馆陷入不经济的境地。借鉴博弈论思想，针对成员馆个体的成本、效益和共享机制的分析，可以找到文献信息资源共享的根本障碍：管理机制的不健全和成员馆的主观不合作。同时也使我们认识到个体理性的局限性、互信机制的重要性、加大监管力度的紧迫性和抑制投机行为的必要性。为破解信息资源共享中的"囚徒困境"，本文设计了三种管理机制——长效机制、惩罚机制和信息用户侦察机制，并指出这三种管理机制是相互作用、互为补充的：当长效机制失效时，具有威慑力的惩罚机制就会发挥作用；而用户侦察机制又能够克服惩罚机制在信息不对称时的无效性问题。

浅谈图书馆网络信息资源共享　田文波，《图书馆论坛》，2009 年第 4 期。本文为"总－分"结构。其中"分"的部分为纵深推论式，分别探讨了图书馆网络信息资源共享的内涵、重要性、目前所存在的问题、建设的指导思想及其具体措施五个方面的问题。图书馆网络信息资源共享一方面能够实现图书馆信息资源的有效利用，有效避免重复投资建设问题；另一方面能够减轻单个图书馆的负担，使有限资源得到最大化利用；同时还能够提供全方位的信息服务，满足读者多元化多层次的信息需求。然而我国在图书馆网络信息资源共享建设中还存在一些问题：一是投入经费有限，网络信息资源共享的水平参差不齐；二是网络信息资源内容有限，服务方式单一；三是缺乏协调一致的图书馆网络信息资源共享；四是重复性内容多，特色数据少；五是缺乏图书馆网络信息资源建设通才。针对这些问题，作者认为图书馆应树立"标杆"意识、整体化意识、产业化意识、特色化意识和标准化意识，采取以下措施来实现网络信息资源的共享：其一，领先的图书馆，先行先试，成立共享协作网，发挥榜样引导作用；其二，成立专门机构和指定负责人，负责进行审核协调，避免重复建设；其三，建设特色鲜明的网络信息资源；其四，积极探索合作的商业化模式；其五，大力加强人才队伍建设和储备。

图书馆联盟是实现书目信息资源共享的重要途径——以中国社会科学院图书馆为例　王曼，《情报资料工作》，2009 年第 4 期。本文为纵深推论式结构，共分为三个部分：以中国社会科学院图书馆为例，分别探讨了图书馆联盟发展的起因、联盟中联机编目存在的问题以及相应的对策建议三个问题。图书馆联盟形成的最初动因是基于文献信息资源共建共享基本理念，为打破地理限制，满足网络环境下用户的多元化多层次信息需求。联机联合编目能够提高编目效率、降低编目成本、提高书目质量、方便专业知识和技能的分享，实现传统图书馆向现代图书馆的跨越，因此在图书馆联盟中发挥了重要作用。目前，联盟中联机编目还存在一些问题：一是联机编目数据的质量问题，主要表现在编目员对编目规则的理解不统一、著录格式不统一，字段著录不全、漏著、误录、错著或滥标，分类、主题标引不恰当等；二是编目员过分依赖套录数据，缺乏进取意识；三是具有社会科学特色的专业性书目数据不足。针对这些问题，作者对联盟后的书目数据建设提出以下建议：一是加强书目数据质量建设，提高编目质量水平；二是增强编目员对书目著录标准化、规范化意识；三是充分利用社科情报学会，加快全国系统联盟建设的步伐。

图书馆信息资源共享形态之比较——联盟与集群管理 赖辉荣，《情报资料工作》，2009年第4期。本文为"总－分－总"结构。开头"总"的部分提出本文的研究目的。"分"的部分从概念界定、共性与差异性两方面对集群管理和联盟进行了比较分析。结论部分分析了两种共享形态的适用范围。它们的共性表现为都以实现资源共享为目的、涉及业务内容大致相同、都具有发挥联合体优势的功能。差异性表现为：一是形成方式不同（联盟一般都是图书馆出于自身发展需要通过自下而上的方式自愿结成；集群管理一般是在政府推动下，通过自上而下的方式形成）。二是管理运作机制不同（联盟除联合采购与联合编目外，仍保留着相对独立的管理运作系统；集群管理则是采用垂直管理模式，统一管理，以总分馆制为表现形式）。三是进入壁垒不同（联盟的进入壁垒较高，要求成员规模上的匹配性与资源的互补性；集群管理的进入壁垒则较低）。四是资源整合的层次不同（集群管理是资源的全面型整合；联盟是单一型的资源整合）。五是各自的局限性不同（联盟的局限性是成员馆将部分失去自身的独立自主权；集群管理的局限性在于对网络的依赖性太强）。因此，作者认为，图书馆在选择合作方式时，需考虑自身条件以及两种共享方式的异同：当区域内经济条件较好时，可以考虑集群管理；集群管理一般是在同一区域内的，而联盟则可以跨区域；当区域内存在众多中小图书馆时，可先考虑图书馆联盟，待联盟内一些图书馆强大后再考虑集群管理。

陕西省文化信息资源共享工程实施现状调研及发展对策思考　梁照月、何淼、陈伟，《国家图书馆学刊》，2009年第4期。本文为"总-分"结构。其中"分"的部分为纵深推论式，共分为三个部分：作者以陕西省为例，针对基层县支中心，通过文献研究、实地走访和信息分析的方法对文化共享工程的实施现状及存在的困难和问题进行了调研，分析了影响县支中心文化共享工程发展中的关键因素，并提出合理可行的建议对策。通过调研，作者发现，陕西省文化信息共享资源工程建设取得了很大的成效，主要表现在建设的规模逐渐扩大、内容不断丰富、资源建设已经初具规模、服务方式不断丰富和拓展。但在发展过程中也遇到了一些困难和问题：一是基层群众的认知度有待提高；二是运行经费紧张，影响了文化共享工程的发展完善；三是基层技术力量贫乏；四是资源的质量需要改善。基于此作者提出以下对策建议：一是各基层县支中心应发挥主观能动性，通过创新工程运作模式，扩充资金来源；二是广泛宣传，扩大文化共享工程的影响力；三是确保反馈渠道通畅，优化资源配置，提高资源的适用性和针对性；四是提升服务理念，改进技能培训方式，实施积极人才政策；五是因地制宜，建立完善的县、乡、村三级文化信息服务网络；六是加强政府监管力度，全面落实联合会议制度，积极调动多方力量积极参与工程建设。

云计算与信息资源共享管理　钱文静、邓仲华，《图书与情报》，2009年第4期。本文为"总-分-总"结构。其中"分"的部分为纵深推论式，包括云计算的发展与特点、云计算带来的变革、云计算与高校资源共享管理三个部分。云计算因其可利用最小化客户端实现复杂高效的处理及存储的特点而备受推崇。如果将云计算运用到信息资源共享管理中，能够提高高校的硬软件共享、信息安全性以及校际数据库的资源共享能力，从而大大提高信息资源共享的能力。目前云计算还处于发展阶段，主要应用于商业领域，将其应用于校际数据库资源共享领域还有许多亟待解决的问题：一是没有统一的标准，相应的法规和制度还不能跟上技术创新的步伐；二是云计算本身也不是完美的，在应用时还需要考虑网络质量问题、数据安全问题、所需经费问题和服务商利益问题。因此，作者认为如何运用云计算的技术与方法构建高校校际数据库共享云网络，还需要进一步的研究与创新。

文献资源共享体系中基层图书馆的作用　燕今伟、孟祥保，《大学图书馆学报》，2009 年第 4 期。本文为"总－分"结构。其中"分"的部分为纵深推论式，主要探讨了我国图书馆事业目前的发展形势、文献资源共享体系的主要功能与局限性、基层图书馆在文献资源共享体系中的作用以及文献资源共享体系建设的相关建议四方面的内容。文献资源共享体系在图书馆界又称为图书馆联盟，它在帮助各成员馆实现资源共享、提高办馆效率和水平、节省投入、提高对读者文献需求的保障率等方面起到强有力的支撑作用，但在直接面向终端用户的文献服务方面，作用却很有限；而基层图书馆则对终端用户的需求较为熟悉，但是所拥有的资源却有限。因此，如果能够利用已建立的文献资源共享体系，将散在的基层图书馆有机地联系起来，形成一个资源共享的图书馆网络将会大大提高全社会的文献信息服务水平。基于此作者提出两点建议：一是协调各行业系统文献资源建设和服务的分工，改变传统体制上的条块分割思想，从而避免重复建设、缺失和遗漏，实现最好的投资效益；二是各行业系统应从文献资源的整合、服务机制的构建以及人员培训等方面，积极推进基层服务网点建设，充分发挥图书馆联盟的整体效益。

从"上图展览"全国巡展看资源共享在图书馆的实践　杨泰伟，《图书馆论坛》，2009 年第 4 期。本文为"总－分"结构。"总"的部分简单介绍了展览资源共建共享的定义、意义和上海图书馆在这方面所取得的成就。"分"的部分为纵深推论式。首先回顾了"上图展览"全国巡展从起步到发展再到成熟各个阶段的发展历程；然后选取了长三角、珠三角和西部地区中具有代表性的兄弟图书馆所举办的巡展活动作为实例，进一步阐述了展览资源共享这种新型的服务模式；最后总结了"上图展览"全国巡展所取得的成效，并展望了其未来发展方向。作者认为，"上图展览"全国巡展开了全国公共图书馆界展览资源共享的先河，在展览资源共建共享方面取得了很好的成效，同时还积极与各兄弟图书馆联络，将展览推向了全国各地，一方面使不同地域间的文化得到了碰撞和交流，让展览资源得到了充分的利用与挖掘；另一方面也加强了兄弟图书馆之间的业务联系，增加了展览的受众面，使各地图书馆在活动中也逐步提升了各馆的影响力。

基于 MAS 的海量教育资源共享模型　钟国祥，《西南师范大学学报》（自然科学版），2009 年第 4 期。本文为"总 - 分 - 总"结构，文章开头"总"的部分分析了标准的 CDN 架构不能充分满足海量教育资源共享需求方面的局限性，为此作者提出利用基于 MAS 的海量资源共享模型。"分"的部分为纵深推论式，详细阐述了基于 MAS 的资源共享模型中各个 agent 的功能和工作流程，并提出了基于市场机制的资源调度算法，最后通过实验证明基于 MAS 的海量资源共享模型优于 CDN 模型的性能。结论部分总结全文，并指出在后续工作中，还需要进一步研究不同节点同时为一个用户提供服务时资源调度算法的优化问题。作者认为，MAS 方法具有在开放的、异质的、大型分布式的环境下解决大型复杂问题的能力。基于 MAS 的海量资源共享模型，其整体结构为网状结构，与传统 CDN 的树状结构不同；它能够适应教育资源多个发布中心的特点，也能适应复杂、变化的网络系统，此外其系统的稳定性也高于 CDN 模型，不存在单点故障，因此，在满足海量教育资源共享需求方面要明显优于 CDN 模型。

高职院校图书馆与本科院校图书馆资源共享协作服务模式探讨　唐晓应、鄢朝晖，《图书馆》，2009 年第 4 期。本文为"总 - 分"结构。其中"分"的部分为纵深推论式。作者首先分析了我国高职院校图书馆发展中存在的问题及其面临的机遇和挑战；然后基于此，阐述了如何通过建立开放型的资源共享协作服务体系来促进高职院校图书馆发展改革；最后具体探讨了高职院校和本科院校的图书馆资源共享协作服务模式的构建问题。作者认为，我国高职院校由于发展的历史时间短、资源积累少、发展不平衡等原因，在文献信息资源共建共享方面普遍落后于普通本科院校图书馆的整体发展水平。因此，在今后图书馆发展改革中，高职院校应把握社会需求和专业建设需求这一基本方向，实现职业性和社会性结合、知识性和学业性结合，探索和完善开放型的资源共享协作服务体系；同时加强与本科院校图书馆的合作，从联合采购数据库资源、开展联合参考咨询服务、开发特色化数字信息资源、开展"文献传递和馆际互借"服务等方面来实现与本科院校图书馆的资源共享与协作服务，更好地推动高职教育的发展。

论信息共享空间的资源组织策略　郝群、成俊颖，《中国图书馆学报》，2009 年第 4 期。信息共享空间是图书馆服务的最新定位，本文为"总－分－总"结构。其中"分"的部分为横向分论式，结合用户期望从 IC 中获取的资源支持，分别从建筑空间资源、硬件设施资源、人力资源、虚拟数字资源以及纸本印刷资源五个方面论述了信息共享空间资源组织的策略，以寻求最有效的资源组织方式，促进信息共享空间的健康持续发展。作者认为，在建筑空间资源组织方面，应当满足用户的社群性与个性化需求，注重营造知识的产生氛围；在硬件设施资源组织方面，应从硬件资源、应用系统与数字资源、服务模式、人力资源等方面对用户进行"应用需求分析"，并提交需求报告，同时还要配备符合 Web 2.0 的环境要求的基础设施和辅助学习设施；在人力资源组织方面，应科学统筹信息共享空间的工作岗位，制订不间断的信息共享空间工作人员培训计划；在数字资源组织方面，应以数字信息用户的需求为导向，使用 Library 2.0 技术，提供无缝式服务，满足用户的个性化需求；在纸本资源组织方面，要根据实际情况进行配置，并且应当以面向本科生的教辅图书为主。

数字时代图书馆的创新与共享　中国科协学会学术部编，中国科学技术出版社，2009 年 5 月。丛书名为"新观点新学说学术沙龙文集"。本书共收录了中国科协学会学术部召开的第 24 期新观点新学说学术沙龙会议的 21 篇会议论文，主要文章有《图书信息与科技创新》《信息时代的学习与创新》《数字图书馆及其持续发展研讨》《数字化时代图书馆的新功能与新定位》《瞄准需求，创造新的服务模式》《云计算与共享合作》《台湾大学图书馆的创新服务》等。该会议以"数字时代图书馆的创新与共享"为主题，聚集了国内外图书馆界的同行、科研学术界的专家学者、政府管理部门以及商业公司等多领域、多学科、多样化的人员，分别从用户、环境、技术、需求、战略、人文、商业、应用等多个角度探讨了图书馆的创新与发展问题，为正处于探索阶段的创新实践提供一个畅所欲言的交流平台，以实现不同学术思想的交叉融合，促进新思想和创新成果的产生和传播。

信息资源共享趋势与公共图书馆转型　杨惠芳，《图书馆》，2009 年第 5 期。本文为"总－分－总"结构。主要探讨了信息资源共享的概念与内涵、公共图书馆推进信息资源共享的路径两方面的内容。作者认为，信息资源共享是社会发展的必然趋势，是图书馆发展的高级阶段，也是图书馆发展的最终归宿，能够推动图书馆由传统向现代的转变。各级公共图书馆可以通过以下三种路径来推进信息资源共享建设：一是外向型的组织管理机制，通过合作共享建立文献协作信息网，统一或分层订立合作协议，明确各方权利与义务，为实现真正的信息资源共建共享打下基础；二是联合型的资源建设机制，通过共同谋划信息资源布局、联合购置数据库、建立联合书目数据库等途径以达到节省建设成本、优化信息资源结构的目的；三是共享型的用户服务机制，通过实行同城图书馆一卡通服务、电子文献传递、开展馆际互借等途径提高文献服务质量。

开放存取与数字图书馆信息资源共享 赵研科，《图书馆》，2009 年第 5 期。本文为"总－分－总"结构。其中"分"的部分为纵深推论式，共包括开放存取的内涵与发展现状、开放存取与数字图书馆的深层关系剖析和发展开放存取促进数字图书馆信息资源共享的策略三部分内容。开放存取包含学术信息免费向公众开放与学术信息的可获得性两层含义，能够减少知识存取限制、消除传统学术交流模式的弊端、降低信息传播耗费等优点，但同时也还存在一些有待解决的问题，如出版机构的授权问题、数字资源的长期保存问题、经费支持问题等。作者认为，开放存取能为数字图书馆的发展带来机遇和活力，同时数字图书馆的建设又为开放存取提供了支持和保障，因此将开放存取运用到数字图书馆信息共享建设中能够实现两者的共生双赢，从而实现更广泛的信息资源共享，有效地解决日益凸显的数字鸿沟与学术信息交流难问题。

河南科技文献信息资源共享服务平台建设研究 肖瑞兰，《图书与情报》，2009 年第 5 期。本文为纵深推论式结构，共分为几个部分：作者首先从总体目标和主要需求两方面分析了河南科技文献信息资源服务平台建设的概况，并介绍了该项目实施所产生的社会经济效益；然后从管理体制问题、版权问题、特色数据库的规范化问题等方面分析了影响服务平台资源共享的主要因素；最后基于此提出了促进科技文献信息资源共建共享的相应措施。作者认为，该项目的实施不仅促进了河南省科技文献资源的有效整合、实现了科技文献资源结构和品种合理配置与调整，而且还增强了科技文献的服务能力，扩大了科技文献资源的覆盖和服务范围。为更好地促进河南省科技文献信息资源共建共享建设，作者提出以下建议：一是建立管理协调机制和机构；二是强化法律意识，有效解决该平台建设中所涉及的版权和知识产权保护问题；三是加速技术标准和特色数据的规范的建设；四是建立和完善共享服务利益机制。

信息资源共享系统绩效评估方法研究　李卓卓，《情报资料工作》，2009 年第 6 期。本文为"总－分"结构。其中"分"的部分为纵深推论式，共分为四个部分：作者首先对面向结果的信息资源共享系统绩效评估方法进行了分析，并指出该评估方法的缺陷，然后基于此提出了面向结果与面向过程相结合的信息资源共享系统绩效评估方法，并构建了相应的方法体系。面向结果的信息资源共享系统绩效评估方法，运用量化指标进行绩效评估内容的表达，比较直观，且具有较强的可比性和参照性，但是其评估项目和指标是静态的，很难揭示系统的绩效来源，而且也不能解决信息资源共享系统投入与产出的"时差"问题。作者指出，任何单一的绩效评估方法都无法建立综合的面向结果与面向过程相结合的信息资源共享系统绩效评估模型，然后分别从战略执行、价值提升与自主经营三个视角出发，运用平衡计分卡、PRM 方法和 SCP 范式等三种方法设计出了信息资源共享系统绩效评估模型。该模型不仅能改变将信息资源共享系统绩效评估仅限为某一时间点的状态描述，而且还能使绩效评估具有可循环性：能反映绩效如何，具体体现在哪些方面；又能反映绩效的来源，如何提高信息资源共享系统的绩效；同时还能反映绩效如何发挥作用，如何使这些绩效产生综合效益；进而快速提升当前信息资源共享系统的绩效水平。

完善和发展我国图书馆信息资源共享的新举措　丁美华，《河南师范大学学报》（哲学社会科学版），2009 年第 6 期。本文为"总－分"结构。其中"分"的部分为横向分论式，分别从信息资源共享体系的建设、管理运作制度、版权问题、标准化的资源建设、特色数字化资源库、馆际互借、个性化服务以及国际交流与合作八个方面探讨了完善和发展我国图书馆信息资源共享的具体措施。作者认为，加强图书馆文献信息资源的共建共享具有重要意义，新形势下图书馆为适应社会发展的需要，必须进一步开放思想、创新意识、增强全局观念与共享意识，努力实现馆藏资源建设与网上资源建设相结合、直面式服务与网络化服务相结合、编目队伍建设与编目硬件建设相结合、可持续发展的战略目标与具体措施相结合，从而在更高层面上实现资源共享的规范化、制度化，并提高其运转的畅通性和有效性。

我国图书馆信息资源共享建设中存在问题管窥　丁美华,《东南大学学报》（哲学社会科学版）,2009年第6期。本文为"总-分"结构。"总"的部分分析了信息资源共享建设的必要性、我国在这方面所取得的成就及其与发达国家的差距。"分"的部分为横向分论式,主要从七个方面探讨了我国图书馆信息资源共享建设中存在的问题:一是思想观念落后,共享协作意识淡薄;二是缺乏良好的管理体制和有效的运行机制;三是缺乏强有力的法律制约,造成各馆以自我为中心,知识产权保护问题突出;四是缺乏长远的目标,没有统一规划和共同的标准;五是数字资源共享技术不够先进,长期保存技术还不够成熟;六是资金短缺,经费紧张;七是人才专业水平不能适应现代化图书馆发展的要求。作者认为,信息资源共享不仅能够解决图书馆对信息资源有限的收集和处理能力与文献信息量急剧增长和用户对信息资源的无限需求之间的矛盾,而且还能够改善文献资源建设在地区、馆际以及学科分布上的重复和不均衡状态,从整体上保证信息资源质量的提高和规模的扩大。我国信息资源共享建设已取得了较为显著的成绩,但与先进国家相比,仍然处于起步阶段,因此,我国必须正视并努力解决信息共享建设中所存在的问题,提高信息资源共享建设水平,以适应信息时代下社会发展的需要。

我国文献资源共享基本原则初探　蔡卫平,《图书馆论坛》,2009年第6期。本文为"总-分"结构。"总"的部分分析了读者在文献资源共享中的重要地位,并从读者的利益出发,提出文献资源共享的三个基本原则:读者利益最大化、法治、自愿平等互惠和多元兼容。"分"的部分为横向分论式,分别对这三个基本原则进行了详细的阐述。作者认为,读者需求无限性和馆藏资源有限性的对立与统一,推动了图书馆文献资源共享的产生与发展,因此读者才是文献资源共享的真正推动者,是文献资源共享的主体。在研究资源共享时,应该从读者利益出发,坚持利益最大化、法治、自愿平等互惠和多元兼容的基本原则。这三种基本原则存在以下关系:读者利益最大化是文献资源共享的根本原则;法治原则是实现读者利益最大化原则的组织保障;在读者利益最大化和法治原则的前提下,自愿、平等、互惠的原则是解决不同读者群长远利益与眼前利益、根本利益与表面利益、整体利益与局部利益之间矛盾和冲突的基本原则。

海外图书采选系统（PSOP）对于中文图书采访的启示　张瑞贤,《图书馆学刊》，2009 年第 6 期。本文为"总 - 分 - 总"结构。其中"分"的部分为纵深推论式，分别探讨了海外图书采访系统主要功能、PSOP 的开发所带来的价值及其中文图书采访的启示三部分内容。PSOP 是专门为图书馆设立、深入为用户服务的工作平台，它拥有丰富的书目数据库，能为采访人员提供一个集成的数字化平台。它一方面促进了图书馆采访人员与专家、学者、广大的读者以及书商之间的交流协作，使书目数据更加标准规范；另一方面实现了采编环节的简化，能够帮助图书馆快速准确选择书籍，大大提高图书采访的质量和效率。目前中文采访模式主要有书目预定、现场选购、网上订购、联合采购、招标采购与邮购几种，其中网上采购并没有实现真正的网络化，仅仅使传统采访模式的某些环节实现了自动化。PSOP 的应用可以为中文采访工作带来以下启示：一是图书馆可以和网上书店联合开发基于图书馆的网上采访管理系统（该系统必须具备以下功能：1. 要整合书目信息，具有丰富的书目信息资源；2. 要建立与图书馆自动化集成系统间的应用程序接口；3. 要提供完备的图书采访人员与专家、读者交流的平台）；二是图书馆要和网上书店联合制定并使用统一的书目数据标准和书目数据交换格式；三是确保中文采访网络基础设施建设，加强安全、净化书源。

文化信息资源共享工程控制与评价体系建设 夏雁，《图书馆工作与研究》，2009 年第 9 期。本文为"总 - 分"结构。其中"分"的部分为横向分论式：从文化共享工程体系建设的角度，以近年来河南地区共享工程建设的实践为例，重点对控制体系、评价体系及其产生效益等方面进行分析探讨。河南省的文化共享工程控制体系建设主要包括服务站点建设控制、管理控制、专项资金使用情况控制和资源建设控制几个方面，目前已初步建立起一套共享工程建设管理与运行监控管理模式，实现了层级控制、自动化控制和专项资源建设资金控制。其评价指标体系主要包括：对各级文化设施建设的评价，对资源建设利用情况与使用效果的评价，对工程建设人员业务培训、业务素质、服务质量的评价三个方面。此外，在可持续发展建设方面，河南省文化厅结合实际，提出要坚持公益性服务为主的原则，以创造良好的社会效益，同时引入市场运作思路，以获得一定的经济效益，从而实现社会效益和经济效益的有机结合与统一，使文化共享工程建设步入一种良性循环的轨道。

教育城域网信息资源共享网络模式研究　钱智勇、钱亮华，《情报理论与实践》，2009 年第 9 期。本文为纵深推论式结构，共分为三个部分。第一部分概述分析了城域网概念、城域网与广域网的关系以及教育城域网的内涵；第二部分详细论述了教育城域网信息资源共享网络模型，包括树型共享网络模型、星型共享网络模型、环型共享网络模型和网状共享网络模型；第三部分以南通教育城域网信息资源共享模型为实证，阐述了星形加环形的混合型共享网络模型及其实现的组织保障机制。总括全文，该网络模型是从教育城域网网络拓扑结构角度出发，运用共享网络协作理论分析而建立的：其中星形共享网络模型也称集中式网络共享，是由一个中心公共处理节点，通过许多通信线路与一般节点相连接而形成的共享模型；树形共享模型又称为层次型结构，是具有隶属关系的信息资源机构在不同层次间组织协作协调的一种方式，有自上而下和自下而上等组建方式；环形共享网络模型是将各个联网节点通信链路连接成一个封闭环，信息流在其中有一个固定的流动方向，节点在网上的共享访问一般采用逐点轮流询问的方式；网状共享网络模型是一种无规则的连接方式，每个节点都可能与任何节点相连。作者认为，不同的网络模型意味着不同的信息资源组织方式，因而在信息资源共享中也有着不同的效率影响因素。

第三方资源利用与资源共享的实践探索　贾苹，《图书馆建设》，2009 年第 9 期。本文为"总 – 分 – 总"结构。其中"分"的部分为纵深推论式，包括用户需求特点分析、第三方资源保障服务体系的设计以及中科院利用第三方资源开展文献服务的实践三部分内容。第三方资源利用是根据用户对文献的特殊需求而产生的基于文献传递和馆际互借的一种有效的资源延伸扩展服务方式。作者认为，要建立第三方资源保障服务体系，首先应当从供应链角度把第三方资源和文献传递服务纳入资源建设体系中，转变资源建设观念、创新资源建设模式。中国科学院引进第三方资源与服务的具体实践和做法也证实了第三方资源在全院文献保障体系中的重要作用。

基于语义 Web 的数字图书馆资源共享平台模型设计　刘菁、刘恩娟、龙彦，《电化教育研究》，2009 年第 9 期。本文为"总 – 分 – 总"结构。其中"分"的部分为纵深推论式，共分为三个部分。作者首先分析了数字资源的特点以及当前共享平台的缺陷，提出了当前数字图书馆研究的核心问题——如何实现数字图书馆系统间的互操作；然后介绍了语义 Web 的基本思想和体系结构，并指出语义 Web 的思想和实现数字图书馆语义互操作的思路是相通的；最后基于此提出了一个基于语义 Web 的数字图书馆资源共享平台设计模型，分析了该模型的可行性，并从数据源层、数据层、组织层和应用层四个方面对该模型的各个组成部分作了深入的探讨和分析，为实现数字图书馆资源互操作提供了参考。总括全文，作者认为，采用语义 Web 技术构建数字图书馆资源共享平台主要有以下优势：一是可以建立起 Web 服务集成应用系统；二是能够实现数字图书馆基于本体的语义互操作，从而屏蔽不同数字图书馆之间的差异；三是可以实现数字图书馆功能和数据的重用；四是有助于实现数字图书馆与各相关提供商之间的有机集成；五是能够促进数字图书馆新业务类型的开发。但是目前关于语义 Web 的研究大多还处于理论研究阶段，实现道路上还有许多有待深入探讨和研究的重要问题。

澳大利亚图书馆信息资源共享模式研究　高波、王磊，《图书情报工作》，2009 年第 9 期。本文共分为七个部分。其中前五个部分为横向分论式，分别从管理机制与组织形式、经费来源、技术标准、资源共享形式与内容、共享的成果五个方面对澳大利亚图书馆联盟的信息资源共享模式进行了研究，然后在此基础上总结了澳大利亚图书馆联盟的特点及其存在的问题。澳大利亚图书馆联盟主要有以下特点：一是各联盟主要由同一系统的图书馆构成；二是建立了科学的管理机制；三是跨国界、跨系统的图书馆联盟与资源共享项目开始出现；四是公益性服务与商业性服务相结合。但是也存在经济压力大、部门系统条块分割、馆际互借与文献传递的评价标准不能适应现实需要以及资源共享发展不平衡等问题。

图书馆信息共享与信息集群服务　金中仁、成建权、陈振宇等，人民邮电出版社，2009 年 9 月。丛书名为"浙江省哲学社会科学规划重点课题研究成果"。本书共分为十二章。其中前四章主要探讨了图书馆信息共享的相关理论，主要包括图书馆信息共享的含义、发展历程和发展趋势、管理体系、国内外信息共享的案例、信息共享的模式的宏观与微观等内容；后八章主要探讨了信息集群的相关理论，主要探讨信息共享集群的文化概念及其建设、组织架构、人力资源管理、知识转移、资源优化配置、网络架构、绩效评价、宏观和微观发展思路、"长尾"理论应用、集群与图书馆软实力等一系列问题。本书主要结合浙江省哲学社会科学规划的重点课题"图书馆信息集群服务网络模式与机制研究"，在收集了大量国内外图书馆现有信息共享的各种类型和模式的基础上，分析了信息共享中存在的主要问题。然后基于此，引入集群概念，突破了现有行政管理体制下行政分割的限制和"信息孤岛"的局面，并通过协议建立信息集群共同联合体，采用 Internet（因特网）技术打破 Intranet（内联网）技术，达到信息的融合、提升与有机交流，实现专家型的精确信息共享立体服务，有效地提升了信息的价值和利用空间，实现了实质性的信息共享。

合作　共享　发展——图书馆文献提供服务　唐晶主编，国家图书馆出版社，2009 年 10 月。本书共分为七章，主要包括文献提供服务综述、文献提供服务模式与发展、国内外文献提供服务机构、文献提供服务中的著作权问题、文献提供的协议与技术、文献提供服务与网络搜索的相关问题探讨以及文献提供服务网络联盟七个方面的内容。随着网络化、信息化、数字化在图书馆领域的深入，馆与馆之间的合作以及文献资源的共建共享已成为图书馆发展的必然趋势，文献提供服务作为一项传统性和现代化并存的合作服务方式已成为目前图书馆界研究讨论的热点问题。本书旨在通过对这一问题的研究，探讨图书馆如何在新环境下在更广阔的领域开拓新的共享途径与服务机制，全面提升为读者服务的品质。

P2P 在图书馆用户信息资源共享中的应用　徐树维、齐惠颖，《图书馆理论与实践》，2009 年第 10 期。本文为"分 – 总"结构。其中"分"的部分为纵深推论式，共分为五部分。第一部分简单介绍了信息资源共享的定义与意义。第二部分分析了目前用户在使用网络资源时所存在的问题，如信息查找困难、信息获取困难、兴趣或研究方向相近的用户之间缺乏信息交流等。第三部分探讨了用户信息资源共享的形式及其局限性，并基于此提出图书馆在用户信息资源共享中的重要作用。第四部分主要阐述了 P2P 的概念、特点、模型以及基于 P2P 数字图书馆的有关研究等。第五部分从系统架构、目录服务器、用户节点、用户社区等方面探讨了 P2P 技术在信息资源共享中的应用。总括全文，作者认为，P2P 技术最典型的应用是信息资源的共享与存储，基于 P2P 的图书馆用户间信息资源的应用能为爱好、兴趣和研究相关或相近的用户提供一种信息资源和知识的交流平台，使其能以较低的成本、较快的速度，方便快捷地实现信息资源和知识的共享与交流，从而提高用户信息资源的利用率，最大程度地发挥信息资源的价值。虽然P2P应用于信息共享中还要解决网络安全、知识产权等方面的问题，但它在图书馆网络环境内实现各种资源的共享还是可行的。

浅谈区县图书馆文献资源共享工作　杨秀丽，《图书馆工作与研究》，2009年第10期。本文为"总–分–总"结构，其中"分"的部分为横向分论式，主要探讨了区县图书馆文献资源共享的基本原则和可行性做法两个方面的内容。作者认为，区县图书馆文献资源共享不仅能帮助图书馆节省购书经费、贮存空间和管理人员，而且能解决图书馆文献资源的有限性与用户需求日益增长之间的矛盾，提高图书馆的整体服务效率和服务水平。然而区县图书馆在开展文献资源共享工作中还存在一些困难，如行政干预问题、利益冲突问题等，基于此，作者认为，在文献资源共享中应该坚持相互尊重，平等对待，利益平衡原则；通过制订必要的实施细则来统一规范文献资源共享工作，同时依据文献资源投入量和利用率，合理确定各个馆的收益比例；此外，各区县还要结合客观实际，通过文献信息资源共建、建立数据库互相交流、开通网上资源的共享渠道、实现馆与馆之间图书的通借通还等方法，从小范围到大范围、从低层次向高层次来开展文献共享工作。

合作共建，资源共享——教育部外国教材信息系统的构建　姚飞、胡冉、丁旋，《现代图书情报技术》，2009年第10期。本文为"总–分–总"结构。开头"总"的部分简单介绍了教育部外国教材信息系统的基本概况。"分"的部分为纵深推论式，首先介绍了该系统的背景、设计目标、建设思路和技术方案，然后从数据规范、系统设计、功能实现、系统特征等方面详细地阐述了该平台的构建工作。结论部分总结该系统构建过程中取得的成果和存在的问题，并针对这些问题提出具体的后续工作计划。总括全文，作者认为，"教育部外国教材信息系统"不仅是一个信息发布、查询与检索的平台，而且也是获取、交流和沟通的平台。它具有架构健壮、技术先进、内容丰富、扩展性好、功能强大、安全性强等特点，是分布式建设、集中式管理与交互式操作的共享平台的良好实践。但目前系统也存在一些问题：①就资源方面而言，大多数书目数据还不能提供全文服务；②就数据提供方式而言，目前馆藏数据多由参建馆成员手工收集整理提供；③就用户体验而言，页面还不够灵活，网速还不够流畅。

基于实证研究的区域医院图书馆资源共享模式探析 张士靖、杜建，《情报杂志》，2009 年第 10 期。本文为"总 - 分"结构。其中"分"的部分为纵深推论式结构，共分为三部分。第一部分介绍了本研究的调查对象和研究方法。第二部分运用问卷调查法，从馆员素质、图书馆经费与借阅条件、馆藏资源、网络化和数字化、资源共享认知及障碍等方面对湖北地区医院图书馆文献资源共享建设的情况进行了实证研究，揭示了其文献信息资源共享建设中所存在的诸多问题：馆员素质偏低，经费匮乏，馆藏资源保障体系不完善，数字化和网络化建设滞后等。第三部分则是针对这些问题，提出了具体的对策建议。作者认为，各区域医院必须努力加快医院图书馆自动化管理系统和馆藏目录检索系统的统一化、标准化建设，同时利用先进的信息技术和有效的组织管理，实现图书馆文献信息资源的共建共享。在具体建设过程中，一方面要重视医院图书馆的建设与发展，从宏观、中观、微观三个层面来解决文献信息资源共建共享工作中的基础性保障；另一方面还要构建基于区域网络的医院图书馆联盟，并通过良好的组织模式、有效的运作模式和管理模式来保证联盟的稳定运行。

浅谈乡镇社区图书馆文化信息资源共享工程建设 杨艳玲，《图书馆工作与研究》，2009 年第 11 期。本文为"总 - 分 - 总"结构，其中"分"的部分为纵深推论式结构，主要探讨了乡镇社区图书馆文化信息资源共享的重要性、文化信息资源共享的现状以及如何使资源共享在乡镇社区发挥重要作用等三部分内容。作者认为，文化信息资源共享工程建设，能够打破落后地区信息闭塞的状况，缩小"数字鸿沟"，满足基层群众的基本文化需求，提高广大人民的科学文化素质，从而促进社会主义新农村建设和社会主义和谐社会建设。目前，我国乡镇社区图书馆文化信息资源共享还存在经济基础薄弱、信息渠道狭窄、人均占有文献信息量少等问题，然而农民的求知欲却在提高。因此，乡镇图书馆应该从抓好基层文化服务建设着手，采取多种手段，利用各种渠道，为乡镇社区提供多样化、实用化、个性化的服务，满足群众的基本文化需求，并利用共享工程，积极推广农业技术，为新农村建设搭建新的平台。

信息资源共享制度环境的缺憾与创构 周育红，《图书馆工作与研究》，2009 年第 11 期。本文为"总 - 分 - 总"结构。其中"分"的部分为纵深推论式，共分为三个部分。第一部分提出了导致共享缺失的关键——制度环境。第二部分主要从关键及敏感因素、创构制度环境、要素的关联性等方面对制约共享环境的原因进行了分析。第三部分提出制度环境的创构要素及支持路径，并对其进行了详细的阐述。总括全文，作者认为，完善的制度环境体系是实现信息资源有效共享的基础保障，制度创新是克服制约因素的最佳途径。在制度环境创构中，政府是主导和推手，必须由政府进行宏观决策、顶层设计、组织协调与管理；完善法律法规和资金投入机制、强化组织管理、营造社会环境氛围、绩效评估与激励、单位共享互动是创构共享制度环境不可或缺的路径支撑。

我国信息资源共享系统绩效评估研究述评　陈红艳、吕霞，《情报科学》，2009 年第 11 期。本文为"总－分－总"结构。其中"分"的部分为纵深推论式。作者首先运用文献调查法，总结了我国信息资源共享系统绩效评估的现状，并对当前研究的不足进行了详细阐述；然后基于此，对我国信息资源共享系统的绩效评估进行了积极思考，并就我国信息资源共享系统绩效评估策略和评估指标体系的构建问题，提出了自己的看法。作者认为，开展信息资源共享系统绩效评估，是实现信息资源共享持续稳定发展、改善信息资源共享程度的一种必需而有效的手段。目前，我国关于信息资源共享系统绩效评估的理论研究和实证研究都还处于初级阶段，未涉入较深层次的问题，在进行绩效评估时还存在以下困难：①缺乏决策层的支持；②缺乏绩效评估的过程及结果与资源共享改善之间的有效互动；③绩效评价的持续性难以保持；④指标选择和评价方法还不够科学；⑤数据收集难度大。因此，我国亟须加强对信息资源共享系统的绩效评估的研究，制定有效的信息资源共享系统绩效评估策略，并构建科学合理的评估指标体系。

构建传播权保护与图书馆信息资源共享的平衡机制　喻丽，《图书情报工作》，2009 年第 11 期。本文为"总－分－总"结构。其中"分"的部分为纵深推论式，分别探讨了传播权保护与图书馆信息资源共享的利益冲突及其平衡机制的构建两方面的内容。目前，传播权保护与图书馆信息资源共享之间的利益冲突主要体现在以下方面：一是信息传播权保护标准的提高与公共利益空间缩小的矛盾；二是图书馆网络信息资源共享与相关法律保护缺位的矛盾；三是对著作权私权保护的确定性与对使用者豁免规则的不确定性之间的矛盾。关于传播权保护与图书馆信息资源共享的平衡机制的构建问题，作者分别从宏观、微观两个层面上寻求突破，给出了具体的建议：在宏观层面上，一方面需要成立专门机构对信息进行分类管理和分级传播，另一方面需要不断完善相应的法律法规制度；在微观层面上，可以通过开发利用公共领域的信息资源、整合优化现有的著作权授权模式、建立适合图书馆信息资源共享的知识共享许可机制、积极尝试版权补偿金制度等途径来平衡两者之间的矛盾，实现保护私有财产和知识共享扩张的双赢。

网络环境下高校图书馆文献资源共享新探　曾滨，《中国卫生事业管理》，2009 年第 11 期。本文为"总 – 分 – 总"结构。其中"分"的部分为纵深推论式，主要探讨了网络环境下高校图书馆文献资源共享的必要性、存在的问题及其解决对策三方面的问题。作者认为，网络环境下，高校图书馆实现文献资源共享，不仅能够避免文献资源重复建设，节约大量人力、物力、财力，而且能够改变高校图书馆信息资源结构，丰富馆藏信息资源，扩展高校图书馆的服务功能。然而，目前我国高校文献资源共享建设还存在各成员馆间协作性较差，网络开放程度不够，对文献加工缺乏统一的标准，资源共享意识淡薄，在文献资源共享时为用户提供的方便不够等问题。基于此，作者提出以下对策建议：一是树立联合共建、优势互补、互相学习的文献资源共享观念；二是建立完善文献资源共享的组织协调机构；三是大力加强数据库建设；四是注重对文献信息的深度发掘；五是合理布局各具特色的文献资源。

教育资源共享环境及共享机制建设发展现状研究　张虹波、李玉顺，《中国电化教育》，2009 年第 11 期。本文共分为五个部分。第一部分作者从 e – Learning 的发展及其对教育资源的需求和 OER 理念及其实践对教育资源发展的推动两方面介绍了本文的研究背景。第二至第四部分为纵深推论式结构：作者首先对国内外教育资源共享环境建设现状进行了分析，比较了国内外关于教育资源共享实践理念的异同；然后通过对来自不同国家、不同地区、不同形态的资源共享环境的分析研究，提出了构建先进资源共享环境的模型（ALRSEAM），并详细分析了该模型中的各组成要素及相互之间的关系、作用与定位。第五部分对全文做出总结。总括全文，作者认为，先进教育资源共享环境建设目前已成为推进 e – Learning 建设的前沿领域，资源共享与管理机制是先进教育资源共享环境建设的核心，因此，应该积极加强对先进教育资源共享环境建设的机制研究，以机制建设来推动先进教育资源环境发展要素的系统化发展。

图书馆资源共享中的利益平衡　陈健、陈高潮，《图书情报工作》，2009 年第 11 期。本文为"分－总"结构。"分"的部分为纵深推论式，主要包括图书馆资源共享障碍的分析和导致资源共享障碍的根本性因素两部分内容。结论部分将共享中所体现的根本问题归结为图书馆经济能力的不足，并对目前一些学者提出的在市场机制的架构下实现图书馆资源共享的思想进行了批判。作者认为，目前阻碍图书馆资源共享中的主要因素有思想观念的保守、管理体制不协调、法规建设不健全、文献基础不均衡、人员素质低等原因，但这些障碍因素最终都可归结于各种利益关系的冲突，因此作者认为影响图书馆资源共享计划的实施及其效果的根本原因在于利益平衡和资源的占有与利用两方面。其中利益平衡主要包括图书馆与信息供应商之间的利益平衡、各个图书馆之间的利益平衡和用户之间的利益平衡三部分。资源的占有与利用主要包括对文献信息资源、物质资源以及人力资源的占有与利用三部分，它属于图书馆用户之间的利益冲突问题的一种表现。

高校图书馆网络信息资源共享现状与对策探析　高媛，《图书馆工作与研究》，2009 年第 12 期。本文为"总－分－总"结构，其中"分"的部分为纵深推论式，分别探讨了高校图书馆利用网络信息资源的现状、桎梏及其相应的解决对策三个方面的问题。图书馆网络信息资源共享，能够克服单个图书馆文献收藏能力的有限性，提高整个图书馆系统文献收藏能力，更好地满足社会和读者的需求，提高文献资源的利用率。目前，我国高校图书馆网络信息资源共享建设中还存在观念落后、各自为政、东西部发展不平衡、图书馆员业务素质滞后等问题，基于此，作者提出以下建议：一是要更新观念、强化共建共享意识、加强统一规划和分工协作；二是要加强数据库标准化与规范化建设；三是要提高图书馆员与读者的网络信息素养。

区域图书馆联盟资源共享机制探讨　朱亚玲、程华，《图书馆建设》，2009 年第 12 期。本文为"总－分－总"结构。其中"分"的部分为纵深推论式，主要包括国内区域图书馆联盟发展案例分析、区域图书馆联盟资源共享问题探析和区域图书馆联盟资源共享机制的构建三部分内容。通过对国内几个区域图书馆联盟的发展模式与发展现状的分析，作者发现，目前区域图书馆联盟建设中还存在发展不平衡、技术手段单一、资源建设标准不一、缺乏政府统一规划与指导、服务能力有待提高、资源整合与共享难度加大等问题，针对这些问题，作者分别从组织保障体系、政策保障体系和标准保障体系等方面对如何构建区域图书馆联盟资源共享机制提出了具体的政策建议。作者认为，在组织保障体系方面，要建立健全组织机构、完善共享网络体系、保障共享专项资金的供给、充分发挥政府调控作用；在政策保障方面，要完善共享资源公共获取政策、共享资源布局政策、共享管理政策、技术支持政策、经费与投资政策；在标准保障体系方面，要在遵循国家、行业现有相关标准的基础上，研究和制定能保障联盟体资源共享的相关数据标准和规范，形成从信息采集、传输、处理到建库、共享应用系统集成、信息发布和服务等一系列的标准体系。

海南地方文献资源共享结构模式研究　王小会，《图书情报工作》，2009年第15期。本文为"总-分-总"式结构。在引言部分，作者提出，高校图书馆日后应朝着构建多层级的地方文献共建共享结构体系的方向努力。本文"分"的部分属于纵深推论式，内容包括海南省高校馆地方文献资源共建共享模式的基本思路、海南省高校馆地方文献建设的进展、多层级地方文献共建共享模式的选择、多元化的项目合作、推进重大项目建设是区域性地方文献保障服务体系的基础等。在本文最后，作者提出了对海南地方文献资源共享结构模式的预期和展望。本文作者以海南省为例，探讨了高校图书馆推进地方文献资源建设的模式，认为应以高校图书馆为主体，先建立全省高校地方文献资源建设共建共享体系，然后以项目合作方式不断拓展同公共图书馆、档案馆及博物馆等相关机构的合作空间，最后实现构建一个区域性与多层级的地方文献共建共享结构体系的计划。

信息资源共享系统绩效评估指标体系的构建　张璇、肖希明，《图书情报工作》，2009年第19期。本文为"总-分"结构。在引言部分，作者介绍了国内外信息资源共享绩效评估指标体系的发展情况，试图构建一个符合数字环境下信息资源共享规律，又现实可行的绩效评估体系。本文"分"的部分属于纵深推论式，主要内容有信息资源共享系统绩效评估的要素、信息资源共享系统绩效评估指标选择的原则、各项评估指标及其内涵、实证研究——以 NSTL 为例等。作者运用层次分析法，即 AHP 方法，确立了信息资源共享系统绩效评估指标体系表，并通过国家科技图书文献中心（NSTL）验证了所建指标体系的科学性与可行性。虽然 NSTL 在资源组织、对成员单位的支持力度及文献传递服务等方面具有相当的优势，但也存在资源总量低、布局不合理、影响力有限等不足。

关于信息资源共享系统绩效评估方法适用性的探讨 卢娅、李卓卓，《图书情报工作》，2009 年第 19 期。本文的结构属于"总－分－总"式。其中"分"的部分属于纵深推论式，包括对信息资源共享系统绩效评估的要求、可借鉴的绩效评估方法讨论及绩效评估方法的适用性比较三部分内容。系统性和共享绩效的衡量是信息资源共享系统绩效评估的关键，作者在此基础上讨论了 CIPP 评估、标杆分析法、平衡计分卡以及绩效参考模型法四种绩效评估方法，并对上述四种方法做了深入的适用性比较。最后，作者指出，单独采用任何一种方法评估信息资源共享系统绩效都无法避免地有一定的局限，应科学地综合考量这些方法，以促进系统绩效管理工作的完善与系统的可持续发展。

信息资源共享系统绩效评估的理论意义与实践原则 肖希明、文甜，《图书情报工作》，2009 年第 19 期。本文是"总－分"结构。其中"分"的部分属于横向分论式，包括信息资源共享系统绩效评估的概念、国内外信息资源共享系统绩效评估研究进展、信息资源共享系统绩效评估的必要性、信息资源共享系统绩效评估的支撑理论、信息资源共享系统绩效评估的原则等内容。作者认为，实现有效的信息资源共享系统绩效评估具有重要的意义：其一，有助于客观、准确地把握信息资源共享系统运行的绩效状况，以制定更加优化的绩效提高策略；其二，有助于系统成员获悉系统运行的绩效，调动其参加共享活动的积极性；其三，有助于国家与社会把握信息资源共享系统运行的状况，合理增加对系统建设的投入。

基于共享景框的图书馆服务链体系构建策略 曹作华、石付恒、朱世平，《图书情报工作》，2009 年第 21 期。本文是"总－分"结构。其中"分"的部分属于纵深推论式，包括：服务链体系建设是图书馆共享化发展的有效途径；图书馆服务链体系构建方法与策略；实例研究；服务链体系发展策略；等等。作者认为，图书馆构建服务链体系应首先组建图书馆内部服务链模型，然后以此为基础，建立基于共享景框的图书馆服务链体系，最后进一步实现图书馆服务链体系的集成和优化。另外，作者给出了几点图书馆服务链的发展策略：以凝聚核心竞争力为焦点，强调"有所为，有所不为"的发展方略；掌握好在变革中求发展的尺度，确保服务链体系的可持续发展；重视发挥图书馆馆员的工作热情与自身价值等。

社区图书馆联盟——实现校地资源共享及协同发展模式研究　唐虹，《图书情报工作》，2009 年第 21 期。本文是"总－分"结构。在引言部分，作者简要介绍了我国社区图书馆的发展情况，提出要建立一个保障功能齐全、服务网点布局合理和网络功能强大的城市同高校合作共建的社区图书馆联盟。"分"的部分属于纵深推论式，主要包括校地共建社区图书馆联盟的必要性和可行性、社区图书馆联盟的管理模式与职能、共建社区图书馆联盟的根本保障等内容。作为新型模式的社区图书馆联盟，要重视发挥自身特有的职能，例如：提高服务水平，加强社区图书馆建设；加强业务管理，为成员馆提供培训指导；提供信息服务，促进地区经济发展等。另外，作者着重强调，社区图书馆联盟的良好运作需要获取领导决策、管理体制、经费、标准规范及物流传递等方面保障支持。

第四节　信息化、数字化和网络化

电子资源评价与选择的几个问题　强自力，《大学图书馆学报》，2008 年第 1 期。全文主要包括五个部分：第一部分是关于电子资源评价与选择中的几个理论问题的探讨；第二部分论述了评价和选择之间的区别，指出应重点研究制定选择标准；第三部分论述了制定标准的三种方式；第四部分研讨了传统的评价标准与电子资源评价标准之间的异同。最后分析了不同类型电子资源评价与选择的特点。

优化数字馆藏服务质量的措施　索传军、段玉思，《中国图书馆学报》，2008 年第 1 期。本文为"总－分－总"结构。文章开头说明作者的写作意图：通过运用过程质量控制的方法，以读者满意为目标，根据数字馆藏服务的流程，通过构建服务过程质量模型，制定具有强操作性的质量控制措施，从而满足用户的信息需求。正文部分为纵深推论式，包括：Plan（计划）——事前服务质量控制措施；Do（实施）——事中服务质量控制措施；Monitor（监控）——事后服务质量控制措施。文章结尾部分，作者进一步强调指出，过程质量控制不仅是提高数字馆藏服务质量的有效途径，而且将是引导数字馆藏进入良性循环发展的必然选择。

网络环境下的高校文库建设——以中国人民大学文库数据库建设为例
贾芳，《大学图书馆学报》，2008 年第 1 期。本文采用纵深推论式结构，作者依次论述了"人大文库数据库"主要内容和功能、"人大文库数据库"存在的主要问题及关于今后"人大文库数据库"建设的几点建议。作者指出，"人大文库数据库"存在的问题有：数据库中书目与摘要多，全文和多媒体数字资源较少；在文库征集中，"呈缴本制度"缺乏制度保障与激励措施；文库数据库主页部分栏目的内容有待扩充等问题。在今后，作者建议"人大文库数据库"增设"学术著作书评信息数据库"；完善呈缴本制度，采取有效措施保障并推动文库征集工作的顺利进行；在实地展览的基础上，发挥网上同步展览的可扩展性和延续性等优势，把传统的展览形式用多媒体等虚拟的形式表现出来；在主页设立"意见簿"，强化读者的参与意识。

论数字图书馆以用户为中心的发展战略　杨倩，《湖南人文科技学院学报》，2008 年第 2 期。本文是"总 – 分 – 总"结构。在文章开头，作者指出，我国数字图书馆的发展已取得显著的成就，但也存在许多问题，应当实行以用户为中心的发展战略，使数字图书馆在激烈的竞争中更好地生存和发展，为用户提供更加优质的服务。在正文的部分，作者采用纵深推论式，从数字图书馆自身定位、用户需求定位及发展战略定位三个方面，系统地介绍了以用户为核心的数字图书馆的发展战略，并指出了公益型数字图书馆与商业型数字图书馆的发展道路。公益型数字图书馆可以通过以下几项措施来提高效率，包括小型公益型数字图书馆的联合、加大宣传力度及建立用户互助平台等。商业型数字图书馆可以通过集中差异化、专家参考咨询服务及建立用户反馈机制来吸引用户，提高利润。

绝版馆藏数字化的若干法律问题　赵继海，《大学图书馆学报》，2008年第 2 期。本文是"总 – 分 – 总"结构。在文章的开头，作者指出，图书馆馆藏中存在大量的仍处于版权保护期，但是不再重印的绝版图书，应当寻求在法律框架内版权所有者、图书馆与读者各方利益平衡的数字化和网络传播的机制与途径。在正文的部分，作者采用纵深推论式，依次阐述了我国馆藏文献扫描复制的合法性问题、馆藏文献网络传播的合法性问题、网络传播许可授权的主要挑战和获取许可授权的途径及其局限等。作者指出，可行的应对图书馆馆藏数字化版权问题的基本对策可以有：对进入公共领域的馆藏文献实行扫描和加工，提供全文的网络传播服务；对处于版权保护期的馆藏文献实行扫描和加工，不仅可作为长期保存的数字资源，又可为用户服务提供可能的资源基础；建立版权管理元数据，在网上发布处于版权保护期的电子书元数据，获取网络传播的许可授权等。

基于系统图法的数字馆藏质量管理研究 索传军、陈良金，《中国图书馆学报》，2008 年第 2 期。本文为"总－分－总"结构。文章开头，作者对数字馆藏质量管理做了简要的阐述，并指出系统图法是一种进行数字馆藏质量管理的有效工具。"分"的部分为纵深推论式，包括数字馆藏质量管理引入系统图法的意义、系统图法在数字馆藏质量管理中的应用分析、基于系统图的数字馆藏质量管理模型三部分内容。在本文结尾部分，作者进一步强调指出，数字馆藏是现代图书馆的重要组成部分，对其进行有效的质量管理是提高整个图书馆服务效果的重要手段。

数字图书馆服务登记系统数据模型设计 徐坦、孙坦，《中国图书馆学报》，2008 年第 2 期。本文为"总－分－总"结构。文章开头，作者介绍了数字图书馆服务登记系统（DLSR）的重要作用、定义及近几年对其所做的研究与开发项目，并指出数据模型设计为整个 DLSR 设计和建设过程的关键环节，对服务提供者和使用者都具有十分重要的作用。"分"的部分为纵深推论式，包括相关数据模型分析、DLSR 数据模型分析、向UDDI 的映射三部分内容。文章结尾部分，作者进一步强调指出，UDDI 数据模型的映射为 DLSR 的开发提供了一种较为直接的基于 UDDI 注册中心的解决方案，在实践中要把权限控制、业务流程描述语言等方法融合到DLSR 系统中，提高服务描述的机器可读性，增强服务调用的自动化处理能力，以实现构筑无缝数字图书馆联盟的目标。

分面元数据及其技术探讨 郭世星、刘磊，《大学图书馆学报》，2008年第 3 期。本文采用横向分论式结构，包括分面元数据的概念及其在国外的发展情况、分面元数据的相关技术及分面元数据的特性三部分内容。本文研究的分面元数据方法是基于分面分类理论，采用元数据进行描述的网络信息组织方法，分为三个层面：分面元数据是基于语义的，揭示的是概念，而非语词；分面元数据的分类思想是分面的，而非体系的；分面元数据的组织表达方式是多元的，而非单一的。作者指出，分面元数据的相关技术有分面图、可变换分面元数据语言、文档类型定义（DTD）与 XML 结构定义及资源描述框架等。此外，分面元数据具有两点统一的共同特性，即搜索和浏览界面相结合、对图片检索具有更好的效果。

LIB 2.0 系统的人机界面特点　王晓平，《大学图书馆学报》，2008 年第 3 期。本文是"总 – 分 – 总"结构。总括全文，作者指出，LIB 2.0 系统是新一代的图书馆网络集成服务系统，具有比较先进和完善的人机界面特点。本文"分"的部分是横向分论式，作者逐一介绍了 LIB 2.0 系统人机界面的一致性设计、个性化设计、通信方式设计、可视化设计及帮助文档设计等内容。LIB 2.0 系统人机界面的一致性设计包括系统界面风格设计的一致性、系统整体布局设计的一致性、界面语义设计的一致性、界面菜单语法结构设计的一致性与界面名词术语设计的一致性等；在界面主色调、菜单定义、录入界面、统计输出界面、界面输入方式及检索界面等方面采用了个性化的设计风格；该系统还提供了三种通信方式：即时通信、电子邮件与短消息。最后，作者总结到，要继续努力，寻求一个友好的、易用的、个性化的和特色鲜明的 LIB 2·0 系统界面。

用户眼中的 CASHL——兼对用户界面设计的思考　华薇娜，《大学图书馆学报》，2008 年第 3 期。本文为"总 – 分 – 总"结构。文章开头部分，对中国高校人文社会科学文献中心（CASHL）做了简要论述，并指明了作者的写作动因。"分"的部分为纵深推论式，包括我看 CASHL 的数据库优势、我看 CASHL 的文献提供服务、我对 CASHL 进一步改进与发展的建议三部分内容。作者建议，CASHL 的进一步改进和发展要从以下几方面努力：扩大收录范围；增加特色馆藏；加强数据库的技术功能；扩展数据库的索引功能；未到馆期刊到馆后追发电子邮件通知；灵活变通的市场营销策略等。结尾部分，作者进一步肯定了 CASHL 的重要作用。

高职院校教学科研资源数字化建设初探　温小明、麦笃彪，《大学图书馆学报》，2008 年第 3 期。本文是"分 – 总"式结构。其"分"的部分采用了纵深推论式，包括教学科研资源的价值、高职院校教学资源状况、数据库开发实践等。作者详细地论述了高职院校教学科研资源数据库的开发实践，包括其背景、目标和内容、主要技术工作等方面。最后，作者总结到，互联网已经发展到 Web 2.0 时代，信息的获取已经不再是被动的单向索取方式了，机构知识库具有搜集、组织和存储学术机构相关数字知识资源，通过网络实现资源共享的特征和优势，而我们建设的特色资源库为向机构知识库的发展奠定了基础。

数字图书馆网络服务的监测 庄纪林，《大学图书馆学报》，2008 年第 3 期。本文采用"分 - 总"式结构。其"分"的部分属于纵深推论式结构，作者依次论述了数字图书馆网络服务的特点、数字图书馆网络服务管理面临的挑战、现有商业化网络服务监测系统与数字图书馆网络服务、基于内容的可扩展的网络服务分布式监测系统、系统运行结果分析等内容。总括全文，作者指出，运用"安装代理"与"远程登录"的商业化网络服务监测软件已不适合数字图书馆网络服务的监测，应根据图书馆网络服务的特点，引入"基于内容"的数字图书馆网络服务监测方案，这样才能解决数字图书馆网络服务体系中的只有"访问权限"而无"管理权限"的网络服务监测问题。

高等职业院校数字图书馆的定位与建设策略 章洪，《大学图书馆学报》，2008 年第 4 期。本文是"总 - 分"式结构。其"分"的部分，作者采用了横向分论式结构，详细论述了高等职业院校数字图书馆的定位和相应策略。作者指出，高等职业院校数字图书馆的定位主要有三大重要特征：基于院校特色专业群进行数字化资源建设与服务；关注学术资源与教学资源；重视现代信息手段在建设数字化资源中的作用。基于数字图书馆的定位，高校应在技术系统的构建、业务机构的重组、人员队伍的建设及服务模式的调整等方面采取相应的举措。

中文图书全面数字化的尝试 王婷、杨守文、张国强、郭湘玲、杨思洁、秦颖，《大学图书馆学报》，2008 年第 4 期。本文为"总 - 分 - 总"结构。文章开头部分，简述了数字图书馆发展的必要性及北京化工大学图书馆的成功举措，并指出了作者的思路。"分"的部分为纵深推论式，包括立项的初衷、实施方案、效益与要点四部分内容。鉴于实践经验，作者认为，中文电子图书资源建设应把握下面几个要点：资源整合同样重要；版权问题不可忽视；硬件投入切忌超前；采访策略大有研究等。结语部分，作者进一步强调指出，数字图书馆建设要综合考虑自身的需求与能力，量力而行。

古籍文献数字化中的图书馆人文精神　涂湘波，《中国图书馆学报》，2008 年第 4 期。本文为"总－分"结构。文章开头部分，作者简述了古籍文献数字化的重要意义及实施的思路。"分"的部分为纵深推论式，包括图书馆人文精神的科学内涵、古籍文献数字化的人文意义、古籍文献数字化体现了信息技术和图书馆人文精神的融合三部分内容。作者特别强调古籍文献数字化要实现技术和人文的平衡发展：其一，图书馆人文精神需要信息技术的支撑；其二，信息技术的发展需要更加关注人文因素；其三，要克服"技术至上"的思想弊端，大力弘扬人文精神。

国内网络信息资源分布实证分析　陶慧卿、庄琦、潘卫，《大学图书馆学报》，2008 年第 4 期。本文是"总－分－总"结构。其"分"的部分属于横向分论式，作者依次论述了 2001 年到 2005 年我国网络信息资源的地域分布、时间分布、内容分布与行业分布，并且对这些分布状况做了相应的实证分析。最后，作者总结到，我国的网络信息资源分布不均衡，存在严重的贫富差距，亟须对网络的宏观结构进行调整，优化网络资源配置，充分发挥信息资源在国民经济建设中的重要作用。

展望未来：数字图书馆技术的挑战和机遇　〔美〕John Wilkin 撰，何欢欢译，《中国图书馆学报》，2008 年第 4 期。本文为"分－总"结构。"分"的部分为纵深推论式，包括数字图书馆现状、数字图书馆的外部世界、重建数字图书馆世界的原则、方向与前景、进展实践五部分内容。作者认为，重建数字图书馆世界要坚持与网络服务达到平衡、开放、开源、整合和迅速及时开发并提供可靠的服务等原则。文章结论部分，作者强调指出图书馆要重视技术的改进和发展，熟练掌握数字信息管理方法，以期实现构建数字图书馆的目标，而档案领域也适用数字图书馆这些问题和办法。

基于 URL 重写技术的电子资源统一授权访问系统的原理和实现　李洪文，《大学图书馆学报》，2008 年第 4 期。本文为"总－分－总"结构。文章第一部分，比较了我国电子资源统一授权访问系统现有的三种解决方式，指出采用 URL 重写技术适合高校图书馆的资源统一授权访问系统。"分"的部分为纵深推论式，包括 URL 重写的方式、开发平台的选择、系统的基本实现、开发中遇到的问题及解决方法、山东大学图书馆的系统部署五部分内容。结束语部分，作者进一步肯定了该系统的积极作用，指出要对其进行持续完善和发展，将其应用扩展到非 HTTP 的应用上，增强客户端插件功能，促使读者能通过该系统访问到更多的资源。

智能信息系统 张玉峰等，武汉大学出版社，2008 年 4 月。本书是数字时代图书馆学情报学研究系列丛书中的一种，分理论篇和应用篇两篇，共分十三个章，主要内容有信息管理科学和人工智能、知识表示、知识组织、知识推理、知识检索、知识获取、智能信息系统的设计与开发方法学、智能人机接口、智能检索系统、网络智能搜索引擎、智能导航系统、智能咨询系统、商务智能系统。作者紧跟学科发展前沿，基于多学科理论的指导，对智能信息系统的基本理论、方法、技术和应用作了全面而系统的论述。

期刊网络采编系统研发及系统功能分析 张科、王景发，《大学图书馆学报》，2008 年第 4 期。本文是"总－分－总"结构。其"分"的部分属于纵深推论式，包括我国期刊网络采编系统发展概述、期刊网络采编系统的功能特点、图书与情报网络采编系统的功能优化等内容。在信息环境下，网络采编系统的开发与应用为期刊发展的必经之路，是实现期刊资源共享的有效途径。作者指出，经过功能优化的期刊网络采编系统具有系统结构稳定安全和兼容性强、可实现异地办公、便于投稿人员操作、主页图片动态显示、期刊网站和采编系统功能集成、为编辑部预留扩展空间等若干方面的优势。

数字图书馆评价的理论和方法 王居平，安徽大学出版社，2008 年 4 月。本书是图书馆管理系列丛书中的一种，共分八章，主要内容有概论、评价活动的信息原理、数字图书馆及其评价、数字图书馆的专家评价法、数字图书馆的用户评价法、数字图书馆的信息测度评价法、数字图书馆的综合评价法、评价方法的综合运用。图书馆评价是提高图书馆管理水平的有效手段，随着数字图书馆的产生与逐步发展，对图书馆的评价受到了足够重视。本书基于已有的文献资料，强调评价模型和方法的新颖性，结合了数字图书馆评价的应用背景，又加入了实证分析的内容，全面论述了数字图书馆的评价理论、模型与方法。

高校数字图书馆建设评估指标体系研究 王启云，《大学图书馆学报》，2008 年第 5 期。本文采用"分－总"结构。其"分"的部分为纵深推论式，主要内容有高校数字图书馆的定义、高校数字图书馆建设评估目标、高校数字图书馆建设评估指标体系等。高校数字图书馆指的是应用计算机、网络和通信技术解决数字资源的采集、存储、管理、发布与服务而建设的整体上或局部的数字资源服务系统，其享有的数字资源可以为本地拥有，也可以通过计算机网络远程存取。本文作者详细论述了高校数字图书馆评估指标体系大纲的确定、评估指标权重系数的设定、指标内涵和评估标准的确定。作者指出，要进一步完善数字图书馆建设的评估方法和内容体系，制定更加顺应时代发展需要的科学评估标准，以进一步促进数字图书馆技术与管理水平的提高，更好地推动数字时代图书馆学理论和实践的发展。

以用户为中心的数字图书馆用户界面设计研究　王翠、郑春厚，《图书馆学研究》，2008 年第 6 期。本文是"分－总"式结构。其中"分"的部分为纵深推论式，包括引言、以用户为中心的设计思想渊源和启示、以用户为中心的数字图书馆用户界面设计等内容。作者基于用户的视角，深入研究了用户界面设计的理念及其发展历程，并结合相关实例分析，提出了数字图书馆用户界面设计的几点建议：开展广泛深入的用户调查；用户界面要坚持 UCD 思想，使其具备较强的人机交互能力；不同类型的数字图书馆，其页面的设计应体现不同的风格，营造良好的视觉效果；鼓励用户参与用户界面的设计和开发等。

CALIS 资源建设中存在的问题和思考——CALIS 重点学科网络资源导航库发展建议　刘莉，《大学图书馆学报》，2008 年第 6 期。本文采用"总－分－总"结构，探讨"十一五"期间重点学科网络资源导航库的建设和发展问题。其中"分"的部分属于纵深推论式结构，论述了目前重点学科导航库的建设情况及其存在的问题，最后提出了学科导航库发展的若干点建议。其一，要进一步调整和明确学科导航库资源选择收录范围，充分体现资源的专业性、权威性和与完整性。其二，要重视专业人士参与建库，加强用户的使用宣传，建立专业用户为主的导航库共建机制。其三，要完善导航数据的标准化和长期保存。其四，要不断进行软件平台功能的更新升级。

从中外网络资源学科导航比较看 CALIS 导航库的完善和发展　张西亚、肖小勃、张惠君，《大学图书馆学报》，2008 年第 6 期。本文为"总－分"结构。文章开头部分，论述了启动 CALIS 导航库的背景及本文的思路。"分"的部分为纵深推论式，包括 CALIS 导航库建设情况、国内外网络资源学科导航建设现状与比较研究、完善和发展 CALIS 导航库的几点想法三部分内容。作者指出，CALIS 导航库应借鉴其他学科导航的成功经验与做法，进一步重点做好如下的工作：加强管理与组织，提高项目执行力；开展横向合作，实现更大范围资源共享；整合资源类型，提供核心学术性资源的全文存档和服务；升级系统平台，增加远程编目功能；增加叙词表，提高系统检索效率；追踪用户需求，提供个性化服务为主的信息增值服务；加强宣传、推广与培训，提高网站点击率等。

对高校图书馆建设数字资源存储系统的思考　刘姝，《大学图书馆学报》，2008 年第 6 期。本文采用"总 - 分 - 总"结构。在前言部分，作者着重强调了高校图书馆快速高效地存储、利用和保护数字资源的重要性。本文"分"的部分属于纵深推论式，包括建设图书馆数字资源存储系统的重要性、数字资源存储对象与其特点、现有存储技术和存储模式的比较、北大图书馆数据资源存储系统方案的思考等内容。最后，作者指出，高校图书馆建设存储系统应考虑并解决以下问题，包括合理规划存储建设方案、整合异构平台以保护前期投资、适时做好升级与扩容工作等。

利用 TPI 自建特色数据库的探索　曹如国、徐兴余、谭永钦，《大学图书馆学报》，2008 年第 6 期。本文是"总 - 分"结构。文章开头，作者强调，图书馆须加强对特色数据库建设的研究，制定出具有个性特色的数字资源建设规划，使其能和学校的学科发展相适应，以真正做到知识服务。其"分"的部分为纵深推论式，作者分析了高校图书馆自建特色数据库的现状，论述了我国利用 TPI 自建特色数据库的状况，重点指出了建设特色数据库应注意的问题。作者认为，建设特色数据库须牢记：选题要体现本校特色和学科特色；建设符合规范的数据库；加强数据库的宣传和推广应用等。

高校图书馆之间三道数字鸿沟的成因及应对措施——以江苏省部分高校为例　燕姣云，《大学图书馆学报》，2008 年第 6 期。本文为"总 - 分 - 总"结构。文章开头部分，简述了高校图书馆面临的三道数字鸿沟问题，并介绍了作者的思路。"分"的部分为纵深推论式，包括：高校图书馆之间数字鸿沟的存在是不争的事实；高校图书馆如何逾越数字鸿沟。作者指出，高校图书馆之间存在三道数字鸿沟：其一，电子资源接入上的鸿沟——接入沟；其二，电子资源使用上的鸿沟——使用沟；其三，知识获取上的鸿沟——知识沟。要想逾越这三道数字鸿沟，高校图书馆要做到：参与联盟，缩小接入沟；加强培训，削弱使用沟；注重学习，弥补知识沟。结语部分，作者进一步强调了高校图书馆之间存在的数字鸿沟问题，指出其要考虑自身情况，努力化数字鸿沟为数字机遇。

高校图书馆数字资源建设与利用的调查分析　孙秀丽，《大学图书馆学报》，2008 年第 6 期。孙秀丽，《大学图书馆学报》，2008 年第 6 期。本文是"总－分"结构。作者在引言中指出，高校图书馆数字资源建设对教学和科研发挥着相当重要的作用，但数字资源的建设却多为重复的、低效率的和难以共享的，作者深入探讨了我国高校图书馆数字资源建设利用情况，力求合理配置数字资源并优化数字资源，以实现数字资源最大限度的共建与共享。本文"分"的部分为纵深推论式，主要包括：我国高校图书馆数字资源建设和利用情况调查；我国高校图书馆数字资源建设的特点分析；我国高校图书馆数字资源利用存在的问题和原因分析；提高我国高校图书馆数字资源利用率的措施等。作者指出，提高高校图书馆数字资源利用率的有效举措包括：促进我国高校图书馆数字资源的共建共享；更新观念，提高认识，实现图书馆之间共建共享的利益平衡；加强数字化技术与标准建设；促进网格技术在数字资源共享中的应用；开展信息素质教育，提高数字资源共享的保障能力等。

数字图书馆与版权保护　王小会著，国家图书馆出版社，2008 年 7 月。本书共分八章，主要内容有：版权平衡理论的思想渊源；版权保护视野中的数字图书馆；版权利益平衡理论；数字图书馆资源建设和版权利益平衡；数字图书馆用户服务中的知识产权问题研究；版权保护的技术防范措施和利益平衡；数字图书馆侵权案管辖权的困境，即原被告利益平衡；数字环境下版权利益平衡机制的构建。本书从版权保护与信息资源共享的合理性入手，以数字图书馆资源建设和服务体系构建为对象，试图探寻版权保护和信息资源共享之间的利益冲突和平衡机制。

数字信息资源建设与服务研究　肖希明等著，武汉大学出版社，2008 年 7 月。本书是数字时代图书馆学情报学研究系列丛书中的一种。本文作者承担了"数字信息资源开发利用与绩效评价研究"课题的研究，本书为该课题的研究成果之一。全书共十部分内容，主要包括：数字信息资源建设与服务概论；数字信息资源建设规划；数字信息资源评价、选择和采集；数字信息资源的组织；数字信息资源的长期保存与维护；数字信息资源的开放存取；数字信息服务模式与运行策略；数字信息资源与服务整合；数字信息服务绩效评价；数字信息资源建设与服务保障体系构建。

数字科学信息交流研究　徐丽芳著，武汉大学出版社，2008 年 7 月。本书为"数字时代图书馆学情报学青年论丛"中的一种，全书共六部分内容，包括数字科学信息交流研究述评、科学信息交流及其理论演变、数字科学信息出版、数字科学信息的组织与检索、数字科学信息的保存与服务、数字科学信息交流的技术与标准。本书全面梳理了科学信息交流理论流变，从数字科学信息交流最为重要的环节和要素，也即数字科学信息的发布、组织和检索、保存和服务以及技术保障机制着手，比较全面而系统地探讨了以数字出版为基础的新型科学信息交流的特征、形式、过程、结构及功能。

信息化论　周宏仁著，人民出版社，2008 年 8 月。本书共分二十章，主要对国内外信息化理论和实践研究所涉及的各方面问题，还有最近几年作者在信息化方面研究的主要成果，做了较为系统、全面的介绍与讨论。全书可分为四部分：第一部分从全球视角讨论现代信息技术、当代信息革命、信息化、信息社会及信息革命的未来发展等基本问题；第二部分基于我国的实际情况讨论国家信息化推进中涉及的战略、政策、规划、技术和应用等重大问题；第三部分重点讨论和信息化相关的治理问题，及战略与战术层面信息化的有效管理问题；第四部分基于信息化引起的经济社会转型研究，讨论构建信息化学术研究的框架体系的可行性。

图书馆 2.0 的规划与实施　郑巧英、潘卫、兰小媛，《大学图书馆学报》，2009 年第 1 期。本文为"分 - 总"结构。其"分"的部分属于纵深推论式，包括：图书馆 2.0 的规划和实施的研究背景；图书馆 2.0 规划；图书馆 2.0 规划的动力源泉——用户对图书馆 2.0 的需求调研等内容。基于读者的需求，作者从管理理念、服务模式、技术支撑和资源共建四个方面，建设性地对图书馆 2.0 做了整体的规划。此外，以上海交通大学的图书馆为例，基于 2007 年的三次用户调研，探讨了其在图书馆 2.0 建设方面的努力和具体实践。总括全文，作者指出，现阶段对图书馆 2.0 的展望就是有效运用各种 2.0 工具进行图书馆服务和宣传，图书馆还应不断地推出并改进服务模式与服务内容，以更好地满足读者需求。

图书馆自动化建设　杨永梅主编，海洋出版社，2009 年 1 月。本书共十二章，主要内容有概论、计算机技术在图书馆中的应用、机读目录、图书采访子系统、图书编目子系统、图书流通管理子系统、连续出版物子系统、图书馆自动化网络、图书馆自动化集成系统、图书馆办公自动化系统、我国目前常用图书馆管理软件、图书馆信息安全技术应用。计算机的广泛应用使图书馆的服务内容、服务方式及服务手段都发生巨大的变化，这就要求对馆员进行岗位培训，进一步完善其知识结构，提高其业务素质，以更好地满足读者在新形势下的不同需求。本书是基于图书馆的工作需要编写的，涉及了图书馆的所有日常工作，作者期望能够为图书馆馆员培训提供有效的帮助与参考。

基于 SAAS 理念构建馆际互借与文献传递服务平台　钟文一，《大学图书馆学报》，2009 年第 1 期。本文采用了纵深推论式结构，主要内容有：文献资源全文共享网络传递服务面临新需求；传统的馆际互借与文献传递系统具有一定的局限性；基于 SAAS 理念构建馆际互借和文献传递服务平台具有良好的应用前景；基于 SAAS 理念构建馆际互借和文献传递系统的一些考虑等。传统的集中式和分布式馆际互借系统都存在一定的局限，不能够很好地满足用户对文献资源的需求。作者指出，要基于 SAAS 理念构建新型馆际互借服务平台，而馆际互借、文献传递服务及图书馆其他应用系统的接口标准规范是其构建时需要考虑的重要问题。

数字信息服务系统的比较研究　周敬治、张晓青等著，科学出版社，2009 年 1 月。本书共分九章，主要内容有我国数字资源建设现状与发展趋势、数字信息资源加工系统的比较研究、数字资源存储系统的比较研究、网络数字信息资源搜集与整合系统的比较研究、数字信息集成服务系统的比较研究、数字信息个性化服务系统的比较研究、数字参考咨询系统的比较研究、数字信息服务协作系统的比较研究、数字信息服务系统构建模式研究。本书是"数字信息服务系统的比较研究"软科学研究计划项目的研究成果，作者基于对我国数字资源建设的现状、发展趋势及现有数字信息服务系统进行全面的分析与研究，系统地总结了其中的成功和不足，提出了适合不同应用情景和现代信息技术发展的数字信息服务系统的构建模式，给我国数字信息服务系统的健康发展提供了必要的理论依据、经验借鉴与实务指导。

基于元数据的教育资源领域本体的研究与构建　刘实、郭俊芳、刘杉、沙仁高娃、田鹿、郝晓琴、岳鹏飞，《中山大学学报》（自然科学版），2009 年第 S1 期。本文是"总－分－总"结构。语义 Web 是利用元数据语言对网络信息资源的内容做语义上的描述，从而实现计算机更高层的和基于知识的智能应用。作者试图设计出一个基于领域本体的教育资源管理框架，以领域知识本体描述教育资源，从而为实现教育资源在语义层上的共享与互操作奠定基础。"分"的部分属于纵深推论式，主要内容有教育资源描述规范和现状、语义 Web 和关键技术、基于 QWL 的教育资源领域本体的构建等。本文结合高校教育资源建设的现状，引入螺旋模型作为教育资源领域本体的构建方法，初步完成了教育资源领域本体的构建。

分布式数字图书馆资源整合与服务集成的管理研究　谢春枝著，浙江工商大学出版社，2009 年 2 月。本书共八部分内容，包括绪论、概述、分布式数字图书馆资源整合与服务集成的目标和功能、分布式数字图书馆资源整合与服务集成的原则和方法、分布式数字图书馆资源整合与服务集成的模式和环境、分布式数字图书馆资源整合与服务集成的挑战和对策、分布式数字图书馆资源整合与服务集成的案例分析、结语。本书从资源整合和服务集成的管理着手，对分布式数字图书馆的资源整合和服务集成的动因、原则与方法、目标与功能、模式与环境做了深入的分析，着重分析了分布式数字图书馆资源整合和服务集成的策略、标准、质量控制、版权、绩效评估和可持续发展等管理方面的问题。最后，作者以 Google 数字图书馆项目为例，分析了它在资源整合和服务集成过程中采用的策略、技术手段、合作模式、服务功能、赢利模式和存在的风险。

网络信息半衰期测度的探索性研究　段宇锋，《中国图书馆学报》，2009 年第 2 期。本文为"总－分－总"结构。文章开头部分，作者简要介绍了网络信息效用衰减这一现象，并引入"半衰期"这一指标对其测度做了一番研究。"分"的部分包括测度指标、HL_{out} 的测定及 HL_{in} 的测定等三部分内容，作者分别对 HL_{out} 与 HL_{in} 这两个测定指标的研究方法和结果进行了系统的论述和深入的讨论。研究结论显示，HL_{out} 的测定方法和结果较为理想，能够为网络信息的质量和效用评价提供一定的参考。

大学生信息素养教程　陈农心、李雪冰、廖志刚编，中山大学出版社，2009 年 2 月。本书重点研究电子和网络信息、数据库和互联网上的专用信息，较为系统、全面地介绍了与信息检索有关的基本知识、信息资源的类型、各种信息检索工具及其使用方法，并且介绍了运用文献信息来撰写毕业论文与学术论文的技巧，以更好地满足对当前大学生信息素养教育的要求。

网络信息资源保存发展现状及趋势分析　向菁、吴振新，《中国图书馆学报》，2009 年第 2 期。本文为"总－分"结构。文章开头部分，作者简述了网络信息资源保存（WA）的必要性和重要性。"分"的部分为横向分论式，包括 WA 国际发展现状分析、国内 WA 发展现状分析、WA 发展趋势分析三部分内容。作者认为，未来的网络信息资源保存应朝着主题和内容丰富化、系统建设标准化和开源化、工作流程规范化、合作广泛化及利用形式多元化等的方向发展。

图书馆专家知识地图的 XTM 构建方法研究　夏立新、王忠义、张进，《中国图书馆学报》，2009 年第 2 期。本文为"总－分－总"结构。引言部分，作者介绍了图书馆的知识资源，认为知识地图是管理隐性知识的有效工具，提出了用 XTM 构建图书馆专家知识地图的方法，并强调了该种方法的优点。"分"的部分为纵深推论式，包括：构建图书馆专家知识地图的关键技术分析；基于 XTM 的图书馆专家知识地图构建方法；基于 XTM 的图书馆专家知识地图构建；绘制各图书馆之间的综合专家知识地图的意义。结语部分，作者进一步强调指出，基于 XTM 的图书馆专家知识地图绘制方法是十分有效的，在今后我们要对其进行不断的验证和完善，使其在图书馆建设中发挥更有力的作用。

高校图书馆员继续教育的新手段——网络课堂　沈霞、尹源、谢志耘、张晓雁、李春英，《大学图书馆学报》，2009 年第 3 期。本文是"总－分－总"结构。文章开头，作者指出，随着现代科学技术在高校图书馆的广泛应用，传统图书馆模式的馆员已不能胜任，对其进行继续教育十分必要，而网络课堂则为一种当前较为值得推广和借鉴的十分有效的继续教育模式。本文"分"的部分采用纵深推论式，主要内容有网络课堂项目产生的背景、网络课堂项目的具体实施、网络课堂运行效果、会员馆对网络课堂的意见和建议等。作者着重论述了网络课堂项目的实施，其内容十分全面，包括了完善的管理制度、课堂设置和安排、网络课堂教学系统、网络课堂教务管理系统等诸多方面，为高校图书馆利用网络课堂开展馆员继续教育提供了有效的指导。

基于领域本体的数字图书馆信息过滤模型研究　易明、王学东，《中国图书馆学报》，2009 年第 3 期。本文采用了纵深推论式结构，主要内容包括数字图书馆传统信息过滤技术的局限性、基于领域本体的数字图书馆信息过滤模型、基于领域本体的数字图书馆信息过滤模型的优势、基于领域本体的数字图书馆信息过滤模型实现的关键问题等。作者指出，基于领域本体的信息过滤模型能够有效弥补传统的基于内容过滤或者协作过滤的数字图书馆信息过滤技术不能实现各领域之间相似性比较这一不足，其最大优势体现在保留了概念之间和概念属性之间的关系，能够在相对复杂的语义层次之间进行逻辑推理。另外，此种模型实现的关键在于基于领域本体的资源评价值转化和基于领域本体的匹配问题。

CSSCI 本体概念模型的构建和描述　王昊、苏新宁，《中国图书馆学报》，2009 年第 3 期。本文为"总 - 分 - 总"结构。引言部分，作者概述了中国社会科学引文索引（CSSCI）的重要性及其存在的问题，提出了构建 CSSCI 本体概念模型的解决方案，重点对 CSSCI_ Onto 构建的知识组织过程与方法展开了探讨。"分"的部分为横向分论式，包括 CSSCI_ Onto 的建模过程、CSSCI_ Onto 概念层次结构的建立、CSSCI_ Onto 概念属性的设置、CSSCI_ Onto 概念模型的描述四部分内容。结束语部分，作者进一步指出，类似于 CSSCI 的本体概念模型的知识组织方式可以推广到各种对象的语义描述中，另外，本体概念模型只是 CSSCI_ Onto 本体构建的一部分（知识组织），应用的主体还应基于概念模型实现 CSSCI 大规模数据的语义标注（知识描述）与本体评价。

CALIS 导航库：现状、困境与发展　张惠君、曾丽军、张西亚、肖小勃，《大学图书馆学报》，2009 年第 3 期。本文是"总 - 分 - 总"结构。文章开头，作者指出，本文试图探讨导航库存在的必要性、其存在和发展面临的致命缺陷、CALIS 导航库如何健壮发展等一系列问题。本文"分"的部分为纵深推论式，内容包括 CALIS 导航库的存在价值、CALIS 导航库面临的困境、CALIS 导航库可持续发展构想等。作者指出，为了保证导航库的可持续发展，须在今后的建设中改革管理模式，实现系统的升级，提高工作效率和服务，完善相关的标准规范，以提供更好的服务，使 CALIS

导航库成为文献资源共建和共享的优良品牌。

四川省高职院校图书馆自动化、网络化建设现状及对策研究　姜晓、时雪峰、唐桂华，《大学图书馆学报》，2009 年第 3 期。本文是"总－分"结构。"分"的部分为纵深推论式，作者依次论述了四川省高职院校图书馆自动化建设的现状、存在的问题、对策和建议。作者指出，四川省高职院校图书馆自动化与网络化建设存在发展不平衡、专业技术人员缺乏、管理系统功能有待进一步开发利用、网络安全等问题，相应的对策有：分层次、有针对性地开展高职院校图书馆自动化、网络化建设规划指导；形成以实用为主的自动化、网络化建设思路；以评促建；建立高职文献资源保障体系；特色资源建设；加强人员培训，进一步开发利用管理系统功能；争取外部支援等。

数字图书馆导论　夏立新、黄晓斌、金燕等编著，科学出版社，2009 年 3 月。本书共分九章，主要包括数字图书馆概述、数字图书馆的体系结构、数字图书馆系统的设计与开发、数字图书馆的"馆藏"发展与维护、数字图书馆的信息组织、数字图书馆标准与互操作、用户接口、数字图书馆的检索与利用、数字图书馆建设的现实问题。总的来说，本书具有三大特色：其一，从信息管理和信息系统的专业角度研究并介绍了数字图书馆；其二，结合典型实例，介绍了数字图书馆系统的体系结构、设计和开发工具；其三，本书还配备有相应的多媒体教学课件。

网络引文的可获得性体系之构建　杨思洛、仇壮丽，《中国图书馆学报》，2009 年第 3 期。本文为"总－分－总"结构。文章开头部分，作者介绍了网络引文的概念及重要性。"分"的部分为纵深推论式，包括网络引文的可获得性及其现状、网络引文可获得性体系构建的意义、网络引文可获得性体系模型的构建三部分内容。文章结语部分，作者进一步强调了构建网络引文可获得性体系的重要意义，指出该体系包含三个层次：直接可追溯性是关键；间接可查证性为补充；长期保存体系是基础，还要从技术、政策和法律等方面为该体系提供保障支持。

网络引文不可追溯性及其解决方案研究　陆伟、韩曙光、沈祥兴，《中国图书馆学报》，2009 第 4 期。本文为"总－分－总"结构。引言部分，作者简述了网络引文应用的现状，指出现有的网络引文缺乏持久性与稳定性，应将网络信息资源的可追溯性问题提上日程。"分"的部分为纵深推论式，包括国内外研究综述、解决方案及系统构建两大部分内容。作者系统论述了网络引文不可追溯性的现象、原因及解决方案，并对构建的网络引文追溯平台的功能需求、模块划分与实现做了详细的阐述。结论部分，作者进一步强调了网络引文追溯平台对解决网络引文信息不可追溯问题的积极作用。

IPv6 在西安交通大学图书馆的实现　闫晓弟、耶健，《大学图书馆学报》，2009 年第 5 期。本文是"总 - 分 - 总"结构。其中"分"的部分属于横向分论式，包括图书馆 IPv6 网络环境的实现、IPv6 主页服务器和域名服务器的实现等内容。IPv6 指的是下一代互联网技术所使用的核心协议，从现行的 IPv4 向下一代的 IPv6 过渡是势在必行之举。本文以西安交通大学为例，详细介绍了 IPv6 的网络环境的建立与适应 IPv6 的 Web 服务器、DNS 服务器的相应配置。

Web 2.0 环境下影响用户生成内容的主要动因研究　赵宇翔、朱庆华，《中国图书馆学报》，2009 年第 5 期。本文为"总 - 分 - 总"结构。引言部分，作者介绍了 Web 2.0 环境下用户生成内容的定义、特点及对其进行的研究的内容。"分"的部分为纵深推论式，包括用户生成内容概述、用户生成内容中动因研究的理论探讨、UGC 中用户生成行为的理论模型研究三部分内容。作者将用户分为潜水者、参与和协作者及核心贡献者三类，基于相关的研究文献总结出了内容分析、个案分析、荟萃分析、扎根理论和调研 5 种用户生成内容动因的研究方法，最后构建出了用户生成行为动因的整合模型与实证模型。文章结语部分，作者进一步强调了用户生成内容在 Web 2.0 环境下具有的重要作用，并指出在今后要利用实证模型开展进一步的相关研究。

网络中心度用于期刊引文评价的有效性研究　高小强、赵星、陶乃航，《大学图书馆学报》，2009 年第 5 期。本文为"总 - 分 - 总"结构。引言部分指出同行评议仍为目前被认同的有效的科学评价方法，可以采用中心度对期刊引文网络中的期刊学术地位予以评价，但其有效性还有待检验。"分"的部分为纵深推论式，包括方法与数据、结果、分析与讨论三部分内容。在结论与展望部分，研究结果显示，期刊中心度的评价方法与同行评议的结果较为接近，在实践上具有效性。作者指出，下一步的研究可探讨自然科学期刊中心度的有效性问题，并在社会网络中心性（含中心度与中心势等）基础上提出了"去一交替法"，用于人际情报网络的关键联系识别和期刊引文网络中关键引证关系的挖掘。

高校文库数据库建设实践研究——以京师文库全文数据库为例 黄婧、吴英梅，《大学图书馆学报》，2009 年第 5 期。本文是"总－分－总"结构，主要围绕北师大图书馆京师文库全文数据库的建设实践展开论述。本文"分"的部分为纵深推论式，作者阐明了文库建设的背景，并基于对国内其他高校文库数据库建设实践的调研明确了京师文库全文库建设所试图实现的功能，重点针对全文库建设实践的难点和特色功能做了较为详尽的介绍。作者指出，全文库建设实践的重点和难点体现在发布平台、分类导航、作者导航、封面揭示和教材标识等方面。总括全文，作者提出了关于全文库建设进一步发展的设想，在今后，全文库的建设和发展应重视功能完善和基于总分馆模式补充馆藏。

基于 Web 2.0 的用户群体交互分析及其服务拓展研究 胡昌平、胡吉明、邓胜利，《中国图书馆学报》，2009 年第 5 期。本文为"总－分－总"结构。文章开头部分，作者简述了 Web 2.0 这一新生的网络服务模式，并指明了本文的思路和目标。"分"的部分为纵深推论式，包括 Web 2.0 环境下的用户群体性分析、网络用户群体性实证分析、基于用户群体交互的网络信息服务拓展分析三部分内容。文章结语部分，作者进一步强调指出，研究网络环境下的用户群体特性对于网络服务的开展与利用具有十分重要的作用，网络信息服务要努力实现从单纯的信息服务模式向围绕知识进行的用户群体参与的社会化服务模式的转变。

基于语义 Web 的知识处理流程及其技术框架研究 朝乐门，《中国图书馆学报》，2009 年第 5 期。本文为"总－分－总"结构。文章开头部分，作者介绍了知识处理和知识管理两个概念，并指出语义 Web 对知识处理活动具有重要的意义，本文就是对基于语义 Web 的知识处理流程及其技术框架的研究。"分"的部分为纵深推论式，包括基于语义 Web 进行知识处理的必要性、基于语义 Web 的知识处理流程、基于语义 Web 的知识处理流程的技术框架三部分内容。结论部分，作者进一步强调指出，无论是从知识处理的流程维度还是技术维度来看，基于语义 Web 的知识处理流程及其技术框架都能较好地结合人脑与电脑在知识处理方面的不同优势。

基于数字图书馆的本体应用环境研究 董慧、王菲、姜赢、高巾、翁丹丹、曾杰，《中国图书馆学报》，2009 年第 5 期。本文为"总-分-总"结构。文章第一部分，作者介绍了数字图书馆本体应用环境研究的背景和写作的意图，对语义 Web 的结构、本体和语义 Web 的关系及语义 Web 框架在实际应用中存在的问题等做了详细的论述。"分"的部分为纵深推论式，包括本体应用环境与本体应用环境的应用两部分内容。结论部分，作者进一步概述了本体应用环境的主要优势，并再次强调指出不管是静态知识还是动态知识，本体应用环境都能较好地建立整个应用系统，在实践中具有较好的可行性、可操作性与科学性。

清华大学图书馆新版英文网站的构建 姚飞、陈武、窦天芳、赵阳、姜爱蓉，《大学图书馆学报》，2009 年第 5 期。本文是"总-分-总"结构。"分"的部分属于纵深推论式，作者比较了清华大学图书馆新旧版的英文网站，着重从系统构架、外观布局、内容管理和功能集成等方面论述了清华大学图书馆新版英文网站的特色和亮点，还详细介绍了清华大学图书馆在构建新版英文网站过程中所做出的创新性探索和实践。总括全文，清华大学图书馆的新版英文网站有效实现了内外两个网段的异地跨平台部署，但尚存在缺少读者交流、问卷调查等互动的不足，今后要积极寻求在内容管理系统中实现这些互动的方法，同时把英文网站建设中的经验运用到图书馆中文网站和相关类似的网站。

数字化、电子化、网络化和虚拟化名词的本质概念及应用 姚媛，《大学图书馆学报》，2009 年第 5 期。本文是"总-分-总"结构。文章开头指出，随着信息技术、通信技术与信息资源的不断发展和结合，越来越多的计算机与信息术语使人感到困惑，出现了许多混用甚至是误用的现象，作者针对这一现象和目前使用十分频繁的数字化、电子化、网络化及虚拟化四个专业术语展开了大量的研究与分析。本文"分"的部分属于纵深推论式，作者详细论述了数字化、电子化、网络化及虚拟化四个专业术语的概念与本质，并基于此，对四者的关系做了进一步的比较分析，同时给出了它们混用误用的实例及如何正确使用的情景，力图为大家提供一个相对清晰的认识，进而减少将其混淆和误用的现象，以便营造出一个有序的信息环境。

数字图书馆评价方法 吴建华（作者），王伟军（丛书主编），科学出版社，2009 年 5 月。丛书名为"知识管理与知识服务研究"。本书共分八章，主要内容包括概论、评价活动的信息原理、数字图书馆及其评价、数字图书馆的专家评价法、数字图书馆的用户评价法、数字图书馆的信息测度评价法、数字图书馆的综合评价法、评价方法的综合运用——以可用性评价为例。本书在全面总结国内外数字图书馆评价理论以及实践活动的基础上，对数字图书馆的评价方法进行了全面、系统的理论和实证研究。对每一种方法，都详细介绍了至少一个典型的实际应用或者实证研究案例，方便了读者的学习和使用。

数据清洗技术在期刊元数据整合中的应用　陈春颖，《图书情报知识》，2009 年第 6 期。本文的结构为"总－分－总"式。其中"分"的部分为纵深推论式，包括期刊资源数据清洗框架及流程、期刊资源数据清洗分析、数据清洗实验结果示例三部分内容。论文分析了数字图书馆异构数据源的元数据整合过程中存在的不一致性和重复性问题的解决方法，并设计了期刊元数据整合过程中关于数据清洗的基本框架、流程、清洗策略及算法。最后，通过清洗实验验证清洗策略和算法的可行性及有效性。

网格环境下数字图书馆的访问控制研究　王知津、于晓燕，《大学图书馆学报》，2009 年第 6 期。本文的结构为"总－分－总"式。其中"分"的部分为纵深推论式，包括网格环境下数字图书馆的安全特征、网格环境下的数字图书馆访问控制的关键问题、网格环境下数字图书馆访问控制的关键技术、网格环境下数字图书馆访问控制的关键策略四部分内容。根据网格环境下数字图书馆的主要安全特征及其在信息访问控制研究中遇到的几个主要问题，提出了网格环境下数字图书馆访问控制的关键技术，并且更进一步对强制访问控制策略、自主访问控制策略、基于任务的访问控制及基于角色的访问控制策略进行了分析。

视觉资源数字对象格式与精度研究　彭建波、史国祥、孙劲松，《大学图书馆学报》，2009 年第 6 期。本文的结构为"总－分－总"式。其中"分"的部分为纵深推论式，包括视觉资源数字对象的常用格式、视觉资源数字对象格式与精度的应用现状、对视觉资源数字对象格式与精度的实验、视觉资源数字对象呈现的新技术——Deep Zoom 四部分内容。在文献调研、网络调研、实地走访和实验的基础之上，对视觉资源数字对象经常用到的 TIFF、GIF、JPEG2000、DjVu、JPEG 等几种格式进行了分析，并指出 JPEG 是视觉资源数字化过程中被广泛应用的一种成熟格式，JPEG2000 则是一种较好的替代格式；DjVu 格式并不适合视觉资源的数字化；进行视觉资源数字化的最佳格式模式是运用 600dpi 全彩色 TIFF 格式进行扫描，然后将扫描文件转换成 300dpi 的 JPEG2000 格式，再用 Deep Zoom 技术进行网络呈现。

图书馆导入 RFID 的标准与互操作探讨——以香港高校图书馆为例 景祥祜、蔡孟欣、戴淑儿、郑世福，《大学图书馆学报》，2009 年第 6 期。本文的结构为"总－分－总"式。其中"分"的部分为纵深推论式，包括图书馆馆藏识别技术发展与 RFID（无线射频识别）标准、香港高校图书馆的馆际互借、研究试验、UHF RFID 阅读器与标签之间互操作性实验结果及分析、不同 HF RFID 系统的互操作性实验结果及分析、香港高校图书馆应用 RFID 的互操作性讨论六部分内容。制定图书馆 RFID 标准的目的在于解决图书馆导入 RFID 过程中所出现的馆际互操作问题。业界对于图书馆 RFID 标准的理解不断深入，由最初的技术标准到数据模型与应用层面的规则。在香港城市大学图书馆进行的高频、超高频 RFID 在图书馆的应用实验中，发现虽然 RFID 技术标准已经制定，但在图书馆 RFID 应用上，同一地区的不同图书馆所进行的互操作在数据模型、应用层面规则上依然有待进一步加强。建议香港高校图书馆联盟在采取国际图书馆 RFID 标准的基础上，深入讨论 RFID 馆际互借模式的规则。然而，RFID 在图书馆进行服务转型的过程中，只是提升服务效率、服务价值、促成转型的工具，读者和职员的需求才是图书馆变革的主导。

新一代 OPAC 开源软件的兴起及未来发展　韩志萍，《大学图书馆学报》，2009 年第 6 期。本文的结构为"总－分"式。其中"分"的部分为纵深推论式，包括传统 OPAC 为什么需要变革、新一代 OPAC 开源软件开发及应用情况、开源 OPAC 未来发展三部分内容。文章详细分析了在网络 2.0 环境下传统 OPAC 发生变革的必要性，指出了当前涌现出的开源 OPAC 应用对推动新一代 OPAC 的发展所具有的重要作用，并且介绍了美国图书馆同行为此而实现的不同层次的开源 OPAC 案例，在此基础上进一步探讨了开源 OPAC 在功能方面存在的不足之处、如何可持续发展以及今后需要注意的问题。

新网络环境下用户信息获取方式对图书馆信息组织的影响　欧阳剑，《中国图书馆学报》，2009 年第 6 期。本文的结构为"总－分－总"式。

其中"分"的部分为纵深推论式，包括新网络环境下的用户信息获取方式和用户信息获取方式对图书馆信息组织的影响两部分内容。在对新网络环境下目标引导和偶得两种用户信息获取方式进行研究的基础上，分析其对图书馆信息组织的影响。在宏观层次上，大量异质、异构数字资源的出现，使图书馆需要对其进行集成与重组，并建立多元搜索引擎参与网络检索以及拓宽用户的信息获取渠道；在微观层次上，用户主动参与信息资源的创建与组织甚至分类，使图书馆需要以用户需求为中心对信息资源进行建设、分类、存储、发布，多角度及深层次地揭示信息，以方便用户获取。

基于元数据的异构数据集整合方案　张宇、蒋东兴、刘启新，《清华大学学报》（自然科学版），2009年第7期。本文的结构为"总－分－总"式。其中"分"的部分为纵深推论式，包括背景和目标、基于元数据的异构数据集整合方案、方案提供的关键查询功能、方案的应用和评估四部分内容。为了整合分布在不同系统中的异构数据集，进而实现高度集成的数据查询功能的目的，需要一种普适性方案对数据进行规范化与再利用。本文对典型的应用系统分布场景进行了建模，并制定了一种具有良好伸缩性的元数据规范，进而提出了一种可对分散系统中的异构数据集进行集成，同时对集中的元数据信息进行统一管理，并能够为用户提供单一入口查询的整合方案，且对原始系统的改造极小，用户可以透明地访问原始系统的所有数据资源。该方案已经在医药卫生科学数据共享工程中得以应用，并取得了可观的经济效益。

数字图书馆工程项目研究　赵鹏等编著，冶金工业出版社，2009年7月。本书分四部分，依次叙述了数字图书馆工程项目的分析、设计、实施和应用；每个部分首先提出项目管理学科研究内容，然后论述数字图书馆工程项目的研究内容，并且每一部分附有具体研究实例。该书从项目管理的角度，运用软件工程理论，对数字图书馆进行研究，提出了数字图书馆工程的项目化管理思想。

基于定位目录的元数据管理方法　穆飞、薛巍、舒继武、郑纬民，《清华大学学报》（自然科学版），2009年第8期。本文的结构为"总－分－总"式。其中"分"的部分为纵深推论式，包括定位机制、负载评价机制、元数据迁移机制、测试结果四部分内容。元数据的访问性能及其可扩展性是影响大规模存储系统整体性能的关键因素。本文提出了一种基于定位目录的元数据组织机制。该机制把定位目录当作元数据定位、负载评价和元数据动态迁移的基础，保持了元数据的目录相关性，能够提供较高的元数据访问性能；在此基础之上的负载评价方法便以很小的开销反映操作历史信息的影响。测试数据所显示的信息表明该机制能够提供良好的负载调节能力。

信息素养教育　姚建东主编，清华大学出版社，2009 年 9 月。丛书名为"21 世纪高校计算机公共课程规划教材"。本书依据现代信息素养教育理论体系，全面系统地介绍信息素养教育所包括的信息意识、能力、应用以及道德等知识。全书分为十五章，其内容涵盖信息和社会、信息和多媒体、数字媒体信息基础、数字办公系统的应用、图形图像处理系统的应用、数字视频系统的应用、电脑动画与制作、数字音频系统的应用、计算机网络基础、网站建设与信息发布、计算机病毒与防范、网络媒体简介、Internet 与信息服务、网络信息安全、信息的检索与利用诸多方面。该书针对信息技术学习中的重点和难点精心设计，既有丰富的理论知识，又给出应用性强的操作实例；使读者能够容易、快速、全面地掌握计算机操作技术、信息处理技术与多媒体应用技术。

基于元数据的政务信息资源目录体系应用研究　潘光辉，《图书馆理论与实践》，2009 年第 10 期。本文的结构为"总 - 分 - 总"式。其中"分"的部分为纵深推论式，包括政务信息资源目录体系概念、政务信息资源目录服务体系的基本功能与作用、政务信息资源目录服务体系架构及技术框架、实现的相关技术、信息资源目录服务体系的构建与实现五部分内容。针对政务信息化建设过程中出现的"信息孤岛"等问题，文章在对政务信息资源目录体系架构进行分析的基础上，提出了基于元数据的目录服务，并对政务信息资源目录服务体系的框架进行了分析研究，还提出了一部分基于元数据的政务信息资源的目录服务系统实现所要求的关键技术和方法。

徽州文书数字图书馆元数据标准设计　张晓峰、何广龙，《图书馆工作与研究》，2009 年第 12 期。本文的结构为横向分论式，主要包括徽州文书知识点与徽州文书元数据标准筛选参考依据、徽州文书元数据设计原则、徽州文书元数据标准内容和结构三部分内容。徽州文书知识体系的内容特征与相关信息是对徽州文书数字图书馆元数据标准进行筛选的依据，在设计徽州文书元数据标准时应遵循学术性与实用性原则。文章主要参考了 DC、CDWA 两种较为通用的元数据标准，并从徽州文书的标识、内容、物理外观三个方面对徽州文书中的相关数据进行了定义。

网络环境下信息组织的创新与发展：全国第五次情报检索语言发展方向研讨会论文集　戴维民、赵建华、汪东波、贺德方主编，国家图书馆出版社，2009 年 12 月。本书主要介绍如下内容：信息组织课程建设与学科发展，美国信息构建协会及其对信息构建的贡献和启示，分面分类发展路向探析，情报检索语言在网络环境中的发展趋势探究，Internet 环境下情报检索语言的语用研究刍议，知识组织系统及其描述与评价初探，融于数字图书馆的知识组织系统模型构建探究，基于本体的网络知识组织系统研究，面向学科数字信息群的知识组织框架研究，中国、美国和英国叙词表编制国家标准比较研究，国外叙词表在网络环境中的应用现状，电子化环境下的叙词规范控制模式，网络时代专业叙词表选词规则实践与讨论，叙词表编制中等同关系获取方法，分类主题一体化中特征词的研究等一系列的内容。

网络环境中知识组织系统构建与应用研究　薛春香（作者），侯汉清（丛书主编），东南大学出版社，2009 年 12 月。丛书名为"情报检索语言与智能信息处理丛书"。本书共分九章，主要包括网络环境中的知识组织系统概述、知识组织系统研究现状、知识组织系统构建与描述标准、网络环境中知识组织系统的设计、传统知识组织系统的构建、知识组织系统互操作与集成构建、网络环境中的知识组织系统评价、网络环境中知识组织系统的应用、展望。本书对网络环境中各种知识组织系统的构建与应用进行了较为系统全面的分析和阐述。

语义网格环境下基于元数据本体的数字图书馆互操作研究　毕强、韩毅，《图书情报工作》，2009 年第 15 期。本文的结构为"总－分－总"式。其中"分"的部分为纵深推论式，主要包括语义网格环境下数字图书馆资源的互操作策略、基于元数据本体的 DL 互操作、语义网格环境下基于元数据本体的 DL 互操作框架三部分内容。本文主要以语义网格技术为基础，探索基于元数据本体的数字图书馆系统间的互操作策略，从而尽可能解决目前数字图书馆系统间互操作中所面临的问题，也就是不同本体之间的互操作、跨语言及跨文化的互操作、数字图书馆的发现及安全性等，同时描述了下一代数字图书馆系统间互操作框架。

混合式的元数据管理系统研究　杜楠、彭宏，《计算机工程与设计》，2009 年第 15 期。本文的结构为"总－分－总"式。其中"分"的部分为纵深推论式，包括常见的元数据管理方式、元数据的混合管理方式、元数据标准三部分内容。本文提出的是一种基于混合式技术的元数据管理系统，研讨了两种常用的元数据管理方式：集中式元数据管理与分布式元数据管理。详细分析了由这两种元数据管理方式结合的混合模型的结构，并对系统中对象存储的作用及元数据服务器的结构和功能进行了较为详细的描述。最后，对元数据管理中重要的元数据标准进行了分析，对于这种系统的运用将会使得元数据管理、数据处理、分析和过程中的综合再现更加高效、方便和安全。

基于元数据的数据库加密系统　陈雪涛、郝文宁、李铁军、辜磊，《计算机工程》，2009 年第 16 期。本文的结构为"总－分－总"式。其中"分"的部分为纵深推论式，包括数据库加密系统的基本要求及实现方案和基于元数据的数据库加密系统体系结构两部分内容。对数据进行加密是保护信息机密性的一种行之有效的途径。由于数据库存储数据有着自身的特点，必须合理有效地管理密钥库和安全加密字典。本文提出了基于元数据的安全加密字典管理模式，并对元数据的概念进行了简明的阐述，对加密系统的各个模块进行了深入研究，最后对基于元数据的数据库加密系统进行了整体的设计与实现。

第五节　图书馆管理

当代全球图书馆事业面临的难题与挑战　王世伟，《中国图书馆学报》，2008 年第 1 期。本文为"总－分"结构。"总"的部分简单介绍了本文的研究内容。"分"的部分为横向分论式，主要包括当代全球图书馆事业的发展中所面临的三大难题和三大挑战。其中，三大难题分别是物理空间紧缺难题、发展定位难题、社会竞争难题。三大挑战主要来源于技术方面、服务方面和管理方面。作者认为，图书馆应当将这些难题和挑战转变为发展的机遇。在技术方面，要努力实现技术创新，从而推动管理和服务的创新。在服务方面，要坚持物理空间服务与网络信息服务并重，同时更加重视网络信息服务；坚持印刷文献与数字文献并重，并更加重视数字资源；爱护老读者，发展潜在新读者；注重图书馆共建共享的联盟协作；在发展数量的基础上提高服务质量，并注重不断创新积累经验，改进图书馆服务的总品质。在管理方面，要着力于合作联动、以人为本、文化发展，同时培养并发挥图书馆员的核心能力和专业能力。

农家书屋管理员实用指南（附 CD 光盘 1 张）　蔡莉静、顾玉青、佟延伟主编，海洋出版社，2008 年 1 月。本书共六章，分上、下两篇，主要介绍了管理农家书屋所必备的基础知识。其中一至五章为上篇——农家书屋管理员基础知识系统，主要包括农家书屋管理员必备常识、农家书屋的业务工作、图书分类、图书编目以及借阅管理和读者服务等内容。第六章为下篇——农家书屋管理系统，概述分析了农家书屋管理系统的开发环境、功能、安装、启动、设置以及书证管理和系统维护等问题，并简单介绍了该系统图书管理、期刊管理、文件管理、报刊管理、音像资料管理、流通借还管理的功能和使用方法。此外，本书后还有两个附录：《中图法》简表和农业科学类目表。

图书馆馆际间的合作：全球性的进展　〔美〕马迪娜、〔美〕曾程双修，《中国图书馆学报》，2008 年第 1 期。本文为"总－分－总"结构。在"分"的部分，作者首先列举了近年来图书馆界馆藏数字化的多项工程的进展，说明了全球图书馆界为馆际合作所做出的努力，并分析了图书馆之间进行合作的必要性；然后以谷歌和"第 108 条款研究小组"为例，阐述了图书馆数字化发展过程中所面临的版权、著作权问题；最后又以美国国会图书馆"国家数字信息基础设施和保存计划"为例探讨了数字化资源的保存维护问题。总括全文，作者认为，图书馆馆际合作需要靠跨国界、跨行业、跨机构的参与，图书馆的专业人员，不仅要为自己的图书馆全心服务，同时还需要贡献自己的才智与全世界的数字图书馆相链接。作者更鼓励图书馆的专业人员做一个真正的世界图书馆人，贡献一己之力来完成服务无围墙的世界图书馆的宏愿。

图书馆联盟共建共享机制研究　张学福，《中国图书馆学报》，2008 年第 1 期。本文为"总－分"结构。在"总"的部分，作者简单介绍了国内关于图书馆联盟研究的主要侧重点，并提出了自己的研究侧重点——共建共享机制研究，进而阐述了本文的研究思路和运用的主要案例。"分"的部分为横向分论式，主要包括图书馆联盟的管理机制分析、运行机制分析和服务机制分析三部分内容。作者认为，图书馆联盟分为专业图书馆联盟、综合图书馆联盟、联盟之联盟三种形式。其管理模式基本上可分为实体组织机构模式、理事（董事）会管理模式和协议联盟三种。从运行机制上看，其运行模式按照管理角度可分为以实体管理机构为主导、以理事（董事）为主导和二者相结合的模式；从经营角度可分为以公司运作为主导的运行模式和非公司化运行模式；从服务机制上看，图书馆联盟有非营利性的，也有营利性的，主要提供联合目录服务、馆际互借和原文传递服务、电子许可服务等诸多类型的服务。

信息资源管理导论（第三版）　孟广均等著，科学出版社，2008 年 1 月。本书共分九章，第一章"信息和信息资源"，主要介绍了信息的定义、性质、功能、测度，信息资源及其产生和消费等内容。第二章"信息资源管理"，主要包括信息资源管理的起源和发展、信息资源管理学和国内外信息资源管理理论评述三部分内容。第三章和第四章分别阐述了信息管理的理论基础和技术基础。第五至第七章，系统论述了信息资源的过程管理、网络管理和宏观政策管理。第八章和第九章主要探讨了社会信息化与信息化社会理论和国内外实践两部分内容。本书以网络环境为基础，重点突出资源特色，从学科集成和综合的角度，对信息资源管理（IRM）做了全面系统的论述，对于促进我国信息管理教育和信息化事业的发展具有重要的指导意义。

科学划分书库管理责任区　刘菊霞，《大学图书馆学报》，2008 年第 1 期。本文为"总 - 分"结构。"总"的部分分析了科学划分书库管理责任区的必要性、原则和前提条件，并阐述了本文的研究方法和研究思路。"分"的部分为纵深推论式，主要包括确定流通部各书库管理人员的编制数和划分各书库每个管理人员的工作责任区两部分内容。具体的研究方法是：利用自动化系统中的编目子系统和流通子系统对一些关键性的数据进行统计分析，并结合书库管理工作客观的组织任务量和员工的平均绩效，建立可操作性强的数学模型，进而确定各书库合理的人员编制数，然后基于此进一步划分工作人员的责任区。

　　浙江省高职高专图书馆现状调研与发展模式探索　韩惠琴、郑荣佩、吴昊，《大学图书馆学报》，2008 年第 1 期。本文的结构是"总－分"式。"总"的部分介绍了调研的目的和意义——通过对浙江省高职高专图书馆的调研，分析目前高职高专图书馆的基本现状，探讨高职高专图书馆发展的基本思路与办馆模式，从而为制订高职高专院校图书馆的评价指标体系提供一定的参考依据。"分"的部分为纵深推论式，主要包括调查方法与内容、调查结果以及对结果的分析、解决对策和发展模式四部分内容。通过调查，作者重点分析了浙江省高职高专图书馆在办馆思路、文献的建设、人员状况、自动化与数字化、业务规范等方面存在的主要问题，并结合实际提出了高职高专院校图书馆建设的发展模式与基本思路：制订适合高职高专图书馆的科学合理的评价指标体系；充分发挥高校图工委对高职高专图书馆工作的协调和指导作用；优化馆藏信息资源建设，充分体现馆藏特色；开拓经费渠道，改善办馆条件；加强人才培养，建立结构合理的人员队伍；注重技术规范，推进自动化和网络化建设；深化服务内容，加强用户信息素质教育；加强馆际合作，促进高职高专图书馆的整体发展。

　　高校图书馆档案建设与管理工作研究　方敏，《大学图书馆学报》，2008 年第 1 期。本文为"总－分"结构。其中"分"的部分为纵深推论式，主要包括高校图书馆档案管理的意义、工作中存在的主要问题和加强高校图书馆档案建设的具体措施三部分内容。作者认为，目前我国高校图书馆档案工作中还存在档案缺乏集中统一管理、档案保管不善、馆藏档案结构不合理而且缺乏系统性和完整性、档案价值缺乏鉴定、档案资源开发利用薄弱以及数字化建设缓慢等问题。为解决这些问题，需要充分发挥高校图书馆档案的优势和潜能，当务之急是要改革管理模式，使档案管理走上规范化、标准化的科学轨道，实现档案工作的网络化、信息化的现代化管理。

　　清华大学图书馆学科馆员工作的新思路和新举措　范爱红、邵敏，《大学图书馆学报》，2008 年第 1 期。本文为"总－分"结构。引言部分为"总"，主要介绍了实施学科馆员制度的意义和必要性。"分"的部分为纵深推论式，主要包括两部分内容。第一部分为清华大学图书馆的学科服务实践，主要介绍在深化学科服务过程中的一些新思路和新举措，包括组建学科服务组、构建立体化的院系联络体系、发挥分馆优势、提供多种增值学科服务、扩大宣传并为学科资源建设做参谋等。在第二部分中作者提出了对于学科馆员工作的若干思考：对学科馆员工作的合理定位至关重要；读者需求是学科服务的驱动力和尺度；学科馆员是学科服务的主体，是保证服务质量、树立图书馆形象的最关键因素，因此应该选拔综合素质最优秀的馆员来担任学科馆员，并注重挖掘学科馆员的潜能；充分发挥学科馆员工作的创造性；以科学发展观对待学科馆员制度。

馆藏标准文献管理系统（附光盘） 陈曹维、蔡莉静主编，海洋出版社，2008 年 1 月。本书共七章，分为上、下两篇。其中第一至第六章为上篇，主要论述了标准文献的基础知识：第一章"标准化"，主要介绍了标准化的发展简史、学科体系和基本概念；第二章"标准"，包括标准的基本概念、级别与类别、标准体系三部分内容；第三章"标准化原理"，包括国内外标准化原理概述、标准化的基本原则和形式等内容；第四章"我国标准化工作"，主要回顾了我国的标准化工作并介绍了国际标准化的发展进展；第五章主要介绍了一些国际著名的标准化组织，如国际标准化组织（ISO）、国际电工委员会（IEC）、国际电信联盟（ITU）、美国国家标准学会（ANSI）等；第六章"标准文献管理工作"，主要介绍了标准文献的基础知识、分类法、著录、检索等内容。下篇即本书的第七章"馆藏标准文献管理系统"，主要包括系统概述、系统安装以及系统个性化处理、系统的使用等内容。此外，书后还有两个附录：《国际标准分类法》（ICS）一级类目表和《中国标准文献分类法》（CCS）类目表。

电子资源违规使用行为分析及图书馆的应对措施 张静、强自力、邵晶，《大学图书馆学报》，2008 年第 2 期。本文结构为"总 – 分 – 总"结构。其中"分"的部分为纵深推论式，主要包括电子资源违规使用的概念及其行为分析、违规使用对图书馆日常工作的影响、图书馆的责任与应对措施三部分内容。作者认为，电子资源违规使用主要包括非授权用户"盗用"和授权用户"滥用"两种类型，这些违规使用行为破坏了著作权人、数据库商、图书馆及授权用户等多个主体的利益均衡关系，给图书馆日常工作带来了严重影响：损害图书馆的声誉，干扰了电子资源管理的正常工作；影响电子资源采访工作的正常进行；影响其他授权用户的正常使用；干扰电子资源管理者的决策。由于图书馆完全无法控制用户使用电子资源的行为，因此对违规使用不承担责任；尽管如此，图书馆还应当积极采取各种合理措施预防违规使用行为的发生，以维护授权用户利益的最大化。

关于面向公众的基层图书馆服务网络建设 张广钦、张丽，《中国图书馆学报》，2008 年第 2 期。本文为纵深推论式结构，共分为四个部分。第一部分"基层图书馆概述"，主要介绍了基层图书馆令人喜忧参半的发展现状及其在整个图书馆网络体系中发挥的重要作用。第二部分结合实际分析了基层图书馆在新时期的发展中所具备的一些良好条件：图书馆事业发展的必然趋势、国家政策上的支持、民众文化生活的需要、民间力量的介入、学者对弱势群体信息权利的呼吁和倡导等。第三部分简单介绍了我国各地区基层图书馆采取的不同构建形式：东南沿海等经济发达城市走集群化发展道路即总分馆制；中西部欠发达地区依托中小学校发展；中等发达城市大力发展社区图书馆；经济落后的边远地区通过流动服务车提供服务；鼓励农民创办乡镇图书馆（室）。第四部分，作者提出总分馆制应当成为发展公共图书馆服务网络的主体形式，并给出了具体原因：国家政策的引导；总分馆制有成熟的经验可供借鉴；总分馆制的公共图书馆服务网络有助于打破各种类型图书馆之间的条块分割，实现图书馆资源的共建共享。

图书馆志愿服务管理研究 韩芸，《中国图书馆学报》，2008 年第 2 期。本文为纵深推论式结构，主要包括志愿者活动的起源与发展、图书馆志愿者服务的实践、图书馆志愿者服务的内容与作用和图书馆自愿者的招募与管理四部分内容。总括全文，作者认为，志愿者服务起源于 19 世纪初的西方国家宗教性慈善服务，包括有组织的和无组织的两种形式。我国图书馆界是从 2001 年开始引入志愿者服务的。图书馆引入志愿者服务，不仅可以有效地弥补图书馆工作人员的不足，使图书馆与读者之间的互动得以加强，而且还能帮助志愿者实现自我价值。为使图书馆志愿者工作长久开展下去，图书馆应当做好以下几个方面的工作：提供能够发挥志愿者最大能力的岗位、为志愿者提供交流与沟通的机会、为志愿者创造学习研究的条件、为志愿者提供展示成就的机会。

图书馆的知识资本运营机制 毛赣鸣，《大学图书馆学报》，2008 年第 2 期。本文为纵深推论式结构，主要包括知识资本理论（包括知识资本理论的形成和知识资本构成）、图书馆知识资本的构成和图书馆知识资本运营机制三部分内容。作者认为，知识资本理论是在新增长理论不断成熟过程中形成的，其核心是知识资本的管理。关于知识资本的构成主要有以下几种代表观点：一是托马斯·斯图尔特的"H-S-C"结构，即知识资本由人力资本、结构资本、客户资本构成；二是斯维比的"E-I-E"结构，即知识资本由员工能力、内部结构和外部结构三方面构成；三是安妮·布雷金的"知识资本＝无形资产"；四是列夫·埃德文森和沙利文的"知识资本＝人力资源＋结构性资本"。在托马斯·斯图尔特、斯维比和埃德文森、沙利文关于知识资本构成理论的基础上，作者也提出了与之相对应的三种图书馆知识资本结构模型，然后又综合分析以上观点构建了一个更加综合具体的图书馆知识资本结构基本模型，最后在此基础上构建了更加详尽复杂的"图书馆知识资本运营机制模型"，并通过系统分析和系统综合，揭示了图书馆知识转移机制。

图书馆职业的发展前景　王子舟、吴汉华，《中国图书馆学报》，2008年第2期。本文为"总－分"式结构。"总"的部分，作者以亚当·斯密《国富论》中关于分工的理论分析了图书馆职业的社会角色，并在此基础上提出本文的研究问题——图书馆职业的发展前景。"分"的部分为纵深推论式，主要包括图书馆职能与职业化、图书馆职业的特点、图书馆职业伦理和图书馆职业发展前景四部分内容。作者认为，图书馆职业就是知识受众和知识资源之间的"经纪人"，其社会职能就是为不确定的知识和不确定的读者建立起确定的关系。当今图书馆职业化的进程一直比较缓慢。尽管如此，图书馆的职业形象却在不断改观中，而且已经具备了明确的职业规范和职业精神，因此，可以预计未来图书馆职业的社会地位将会不断提高，而馆员的社会角色也可能会向着善于交流的知识经纪人、博学敏捷的知识咨询师、社区居民的知识主管、某一领域的知识鉴赏家等新型工作者的方向发展。

走进普遍均等服务时代：近年来我国公共图书馆服务体系构建研究
于良芝、邱冠华、许晓霞，《中国图书馆学报》，2008年第3期。本文为"总－分"结构。"总"的部分主要介绍了本文的研究背景、调研方法和研究思路。"分"的部分为纵深推论式，首先介绍了普遍均等服务、公共图书馆服务体系、总分馆体系、区域性服务网络等关键概念和公共图书馆普遍均等服务进入我国政府议事日程的过程；然后阐述了近年来我国在普遍均等服务目标驱动下，构建公共图书馆服务体系的主要工作思路和构建模式（包括基层图书馆建设、总分馆体系建设、区域性服务网站建设），并通过对现有这些模式的比较，分析了我国公共图书馆服务体系构建中存在的主要问题（包括建设主体问题、地区差异问题、体制障碍问题和对区域性服务网络建设中的认识问题等）；最后基于此提出相应的解决对策。作者认为，要实现真正意义的普遍均等服务，仅靠各种创新模式下积累的普遍均等服务经验是不够的，我国还需要对公共图书馆服务体系进行更进一步的体制创新改革，即通过明确公共图书馆的建设主体与管理单元、调整评估思路和对欠发达地区公共图书馆援助思路等措施来促进覆盖全社会的公共图书馆服务体系的构建。

对图书馆核心竞争力概念的再认识 赖辉荣，《大学图书馆学报》，2008 年第 3 期。本文为"总－分"结构。"总"的部分提出：对图书馆核心竞争力内涵的理解和阐述是图书馆管理变革实践的重要前提。"分"的部分为纵深推论式，主要包括三部分内容：第一部分是对现有图书馆核心竞争力概念（主要包括能力观、资源观、协同观、要素观四种类型）的综述；第二部分对图书馆的核心竞争力概念进行了理论辨析和实践辨析；第三部分，作者通过辨析得出自己对于图书馆核心竞争力的再认识，并构建了图书馆核心竞争力识别模型。总括全文，作者认为图书馆核心竞争力是指一所图书馆长期形成的可以使图书馆在竞争中保持可持续发展，并且建立在图书馆各种资源基础上的获取、开发、整合资源的特有能力，因此能最大限度地满足用户需求。

对高职图书馆不良发展倾向的思考 文南生，《大学图书馆学报》，2008 年第 3 期。本文为纵深推论式结构，共分为三个部分。第一部分指出在评估指标刚性挤压下，一些高职图书馆产生了"重外延轻内涵"的不良发展倾向，使不少馆的建设工作出现了以下几种共性偏差：现代化建设目标不明确、馆舍建设的滞后和随意化、馆藏建设中文献信息量的虚空化、队伍专业素质结构的不合理。第二部分重点解读了这些偏差产生的主观原因——"认识差"。第三部分，作者结合对高职图书馆发展的认识，提出了关于修正不良倾向的几点意见：一是按照科学发展观的指导思想制定图书馆的中长期发展规划；二是在特色建设中凸显高职特色；三是提升图书馆的服务层次和馆员队伍素质；四是坚定不移地把资源的共建共享作为发展的主线。

关于建立基层图书馆培训志愿者行动长效机制的思考 杨玉麟、赵冰，《中国图书馆学报》，2008 年第 3 期。本文为"总 – 分 – 总"结构，开头"总"的部分，作者对我国 2006 年和 2007 年暑期组织的两次面向中西部基层公共图书馆志愿者培训活动进行了总结，并在此基础上提出了本文的研究内容——如何建立志愿者行动的长效机制。"分"的部分具体可以分为两大部分内容：一是志愿者行动的社会定位与社会意义；二是建立基层图书馆培训志愿者行动长效机制的具体措施。其中第二部分为横向分论式，主要分为四个方面：建立基层图书馆培训志愿者行动的常设领导与办事机构；制定志愿者队伍建设机制和办法；建立活动基金等措施和管理制度；以协议的形式约定志愿者、组织者和被服务者三方的权利和义务。最后，作者总结全文，指出我国图书馆界开展基层志愿者服务行动还处在探索阶段，但其社会效益却十分明显，因此需要我们通过更多的研究、实践和探索来促进志愿者行动长效机制的构建。

论社区图书馆的文化定位 杨文珠，《图书馆学研究》，2008 年第 3 期。本文为纵深推论式结构，主要包括三部分内容。第一部分论述了社区图书馆文化定位的重要性和原则：一是要始终以中国传统文化发展与传承为基调；二是在特色上要与社区居民的文化取向相一致；三是在活动方式上要与丰富社区居民文化生活、营造安乐和谐的社会氛围相一致。第二部分主要介绍了经济适用型社区、白领社区、移民社区、特殊类型社区（如老年社区和宗教社区）等不同社区图书馆的不同文化定位。作者认为社区图书馆得以发展的关键在于：面对不同的社区文化，无论是在服务方式还是资源建设上图书馆都必须针对不同的社区文化取向而定位。第三部分作者提出在构建不同社区图书馆的办馆特色方面，不仅要重视社区图书馆的文献资源建设，走特色服务之路，而且要加强队伍培养，组建高水准的馆员队伍。

图书馆非正式员工及其管理 王国庄，《中国图书馆学报》，2008 年第 3 期。本文为"总 – 分"式结构，"总"的部分简单介绍了研究图书馆非正式员工及其管理的必要性——图书馆非正式员工的聘用逐渐增多，而且呈进一步发展态势。"分"的部分为纵深推论式，主要包括图书馆非正式员工的界定和类别、发展背景和群体特点、对非正式员工的雇用关系分析、雇用非正式员工的利弊分析和加强人力资源管理五部分内容。作者认为，图书馆非正式员工按来源渠道可以分为五类，具有就业原因复杂、流动性强、职业发展潜力较小，知识能力和学科背景相差较大等特点。图书馆雇用非正式员工，能够改善图书馆人员构成和用人机制。但对于非正式员工的管理，图书馆还应在以下方面多做工作：调整人力资源战略、合理地规划人员配置、实现人力资源的一体化、开展实施科学的考评、实行激励机制。

高校图书馆效益控制实践与思考　朱丽珍，《图书馆》，2008 年第 3 期。本文为"总 - 分"结构。"总"的部分，作者指出高校图书馆效益控制的关键在于对人力资源、经费投入和馆藏资源的控制，主要表现为充分调动人力、财力、物力，以最低的成本取得最好的综合服务效益。"分"的部分为横向分论式，主要阐述了图书馆进行人力资源效益控制、经费投入效益控制和馆藏资源效益控制的具体措施。作者认为，人力资源效益控制是图书馆效益控制的基础和核心，其控制关键要做到三点：一是正确使用人才；二是健全管理机制；三是强化教育培训，提高馆员素质。在经费投入效益控制方面要做到：遵循适用原则，按需采购资源；讲究采购策略，避免采购浪费并保证采购质量；谋求集团采购，努力减本增效。在馆藏资源效益控制上，一方面要大力宣传，深度揭示馆藏；另一方面要巩固现有读者并开发潜在读者。

读者时间成本探析　丛全滋，《大学图书馆学报》，2008 年第 4 期。本文为"总 - 分"结构。"总"的部分，作者从时间管理理论和马克思劳动价值论中引出读者利用图书馆的时间成本问题，并指出图书馆最基本和终极的服务目标之一就是使读者用最少的时间获得最大的满足感。"分"的部分为纵深推论式，主要包括读者时间成本的组成、读者时间成本的计算方法、影响读者时间成本的因素及其相应的解决办法三部分内容。作者认为，影响读者时间成本的因素主要有馆员素质因素、技术设备因素、读者自身因素和业务流程因素等，因此，为减少读者时间成本，使读者获得最大的服务满足感，图书馆应该从以下方面做起：一是提高馆员工作观念、业务素质、业务技能和服务本领；二是科学配置图书馆网络技术设备；三是开展读者培训，使读者学会如何使用图书馆，并结合自己特点制订合理的时间管理方案；四是改进图书馆业务流程，进一步提高读者服务效率。

学术图书馆的形象营销　李爱国，《大学图书馆学报》，2008 年第 4

期。本文的结构是"总－分－总"式，"总"的部分主要介绍了形象营销的定义，并分析了学术图书馆形象营销的必要性。"分"的部分为横向分论式，结合经济学原理，从学术机构内部与外部两个方面探讨了学术图书馆形象营销的策略和手段。作者认为，图书馆在学术机构内部形象营销方面，主要应从满足用户需求、降低用户利用图书馆的成本、加强与用户交流互动等方面着手；在外部的形象营销方面，应当注重图书馆网站建设、加强与大型搜索门户网站合作、鼓励馆员参加会议发表论文，并努力为优秀人才的成长创造条件。结语部分指出，学术图书馆的形象营销，不仅可以巩固其在学术交流体系中的地位和作用，用丰富的资源和完美的服务吸引那些不再愿意利用图书馆的用户，而且也为其自身的发展赢得更大的空间。因此，学术图书馆必须严肃而认真地运用各种营销策略来优化自身形象。

示范性高职图书馆现状与发展模式探索　袁豪杰、周萍英，《大学图书馆学报》，2008 年第 4 期。本文为"总－分"结构。"总"的部分介绍了国家示范性高职建设计划的实施背景和目的，并指出了图书馆在示范性高职建设中的重要性。"分"的部分为纵深推论式，主要包括示范性高职图书馆的现状分析和相应的解决对策、发展模式研究两部分内容。通过对我国首批 28 所示范性高职图书馆现状的调研，作者发现我国示范性高职图书馆的发展取得了一定成效，如办馆规模扩大、实力普遍增强、高职文献特色渐显等，但也存在很多问题，如人员编制偏紧、结构失衡严重、自动化与网络化及数字化建设滞后等。基于此，作者认为，我国示范性高职图书馆在今后的发展中，一方面应当正确定位，努力探索新路，狠抓品牌建设，建设具有示范性高职高专特色的文献信息资源；另一方面需要加快自动化、网络化、数字化图书馆建设，努力处理好管理机制、资源布局、规范运作和队伍建设等方面的问题，真正发挥示范性高职图书馆的引领示范作用。

论加强基层图书馆文化建设　汤文琴，《图书馆工作与研究》，2008 年第 4 期。本文为"总－分"结构。"总"的部分，在建设和谐社会、小康社会的大背景下提出本文的研究主题——基层图书馆的文化建设和研究思路。"分"的部分为纵深推论式，主要包括图书馆文化的内涵、图书馆文化建设的重要意义和作用、加强基层图书馆文化建设的基本构想三部分内容。基层图书馆在丰富群众生活、传播文化科学知识、提高群众文化品位、满足人民群众日益增长的精神需求等方面发挥了重要作用。作者认为，新形势下，加强基层图书馆文化建设，应当做好以下几个方面：一是强化图书馆文化导向作用，二是强化图书馆"公众空间"优势，三是重视基层图书馆文化品牌建设，四是培育基层图书馆文化建设的新亮点，五是倡导积极向上的图书馆精神，六是强化以人为本的管理理念。

我国图书馆定位研究综述 孙情情、魏闻潇、贾朝霞，《国家图书馆学刊》，2008 年第 4 期。本文的结构为"总－分－总"式。其中"分"的部分为横向分论式，作者从组织性质、社会功能、类型区分、用户服务和事业发展五个不同的定位角度分析了近几年国内外的相关研究成果。通过论述指出我国图书馆定位研究在图书馆事业迅速发展的情况下日益被关注，尽管现阶段一些研究达到了一定的认知深度和实践性，但是目前的研究还是存在理论和实践脱节，地区性考虑不够等问题。作者指出，只有图书馆明确自身在社会文化服务中的定位才能将自身价值有效彰显，为全社会提供更持久深入的服务。

图书馆员的信息素质教育——上海交通大学图书馆"学科及咨询馆员素质教育培训计划"的实践与思考 郭晶、黄敏，《大学图书馆学报》，2008 年第 4 期。本文的结构为"总－分－总"式。其中"分"的部分为横向分论式，作者通过对图书馆员培训计划的准备和实施以及创新性的评价考核方式——情景模拟演练两方面内容的详细表述，阐明了上海交通大学在图书馆员信息素质教育方面的研究成果。通过对图书馆事业的发展态势的研究，作者指出"人"的素质和能力决定了图书馆的服务质量和生存能力，因此，要对图书馆员进行必要的培训和考核，提高自身专业能力和服务质量。

图书馆职能在文化软实力发展中的创新 刘冬青、葛荣霞、刘渝，《中国图书馆学报》，2008 年第 4 期。本文的结构为"总－分"式。"总"的部分，作者指出图书馆职能重新定位与创新的意义。"分"的部分为纵深推论式，包括图书馆在文化大发展中面对的挑战、国外图书馆的文化发展和我国图书馆职能在文化软实力发展中的创新三部分内容。作者认为，在文化软实力发展中，图书馆面临着同世界文化接轨的挑战、核心价值体系形成的挑战以及人才危机的挑战。在这种形势下，图书馆必须在软件建设、保存与传播文化、加强管理与开展教育等方面实施职能创新。

图书馆馆长群体现状的实证研究　李超、徐建华、王雪莲，《中国图书馆学报》，2008 年第 4 期。本文的结构为"总 - 分 - 总"式。文章开头，作者主要指出图书馆馆长群体现状研究的目的：探寻其对当今图书馆事业与发展的影响。在"分"的部分，作者通过对研究内容以及讨论和思考两方面的阐述，说明了当今图书馆馆长的主观幸福感、工作满意度、情感承诺度以及继续承诺等指标的总体水平和出现这样现象的原因。最后总结指出图书馆的生命线是馆长，他在图书馆的发展中起着不可估量的作用，因此对于图书馆馆长群体现状的分析和研究是十分必要的。

高校图书馆全面质量管理体系下的人力资源管理　李春著，北京大学出版社，2008 年 4 月。本书共有七章，主要内容包括：绪论、高校图书馆全面质量管理和人力资源管理现状以及二者相互关系研究、怎样发挥高校图书馆人力资源管理在全面质量管理中的作用和 ISO9000 族质量管理下人力资源的规范化发展，以及质量管理体系下的高校图书馆人力资源管理发展展望。作者通过对高校图书馆全面质量管理和人力资源管理现状的分析，仔细梳理了高校图书馆人力资源管理和全面质量管理的关系，就如何发挥高校图书馆人力资源管理在全面质量管理中的作用做了认真阐述。其中作者还以海南大学图书馆的实践和具体案例为基础，充分全面地论证了高校图书馆全面质量管理与人力资源管理的理论及技术。同时由于本书理论与实际的紧密联系，因而具有理论分析透彻、管理技术创新、实践性强等一些特点。

高校图书馆员职业倦怠与干预模式分析　王凤娥，《大学图书馆学报》，2008 年第 4 期。本文结构是"总 - 分 - 总"式。文章开头简单介绍了学术界关于职业倦怠的研究成果。"分"的部分共包括五部分：前三部分详细分析了职业倦怠的三方面原因——个人不良评价、职业压力和应激细砾的长期积累；后两部分分别运用 JD-C 和 D-C-S 理论与 JD-R 模型对职业倦怠进行了多方面的解释，从而为职业倦怠的预防和干预提供了理论指导。总括全文，作者认为，职业倦怠既是个人现象同时也是社会现象，高校图书馆组织和个人要针对不同的形成原因，采取不同的措施，有针对性地进行防范和干预，以提高工作绩效，促进高校育人能力和科研的发展。

基于生态竞争的公共图书馆定位研究　赵益民、詹越、柯平，《国家图书馆学刊》，2008 年第 4 期。本文的结构是"总－分－总"式。前言部分简单介绍了公共服务体系概念及构成，总结了一些学者关于公共图书馆行业内外竞争现象的研究。"分"的部分为纵深推论式，从生态学理论出发，研究了公共图书馆的竞争与定位、基于竞争的定位两部分内容。作者从组织、事业、资源、用户、服务五个角度将基于生态竞争的公共图书馆定位概括为：个体组织注重管理绩效，优化业务流程；整体事业改革管理体制，加强行业联盟；资源保障创建公共文化基金，大力吸收民间资本；以拥有日常信息需求的城乡居民为主要对象；提供基于信息资源保存和管理的公益性知识（增值）服务。结论部分，总结上文，并阐述了本文的研究前提：一是自然生态中的竞争规律并不能完全适用于公共文化服务体系；二是合作和竞争的研究同样重要；三是公共图书馆发展定位是一个动态过程。

图书馆知识管理范式探究　龚蛟腾，《图书馆理论与实践》，2008 年第 4 期。本文的结构是"总－分－总"式。其中"分"的部分为纵深推论式，共包括三个部分：一是图书馆知识管理范式的社会基础——知识管理、学习社会和数字网络；二是图书馆知识管理范式的形成轨迹——图书馆知识管理的溯源与发展；三是图书馆知识管理范式的三维体系——业务维度、技术维度和制度维度。总括全文，作者认为，知识管理是图书馆学的理论基础，知识服务、知识共享和知识保障已成为图书馆界最基本的共识。目前，图书馆管理已经进入知识管理时代，科学、系统的图书馆知识管理范式由各种知识管理理论整合而形成。在图书馆学研究中，我们要正确对待业务、制度和技术三维度，不可偏废。

新建本科院校图书馆的发展策略与运作　阮海红，《大学图书馆学报》，2008 年第 4 期。本文结构是"总－分－总"式。其中"分"的部分为纵深推论式，主要包括新建本科院校图书馆的发展现状及共性问题分析、发展策略运作实践两部分内容。作者认为，目前新建本科院校呈现快速发展的态势，短期内实现了超常规跨越和外延式拓展。然而在教育部教学评估指标体系的要求下，其文献资源建设和整体服务水平与其他本科院校相比还存在较大的差距，主要表现为：经费、学科专业资源严重不足，藏书结构单一、层次低、重量不重质，服务设施不完善，服务人员整体素质偏低等。因此，新建本科院校的图书馆在发展过程中应该正确处理好各种矛盾关系，积极探索更有效的组织方式和运作模式，以促进本科院校图书馆的健康发展。

人文关怀·现代科技·自助图书馆——深圳图书馆"城市街区自主图书馆系统"介绍　吴晞、王林，《中国图书馆学报》，2008 年第 4 期。本文的结构是"总 – 分 – 总"式。引言部分提出了公共图书馆的"道与器"。正文部分为纵深推论式，主要包括深圳图书馆"城市街区 24 小时自助图书馆系统"的催生条件、功用以及对该系统的剖析三个方面内容。结论部分对深圳图书馆"城市街区自主图书馆系统"进行了总结评价。作者认为，深圳图书馆的"城市街区 24 小时自助图书馆系统"以服务创新为目标，以人文关怀为主导，并集成了图书传输自动控制技术、RFID 技术、数据通信和数据处理技术及其相关的安全技术和生产工艺，是数字化、智能化、人性化和传统图书馆的完美结合。

以"读者满意"为目标构建图书馆服务运行机制　陆海，《大学图书馆学报》，2008 年第 5 期。本文为"总 – 分"结构。"总"的部分，介绍了"顾客满意"理念，并将其应用于图书馆服务，提出构建以"读者满意"为目标的图书馆服务运行机制。"分"的部分为纵深推论式，主要阐述了以"读者满意"为目标的图书馆服务运行机制的含义、构成要素及其相互关系以及该服务机制的运行等问题。作者认为，"读者满意"是衡量图书馆服务质量的唯一标准，图书馆应以"读者满意"为目标，构建包括需要表达机制、协调监督机制、激励与约束机制、绩效测评及补救机制的图书馆服务运行机制体系。

现代图书馆建筑中读者关怀意识的落实　应长兴，《中国图书馆学报》，2008 年第 5 期。本文的结构是"总 – 分 – 总"式。其中"分"的部分为横向分论式，分别从图书馆设计的实用性、功能布局、通风系统、采光系统、温度控制设计、阅览服务区划分、服务环境的美化七个方面探讨了如何在现代图书馆建筑中落实读者关怀意识。总括全文，作者认为，图书馆从建筑设计开始就要坚持"读者为本、适用为要"的理念，积极落实绿色环保、和谐发展的要求，并从生理、心理、可行性、安全性等诸多方面努力营造读者的舒适感、安全感、信任感，培养其忠诚度，从而吸引更多的读者走进图书馆、利用图书馆。

一种面向 Web 图书馆的读者认证信息单点登录模型研究　郭秋萍、焦允、周久常，《中国图书馆学报》，2008 年第 5 期。本文的结构是"总－分－总"式。引言部分分析了目前图书馆电子资源传统访问方式的弊端，并基于此提出利用单点登录技术来实现"一次登录，多站点访问"。正文部分为纵深推论式，作者首先介绍了目前两种主流单点登录模型——Kerberos 模型和 SAML 模型的基本原理及其优缺点；然后将这两种模型进行融合，取长补短，提出了一种新的基于 Web 的联合单点登录模型，并以已登录用户在不同站点间透明跳转和未登录用户登录某一站点这两种典型情况为例，论证了该模型的认证过程。结论部分指出面向 Web 图书馆的读者认证信息单点登录模型同时具有 Kerberos 模型基于密钥的安全性和 SAML 模型跨平台无缝链接两种特点，比较适合数字图书馆联盟这样的分布式系统的单点登录。

中美大学图书馆员职业资格的比较分析　顾健，《大学图书馆学报》，2008 年第 5 期。本文为"总－分"结构。"总"的部分提出图书馆员职业资格研究的必要性，并介绍了本文的研究思路。在"分"的部分，首先通过对比分析中美关于图书馆员定义、工作人员分类、馆员以及馆长的职业资格要求、图书馆学教育五个方面差异，深入探讨了大学图书馆馆员岗位的职业资格内涵以及图书馆学教育的现状；然后基于此就馆员任职资格的学历层次与图书馆学教育改革、图书馆学教育的认证、馆员职业资格认证的实施要点、不同层次的大学图书馆对馆员的要求等问题进行了具体分析，并给出相应的意见建议。通过对比，作者得出以下结论：美国大学图书馆工作人员依据职责实行严格的职业分类，馆员必须有经过美国图书馆协会认证的图书馆学硕士学位并有相应岗位的工作经验才具备任职资格。美国图书馆学教育重视应用，其硕士学位相当于我国的第二学历图书馆学本科；而我国却比较重视理论学习和研究能力。我国在进行大学图书馆职业资格认证时，一方面应当重视图书馆学知识和学科知识的双重要求，避免片面追求高学历而忽视职业内涵；另一方面还应通过对图书馆学教育改革和认证使我国图书馆学教育满足图书馆工作实践的需要，并通过法律法规、评估、录用等制度确保图书馆的职业资格制度得以有效实行；同时针对不同类型的大学图书馆还应在全面统计的基础上提出不同的要求。

生态化：21 世纪图书馆发展的基本路向　夏有根、黄晓英、陈高潮，《中国图书馆学报》，2008 年第 5 期。本文为"总－分"结构。"总"的部分提出 21 世纪图书馆发展的基本路向——图书馆生态化。"分"的部分为纵深推论式，主要内容包括图书馆生态化的内涵、具体表现、基本特征以及实现图书馆生态化的基本原则。作者认为，图书馆生态化是一种开放的运行体制，是一种全新的图书馆可持续发展观和文化价值观，主要包括图书馆内外部环境的生态化与图书馆发展目标的、途径的生态化。实现图书馆生态化，必须要遵循整体性、系统性、控制性、动态性、差异性等原则。

国内外图书馆知识管理研究综述　龚蛟腾，《中国图书馆学报》，2008年第 5 期。本文为"总－分－总"结构。其中"分"的部分为纵深推论式，包括国内和国外图书馆知识管理研究两部分内容，分别介绍了国外图书馆知识管理理论、管理人员、管理技术、管理制度和管理实践，以及国内图书馆知识管理中所形成的知识交流论、知识服务论、知识组织论、知识集合论和公共知识管理理论。总括全文，作者认为，知识管理理论繁荣了图书馆学学术研究，知识管理实践又进一步推动了图书馆事业的发展。尽管图书馆知识管理研究内容琳琅满目，但目前还未诞生完整的图书馆知识管理理论体系，图书馆学"文献（信息）管理范式"正发生着面向"知识管理"的"科学革命"。

图书馆数字化管理　林雅萍著，曹旭主编，上海辞书出版社，2008 年5 月。丛书名为"薪火学术"。本书共分为六部分：第一至第四章为第一部分——数字化图书馆的信息资源，第五至第七章为第二部分，主要介绍了《中图法》类目设置及其修订使用。前两部分，作者总结了自己在图书馆编目、分类、索引等学科的实践，以及在大型数据库使用和链接、文献书目数据编目的本地化等方面的重要研究成果。第八至第十一章为第三部分，主要是探讨书目数据库的建设与管理；第十二至第十六章为第四部分，主要研究数字化环境下的阅读与知识服务；第十七至第十八章为第五部分，主要讨论数字化信息传播中图书馆的权利；第十九至第二十章为第六部分，总结了数字化时代的图书馆学情报学十余年来的发展情况和理论研究现状。

基于 MBTI 的图书馆员性格特征分析　赵俊玲、卢振波、朱玉芬，《大学图书馆学报》，2008 年第 5 期。本文的结构是"总－分－总"式，引言部分介绍了性格与职业活动的关系、国内关于图书馆员职业性格的研究状况，并提出自己的研究方法。"分"的部分为纵深推论式，作者采用MBIT 性格测试方法，通过抽样方式对我国高校图书馆员的性格类型进行了调查，并基于此分析了图书馆员的职业性格特征与岗位以及性别的关系。通过研究，作者发现，我国高校图书馆馆员的性格类型以 ISTJ 和 ISFJ 居多。不同岗位的图书馆员性格类型会略有差异，但是图书馆员职业性格并没有明显的性别差异。通过比较美国同类研究结果，发现我国图书馆员都倾向于判断型和内向型，不同之处在于美国图书馆员更侧重直觉，而我国图书馆员更侧重感觉；美国图书馆员更侧重思考，我国的图书馆员更侧重情绪。结论部分总结上文，指出以后还需要更进一步研究的问题，并提出图书馆很有必要针对不同性格的馆员采取不同的管理措施。

21 世纪大学图书馆发展战略研究　郭鸿昌，《新世纪图书馆》，2008年第 6 期。本文为"总－分"结构，"总"的部分分析了数字环境下图书馆发展战略研究的必要性和迫切性。"分"的部分为纵深推论式，主要包括 21 世纪大学图书馆面临的主要问题、今后的发展趋势和应对措施三部分内容。作者认为，目前图书馆的工作实践和自身结构都无法适应未来技术的更新和挑战，可能会面临着被其他信息机构取代的挑战，但同时也存在很多发展机遇。21 世纪大学图书馆主要有以下发展趋势：完成从纸质文献到电子文献的过渡；重塑图书馆公共空间；尘封纸质文献，加快数字文献建设的步伐；文献资源的内容将日益开放；重新认识图书馆的地位、服务手段和类型。图书馆在日常管理中应该合理优化人员结构并重视职工培训，以适应新技术带来的挑战。

浅析高校图书馆的知识管理和知识服务　郭琦华，《图书馆理论与实践》，2008 年第 6 期。本文的结构为横向分论式，共分为两部分内容：一是知识管理，主要阐述了知识管理的定义、内涵和分类；二是知识服务，重点阐述了高校图书馆知识服务的主体、客体、对象和环境。作者认为，图书馆知识管理以知识管理理论为基础，以图书馆的管理系统（包括知识与信息资源、物资资源、人力资源、技术与图书馆文化等要素）为管理对象，主要包括信息资源管理和智力资源管理两个方面，充分体现了"以人为本"的思想，并重视知识创新和知识集成管理以及效益模式的转变。

基于知识链的图书馆知识管理战略框架构建　高爽、柯平、杨溢，《图书馆理论与实践》，2008 年第 6 期。本文结构是"总－分－总"式。

其中"分"的部分为纵深推论式，共分为三部分：首先介绍了构建图书馆知识管理战略框架的理论依据——知识管理战略和知识链，然后分析了图书馆实施知识管理战略的必要性和可行性，最后详细分析了图书馆知识管理战略框架的结构与内容。该框架以知识链为图书馆知识管理的核心主体，以知识服务战略、知识组织战略、知识型馆员管理战略和知识技术应用战略四大模块为支柱，以战略目标和战略思维为目标导向和实践指导，目的在于使图书馆适应变化的环境并实现可持续发展。在结论部分，作者指出知识管理战略是知识经济时代图书馆整体管理规划的发展趋势，目前对该战略的研究大多还处于理论阶段，因此还存在很大的发展空间。

香港城市大学图书馆服务转型蓝图——从图书馆 RFID 项目开始　景祥祜、戴淑儿、蔡孟欣、郑世福，《中国图书馆学报》，2008 年第 6 期。本文的结构是"总 - 分"式。"总"的部分介绍了本文的研究背景。"分"的部分为纵深推论式，共包括四部分内容。作者首先从总分馆空间战略规划、空间布局、电子资源配置、组织变革和新服务开展等方面描述了香港城市大学（以下简称"城大"）图书馆服务转型蓝图。然后详细介绍了城大图书馆的 RFID 项目及其导入，其中包括城大对 RFID 技术的评估，超高频和高频 RFID 的选择以及在 RFID 技术导入时考虑的时间、空间资源、经费资源等要素。最后展望了 RFID 技术的应用。作者认为，在信息和传播科技飞速发展的环境下，图书馆要从以传统的馆员服务为主的模式转型至以网上服务、自助服务、高附加价值信息服务为主的多渠道结合的服务模式。RFID 技术可以显著提升服务品质，是服务转型的重要内容，高校应该利用这个契机，转变图书馆服务模式。

基于群落生态原理的公共文化服务体系中公共图书馆定位研究　柯平、詹越，《图书馆论坛》，2008 年第 6 期。本文的结构是"总 - 分 - 总"式。开头"总"的部分简单介绍了本文的研究背景和研究思路。"分"的部分为纵深推论式，共包括三部分内容：一是阐述了公共文化服务体系、文化生态系统的基本理论，并论证了公共文化服务体系是一个文化生态系统；二是基于群落生态原理分析了公共图书馆与公共文化服务体系中其他种群的关系；三是论述了公共图书馆在公共文化服务体系中的定位问题。最后总括全文，得出结论：公共文化服务体系中的文化主体由公共文化产品与服务的生产者、供应者、消费者三大功能类群组成。其中，图书馆是供应者，基于生态学群落生态原理，它与其他供应者之间是以原始合作为主的关系，与消费者之间是互利共生的关系，而与生产者之间是以原始合作和互利共生为主的关系。在该体系中，公共图书馆的总体定位是为文化消费者获取公共文化产品和服务的重要门户。

大学图书馆知识导航体系的构建与管理　迟玉华编著，科学出版社，2008年7月。本书共分九章，第一章导论概述了现代图书馆知识导航体系的概念、意义、相关文献以及本书的研究方法与思路。第二至第九章从知识管理的实践问题和现实发展的要求出发，综合应用静态分析与动态把握相结合、历史考察与逻辑推理相统一、归纳与演绎相联系的研究方法，提出大学图书馆知识导航的逻辑起点——大学图书馆与读者的互动，然后系统阐述了大学图书馆知识导航体系中的组成要素、知识点、知识链、知识场和信息场的功能及作用，并对这些要素之间的相互关联性进行了理论分析，基于此提出了构建动态的、立体式的、相互关联的大学图书馆知识服务的思路，最后就大学图书馆知识导航服务体系的服务创新、运行和变革以及管理策略提出了建设性的意见。

图书馆质量评估体系与国标标准　张红霞著，国家图书馆出版社，2008年7月。本书共分为三章，详细介绍了国际图书馆质量评估体系和国标标准。第一章（国际图书馆质量评估体系概述）主要包括国际图书馆质量评估概论与质量评估两大体系的形成背景两方面内容。第二章（国际图书馆绩效评估体系）主要介绍了 ISO 12789 国际图书馆统计标准、ISO 11620 和 ISO/TR 20983 国际绩效标准及其应用，并分析了其具体的应用案例。第三章（国际图书馆成效评估）主要介绍了国际图书馆绩效评估的规范术语、基本原理、实施步骤与方法等。本书为我国图书馆评估的健康快速发展带来重要启示：要按照国际通行做法进行图书馆服务评价，首先应该按国际通行做法来开展图书馆服务统计，因为我国的图书馆服务统计相比较而言是比较薄弱的环节。

图书馆人力资源管理　刘贵勤著，安徽大学出版社，2008年7月。本书共分为七章，第一章"绪论"主要概述了人力资源和人力资源管理的概念、特征、竞争优势和基本原理。第二章主要阐述了图书馆人力资源管理的必要性和重要性、图书馆的岗位研究和工作分析。第三至第六章详细介绍了图书馆人力资源管理的几个核心环节，包括图书馆员的职业资格认证制度、招聘和使用、人员结构及其合理搭配、流动、调整以及绩效评估、培训和心理关怀等内容。第七章为图书馆员的伦理建设，作者分别从现代图书馆和图书馆员两方面阐明了实施伦理建设有助于提高图书馆员素质和图书馆核心竞争力。

基于知识转移的图书馆文化体系构建 白清礼，《情报科学》，2008 年第 8 期。本文的结构是"总－分－总"式。引言部分指出传递文献信息（也即显性知识转移）是图书馆的核心职能，介绍了影响知识转移效率和效果的因素，并强调文化是其中最为重要的影响因素。正文部分属于纵深推论式，主要包括图书馆知识转移文化的概念及其构成、知识转移文化价值观体系的构建、知识转移意义体系和符号建设、规范建设和物质文化建设五部分内容。结论部分总括全文，得出结论：图书馆知识转移文化由价值观、规范、意义和符号、物质载体四要素组成。在构建知识转移文化的价值观体系时，应当首先确立以知识转移的核心价值观为中心的价值观体系，在该价值观体系的指导下，完成意义体系和符号的建设，然后在价值观体系、意义和符号的基础上，建设图书馆物质文化，形成四要素相互作用、相互联系、不可分割的统一整体。

现代图书馆信息管理 赵茹林著，科学出版社，2008 年 10 月。本书共分为六章。第一章（科学管理图书馆）主要介绍如何用科学发展观指导现代图书馆的管理及和谐图书馆的人本理念。第二章（现代图书馆管理）主要包括从传统型图书馆向现代图书馆的发展和现代图书馆数字化运用两方面内容。第三章主要论述了图书馆知识管理的含义、核心、目标、图书馆知识服务理念以及如何构建知识管理信息库平台等内容。第四至第六章主要阐述了现代图书馆参考咨询服务、信息检索以及信息技术的整合等问题。作者认为，科学管理是图书馆现代化的前提和条件，同时也是图书馆的整体效益得到最大限度发挥的保证。现代图书馆管理应当遵循"以人为本"的管理理念，利用图书资源和网络信息检索工具为科研服务。本书主要从人的隐性知识作用，知识管理的概念，管理的特征、内容及其相应的实现技术入手，论述了知识管理是现代图书馆的源泉。现代图书馆应通过激发人的积极性、主动性和创造性来实现人与图书的和谐发展。

现代图书馆知识管理 张兵著，知识产权出版社，2008 年 11 月。本书共分为九章。作者理论联系实际，主要从知识管理的概述、图书馆管理的变迁、现代图书馆管理的理念和模式、图书馆知识管理的基本原则和方法、数字图书馆知识管理、知识管理与图书馆人力资源管理、知识管理与图书馆文化创新、图书馆知识管理的业务实践等方面深入探讨和论述了如何进行现代图书馆知识管理，并通过对国内外图书馆知识管理研究现状的阐述，前瞻了现代图书馆知识管理的未来和发展。

国际图书馆服务质量评价：绩效评估与成效评估两大体系的形成与发展　张红霞，《中国图书馆学报》，2009 年第 1 期。本文为"总 - 分"结构。"总"的部分简单介绍了国际图书馆服务质量评价的重要性和意义。"分"的部分为纵深推论式，主要阐述了绩效评估和成效评估的概念、形成背景、形成过程、绩效评估和成效评估的关系、国际图书馆服务质量评价的发展趋势及其对我国图书馆评估的启示等内容。绩效评估是关注图书馆投入、产出和效率的评估，目前已形成了一整套绩效指标国际标准；而成效评估则是关注图书馆服务影响和效果的评估，现在也已形成了完善的理论体系和规范化的测评程序。绩效评估与成效评估都是图书馆服务质量评价不可或缺的重要组成部分，目前国际图书馆界对图书馆服务质量评价的重心，已经开始从绩效评估逐渐向成效评估转移，两者所构成的多元互补的评估体系，为完善我国图书馆评估理论与实践提供了重要的启示。

电子资源集团采购的经费分担问题　陈志新、魏云波，《大学图书馆学报》，2009 年第 1 期。本文为"总 - 分"结构。在"总"的部分，概述了电子资源集团采购的优点以及研究经费分担问题的原因。"分"的部分属于纵深推论式，主要包括网络时代电子资源采购的新特点、电子资源的采购模式和集团采购的经费分担问题三方面内容。作者认为电子资源集团采购是实现数据库制造商、图书馆和用户共赢的有效合作方式，具有降低采购成本，节省交易时间，促进集团内成员在电子资源宣传、培训和服务等方面的交流等优点。目前集团采购有多种采购模式，面对图书馆采购经费不足的局面，作者重点讨论了集团采购中的均摊和按比例分摊等几种经费分担方法。通过对电子资源采购需求和功能的分析，指出国外的出价竞标模式是一种可行的集团采购费用分担方法。

百度贴吧：大学图书馆帖子研究　郭鸿昌，《图书馆学研究》，2009 年第 1 期。本文结构为纵深推论式，共分为三部分。第一部分简单介绍了"贴吧"的概念和作用，并将其同论坛、博客等信息交流方式进行比较，概述了百度贴吧的功能和优点。第二部分，作者结合河南大学贴吧，对大学图书馆的帖子进行了研究，主要包括总体分析，帖子的类型、分类及其特点等内容。第三部分介绍了河南大学针对百度贴吧中关于图书馆帖子所采取的管理措施，主要有安排专人管理、正确引导读者、积极作出响应和适时向上反映等。百度贴吧是目前世界上最大的中文交流社区，创建于2003年12月。在百度贴吧上关于大学"图书馆"的帖子数量非常庞大，作者认为，对这些帖子进行适当的分析研究，对我国大学图书馆管理和资源建设将会起到积极的作用。

图书馆质量管理体系研究 罗曼、陈定权、唐琼等著，西南交通大学出版社，2009年1月。本书共五篇、十六章。第一篇（第一至第四章）为总论篇，主要包括我国图书馆内外环境的扫描、当代质量管理理论及其在图书馆方面的应用、图书馆质量管理体系的建设四部分内容。第二篇（第五至第八章）为图书馆服务质量管理篇，内容包括、图书馆服务及其质量管理、图书馆服务质量评价模型及其应用、数字参考咨询服务的质量管理、分布式合作化数字参考咨询服务的质量管理。第三篇（第九至第十二章）为图书馆信息资源质量管理篇，主要包括印刷型信息资源质量管理与评价、电子资源及其质量管理与评价、电子资源质量评价模型及其应用以及与电子资源质量管理相关的几个问题（存取与拥有、开放存取与图书馆、电子资源建设的著作权问题、电子资源政策）。第四篇（第十三至第十四章）为图书馆人力资源质量管理篇，主要论述图书馆人力资源质量管理的基本问题及其管理模型。第五篇（第十五至第十六章）为图书馆组织文化篇，包括图书馆组织文化的理论阐释和"以服务为中心，以质量为导向"的图书馆组织文化的构建两部分内容。本书立足于图书馆用户的需求和期望，综合运用多种质量管理理论与方法，同时对包括人力资源、组织文化以及信息资源与服务在内的几个系统要素实行全方位的质量管理，进而建立有效的图书馆质量管理体系。

图书馆管理中的效率主义与《道德经》管理思想 郭鸿昌，《河南图书馆学刊》，2009年第1期。本文结构为纵深推论式，主要包括效率主义的产生与发展，《道德经》的产生背景、基本思想内容和应用，图书馆管理中的效率主义与老子的《道德经》三部分内容。效率是组织管理追求的核心目标，但是只有符合人性或人的需要的管理才更有利于效率的提高。

《道德经》主要思想内容由"道论""德论"和"政治论"三部分组成，主张崇尚自然规律、尊重人性，其管理价值已被国内外很多人、企业和组织所认识，是一种高层次的管理艺术。作者认为，在现代管理中灵活运用《道德经》，能够提高图书馆员工的积极性和创造性，进而提高图书馆的工作效率。图书馆管理中可以运用"道论"来实行图书馆柔性化管理，运用"德论"来教化和培育图书馆员工，运用"政治论"来实行图书馆"无为"管理。

知识图谱——信息管理与知识管理的新领域　秦长江、侯汉清，《大学图书馆学报》，2009 年第 1 期。本文为"总 - 分"结构。"总"的部分概述了关于知识图谱研究的发展状况。"分"的部分为纵深推论式，主要包括七个部分。第一部分概述了知识图谱的概念和主要应用领域，分析了其与知识地图、信息可视化、知识管理之间的关系。第二至第四部分介绍了构建知识图谱的理论、关键技术和相关可用软件。第五至第七部分主要分析了国内外知识图谱的发展历程、研究中存在的不足及其最新研究进展，并基于此提出相应的解决建议和对策。作者认为，进入 21 世纪以来，知识图谱的理论和方法，以其理论上的综合化、方法上的可视化以及描绘上的形象化等特征，获得了迅猛的发展，目前已成为当代科学计量学的研究热点和最新前沿。但是国内外研究中还存在很多不足之处，主要表现为研究层次低、研究手段和方法严重滞后、研究对象范围过窄等。因此，我国图书馆应该加强与国内大型数据库商的合作，并组织力量，联合攻关，进一步加强对知识图谱的研究。

英国、澳大利亚、日本的公共图书馆建设指标　王萱、徐珊，《中国图书馆学报》，2009 年第 1 期。本文为横向分论式结构，分三个部分，详细介绍了英国、澳大利亚和日本关于公共图书馆建设指标的相关规定。作者指出，英国关于公共图书馆建设的相关规范性指标主要包括在《英国公共图书馆服务标准》中。澳大利亚是联邦制国家，没有全国普适性的图书馆建设标准，当前针对公共图书馆建设的标准主要有《公众空间：新南威尔士州公共图书馆建设指南》（新南威尔士州）和《图书馆建设标准》（昆士兰州）。日本的《图书馆法施行规则》在 1999 年修订之前曾专门就有关馆长资格、专业馆员配置数量、建筑物面积、年新增藏书量等事项规定了"最低标准"。但是，该"最低标准"的规定在 1999 年被取消。此后，由《公立图书馆的任务与目标》和《公立图书馆设置与运营的期望标准》两个文件共同规范着日本图书馆的建设标准。

高校图书馆安防系统构建——以北京体育大学图书馆为例　张福生、陈杰渝，《大学图书馆学报》，2009 年第 1 期。本文为"总 - 分 - 总"结构。第一部分介绍了安防系统构建的目的、原则以及要求。"分"的部分（第二至第五部分）为横向分论式，描述了高校图书馆安全防护系统中的四个独立子系统（图像监控系统、图书检测仪系统、门禁系统和火灾预测报警系统）的特点和功能，并且以北京体育大学图书馆为例，探讨了安防系统的安装和布局。文章结尾对全文进行总结，指出北京体育大学图书馆的安防系统安装后的所取得的成效：目前该系统工作正常，状态稳定，运行良好，能够保证图书馆的安全，大大减轻了工作人员巡视的工作量，进而也说明该系统的设计较为合理，能够满足图书馆对于安全防范的需求，达到了安装安防系统的目的。

非物质文化遗产保护中高校图书馆的定位与措施　甘明，《图书馆建设》，2009 年第 1 期。本文结构是"总 - 分"式，前言部分为"总"，介绍了非物质文化遗产的定义、范围，并基于此提出民族高校图书馆在非物质文化遗产保护中的定位与具体操作问题。"分"的部分为纵深推论式，主要包括两部分内容。第一部分，以贵州凯里学院图书馆的一些探索为例，探讨了民族高校图书馆在非物质文化遗产保护中的角色定位，并得出结论：在非物质文化遗产保护中，民族高校图书馆的最佳角色应当是"服务大众阅读—增强民族自豪感—提高民族自觉性"。第二部分提出民族高校图书馆非物质文化遗产的具体保护措施：利用"申遗"契机保护非物质文化遗产；民族医药（苗医、苗药、侗医、侗药）、传统手工艺（古法造纸、蜡染、银饰等）和名特优产品的知识产权保护；尽早出台《中华人民共和国非物质文化遗产保护法》等。

图书馆服务文化的内涵与建立　王海茹，《图书情报工作》，2009 年第 S1 期。本文结构是"总 - 分 - 总"式。其中"分"的部分为纵深推论式，主要包括图书馆服务文化建设的重要性、建设内容和途径三个部分。作者认为，图书馆服务文化建设是图书馆发展面临的一项战略任务，能够引导图书馆员转变观念、创造性开展工作，全面提升图书馆服务品质和核心竞争力。它主要包括环境文化建设，管理文化建设、行为文化建设等内容。

服务文化的构建是一项需要全体馆员共同参与的系统工程，只有从环境文化、管理文化和行为文化等多个文化视角全面推进图书馆事业发展，才能构建卓越的图书馆服务文化。

网络环境中公共图书馆服务职能的转变与拓展 李文汇、林明子，《图书情报工作》，2009 年第 S1 期。本文结构是"总 – 分 – 总"式。开头"总"的部分概述了我国公共图书馆的重要作用及其发展情况。"分"的部分为纵深推论式，主要包括公共图书馆的职能分析、网络环境下信息用户的行为分析、公共图书馆服务职能转变及其相应的变革措施四部分内容。结论部分总结全文，并展望了公共图书馆未来的发展。作者认为，人类进入网络时代以来，信息用户的需求和行为都发生了极大的变化，我国传统的公共图书馆服务模式已不能满足现代社会信息用户的需求，图书馆信息服务重心、服务形式和内在动力都需要适时转变。为应对这些挑战，作者提出以下变革措施：一是开发信息资源，建立特色文献专题数据库；二是设立学科专家，开展定题跟踪与知识推送服务；三是实行个性化服务模式；四是培养孩子良好的读书习惯；五是开通网上远程教育；六是完善图书馆咨询服务。

图书馆人力资源管理外包的可行性研究 汤晓鲁，《图书情报工作》，2009 年第 S1 期。本文为"总 – 分"结构。"总"的部分概述了图书馆人力资源管理外包的概念和优点。"分"的部分为纵深推论式，共包括三部分内容。第一部分从战略因素、经济因素、管理因素、技术因素和风险因素五个方面分析了图书馆人力资源管理外包的可行性。第二部分，首先分析了层次分析法的原理和步骤，然后运用该方法构建了图书馆人力资源管理外包决策模型。第三部分，作者以江苏某图书馆为例，通过问卷调查分析的方式，对该图书馆人力资源管理外包决策层次结构进行研究。经过分析，作者指出：层次分析法能为人力资源管理外包决策提供有效的工具，具有一定的参考价值。然而影响人力资源管理外包的因素很多，为使图书馆人力资源管理外包决策更加科学化，在实际工作中还应该结合其他决策方法综合判断。

基层公共图书馆建设应确立读者立场 邱五芳，《中国图书馆学报》，2009 年第 2 期。本文为纵深推论式结构，共包括三部分内容。前两部分详细阐述了基层公共图书馆建设中确立读者立场的现实意义和基本内涵。

作者指出基层公共图书馆近些年来的建设成效显著，但缺乏吸引力等问题却普遍存在。今后基层图书馆应双管齐下，除了继续加大政府投入以外，还应做到：确立读者立场，以满足区域公众的具体需求为建设的主要依据，以大服务、大文化的定位提升其服务能级，以对话模式的公众参与制度完善其建设模式。最后一部分指出基层图书馆确立读者立场不只是一个实践问题，还是对图书馆优秀传统文化的继承与弘扬。对这一命题的探讨不仅有助于基层公共图书馆建设实践，还有利于图书馆学理论的丰富。

大学图书馆战略规划的几个基本问题　盛小平，《大学图书馆学报》，2009 年第 2 期。本文为"总 – 分"式结构。"总"的部分概述了研究大学图书馆战略规划的必要性。"分"的部分为纵深推论式，共包括几部分内容：主要论述了大学图书馆战略规划的内涵和意义，分析了由愿景、使命、战略、目标体系、价值观等构成的大学图书馆战略规划框架，并阐述了大学图书馆战略的规划流程（主要包括启动、战略解析、战略确认、业务设计、执行、反应与评价六个阶段）。作者认为，在新形势下，大学图书馆战略分析变得越来越重要，图书馆应该重视与推广战略规划，重新审视自身的优势与弱势，以更好地应对社会上的发展阻力，并抓住机遇促进未来发展。

高校图书馆应重视对读者知识的管理　吴汉华，《大学图书馆学报》，2009 年第 2 期。本文为"总 – 分"结构。"总"的部分概述了读者知识管理的内涵、背景和意义。"分"的部分为纵深推论式，主要包括以下内容：通过调查问卷的方式对北大、清华、华科和武大四所高校图书馆的读者进行了调查，研究分析了读者知识管理的可行性及其关键的影响因素。通过调查，作者发现很大一部分读者都愿意为图书馆提供自己所知道的知识，开发和建设读者资源将会受到读者的大力支持。问卷分析结果同时表明，读者非常欢迎和青睐在书目查询时接受导读服务、图书馆代购服务和馆员指导选书服务，而且大部分读者都认为图书馆员应当具有渊博的知识，因此高校图书馆应当加强学习型馆员职业的建设，使其切实地起到指导和辅助读者的功效。

国外学术图书馆服务能力评价体系研究　王琼、吴娱、吴英梅，《大学图书馆学报》，2009 年第 2 期。本文为"总 – 分 – 总"结构。引言部分介绍了本文的研究背景并概述了国内外关于信息服务评价的研究现状。在正文部分，作者通过分析研究西方 IFLA 的学术图书馆绩效评价指标、ISO 2789 和 ISO 11620 服务绩效指标体系、EQUINOX 项目与电子服务绩效评价指标体系、ARL E‐Metrics 项目和电子资源服务评价体系、大学图书馆馆际合作服务品质先导计划 LIBQUAL 以及 SERVQUAL 服务质量评价体系，比较系统地分析了国外学术图书馆服务能力评价体系的发展方向。结论部分总结上文，并指出在使用一种质量评估方法评估信息服务质量时，不仅需要确定合理的评估标准、比较严格的评估原则和量化方法，而且还需要对评估结果进行科学分析并提出具有针对性的解决方法。

图书馆 2.0 的新职位　泰鸿，《大学图书馆学报》，2009 年第 2 期。本文为"总‐分"结构。"总"的部分概述了图书馆 2.0 的特征、作用及其发展趋势。"分"的部分为纵深推论式，共分为四个部分。第一部分基于图书馆 2.0 的发展趋势，探讨了图书馆可能出现的新职位类型及其功能要求，主要有技术类、应用创建类、用户支持类等新职位；第二部分具体分析了新职位人员的素质要求；第三部分阐述了新职位的组织障碍，详细阐述了新职位的产生及其新职位与原有职位的接轨问题；第四部分以麦克马斯特大学图书馆为例进行了实例调查研究。作者认为，图书馆 2.0 是一个发展的概念，它由技术引发，最终将从组织结构的变革中获得动力。为图书馆 2.0 设置新职位，是重新定位图书馆形态、功能和职责的有效途径。新职位可以为图书馆组织注入活力，从而对抗组织衰老，推进图书馆的持续创新和发展。

图书馆伦理教育探索　沈光亮，《大学图书馆学报》，2009 年第 2 期。本文为"总‐分‐总"结构。其中"分"的部分为纵深推论式，主要包括职业伦理教育及其意义，图书馆伦理教育的目标、内容以及措施等内容。作者认为，图书馆伦理教育属于职业伦理教育的范畴，主要包括图书馆职业规范、职业意识、职业价值观、职业品质等内容。与国外相比，我国图书馆伦理教育还处于初级阶段，为提升图书馆从业人员的执业理念、职业伦理和职业竞争力，我国亟须加强图书馆伦理教育。因此我们需要学习世界上的先进教育技术，合理利用国外的先进经验，结合自身的特点，以学校教育为基本，贯穿从业资格认证和伦理建设，并确保图书馆伦理教育的经常化与制度化，不断发展和完善我国的图书馆伦理教育。

图书馆危机管理二维框架及其实现 罗贤春，《中国图书馆学报》，2009 年第 2 期。本文为"总－分－总"结构。文章开头概述了图书馆危机管理的概念，指出图书馆危机管理主要包括图书馆日常危机管理、危机事件管理以及危机后续管理三个方面，并介绍了国内外图书馆危机管理的侧重点。"分"的部分为纵深推论式，主要包括图书馆危机管理框架的构建和基于二维框架的图书馆危机管理的实现两部分内容。结论部分总结上文。总括全文，作者认为，图书馆危机管理主要包括过程控制和应急处理两个维度。其中，应急处理是基于现实行为主义作风的技术视角，倾向于现实危害抑制的反应，主要涵盖支撑网络、应急网站、管理软件与反应系统等要素；而过程控制则基于理性集体主义作风的管理视角，倾向于规范性运作的长远发展，一般包括危机的预案、预警、训练，情境分析、危机决策、学习、组织变革和沟通协作等要素。基于二维管理框架的危机管理实现，是一种在利用现代信息技术的同时还注重体制建设，将图书馆抗冲击能力与可持续发展相结合的实现方式，主要包括谨慎细致的日常管理和预警、有条不紊的应急行动、高效的危机情景管理、快速有效的损失控制、全面连续的信息管理、危中找机、维护利益相关者权益等具体措施。

建设"三型两基"模式的图书馆 张雷顺，《大学图书馆学报》，2009 年第 2 期。本文为"总－分－总"结构，开头的"总"的部分提出建立"三型两基"模型图书馆的概念，指出"三型"即把图书馆建设成开放型、人文型、复合型的图书馆；"两基"即把图书馆建设成文献信息基地和学习与科研基地。"分"的部分以郑州大学的实践为例，详细分析了"三型两基"模式的图书馆的具体建设问题，并阐述了"三型两基"模式中各方面的关系：开放型主要强调图书馆的人才建设、服务理念、服务对象和服务环境；人文型主要强调图书馆的服务精神与行为；复合型主要强调图书馆的业务技术特点与发展；文献信息基地主要强调图书馆的储存与辐射功能；学习和科研基地主要强调图书馆的重要作用。这五个方面形成了一种图书馆模式，构建了一个完整的图书馆，它们有机地结合在一起，缺一不可。文章结尾的"总"，指出郑州大学图书馆按照"三型两基"进行建设与实践所取得的成果。

高校图书馆 2.0 服务模式研究 刘磊、穆丽娜，《中国图书馆学报》，2009 年第 2 期。本文是"总－分"结构。在"总"的部分，作者介绍了图书馆 2.0 服务的概念以及实际意义，并提出我国对该理论的研究还处于尝试阶段，相应的研究调查还不够，本文旨在通过实际问卷调查构建图书馆 2.0 服务的总模式。"分"的部分，作者采用纵深推论式，包括图书馆 2.0 服务模式的构成要素，图书馆 2.0 服务模式的构建两部分内容。作者通过网站文献调查及实地问卷调查，归纳总结了图书馆 2.0 服务模式由人员、信息资源、技术以及服务这四个要素构成，这四个要素各有特点并具有紧密的内在联系。作者结合实际提出图书馆 2.0 模式的三个方面，即互动交流模式、资源建设模式、个性化服务模式，并总结了图书馆 2.0 服务的总模式是，在用户支持机制和信息安全过滤机制的保护下，人、信息资源和技术服务的相互作用。

高校图书馆对地震灾害的应对及思考　杜新中，《大学图书馆学报》，2009 年第 2 期。本文的结构为"总－分－总"式。其中"分"的部分为纵深推论式，包括对"5·12"特大地震的紧急应对措施和对高校图书馆应对地震灾害的思考及意见两大部分。作者通过介绍在"5·12"大地震发生时，绵阳师范学院图书馆采取的及时应对措施，包括组织读者安全撤离、清理和发放读者遗留物品、归还读者遗留图书馆藏书、及时恢复基础服务、维护校园稳定、保护财产安全以及积极规划实施灾后重建，提出了应对地震灾害的几点建议。作者认为，保障地震来袭时人员安全的最关键因素是提高图书馆建筑的抗震防震能力，使图书馆内安全通道畅通，内外装修和设备符合安全条件。此外，制定合理有效的地震灾害应急预案是救援工作高效进行的保障。对于图书馆员工，也要加强其安全意识及社会责任感，提高自救、互救、抢险能力。最后，建立全国性的抗震救灾机制，是帮助震区恢复安定的强大后盾。

论图书馆员伦理——基于责任伦理和为他责任的思考　蒋永福，《大学图书馆学报》，2009 年第 3 期。本文为"总－分"结构。在"总"的部分，作者指出"图书馆权利"和"图书馆员伦理"，在图书馆界分别指称"图书馆集体伦理"与"图书馆员个体伦理"。在"分"的部分，作者采用纵深推论式，从图书馆员伦理的含义、图书馆员伦理的伦理学定位两个方面进行了论述。作者认为，图书馆员伦理就是图书馆员在职责履行的过程中应该遵循的价值取向和行为规范的汇总。它是一种责任伦理，也是一种"角色伦理"，属于专业伦理或职业伦理的范畴。而图书馆员伦理与图书馆权利是一种"一体二维"的关系。因此,图书馆员的责任既是一种为他责任,也是集自律性与他律性于一体的伦理责任。新时期在考察图书馆伦理问题时,应该将其纳入为他责任理论和责任伦理理论,这样才能更准确地把握图书馆员伦理的实质。

民族高校图书馆服务的新亮点:地方性知识服务——以民族医药文化为例 左方,《图书馆论坛》,2009 年第 4 期。本文为"总 – 分"结构。在"总"的部分,作者介绍了知识服务的概念,以及通过民族医药文化,探究知识服务在民族高校图书馆的合理运用方式。在"分"的部分,作者采用纵深推论式,包括地方性知识的概念、开展地方性知识服务的理由和开展地方性知识服务的路径三方面内容。作者认为,地方性知识是具有文化特质的地域性知识形态,有别于普遍性知识。它是人们在长期不断适应自然环境的生活中,通过积累、创造、运用和传习所总结出的知识与技能。地方性知识是民族文化的重要组成部分,而民族医药文化是地方性知识的一种典型。为促进地方文化资源向文化资本转化,开展民族高校图书馆知识服务的范围应包括地域环境、民族文化和地方经济发展,以更好地推动民族地区社会的进步和全面发展。

图书馆"服务失灵"及对策 孙悦民,《图书馆论坛》,2009 年第 4 期。本文结构属于纵深推论式。全文包括对图书馆"服务失灵"的内涵界定,图书馆"服务失灵"的现象以及图书馆"服务失灵"的对策三个部分内容。作者认为,图书馆的服务失灵是指馆员开展服务的低效率和读者满意度的不理想,从而造成结果失败或过程缺失。其主要表现在:图书馆服务政策带有浓厚的主观因素;其提供的信息具有滞后性、不完整性和不确定性,使图书馆服务内容失灵;由于我国网络建设的落后,图书馆的服务缺乏主动性;馆员学历偏低,读者数量的流失和素质的下降,导致图书馆服务主体和客体的双重失灵;图书馆内部环境嘈杂以及馆舍陈旧造成其环境失灵。针对这些失灵现象,作者从逻辑层面建议树立互动的 Service2.0 理念,并建立多元化的服务体系,积极创建服务补救措施,通过系统地整合图书馆服务并提升服务系统要素质量,使图书馆总体服务质量得以改善。

管理信息系统开发案例教程(第 2 版) 陈承欢编著,人民邮电出版社,2009 年 4 月。本书共有十三章,可以分为四个阶段进行教学:第一章为第一阶段，分析图书管理系统；第二至第十一章为第二阶段，设计相关系统模块；第十二章是第三阶段，设计主页窗和整合系统；最后一章为第四阶段，部署与发布图书管理系统。全书围绕一个真实的软件项目——图书管理系统，介绍了开发管理信息系统的基本方法和操作流程。本书的重点是模块设计阶段，模块设计又分为10个模块：用户登录和管理模块、基础数据和业务数据管理模块、类型管理模块、数据查询模块、报表打印模块，以及条码编制与图书入库模块、图书借出与归还和罚款管理模块。作者以典型软件项目开发任务为载体组织教学内容，结合管理信息系统开发的基本知识、技能和态度，使教学内容模块化，符合以工作过程为导向的基本思路。

图书馆读者服务的艺术 蔡冰编著，国家图书馆出版社，2009年4月。本书共分为十章，主要内容包括：图书馆服务的内涵和发展，读者服务的语言艺术、沟通艺术、行为艺术、细节处理艺术，读者投诉的处理艺术，读者的管理艺术，读者活动的策划艺术，以及读者服务的宣传艺术和设计艺术。全书通过论述图书馆读者服务艺术的内涵、特征和作用，要求图书馆服务追求人与人、人与环境和谐发展的境界。其实用性与参考性，能够让图书馆服务工作人员更加规范、灵活和创造性地开展工作。通过规范员工服务的礼仪，比如语言的文明性、态度的合理性、行为举止的优雅、技能的娴熟程度等，给读者带来超越心理期待的满意服务。以追求超凡的理想服务效果和完美的服务境界为动力，构建图书馆和谐服务文化，从而提升图书馆的整体服务水平，树立良好的服务形象。

图书馆需要一朵怎样的"云"? 刘炜，《大学图书馆学报》，2009年第4期。本文的结构为"总－分－总"式。其中"分"的部分为纵深推论式，包括"云"的内涵、"云"的种类、OCLC带来一朵怎样的"云"、图书馆与"云计算"四部分内容。近年来，云计算在互联网行业受到追捧。随着OCLC推出"基于云的"、Web规模的协作式图书管理服务，图书馆也迈入了云时代。作者通过介绍云计算的概念和特点，将"云"的内容分为提供服务，提供动态数据和提供软件平台三种类型。OCLC已将"基于云"的服务引入了图书馆，图书馆的业务将发生颠覆性的发展，其服务会更为个性化，更贴近读者的日常要求，图书馆核心竞争力也将进一步提升和加强。虽然目前云计算还处于早期应用阶段，但在相关法律法规的健全完善下，云计算会降低图书馆管理成本和风险，并使其发挥其最大的潜力。

云计算给图书馆管理带来挑战　胡小菁、范并思，《大学图书馆学报》，2009 年第 4 期。本文为"总－分"结构。在"总"的部分，作者揭示了云技术一方面提升了图书馆网络信息管理与服务水平，降低了成本，另一方面也带来了一系列挑战。在"分"的部分，作者采用纵深推论式，从云计算与图书馆的发展沿革、云计算导致的图书馆管理挑战、如何应对云计算带来的管理挑战三个方面进行论述。作者认为，云计算为图书馆带来的挑战包括可替代问题、遵循的共同标准问题、数据安全和保密问题以及用户的知识产权问题。因此。图书馆应准备必要的政策思想等理论依据，合理分析云计算在图书馆的应用可行性，制订相应的政策标准与协议，加强基于云计算服务的图书馆管理，并对云计算相关案例进行深入研究。

在我国利用私人慈善资本合办图书馆分馆的探讨　张秀梅，《中国图书馆学报》，2009 年第 4 期。本文的结构为"总－分－总"式。其中"分"的部分为纵深推论式，包括利用私人慈善资本合办图书馆分馆的缘由，图书馆利用私人慈善资本合办分馆的模式探讨，图书利用私人慈善资本的激励机制三方面内容。作者认为，私人慈善资本的投入是图书馆事业发展的有力补充，但图书馆界对私人慈善资本的利用缺乏深入系统的研究。为确保我国图书馆能够得到私人慈善资本的长期稳定帮助，图书馆界应创新利用近年我国慈善资本模式的机遇，积极合办图书馆分馆。尤其是大型和中型公立图书馆应根据投入、兴趣以及影响力三个方面，积极主动选择合适的合作对象，并通过与慈善人士签订书面协议，形成利用私人慈善资本的有效监督机制。在合作中应坚持公益性、规范化、尊重私人的基本合作原则，建立健全在契约和政府支持基础上的信任机制，并依据对称性互惠系统合理分配分馆资源。此外，政府与行业应给与必要的物质和精神上的激励，推动图书馆事业建成为一个广纳私人慈善资本与多方力量的崭新境界。

清华大学图书馆业务统计工作模式的创新与实践　王平、庄玫、赵熊，《大学图书馆学报》，2009 年第 4 期。本文的结构为"总－分－总"式。其中"分"的部分为纵深推论式，包括清华大学图书馆业务工作的起源、图书馆业务统计工作的具体目标、统计工作的组织体系、统计工作的实施方法、统计工作的效果，以及对统计业务工作的思考六部分内容。作者从业务统计对图书馆管理规范化的基础性作用，和掌握图书馆各项工作状况的重要依据是统计信息的角度出发，介绍了规范的业务统计实施方法，包括确立统计制度、统计手段、相应的统计指标和合理的统计方法。2005 年，在清华大学图书馆主管馆长的带领下，图书馆在全馆范围内组织开展了业务统计工作。其实施过程和发展方向都参考了国外及港台的图书馆，统计工作水平得到提高。

图书馆服务质量评价研究回顾与展望　施国洪、王治敏，《中国图书馆学报》，2009 年第 5 期。本文为"总－分"结构。在"总"的部分，作者指出现代图书馆质量评价体系落后，评价标准不能满足网络及数字技术的发展要求，而用户的评价才是关键。在"分"的部分，作者采用纵深推论式，从图书馆服务质量评价研究的发展过程和对其的研究展望两个方面进行了介绍。作者认为，图书馆服务质量评价的发展经历了引入期、成长期和发展期三个阶段，服务质量评价体系不断完善。通过对图书馆服务质量评价发展现状及研究成果的深入分析和研究，作者认为未来的研究方向应集中在对图书馆服务质量评价的理论研究、对评价模型的文化适应性研究、对规模化和系统性的实证研究和对服务质量管理的研究。

图书情报工作手册　王细荣主编，上海交通大学出版社，2009 年 5月。本书共有十四章，主要内容包括图书情报工作的概念与内容、文献资源建设的概要、文献资源的编目、文献信息检索、图书阅览与流通服务、期刊管理与服务、参考咨询与信息共享空间、馆际互借与文献传递概述、参考信息源建设与文献数字化、图书馆用户教育、现代图书情报技术和法律法规等。本书重点介绍了现代图书馆管理体制是图书情报的一体化，内容涉及 21 世纪图书馆业务工作的所有领域，包括当今图书馆情报工作的研究及实践方法。全书侧重于图书馆学和情报学的新理论在图书馆情报工作实践中的应用，体现了现代技术的应用给图书情报工作带来的无穷魅力。本书是一部百科全书式的图书情报经验方法与工作研究的工具书，可为图书情报学的爱好者提供有益的帮助。

图书馆与多样化服务　《图书情报工作》杂志社编，海洋出版社，2009 年 5 月。本书基于对美国图书馆的考察，重新定位了研究图书馆的形态、功能和职责。全书共研究了六个专题：国际大都市图书馆指标体系；城市图书馆向社区基层延伸；民营图书馆；用户需求多元化呼唤图书馆服务多样化；语义网格环境下数字图书馆知识组织理论；推荐系统与数字图书馆。书中不仅深入分析和研究了国际大都市图书馆指标体系的构建及评测，还提出将图书馆从城市中心延伸至社区的理念和实际探索的规范；不仅对民营图书馆加以界定并分析其生存空间的特征，而且探索了以用户交互为基础的图书馆网络服务，以及文件推荐系统对提高信息检索效率的帮助。全书结构清晰，内容全面，能为在国内开展图书馆多样化服务提供有益的指导。

高校图书馆服务社区的思考 王军，《图书馆》，2009 年第 5 期。《图书馆服务宣言》的发表，向全社会宣示了一个有关现代图书馆的"开放"理念。宣言指出，高校图书馆不仅是学校信息化以及社会信息化的一个重要基地，同时，开展社区服务是高校图书馆服务的一个延伸，具有巨大的社会影响力及社会价值。高校图书馆应该在解决好社区服务的同时，注重社区调查，深入社区，并加强其与社区图书馆间的合作，全面开展多层次、多形式、多方位的服务。

公共图书馆辐射力评价研究 豆洪青，《中国图书馆学报》，2009 年第 5 期。本文为"总－分"结构。在"总"的部分，作者指出公共图书馆不仅是公共文化服务设施的重要组成部分，还是推动城市发展不可小觑的力量之一。在"分"的部分，作者采用纵深推论式，介绍了公共图书馆服务半径与辐射力、公共图书馆辐射力评价指标内容与体系、公共图书馆辐射力评价应用三方面内容。作者认为，公共图书馆需要提高辐射力，扩大辐射厚度，建立辐射力评价指标体系。作者基于对宁波市及其区县级公共图书馆的辐射力的现状研究，提出公共图书馆辐射力评价的应用方式，包括合理布局，构建公共图书馆服务网络体系，以及公共图书馆新功能的重新规划，从而对提高服务水平起到推动作用。

电子资源与纸质资源的经费对比：美国和加拿大图书馆实例 程丽、叶鹰，《中国图书馆学报》，2009 年第 5 期。本文的结构为"总－分－总"式。其中"分"的部分为纵深推论式，包括本文所运用的数据与研究方法，以及研究的结果和说明两部分内容。作者认为，近年来电子资源与纸质资源的并存成为当今图书馆资源的新格局，考虑到经费使用问题，图书馆需要了解电子资源和纸质资源的经费对比。本文以加拿大和美国的 12 个典型图书馆 2005～2007 年的统计数据为基础，简要介绍了纸质资源和电子资源的经费开支比例。相关数据表明，尽管数字化浪潮席卷世界，图书馆仍以纸质资源为主，其平均经费仍占书刊总经费的一半以上。但是，虽然电子资源并未取代纸质资源，电子资源的购置经费已呈现逐年递增趋势。

图书馆员和信息专业人员系统分析　奥斯本、中村著，刘淑琴译，大连理工大学出版社，2009 年 5 月。本书共分十五章，内容包括系统分析的含义和发展历史、人的因素、问题的识别和确定、数据收集、用流程图分析和显示数据、数据流程图的设计、其他方法的使用、面向对象方法、系统的设计、介绍和选择、项目管理、系统的检验和实施策略等。本书是以图书管理人员和专业信息工作者为目标，专门为有意向从事信息专业的人员所写，更具有实用性。在每章的附录中都有"个案研究——福特纪念图书馆"，讲述了在福特纪念图书馆中的系统分析故事，具有可读性和指导性。

与读者同心，与世博同行：上海市公共图书馆读者服务研讨会论文集　唐铭杰、金燕主编，上海辞书出版社，2009 年 6 月。本书主要会集了上海市公共图书馆同行的有关读者服务工作的实践经验以及工作思考。全书从六个方面进行介绍，分别是：从读者出发的具有人文关怀的服务理念；创新完善的网络服务；功能一体化的服务环境；可持续发展的服务功能；规范化的服务制度以及精心文明友好的服务形象。书中所收录的文章的作者结合世博会的主题，通过介绍图书馆的服务，坚持从读者立场出发，不断拓展服务内容，延伸服务项目的可持续化发展，并积极创建图书馆自主化服务等，进一步探讨了加强公共图书馆文明行业和文明窗口的创建方式。旨在让广大市民不仅享受到高标准的文化服务，也能充分领悟到上海世博会"城市，让生活更美好"的主题的深刻内涵。

社会力量是近现代图书馆事业发展的原动力　王子舟，《图书馆论坛》，2009 年第 6 期。本文的结构为"总 - 分 - 总"式。其中"分"的部分为纵深推论式，内容包括：知识精英推动了大学图书馆的产生；社会贤达的参助促进了国家图书馆的发展；慈善家为公共图书馆普及做出了杰出贡献；私人团体直接创办各类开放的图书馆。作者认为，当图书馆事业体系得以发展完善，即图书馆开始划分为国家、公共、大学、专业和私人图书馆系统时，图书馆事业已进入了近现代历史时期。由于早期知识精英的私人捐助，图书馆得以产生；在社会贤达的积极捐赠下，图书馆日益发展壮大；慈善家的帮助使图书馆走进普通百姓的生活；而私人团体对图书馆的直接创办，让图书馆的种类更为齐全，更具有开放性。由此可见，社会力量是近现代图书馆事业的启动者和推动器。图书馆事业的发展得益于参助人的善举，他们的公益意识是珍贵的思想资本，值得我们永远珍视。

复合图书馆理论与方法　初景利等著，上海交通大学出版社，2009 年6 月。本书共分七章，内容包括：传统图书馆、数字图书馆与复合图书馆；复合图书馆理论与实践进展；复合图书馆建设的指导思想与战略目标；复合环境下的文献资源建设策略；复合图书馆用户服务模式；复合型图书馆员队伍建设；复合图书馆建设关键技术。本书是一项国家社会科学基金项目，即"复合图书馆理论与我国复合图书馆建设模式研究"的结项成果。作者立足于国际图书馆的大背景，从多方面、多角度，全面而深入地剖析了"复合图书馆是图书馆发展的战略选择"这一重要命题。基于翔实的理论及大量的事实，作者深入分析了传统图书馆与数字图书馆的关系，并总结了复合图书馆存在和发展的理论基础。本书是国内第一本比较系统完整地探究复合图书馆的各方面问题的书籍，它不仅对国内外大量的优秀实践进行总结，而且建立在对复合图书馆在用户服务人员队伍、信息资源、技术支撑等方面提出的建设策略的基础上，对于开阔眼界，或是指导复合图书馆建设有着重要的参考意义。

高校图书馆人才管理的不利因素及应对策略　余琼，《大学图书馆学报》，2009 年第 6 期。本文为"总 - 分"结构。在"总"的部分，作者指出，虽然近几年来图书馆人员素质已经有了巨大的提高，但要想起到引领中国先进文化的作用，图书馆还需加强职工队伍管理和人才培养。在"分"的部分，作者采用纵深推论式，从目前高校图书馆人才管理中存在的不利因素和高校图书馆人才管理对策两个方面来论述。作者认为，目前图书馆所出现的从业人员工作积极性不高的现象主要有几个方面的原因：管理者的主观臆断和态度懒散、被管理者的安逸思想和创造力缺乏、管理机制不完善和重工作轻科研等。针对以上问题，作者建议，图书馆应该遵循"人本管理"的管理思路，努力营造良好的工作环境，加强并鼓励人才培育，使图书馆在人才管理方面提升一个新的层次。

高校图书馆知识管理体系的构建方法研究　李双红，《图书馆》，2009年第 6 期。本文为"总－分"结构。在"总"的部分，作者指出高校图书馆的服务模式和发展只有通过知识创新才能重新焕发生机。在"分"的部分，作者采用纵深推论式，阐述了知识管理系统的概念、高校图书馆知识管理体系的层次结构、高校图书馆知识管理体系的构建过程三个部分内容。作者认为，高校图书馆作为学校的文献中心，承担着为教学和科研提供知识服务的重要任务。增强图书馆核心竞争力，需要引进先进的管理模式，构建完善的知识管理体系。文章基于对知识管理体系含义的解析和层次结构的分析，详细介绍了高校图书馆知识管理体系的构建，包括知识采集系统的构建，知识转化系统的构建和知识创新系统的构建，以持续深化高校图书馆的服务功能。

高校图书馆知识管理系统设计及应用研究　龚娅君，《图书馆》，2009年第 6 期。本文为"总－分"结构。在"总"的部分，作者介绍了在知识经济的背景下，图书馆馆藏资源日益数字化，文献信息规模快速增长，图书馆的发展与竞争力的提升依赖于图书馆知识资产管理。在"分"的部分，作者采用纵深推论式，阐明了图书馆知识资产管理的含义、知识资产管理系统的设计和实际应用三个部分内容。图书馆是知识、技术密集型的组织，随着信息技术的发展，图书馆正成为实施知识管理、进入知识经济的分工体系。作者通过介绍图书馆知识资产管理的含义，分析了图书馆知识资产管理系统的设计，并着重论述了其实际应用的内容，提出针对用户独特需求的个性化服务是图书馆知识服务的发展趋势。

高职院校图书馆员职业压力因素及其对策　张田吉，《大学图书馆学报》，2009 年第 6 期。本文采用"分－总"式结构。其中"分"为纵深推论式，包括高职院校图书馆员职业倦怠的表现、高职院校职业倦怠的成因，以及防范和克服职业倦怠的策略三部分内容。作者认为，由于信息技术的迅猛发展，读者需求不断提高，加之高职学校院系的频繁调整，高职院校图书馆职员出现了认知偏移、情感衰竭、工作懈怠和心理焦虑的职业倦怠现象。这需要图书馆多为员工提供培训的机会，使之掌握新的工作技能，并改善员工待遇，从而激发馆员的工作热情。此外，员工个人需要正确地认识和评价自己，准确地与读者沟通，并主动适应环境。

网络环境下图书馆服务的理论与实践　王居平编著，安徽大学出版社，2009 年 7 月。本书共分为八章，探讨了在网络环境下图书馆服务的理论发展和实践，内容包括网络背景下的图书馆、网络环境下的图书馆服务理念、服务的环境和资源、服务模式、网络环境下图书馆服务主体的素质、读者服务和教育、网络环境下图书馆信息服务的新模式以及图书馆服务的评价等。随着网络的日益普及和快速发展，图书馆正朝着全球一体化和网络化的方向迈进。图书馆保存和利用图书的传统价值正在逐渐转变，现在已成为人类的知识信息的中心。因此，图书馆建设最关键的环节是图书馆服务。在网络环境下，图书馆服务出现了一系列新的特点，例如服务理念的信息化、服务内容知识化、服务载体日益网络化、服务方式多样化和服务态度的主动化等。

图书馆服务质量评价指标体系研究　范小华、袁勇智、李启仁，《图书馆建设》，2009 年第 8 期。本文的结构为"总－分－总"式。其中"分"的部分为纵深推论式，内容包括对国内外图书馆质量评价研究的概况和基于系统分析的服务质量评价体系等。作者认为，数字技术的快速发展使图书馆馆藏结构和服务理念发生了改变，其服务内容、对象和范围已经有了质的变化，因此传统的服务评价体系已不适应当今图书馆发展需要。在注重知识技术的今天，对图书馆服务质量做出科学评价对于提高服务水平意义重大。作者通过对国内外图书馆评价体系的研究，提出了图书馆服务体系评价模型的概念，介绍了服务系统和评价体系的具体内容，更具实践性和科学合理性。

价值链与图书馆联盟的构建策略　谢薇、陈朝晖，《图书馆理论与实践》，2009 年第 8 期。本文结构属于纵深推论式。全文包括图书馆联盟的起源与发展、图书馆联盟的价值链分析、基于价值链的图书馆联盟构建策略三部分内容。作者介绍了战略联盟的起源以及图书馆联盟的演变历程，分析了图书馆联盟的基本价值链包括研发、传递、生产、营销和服务，以及辅助价值链，即基础设施、人力资源、采购、财务与会计和职能管理。作者认为，在价值链的基础上，要建设图书馆联盟，我们必须以开放、共享和双赢的理念建立图书馆联盟，积极构建战略协同平台，建立标准化的业务平台，并合理定位各成员的地位，从而实现向数字化网络联盟的战略转型。

公共图书馆服务品牌探析　杨鸿敏、汤鸿业，《图书馆建设》，2009 年第 9 期。本文采用"分－总"式结构。其中"分"的部分为纵深推论式，包括产品品牌和服务品牌的含义和区别、公共图书馆服务品牌的内容、公共图书馆创建服务品牌的策略三部分内容。作者指出产品品牌与服务品牌的概念并不相同，因此需要明确界定公共图书馆服务品牌的内容。图书馆员工的付出和各种内在服务的质量是两个鲜明的图书馆服务品牌。作者认为，公共图书馆在创建服务品牌时，理念是关键，经费投入是能量，坚持信念是核心，包装造就特色，宣传使之深入人心。唯有如此，公共图书馆才能建立独特的服务品牌，吸引更多读者享受图书馆的服务，使广大读者得以放松身心，陶冶性情。

普遍均等原则下的城市公共图书馆服务体系建设　陈克杰，《图书馆建设》，2009 年第 10 期。本文的结构为"总－分－总"式。其中"分"的部分为纵深推论式，内容包括普遍均等原则在公共文化服务体系中的呈现、普遍均等原则下的浦东新区公共图书馆服务体系建设成就及存在问题、进一步健全城市公共图书馆服务体系三个部分。作者认为，图书馆服务的最高原则是普遍均等原则，"全面覆盖""布局均衡""城郊一体"是普遍均衡的具体体现，是浦东新区公共文化服务体系的建设思想。文章以浦东新区公共图书馆服务体系为例，指出应把"覆盖全社会、服务均等化"作为办馆的核心理念。城市公共图书馆服务体系建设是综合性的系统工程，必须全面推进和完善在政策法规系统和资源保障系统的建设，同时建立有效的服务机制和价值评价系统，并及时优化升级系统建设，更科学合理地规范图书馆的固定资产管理。

国外高校图书馆服务战略规划的分析与启示　张玲，《图书馆建设》，2009 年第 10 期。本文的结构为"总－分－总"式。其中"分"的部分为纵深推论式，内容包括国外高校图书馆服务战略规划概述、其规划的目标体系分析及启示等。作者认为，战略规划现已成为国内外高校有效管理图书馆的重要工具。作者通过结合国外 15 所高校图书馆的展柜规划文本，概括出图书馆服务战略规划的目标体系包含资源存取服务、信息素养的强调、参考咨询和研究帮助的强化、学科服务的重视、信息共享空间建设、服务评估及服务营销等。对国外高校图书馆的服务战略规划的研究，不仅有利于从宏观角度指导我国图书馆服务，又因其涉及图书馆服务的具体细节与目标，还能够为我国高校图书馆战略制定和服务开展提供借鉴和启示。

　　社区图书馆联盟管理模式与组织结构研究——以校地共建社区图书馆联盟为视角　唐虹，《图书馆建设》，2009 年第 10 期。本文为"总 - 分"结构。在"总"的部分，作者指出我国社区图书馆尚处于起步探索阶段，应建立社区图书馆联盟来实现资源与技术的完美组合。在"分"的部分，作者采用纵深推论式，介绍了社区图书馆联盟的管理模式、社区图书馆联盟的组织结构和组织模型三部分内容。作者认为，城市与高等院校合作共建的社区图书馆联盟是一种全新的办馆模式，适合中小城市图书馆事业的深化发展。社区图书馆联盟是通过签订文献信息资源共享协议，将高校图书馆、公共图书馆和社区图书馆组合成联系紧密的网络体系的一种模式。这种模式由相关部门统一领导，采用联盟协同管理的总分馆制，组织结构由管理机制、管理机构和网络结构组成，具备功能齐全、服务网点布局合理、网络功能强大的特点，有助于公共图书馆的整体发展。

　　国外最新图书馆战略规划体例评析　余倩、陶俊，《图书馆建设》，2009 年第 10 期。本文为"总 - 分"结构。在"总"的部分作者指出，科学完善的战略规划体系对图书馆的发展至关重要，我国图书馆需要加强研究战略规划以推动未来发展。"分"的部分为纵深推论式，包括图书馆战略体例的研究思路和方法、图书馆战略体例比较分析、结论与启示三个部分内容。作者通过对国外 24 个正在施行图书馆战略规划的样本进行研究，按照地区分布、图书馆性质、规划年限等角度划分并进行统计和比较分析，发现战略规划体例样本普遍包含 13 项主要内容，分别由核心体例、特色体例和个性体例构成。我国图书馆应借鉴国外图书馆发展战略，重视战略规划的论证与编制，强化建设评估指标体系，大力推广总分馆模式，努力为社区文化和地方经济的发展服务，以实现资源统一协调配置。

　　图书馆战略规划的制定程序与内容框架研究　杨溢、王凤，《图书馆建设》，2009 年第 10 期。本文采用"分 - 总"式结构。其中"分"的部分为纵深推论式，内容包括国内外图书馆战略规划研究概况、图书馆战略规划的内涵及作用、国内外图书馆战略规划的制定与内容框架比较分析、确立科学的图书馆战略规划的制定程序与内容框架等。作者认为，为图书馆设计未来的服务发展方向要求进行图书馆战略规划，通过寻找理想与现实的差距来找到实现理想的最有效的方法与途径。作者通过对台北市立图书馆、伊利诺伊州消防服务培训学院图书馆、西南交通大学图书馆对战略规划的内容和制定程序进行对比研究，发现我国大陆地区图书馆战略规划同台湾和国外的图书馆战略规划存在差距。作者提出了图书馆战略规划的制定过程，首先要分析和预测战略环境、确定并制定战略目标，明确战略执行过程中的重点；其次制定行动计划并划分阶段；再次制定实施战略的行动方案；最后提交中选方案的书面计划。文章内容框架包括使命、愿景、核心价值观及具体实施方案，并从本馆馆情出发，创造性地制定适合本馆的战略规划。

基于内部营销视角的图书馆管理新策略　李海英、裴丽，《图书馆学研究》，2009 年第 10 期。本文的结构为"总 - 分 - 总"式。其中"分"的部分为纵深推论式，包括图书馆实施内部营销策略的动因、图书馆管理中内部营销缺失的表现、图书馆实施内部营销的举措三部分内容。作者认为，随着人们对服务本质和服务特征认识的不断深入，服务业应把提高服务质量的重点放在"人"上，而图书馆的内部营销正是通过提高内部馆员满意度以达到读者满意的管理手段和方法，因此受到广大管理者的青睐。本文介绍了内部营销的内涵和实施的原因，提出图书馆管理中缺乏为"内部顾客"的服务理念、缺乏对馆员的重视、缺失馆员培训以及有效沟通渠道。作者建议运用内部营销策略提高馆员满意度，从而提升图书馆凝聚力，营造和谐的工作氛围。

基于场效应理论的图书馆人力资源管理研究　姜世华，《情报科学》，2009 年第 10 期。本文采用"分 - 总"式结构。其中"分"的部分为纵深推论式，包括场效应理论的简要分析，场效应理论视阈的图书馆人力资源管理现状及存在的问题，加强图书馆员个人知识管理，优化图书馆知识存在的状态，加速知识传递、提高图书馆整体知识水平五部分内容。作者通过介绍知识场的含义，指出知识存量、知识状态和知识距离对场效应存在影响。由于图书馆员的个人知识存量不均衡、图书馆管理水平低、图书馆文化没有独特性，因此图书馆应利用场效应理论解决其人力资源管理中存在的问题。作者提倡在精神层面创造知识文化，在微观层面进行高素质的图书馆团队建设，将良性的人力资源管理与知识管理转化为推动力，促进图书馆事业的积极发展。

图书馆服务质量评价调查中如何准确获取数据　张东华，《图书馆建设》，2009 年第 11 期。本文为"总 - 分"结构。在"总"的部分，作者指出服务质量评价是服务质量管理的重要手段，构建科学系统的服务评价体系对我国图书馆的发展至关重要。在"分"的部分，作者采用纵深推论式，详细论述了图书馆服务质量评价体系中各项指标的标准建议及其研究方法的优点。作者认为，调查读者评价，对于建立评价模型、估计评价得分以及得出评价结论十分重要。被调查者正确理解评价指标的评价标准，有利于获得准确的调查数据，减少评价分值估计误差，使评价结果具有较高可信度。作者通过对 LibQUAL + TM 的评价指标的调研，把评价指标细分为信息和资源的可获取性、服务影响、图书馆环境、读者个人控制四个方面，使调查问题通俗化、易于读者理解，从而减少了评价的盲目性，提高评价准确性。

面向团体用户的公共图书馆服务——针对天津地区的调研 李晓新、付璐、王锴，《图书馆工作与研究》，2009 年第 11 期。本文采用"分 - 总"式结构。其中"分"的部分为纵深推论式，内容包括研究面向团体用户的图书馆服务的意义与目的、参与调研团体的基本情况、影响团体用户服务需求与服务选择的因素分析、团体用户对公共图书馆作用的认知和期待四个部分。作者认为，现代图书馆将团体用户视为服务对象的重要部分，向团体用户提供完善的信息服务是公共图书馆的重要职责。本文基于对天津地区各类团体进行问卷调研，分析了影响团体用户服务需求与服务选择的因素，以及团体用户对公共图书馆作用的认知和期待。作者提出，团体用户对公共图书馆服务有不可忽视的需求，他们日益成为一个一个亟待开发的用户群体。图书馆应充分了解团体用户的需求，完善服务项目、调整服务质量，尽快将滨海新区开发开放纳入图书馆服务的视野中，以满足天津未来发展的需要。

图书馆内部管理沟通 唐承秀著，天津大学出版社，2009 年 11 月。本书共分为八章两个部分，主要包括管理沟通的概念与国外研究、对我国当代图书馆内部管理沟通状况的总体评价、我国当代图书馆员沟通满意感的测量与分析、我国当代图书馆内部沟通的影响因素和障碍分析、图书馆高层领导的沟通模式与组织的内部沟通、图书馆内部管理沟通的媒介与渠道、图书馆组织内部整体性管理沟通体系的构建、结论建议与研究展望等内容。本书运用实证分析方法，基于相关的管理理论和调查资料，从多角度调查和分析了图书馆管理实践中内部沟通的特点、规律和存在的问题，构建了以管理信息系统、协作系统、评估系统为主的图书馆管理沟通体系概念模型。

图书馆联盟知识产权风险防范体系构建　孔繁超、周奇志，《图书馆建设》，2009 年第 11 期。本文的结构为"总－分－总"式。其中"分"的部分为纵深推论式，包括图书馆联盟中知识产权风险的表现及风险辨识、图书馆联盟中知识产权风险评估、构建图书馆联盟的知识产权风险防范体系三部分内容。作者认为，图书馆联盟是图书馆的发展趋势，处理好尊重知识产权和充分实现文献资源共享的关系十分重要。建立知识产权风险防范体系有利于联盟的健康发展，因此对知识产权风险的辨识应包含联盟的组织特性、知识特性和我国知识产权保护环境三个方面。同时运用风险矩阵对知识产权进行评估，构建内生体系和外生体系的图书馆联盟风险防范模式，实现最大程度的知识共享。

图书馆服务的人性化探索——从"一站式"服务模式谈起　曾丽霞，《图书馆工作与研究》，2009 年第 12 期。本文结构属于纵深推论式。全文包括一站式服务的概念和利弊、一站式服务模式的人性化理念、一站式服务模式考验馆员的业务能力和素质三部分内容。作者认为，一站式服务包括藏、阅、查、资、借的一体化，利在读者、弊在管理。因此，图书馆一站式服务应坚持人性化理念，从重管理转变为重服务，从重藏转变为重用，并坚持以读者为本的理念。一站式服务要求有高素质的管理队伍担任信息服务员的角色，能够善待读者、尊重读者，能积极主动为读者服务，不断学习以适应工作需要，以更好地创造人性化的图书馆服务。

基于服务质量评价的图书馆服务功能定位研究　沙振江、施国洪，《图书情报工作》，2009 年第 15 期。本文的结构为"总－分－总"式。其中"分"的部分为纵深推论式，包括服务功能定位与服务质量定位评价的逻辑链两个部分。作者认为，在对图书馆服务质量进行评价时，如何定位它的服务功能是现代图书馆服务评价研究所需要重点关注的。服务功能是服务质量的核心内涵，准确定位服务功能是服务质量评价的前提。在此基础上，作者从图书馆服务质量评价的整体性视角，论述了前者对于后者的重要性和必要性，分析了服务功能定位的总体性、差异性、双向性的科学性原则，提出服务功能定位的基本方法，以确保定位的科学、合理和准确，为服务质量评价奠定坚实可靠的基础。

　　基于数据仓库的高校图书馆管理的设计与实现　刘晶，《图书情报工作》，2009 年第 15 期。本文的结构为"总－分－总"式。其中"分"的部分为纵深推论式，包括高校图书馆管理数据仓库系统（ULM－DW）的总体结构、数据仓库的设计、数据仓库系统的实现、基于数据仓库图书馆管理的数据分析四个部分。作者认为，目前我国高校图书馆管理在为读者和管理人员带来方便的同时也产生了大量数据，而引进数据挖掘技术便可以把原始数据转化为有价值的知识。通过剖析高校图书馆管理系统的现状和存在的问题，作者提出数据仓库的设计内容，包括事实表的设计、维度表的设计、以借阅事实表为中心的数据仓库模型以及建立触发器完成数据仓库的增量更新。指出用 OLAP 技术进行数据分析，为图书馆和高校提供决策支持。

　　人文关怀：图书馆服务与管理理念的新发展　田磊，《图书情报工作》，2009 年第 19 期。本文的结构为"总－分－总"式。其中"分"的部分为纵深推论式，包括人文关怀是图书馆的核心价值、人文关怀是图书馆建设和发展的需要、人文关怀是图书馆服务中必须坚持的原则三个部分。作者认为，人文关怀理念在图书馆的确立标志着图书馆服务与管理理念达到了一个新的层次。尊重人的价值与尊严、坚持人是社会发展的目的，是图书馆事业的核心理念。随着社会的发展进步，图书馆也从以藏为主的藏书楼演变为以用为主的传统图书馆，进而又从以文献检索为主的传统图书馆发展为以信息开发为主的现代图书馆。在图书馆的建设发展中，需要坚持尊重读者、信息公平、人文化服务和个性化服务的基本原则，使人文关怀成为图书馆发展的内在动力。

　　我国公共图书馆服务体系建设模式研究　梁欣，《图书情报工作》，2009 年第 23 期。本文的结构为"总－分－总"式。其中"分"的部分为横向分论式，作者从建立模式的现状、实际意义、建设主体、管理体制、人员、经费、设置要求、服务内容与标准、系统平台等角度，介绍了总分馆体系建设模式和农村、社区图书馆建设模式两个方面的内容。我国各地图书馆的现状与起点不一致，图书馆的未来发展需要结合实际，发挥政府的主导作用，开展多元化建设模式。在突破原有建设模式的约束下，作者提出了适合中国国情的图书馆建设模式，即总分馆与农村、社区图书馆相结合的模式。这种创新型模式具有实际推广意义，应大力争取政府支持，以保证图书馆长远发展。

数字时代图书馆管理危机　孙杨、苏娜、周金龙，《图书情报工作》，
2009 年第 23 期。本文的结构为"总－分－总"式。其中"分"的部分为
横向分论式，内容包括数字时代图书馆领导者的能力要求与危机分析、现
代图书馆组织结构危机分析、数字时代图书馆发展战略规划危机、数字时
代图书馆管理制度建设危机四个方面。随着数字时代来临，网络技术和信
息技术快速发展，我国图书馆的管理和发展面临新的要求和挑战。而目前
我国图书馆面临着领导者专业素质较低、组织结构不适应新需求、战略规
划缺失和管理制度不完善等一系列危机，严重阻碍了图书馆事业的发展。
我国图书馆需要提高领导者的管理能力，完善组织结构，准确合理地制定
发展战略，积极培育图书馆文化，以有力应对外界竞争，更好地适应数字
化环境下图书馆的发展。

第二章　文献学

第一节　图书史和图书出版史

财产权与财产权屏障下的言论出版自由——对美国新闻业私营企业制度的政治学阐释　张健，《新闻大学》，2008 年第 1 期。本文的结构为"总－分－总"形式，在前"总"的部分，作者阐明了美国新闻业举足轻重的地位以及本文所研究的主要问题。在"分"的部分，作者采用纵深推论式，分别介绍了三部分内容："言论出版自由如何可能：一个尚未得到追问的问题""自由如何可能：财产权是自由、自主的基础""言论出版自由如何可能：财产权既是言论出版自由的屏障，又是言论出版自由的物质实现"。本文主要从政治经济学的视角研究了美国新闻业采取私营企业制度的原因。作者通过对言论出版自由如何可能的深入分析，借助霍布斯、洛克等人的社会契约理论和个人主义理论对财产与自由关系进行了考察，并基于当时欧洲社会政治现实的背景，论述了财产权与自由尤其是言论出版自由的内在逻辑。作者认为，在经典自由主义者的理论中，财产权的存在为美国新闻业提供了物质基础，保障了美国新闻业独立和自由的经济前提。只有在私有财产权的保护下，新闻传媒才能抗衡政府的不当干预，维持自身的尊严，保持思想和意见独立，成为政府立法、司法、行政之外的"第四权力"。

论晚清出版史的近代化变革与转型　肖东发、杨虎、刘宝生，《北京联合大学学报》（人文社会科学版），2008 年第 2 期。本文结构为"总－分－总"形式。在前"总"的部分，作者叙述了晚清出版业变化发展的历史以及晚清出版在中国出版发展史中的重要地位。在"分"的部分，作者采用横向分论式，介绍了包括"印刷技术的变革：近代机械化印刷技术广泛作用；出版物形制的变革：平装、精装逐渐取代线装；出版物内容的变革：近代科学体系的初步建立；出版物类型的变革：近代新型出版物的大量出现；出版机构的变革：近代资本主义出版企业逐渐发展壮大；出版观念的变革：近代出版观念深入人心；出版管理的变革：近代出版法制和行业管理初步形成；著作群体的变革：近代稿酬制度导致知识分子生存方式的改变；出版交流的变革：中外出版在晚清时期广泛交融；出版社会作用的变革：出版对社会变革的催化作用更明显"十个方面的内容。作者认为，晚清出版业的发展历程始终贯穿着近代出版业的兴起和传统出版业的式微这条主线，是中国出版史上的重要变革和转型时期，中国出版史在这一时期完成了从传统到近代的转变，形成具有近代形态的新式出版。作者通过对上述十个方面的考察，指出变革与转型贯穿并渗透于晚清出版的各个阶段和环节。在后"总"（文章结尾）部分，作者总结道："'变革与转型'实为晚清编辑出版事业的最为显著的特点"，同时，又特别指出，在此时期传统的出版并没有完全消亡，而是以顽强的生命力做着贡献，这反映出晚清出版史近代化变革与转型具有渐进性和复杂性。

中国出版史的对象、范围与分期 刘光裕，《陕西师范大学学报》（哲学社会科学版），2008 年第 3 期。本文结构为"总 - 分"形式，在"总"的部分，作者阐述了古代出版史的概况、本文写作的依据和主要内容。在"分"的部分，作者采用横向分论式，分别介绍了关于出版概念的两要素说和三要素说、出版史的对象与范围、出版诞生与历史分期的依据三部分内容。作者认为，科学地界定出版的概念是界定出版史对象和范围的出发点。出版概念可以分为两大类：根据复制与发行来界定的两要素说，它代表了早期的出版活动；根据编辑、复制和发行来界定的三要素说，它代表了成熟的出版概念。作者建议以三要素说作为研究出版史的出发点来考察包括两要素在内的所有出版现象，并研究出版活动产生与发展的历史进程。古代出版主要是书籍出版，因此出版史的对象以书籍出版为基础，以不与报纸、杂志的出版相抵触为限。作者界定出版史的对象是历史上以公众传媒为宗旨，以作者为起点、读者为终点的书籍传播。在最后，作者总结出中国出版史的四大阶段分别是秦汉之前的孕育时期，汉唐的抄本时期，五代、两宋、晚清的雕版时期，以及晚清至今的现代出版时期。

中国出版史的研究对象和范围——关于编撰中国古代出版通史的基本看法　刘光裕，《出版科学》，2008 年第 3 期。本文为"总 – 分 – 总"结构，在文章开头——前"总"部分，作者阐述了古代出版史的概况，并指出了本文写作的依据和主要内容。在"分"的部分，作者采用横向分论式，分别介绍了关于出版概念的两要素说和三要素说，出版史的研究对象与范围——兼谈方法问题两方面内容。作者认为，科学地界定出版的概念是界定出版史对象和范围的出发点。出版概念可以分为两大类：根据复制与发行来界定的两要素说，它代表了早期的出版活动；根据编辑、复制和发行来界定的三要素说，它代表了成熟的出版概念。作者将出版的概念概括为"历史上的以公众传播为宗旨，以作者为起点并以读者为终点的书籍传播"。作者又从出版史研究对象出发，总结了出版史的研究范围——历史上书籍传播的过程以及在这过程中出现的重要人物、事件和影响并制约书籍传播的社会历史环境。作者认为中国古代出版的发展受文化和技术因素影响最大，而重农抑商在很大程度上抑制了其进步。

自由还是压制——从英国激进主义报刊的兴衰史解读出版自由　向淑君，《浙江传媒学院学报》，2008 年第 3 期。本文为"总 – 分"结构，在"总"的部分，作者综述了人类历史上为争取出版自由的权利所做的努力，强调了出版自由对人类文明发展的重要作用。在"分"的部分，作者采用纵深推论式，介绍了英国激进主义报刊争取出版自由的斗争、知识税的废除和激进报刊的消亡、自由市场对出版自由的控制三部分内容。出版自由是现代民主国家的基本标志和坚固基石，而争取出版自由的斗争是一个漫长而艰苦的过程。作者认为，在管制报业的强制性法律手段失效后，知识税的征收和废除都具有里程碑式的意义。但是，传播政治经济学者通过解读英国历史上激进主义报刊的兴衰发现，19 世纪的英国最终所获得的完全出版自由却导致了代表工人阶级的激进报业的衰亡，这种以"自由"为名而实施的控制力量强于政府的强制性管制措施。20 世纪以来世界各地呼吁对广播电视行业"解除管制"和大规模媒体并购的发生在很大程度上侵蚀了传媒公共领域的存在，导致现代出版自由本身面临着深刻的合法性危机。作者最后指出英国传播政治经济学对工人激进主义报刊的重要价值，以及市场机制的研究对我国新闻媒体的改革和发展的启迪意义。

论中国出版史分期（一）　刘光裕，《济南大学学报》（社会科学版），2008 年第 3 期。本文为"总 – 分"结构，在"总"的部分，作者根据出版的历史形态特征，将中国出版史分成了四大阶段。在"分"的部分，作者采用纵深推论式，分别介绍了"出版史如何分期——出版诞生与历史分期的依据""从官府垄断到孕育出版——官书制度不准公众传播""抄本出版（古典出版）基本特征——读者传写盛行与书商边缘化"三方面内容。作者认为，出版诞生的标志是书籍实现了公众传播，而中国出版诞生于汉代。作者根据出版发展中的阶段性特征，将中国出版史分为四个阶段：第一阶段是秦汉以前，为出版孕育时期；第二阶段是汉代至唐代，为抄本出版时期；第三阶段是五代、两宋到晚清，为雕版出版时期；第四阶段是晚清至今，为现代出版时期。在汉代以前，官书不准公众传播，而经籍与子书在民间师徒范围内代代传承是书籍从官府垄断走向公众传播的重要条件。之后，《吕氏春秋》的问世对先秦书籍走向公众传播具有重要意义。最后，西汉的"除挟书律"正式废除了官书制度，书籍正式开始自由流通。

媒介形态变化对出版史研究提出的新问题　杜敏，《出版科学》，2008年第 3 期。本文的结构为"总 – 分 – 总"结构，在"总"的部分，作者指出了出版史的研究需要回答的几个问题，简述了本文研究的主要内容。在"分"的部分，作者采用纵深推论式，分别论述了出版史的研究对象、出版史研究应尊重历史的共性与个性、出版史应关注当代数字出版史三方面内容。作者认为，出版史要叙述出版的发展历史，阐明出版工作和出版物以及出版家在社会经济变化、思想斗争和文化发展中的地位和作用。作者分别介绍了百年出版史的研究阶段、日本出版史和我国出版史的研究对象。作者认为出版史应超越具体历史阶段并尊重历史的个性，还应注意关注不同媒介出版史以及当代出版史。而在电子技术和数字技术快速发展的今天，出版史还应把电子出版史和数字出版史纳入研究视野，推动出版史研究走向深入。

长泽规矩也与《书林清话纠缪并补遗》　陈东辉、彭喜双，《图书馆研究与工作》，2008 年第 4 期。本文的结构是纵深推论式，作者分别探讨了《书林清话》的内容及意义、《书林清话》与李洙的《书林清话校补》的关系以及自己的建议与希望三方面内容。近代著名学者叶德辉的《书林清话》依据丰富的资料，首次为读者提供了系统的版本学知识，该书的很多内容和材料被后来学者沿用，至今仍有重要的学术价值。日本近现代古文献学大师长泽规矩也对其评价甚高，认为同为叶氏所撰的《书林余话》，比《书林清话》明显逊色。长泽对《书林清话》做过十分深入细致的研究，但我国学者对长泽的这一重要成果很少加以利用。李洙著的《书林清话校补》补正了本书的一些缺失。作者希望《书林清话》也能出版类似的高质量的点校本，并充分吸收长泽之成果。作者认为长泽作为一位日本学者，在评论中国学者以及日本学者时能够带着实事求是的态度是非常难能可贵的。因此也希望中国学人对长泽不能有偏见，而应该像长泽一样视学术水平为评价学者的唯一标准。

论中国出版史分期（二） 刘光裕，《济南大学学报》（社会科学版），2008 年第 4 期。本文为"总－分"结构，在"总"的部分，作者介绍了雕版出版的诞生、推广以及历史意义，指出本文的写作内容。在"分"的部分，作者采用横向分论式，分别探讨了雕版出版与抄书出版的五大区别：新古典书商崛起；多元化出版的朝气蓬勃；以出版者为中心的校书、印刷和销售三合一的新型出版机构的建立；刻工作坊和刻工市场为多元化的出版提供了自由灵活的服务；发行始终是古代出版业中最薄弱的环节。作者认为，雕版出版的原因是复制方式始终以雕版印刷为主，活字印刷在出版中不居重要地位。历史上推广雕版印刷，以印刷取代手抄的结果，促使出版业内部发生了一系列重要变革。雕版出版成熟于五代，它比抄本出版更接近现代出版，但与现代出版仍有区别：新型书商是具有一定社会地位的文化人，其业务特征是自刻自售；出版领域的禁区较少，自由度较高；以校雠为主的编辑工作是复制以前的一个重要环节；刻工是自由雇佣制度。最后作者强调，建立现代发行体制，引进西方先进机械成为建立现代出版业的当务之急。

浅析杰弗逊言论出版自由思想的形成 田荣敏，《科学大众》，2008 年第 4 期。本文结构为"总－分－总"形式，在前"总"部分，作者介绍了杰弗逊对美国的贡献和他的言论出版自由的观点的内涵及其影响。在"分"的部分，作者采用纵深推论式，分别探讨了杰弗逊所处时代背景及个人素养对其思想形成的影响、杰弗逊言论出版自由思想的理论渊源、杰弗逊言论出版自由思想的现实原因三方面内容。杰弗逊是北美大陆第一个提出为言论出版自由立法并努力促成其实现的革命家。他使言论出版自由在美国以法律的形式得到保护，也奠定了美国的新闻自由传统。杰弗逊关于言论出版自由的观点，主要体现在坚决捍卫言论出版自由和关于报刊社会地位的论述上。杰弗逊幼年朴素自然的生活使他接受了充分的古典文化的洗礼，随之建立起对于民主的信仰。自然权利学说和弥尔顿的出版自由的思想是杰弗逊思想的重要理论渊源。而杰弗逊倡导言论出版自由的现实原因一方面是为了利用报刊教化公众、接近真理，另一方面则是利用报刊监督政府。但作者认为，杰弗逊的言论出版自由思想仍带有理想主义色彩，在实际操作中很难实现。

知识入侵中的桥接、誊写、填充——对晚清翻译出版史的思考　崔波、吴彤，《人文杂志》，2008 年第 4 期。本文的结构为"总－分－总"形式，在开头"总"的部分作者阐述了晚清时期的社会状况以及晚清翻译出版业发展的背景。在"分"的部分，作者采用横向分论式，介绍了四部分内容——阻抗：地方性知识的普遍化；桥接：从西学中源到中体西用；填充：知识边界的扩大；誊写：知识的本土化。晚清时期的传统知识开始向现代发展顺向转型，晚清出版业在西方知识的全球化扩展时期逐渐兴盛起来，分析中国翻译出版业状况的出发点成为对中西方地方性知识全球境遇问题的考察。翻译和出版本来是两种文化的通约手段，所提供的起初都是地方性知识，但在具体实践中会产生地方性知识普遍化问题。开始是地方性文化的阻抗，后来是中体西用的文化桥接，随着知识边界的扩大，文化进行了填充，并在传教士和洋务运动的边缘分子的力量下实现了文化的本土化。中国知识分子在种种阻碍中通过桥接、填充、誊写的方式，逐步改造并更新了自身的知识体系，这一过程也为两种地方性知识的碰撞、汇通和融合提供了一个历史分析和阐释的案例。

黑白——书的故事　〔苏〕伊林著，董纯才译，浙江文艺出版社，2008 年 4 月。丛书名为"金水桶·科普馆　伊林经典科普小丛书"。本书分为上下两卷，每卷包括六章。该书主要讲述的是关于书的故事。苏联著名科普作家伊林以他那不可多得的才华，用散文的笔调、简练质朴的语言，以故事的形式讲述了从人类结绳记事到今天的文字的形成并确定，从最初以石头、兽骨为纸到如今真正意义上的纸，从最早的手抄本到今天的印刷书籍的发展历史，使读者清楚地了解文字如何演变的、纸张如何发展的、书籍如何变迁等问题。

书史如海　惠及后世——曾国藩家藏史料及其文化影响　刘金元、谭伟贞、周莉，《图书与情报》，2008 年第 5 期。本文是"总 – 分"结构，在"总"的部分，作者简介了本文的写作对象。在"分"的部分，作者采用纵深推论式，分别介绍了富厚堂书籍、史料的主要来源，曾府家藏书籍资料的妥善保存，曾国藩重视书籍史料收藏的思想成因及其文化影响三方面内容。曾国藩故居有丰富的藏书，是学术研究不可缺少的参考资料。富厚堂书籍和史料主要来源于对各种史书、史料的广泛收集，对各种文书材料的积累，以及对各种资料的整理。为妥善保存书籍资料，曾氏在故居内建造了一座藏书楼，其后裔也对家藏书籍史料实施严格的管理。在抗战时期，曾府还为社会捐献了大量书籍史料。作者认为，由于曾国藩追求儒家文化，在政务和军务上有需要以及出于为后代积累精神财富的目的，他十分重视家府收藏。曾府收藏的书籍史料对文化产生了积极效应，极大地丰富了国家图书馆藏，他对历史文化传承的重视启示我们要注重各种材料、书籍资料的收集和保存，这不仅是一种历史责任，更是一种民族文化观念。

出版的自由与禁制　马洁，《唐都学刊》，2008 年第 5 期。本文的结构为纵深推论式，作者分别介绍了出版自由和出版自由的禁制两部分内容。出版自由最早是由英国思想家约翰·弥尔顿在 1643 年提出的，他认为言论自由首先要建立在国家民主的基础上。作者在分析弥尔顿对出版自由的表达后提出出版自由的要素应有主题、方式、内容、对象、相对性等，并分析了它与民主政治之间的关系：出版自由是政治自由的一个组成部分，其性质和内涵必须受制于政治自由。作者论述了我国出版自由权与著作权在取得方式、功能等方面的不同，出版自由权是著作权的前提和保证，而著作权是出版自由权得以落实的司法手段。我国对限制出版自由权在刑事和行政法律上都有规定，作者认为完全的出版自由不可能存在，但如何处理好自由和禁制、自由的范围、禁制的限度等问题，决定了该国的出版能否达到合理的自由。

当代中国出版业弊病与成因及对策　杨敏、梁佳，《咸宁学院学报》，2008 年第 5 期。本文是"总 – 分 – 总"结构，在文章开头"总"的部分，作者阐述了我国出版业的地位及其所面临的挑战。在"分"的部分，作者采用纵深推论式，分别探讨了弊病内容、弊病成因和应对策略三方面内容。作者认为，我国的出版业既是社会主义文化事业的重要组成部分，也是国民经济的重要产业之一。随着经济持续快速发展，我国出版业面临着巨大的挑战，迫切要求树立和落实科学发展观，抓住机遇，依靠体制创新和外向开拓，促进出版业持续健康发展。目前，我国出版业存在创新少、模仿多、竞争白热化和拒绝经典、追寻恶俗、精神沙漠化的严重弊病，这是市场经济自发调节的相对滞后、部分出版编辑人员的道德缺失以及消费文化语境下的价值失落造成的。作者建议我国政府应该整合媒介资源，防止恶性竞争，努力塑造报刊个性与特色，加强出版界知耻教育，还应建立健全出版制度并培养优秀的职业经理人，以促使我国报业的持续、稳定、健康发展。

从出版自由谈《出版法》的构建　阮晓勇，《苏州大学学报》（哲学社会科学版），2008 年第 6 期。本文为"总 - 分"结构，在"总"的部分，作者阐述了我国公民出版自由的发展历程，指出需要尽快制定《出版法》。在"分"的部分，作者采用纵深推论式，分析并探讨了出版自由的价值、西方国家保护出版自由的进程和我国出版自由的保护现状，以及《出版法》的构建三方面内容。出版自由是我国宪法明确保护的一项基本权利，而现在《出版管理条例》已经不能完全适应现代出版业，《出版法》的制定迫在眉睫。作者认为，出版自由是指出版报刊书籍音像制品等权利，它的社会价值主要体现在它是人们表达意见、抒发怨气的重要渠道，世界各国都曾为争取出版自由的权利进行斗争。而我国当前的出版自由还不充分，对版权保护的力度也不够，因此需要遵循一定合理的框架来构建《出版法》，使出版行业迎来更美好的春天。

论公民的出版自由　李晓锋，《重庆工商大学学报》（社会科学版），2008 年第 6 期。本文的结构是"分 - 总"形式，在"分"的部分，作者采用纵深推论式，分别阐述了出版自由的概念和基本含义及其现实意义、我国出版自由的法律依据、相关国际公约和历史上一些宪章性法律文件关于出版自由的确认和规定、出版自由的保障以及公民出版自由的约束和限制五部分内容。作者认为，出版自由是指公民通过从事著述、出版、印刷、发行等活动，表达其思想和意见的自由，它是言论自由的一种形式。我国言论自由的长足发展为出版自由奠定了坚实的基础。《宪法》《出版管理条例》是我国出版自由的法律依据。出版自由应当是公民在宪法、法律规定的范围内享有和行使的政治权利，公民在出版物中真实表达的自由应得到法律的保护。但公民行使出版自由的权利不是绝对的、无限的，而是相对的、有限的，不得损害国家的、社会的、集体的利益和其他公民的合法的自由和权利。最后，作者相信，新时期的思想解放能保证公民出版自由的落实，以实现中国学术思想的再次繁荣和中国文化的再次伟大复兴。

图书史研究中需要注意的几个问题　钱昆、王洪亮，《长春师范学院学报》（自然科学版），2008 年第 6 期。本文的结构为"总－分"形式，在"总"的部分，作者阐述了图书馆史学发展的意义和本文的写作内容。在"分"的部分作者采用横向分论式，分别探讨了旋风装新旧说之争、造纸术的发明时间、雕版印刷术的发明时间三个问题。随着古典文献学与现代文献学的融合，以及兼顾古今的大文献学的建立，图书馆学得到了发展，图书史的研究也日趋完善。作者认为，图书馆史学研究需要发挥求真务实的精神，因此分析并探讨了书史中的几个问题，并提出自己的观点。关于旋风装新旧说之争，作者肯定了旋风装新说；就造纸发明时间问题，作者赞成西汉说；关于雕版印刷术，作者认同在我国初唐就已产生。作者在文中提出了自己的见解和主张，为我们更清晰地了解图书史提供了便利条件。

中国古代书籍装帧形态发展成因探究　韦超现，《艺术与设计》（理论），2008 年第 7 期。本文是"总－分－总"结构，在开头"总"的部分，作者阐述了书籍对于文明进步的重要性，以及书籍装帧的作用，并提出本文的写作内容。在"分"的部分，作者采用纵深推论式，分别阐述了书籍装帧的初期形态、书籍装帧的正规形态、书籍装帧的册页形态以及决定和制约着中国古代书籍形态发展的原因四个方面内容。书籍的产生和发展是文明的标志之一，其内容反映了一定社会、一定时期的生活状况和意识形态，书籍的装帧形态随着时代的发展而发展，不同的历史时期，书籍具有不同装帧形态。书籍装帧的初期形态是按照文字的先期准备、产生和发展的。随着社会的进步，书籍装帧的正规形态包括简策书、木牍书、帛书等，基本上都是用毛笔蘸墨手抄的。随后进入书籍装帧的成熟形态，即册页形态，从梵荚装书开始，经过经折装书、蝴蝶装书、包背装书，到线装书为止，大部分都是雕版印刷的。作者认为，古代社会环境和文化对书籍装帧形态的形成和发展有重要的影响，我们要从中国古代书籍装帧汲取营养，形成具有中国特色的、"民族性"的现代书籍装帧艺术。

网络科技文献出版利用与评价　罗紫初、刘锦宏、代杨著，武汉大学出版社，2008 年 8 月。丛书名为"数字时代图书馆学情报学研究"。互联网的发展，不仅为科技文献的发表、传递和利用提供了方便，而且也给传统的科技文献出版带来了严峻的考验。一方面，传统出版物的国民阅读率不断下降，但是国民上网阅读率却迅速增长。另一方面，科技文献数量迅速增长。与传统的印刷出版相比，网上科技文献的出版具有数据容量大、形式丰富生动、时效性强、发行方式灵活、信息传播面广以及方便读者利用等优势。本书把网上科技文献的出版、利用与评价作为研究对象，详细且系统地分析了我国网上科技文献的出版、利用的现状与问题，并提出了解决办法。此外还对知识产权保护与质量控制这两个我国目前网络科技文献出版中最重要的问题进行了剖析，并设计出了具体的评价模型。同时还对网络科技文献出版与利用的发展趋势及发展思路进行了描述。

书籍的历史　吴简易著，希望出版社，2008 年 9 月。丛书名为"彩色人文历史"。本书主要分为十二章，分别为书籍史前史、卷轴时代、中世纪册子本、从抄写到铅字印刷、文艺复兴时代的图书、书籍与宗教改革、成长期的出版业、流水线上的书籍、进入消费品时代、特殊的书籍、现代图书馆、历史上的禁书。本书指出，书籍的历史首先是从文字开始的，有了文字，才有了书籍的滥觞。从刻写在石头和泥板上的人类最早、最原始的书籍，到后来逐渐出现的纸莎草卷、羊皮纸等书写载体，书籍的发展经历了一个漫长的过程。同时指出，铅字印刷术的发明，使人类摆脱了烦琐复杂的手抄本时代，进入了快速发展的书籍出版和印刷时代，并导致一个新行业的产生，与此同时，对书籍出版的审查制度也随着新行业的产生而确立起来，这是书籍历史上一个重要的转折点。随着社会经济的飞速发展，书籍很快进入消费品时代。但是，在现代电子技术的冲击下，传统的图书出版和阅读方式正面临着来自各方面的巨大的挑战与考验。

简明中国古代书籍史（修订本）　李致忠著，国家图书馆出版社，2008 年 11 月。本书主要分为六章，分别为书籍与书籍史、文字的起源与书籍的产生、正规书籍的产生与历代书籍的创作、书籍的生产材料与生产方法、中国古代书籍的装帧艺术、中国古代的图书保护。本书是著名书籍版本学家李致忠先生为普及古籍知识而特意创作的。本书简明扼要地论述了中国古代书籍产生以及发展的历史，有较高的知识含量，其深入浅出的讲解、图文并茂的论述，通俗易懂，是爱书人士特别是青少年了解中国图书发展历史的重要教材。

中国和欧洲：印刷术与书籍史 韩琦、〔意〕米盖拉编，商务印书馆，2008 年 12 月。2005 年 10 月 15 ~ 16 日，在中国北京国家图书馆善本特藏部召开了"中国和欧洲：印刷术和书籍史（8 世纪/15 世纪 ~ 20 世纪）"国际研讨会。本次会议是由法国远东学院、中国科学院、中国国家图书馆以及其他机构共同举办的，其主要目的是探讨印刷、书籍及阅读在中国和欧洲的历史发展情况。本书内容就是这次讨论会的论文成果，包括：佛道教印像符咒对雕版印刷术起源的影响；中国金属活字印刷技术的起源及其在东亚各国的传播；宋明时期的图书贸易与书商的利益追求；中国书籍史及阅读史论略——以徽州为例；17 世纪中国画谱在日本被接受的经过；晚清西方印刷术在中国的早期传播——以石印术的传入为例；书是一种商品吗？——上海商务印书馆（1903 ~ 1937）对于书籍的观念；印刷术和冶金业：两种相关联的历史（15 ~ 16 世纪）；实物目录学对了解近代出版品的贡献；阅读的运作：史学与问题论上的几点见解；文化转移和书籍的历史；书籍与大众文化等。

书的历史：古今书里书外的故事 王鼎吉著，中国时代经济出版社，2009 年 1 月。本书以故事形式表现，主要由十一个故事构成。作者采用层层相套、步步深入的讲述方法，详细介绍了我国历史上一些比较重要著作的编纂过程以及它们所遭遇到的各种不同命运的故事，也讲述了这些书籍的作者自身的悲欢离合及坎坷人生历程；既讲述了我国历史上纸张以及印刷术发明的故事，也讲述了其发明者的人生和命运；既通俗地讲述了有关历史及有关历史文物和历史典故，也涉及对有关各种历史事实的探讨和理论问题的辨析。读者可以从这些故事中获得丰富的人文历史知识以及深厚的人生感悟。可以说，本书是一本体现中华文明的、展示了中国图书三千年历史的、图文并茂的小百科。

图书学通论 王迎胜著，黑龙江人民出版社，2009 年 1 月。丛书名为"21 世纪编辑出版学系列"。本书共四章，主要包括马克思主义者关于图书的言论与思想、图书学基础理论、古书学、现代图书学四部分内容，同时还在书后附有选择中文图书的书目工具和选择国外图书的书目工具两个附录。本书是第一部相对系统地研究图书学基础理论的著作，初步构建了图书学的方法论系统。此外，作为一部通论性质的理论著作，本书借助文献学、目录学、图书馆学以及编辑出版学等学科的研究方法与研究成果，阐述了中国古代图书和现代图书的整理与加工方法、生产过程以及传播方式，深刻揭示了图书与图书事业存在的本质及其发展的逻辑规律与历史规律。

现代出版业发展的重要基石——版权的经济特质探论　吴赟，《大学出版》，2009 年第 1 期。本文的结构为"总－分"形式，在"总"的部分，作者概述了版权对出版机构和出版传媒业的重要意义。在"分"的部分，作者采用纵深推论式，分别探讨了版权的经济学内涵、版权在实用价值与价值上的特性、版权的经济寿命特征、媒介外部性与出版业版权保护的经济学缘由四方面内容。作者认为，经济学意义上的版权是一种财产权，是对知识、信息及技术成果进行排他性的使用、支配的一种权利，它对激励社会有效配置和使用资源具有积极的意义。版权具有一定的经济寿命，它不同于法律寿命，是由无形损耗决定的，在某些版权经济寿命不断缩短的情况下，需要对版权寿命进行合理的评估和利用。传媒产品还具有外部性，有必要运用法律的手段来规定版权的产权边界，以保护原创者和社会公众的利益。

试论王云五在中国现代出版史上的地位　李辉，《河南大学学报》（社会科学版），2009 年第 1 期。本文为"总－分－总"结构，在文章开头"总"的部分，作者介绍了王云五在中国近现代出版历史上所做出的贡献，并指出对他在文化历史方面的地位缺乏恰当的评价。在"分"的部分，作者采用纵深推论式，分别阐述了王云五的出版实践活动和他在商务印书馆的历史贡献两方面内容。王云五是中国近现代出版史上做出卓越贡献的人，他从 20 世纪 20 年代到 40 年代中担任商务印书馆编译所长，以自己独特的方式改革、管理商务印书馆，使当时的出版规模和出版影响都达到空前的高度。作者通过理性地探讨王云五的历史贡献，如改革出版措施、发明和推广四角号码检字法、数次挽救商务印书馆等，指出王云五是中国现代出版史上的一个名副其实的大出版家，不应在商务印书馆史上留下空白。

2008 年出版史研究概述　刘兰肖、刘宇新，《出版发行研究》，2009

年第 2 期。本文为"总 - 分 - 总"结构，在文章开头"总"的部分，作者概括了出版史研究在改革开放 30 年来积累了丰硕的成果，指出本文的主要内容是 2008 年这一年来的出版史研究概况。在"分"的部分作者采用横向分论式，首先介绍了研究的概况，然后分别探讨了断代史的研究、专题史的研究和出版机构与出版人的研究三部分内容。2008 年是改革开放 30 周年，出版史学界在这 30 年中取得了良好的发展，在这一年，出版史的重大工程《中国出版通史》在历经八年磨砺后终于面世，这标志着出版史研究站在一个新起点上。此外，在经过 30 年的积淀后，史料整理、理论探索和热点凝聚领域也积累了总结性的研究成果。作者介绍了有关断代史、专题史和出版机构与出版人的发展，指出这是出版史学不断走向成熟的标志。在结尾"总"的部分，作者建议未来的出版史研究不仅要继续加强史料建设并弘扬求真与经世的学术传统，还迫切需要在保持学科本位的同时加强同其他学科的对话。

周王室转移略说——兼谈商代以前的图书史　陈文敏，《图书情报工作》，2009 年第 S2 期。本文的结构为"分 - 总"形式，在"分"的部分，作者采用纵深推论式，分别阐述了中国文字和图书的产生、周室典籍的来源去向、周室典籍的历史作用三方面内容。文字是人类社会进入文明阶段的重要标志之一，在商代以前有文字产生、发展、成熟的一个相当长的过程，而这一时期有可能出现用文字记载历史的载体。其中《吕氏春秋》和《左传》记载了中国历史上规模最大的图书转移案例。《吕氏春秋》中记载周王室图书馆曾经收藏了夏商周三代之书，而《左传》记载王子朝曾把这批图书转移到楚国，后来楚国文学及文化因这批图书而受益匪浅。作者认为，研究这批图书后来的去向和传抄、转录等情况对于中国古史真相以及中国图书史等领域的研究具有重大意义。

现代书籍装帧设计的思考　史亚丽，《中国包装》，2009 年第 3 期。本文的结构为"总 - 分 - 总"形式，在文章开头"总"的部分，作者阐述了书籍装帧的设计对于图书的重要作用。在"分"的部分，作者采用纵深推论式，分别探讨了"装帧设计应该是书籍内容和形式的统一""书籍装帧设计应注重文化内涵并彰显人文关怀""关注并适当体现本土化传统的装帧设计内涵"三方面内容。作者认为，随着科技和出版事业的发展，书籍装帧设计受到了人们的关注，它是一门艺术，具有实用性和审美的双重功能，这对装帧设计提出更高的要求，设计者需要有较高的文化素养和审美能力。装帧设计不仅要使书籍内容和形式统一起来，还要注重人性设计、反映文化内涵，此外还需吸纳民族传统文化的精华，以体现书籍作品的魅力。装帧设计应运用视觉元素，为读者营造轻松愉悦的阅读氛围。最后，作者建议书籍装帧不仅要学习国外先进的设计理念，也要善于向传统学习，体现民族性和世界性的设计融合。

现代出版业的新媒体环境解析 邓香莲，《出版科学》，2009 年第 4 期。本文的结构为"总－分－总"形式，在文章开头"总"的部分，作者阐述了新环境下出版业面临的机遇与挑战，并指出本文的写作内容。在"分"的部分，作者采用横向分论式，分别阐述了手机媒体、移动电视与 LED 大型户外媒体、博客与播客、IPTV 四方面内容。作者认为，随着科学技术的不断发展，新媒体的出现和发展对数字出版具有重要意义，它们共同构成现代出版业的生存环境。作者在文中探讨了新媒体的深层价值，如手机在内容的定向和优化以及视频广告中的应用，移动电视在营销和推广上的作用，博客和播客作为自媒体对传统传媒的传播方向的变革作用，以及交互式网络电视所具有的互动性等。最后，作者建议现代出版业必须对目标市场进行更细致的划分，以提高其市场竞争力。

美国"言论出版自由"法案形成的历史背景 王雪，《郑州航空工业管理学院学报》（社会科学版），2009 年第 4 期。本文为"总－分－总"结构，在文章开头"总"的部分，作者阐述了美国新闻出版言论自由原则确立的过程，提出本文的写作主旨。在"分"的部分，作者采用纵深推论式，分别阐述了早期北美殖民地的"阅读文化"及印刷业的兴盛、新闻出版业在北美独立战争时期成为重要武器、先驱者们为出版言论自由原则的确立而不懈努力三方面内容。作者认为，美国是世界上报业最为发达的国家之一，其新闻出版言论自由原则的确立，使新闻媒体在社会政治经济等各个方面都有巨大影响力。文章将宪法修正案第一条置于美国争取北美独立和建国初期的历史环境下考察，结合历代先驱为言论出版自由做出的不懈努力，以及杰斐逊为推进新闻出版自由和社会进步提出大力发展教育的前瞻性判断，得出美国宪法修正案的出台具有社会必然性。最后，作者强调美国宪法修正案第一条奠定了美国的实用主义之风，并在政治、经济、文化等方面对日后的美国社会起到了重要作用。

谈出版史研究方法——兼论一则"定评"　汪家熔，《济南大学学报》（社会科学版），2009 年第 4 期。本文为纵深推论式结构，全文共探讨了两方面问题：出版史研究所提倡的五点方法、有关商务印书馆和中华书局的一则"定评"。作者认为，出版的本质是社会现实的反映和记录，出版史的核心是社会历史在出版领域的记录。出版史的研究提倡五种方法：耐得住寂寞，能坐冷板凳；有细功夫、大本领；仔细推敲所有材料；设法见到原书或书目；从个案做起。作者还引用了商务印书馆和中华书局的一则"定评"，说明出版史的研究谈起来容易做起来难，反映出材料推敲的重要性。

漫拂书尘　张元卿著，上海远东出版社，2009 年 4 月。本书主要分为论著、小说、译作、报刊、杂俎共五辑。本书主要是围绕作者个人的藏书而写成的一部书话集，同时也是用书话介绍民国时期书、报、刊的一本集子。书中五个辑子，所涉及的藏品主要是民国时期京津沪等地出版的书籍报刊，书中所配书影即从此出。

从编辑史角度试论孔子与吕不韦的异同　刘兵，《文史博览》（理论），2009 年第 5 期。本文结构为"总－分－总"形式，在前"总"部分，作者介绍了本文的写作角度与内容。在"分"的部分，作者采用纵深推论式，分别探讨了孔子与吕不韦两者身份时代的差异、编辑成果的差异、时代文字载体的相同、编辑体例的相同、对后世不同的影响五个方面内容。作者认为，春秋战国时代的孔子和吕不韦是中国编辑史滥觞时期最有开创性和代表性的编辑家，并从中国编辑史角度出发，提出了时代背景和家世背景的差异，是孔子和吕不韦在编辑目的和编辑思想上不同的根源。孔子的编辑成果是儒家经典的"六经"，成为中国几千年封建社会的统治思想；吕不韦的编辑成果是《吕氏春秋》，促进了文化的多元性发展。但两者同属于以竹木简牍为主要文字载体的时代，并共同利用了"两级分目"这种编辑体例。尽管两者有着众多共同点，但他们对后世的影响却有着"一"和"多"以及"独"与"杂"的截然不同。在后"总"部分，作者总结强调，孔子和吕不韦在中国编辑史上都有着其无可替代的历史性地位，都是中国编辑史上伟大的编辑家。

从市场价值视角看职业出版家的"七种武器"　黄海涛，《兵团教育学院学报》，2009 年第 6 期。本文结构为"分－总"形式，在"分"的部分，作者采用横向分论式，研究了职业出版家的职业道德、意识力、策划力、科学力、创造力、整合力以及奉献力七个方面内容。随着中国改革开放30年的到来，新闻出版的改革发展不断深入，"培养优秀职业出版家"是出版业提出的"五大"战略之一。作者认为，职业出版家在中国新闻出版改革中具有重要的战略地位，因此，出版家的职业道德应体现在政治责任、社会责任，以及出版物的思想文化性和价值观念性上；出版家应树立服务和培养客户意识的受众意识；出版家要具有很强的策划力，从历史和文化中汲取经济效益；出版家要具有科学力与创造力来适应网络时代的发展要求；出版家还要拥有产品融合以及媒体整合的能力；出版家更要具有人格和对事业的奉献力。文章结尾"总"的部分作者总结道：出版家拥有了这七种武器，便能够为我国社会的和谐与文明做出应有的贡献。

农村图书文化市场在推进社会主义新农村建设中的地位与作用　李晓明，《现代情报》，2009年第6期。本文的结构是"总－分"形式，在"总"的部分，作者介绍了社会主义新农村的含义以及农村图书文化市场对建设社会主义新农村的积极意义。在"分"的部分，作者采用纵深推论式，分别探讨了农村图书文化市场在社会主义新农村文化和经济建设中的地位和作用、农村图书文化市场的现状与存在的问题、发挥农村图书文化市场作用的建议等方面的问题。作者认为，建设社会主义新农村是我国现代化进程中的重大历史任务，而农村图书文化市场的发展对于推进社会主义新农村建设具有不可替代的作用。农村图书文化市场的发展能够推动农村先进文化建设，提高农民素质，培养新型农民，帮助农民获取产品技术信息，为农民创造财富。但目前农村图书仍然存在经营网点不足、缺乏重视、经济条件局限等问题，这需要政府主导完善机制并合理安排，还要调动广大农民的积极性，加强合作与宣传力度，使农村图书文化市场得以繁荣发展。

追踪学术轨迹　磨砺史学鸿篇——读《中国出版通史》　李景文，《河南图书馆学刊》，2009年第6期。本文为"总－分－总"结构。在文章开头"总"的部分，作者介绍了《中国出版通史》的相关内容和出版情况。在"分"的部分，作者采用横向分论式，详细分析了《中国出版通史》以下四个方面的学术价值：一是勾画中国出版历程，透视中国长达三千年的学术轨迹；二是梳理少数民族出版脉络，填补民族史研究的空白点；三是尊重历史规范，把握时代特征；四是拓宽研究视野，推进学科建设。作者指出，《中国出版通史》的研究期限上起商周，下至公元 2000 年，以中国出版业的起源、产生、演变、发展为研究对象，以朝代更替为线索，它是一部对我国出版史意义重大的专题著作，有不容低估的学术价值与深刻影响。此外，作者认为《中国出版通史》还有一些尚待完善的地方，还需要对一些重大问题进行专题研究，例如对造纸和印刷术起源、发展以及传播途径的描述还不够清晰透彻，对明清时期出版业的亮点的探讨还显不足，对中国出版业和同时期世界各国出版业的比较研究还略显薄弱等。

历代书籍装帧艺术 李明君著，文物出版社，2009 年 7 月。本书分为七章，分别是简帛书籍与先秦的非书籍文献载体、简册书籍的装帧艺术、简帛书籍的装帧艺术、卷轴书籍的装帧艺术、册页书籍的装帧艺术、现代书籍装帧的崛起、传统书籍装帧教学的实践与思考。该书主要以 20 世纪中国考古发现新材料为佐例，通过对中国古代三千多年的非书籍形式及先秦以后的简帛、卷轴、册页等形式的书籍进行梳理，运用通俗明了的语言，并配以大量的彩图，来为读者讲述一个清晰、直观的书籍装帧艺术史。

书籍的社会史：中华帝国晚期的书籍与士人文化 〔美〕周绍明著，何朝辉译，北京大学出版社，2009 年 11 月。丛书名为"社会文化史译丛"。本书共分为六章，分别是 1000～1800 年间中国印刷、印本在中国的崛起、书籍发行与士人文化、中国学术世界中获取、改良的尝试与知识共同体、士人著述与钱近仁的案例。本书视角广阔，全面展现了中国书籍从宋代到清中期阶段的生产、发行、阅读和流传，其中重点研究了书籍与士人文化之间的关系，为西方学者研究中国书籍史和书文化提供了有利的条件。书中介绍的关于印本和手抄本的兴替历史、中国古代藏书文化与"知识共同体"，还有中西书史的比较甚是精彩。本书还介绍了近年来西方中国史学界的书籍史研究的最新成果，读者可以通过本书了解到西方学者用社会史、文化史方法研究中国书籍史的理论、方法和动态。该书体例严谨、取材广泛，是创见迭出的学术著作，其笔触生动且细腻，深入浅出，使读者爱不释手。

一部立体浓缩的中国出版史——读《从甲骨文到 E – publications——跨越三千年的中国出版》 余人，《出版广角》，2009 年第 12 期。本文是对《从甲骨文到 E－publications——跨越三千年的中国出版》一书的简介和评述。该书共分为八章，主要内容包括：甲骨竹帛时代；纸写本时代；手工印刷时代——印刷技术；手工印刷时代——刻书系统；机械印刷时代；现代数字技术的应用和出版形态的发展；飞速进展的"大出版"时代；走向世界的中国出版业。本文作者指出，该书是一部整体介绍和展示中国出版历史、现状和成就的集知识性、学术性、可读性于一身的著作，从"出版介质或方式"的角度梳理了中国当代出版，突出汉字、造纸、印刷以及王选教授的汉字激光照排技术这四大重点，是中国出版特色、水平和成就的新展示。本文作者认为，该书体例上以时间为经、事件为纬，宏观、整体、简约地展现了中国出版的发展历程，脉络清晰，主次分明，重点突出，全书通过对中国古代珍贵典籍善本进行系统的展示，生动地展现了中国古代的出版成就，是一本中外读者都爱不释手的经典。

一部先秦两汉出版史的奠基之作——肖东发的《中国出版通史·先秦两汉卷》读后　江凌，《新闻爱好者》，2009 年第 22 期。本文的结构为"总－分－总"，在文章开头"总"的部分，作者简介了《中国出版通史》的主要内容及历史意义。在"分"的部分，作者采用横向分论式，分别介绍了该书的五大特色：大出版观的开阔视野，将文化史和社会史作为视角，强调先秦两汉时期的出版业与当时社会与文化发展的互动关系；收录了学界最新研究成果，主流观点为主并融入个人见解；注重出版载体和形制等技术要素对编辑出版活动的推动作用；做到了论从史出和史从考出，使史料严谨可信；提倡以史为鉴，经世致用。作者认为，《中国出版通史》全面系统地考证和总结了我国先秦两汉时期的出版业概貌及其规律，使先秦两汉时期出版史的学术空白得以填补，具有开创之功。本书特色鲜明，内容丰富，史料翔实，考证精深，是一部先秦两汉出版史的奠基之作。当然，此著也有不足之处，有待于进一步推敲和完善。

现代书籍装帧设计课程教学探析　张叶蓁，《科技信息》，2009 年第 33 期。本文为"总－分－总"结构，在文章开头在"总"的部分作者阐述了书籍装帧设计的课程内容、目的及其重要性。在"分"的部分，作者采用横向分论式，阐述了五种书籍装帧适宜的教学方法和模式，它们分别是：理论教学与行业市场运作互联、互通的教学模式；规范书籍装帧设计程序，准确定位设计；掌握现代排版技术，着重装帧工艺教学；教学过程中注重装帧设计的民族文化内涵教育和引导；从细节出发，倡导整体装帧设计理念。书籍装帧设计旨在让学生赋予书籍合理的形式，揭示书籍的内容并概括书籍的精神。随着书籍加工及销售市场运作模式的变换，高等院校书籍装帧设计课程需要新的教学方式以适应市场需要。作者建议将理论与市场运作相结合，规范设计程序，增加排版软件教学，深入分析其文化内涵并注重细节。结尾"总"的部分，作者强调，现代装帧设计教学必须与社会经济、技术、信息、文化、市场紧密结合，提倡理论与设计实践相结合，以提高学生的设计能力。

第二节　目录学和目录学史

论《四库全书总目》解题的体例、考证与评论——以史部编年类解题为例 林璜，《淮北煤炭师范学院学报》（哲学社会科学版），2008 年第 1 期。本文为"总－分－总"结构，在文章开头"总"的部分，作者阐述了《四库全书总目》的内容、研究历史及重要意义，并指出本文的写作内容。在"分"的部分，作者采用纵深推论式，分别探讨了《四库总目》解题的体例、解题的考证以及解题评论的特色三方面内容。《四库全书总目》是清代学者对历代学术著作进行总结性考证和评论的成果，对学术文化的发展起到重要作用。作者对《四库全书总目》中编年类史书的解题进行分析，归纳勾勒出了《四库总目》解题的体例，并论述了纂修者通过该体例对本书的作者、内容、版本和史料来源等内容进行的考证。此外，作者总结出考证过程中评论的特色是以"考证精核，辩论明确"的标准论典籍的优劣，言必有据，不务虚言，以及态度力求公允客观。文章结尾"总"的部分，作者再次强调了《四库总目》体例严格，重点突出，简洁凝练，为各门专业的评论和考究提供了很好的借鉴范例。

佛教目录研究八十年（1926～2006）述评——以中国大陆地区为中心 冯国栋，《文献》，2008 年第 1 期。本文结构为"总－分"式，其中"分"为纵深推论式，包括佛教目录研究八十年回顾、简评以及佛教目录研究展望三部分内容。佛教目录起源虽早，但对其研究却始于近代，梁启超所作的《佛家经录在中国目录学之位置》开始揭示出佛教目录的价值，为中国古典目录学开辟了新的领域，也为佛教研究开拓了新的战场。近代佛教目录研究主要集中在佛教目录的总体介绍、目录的收集与解题、个案研究、敦煌佛教目录的录文与研究，以及刻本大藏经目录的研究等方面。作者评价佛教目录研究的八十年：以佛教目录学史研究为中心，以早期佛教经录之真伪、敦煌《众经别录》的研究为两大热点。作者认为今后佛教目录学应从资源的全面调查与整理方面着眼，研究佛教目录与外典目录、道教目录之比较与相互影响，弄清佛教目录学与佛教文献学其他分支学科的关系，并进一步研究佛教目录学与佛教学其他分支学科的关系。

元知识与元知识管理（学）——关于书目情报与目录学本质的探讨
龚蛟腾，《图书与情报》，2008 年第 1 期。本文为"总－分－总"结构，在文章开头"总"的部分，作者简述了公共知识、知识管理等概念的意义。在"分"的部分，作者采用纵深推论式，分别阐述了书目情报的实质是元知识、书目情报控制就是元知识管理、目录学实质是元知识管理学、元知识管理学确立的重要意义四部分内容。作者认为，书目知识是关于文献信息的知识序集，元知识是一类知识或知识集合的内容，书目情报的实质便是元知识。由于书目编纂是元知识生产，书目整序是元知识组织，书目交流是元知识服务，因此书目情报工作就是元知识的管理。而目录学的研究对象、研究范畴和科学实质也决定了目录学的实质是元知识的管理。元知识管理学的确立对于完善目录学的理论体系，拓展目录学的研究领域以及指导书目控制实践活动具有重要意义。元知识管理学是目录学的继承与发展，指导并促进了网络时代的书目控制活动。

西方目录学的发展及其对我国目录学研究的借鉴意义　费巍，《图书情报知识》，2008 年第 1 期。本文结构为纵深推论式，全文共探讨了西方目录学概述、数字环境下西方目录学的发展、西方目录学的发展对我国目录学发展的借鉴意义三部分内容。作者通过阅读大量文献并访问西方各目录学协会网站，调查了西方目录学的研究现状，目的是改善我国对西方目录学研究不足的状态。西方目录学的两个主要分支，即列举目录学和分析目录学，在新时期取得了较大的发展。其中，列举目录学的世界书目控制和网络书目控制研究发展较快，而分析目录学也因广泛使用了光电技术和计算机技术而发展蓬勃。作者认为，研究西方目录学有利于我国对古典目录学的研究，使"辨章学术，考镜源流"的优良传统得以弘扬，还有利于加强网络书目控制的研究，作者建议目录学的发展应与现代技术的发展紧密结合，并加强对目录学研究的领导，寻求更多的学术资助，以推动我国目录学全面发展。

基于知识管理理论与方法的书目情报服务研究　王洋、纪晓平，《情报资料工作》，2008 年第 1 期。本文结构为"分－总"形式。"分"的部分为纵深推论式，包括书目情报溯源以及书目情报服务发展现状，知识管理与书目情报、书目情报服务的契合关系，基于知识管理的书目情报服务理论框架构建三方面内容。书目情报作为现代目录学的研究基点，其理论的最初表达是书目交流理论，这一理论体现出了书目的系统思想，表明了书目交流包含着情报交流的意义。作者认为，新时期的书目情报服务出现不足，而把知识管理的相关理论和方法与书目情报服务相结合，可以解决书目情报服务面临的问题。作者根据对书目情报服务契合关系的分析，构建出基于知识管理的书目情报服务理论框架构建，它要求发挥知识集团的力量，提高书目情报服务的核心竞争力，把知识管理技术应用于书目情报服务，提高工作效率和质量，为书目情报服务的发展提供更加广阔的思路。

一部非应时的古代目录学研究力作——评傅荣贤先生的《〈汉书·艺文志〉研究源流考》　徐建华，《大学图书馆学报》，2008 年第 1 期。本文为"总－分－总"结构，在文章开头"总"的部分，作者介绍了《汉书·艺文志》的价值，指出对其研究缺乏完整的归纳与总结，而傅荣贤先生《〈汉书·艺文志〉研究源流考》填补了这一历史空白。在"分"的部分，作者采用纵深推论式，分别介绍了该书的特点及其不足之处。《汉书·艺文志》是我国古代目录学史上最重要的目录之一，历代目录学研究者对其极为重视。傅荣贤先生的《〈汉书·艺文志〉研究源流考》是对《汉书·艺文志》的完整归纳，具有"见解精到、极富见地；结构明细、条理清楚；考订精详、叙述完整；眼界开阔，资料宏富"等特点。但该书也存在不足，如学术自信不足、视野不够开阔和文字不协调等。最后，作者希望傅荣贤先生能够对本书进行修订，使之成为中国古代目录学研究力作。

中国古典戏曲目录论略　回达强，《咸宁学院学报》，2008 年第 1 期。

本文为"总－分－总"结构，在文章开头"总"的部分，作者简述了中国古典戏曲目录的发展历史。在"分"的部分，作者采用纵深推论式，分别论述了"宋金元代：戏曲目录的发轫与创建""明代：戏曲目录的发展""清代：戏曲目录的成熟""民国：戏曲目录的完善与地位的全面确立"四方面内容。中国古典戏曲目录传统悠久，在宋金时期，戏曲活动兴盛但著录很少，到南宋末年才始见著录；元代《录鬼簿》的出现标志着学科意义的戏曲目录诞生；明代时，戏曲进入综合目录系统，《太和正音谱》等曲谱成为戏曲目录的重要组成，专科戏曲目录如《录鬼簿续编》《曲品》《远山堂曲品》等有了更大发展；到了清代，《曲海总目》标志着戏曲目录的成熟，《今乐考证》《曲录》等一批目录开始出现；民国时期，戏曲目录得到了很好的补充，戏曲目录的著录方式也日趋现代化。这个时期的突出成就是古代戏曲首次进入国家总书目、史志艺文志和善本书目，这标志着古代戏曲目录地位的真正确立。最后，作者强调古代戏曲目录是新目录编写中不可绕过的一环，它是今后编写戏曲目录的基础，其中的不足也为今后的古代戏曲目录的编写提供借鉴和启示。

近代专科目录的兴盛与学术意义 郑春汛，《山东图书馆季刊》，2008年第1期。本文结构为"总－分－总"形式，在文章开头"总"的部分，作者阐述了我国专科目录产生和发展的过程，说明了本文的写作目的。在"分"的部分，作者采用纵深推论式，分别阐述了近代专科目录的兴盛和近代专科目录的学术意义两方面内容。我国专科目录产生于汉代，是古典目录中起源最早的目录形式，专科目录的发展与学科发展水平和目录学发展状况直接相关，与社会政治经济和文化环境间接相关。但是宏富的近代专科目录，大部分却鲜为人知，利用率极低。作者通过对近代专科目录兴盛的考察，指出近代专科目录对当时各学科的文献起了总结与纲领性的作用，对部分新学科的引进起了推介作用，其中所附大量序跋具有学术价值和史料价值，特别是清末民初的专科目录对目录编撰与类例设置的探索性尝试，为当代专科目录编撰提供了借鉴。最后，作者认为，对于专科目录近代化历程的总结，有助于为当代专科目录的健康发展提供重要的参照和依据。

试论《四库全书总目》《中国古籍善本书目》的分类得失 杨梅、孙玉钊、王瑛，《云南档案》，2008年第1期。本文结构为"总－分－总"

形式，在文章开头"总"的部分，作者简述了四分法的发展历史，指出其中的局限性，说明了本文主要的写作内容。在"分"的部分，作者采用横向分论式，分别比较了史部类和子部类两个部分。经、史、子、集的四部分类方法是中国目录史上认可度最高的一种分类方法，在目录史中占据着主导地位，但因受中国古籍复杂性的限制，仍有许多地方存在划分标准含混的问题，尤其是四部下的子目划分。本文作者重点介绍了史部类的局限，分别对史书、传记、地理类、职官类、政书类和目录、金石类加以阐述。通过比较，作者认为，《总目》在体制上全面继承了《别录》的优良传统，有助于系统地考辨古代学术源流，但是由于没有一系列明确的标准，在很多图书的处理上，存在含混模糊的毛病，而《中目》试图将《总目》中的一些问题通过细类的调整加以解决，但在实质性问题上有待于进一步完善。

试论古代小说与当代国学　程毅中，《北京大学学报》（哲学社会科学版），2008 年第 1 期。本文的结构为"总－分"形式，在"总"的部分，作者简述了古代小说的发展历程，说明了本文的写作内容。在"分"的部分，作者采用纵深推论式，分别阐述了中国古代小说的特色和发展过程，并对古代小说和近体小说研究提出建议。国学泛指中国固有的学术，研究的对象可以包括中国文献的许多学科，古代小说属于中国文学或史学的一个部分，是国学的研究对象之一。古代小说的概念宽泛，历来史志书目的著录取舍不同，是目录学上的一个大难题。但无论古体小说还是近体小说，其中的文献价值和文学价值都需要我们给予重视，需要在当代的国学研究中赋予它一定的地位。作者建议，我们首先要从文献价值和文学价值角度来研究古代小说，还要结合中国小说的实际，进行中国小说史的研究，更要在目录学上对小说分类进行改革。

南国女子皆能诗——《清闺秀艺文略》评介　黄湘金，《文学遗产》，2008 年第 1 期。本文为"总－分"结构，在"总"的部分，作者简述了中国女性文学的历史，并指出《清闺秀艺文略》的重要意义。在"分"的部分，作者采用纵深推论式，包括《清闺秀艺文略》成书过程、概况和文学史意义，以及《清闺秀艺文略》与《历代妇女著作考》的比较四个方面的内容。中国女性文学的历史可以追溯到上古，但长期以来，女作家一直受不到公平的待遇。而《清闺秀艺文略》是第一部以史志的形式对整个断代的全国女作家加以收录的著作，其搜罗范围广泛且收录女作家众多。作者介绍了《清闺秀艺文略》的笔者写作本书的过程，还总结了其内容特色。本书所收录的作品绝大部分是诗词，记载了当时女性文学活动的雪泥鸿爪，其文学、文献意义主要在此。而1985年修订的《历代妇女著作考》代表了迄今为止妇女作家文献整理的最高成就，它的成功也有《清闺秀艺文略》的襄助之功。

姚名达先生《四部分类源流一览表》订正　邢丽冰，《四川图书馆学报》，2008年第1期。本文结构为"总–分"形式，在"总"的部分，作者介绍了《中国目录学史》的内容和意义，说明了本文的写作目的。在"分"的部分，作者采用横向分论式，分别对《七录》《古今书录》《崇文总目》《新唐书·艺文志》《郡斋读书志》《遂初堂书目》《直斋书录解题》《文献通考–经籍考》《明史·艺文志》《四库全书总目》十个方面进行修订。姚名达先生的《中国目录学史》，是我国第一部以"中国目录学史"命名、全面系统地研究中国目录学发展史的著作。该书插页《四部分类源流一览表》使用表格的形式来分析我国古代目录四部分类的源流，在目录学研究方面是一个独创，对研究和教学都起着重要的作用。但该表中的某些类名、序号和排列顺序存在一些讹误。因此订正此表的讹误，对目录学研究和文献学教学而言，都有一定的参考价值。作者利用可靠的书目版本与该表中的十项对校，订正其误，从而使分类表更趋于完善。

目录学正名　尹海江，《钦州学院学报》，2008年第2期。本文的结构是"总–分–总"形式，在文章开头"总"的部分，作者指出了目录学和校雠学的概念纠缠不清的状况，并指出本文写作内容。在"分"的部分，作者采用纵深推论式，分别探讨了目录和校雠两个词的出现与应用、目录学与校雠学的关系。目录学和校雠学的概念一直纠缠不清，但作者认为，作为一门学科则应该有一个统一的称谓，因此探讨这一问题很有必要。作者从刘向与刘歆父子从事的目录学事业以及目录学学科发展的客观历史来考察这一问题，认为无论是从目录学工作的实际情况，还是从目录学这一术语的历史沿革来看，目录学就应该称目录学，以校雠学称目录学则不得其宜。最后，作者建议，应恢复目录学的正身，让目录学以平易而高雅的气质，展示于学术之林。

中国古代小说目录学研究的视角与方法　黄毅，《复旦学报》（社会科学版），2008 年第 2 期。本文为"总 - 分 - 总"结构，在文章开头"总"的部分，作者介绍了小说文献研究的难点，指出了本文的写作内容是小说文献研究的特征与方法。在"分"的部分，作者采用横向分论式介绍了"小说目录学的知识领域分别是小说观念的确定、小说文本相关史料的搜集、小说类型的划分、小说产生时间的界定及历史排序"。作者认为，小说研究要以文献作为基础，但小说文献学的研究还很薄弱，其本身存在很多难点，如小说概念的模糊和研究对象的不明造成的小说目录学的杂乱、大量小说的流失、小说版本繁多以及对小说的歧视。小说文献研究的首要任务是在理论上明确小说的概念，小说目录的整理要求及价值表现体现在要尽量做到全面而无遗漏，一书多目、同而有别、繁而有序，以及每书皆有出处。作者还提出小说类型的划分需要具备五个条件，包括"大量了解小说及其发展史，明确划分标准，统一逻辑层次，以及选出代表性作品且划分不可过于细碎"等。由于中国古代小说具有复杂性和主客观条件的限制，研究者需要通过更加辛勤的努力才能得到丰硕的成果。

中国古代目录学学术价值之反思　傅荣贤，《图书情报知识》，2008 年第 2 期。本文为"总 - 分 - 总"结构，在开头"总"的部分，作者简述了"辨章学术，考镜源流"命题的重要地位，提出对中国古代目录学学术价值的认识仍有反省的余地。在"分"的部分，作者采用横向分论式，分别探讨了"通过目录考辨的学术实际仅限于文献文化""古代目录在考辨学术时的局限性""目录在文献理解和文化接受上的能动作用"三方面问题。作者对以"辨章学术，考镜源流"为基本旨趣的中国古代目录进行反省，认为目录以著录文献为法度，只能反映出文献中的文化和学术，其具有一定的局限性，如只能将有文献记录的文化著录下来，只能反映一本书的整体学术信息，不能真正反著录文献的全貌等。作者重点指出，古代书目局限于"著录一批文献"的刻板形式，没有严谨的并列关系存在于它和它所反映的学术之间，而随处都可以见到目录在考辨学术时的错位。目录应该主动呈现文献和文化的条理化、组织化、结构化和有序化，并通过此来影响学术的接受和认识。学术界应重视目录对学术的反作用。

中国古代地理学的目录学考察（三）——两宋公私书目中的地理学　潘晟，《中国历史地理论丛》，2008 年第 2 期。本文为"总 - 分 - 总"

结构，在开头"总"的部分，作者简述了地理学的体系观念以及本文的写作方法和角度。在"分"的部分，作者采用纵深推论式，分别介绍了北宋书目所见的地理学和南宋书目类例的发展与地理学两方面内容。古代地理学是一种观念体系，也是一种特殊的人文景观，对它的考察在很大程度上能采用历史地理学的方法。本文将地理学看作一种特殊的人文景观，采用历史地理的方法复原这一景观。作者尝试建立两宋时期地理学景观的连续断面，从中发现宋人对地理学的观念性规定是沿着疆域地理的路径前进的，而同时《山海经》所代表的古代地理学传统已开始被淡化。在南宋初年的郑樵对地理学作出分类，造成了两宋之际体现浓郁学科意识的地理学景观。更值得注意的是，作为一个学术概念的"地理书"在两宋时期没有被独占，而是以不同形式被分享。因此，两宋时期的地理学概念是向着疆域地理的方向发展，是多种观念在同一或不同时间断面上的交错共存。

论《四库全书总目》小说家类的著录标准及著录特点　程国赋、蔡亚平，《明清小说研究》，2008 年第 2 期。《四库全书》是清代的鸿篇巨著，在中国的目录学史和版学史上有着举足轻重的作用。对于《四库全书》的著录标准，可以归纳为寓劝诫、广见闻、资考证、推崇善本、不以人废言、不以词废意六个方面。著录主要有以下几个特点：注重介绍版本源流，并进行必要的考证；罗列诸说，标明异同，显示出严谨的学术态度；结合小说集特定的时代背景，分析小说内容创作倾向以及刊刻质量；注意到小说体自身的特性，注重阐发对小说的认识与看法等。

论《众经别录》在目录学史上的贡献　郑朝彬，《安顺学院学报》，2008 年第 2 期。在佛教经录中，《众经别录》是目前已知的较早的作品。其撰写的时间、撰写的体例都有很重要的研究价值，它的分类清晰，结构得当，在中国的目录学上有着重要的贡献，它是我国现存的第二部最古的目录学著作，同时也是我国目前所能见到的历史上最早的一部全国性的佛教经录。《众经别录》在佛经经录学的研究中，同样有着重要的贡献。《众经别录》在佛教经录学上开风气之先，有很高的历史地位和学术价值，提高了中国佛学研究者对佛教的学术认识。

现代文献编制的思想流变——从《四库全书总目》的精神品质谈起　陈立华，《图书馆工作与研究》，2008 年第 2 期。《四库全书》的编撰体例对现代文献编制的影响是深远的。《四库全书总目》旁征博引的编纂方法是现代文献编制的重要基础，考据实证的编纂原则是现代文献编制的准则，简练节句的编纂手段是现代文献编制的重要方法。文章还阐述了现代文献编制的前沿性和理性发展等问题。

试论乔好勤目录学思想　郑永田，《图书馆论坛》，2008 年第 2 期。乔好勤是一位身体力行的令人钦佩的教育工作者、目录工作者和目录学学者，在目录学研究方面有着重要的贡献。在总结许多学者研究成果的基础上，他全面系统地研究了从"五四"运动时期到新中国成立时期有代表性的观点。通过对目录学史、专科目录学和目录教育学的研究，取得了丰富的成果，并留下了许多作品。乔先生是一位富有创新精神和创新思想的学者，在学术上有独到的见解，他将毕生的精力都投入研究中，为我国当代目录工作事业的发展和目录学研究做出了突出的贡献。

目录学应用于网络信息资源管理的探讨　吕振欣，《浙江万里学院学报》，2008 年第 3 期。书目是人类文献信息交流的工具，是一种文献信息系统，也是一种社会文化现象。随着网络的普及，进入信息时代，目录揭示的对象及其本身的范围都发生了极大的改变，同时其本质也被赋予了新的内容。网络资源信息量混杂而且庞大，要对书目进行控制，网络信息资源管理应借鉴目录学的方法，搜集网址，进行分类，形成网址书目。网络信息资源的揭示要正确处理好文献内容特征和外形特征之间的关系，正确处理好文献内容的深度和广度的关系，重视反映文献的变化情况及其社会影响。文献揭示的深化目的在于避免有效信息的漏检，提高检索的效率。

论《汉书·艺文志》目录注释体例的开创之功　王洁，《铜仁学院学报》，2008 年第 3 期。作为我国现存最早的一部综合性群书目录，班固的《艺文志》对《七略》中的图书叙录全部删除而代之以目录注释。这些目录注释对书籍的状况做了简明扼要的阐述和说明，不仅介绍作者、图书内容，而且还反映存佚残缺、真伪等多方面的情况。这一重要方法开创以后，图书的目录注释在以后的目录学著作中得到了继承和发展。

基于数字图书馆的书目情报服务的思考　刘新良、吴贺珍，《桂林航天工业高等专科学校学报》，2008 年第 3 期。随着现代网络技术的不断进步，图书馆用户的信息需求模式发生了很大的变化，图书馆功能定位和信息服务体系同样也随之改变。数字图书馆书目情报服务内容的主要特征有以下几个方面：个性化与社会化并存、集成化与高效化并存、电子化与网络化并存。影响其发展的因素有计算机及网络技术的影响、书目情报需求者的影响、书目情报工作者的影响、书目情报标准化建设的影响等。数字图书馆开展书目情报服务有多种途径：虚拟馆藏书目推荐、联机公共检索目录、学科门户分类导航等。

数字环境下书目情报服务的发展研究　付先华、郭清蓉，《理工高教研究》，2008 年第 3 期。数字环境下书目情报服务的变革有：更注重信息的筛选加工服务，更注重建立以用户为中心的服务模式，注重开发以网络为平台的书目情报服务，注重深层次开发。数字环境下书目情报服务发展方向是服务主动化、服务个性化、服务形式多样化、服务内容精深化、服务体制联合协作化、书目情报产业化。书目情报也出现了几种新的模式：信息查询服务、网络信息检索、数字图书馆、网络资源导航服务、电子邮件、电子文件传递等。

论《四库全书总目·史部》的史学批评价值　方鹏，《安徽文学》（下半月），2008 年第 3 期。本文为"总－分"结构。文章开头部分，作者对《四库全书总目》一书做了简述，该书堪称我国封建社会最后一部和规模最大的一部官修目录，具有极高的学术价值，本文深入论述了《四库全书总目·史部》的史学批评价值。"分"的部分为横向分论式，从三个方面归纳了《四库全书总目·史部》体现的史学批评价值：其一，我国古代目录解题式史学批评的集大成之作；其二，对前代史学批评的扬弃之功；其三，推动史学之发展。

论古典目录学的"小说"概念的非文体性质——兼论古今两种"小说"概念的本质区别　邵毅平、周峨，《复旦学报》（社会科学版），2008 年第 3 期。通过研究古代书录学尤其是文言小说，可以发现古人所谓的"小说"与今人所谓的"小说"大相径庭。文章细致系统地对两种不同意义的"小说"进行了探讨，明确地区分古今"小说"的概念，对推动古代小说尤其是"文言小说"的顺利研究具有重要的意义。

治学之门径，读书之方法——论张舜徽的《汉志》目录学研究　许刚，《图书馆》，2008 年第 3 期。本文为"总－分"结构。文章开头部分，指出张舜徽先生十分重视《汉书·艺文志》的研究，就此著《〈汉书·艺文志〉释例》和《〈汉书·艺文志〉通释》二书，教授治学读书之法，本文就此二书阐析了张舜徽先生的目录学研究成就。"分"的部分包括两部分内容，论述了张舜徽先生发明《汉志》体例，就《汉志》著录诸书，进行具体剖析，以教授研读之法，传承其父"对读"的治学方法，对《礼》经亦有独到的研究，其一生的学术成就贯穿传统经史子集四部，足见其治学"勇于开创，自成一家之言"的风格。

河南省本科高校图书馆网络书目情报服务现状调查研究 张秋慧，《图书馆学研究》，2008 年第 4 期。本文为"总－分"结构。文章开头部分，概述了网络环境下书目情报服务的内涵及其重要作用。"分"的部分为纵深推论式，包括河南省高校图书馆网络书目情报服务现状调查分析、问题分析、对策及建议三部分内容。作者基于河南省高校图书馆上网情况、网络书目情报服务及上网图书馆网络参考咨询服务方式的调查，分析了网络书目情报服务中存在的问题，并指出了网络书目情报服务的发展策略：提高书目情报服务人员的素质；树立以人为本的服务理念，增强服务意识，将用户需求作为服务的出发点和根本点；加强读者书目情报教育；大力开展网络信息资源的导航服务，加强数字资源的开发整合及共享，提供特色信息服务，提高知识和信息的组织加工水平，实现网络信息的增值；构建联合协作的书目情报服务体系，充分开发与利用信息资源，实现书目情报资源的共建与共享，尽可能地满足读者对书目情报服务的需求。

简述隋代佛经目录的发展 牛卓丽，《河北青年管理干部学院学报》，2008 年第 4 期。本文为"总－分"结构。文章开头部分指出，佛经目录学在隋代得到了长足发展，其类型和体例趋于完善，在中国目录学史上具有重要的历史地位。"分"的部分为纵深推论式，论述了隋代佛经目录的发展和隋代佛经目录发展的原因等两部分内容。作者指出，隋代佛经目录发展的原因有以下几个方面：一是隋朝实现了统一，社会环境安定，为南北佛经的交流、集中和整理创造了良好的政治条件；二是隋统一后，社会经济得到发展，为佛教经典的印制与流通奠定了坚实的物质基础；三是隋代佛经目录的成就还得益于魏晋南北朝时期佛经目录学的发展；四是隋朝统一后综理南北佛经文献，避免了文献的重新散失，成为佛经目录兴盛的一大要因；五是隋朝统治者对佛教的重视政策也是佛经目录发展的重要因素。

也谈《中经新簿》四部之小类问题 张固也，《图书馆理论与实践》，

2008 年第 4 期。本文为"总－分"结构。文章开头部分，指出《中经新簿》开创了图书的四部分类法，在目录学史上有划时代的意义。但是，对于《中经新簿》四部的小类问题，不同的学者存有不同的见解。"分"的部分采取横向分论式结构，从三个方面对《中经新簿》四部的小类问题进行了探讨，包括：《中经新簿》的"小类"实非小类；《中经新簿》的"小类"在目录学史上的意义；《中经新簿》内没有"佛经书簿"；等等。

史志目录编纂的回顾与前瞻——编纂《清人著述总目》的启示　杜泽逊，《文史哲》，2008 年第 4 期。本文为"总－分－总"结构。文章开头部分，作者概述了《清人著述总目》编纂工作的进展。"分"的部分为纵深推论式，包括史志目录在历史上的编纂方法及其评价、《清史稿·艺文志》编纂的若干考察、《清史稿·艺文志》的拾遗补阙、《清人著述总目》的编纂方法和进展情况、《清人著述总目》考订举隅五部分内容。最后，作者对史志目录的编纂工作做了展望，特别阐述了今后史志目录独具的特色：史志目录与正史相辅而行；史志目录强调"史"的特质；史志目录虽也加注版本，但同版本目录有所不同；史志目录与馆藏书目及联合目录不同；史志目录与举要目录不同；史志目录与提要目录不同；史志目录应加注作者籍贯，附注字、号、科第及生活年代等。

近代索引研究的先驱万国鼎——纪念万国鼎先生诞辰 110 周年　王雅戈、侯汉清，《大学图书馆学报》，2008 年第 4 期。本文主要分为万国鼎与"索引运动"和万国鼎索引研究成就两大部分。其中第一大部分，包括"索引运动"和万国鼎"索引运动"思想探源两方面内容。第二大部分包括索引排检法研究及其实现载体《新桥字典》、主持索引机构工作和编纂《农业论文索引》、开展索引教育及索引学理论研究四方面内容。我国著名的农史学家、图书馆学家、索引学家、"索引运动"的主将万国鼎，一生索引成果众多，内容广博，成绩斐然。他不仅从事索引学理论、索引排检法研究，而且还从事主持索引机构、索引教学、编纂索引等工作。本文主要目的是系统阐述万国鼎对我国近代索引史的贡献并为索引事业发展提供参考。

刘歆与目录学　周宏琰，《兰台世界》，2008 年第 4 期。刘歆有很好的教育基础和教育背景，是刘向的第三子，也是刘向诸子中最有学问的人。他在父亲编写的《别录》的基础上，编成了《七略》，是我国第一部国家藏书目录，对后世有很大的影响。《七略》对目录学在分类、著录、互著和别裁、校书、编目科研等方面有许多创新。

论孔子与目录学 苏华，《云南档案》，2008 年第 5 期。孔子在我国是一位伟大的教育家、思想家和政治家。虽然有人否定孔子在古籍整理方面所做的贡献，但文章根据孔子在整理古籍中所采用的校雠、编排、创建大小序、类目等方法论证孔子开了目录方法的先河，对后世目录学发展有着重大的影响。

反思与发展：改革开放 30 年来的中国目录学研究 彭斐章、彭敏惠，《图书馆论坛》，2008 年第 6 期。本文为"总－分－总"结构。文章开头部分指出，目录学的发展与中国社会发展大趋势密切联系，本文旨在探讨改革开放 30 年来我国目录学的发展历程。"分"的部分为横向分论式，包括"目录学理论研究：潮起潮落，越辩越明""目录学史的研究：相对集中，随波起伏""目录学应用的研究：技术发展推动，紧随时代步伐"三部分内容。总括全文，作者进一步强调指出，借助改革开放的大好时机，反思历史传统，谋划发展，我国的目录学研究将步入世界前沿。

刘知几创新目录学之功 杜涛，《河南图书馆学刊》，2008 年第 6 期。本文为"总－分"结构。文章开头部分，对刘知几及其著作进行了简述，提出要深入、细致地研究其史部目录思想，充分肯定其在目录学发展史上的贡献与地位。"分"的部分为横向分论式，包括关于史书的分类、关于小说分类、刘知几对目录学的创新三部分内容。作者着重论述了刘知几在目录学领域中所做的贡献：博采与善择；内篇皆论史家体例，辨别是非；引经入史；增设新类目，扩充了史部范围等。

论陆修静及其《三洞经书目录》 胡遂生、付鹏，《图书馆工作与研究》，2008 年第 6 期。本文为"总－分"结构。文章开头部分强调指出，陆修静编纂了我国首部道教目录著作《三洞经书目录》，其在我国道教目录学发展史上具有重要的作用。"分"的部分为纵深推论式，包括陆修静的生平事迹述略、《三洞经书目录》的成因、《三洞经书目录》的学术贡献及重大影响三部分内容。作者认为，《三洞经书目录》有助于繁荣道教文化，发展道教理论，开了编纂《道藏》的先河，为我国道教目录学奠定了基础。

网络环境下的书目情报服务 王小全、武渝生，《重庆社会科学》，

2008 年第 6 期。随着信息时代的到来、网络技术的发展和数字化进程的加快，互联网已经成为我们生活中不可缺少的一部分，但同时，人们对文献信息的特定需求与日益增长的巨大文献信息之间的现实矛盾日益尖锐化，书目情报服务工作面临一个新的挑战，迫切需要建立一个完善的可靠的书目情报服务体系。要强化网络书目情报服务的观念，重视读者的个性化服务需求，重点研究对网络资源的控制。

医学个性化书目情报服务机制探讨　王芳，《图书情报知识》，2008 年第 6 期。本文共有四个部分。首先介绍了医学书目情报交流的终端、传递的归宿和原动力；接着阐述了医学读者书目情报需求的差异，主要有专业读者与非专业读者的需求差异、本单位读者与外单位读者的需求差异、本地读者与远程用户的需求差异以及不同领域专业读者的需求差异；然后文章又说明了个性化医学书目情报服务的效率要素，即本地资源与远程资源相结合的文献保障能力、Web 2.0 支持下的书目情报技术服务能力、具有医学与信息管理背景的专家服务能力和医学书目情报深度知识服务能力等；最后指出个性化医学书目情报服务的策略。

从《医籍考》看丹波氏父子的目录学思想与成就　倪梁鸣，《图书馆工作与研究》，2008 年第 7 期。本文为"总－分－总"结构。文章开头部分对《医籍考》一书做了概述，并从该书出发，探讨丹波氏父子的目录学思想和成就。"分"的部分为纵深推论式，包括丹波氏父子简介及与《医籍考》的关系、丹波氏父子的目录学思想与成就、《医籍考》对我国专科目录学和中医学的影响三部分内容。结语部分，作者进一步强调指出，《医籍考》中所取得的成就是多方面的，丹波氏父子继承了中国传统目录学的"辨章学术，考镜源流"的理论，是晚清直至近代中国古典目录学家的杰出代表。

荀勖《中经新簿》是有叙录的吗？　张固也，《图书馆杂志》，2008 年第 7 期。本文为"总－分－总"结构。文章开头部分，作者对赵望秦先生的论文（以下简称赵文）《荀勖〈中经新簿〉是有叙录的》提出了异议。"分"的部分包含四大块内容，鉴于赵文分六个部分论证《中经新簿》有叙录，作者先对其中的四部分略做了评论，又重点对古书中有无引用荀勖叙录展开了详细的论证。最后，作者总结指出，经过论证，赵文《荀勖〈中经新簿〉是有叙录的》之说不能够成立，通过分析"'但录题'、及言盛以缥囊、书用细素"的深层次含义，证实了对《中经新簿》编撰体例的评价。

中国古代农书的编目发展源流　张玲，《农业图书情报学刊》，2008 年第 8 期。本文属于纵深推论式，基于前人的研究，从目录学史的角度，探讨中国古代农书的归类及著录情况，包含两大部分内容。其一，农家类目演变，论述了先秦及两汉农家学派农书分类、汉代农书分类与隋唐及明清时期农书分类等内容。其二，需要注意的问题：农书的内容与性质经历了从农家立言垂教之说到儒家重农贵粟之言的发展变化；农书著录由浑然一体到分门别类。

我国传统目录学理论发展的两大里程碑及其关系　王震，《图书馆建设》，2008 年第 8 期。西汉时期，我国就开始有了目录学的研究，我国最早的书目是刘向、刘歆编写的《七略》。中国目录学理论发展史上的两大里程碑是《通志·校雠略》与《总目·凡例》。这两个里程碑，是目录学发展的重要标志，对目录学研究和发展传承有着重要的影响。两者在一些问题上有不同倾向，也有共同看法，两者既有反向和回归的关系，也有继承和影响的关系。二者对正统思想的态度截然不同，但在总的指导思想上一脉相承，目录学方法论也如出一辙。

基于目录学理论的网络信息资源服务效益研究　程结晶、彭斐章，《图书情报工作》，2008 年第 9 期。本文采用纵深推论式结构，包括现代目录学、网络信息资源目录服务、网络信息资源目录服务的效益分析三部分内容。其一，从网络技术、信息技术快速发展和应用的角度着手，对数字时代目录学服务理论的变革做了分析。其二，探讨了网络信息资源目录服务和应用、服务模式和服务协议。其三，从网络信息资源组织和信息经济学、信息计量学的角度着手，对网络信息资源目录服务的资源效益和网络经济效益做了分析。

张舜徽《汉志》目录学研究中的学术史特征　许刚，《图书馆工作与研究》，2008 年第 9 期。本文以张舜徽所著的《释例》《通释》二书为例，阐述了张舜徽先生的目录学研究成就。《释例》体现了张舜徽《汉志》目录学成就中对《汉志》体例的发明，而《通释》对老庄的辨识体现出张舜徽洞幽烛微的学术敏锐眼光，值得重视。

浅说王俭《七志》的目录学价值　张钰莹，《黑龙江教育学院学报》，

2008 年第 10 期。本文为"总 – 分"结构。文章开头部分，简述了目录学的发展，重点论述按七分法编次的《七志》。"分"的部分为纵深推论式，包括王俭与《七志》、《七志》的分类及体制、《七志》的成就与不足、《七志》的目录学贡献四部分内容。作者指出，王俭的《七志》开私人编目的先河，为目录事业增添了传录体、图谱志、佛道二志等新内容，但其存在类例不明、论辩不足等问题。从《七志》的文化贡献角度来说，其在古典目录学史上具有里程碑的意义，为承前启后的经典之作。

近三百年古籍目录举要　严佐之编著，华东师范大学出版社，2008 年10 月。丛书名为"国学基础"。目录学在我国的产生和发展可谓源远流长。目录学著作，对于了解我国文化以及学术研究具有极其重要的作用。在明清两代，私人藏书风气极盛，因此，私家目录著作也极为丰富。本书对近三百年来古籍目录著述中占据重要地位的著述作了梳理，对其源流、古籍收藏、学术价值等几个方面作了较为详细的论述，具有比较高的学术价值。本书主要列举的著作包括《绛云楼书目》《千顷堂书目》《也是园藏书目》《述古堂藏书目》《读书敏求记》《传是楼书目》《传是楼宋元本书目》《季沧苇藏书目》《汲古阁珍藏秘本书目》《上善堂宋元版精抄旧抄书目》《拜经楼藏书题跋记》等。

论目录学基础理论（上）　刘国华，《图书馆工作与研究》，2008 年第 11 期，2009 年第 1 期。本文采用纵深推论式结构，内容包括：开展目录学基础理论研究是目录学学科发展的迫切需要及业内人士的共同愿望；放下包袱，开动脑筋，正确开展我国目录学的基础理论建设；目录学基础理论研究的主要内容、基本思路及方法等。作者论述了基础理论的一般概念和其他学科基础理论的现状、我国目录学基础理论建设的历史和现状，从应用理论、应用研究、发展研究、应用原理、发展原理、理论基础、书目情报理论、书目情报、矛盾说、"最"和"极"等方面的包袱入手，探讨如何正确开展我国目录学的基础理论建设。

数字化时代高校图书馆书目情报服务的发展及创新　周瑞华，《现代情报》，2008 年第 12 期。文章的内容主要有高校图书馆书目情报服务的发展、高校图书馆书目情报服务存在的问题、数字化时代高校图书馆书目情报服务的创新。首先，文章论述了我国高校图书馆的书目情报服务较快发展的主要表现：迅速增长的书目情报资源，规范化、多元化的书目数据，发展迅速的书目数据库，丰富的馆藏目录体系。然后文章又分析了馆藏书目库建设、网络数据库资源建设和服务的主动性等方面存在的问题，并针对这些问题给出了相关的创新性建议。

论女性/性别研究文献目录的价值、作用和意义——以《女性文学研究与批评论著目录总汇（1978～2004 年）》为例　谢玉娥，《河南图书馆学刊》，2009 年第 1 期。本文为"总 - 分"结构。其中"分"的部分为横向分论式，以《女性文学研究与批评论著目录总汇（1978～2004 年）》为例分别探讨了女性/性别研究文献目录四个方面的价值、作用和意义。作者认为，《女性文学研究与批评论著目录总汇（1978～2004 年）》是为有关研究者全面而系统地提示与报道有关学科或研究主题的文献而编制的目录。它以其搜集内容范围的"集中全面"和学术性的"专"，在促进女性/性别学术研究和学科建设、有效开发利用文献资源等方面有着特定的价值、作用与意义：一是某一阶段学科研究成果的总汇和缩影，对该学科的发展与成熟起着积极的推动作用；二是一种特殊形态的女性文学研究与批评学科专题史；三是一种可以开发、利用的信息资源，蕴含着丰富的学术理论信息、学术研究信息、学术人员信息、文献来源信息；四是该学科学术研究与学科建设不可或缺的资料工具书。基于此，作者认为，我们应该充分重视搜集、整理、编纂和出版有关女性/性别研究学科的文献目录，以促进女性/性别研究学科建设事业的持续发展。

史部类目的变与不变——从《隋书·经籍志》到《四库全书总目》　何发甦，《延安大学学报》（社会科学版），2009 年第 1 期。分类法的变更也是经过了很长时间的发展之后才得以确立的。但是，四部分类法经过《隋书·经籍志》确立后，千百年来大多是被沿袭的，很少有变更。这种状况，可以从史部类目中得到说明：后世目录分类的发展，基本上是继承了《隋书·经籍志》史部十三类，也就是说变化很小或无所变化，后来又新增加章奏、岁时、诏令等类目，究其原因盖与某类书的数量和目录学家的看法紧密相关。

中西目录学比较研究刍议　傅荣贤，《四川图书馆学报》，2009 年第 1期。本文主要有四个部分，包括中西比较目录学中的术语差异、中西比较目录学中的文化差异、二十世纪初中西目录学比较研究的最大经验以及结语。其中术语差异部分，作者从中国古代目录学术语的特征和中西目录学术语的差异两方面进行论述；文化差异部分，则以中西目录学的文化学本性和中西目录文化比较为立论的着眼点。本文通过对中西目录学差异的比较，揭示了中国目录学的发展历程和特性以及中西目录学的认识旨趣，有利于传承中国目录学研究的传统和寻找中西目录学相互补充的可能途径，为参与当代世界文化建设做出应有的贡献。

电子政务信息资源目录体系建设及案例　李霖、郭仁忠、桂胜著，科学出版社，2009 年 1 月。本书共分原理篇和实践篇两大部分，其中原理篇包括绪论、政务信息资源目录体系概述、信息资源目录体系框架、电子政务元数据、政务信息资源组织和电子政务主题词表体系六章。实践篇包括案例单位简介、国土房产管理信息资源目录体系的构建、国土房产管理信息资源目录系统以及系统应用范例四章。本书系统介绍了信息资源目录体系的基本原理和开发技术：在原理篇中，通过对国内外相关资料的整理与分析，系统介绍了电子政务和信息资源目录的相关概念、建设意义、国内外的发展情况以及信息资源目录体系的框架，并重点介绍了信息资源目录框架中电子政务元数据、政务信息资源分类、主题词表体系三个重要组成部分；在实践篇中，以深圳市国土房产管理信息资源目录体系建设为案例，在详尽分析信息资源对象的前提下，探讨了案例单位的信息化建设特点与对信息资源目录体系的需求，介绍了作者本人在信息资源目录体系建设过程中积累的方法和经验，最后还提供了比较详细的系统用例。

发明《汉志》体例，指明古书通例——张舜徽目录学研究之一　许刚，《图书馆杂志》，2009 年第 1 期。本文总体上共分为三大部分。第一部分详细介绍了张舜徽对《汉志》体例的发明以及作者对其做的相关研究和评价，第二部分主要介绍了张舜徽"发明《汉志》，指明古书通例"的重要意义并呼吁世人应该重视张舜徽的目录学成就，第三部分主要是主文引用的相关知识的注释和相关人物的介绍。作者指出，张舜徽对《汉志》的目录学有深刻的研究，其通过研究发明的《汉志》体例与指明古书通例，有独到而又不失严谨的学术价值。作者认为，在当今我们凭着历代先贤的研究成果对传统目录学进行更为深入且系统、全新的研究的同时，应该给予张舜徽的目录学成就以相当的重视。

刘咸炘先生目录学成就浅述　王化平，《中华文化论坛》，2009 年第 1 期。本文大致可以分为两个部分。第一部分为引言，简要介绍刘咸炘的生平和成就，并说明写作本文的意图和目的：尝试简述刘咸炘先生的目录学成就。第二部分是本文的主体部分，这部分又包括两个层次：其一，刘咸炘的目录学著述，主要介绍了其相关著作以及本文作者对刘咸炘这些著作的简要评价；其二，刘咸炘目录学思想发微，主要内容为作者对刘咸炘目录学研究的特点的概括，分析了刘咸炘先生的目录学思想和研究观点。作者认为刘咸炘的目录学思想主要表现为：启自章学诚，又超越章学诚；对《七略》和"四部"之精义的贯通和革新；不拒绝外来的新学问，但也不抛弃本土的传统，试图以中国古典目录学为基础，创制能够包纳古今中外一切图书的分类体系。

试析《明史·艺文志》专记一代著述的原因　曹金发、董杰，《合肥学院学报》（社会科学版），2009 年第 1 期。《明史·艺文志》在编纂方式上与以前的正史目录明显不同，它不是记一代藏书，而是专记一代著述。这种做法，有四个原因：其一，以前的五部正史目录在编纂过程中，都有可依的官藏书目，而《明史·艺文志》的编纂，却很难找到可供参考的蓝本。其二，明代的官私藏书都极为丰富，若要将这些复杂繁多的书籍编目入史，《明史·艺文志》部分的内容就会很多，占去大量篇幅，易和其他部分内容比例失调，从而使《明史》整体的谋篇布局难以把握、失去控制。其三，如果换个角度，从前几部正史艺文志的编纂源流上考察，我们不难发现，在《明史·艺文志》之前，《汉书·艺文志》和《新唐书·艺文志》及《宋史·艺文志》在实际的著录书目过程中，已经在不同程度上收入了时人著述。所以，艺文志录入时人著述在事实上有据可循。其四，唐代有名的史学评论家刘知几站在推崇断代史的立场看问题，主张改变专记藏书的做法，而改记时人著述。他的提倡具有理论指导意义。总之，《明史·艺文志》的编纂方式在正史艺文志的编纂史上，独树一帜。

胡凤丹父子的目录学成就　施新，《浙江师范大学学报》（社会科学版），2009 年第 1 期。本文大致分为三个部分，第一部分，简要介绍清末著名刻书家和藏书家胡凤丹、胡宗懋父子对保存金华地方文献做出的卓越贡献和他们在目录学及出版业方面的突出建树。第二部分具体介绍了胡氏父子在目录体系建构方面的特色，本部分又分为三个层面，即详审和严谨的题解、严格和精审的版本校订以及胡宗懋对其父的延伸和超越，作者分别从上述三个方面详细地介绍了胡氏父子的平生成就和贡献及其对后世的重大意义。第三部分是对上文的简要总结。概括全文，作者认为，胡氏父子一生所著的有关著述除了对保存金华地方文献有不朽的贡献之外，在目录体系构建方面也有其独特的建树。另外，作者还认为，胡氏父子为刊刻之书所作的题解中对于作者生平的考证、学术源流的叙述、书的真伪的辨别以及对其内容进行分析评价，有较高的史料价值。

论吕澂《新编汉文大藏经目录》在佛教目录学中的成就　曾友和，《图书情报论坛》，2009 年第 2 期。本文总共分为三个部分。第一部分主要介绍了吕澂的生平及佛学著作；第二部分介绍了《新编汉文大藏经目录》（以下简称《目录》）的编写缘由及其结构；第三部分主要介绍了吕澂在佛教目录学方面的成就，即科学合理的分类、精准严谨的勘同和务实求真的考辨。其中，在考辨方面，作者从有译无译经本的核实、确定伪书和列出可疑之书三个层面概括吕澂较为突出的新成就。综括全文，作者认为，吕澂的《目录》是佛教目录学领域中迄今为止最具有价值的学术专著。它不仅可以作为工具书使用，而且还是研究佛学思想的不可或缺的重要的参考书。在高度评价《目录》的同时，作者也指出了它的些许缺憾，但作者认为，这些缺憾与其学术价值相比无伤大雅。

刘咸炘和章学诚的目录学思想比较研究　王化平、周燕，《四川图书馆学报》，2009 年第 2 期。本文分为三部分。第一部分为引言，简要介绍了刘咸炘以及刘咸炘和章学诚的关系，并说明写作本文的目的：比较他们在目录学方面的异同，展现两位相隔一百多年的学者在治学道路上的相通之处。第二部分是正文部分，主要包括刘咸炘和章学诚对《七略》和四部关系的探讨、对目录分类的探讨、对四部的革新以及刘咸炘的"匡章篇"四个方面的内容。其中"匡章篇"，集中批评了章学诚目录学思想的五点不足：主张互著太过，失体义之轻重；主张别裁太过，致似编类书；收《七略》所无，位置未当也；持源流之论太过，颠倒虚实，混淆部次；误讥班氏。刘咸炘将它们作为建立自己目录学思想的切入点。本文的第三部分为结论。总括全文，作者认为，刘咸炘的目录学思想虽然承自章学诚，但却开辟了与他完全不同的新局面。之所以能如此，是因为他能博且约：既能就《汉志》《隋志》等名著进行比章学诚更为细致的考证，又能简约地提炼出分类标准，提炼出《七略》、"四部"的大义。反观章学诚，则恰恰是广博、考证方面的弱点限制了自己的"约"，从而留下了一些遗憾。

浅论《史记》的目录学贡献 崇明宇，《黑龙江教育学院学报》，2009年第2期。本文是"总-分-总"结构，可分为三个部分，第一部分是引言，解释目录学的概念，指出目录学的作用，说明司马迁做有关目录学工作的原因和对目录学的突出贡献。第二部分详细地介绍了司马迁对后世目录学的产生所做出的巨大贡献，包括《史记》对大量的古代书籍的保留和《史记》所运用的目录学理论方法两个层面。作者认为，司马迁在编写《史记》时，尽管没有明确提出目录分类的理论，但是实际上他做了这方面的大量的工作，他通过对古籍文献的集纳和保存以及对古书的辑佚和辨别等富有价值的工作，充分梳理了文献古籍。同时，司马迁在编写《史记》时，他还实现了发凡起例、条辨学术源流、互著法、目录学之叙录体等目录学理论方法的开创。第三部分是结论。在文章最后，作者借章学诚之口对司马迁在目录学上的贡献做出了高度的评价。

浅论《直斋书录解题》在目录学史上的地位 吕冕，《乐山师范学院学报》，2009年第2期。本文采用"总-分-总"结构。行文一开始，作者对陈振孙的生平和著述做了简要介绍，并总括他的《直斋书录解题》（以下简称《解题》）的学术成就。正文部分详细介绍了《解题》的学术成就，即分类的创新、方法的变通和解题的宏富。在分类上，陈振孙在经部、史部、子部和集部上均有重要的创新，同时，《解题》书目用考证的方式对书的作者以及相关内容做了有深度的论述，给读者提供了具有学术价值的东西，另外《解题》一书著录图书量的巨大也是其一大特色。结尾部分，作者对全文做了总结，对陈振孙的《解题》做了综合评价。作者认为，《解题》无论是在图书分类体系还是在编目著录方法以及解体内容等方面都具有独到的见解和卓越的贡献。

基于文献计量的2000～2008年目录学研究成果分析 刘振华，《图书馆研究与工作》，2009年第3期。本文大致采用"总-分"结构。第一部分是前言，介绍我国古代对目录学研究的重视和清代对目录学的定义，并说明作者写作本文的目的和所用的方法：利用文献计量学的方法定量分析了2000～2008年目录学研究的状况并预测其发展趋势。第二部分是全文的主体，分别从数据采集、处理和分析以及目录学研究成果的分析两个层面对2000～2008年的目录学研究成果进行分析。其中，第一层面又细分为数据采集和处理、文献增长分析、作者及机构分析、期刊分布和基金支持分析；第二层面分为目录学研究现状和目录学研究趋势。关于目录学的研究趋势，作者从"史、论、法"三个角度进行考察，认为首先是目录学史研究凸显：目录学史研究既表现出注重批判性继承和弘扬，也注重拓荒性研究。其次是目录学理论注重探讨学科新增长点，如提出"数字目录学"和"网络目录学"，无疑给我国目录学领域又注入了一股新鲜的血液。最后是目录学研究在书目情报与书目控制相结合的同时，尤其注重目录学和现代信息技术的结合，但探讨还不够系统性。

史部目录源流考略　李云霞，《河南图书馆学刊》，2009 年第 3 期。本文大致分为两个部分，第一部分主要论述目录学研究尤其是史部目录研究的重要性，并指出本文的写作意图：研究史部目录从无到有的历史发展过程。第二部分详细介绍了史部目录的历史发展过程，主要分为史部目录的起源、史部目录的形成和史部目录的确立三个层面。作者在前人的研究基础上，通过对相关史料的仔细研究和分析，认为史部目录起源于《七略》，形成于《中经新簿》，最终确立于《隋书·经籍志》，并且确立经、史、子、集的四部分类法，才得以逐渐完善。

司马迁的目录学思想探析　张志汉，《图书馆界》，2009 年第 3 期。本文包括两个部分。第一部分简要介绍了司马迁及其所著《史记》的历史地位和巨大的历史贡献，作者认为，《史记》充分体现了司马迁宏博通达的文献观和目录学的方法论。第二部分主要介绍《史记》的目录学理论方法，其中又细分为辨章学术，考镜源流，叙录体题材，发凡起例，互著法和并录等几个方面内容。作者通过对大量史料的研究和对古人研究的分析，详细地从上述几个方面对《史记》加以研究和考证。作者认为司马迁在编写《史记》时，实现了发凡起例、条辨学术源流、互著法、目录学之叙录体等目录学理论方法的开创，并对司马迁在中国目录学领域的卓越贡献给予自己的评价。

改革开放 30 年来目录学实践的回顾与思考　彭斐章、陈红艳，《中国图书馆学报》，2009 年第 4 期。本文为"总 - 分 - 总"结构。文章开头部分指出，改革开放 30 年，目录学实践取得了显著的成就，本文着重从微观层面，以专题形式梳理近 30 年来现代目录学实践的沿革，探索其发展特征，以为未来目录学实践提供参考。"分"的部分为横向分论式，包括书目产品、书目编撰技术和标准以及书目利用和服务三部分内容。最后，作者做出了思考和展望，认为 30 年来的目录学实践活动具有明显的时代性、社会性和致用性等特征。

对我国当代目录学理论研究轨迹、路向的辨析　刘新文、袁世亮，《西南农业大学学报》（社会科学版），2009 年第 4 期。本文共分为三个部分。第一部分为引言，指出认识和辨析目录学理论研究的各种不同轨迹、路向，在信息服务环境发生重大改变的今天，是一项关系到学科建设和发展的重要的有益工作。第二部分为正文，包括两个层次。其一，目录学研究对象的第一次大讨论与目录学基础理论的探索，作者简要介绍了新中国成立后对目录学研究对象与基础理论的探索讨论。其二，目录学理论研究的第二次高潮及不同研究轨迹、路向，作者以乔好勤等人的认识为基础，从以下五个方面简略地分析了 1988 年以来目录学理论研究中主要轨迹与路向：书目情报理论发展的轨迹、对"矛盾说"及"书目情报理论"的批评、目录学的研究与"没落"之说、目录学基础理论的探索与今天"显学"的探索、网络目录学与数字目录学的探索。第三部分是结束语，对全文进行总结，作者认为，仔细辨别今天目录学理论研究的各种不同的轨迹与路向，科学、公正和客观地评说各种路向的利弊与得失，是一项有重要意义的工作。目录学必须严格按照科学的方法进行研究并建立相对独立、规范和完整的学科基础理论。

余嘉锡讲目录学　余嘉锡著，凤凰出版社，2009 年 4 月。丛书名为"近代学术名家大讲堂"。众所周知，目录学对于学者治学有重要的辅导作用。著名目录学大家余嘉锡先生认为，目录学的根本意义在于"辨章学术，考镜源流"。本书在此思想的指导下，对目录学发展源流各种体制的利弊得失以及历代书目的类例沿革做了详尽的探讨和分析，被杨树达先生称赞为"透辟精审"之作。《目录学发微》与《古书通例》二者互相呼应，合读最好，所以本书将《古书通例》附于后，以便参阅。《古书通例》是余嘉锡先生重要的学术著作之一，周祖谟先生认为此书虽篇章不多，但是"而探微索隐，足以解疑释惑。读者据此举一反三，所知自多"。

数字时代联合目录的发展方向——日本 NACSIS - CAT 发展研究报告简介　李晨英、韩明杰，《大学图书馆学报》，2009 年第 4 期。对日本唯一的联合目录与馆际互借系统 NACSIS - CAT 的发展研究报告进行了归纳和概述，从文献、运行机制与系统三个方面分析了面临的主要问题，认为重视电子资源编目、构建新型资源发现体系和适应多种媒体与信息粒度的系统平台、力求高效共建共享是联合目录的发展方向。

刘歆创新目录学之功　马会敏，《河南图书馆学刊》，2009 年第 4 期。本文大致分为两部分。第一部分是引言，作者对刘歆生平及著作《七略》进行概括的介绍和评价。作者认为，《七略》在校勘整理古籍的基础上，创立了撰写叙录、总序、大序、小序等方法，在中国目录学史上具有开创之功。第二部分为全文的主体，分为《七略》和《七略》对目录学的创新两个层面。在第一层面，作者详细介绍了《七略》的书名由来、分类依据和结构安排等。在第二层面，作者主要介绍了《七略》对目录学的创新和贡献。作者在通过对《七略》的仔细研究和分析后认为，《七略》在分类、著录详尽性、互著和别裁、校书、编目以及科研等方面均实现了创新和改革，对后世目录学的发展有着重大的影响。

顾广圻古典目录学思想述论　袁红军，《山东图书馆学刊》，2009 年第 4 期。本文主要分为四个部分。第一部分简要介绍了顾广圻一生的创作之路及其目录学思想。第二部分介绍了顾广圻的校勘学思想，认为"不校校之"是顾广圻校勘学思想的核心和灵魂。作者详尽介绍了顾广圻的校勘方法：搜集接近原版的古籍作为校勘依据，整理分析比较各种版本的校勘价值并依据优劣确定校勘的底本与参校本；注重把握一书的内容和结构体例、文体和语言特点；注重古书致误原因，归纳错误类型并以此来加强校勘工作的指导性；注重校勘成果的表达形式。第三部分分别从考据、宋本、版本目录三个方面详尽介绍了顾广圻在目录学上取得的巨大成就。第四部分为全文的结束语，作者指出，顾广圻在校勘学方面取得巨大成就的同时也有其失误和疏漏，但瑕不掩瑜，因此在对其研究时应本着去伪存真、取其精华的态度。

目录学发微　余嘉锡著，时代文艺出版社，2009 年 5 月。丛书名为"老北大讲义"。时代文艺出版社，2009 年 5 月。余嘉锡（1884 ~ 1955）是我国著名的目录学家、语言学家、史学家，一生读书涉猎极广。余嘉锡治学的主要特点就是继承乾嘉文献考据学的传统并以目录学为治学角度，同时，重视掌握目录以求博通群书。他从 16 岁就开始进行目录学研究，17 岁开始考证《四库全书总目提要》，在 50 余年间辨订古籍近 500 种，在此基础上撰写出 24 卷《〈四库全书总目提要〉辨证》，该书被誉为"一部从微观角度研究我国古籍的巨著"。《目录学发微》是余嘉锡在北京大学等高校讲授目录学课程的讲义集合，是他在目录学领域的主要著作。本书广泛搜集和利用我国历代学者在目录学方面的论述和著作，对目录学的意义、功用和源流以及目录的体例和类例的沿革等方面都做了详细精辟的论述。

基于数字目录学的数字资源控制研究　王云洪，《四川图书馆学报》，2009 年第 5 期。本文共分为三个部分。第一部分为全文的引言，作者指出当今数字信息资源发展的现状以及应该对其持有的态度，并给出了数字资源控制的定义。第二部分为数字资源控制的范畴、标准与目标，详细介绍了对数字信息资源控制的必要性和控制的范畴、数字资源控制的相关标准和规则以及网络信息资源数字资源的控制的六点目标，并认为这六点目标是阶段式、多领域的，但又相互促进和协调进行，是实现数字资源控制的有力保障。第三部分为数字资源控制的多面实现，主要包括从资源类型着手进行数字资源控制、从业务领域着手进行数字资源控制、从控制层次层面着手进行数字资源控制以及从知识资源层面进行数字资源控制。作者认为，数字资源控制是数字目录学研究的重点内容。

出版大家王云五的目录学贡献　张慧丽，《山东图书馆学刊》，2009 年第 5 期。本文分为三个部分。第一部分主要介绍了出版家王云五的生平和他所取得的成就，指出他主要的身份是一位杰出的出版家，并指出王云五为中国传统目录学向现代目录学转型做出了重要贡献。第二部分是全文的主体部分，主要介绍了王云五对中国目录学发展所做出的巨大贡献，即以现代的图书分类编目方法和技术去改造传统图书编目方法，创造出中外图书统一分类法并发明了四角号码检字法。作者认为，王云五所创的图书编目方法能够有力地推动传统目录学向现代目录学的转型。第三部分是全文的结束语，作者说明了目录学在我国具有的重要的历史地位和历史价值以及王云五在目录学方面所取得的成就和所做出的贡献。

试论中国古代戏曲目录之提要　倪莉，《图书情报知识》，2009 年第 5 期。本文分为三个部分。第一部分是引言，主要介绍了提要的定义、古代戏曲目录的部分提要内容的特点及意义、近现代戏曲目录对撰写提要的重视和产生的多部重要的提要新目录。作者认为，这些提要能够反映其所处时期的戏曲剧目的整体面貌，有极高的参考价值。第二部分为全文主体部分，分为《录鬼簿》与古代戏曲目录的传录体提要、《曲目》与古代戏曲目录的叙录体提要和《今乐考证》与古代戏曲目录的辑录体提要三个层次，作者分别从不同的层面通过研究相关戏曲对中国古代戏曲目录提要做了深入的研究和分析。第三部分是全文的结束语，作者认为，提要是揭示文献内容的重要方法，并指出提要具有形式多样性。

宋代专科目录发展成就述略　牛卫东，《大学图书馆学报》，2009 年第 6 期。本文为"总-分-总"结构。文章开头部分，指出宋代我国封建文化发展到了顶峰，古典目录学也达到了一个高潮，其中的专科目录取得了长足的进步。"分"的部分采用横向分论式，从新专科目录的产生与传统专科目录在体例和著录内容上的创新两个角度，对宋代专科目录的发展成就做了概述。作者指出，新的专科目录种类如金石学和子学目录相继出现，传统的专科目录，如文学、佛学及书画等在体例与著录方法上都得到了进一步发展与创新。结尾部分，作者进一步强调指出，宋代专科目录学在我国传统目录学发展史上具有重要的地位，极大地丰富了我国传统专科目录学的内涵。

论网络环境下目录学变革的实现　张现龙，《档案》，2009 年第 6 期。本文共分为三部分。第一部分为中国传统目录学，主要讲了中国目录学的发展历程。作者认为，中国目录学的发展与学术文化的发展密不可分，并介绍了中国传统目录学的特点。同时作者还认为，目录学的产生是与文化、学术的发展紧密相连的，中国目录学在传统上是强调文化学术价值的。第二部分是网络环境下中国目录学的变革，认为中国目录学在学科化、书目工作职业化、通用书目技术方面均实现了变革，对目录学的发展具有重要意义。第三部分介绍了目录学功能在书目实践的推动下不断延伸，作者认为，书目实践推动了目录学辨章学术的传统延伸、注重馆藏资源揭示的传统延伸、揭示文献基本特征的传统功能延伸及目录学的学术性与大众化的统一等几个层面的功能的延伸。

我国目录学发展现状与趋势研究　张弘，《滁州学院学报》，2009 年第 6 期。本文分为四个部分。第一部分介绍了目录学的发展历程和发展现状。第二部分分别从目录学基本理论问题研究的进展、目录学研究方法的充实、目录学史研究的进展、目录学应用研究的进展四个层面介绍我国目录学研究取得的成就。第三部分分析了我国目录学发展中存在的问题。作者认为，我国目录学研究在取得巨大成就的同时，也存在如下问题和不足：

理论研究与书目实践结合不紧，其"致用"功能被削弱；目录学史研究过热，导致目录学的"恋母情结"不易消解；目录学视野的局限，使得目录学研究的未涉及领域得不到开发；等等。第四部分探讨了我国目录学发展的趋势，作者认为，结合当代科学技术对目录学的影响来探讨目录学的发展趋势，必须注重和强调整体化、科学化、综合化、数字化四个方面。

普及目录学知识的呼吁应受到重视——从情报咨询实践教学看目录学的作用 沈固朝，《图书情报知识》，2009年第6期。本文分为两个部分。第一部分引言概述了目录学知识的重要性及其重要地位。第二部分是全文的主体，详细介绍了目录学的重要性。作者认为，目录学是情报咨询服务不可或缺的、能够提高信息采集效率的工具之学，是不具有专业知识的人在处理专业问题时"速成"的路径，是新时期读书治学的起点和基础。在上述各层面，作者通过具体事例，运用表格比较、模型分析、坐标图系等方法详细介绍和分析了目录学的重要性。与以往研究不同，作者以独特的眼光从情报咨询项目案例的角度着手，详细阐述了目录学的情报价值和教育价值，并认为普及目录学知识应受到重视。

文华图专目录学教育与目录学思想现代化 彭斐章、彭敏惠，《图书馆论坛》，2009年第6期。本文分为四个部分。第一部分主要介绍了我国目录学和目录学教育的发展历程，以及文华图专在目录学教育方面的成就和特点以及发展创新。第二部分为文华图专目录学教学，分别通过对文华图书科成绩单、1928年的课表、独立初期成绩单、西迁后的成绩单等部分档案资料的分析研究来探求相关时段目录学教学的特点。第三部分为目录学教学思想与理论研究进展，分别对1920年、1928年、1936年三个不同时段的文华图专目录学教学思想和教学特点进行仔细比对和分析，阐述了目录学教学思想与理论研究的进展，认为中西目录学研究的方法和风格具有不同之处，应重新审视中国古典目录学，发掘其现实价值。第四部分为全文结语部分，强调了文华图专在目录学教育中的重要地位和巨大功绩。作者认为，文华图专的目录学顺应并推动了目录学由古典走向现代的潮流。

由钱曾《读书敏求记》看清代前期私家目录学 刘娜，《黑龙江史志》，2009年第6期。本文共分为三个部分。第一部分为钱曾及其《读书敏求记》，介绍了钱曾的生平事迹并以《读书敏求记》为例介绍了钱曾通过藏书和藏书研究对版本目录学做出的贡献，作者认为，《读书敏求记》虽有很多不恰当的地方，但鉴于其实际情况，钱曾对版本目录学所做的成就还是远远大于其缺憾的。第二部分为清代前期私家目录产生背景，通过对不同社会时期的社会背景的分析，作者阐述了清代前期私家目录产生的原因。第三部分为清代私家藏书的形式及贡献，作者认为，清代私家藏书在保存宋元时期的善本记录、古书题跋题记、读书笔记等方面具有重要的贡献。最后作者指出，清代私家藏书对版本目录学的发展具有重要意义和贡献，并提出了我们对待私藏目录书应秉持的态度，即整理、利用、汲取精华。

论杂传在古代目录学中的地位及其演变　武丽霞，《西南交通大学学报》（社会科学版），2009 年第 6 期。本文为"总 - 分"结构。"总"的部分主要介绍了杂传的历史地位与发展历程，作者认为，杂传是史部书籍，是研究历史的重要文献，具有重要的史学和史料学价值，并介绍了相关学者对杂传的研究，同时指出本文对杂传的研究是从目录学角度着手的。"分"的部分为纵向推论式，包括三个层次的内容。第一，介绍杂传的从属问题。作者认为，按照古代书目的四部分类法，杂传是从属于史部的，对此，作者以大量文献资料和详细考证加以证明。第二，主要介绍了唐代杂传的发展和特点。作者指出，与先唐相比，唐代杂传显现出单传数量减少、文传开始史传化、家传数量减少、家传开始由合传向单传转变、郡书常见名称发生变化等特点。第三，主要介绍了杂传与杂记在古代目录学中的合流及其必然性，杂传与杂记的合流变为"传记"之目取代了"杂传"。

目录学视角下的大众阅读　钟华，《图书馆学研究》，2009 年第 7 期。本文结构为纵向推论式，全文包括三个部分：第一部分为大众阅读与大众阅读指导的必要性分析。作者指出，阅读极其重要，但当今时代进步，阅读环境改变，面对海量的信息，大众往往无从选择，这就需要图书馆这样的社会组织机构既要承担起文献搜集、整理和提供使用三种职能，又要承担起为民众提供继续教育、指导民众阅读的责任。第二部分为目录学功能分析，作者认为，目录学具有促进知识交流和对文献记载的知识进行评价的功能，目录学的这一功能主要运用于学术研究、文献管理和文化教育三个层面。第三部分为目录学指导大众阅读的具体方法，指出图书馆应开展导读工作，引导大众正确利用馆藏文献，同时，图书馆还应充分利用馆藏资源，生产高质量的目录产品，为读者提供阅读导向，扩大读者阅读选择范围并做好网络资源导航工作，为大众网络阅读提供指导。

目录学研究的继承与发展——25 年来全国目录学学术研讨的主题分析
潘芳莲，《图书馆工作与研究》，2009 年第 7 期。本文采用"总 – 分 – 总"结构，大致分为三个部分。第一部分指出中国目录学历史悠久，知识积累厚重，特别是 20 世纪 50 年代以来，目录学界给予其高度关注，全国目录学的五次重要学术研讨会对目录学的发展也起到了重要作用。第二部分主要是作者对五次研讨会的主题进行分析并试图寻求目录学的继承和发展，包括对目录学的发展方向、目录学理论、书目工作、目录学史和古典目录学、书目情报服务、目录学教学、外国目录学、数字目录学和信息素养与导读书目的分析和研究。作者通过对五次全国目录学研讨会基本情况的分析，总结了每届全国目录学学术研讨会各自的特别之处和目录学专题研究的进展，揭示了中国目录学研究的继承与发展。第三部分为全文的总结，作者指出，从对全国目录学会议的主题分析可知，我国目录学在继承传统中不断创新。

魏晋南北朝目录学研究　唐明元著，四川出版集团巴蜀书社，2009 年7 月。本书主要分为六章，分别为魏晋南北朝目录学概述、魏晋时期的目录学、南北朝时期的校书和官修目录、南朝时期的私撰目录、魏晋南北朝时期的文学目标、魏晋南北朝时期的宗教目录。本书指出，魏晋南北朝在中国历史发展的长河中处于衰微和离乱的时代，但同时又是我国文化发生蜕变的大时代和我国传统学术发展嬗变的关键时期。无论是汉代自从董仲舒以来新的儒学思想还是治学方法抑或学术研究领域，都发生了巨大的变化。学术研究领域的拓展、治学方法的更新和研究的深入是这一时期学术发展的主流，而对于学术成果的整理、分类、总结使得目录之学成了专门的学术研究领域。在这个时代，中国传统目录学的早期探索者和许多重要著述便出现了，这对我国古典目录学理论和方法的发展都产生了深刻影响。

西北地区高校图书馆网络书目情报服务研究　程荣芳，《图书馆学研究》，2009 年第 8 期。本文大致分为四个部分，第一部分指出书目情报的含义以及作者进行高校图书馆网络书目情报服务调研的原因和目的。第二部分是现实馆藏资源的组织和揭示，作者认为，对现实馆藏的揭示是图书馆网络书目情报服务的重要内容之一，主要从网络书目文献联机目录检索现状、基于联机目录检索的网络服务研究、对实体馆藏读者反馈意见的收集研究三个层面进行分析和研究。第三部分为虚拟馆藏资源的组织与揭示，主要介绍了图书馆虚拟馆藏资源网络书目情报服务，包括购进数据库资源的揭示与报道、自建特色数据库的揭示与报道、网络导航服务三个层面。第四部分主要是对图书馆网络书目情报服务中存在的问题提出的几点建议，作者认为，针对存在的问题，图书馆要提高书目情报服务的质量，开展网络信息资源的导航标准及分类工作，引进检索平台，对馆藏资源进行整合，加强对版权的关注，寻求合作，顺应馆际协作的大势。

对目录学现状问题讨论的回顾与述评　刘新文、袁世亮，《图书情报工作》，2009 年第 9 期。本文共分为五部分。第一部分为引言，指出正确认识目录学学科现状，是目录学学科建设的基础和前提条件，并说明本文写作的目的。第二部分为目录学的理论与实践问题，认为在目录学科建设方面，理论与实践相互依存，并介绍了部分学者的不同的见解。第三部分为目录学学科定位问题，给出了学界对目录学学科性质及其发展水平的定位的三个方面的争议，主要表现为"高调"论成就，"低调"谈现实，"积极"谈前景。第四部分为目录学学科建设的重点与方向问题，从目录学应用理论重点说、目录学基础理论重点说、网络目录学与数字目录学概念三个层面分析了目录学学科建设重点与方向问题。第五部分为全文结语，指出目录学作为对文献信息集合整序的学问，是研究目录工作发生和发展的一般规律的学科，并呼吁学界予以高度重视。

网络环境下的书目情报服务工作变革与发展　彭慧平，《科学咨询》（决策管理），2009 年第 9 期。在当今快速发展的社会形势下，人们对文献信息特定需求与日益增长的巨大文献信息量之间的现实矛盾日益尖锐化，因此，传统的图书情报组织信息资源的模式已不适应当今的现实状况，书目情报服务在现实网络环境下，正面临新的机遇和挑战，具体表现为传统书目情报服务工作进一步扩展深化，信息资源的标准化建设推动书目情报工作的多样化发展，但在网络环境下大量且无序的信息与读者对特定需求之间的矛盾日渐突出。对此，笔者提出了应对的策略，即强化网络书目情报服务观念，极大满足和方便读者书目信息资源的需求；图书馆要重视在网络环境下读者的个性化服务要求；同时要把对网络资源控制作为书目情报服务研究和实践的重点内容给予重视。

数字时代目录学的理论变革与发展研究　彭斐章等著，武汉大学出版社，2009 年 9 月。丛书名为"数字时代图书馆学情报学研究"。本书是"十一五"国家重点图书和国家社会科学基金项目（05BTQ010）成果。该书分为十章，分别为目录学变革的实践基础、目录学变革的理论基础、中国目录学传统与目录学发展的大众化趋势、目录学研究学科基点与方法、目录学价值及其在专科目录学中的体现、目录学的论争与理论目录学的发展、目录学理论的整体化路径、目录学理论实用化路径、目录学理论国际交流与借鉴、目录学学科新环境与变革路向。本书以理论与实际相结合，继承与发展相结合为原则，以调查、分析、比较、理论归纳等作为研究的方法，强调目录学来源于实践，服务于实践，同时立足于目录学理论的运用，强调目录学理论对于书目情报实践的重要的指导作用。

版本目录学研究（第 1 辑）（繁体版）　沈乃文主编，国家图书馆出版社，2009 年 10 月。本书主要分为理论研讨、版本考订、目录与收藏、修复与保护、人物事略、读书札丛以及书讯七个部分，主要收录白化文、李致忠、陈先行等版本目录学专家的新近论文 30 篇，多层次、多角度展示了古籍的研究、保护、出版以及收藏的方方面面，为古籍研究、出版、收藏及其爱好者提供了有益的参考。

20 世纪中国古代戏曲目录整理与研究综述　王瑜瑜，《图书馆理论与实践》，2009 年第 10 期。本文共分为三个部分，即 20 世纪古代戏曲目录文献的整理与研究、20 世纪中国古代戏曲目录的宏观研究、中国古代私人藏书目录与戏曲目录的整理与研究。笔者认为，戏曲研究的进步和珍贵戏曲目录文献的发现与整理是密不可分的，戏曲目录文献的发现和利用，极大地促进了戏曲研究。笔者通过对 20 世纪至今 100 多年的时间里数部重要的中国古代戏曲目录的整理与研究、中国古代戏曲目录的宏观研究以及中国古代私人藏书目录与戏曲目录的整理与研究三个方面进行详细阐述，给出了客观的评价。笔者认为，在中国戏曲目录研究整理取得巨大成就的同时，整理与研究中也出现了部分问题和缺陷。这种研究的客观性和分析的全面性为今后相关研究工作的开展提供了重要参考。

从正史"目录之目录"管窥古代目录学的发展流变　邓建，《图书馆学刊》，2009 年第 10 期。笔者认为，鉴于我国古代史官编著文献的务实传统和作风，在我国古代目录学的研究中，要对正史艺文（经籍）志予以足够的重视。笔者认为，《隋书·经籍志·簿录篇》和《清史稿·艺文志·目录类》是正史艺文（经籍）志中的"目录之目录"，通过对其研究，我们可以探索和发现中国古代目录学的发展流变。笔者指出，《隋书·经籍志·簿录篇》是中国古代目录学发展的一个转折点，是我国古代目录学史上的首例"目录之目录"，并指出这是《隋书·经籍志》对古代目录学发展所做出的非常重要的贡献，表明中国古代目录学发展取得了非常大的进展和突破。同时笔者指出，从《旧唐书·经籍志·目录类》到后来的《清史稿·艺文志·目录类》，我国"目录之目录"不断发展并逐渐兴盛，给世人呈现了中国古代目录学发展并兴盛的轨迹。

政务信息资源目录体系建设理论与实践（附光盘 1 张）　穆勇、彭凯等著，北京大学出版社，2009 年 11 月。丛书名为"政务信息资源管理与应用"。本书主要分为上下两篇共十六章，分别为政务信息资源管理概述、政务信息资源目录体系概述、政务信息资源目录体系总体框架、政务信息资源目录体系的关键要素、政务信息资源目录体系建设实施、政务基础信息资源的梳理与目录编制、部门政务信息资源的梳理与目录编制、政务主题应用信息资源的梳理与目录编制、政务信息资源目录应用及案例、政务信息资源整合框架、政务信息资源目录的管理与评估、政务信息资源梳理与编目工具概述、部门目录版政务信息资源编目工具介绍、主题应用版政务信息资源编目工具介绍、区（县）政务信息资源目录编制及编目工具介绍、政务业务建模系统。此外，书后还附有三个附录。本书的主要内容为：在分析总结北京政务部门信息资源管理工作的基础上，围绕政务信息资源目录体系建设过程中遇到的理论和实践方面的问题，全面而系统地阐述了政务信息资源管理和目录体系的相关理论，并重点介绍了政务信息资源管理和目录体系建设及应用，以及编目软件工具的开发和使用。

高校图书馆数字书目情报服务的新特点　黎莉，《安庆师范学院学报》(社会科学版)，2009 年第 11 期。本文共分为四部分，即数字书目情报资源的丰富性、数字书目情报服务的多样性、数字书目情报服务技术的环境性、数字书目情报服务的复杂性。笔者认为，作为一种检索工具的书目，随着计算机应用的普及和推广以及技术的不断更新和改进，已发生了值得图书馆工作者重视的新变化。同时笔者还指出，在网络环境下的高校图书馆书目情报服务也呈现新的特点：数字书目情报资源越来越丰富，包括图书馆公共联机检索目录、网络数据库、虚拟图书馆资源以及其他书目情报信息资源等多种资源形式；数字情报服务愈加多样化，包括检索功能的拓展、多样化查询系统、服务内容的创新型等多种情况；数字书目情报服务技术的环境性加强，数字化信息技术使信息资源的各个环节均发生了变化，这为书目情报服务创造了网络设施环境、技术支持环境、创新知识服务的关键技术等新的环境；数字书目情报服务用户渐趋复杂。

古典目录学起源初探启示录 钱昆、宣立颖，《知识经济》，2009 年第 17 期。本文分为三个部分，即春秋时期的文献累积、汉代时古典目录学的产生和古典目录学起源初探带来的启示。作者认为，古典目录学起源于汉代，春秋时期只是文献大量累积的时代。在春秋时期，大量文献开始累积，使目录学产生的条件逐渐成熟，但是在各种主客观因素的作用下产生的文化阻力却迫使目录学的产生推迟了数百年，直到汉代，在司马迁、刘向与刘歆父子、班固等人对丰富的先秦文献进行整理分类之后，古典目录学才正式产生，但也历经了几个阶段，其中刘氏父子的整理和校对文献对古典目录学的产生至关重要，对后世影响深远。作者认为，目录学是一门具有悠久历史和优良传统的学科，并对目录学研究的现状进行了分析，同时还运用统计数据说明目录学在课程设置中的重要性，呼吁人们给予更多的关注。

郑樵目录学思想体系及其广义性论——解读《通志·校雠略》 张新民，《图书情报工作》，2009 年第 21 期。郑樵目录学思想主要由求书、校书及分编三个前后相衔接的阶段组成，形成了一个完整的具有开放性的体系；同时，求书、校书及分编这三个阶段又分别与辑佚学、校勘学和目录学紧密相关，其中，其求书理论成为辑佚学的理论依据，校书思想则进一步规范了传统校雠学的范畴，分类编目则成为目录学的理论基础，这充分体现了郑氏目录学思想的广义性特征。

近代目录学史的研究进展（1840～1919 年） 李立民，《图书情报工作》，2009 年第 21 期。本文共分为五部分。第一部分为对近代目录学编纂特点和发展进程的总结。第二部分是对近代目录学的研究，包括对传统书目类型的研究和对新兴目录类型的研究两个层面，作者认为，这反映了近代目录学新旧"混合型"的特征。第三部分为对近代目录图书分类的研究，包括对四部法分类进行增改的旧派的研究、对打破四分法的改革派的研究、对新旧并行制分类法的研究以及对近代图书分类发展演变的思考四个层面。第四部分是对近代目录学家的研究，包括对考证派、改革派、维新派三大派系的目录学家的研究。第五部分为全文总结，作者认为，近50年来，我国目录学研究取得了巨大成就，但是也存在着研究范围较窄、研究方法具有局限性、研究思路不够深化等问题和缺陷，并提出了今后目录学研究的方向。

从史志目录所录道家文献看道家学术发展概况　谭宝刚，《兰台世界》，2009 年第 22 期。本文分别对史志目录所辑录的三个时期，即周秦两汉、汉唐之间、隋唐期间的道家学术发展概况进行研究和分析。作者认为，由于史志目录以记录一代或某一历史时代的藏书的丰富度为目的，因此通过对史志目录的考察可以知道一个历史时期藏书的概况、某些学术领域的著作以及散佚情况和学术发展的兴衰状况。作者从对《汉志》所录的道家文献考察周秦两汉道家学术的发展概况后认为，汉武帝"罢黜百家，独尊儒术"的文化政策没能阻止道家思想的发展；从对《汉志》到《隋志》所辑录的道家文献考察汉唐之间道家学术发展概况后指出，在此期间，道家文献著录发生了变化，学术关注焦点转移，旧的著作逐渐散佚，新的书籍开始增加；从对《隋志》到《唐志》所辑录的道家文献的变化研究隋唐期间道家学术的概况后指出，在此阶段，《老子》的受重视程度达到极盛程度。

网络环境下的书目情报服务策略分析　张小兵，《黑龙江科技信息》，2009 年第 31 期。本文主要分析了网络环境对书目情报服务的影响，并基于此，探讨了网络环境下的书目情报服务策略。作者指出，当今计算机技术迅速发展，在网络环境下，信息资源的内容逐渐发生了深刻的变化，传统的文献资源已转变为数字化文献和非文献信息数据库，图书管理人员必须积极采取新的书目情报服务策略以适应这样的变化。作者认为，网络环境对书目情报服务的影响主要表现为：书目情报资源更加丰富，数量多、类型多、链接方式灵活；书目情报提供利用的方式更加多样化；用户对书目情报信息服务的需求意愿增加等。为了应对网络环境对书目情报服务的影响，作者提出应加强书目情报服务硬环境的建设及网络书目信息资源的建设和开发，提高书目情报服务人员的整体素质和服务水平并寻求开展馆际协作，寻求合作发展。

第三节 文献学

中国传统语言文字学字词关系研究述评 韩琳，《社会科学论坛》（学术研究卷），2008 年第 1 期。本文共分为三个部分，主要对我国传统语言文字字词关系加以研究和述评。作者认为，从先秦到清代，语言文字研究以文献解读为主要任务，一直把沟通基于同词的字之间的关系作为研究重点，小学家们的心目中"字"往往等同于"词"，字词关系研究多体现在疏通文献语言的具体实践中，贯穿于对字的形、音、义关系研究重心转移的过程中，表现在多层次多角度字际关系概念的探讨中。第一部分介绍了字书中的"字"和经典中的"字"，并介绍了二者的区别，作者指出，字书中的"字"处于贮存状态，它尽可能全面地搜集用"字"这个书面符号记录的音和义，以求树立字的规范，为字的使用提供可供查检的依据。经典中的"字"处于使用状态，它进入一定的语言环境中，已经成为一项固定的"词"。第二部分为字的形义关系和字的音义关系，作者通过详细考证，对二者加以分析和介绍。第三部分为字的产生层面和字的使用层面，主要是对二者加以区分研究和述评。

文献学概要（修订本） 杜泽逊撰，中华书局，2008 年 1 月。本书主要分为十四章，内容分别为文献与文献学、文献的载体、文献形成与流布、文献的收藏与散佚、文献的版本、文献的校勘、文献目录、文献的辑佚与辨伪、类书与丛书、地方志与家谱、总集与别集、出土文献概述（上）、出土文献概述（下）、敦煌文献概述等。

北京大学中国古文献研究中心集刊（第 7 辑） 北京大学中国古文献研究中心编，北京大学出版社，2008 年 1 月。本书是北大中文系古文献专业师生在古代典籍的整理、校勘、版本、目录之学及文学、史学与哲学方面的研究论文集。具体内容有：关于创立"国际汉籍文献学"的思考；美国公藏宋元版汉籍概述；日本所藏中国戏曲源流考；晋及南朝目录体例考；《论语》子游问孝章发微；《孝经》开元始注与天宝重注比较研究；明代方志与中国古代文学研究；魏晋散佚子书与魏晋文学；关于谢灵运诗歌的若干文献问题；《全宋词·欧阳修诗》补正；论古代小说文献流传形式；清代学术札记（20 则）等。

浅谈古籍书目数据库建设中的主题标引 张洪茹，《江西图书馆学刊》，2008 年第 1 期。本文共分为四个部分，主要是对古籍书目数据库建设中的主题标引的研究和分析。第一部分为古籍、主题标引、古籍主题标引的概念，主要是对三者的概念以及三者之间的关系加以介绍和分析。第二部分为我国图书馆实施古籍主题标引的现状，作者指出，主题标引是深入揭示文献内容，提供多途径检索的一个重要手段。然而，包括国家图书馆、上海图书馆等在内的国内大多数图书馆的古籍书目数据都未进行主题标引，究其原因，主要是没有一部专用的古籍主题词表。第三部分为古籍主题标引的必要性，包括三个层面，即古籍书目数据的完整性、规范化的要求，读者检索与利用古籍的实际需求，古籍文献语言特点的需要。第四部分为古籍主题标引的实践，包括利用《中国分类主题词表》对古籍文献进行主题描述和利用《中国分类主题词表》对古籍文献进行主题标引两个层面。

怎样写好文献综述：案例及评述 张黎著，科学出版社，2008 年 1 月。本书主要分为五章，分别是：学术论文的结构和文献综述；文献综述案例评述：纯文献综述类型的文章；文献综述案例评述：实证研究类文章；研究方法部分的文献综述；在文章的讨论部分介绍如何结合文献进行回顾。本书指出，文献综述是学术论文中主要的内容之一，而如何撰写条理清晰、行文规范的文献综述是研究人员所要掌握的技能。本书在通过对近 20 篇文献综述案例的分析的基础上，指出了历来在文献综述的工程中出现的问题，譬如文献的简单罗列、不恰当的综述线索、不严密的逻辑以及没有基于文献提出研究问题和假设等。另外，本书还对如何在文章的引言、文献回顾、研究方法及结果讨论等部分结合文献进行综述做了详细且深刻的阐述和分析。

皖派名儒——洪榜的音韵学 陈宁，《黄山学院学报》，2008 年第 1 期。本文共分三个部分，主要是对皖派名儒洪榜的音韵学进行研究和分析。作者指出，洪榜在音韵方面的著作有《四声均和表》和《示儿切语》。洪榜的音韵学直承江永、戴震这两位清代古音学大家，又有自己的独到之处，很有研究价值。第一部分为《四声均和表》的声母部分，主要是对洪榜音韵学著作《四声均和表》的声母部分通过仔细考察和分析，同时参照江永、戴震这两位清代古音学大家的音韵学成就，加以述评。第二部分为《四声均和表》的韵母部分，主要是对其研究和分析。作者指出，《均和表》对重纽的处理，包括沿袭韵图分归三等和四等，沿袭江永设立两个三等开口、两个三等合口和同音附注这三种方式。第三部分为《示儿切音》，主要是对其进行研究和分析。全文揭示了皖派内部从江永到戴震到洪榜的韵学传承脉络，并通过对《四声均和表》和《示儿切音》的研究，阐明了徽语在江永、戴震、洪榜这三代学者韵学研究中的深远影响。

戴侗语言文字学思想述评　郭珑，《广西教育学院学报》，2008 年第 1 期。本文为"总－分－总"结构。文章开头部分，对戴侗的《六书故》一书做了简述，试图以此书探求戴侗在语言文字学方面的主张及理论。"分"的部分为横向分论式，内容有语言文字与社会的关系、文字的缘起与"六书"、"六书"与典籍训诂、假借与因声求义、词义引申与"右文说"等。最后，作者又谈论了戴侗其他一些语言文字学思想，如尊重许慎，但不盲从；对历史上偏好奇字诡更字体者提出尖锐的批评；统一方言俗语的书写；重视虚词、语法对句义的理解作用；汉字编排应体现"方以类聚，物以群分"的原则；夸大"六书"的作用，片面强调声母作用，否认韵母的作用等。

书林清话（插图本）　叶德辉撰，上海古籍出版社，2008 年 2 月。丛书名：古籍版本基本知识。本书主要介绍了古籍版本的基本常识、历代版刻的主要特征，同时还列举了许多著名版刻的实例，资料丰富，论述翔实，是从事古籍版本研究、收藏、鉴赏所必读的名作。在本书末还附有李淼的《书林清话校补》、卢前的《书林别话》。另外，书中还配有历代版刻插图 150 余幅，文图对照，便于理解。

许慎对中国文字学学科研究体系的创造性贡献　黄亚平，《南开语言学刊》，2008 年第 2 期。本文分五部分介绍了许慎对中国文字学学科研究体系的创造性贡献。第一部分确立并规范了中国文字学学科研究体系的基本概念和基本术语系统。作者认为，许慎对"文"与"字"的成功区分尤其是对"字"的形体结构的分析，给后人分析汉字结构指明了方向。同时作者认为，为中国文字学所广泛使用的该学科的学科术语，或者是许慎首创的，或者是由他首先界定的，或者是他首先界定以后再由后人引申扩展而成的。学科术语的广泛使用，使中国文字学的研究真正具有了学科研究的性质。在接下来的第二至第五部分，作者还介绍了许慎对中国文字学学科研究体系的其他贡献，包括：奠定了文字学研究的基本理论并将其贯穿于文字研究之中；开创了按部首编排文字的新的字典编目方法；首次系统地描述了汉字研究的历史；创立了具有中国特色的文字学研究模式并产生了广泛的学术影响；等等。

郑樵《通志·校雠略》少论校勘刍议 彭国庆，《法制与社会》，2008年第2期。《通志·校雠略》是南宋郑樵所撰的《通志·二十略》中的一略，在本略中，郑樵着重就书籍的散佚与搜求、分类与编次等问题，提出了一整套系统的理论与方法，其视角新鲜独特，具有明确的现实针对性，对后世也产生了深远而广泛的影响。然而本略也存在着以校雠命名，却少论狭义的校雠（即校勘）一事的缺点，本文对此作了探讨。

胡应麟传记资料及其历史嬗变 崔建利、万华，《兰台世界》，2008年第2期。本文主要是对胡应麟传记资料及其历史嬗变的研究分析和考察探讨。作者指出，胡应麟是明代后期的著名学者，不论是文学、历史还是版本目录及图书辨伪方面都有卓著的成就，但由于受明末清初反复古意识的影响，被称为"末五子"之一的胡应麟颇受明末清初以来诸多学者的不公正评价，这种不公正评价开始于钱谦益。作者对大量存世的包括胡应麟的著述和同胡应麟交游者所写的有关胡应麟的诗文等相关的传记材料进行整理、归纳、分析考察，同时还对相关胡应麟的不公正评价产生的社会历史渊源作了详细的分析，作者认为，1931年，吴晗写成了《胡应麟年谱》，标志着自钱谦益评价后，世人从客观公正角度评价胡应麟的开始。

中国传统文献学概论 董恩林主编，华中师范大学出版社，2008年3月。丛书名为"华大博雅历史学系列教材"。除绪论及附录外，本书主要分为五编共十七章内容，各编分别是文献的形体认知、文献的内容实证、文献的文理注译、文献的检索典藏、文献的二次编纂。在众多同类著作中，本书第一次提出传统文献学研究的主要任务是整理传统文献文本并总结其整理与利用的规律以及方法，以保证历史文献的完整与准确；其研究的对象不是"文献"而是"文献的文本"；传统文献学就是文献整理利用学，其与现代文献学有别，也不宜区分为"古典文献学"与"历史文献学"；并指出文献学理论体系应主要围绕历史文献文本整理与利用这一主线来构建。据此，本书围绕"文献文本整理与利用"这一主线，重新整理和组织了传统文献学丰富的学术内容，形成了独具特色的理论架构。另外，在内容方面，在充分概括了 20 世纪文献学研究的理论成果的同时，也对一些历来论述不充分或似是而非的问题作了更深层次的讨论，并提出了一些新的看法，体现了编者精益求精的学术探索精神。

有关校雠学的几个问题——以《金楼子》为个案　刘洪波，《宁波大学学报》（人文科学版），2008 年第 3 期。本文共分为三个部分，主要以《金楼子》为个案研究分析有关校雠学的几个问题。作者指出，《金楼子》是南朝梁元帝萧绎所著，内容丰富，既博且杂，或录古籍，或自撰，或二者兼有，涉及当时大多数学科，具有很大的研究价值，但是学术界对它的研究尚属薄弱，所以对此书做系统认真细致的整理已成当务之急。第一部分为目录问题，详细介绍了目录学的渊源、流变，并通过对《金楼子》和相关文献的研究分析，指出了《金楼子》流传的过程、篇目记载的异同和存在的散佚问题。第二部分为版本问题，作者指出，版本是指同一部书在流传和流通过程中所产生的各种形态各异的本子，并详细介绍了《金楼子》各种不同的版本以及善本的相关情况。第三部分为校勘问题，介绍了《金楼子》的校勘情况并指出了存在的问题。

论王应麟《困学纪闻》的注释特点　吴漫，《河南图书馆学刊》，2008年第 3 期。本文主要对王应麟《困学纪闻》的注释特点进行研究和分析。作者指出，王应麟在文献学领域取得了巨大成就，其《困学纪闻》体现了他的文献学成就，无论是时人还是后人都给予其高度的赞誉和推崇。宋代的文献注释工作，颇具特色，成就显著，王应麟承前人所创之成果，总结性地运用到自己的注释工作中，极大地发挥了注释的作用。并且，在注释过程中，王应麟对训诂、校勘、考证、辨伪等考据方法信手拈来、综合运用，充分展示了《困学纪闻》一书作为宋代文献学尤其是考据学成就的代表意义。作者认为，王应麟的《困学纪闻》的注释颇具特色，主要包括注重考究事物的滥觞、注重注释地理、考释中注意联系现实、善于通过辨明假借字来训诂释义和注释语言讲求和顺简练等几个特点，并对其作了详细的分析。

试论王念孙校勘的两类致误之由　孙丽，《青海师专学报》，2008 年第

3 期。本文主要对王念孙校勘的两类致误的原因进行研究分析。作者指出，王念孙所作的《读书杂志》是对史子集《逸周书》等18种古籍的训诂、校勘笔记，是中国校勘史上的最典范的著作，其在校勘方面取得的成就巨大，使后人难以望其项背，但是，也存在部分的不妥和失误。作者认为，古今语法有异，即使在同时代，人们在表达同样的内容时也可以用不同的语法形式。因此，如果在校勘时不全面地把握语法原则，就会出现谬误，而王念孙校勘出现的一部分失误在很大程度上是因其不能够全面地或真正地从语法角度去分析和对语法的理解错误，而作出了值得商榷的论断。同时作者还指出，王氏在校勘时出现的一些偏颇之误与他利用其他文献来校勘也有关。

郑樵与《六书略》 韩伟，《信阳师范学院学报》（哲学社会科学版），2008 年第 3 期。本文共分为三个部分，主要对郑樵及其所著《六书略》进行研究和分析。第一部分主要对郑樵的生平及其学术成就加以介绍，并对其学术思想进行了阐述。第二部分主要介绍了郑樵的贡献和地位。作者指出，郑樵是宋代的著名史学家，而且他对于文字学有着极深的造诣，在文字学史上特别是"六书"研究史上有着极为独特的贡献和地位。他在文字学研究上虽然非常重视"六书"，是继许慎之后的先驱，但他又脱离了说文部次的束缚。他对汉字和六书的研究成果集中在其《六书略》中。第三部分主要对郑樵取得成就和历史地位的原因加以阐述，作者认为，其之所以取得巨大的成就，和他纵横贯通的思想基础、求实自得的创新意识及博雅深厚的学术积累等内在因素和生存于良好的治学著书的客观环境之中的外在因素密不可分。

中国古籍保护的问题分析与战略研究 刘家真、程万高，《中国图书馆学报》，2008 年第 4 期。本文共分为两个部分，主要对中国古籍保护的问题及其发展战略进行研究和分析。作者认为，我国是历史悠久的文明古国，拥有作为国家文明标志之一的卷帙浩繁的古代文献典籍，但是根据实际情况可知，我国的古籍的传世保存存在许多问题。第一部分是我国古籍保护的关键问题，作者通过调查和分析后认为，我国古籍保护中存在的问题主要有古籍损坏加速加剧、古籍保存环境亟须改善等方面，其原因是因为古籍保护意识和责任感有待加强、古籍保护知识薄弱以及相关管理工作跟不上古籍保护的需要。第二部分为保护中国古籍的战略建议，作者从多方面给出了中国古籍保护工作的建议，包括关于古籍保护理念与人才培养战略的建议、关于古籍保护经费投入的建议、关于调研督查指导与降低古籍保护风险的建议和关于创建中国文献用纸产研基地的建议等几个方面。

朱彝尊学术思想析论——以"文以载道"与"道统"说为切入点　吴超，《东方论坛》，2008 年第 4 期。本文以"文以载道"与"道统"说为切入点，对朱彝尊学术思想进行辨析研究和探讨。全文分为四个部分，第一部分为"文以载道，道以致用"。作者指出，晚明文坛，公安、景陵二派盛行。两派文风，有先期"秀逸清新"，后期流于"空灵浮华"之弊，致使崇祯年间，文坛风气大坏。但是，朱彝尊则强调"文章本于经术"，进而强调"文以载道"重要性。第二部分为"圣人之道"的传衍体系，主要介绍了各位学者对"圣人之道"的传衍体系的梳理和观点以及朱彝尊在这方面的独特贡献和学术观点。第三部分为辟释老，清"道统"，指出朱彝尊出于"辟二氏"、清"道统"的目的全力维护周、程、张、朱宋四子之学，对于邵雍道人《易》则大加批判，并指出，朱彝尊对待宋代义理、图书两派易学是以"辟二氏"为评判标准，严守道儒疆域，表现出褒义理贬图书的易学态度。第四部分为结语部分，主要是对朱彝尊的学术思想和学术观点加以评价。

论图书馆古籍文献保护工作中文献影像技术的应用　曾少文，《四川图书馆学报》，2008 年第 4 期。本文主要阐述了文献影像技术在图书馆古籍文献保护工作中的应用。该文主要有两个部分，第一部分为图书馆古籍文献保护工作中文献影像技术应用的现状，介绍了古籍文献的特点及传统古籍文献保护的优劣，并指出，在现阶段，文献影像技术对古籍的保护形式主要有把古籍文献资料上的内容进行静电复印、利用缩微摄影技术对古籍文献内容进行文献载体转换和利用电子影像技术对古籍文献内容进行文献载体转换三个方面。第二部分为在图书馆古籍文献保护工作中应加大文献影像技术应用的力度，首先指出在图书馆古籍文献保护中应重视文献影像技术的作用的必要性和必然性，其次介绍了在古籍文献保护工作中先进文献影像技术的应用。同时还指出了应重视对文献影像品的维护并介绍了影响文献影像品寿命的主要因素。

我国图书馆界"古籍保护"研究的计量分析　欧阳菲，《中山大学研究生学刊》（社会科学版），2008 年第 4 期。本文分为四个部分，简要介绍了古籍保护对于图书馆文献收藏和利用的重要影响，运用计量分析方法阐述了我国图书馆界"古籍保护"研究的状况和成果，并对相关状况给予了分析和建议。第一部分介绍了数据来源及分析方法。第二部分为研究文献的调查及分析，分别从文献年代及数量分布、文献的期刊分布以及文献的特征分析三个方面运用图表等计量方法加以阐述。第三部分为文献著作的调查和分析，从合著率、著者地区分布两个方面加以分析。第四部分为存在的问题及改进措施，指出了我国图书馆界"古籍保护"研究呈现的重视不够，理论研究不够全面系统、学术研究成果水平质量不够高、新技术运用不到位以及与国外学者的交流不多等问题并给出了相关的改进措施。

南京大学图书馆和元智大学的古籍数字化比较研究　陈书梅，《河北科技图苑》，2008年第4期。本文分为四个部分，主要对南京大学图书馆和元智大学的古籍数字化进行比较和研究分析。第一部分为南京大学图书馆的古籍文献数字化情况，详细介绍了南京大学图书馆在古籍文献保护中的重要地位，并指出南京大学图书馆引进了包括"高等学校中英文图书数字化国际合作计划"（CADAL）、"学苑汲古——高校古文献资源库"、"中国历代石刻史料汇编"等一系列文献信息资源以更好地进行文献信息服务。第二部分为台湾元智大学的古籍数字化情况，指出元智大学一个重要的古籍数字化成果即为网路展书读网站的"中华典籍网络资料库"。第三部分为对两者的比较分析，分别从古籍文献数字化的理念、数字化资源的建设方式、数字化古籍的内容等几个方面进行阐述。第四部分主要介绍了元智大学"网路展书读系统"设计的值得借鉴之处。作者认为，古籍数字化是对古籍文献的一种再生保护，有利于古代文化在更大范围内传承，应给予足够的重视。

从古籍保护看图书馆古籍人才培养的契机　周新凤，《河南图书馆学刊》，2008年第5期。古籍是我们中华民族创造的重要文明成果，它既是中华文明绵延数千年、一脉相承的历史见证，同时也是人类文明的瑰宝，所以要对古籍保护给予足够的重视。图书馆是古籍保护工作的主要承担者，但现有的图书馆古籍人才却极其缺乏。作者认为，鉴于目前图书馆古籍人才缺乏的现状，古籍保护工作是对图书馆古籍人才的挑战。但同时指出：古籍保护也为图书馆培养古籍人才提供了契机；各级政府对于古籍保护的重视和支持是培养和造就古籍人才强有力的保证；古籍保护使图书馆重视古籍人才的培养；古籍保护给予所有从事古籍工作的人员同等的机会；古籍保护有相关标准和要求使工作人员统一认识，迅速提高；古籍保护实践性强，是培养古籍人才的良机；古籍保护的压力可以转化为动力，促进古籍人才的迅速成长。

文字学视域中的《说文解字》　曹娜，《沧桑》，2008 年第 5 期。本文作者再次从文字学理论角度切入，对《说文解字》一书的历史地位和重要见解做进一步梳理和阐发，并在前人研究的基础上对该书的一些不足之处提出了新的观点。该文主要有三个部分，第一部分为许慎及其《说文解字》的历史地位，作者指出，许慎是中国文字学开山祖师，被后人誉为"文化宗师"，他编撰的《说文解字》是我国文字学史上第一部以六书理论系统分析字形、解说字义、辨识声读的字典。第二部分为《说文解字》汉字构造的分析及编排体例，详细介绍了《说文解字》中的汉字的内部构造的系统性特征，认为其在"六书"中体现最为明显并引用相关文献加以解读。第三部分通过对《说文解字》中个别字义的辨析分析其不足，并指出了导致其不足的社会历史原因。

古籍书目数据库规范化亟须解决的几个问题　陈微，《福建广播电视大学学报》，2008 年第 5 期。本文认为，规范化的古籍书目数据库，是按国家标准建立的统一的古籍书目数据库，它从横向来说可以达到各馆古籍书目数据的一致，从纵向来说可以达到古籍和现代文献书目数据的一致。并指出，实现古籍书目规范化需要解决的问题很多，其中，最重要的是要有统一的机读目录格式、遵守统一的著录规则、使用统一的分类法和统一的主题标引依据四个问题。本文主要从上述四个方面详细加以阐述，并提出了相对应的可行的改进建议。作者指出，实现古籍书目数字化是大势所趋，需要各部门相互协调，相互配合，统一规划，统一指挥。为此，作者建议成立古籍书目数字化建设领导小组，进行专门研究，编纂《中国古籍总目》，并在此基础上建立中国古籍总目数据库。

试比较郑樵和章学诚的校雠学思想　周佳林、李媚，《安徽文学》（下半月），2008 年第 5 期。中国校雠学源远流长，"辨章学术，考镜源流"的思想由西汉刘向父子开创，经南宋郑樵至清章学诚加以发扬光大。郑、章二人分别处于校雠学的发展和繁荣时期，背景和文化氛围不同，其见解必然有各自的特色。郑樵的校雠主要有通录图书之有无，类例即分、学术自明，泛释无义等特点，而章学诚的校雠的思想核心是在总结前人成果的基础上加以发展完整的"辨章学术，考镜源流"理论。由于时代局限，郑与章二人虽难免各有不足之处，但不能否定二人对校雠学的巨大贡献，其思想精华和治学态度至今仍有较大影响。

梁启超在辑佚学理论方面的成就　臧其猛，《巢湖学院学报》，2008年第5期。梁启超是中国近代史上具有非凡影响力的政治家、思想家、学术大师，同时也是一位文献学家，在文献学上诸学科均有理论发明，承前启后，发凡起例。在辑佚学上，他不但总结清代的辑佚成果，对辑佚学理论也进行系统总结，创造发明。他的辑佚学理论成就主要体现在所著《中国近三百年学术史》《中国历史研究法》《清代学术概论》三书中。纵观梁启超辑佚学理论著述，其主要的论述包括辑佚学产生的原因、辑佚起源、辑佚的界定、辑佚的取材、鉴定辑佚书优劣的标准和辑佚的价值意义六个辑佚学理论问题。梁启超系统总结辑佚理论，开了辑佚理论研究的先河，也使辑佚成为独立的学术门科，奠定了辑佚学的基础。

中国古文献学史简编　孙钦善著，北京大学出版社，2008年6月。丛书名为"博雅大学堂"。本书共分七章，主要论述了我国自先秦至明清及近代的古文献学史。本书以重要的古文献学家及其著作为纲，以古文献学的成果、方法和理论为目，采用微观分析与客观考察相结合的方法，力求做到泾渭分明，史论兼备。

文献辨伪学研究　司马朝军著，武汉大学出版社，2008年6月。丛书名为"数字时代图书馆学情报学研究论丛"，是"十一五"国家重点图书。本书是一部关于辨伪学的专题论文集，分为源流、专题和书目三编。其中专题编为六篇辨伪力作，曾在学术界产生过较大的反响；书目编是一份比较完备的专题书目。本书援据甚博，考辨甚精，创见甚多，为深化辨伪学研究做了大量的开创性工作。不仅全面总结了传统辨伪学的成就与方法，而且还结合出土文献作了较为深刻的反思。本书对开展文献辨伪以及国学研究提供了一个崭新的研究平台，是新世纪文献辨伪学的重点收获。

古籍数字化与文化共享　刘明华，《西南大学学报》（社会科学版），2008年第6期。本文分为三个主要部分，主要介绍了古籍数字化与文化共享二者的关系及可行性和基本思路。第一部分为古籍数字化文化共享的基本目标，本部分指出，中国古籍数字化工程的最终目的应是"共享工程"，文化信息资源共享的目标是服务最基层的群众。古籍数字化的目的，应有两大内容——普及与研究，从服务对象上看，正好表现为大众和学者两大读者群。第二部分介绍了古籍数字化文化共享的可行性，包括建立公益性的"中国古籍基本读物网"和建立注册式研究性局域网等。第三部分，详细介绍了建立注册式研究性局域网的古籍数字化文化共享的基本思路，包括专项补贴式、校际或馆际互惠式等。

论中国文献学发展的历史轨迹　周意红、高利华、王丽萍，《新世纪图书馆》，2008 年第 6 期。本文为"总 - 分"结构。其"分"的部分为纵深推论式，论述了中国古典文献学发展的历史轨迹、中国现代文献学发展的历史轨迹、目前文献学研究存在的主要问题与前景设想三部分内容。作者指出，目前的文献学研究存在的问题有：对于文献学的研究对象、研究内容及学科性质等基本理论问题存在较大的分歧；学科体系的建设还需要大量的研究成果予以充实；文献观、文献学史与研究方法等方面探讨不足等。因此，现代文献学要想适应时代发展的需求，应进一步开阔视野，尽可能地移植相关学科一切可以借鉴的研究方法与成果。

论孙星衍的辑佚学思想、方法及成就　焦桂美，《图书馆理论与实践》，2008 年第 6 期。孙星衍是清乾嘉时期著名学者、文献学家，他所辑的《仓颉篇》《括地志》《汉宫七种》《周易集解》等著述，辑文完备、体例合理、校雠精审，使之在辑佚学史上具有深远影响。本文分为三个部分，第一部分为孙星衍的辑佚学思想，主要包括传承文献、伸张汉学、证经考史三个方面。第二部分详细介绍了孙星衍的辑佚方法和成就，作者认为，其方法和成就可概括为方法多样、辑文完备，体例合理、昭示思想，补正讹脱、校雠精审。第三部分指出了孙星衍辑佚的不足之处，并介绍了导致其不足的主客观条件。

欧阳修文献学研究三题　余敏辉，《宿州教育学院学报》，2008 年第 6 期。本文介绍欧阳修的历史地位和成就及其在文献学方面的贡献和后人对其的研究的状况。该文分为三个部分，第一部分为关于欧阳修文献学研究的意义，分别从宏观和微观角度详细介绍了欧阳修文献学研究的必要性和重要性。第二部分为关于欧阳修文献学研究的状况，分别从 1949 年以前的研究情况和 1949 年以后的研究情况加以阐述，并对大陆与港台各自的研究特点加以比较和分析，指出欧阳修文献学研究取得了明显的成就，但是也存在研究方法和角度上的欠缺及研究的广度和深度不够这两方面的问题和不足。第三部分，关于欧阳修文献学研究的方向，指出今后对欧阳修文献学研究要从背景、特色和影响等方面进一步深入和拓展。

浅谈高校图书馆古籍文献的保护与管理　刘秀荣，《晋图学刊》，2008年第6期。本文主要对高校图书馆古籍文献保护与管理加以探讨和研究。全文分为五个部分：第一部分为高校图书馆古籍文献保护与管理工作面临的问题。这主要包括自然条件和环境因素形成的客观存在问题，保护观念和人素质形成的主观存在的问题以及古籍文献"藏与用的矛盾"问题。第二部分阐述了包括防火、防盗、防蛀和防尘在内的几种防范措施。第三部分介绍了高校图书馆古籍保护与管理工作中应该做的几点工作，如健全古籍管理制度、提高古籍资料人员的业务素质，强化敬业精神等。第四部分论述古籍管理与古籍修复相互结合。第五部分主要阐述了如何运用现代手段对古籍进行管理、促进古籍的利用。

郑樵的"六书"创见　王海英，《内蒙古社会科学》（汉文版），2008年第6期。宋代郑樵的《通志·六书略》是中国文字学史上难得的珍贵篇章。但因其与许慎的《说文解字》有所背离，故清朝以来学界不乏微词，但郑樵第一个撇开《说文》系统，专用六书来研究一切文字，这是文字学上一个大进步。《六书略》是第一部以六书命名并条分所收文字的著作，在一定程度上激发了后人探求汉字初创的思考。《六书略》首创六书分类研究，其注重对象形、指事、会意、谐音等四者的区别，重新界定假借，对假借作了第一次有意义的分类研究，最早论述六书起源及次第，最早研究六书"兼生"的情况，在中国文字学史上占有承前启后、继往开来的重要历史地位。

档案文献遗产保护理论与实践　周耀林著，武汉大学出版社，2008年6月。作为国家社会科学基金项目"我国可移动文化遗产保护体系研究"主要成果之一，本书得到了国家档案局科技项目"珍贵档案文献遗产保护技术推进的基础与策略"的资助。作者从档案文献遗产保护的界定入手，系统地阐述了档案文献遗产保护的必然性、学科体系、发展历程，并按照档案文献遗产制成材料、保护环境、保护技术、保护技术的推进、保护技术的推进的组织管理和保护工程建设几个部分分别论述了该学科的理论与实践现状。作者以科学发展观为指导，理论联系实际，对当代档案文献遗产保护的主要方面进行了系统梳理和深入分析，构建了基于调查评估的档案文献遗产保护技术推进模型，提出了档案文献遗产制成材料基点论、组织管理的优化在档案文献遗产保护技术推进中的作用和档案文献遗产保护工程科学化实施的程序等重要命题。

古典文献学基础 董洪利主编，北京大学出版社，2008 年 7 月，本书是普通高校中文学科基础教材丛书中的一种，共分六章，包括：总论——辨章学术；古籍版本学；古籍目录学；校勘学；训诂学；辑佚与辨伪。其中重点介绍了文献与文献学、古典文献学的知识架构、古典文献学的价值体现、古籍版本学的定义、何谓"善本"、版本学有关名词术语、书册制度、雕版印刷与活字印刷、历代刻书状况及特点、古籍版本学基本技能等内容。作者认为，中国文化作为狭义的观念形态，无法单独存在，需要借助实物制作、规章制度、风俗习惯与语言文字等诸类文化载体。其间，以语言文字作为表现符号的文献堪称中国文化的主要载体；另外，主要以书籍形式表现的古典文献更是凝聚中华民族智慧和经验的结晶。

试论哈尔滨市图书馆民国时期地方文献图书保护工作 关雪岚，《黑龙江史志》，2008 年第 7 期。本文分为三个部分，主要论述哈尔滨图书馆民国时期地方文献图书保护工作。第一部分为图书馆地方文献图书保护工作中面临的问题，详细介绍了地方文献损毁的原因：一方面是包括图书纸张老化和书籍的装订形式问题在内的自然原因；另一方面在于频繁的搬迁对图书的损害、图书馆藏书环境不够理想造成图书虫害等在内的人为原因。第二部分，进行保护文献的灵魂工作，包括复印、缩微以及数字化技术等，这样有利于解决珍贵文献的保护和借阅之间的矛盾问题。第三部分，进行保护文献的肉身工作，包括图书修补和保护，进行防虫、防霉保护，加强图书馆书库环境保护等。做好进行肉身的保护工作后，对珍贵地方文献母本进行修复永久性珍藏，将是文献保护工作的终结。

胡应麟的文献学成就概述 叶佩珍，《农业图书情报学刊》，2008 年第 7 期。本文对胡应麟的文献学成就进行概述和分析。胡应麟毕生致力于历史文献的搜集和整理，在文学、史学、文献学等方面均有所建树，其一生著述宏富，其中《少室山房笔丛》一书集中体现了他的文献学思想。而其文献学研究是与其学术研究造诣相融贯的，在辨伪学、目录学及图书的编撰、管理等方面，胡应麟均做出了很大的贡献，取得了令人瞩目的成就。

他大力倡导并践行"会通"的研究方法，以"会通观"系统地研究了古代文献的编撰、流传、发展等情况。作者认为，胡应麟在文献学上最大的贡献是其在辨伪学上的建树，他是第一个对中国辨伪学理论进行系统归纳总结的人，同时也是古典目录学史研究的奠基人。总之，他在文献学上作了大量开创性的研究，起到了承前启后的桥梁作用，为我国文献学的发展作出了巨大的贡献。

中国古文献学文选 孙钦善编著，裘锡圭、杨忠丛书主编，江苏教育出版社，2008 年 8 月。丛书名为"古文献学基础知识"。我国古文献学的历史源远流长，为我们留下了丰富的遗产，并通过各种著述文体保存了下来。入选本书的文章分别与古文献学的各个分支学科相关。作为古文献学的基础教材之一，本书旨在用以培养和提高学生古文献学专业文献的阅读能力，丰富其古文献学知识、理论、方法和经验。

天将以夫子为木铎——"圣"的文字学解读 王志伟，《四川教育学院学报》，2008 年第 8 期。本文对中国观念史上比较重要的也是儒家最重要的几个观念之一的"圣"进行文字学方面的解读。作者认为，对"圣"字进行考察，并做出哲学意义上的解释是非常必要的。文章通过对历代的重要文献加以分析研究后指出，"圣"并非一开始就等同于"圣人"，而是经过历史的不断发展，到了《礼记正义·乐记》里面"圣"基本上和"圣人"同义，而到了荀子和孟子，"圣"就完全具有了"圣人"的意思了。文章同时认为，"圣"和"通"有紧密的联系，并对此作了详尽的分析，另外，也对"圣"的境界如何通达做了详细的研究和回答。

江浙访书记 谢国桢著，生活·读书·新知三联书店，2008 年 8 月。本书是谢国桢生前最后一部著作，主要记录了其在江苏、浙江、四川等地图书馆寻访到的古籍善本。其所涉书籍范围广泛，文史经哲、天文地理、医理科技、风俗人情，无所不包。其所记内容详尽，书名、卷数、馆藏、版本以及作者生平、内容提要、有关佚闻等都一一列举。虽然文章短小，但是文字优美，具有重要的学术价值和收藏价值。

面向数字图书馆的古籍数字化模型构建 李玉海、宋艳辉，《图书馆学研究》，2008 年第 8 期。本文主要对数字图书馆的古籍数字化模型构建进行分析和研究。文章指出，古籍是民族文明成果的重要体现，因此对古籍的保护也就更显得刻不容缓，而对古籍的数字化处理不仅是一种有效的保护手段，而且能更好地传播利用古籍，提高古籍文献的使用率。该文主要分为五个部分。第一部分为古籍资源的特性及其数字化，分别从时间、数量、地域和内容上对古籍资源的特性加以分析，并依据其特性提出构建古籍的数字化模型的思路。第二、第三部分，分别为古籍数字化描述著录和古籍的数字化存储，指出古籍的数字化描述通常包含书目数字化和全文数字化，我们在进行描述著录时还应遵循一定的规则标准。同时指出，任何数字图书馆都面临一个如何对庞大的数据量进行存储的问题，并提出了解决古籍的数字化存储问题的方案。第四部分主要对古籍的数字化访问问题加以分析和概述。最后作者对全文进行了总结。

文献学与文献服务 陈力著，国家图书馆出版社，2008 年 10 月。丛书名为"当代中国图书馆学研究文库"（第二辑）。本书主要收录了 24 篇关于文献学与图书馆文献资源服务的论文。文献学方面，主要包括古籍版本研究、古籍辨伪学等方面的文章；图书馆文献资源服务方面，包括作者对资源数字化问题、数字时代图书馆服务的开放性与合作性问题以及数字资源建设中的电子资源与印刷资源的平衡等问题也都提出了自己的见解和思路。

古文献学新论 王宏理著，中山大学出版社，2008 年 10 月。本书是一部有特色的著作。该书作者对古文献学研究的历史与现状作了梳理，同时还对当前文献学研究的困境和问题加以反思，并尝试在此基础上重建古典文献学的学科体系。

古代文献学的文化阐释 王国强著，国家图书馆出版社，2008 年 10 月。丛书名为"当代中国图书馆学研究文库"（第二辑）。本书主要收录了古代目录学、历史藏书学和汉代文献学方法等方面的论文。中国古代文献学的历史源远流长，植根于中华民族博大精深的文化，具有丰富的文化内涵。关于知识分类的古代目录学，关于典籍传承的历史藏书学和中国文献学的实际源头的汉代文献整理的方法，这三者构成了古代文献学的基本内容。本书主要从文化的角度对古代文献学的文化意蕴进行详细的揭示和阐释，并以当代学术的高度为标尺对中国古代文献学的成就和局限进行了分析和评价，具有重要的学术价值。

应用校勘学 林艾园著，华东师范大学出版社，2008 年 10 月。丛书名为"国学基础"。本书作者从实践的角度，对校勘的理论、古书中存在的讹误以及如何发现问题、校勘的方法和校勘中要注意的事项及校勘记的撰写等进行了较为深入的探讨。

科举与音韵——明代音韵学繁荣的原因　李子君，《长春大学学报》，2008 年第 11 期。本文从科举与音韵的关系入手分析和研究明代音韵学繁荣的原因。全文分为四个部分，第一部分为明代音韵学发展概貌。指出与其他朝代相比，明代音韵学著作无论在数量还是种类上，都有了很大发展，各类音韵学著作竞相出现，一派繁荣景象，并说明，明代音韵学发展的原因非常复杂，涉及政治、思想、文化、学术、经济、语音演变等诸方面。第二部分为解除"官韵"制约的明代科举。通过对明代科举的内容的考察，分析八股取士对明代音韵学发展的促进作用。第三部分为八股文的声律要求。八股文是在中国语言、文字和考试制度等特定的历史条件下产生的，八股文讲究骈偶对仗的声律要求，客观上对明代音韵学的研究和传播也起到了促进作用。第四部分为余论部分。作者引用明代名家的结论，进一步说明八股文并未限制明人的诗赋创作，这一点史实亦不可忽略。

胡文焕胡氏粹编研究　向志柱著，中华书局，2008 年 11 月。丛书名为"中华文史新刊"。本书是对海内孤本《胡氏粹编》的第一部研究专著。它在重新梳理胡文焕生平及其著述的基础上，对《胡氏粹编》的版本源流、文献来源以及辑佚价值和校勘价值等方面做了细致的考证，并探讨了《胡氏粹编》在古代小说领域的研究价值，另外还探讨了《胡氏粹编》与古代诙谐文、通俗类书的关系。强调问题意识，注重论题的探讨性和论点的创新性是本书的一大特点，因而具有重要的学术参考价值。

中国古典文献学纲要　罗江文著，四川出版集团，巴蜀书社，2008 年 12 月。丛书名为"云南大学古典文献丛书"。本书在消化和吸收前人研究成果的基础上，采用"纲要"的形式，简明扼要地对中国古典文献学的基本知识进行了系统介绍，以方便读者掌握。

从《中国文献学》初探张舜徽先生之学术思想　姚辉、封明静，《法制与社会》，2008 年第 24 期。张舜徽先生一生治学广泛，涉及经、史、子、集四部，是我国近现代学术史上的国学大师，其所著的《中国文献学》体现了张先生在文献学上的成就，也确立了文献学的基本体系，为文献学工作者提供了必备的知识。虽然该书主要反映张先生的文献学思想，但是张先生一生治学思想在该书中也得到了充分体现。张舜徽先生的文献学学术思想和治学思想主要体现在博通的求学路线、敢于继承勇于创新的精神、严谨的治学态度和实事求是的治学观念以及厚积薄发、高瞻远瞩的治学境界等几个方面。另外，张先生对于目录学有他坚持的见解。目录是整理研究古代学问的基础知识，它对于"辨章学术，考镜源流"起了重要作用，在《中国文献学》中，张先生将目录与版本、校勘共同视为文献学的三大基础知识，这种思考与安排，亦体现了张先生高瞻远瞩的学术眼光。

古籍数据库系统的检索方法与进阶技巧　杨志芹，《兰台世界》，2008年第 24 期。本文对古籍数据库系统的检索方法与进阶技巧进行分析和探索。文章以文渊阁《四库全书》数据库的检索系统为例，设计了若干检索样例，并配以图表，对古籍数据库的检索方法进行了较为详细的介绍，以帮助读者充分利用资源、借鉴和汲取，提高利用率，使古籍的价值得以升华。文章指出，目前古籍数据库都具有强大快捷的全文检索功能，它们的检索系统为用户提供了浏览检索、分类检索、条件检索、书名检索和全文检索等服务，极大地满足了用户的需要，因此本文从数据库的检索角度，分析当前古籍数据库的检索方式，并以此为依据，探讨古籍数据库深入检索的可能性。最后对系统的发展提出了自己的建议。

朱彝尊著述续考　杜泽逊、崔晓新，《古籍整理研究学刊》，2009 年第 1 期。本文是对朱彝尊著述的进一步考证。清初著名学者、诗人朱彝尊一生勤于著述，成就卓著，其中为人熟知的仅若干种而已，大量著述因流传未广而鲜为人知，甚至逐渐湮没。嘉兴吴梁先生曾撰《朱彝尊著述考略》一文对朱氏著述网罗颇富，厥功甚伟。作者今因从事国家清史项目《清人著述总目》之纂集，在编纂过程中发现上文之外另有朱彝尊著述 34 种，于是在标明卷数、版本、馆藏、出处的前提下将其一一列举。再结合前文所列朱彝尊所作著述，使朱彝尊著述体系逐渐完备。文章在最后附列有朱彝尊未成之作，希望对后人有一定启发意义。

张舜徽会通校雠学发微　李华斌、鲁毅，《黔南民族师范学院学报》，2009 年第 1 期。本文对张舜徽会通校雠学进行研究和分析。文章指出，尽管张舜徽关于校雠学的一些观点存有偏激和不足之处，但其会通校雠学在古文献学史上有着独特的价值。该文主要分为三个部分。第一部分为会通校雠学的思想来源，通过对黄老之学以及张舜徽本人著述的分析，认为张舜徽的会通观从思想层面来看，应源自黄老之道，它是张舜徽思想的核心。第二部分为会通校雠学的确立，分别从会通校雠学确立的历史条件、会通校雠学确立的理由和会通校雠学确立的曲折三个方面加以分析和论述。第三部分分析了会通校雠学的价值：①它是形成张氏文献学理论体系的基础；②它为传统学术向现代学术转变准备了条件；③张氏考镜学术源流，正校雠之名，创建了会通校雠学体系，在学界独树一帜，其学术影响深远。

清代辑佚学研究综述 胡喜云、王磊，《图书与情报》，2009 年第 1 期。本文对清代的辑佚学研究进行综述。全文主要分为三个部分。第一部分为研究状况概述，指出清末至 20 世纪 70 年代末，是研究清代辑佚学的开创阶段；20 世纪 80 年代后，随着学术研究的复苏，对清代辑佚的探讨也呈现蓬勃发展的局面，众多学者在这方面都做了重要的研究，在理论探索层面和个案研究上皆取得了丰硕的成果。第二部分为研究综述，分别从对清代辑佚的综合探讨、对清代辑佚的个案研究两个方面加以详细的分析和探讨。第三部分对前人的研究分析，指出百余年来，对清代辑佚学的研究取得了重大成就，尤其是 20 世纪 80 年代以来，随着研究的深入，从对清代辑佚的整体论述到个案研究，皆获得了重大进展，为今天学者的进一步研究奠定了坚实的基础。同时，也列举了前人研究中存在的一些不足之处，给人们以借鉴。

论赵万里的辑佚学成就 臧其猛，《徐州师范大学学报》（哲学社会科学版），2009 年第 2 期。本文主要对赵万里的辑佚学成就进行分析和论述。赵万里是我国著名的文献学家，在国家图书馆工作了 50 多年，在古籍的寻访、编研、修复和人才培养等方面贡献卓著。在辑佚学上，他辑有《校辑宋金元人词》《元一统志》，主持了《析津志》辑佚，其辑佚成就卓著，义例严谨，考证精详，特点鲜明，是近现代文献辑佚方面最有成就的学者之一。该文主要分为三个部分。第一部分为赵万里的辑佚活动，详细介绍了赵万里一生对文献学和辑佚学的发展所做的巨大贡献。第二部分为赵万里的辑佚成果，包括《校辑宋金元人词》《元一统志》和《析津志》，并分别对其作了分析和研究。第三部分为赵万里的辑佚特点，文章指出，赵万里辑佚的水平和质量在清人的基础上有了很大的进步，他的视野更宽，考证校勘更为严谨，体例更加完善。

中国古籍版刻辞典（增订本）　瞿冕良编著，苏州大学出版社，2009年2月。本书共189万字，收集了21500余条词目，大致时间上溯唐代下及清代乾隆前后。内容主要包括版刻名词、刻字工人、历代刻书家、抄书家和版本书目四个方面。此外，本辞典的资料来源既包括原本或影印本，也有各种参考工具书，同时书后还附列了从清乾隆三十八年（公元1773年）武英殿聚珍本到2005年部分版本方面的专著、书目，其数目共计248种，是研究我国古籍版刻的珍贵线索。本词典具有鲜明的特色，能为目前国务院正在组织的古籍整理以及善本书目的挖掘保护工作提供相关参考。

古籍数字化的保真问题　丁侃、柳长华，《中医文献杂志》，2009年第2期。本文主要对古籍数字化的保真问题进行研究和分析。关于古籍数字化的保真问题，业内专家进行了多方面的探索和实践，但是仍未摆脱机械性的束缚和技术依赖的误区。本文主要是在众多专家研究的基础上从实践出发，提出新的思路，研究和探讨古籍的保真问题。全文主要分为四个部分。第一部分主要介绍了古籍数字化保真问题的由来。第二部分为古籍数字化保真的现状，分别从古籍载体转换环节的保真问题和数字化古籍发布环节的保真问题两个方面进行分析。第三部分指出古籍数字化难以实现保真的根源在于古籍整理环节的缺失和古籍数字化工作缺乏文献学专家的指导。第四部分提出解决古籍数字化保真问题的新思路，介绍了包括加强古籍整理工作、载体转换过程中采取更为合适的映射策略和针对不同用户提供最佳的保真方案等在内的解决古籍数字化保真问题的路径。

朱彝尊与阎若璩《尚书》学之关系考论　吴超，《北方论丛》，2009年第2期。本文主要对朱彝尊和阎若璩《尚书》学的关系进行考查与论证。全文主要分为三个部分。第一部分为阎、朱的交往和《尚书》学之相互影响，详细考证了阎、朱二人的生平交往及其二者之间《尚书》学相互影响的关系。第二部分为钱穆关于《经义考》与《疏证》内类似论证的质疑，指出朱彝尊《尚书》学的观点发生转变是受到阎若璩辨伪的影响，而且二者晚年在《尚书》学的观点方面还存在一定的影响，但是，钱穆通过考证和研究，对《经义考》与《疏证》内类似论证提出了质疑。第三部分为朱彝尊对于"阎毛之争"的态度，文章指出，朱彝尊认为阎、毛"两家之说无异，输攻二墨守也"，其对阎、毛两家之说持调和态度，一方面对阎若璩《古文尚书》的具体工作和成果持赞同和认可态度并驳斥毛奇龄的强辩之辞，另一方面在涉及理学基础时，朱彝尊却又完全站在了毛奇龄一边。朱彝尊在"阎毛之争"持"调和论"，其实就是在辨伪《古文尚书》上持"调和论"，这不但是其个人选择，也是清初学者群体中一部分人思想意识的缩影。

春秋一度　书中千年——参加古籍保护试点工作的实践与思考　周越、刘冰，《图书馆学刊》，2009 年第 2 期。本文旨在结合参加古籍保护试点工作的实践，就一些问题进行探讨。在 2007 年 8 月召开的全国古籍保护试点工作会议上，全国有 57 家古籍收藏单位被确定为古籍保护工作试点单位。试点工作历时 1 年，其目的是通过对古籍普查、定级、编制古籍目录并申报《国家珍贵古籍名录》、"全国古籍重点保护单位"工作。作者参与了作为试点单位之一的辽宁省图书馆试点工作启动、实施的全过程，在古籍保护工作中积累了收获并作出了进一步的思考。该文主要分为三个部分。第一部分为出台方案确立目标，介绍了辽宁图书馆在古籍保护试点工作中如何出台方案和确立目标。第二部分为确立重点，分步实施，分别从七个方面详细介绍了辽宁图书馆在古籍保护工作中的工作思路和工作过程。第三部分为问题和思考，指出了辽宁图书馆古籍保护工程中出现的若干问题并作出了改进思考。

我国古籍数字化建设的国家控制与管理模式研究　王立清，《情报资料工作》，2009 年第 2 期。本文主要对我国古籍数字化建设的国家控制与管理模式进行研究。我国古籍资源自身内容丰富，从事古籍数字化机构类型多样，导致了我国古籍数字化国家控制与管理模式的差异性。政府应依据不同的古籍数字化主体，对公益性古籍数字化和商业性的古籍数字化实施相应的控制与管理模式。对于公益性古籍数字化，可选择选题控制模式和成本效益评估模式的国家控制和管理模式，而对于商业性古籍数字化，则可以通过市场调节控制模式来间接实现国家的控制与管理。文章指出，商业性古籍数字化是公益性发展的必要补充，也是未来古籍数字化发展的重要方向。我们期望古籍数字化能形成公益性利用和商业性运作的双赢格局。

法国古籍保护工作概况　李永、向辉，《国家图书馆学刊》，2009 年第 2 期。本文主要介绍法国古籍保护工作的概况及其对于我国古籍文献保护的借鉴意义。法国和中国都是历史悠久、文化遗产丰富的文明古国，两国的公共文化机构都面临着如何保护、维护和传播历史古籍的问题。法国长期以来的系统保存档案资料、印刷文献的传统，以及该国政府的古籍保护工作的独有特色，对于我国的古籍文献的保护也具有重要的积极意义，值得我国古籍保护工作者借鉴学习。本文从法国古籍的概念、来源、古籍修复、修复人才培养及古籍数字化等方面，介绍法国古籍保护的基本状况，从而总结出其对我国古籍保护工作的重要借鉴意义，包括古籍保护与修复的专业化和职业化建设，加强政府的支持、指导和监管力度以及加强合作与交流。

借鉴日本经验加强我国古籍保护人才培养　田丰，《辽宁广播电视大学学报》，2009 年第 2 期。本文旨在研究日本在古籍保护专业人才培养方面的有益探索及日趋成熟的培养模式和经验，为我国古籍保护人才的培养提供借鉴。全文分为三个部分。第一部分为我国古籍保护人才概况，指出我国古籍修复人员不足 100 人，而且年龄偏大，专业水平参差不齐，梯队建设缺乏可持续发展。培养古籍保护人才的工作任重而道远。第二部分，从对古籍保护的重视和日本古籍保护人才培养的形式两个方面分析日本古籍保护人才的培养。第三部分为加强我国古籍保护人才的培养，作者认为，结合我国古籍保护工作的具体实际，借鉴日本国的先进经验，我国古籍保护人才的培养应从体制建设、机制建设、制度建设和科学的培养方法这几个方面入手，同时在古籍保护人才的培养上还要加大宣传力度和培训范围，收集民间有关的收藏方法进行科学分析后推广利用。

南宋社会文化学家王应麟仕履系年考释　龚延明，《国际社会科学杂志》（中文版），2009 年第 3 期。本文主要对南宋社会文化学家王应麟仕履官衔系年进行考证和研究。王应麟既是《困学纪闻》和《玉海》的作者，又是《三字经》和《词学指南》的作者，其中《三字经》是我国流传极广、影响至深的童蒙读物。王应麟不仅是宋代著名的历史学家，而且还是具有巨大贡献的社会文化学家，作者认为，只有很好地了解他的身世，才能进一步研究王应麟事功与学术成就。作者撰写本文，主要是解决两个问题，一是从王应麟 19 岁登进士第踏上仕途为迪功郎某县主簿，至 53 岁官至朝请大夫，权礼部尚书兼摄吏部尚书兼给事中，兼直学士院，兼同修国史，实录院同修撰，兼侍读，鄞县开国伯，食邑九百户，赐紫金鱼袋止，这 25 年间的升官图，并考订他每任时所带各种官衔，如寄禄官阶、职名、差遣、兼职、俸禄、勋、爵等，并按年予以编排；二是对每任官衔所包含的内在意义进行注释。

构建中华古籍层级保护体系的设想——从古籍价值属性创新古籍保护思路 李明杰，《图书馆杂志》，2009 年第 3 期。我国保存在全国图书馆系统的古籍众多，关于古籍文献的保护与利用，前人做了大量研究工作，也取得了一定成效，但总体情况却远不能令人满意。在总结分析中国古籍保护历史与现状的基础上，作者从古籍价值属性分析入手，提出构建中华古籍层级保护体系的设想和思路。本文主要分为三个部分，第一部分为古籍保护的历史回顾，总结了前人所做的围绕古籍保护与开发利用的大量的开创性工作，包括初建古籍保存体系，修复一批重要古籍，制成一批缩微型古籍文献，编制一批古籍馆藏目录及善本书目，点校、影印、编纂、翻译出版一批古籍文献以及研制一批书目型或全文型的古籍数据库等。第二部分为古籍价值属性分析及保护思路的反思，从古籍的文物属性及其保护的失误、古籍的学术属性及其保护的误区、古籍的艺术属性及其保护的缺失等三个方面进行详细的分析和阐述。第三部分为中华古籍层级保护体系的构建思路，作者指出以往古籍保护的思路相对单一，在"藏""用"矛盾面前无所适从，建议从古籍的三种不同价值属性出发，按层次、分级别地构建中国古籍保护体系，有针对性、有差别地来实施古籍保护。

中文古籍数字化的现状与意义 刘伟红，《图书与情报》，2009 年第 4 期。本文主要对中文古籍数字化的现状与意义进行阐述和分析。该文主要分为三个部分。第一部分为概念，指出古籍数字化是利用现代信息技术对古代文献进行整理与研究，并以电子数据的方式提供使用，是伴随信息技术的进步而发展起来的一个新领域。第二部分为现状，分别从中国香港、台湾地区中文古籍数字化现状，大陆中文古籍数字化的现状和欧美地区中文古籍数字化概述三个方面进行介绍和分析中文古籍数字化的现状。第三部分为意义，主要阐述了古籍数字化的重要意义，指出古籍数字化有利于古籍的保护，是延续民族文化的重要手段，为学术研究开辟了一条新途径，为中国传统文化走向世界提供了必要条件，古籍数字化将使国际性合作项目成为未来发展目标。

古籍保护中的虫害防治及建议 谢宇斌，《大学图书情报学刊》，2009 年第 4 期。本文对古籍保护中虫害防治进行分析并提出建议。古籍是中华民族的文化遗产，是不可再生的文献资源，其藏品的主要损毁原因为虫蛀的占35.3%，因此保护古籍的首要任务就是虫害防治。该文主要分为四个部分。第一部分为古籍害虫的发生原因，主要从内因与外因两个方面进行分析。第二部分为灭杀古籍害虫的方法，介绍了低温冷冻杀虫法、除虫菊酯杀虫法以及环氧乙烷熏蒸杀虫法、溴甲烷熏蒸杀虫法和真菌除虫法等。第三部分为预防古籍害虫的方法，包括增强防治意识，建立文献保护制度，采用驱虫剂防蛀和控制储藏环境的温湿度。第四部分为存在的问题及建议，指出古籍保护中虫害防治中存在的问题，并提出了改进的建议和方法。

古籍数字化理论与实践 毛建军主编，航空工业出版社，2009年4月。丛书名为"普通高等教育"十一五"规划教材"。本书以古典文献学为中心，旨在从理论和实践层面分析古籍数字化的开发与建设问题，并以此为古籍数字化基本理论的构建提供可行策略。构建古籍数字化系统理论不仅可以为古籍数字化出版提供基础理论，而且还可以开拓古籍整理以及古典文献学专业的新视野，为文史研究者提供新思维和新工具。古典文献学以古籍为主要研究对象，而古籍数字化的出现则意味着古典文献学有了新的研究对象，同时也为其研究提供了全新的研究手段和思维模式，这必将为古典文献学研究带来新的研究视角。

批判者的成就与困惑——论郑樵《六书略》象形理论研究的成就与具体汉字的归类 韩伟，《信阳师范学院学报》（哲学社会科学版），2009年第4期。在对象形充分研究的基础上，郑樵的《六书略》概括并提出了"独体为文，合体为字"的文字观；象形为本，六书是象形之变的汉字孳生观；象形是六书之首的次序观等观点；此外还阐述象形与其他各书的区别。然而，由于不能专心精究汉字以及时代的限制，郑樵在运用自己阐释的理论具体分析汉字时，在标准的把握上存在一些问题，从而造成了很多理论与统属汉字的矛盾与混乱。本文提出了研究六书的方法，并指出这是我们全面把握和准确分析某一汉字的关键。文章认为，在承认郑樵开创之功与巨大成就的同时，我们也要看到他的矛盾与混乱之处及其所导致的他在实践中所产生的对六书与汉字之间的困惑。

关于《论语》、《史记》的命名——余嘉锡、张舜徽观点之比较 周玲《广东教育学院学报》，2009年第4期。本文为"总－分"结构。文章开头部分，对余嘉锡先生与张舜徽先生做了介绍，试图论析余、张二老对《论语》和《史记》命名的不同看法。"分"的部分为横向分论式，包括"关于《论语》《太史公书》为自名还是他名"两个部分。通过比较分析余、张二老的观点，作者得出《论语》一书是由曾参的弟子编纂而成的，是成书时就已经命名的；《太史公书》是司马迁自名的等结论。

古籍数字化工作统筹协调机制的构建　陈得媛，《中国图书馆学报》，2009年第5期。近些年来，我国的古籍数字化工作成绩斐然，但存在的问题也不容忽视，主要表现在工作缺乏全局性的统筹、人才缺乏、理论认识难以统一、选题重复、标准不一、多元主体各自为政等。本文对古籍数字化工作中的乱象和隐忧进行了深入分析，在此基础上，提出了构建古籍数字化工作统筹协调机制的策略，如将古籍数字化上升为国家事业、培养专门复合型人才、解决版权之争、基于元数据统一数据格式，以及成立古籍数字化业界联盟等，从而有效地协调与解决古籍数字化工作中存在的各种矛盾及问题，增强古籍数字化工作发展的可持续性。

朱彝尊著述研究及《曝书亭全集》　王利民、胡愚，《嘉兴学院学报》，2009年第5期。朱彝尊一生著作等身，他在经学、史学、文学、金石学等领域建立了不可磨灭的丰碑。朱彝尊晚年将《竹垞文类》《蕃锦集》和《腾笑集》中的绝大部分诗文词和没有单刻的诗文词曲删订编成81卷的《曝书亭集》。朱彝尊五世孙朱墨林和冯登府在嘉庆二十二年辑刻有《曝书亭集外稿》8卷，收录了《竹垞文类》和《腾笑集》删余的诗文和其他集外之作。本文作者王利民等所著校点本《曝书亭全集》，除了收录《曝书亭集》81卷、《曝书亭集外稿》8卷之外，还将搜集到的朱彝尊集外佚文编为《曝书亭集外诗文补辑》11卷。

论郑樵文献学的知识论取向　戴建业，《图书情报知识》，2009年第5期。郑樵作为一位杰出的文献学家，在文献学上的重要贡献，不只在于他的《校雠略》标志着我国古代文献学理论上的自觉、他的《艺文略》实践了"部次条别，疏通伦类"的类例原则、他在《图谱略》和《金石略》中发凡起例，更在于他在文献学上的知识论取向。他在文献学上的知识论取向，既具有极强的现实针对性与充分的历史正当性，又具有很高的理论意义与学术价值。但他在文献学上的知识论取向一直被人们有意漠视或无意忽视。本文主要从郑樵"成学而非至圣"的文献学的价值目标的设定、重"实学"而轻"空言"的知识类型的价值重估、知识系统的构建和知识的传承等文献学功能的认识几个方面详细论述和分析了郑樵文献学知识论取向的基本特征及其所蕴含的重要历史意义。

中国文献学的开山之作——读郑鹤声、郑鹤春《中国文献学概要》
马林，《山东教育学院学报》，2009年第5期。得益于历史学科分工越来越细，历史文献学已经得到了较充分的发展。作为中国文献学的开山之作，郑鹤春、郑鹤声两兄弟合著的《中国文献学概要》是当代中国第一次使用"文献学"的名称来概括历史文献学这门学科。受其学生时代知识和经历的影响，本书在其提法的开创之功外，也贯穿了南高史地学派的若干精神和主旨。

浅谈王念孙《读书杂志》词语考证的方法　熊加全，《大众文艺》（理论），2009年第5期。本文主要对王念孙《读书杂志》词语考证的方法进行分析和研究。王念孙是我国清代著名的音韵学家、训诂学家、校勘学家，他的《读书杂志》是继他的《广雅疏证》之后写成的一部校读古籍的专著，其以读书札记的形式，记录了王氏晚年研究古籍的成果，其中，也包括王引之的不少见解。在这部专著中，体现了王念孙深厚的音韵学、文字学、训诂学、校勘学、语言学等方面的知识以及丰富的社会文化知识。本文主要从词语考证的角度，运用一些学者所介绍的的词语考证的理论知识，并通过阅读与梳理王念孙考证词语的具体实践成果，归纳出王念孙在《读书杂志》中考证词语时所体现的一些具体方法。文章指出，通过对《读书杂志》全书的探讨，可以发现其考证词语的方法基本上也可以分为证实类和反驳类两大类，并分别对其做了分析和解读。

粤港两地图书馆文献保护与修复工作比较　肖晓梅，《图书馆论坛》，2009年第5期。本文主要对粤港两地图书馆文献保护与修复工作进行比较与分析。全文主要分为四个部分：第一部分分别从场地建设、各类工具和设备、经费来源和修复材料及其采购等几个方面进行比较，分析粤港两地图书馆硬件设备与经费之区别；第二部分为人员结构与制度管理之比较，主要从人员结构、交接修复制度和工作流程以及奖励与晋升制度等几个方面进行分析；第三部分为人员培训之比较，详细分析比较了粤港两地图书馆文献保护与修复工作的人员培训的区别；第四部分为分析和讨论，主要分析了粤港两地图书馆文献修复与保护工作中各自的特点和异同之处，并指出可以互相学习，取长补短，促进两地图书馆文献保护利用事业的共同发展。

雍文华校本《罗隐集》误校误改举隅　李定广、翁艾，《汕头大学学报》（人文社会科学版），2009 年第 5 期。中华书局在 1983 年出版的雍文华校本《罗隐集》，被公认为目前最好的罗隐集整理本，但是该本也存在若干问题，如辑佚不够全、没有辨伪、对校不够精审、理校不够慎重，但其最大问题在于存在大量的误校和误改，因此难以作为当下研究罗隐的最佳文本依据，需要重新整理。

古籍书目数据库的标准与评价研究　毛建军，《图书馆理论与实践》，2009 年第 6 期。本文主要对古籍书目数据库的标准与评价进行研究。古籍书目数据库的建设适应了图书馆工作现代化的需要，是古籍文献揭示的一次重大飞跃，对古籍书目数据库的标准与评价的研究将有利于国内古籍书目数据库建设的顺利实施。该文主要分为三个部分：第一部分为古籍编目的计算机实践，详细介绍了美国、中国台湾和大陆地区的古籍计算机编目工作；第二部分为古籍书目数据库的标准，指出古籍书目数据库必须依照相应的标准和规范进行建设，并提出了古籍书目数据库建设标准，即机读目录格式标准、古籍著录规则标准、古籍分类法标准、主题标引的标准和统一字库的标准；第三部分为古籍书目数据库的评价，作者通过对四个比较大型的古籍书目数据库进行比较分析，提出了建设理想的古籍书目数据库应具备的标准和条件。

古籍版本学　黄永年著，江苏教育出版社，2009 年 6 月。本书是古文献学基础知识丛书之一，分绪论、版本史和版本鉴别、版本目录三大部分内容。绪论部分共三章，内容有研究对象、版本和善本、研究角度和用途等。第二部分共十一章，包括研究方法、参考书、雕版印刷的出现、书册制度、宋刻本（包括辽金刻本）、元刻本、明刻本、清刻本（以及清以后的民国刻本）、活字本套印本插图本、抄本稿本批校本、影印本等内容。在版本目录部分，作者介绍了参考书与研究方法。

古籍辑佚学在数码时代的发展机缘——史广超《〈永乐大典〉辑佚述稿》序　陈尚君，《古籍整理研究学刊》，2009 年第 6 期。本文是为史广超博士新著《〈永乐大典〉辑佚述稿》所写的序言，主要介绍了该选题的思考过程、写作追求与创新见解，并借此评述前代古籍辑佚研究的成就得失和古籍辑佚学在数字时代的发展机缘。认为古籍数字化能够为现代学者从事古籍辑佚提供新的难得的机遇，可以在前人的研究成果基础上，遵循现代学术的规范，取得超过前代的成就。

国家可持续发展的文献保护事业发展战略的构建　张美芳，《档案管理》，2009 年第 6 期。本文对国家可持续发展的文献保护事业发展战略的构建进行阐述。随着社会历史的进程和环境的改变，文献保护事业的保护思想、保护原则、保护任务、保护目标、组织体系等均会发生一定的变革。国家可持续发展中的文献保护事业战略构建是关系战略实施的关键问题，而文献保护事业的基础工作则是在信息保护总体框架下寻求科学的战略体系。在战略构建中，重要的是确立战略构建的理论原则、战略发展的内容和战略构建的实施。本文主要分为三个部分：第一部分为基于可持续发展的文献保护事业战略构建的原则，包括整体化原则、可持续发展的原则、有利于技术发展和应用的原则、特色化原则和文献保护内容不断拓展原则；第二部分为文献保护事业发展战略理论构建，分别从综合发展战略理论、业务发展战略、合作与协调发展战略理论和整合与集成发展战略理论等几个方面进行阐述和分析；第三部分详细分析介绍了文献保护战略内容的构建及实施方法。

郑樵"声贵说"刍议　廖朝琼，《福建农林大学学报》（哲学社会科学版），2009 年第 6 期。基于当时文人对古代诗乐所取的重文学而轻音乐的态度，郑樵在《通志·乐略》中第一次大胆地提出"声贵说"这一犀利的观点。他从音乐与义理、文学、古题名这三方面的联系来加以论述，指出诗乐应以音乐为重，并期望恢复从《诗三百》以来"乐以诗为本，诗以声为用"的传统。

略论《一切经音义》与音韵学研究　徐时仪，《杭州师范大学学报》（社会科学版），2009 年第 6 期。《一切经音义》的主要内容是解释佛经音义，其所注反切和梵汉对音大多依据当时实际读音，比较真实地反映了汉至唐多层面的纷繁复杂的音义关系，为后人探明汉语音古今演变轨迹提供了珍贵的线索，在音韵学与汉语史研究上具有重要的学术价值。

中国文献学　张舜徽撰，上海古籍出版社，2009 年 7 月。本书共十二篇，分为六十章，主要包括：绪论；古代文献的基本情况；整理古代文献的基础知识之版本、校勘、目录；前人整理文献的具体工作与丰硕成果；

历代校雠学家整理文献的业绩；清代考证学家整理文献的业绩；近代学者整理文献最有贡献的人；今后整理文献的重要工作；整理文献的主要目的和重大任务等。本书后附录了《中华人民通史》编述提纲。本书对中国文献学做了全面、系统的论述，初步构建起了我国文献学这一学科的理论体系。

文献论理与考实　董恩林著，岳麓书社，2009 年 7 月。丛书名为"博导文丛·文献学研究系列"。本书收集了有关历史文献学理论和实证的论文，全书分为三个部分。第一部分为"伦理篇"，介绍了传统文献学的内涵、范围、体系和版本目录学分类等问题，并论述了当前古籍整理研究的方式与方向；第二部分为"考实篇"，考察了《中经》《尔雅郭注》《旧五代史》等书，并简述了文章的文化价值及历史意义；第三部分为"评述篇"，评述了张舜徽与清代扬州学派、赵国华著《中国兵学史》《尔雅》、朱子学与上饶历史文化国际学术研讨会等。作者通过收集相关文献并进行深入探讨，体现出对文献学理论体系新的思考与分析，展示了作者流畅的行文风格。

古典文献研究（第 12 辑）（繁体版）　南京大学古典文献研究所编，凤凰出版传媒集团，凤凰出版社，2009 年 7 月。本书为南京大学古典文献研究所编纂的大型学术丛刊，汇集最新学术成果，是古典文献研究的重要阵地。全书共收录专题学术论文 42 篇，分为六个部分：第一部分为"文献与社会文化研究"，包括《归藏》在汉、魏两代的文化史意义、《世说新语》收录记事标准及其在《贤媛》门等女性记事中的贯彻、唐代文献中之"监察使"辨误等内容；第二部分为"文学与文学文献研究"，包括"诗赋并刊"与《剑南诗稿》版本问题、岳飞作《满江红》词"新证"辨析、《津阳门诗》注探源、《谷山笔麈》的流传和影响、关于孤本朝鲜活字版《选诗演义》及其作者曾原一等内容；第三部分为"古典文献学研究"，包括《秘书省续编到四库阙书目》考和黄侃与目录学等内容；第四部分为"文献考证"，包含《周书》原始、《瘗鹤铭》疑似晚唐皮日休作说补苴等内容；第五部分为"文献辑存"，包括汪辟疆《苏诗选评笺释》批语辑录、《洪亮吉集》集外诗文补遗十三则、张裕钊集外文辑补二则等内容；第六部分为"学术丛札"，包括《宋史》列传辨误、《汉书》校点献疑十六例和《范石湖集》校正举隅等内容。

冀淑英古籍善本十五讲 冀淑英著，李文洁插图，国家图书馆出版社，2009 年 7 月。本书是关于研究"中国古籍善本"的专著，全书共十五讲，包括北京图书馆善本藏书的基本情况，傅增湘与北京图书馆的善本书，郑振铎与北京图书馆珍藏，伦明藏书与清刻本的入善问题，馆藏翁氏图书，快雪堂分馆与杨守敬藏书，铁琴铜剑楼藏书的收购入藏，吴梅、朱偰、赵元方的捐赠，周叔弢先生与北京图书馆的深厚渊源，刘少山等藏书家的捐赠，涵芬楼藏书，馆藏翁氏图书等内容。书中对国家图书馆重要藏书的来源进行了梳理，且配有精美的插图，适合从事相关研究工作的人员参考阅读。

计算机在古籍整理中的应用 吴洪泽、张家钧编著，四川大学出版社，2009 年 8 月。全书包括八章内容，分别是计算机应用基础、计算机在古籍整理中的应用、古籍数字化、汉字库及相关问题、古籍文本的编辑、古籍书书版的制作、影印古籍和网络古籍资源述略。书中不仅详细介绍了计算机的发展和应用常识，计算机与古籍整理的密切联系和应用现状，古籍数字化的发展现状与趋势，还讨论了古籍数字化的方法，异体字、繁体字的规范处理以及古籍文本的编辑程序等内容。本书所涉及的"古籍"和"古籍整理"的概念都是广义的，是针对产生于 1911 年以前的历史文献。像纸本以及其他形式的载体，还有人们利用计算机对这些历史文献的一切处理形式，都是本书的考察范围。

纸润墨香话古籍 陈品高、孟宪钧著，学苑出版社，2009 年 8 月。本书共分为十一章，包括古籍概说、宋元刻本、明代刻本、清代刻本、民国刻本、活字印本、稿抄校本、古籍辨伪、市场价格、藏书漫谈和书林掌故。其中，作者详细介绍了古籍善本的标准、古籍版本学及其分类，古籍作伪的手段和鉴别方法，在附录中还列出了术语举要和民国以来藏书家刻书举隅。本书采用问答的形式，用通俗的语言介绍了古籍的相关专门性知识，不仅使该书具有学术价值，更具有较高的实用价值，对于专门性学者以及古籍收藏爱好者来说是一本不可多得的好书。

明清稿钞校本鉴定（竖排繁体） 陈先行、石菲著，上海古籍出版社，2009 年 8 月。本书共有三章，第一章为稿本，介绍了稿本的种类、价值及鉴定；第二章为抄本，包括抄本的名目、价值和鉴定；第三章为批校本，论述了批校本的价值和鉴定，清代藏书家校本价值辨析以及明末清代校勘家之印章墨迹等。本书深入细致地研究了明清时期的稿本、抄本、批校本，围绕版本鉴定之学，试图在认识稿抄校本的面貌、价值与如何鉴定方面，提出一得之见。本书的作者长期从事图书馆古籍版本的鉴定工作，实践经验丰富，因此此书的特点在于，在讲述揭示稿抄校本的名目、价值和鉴定的同时都有实例予以说明，并且这些实例又大都为作者经眼的版本，比较可靠。此外，本书还收录了很多明清著名版本收藏校勘家的手迹、印鉴，并用彩色印刷原大的方式来力图保真，以生动的展现出物件原貌。读者在了解抄校本知识的同时，还可将此书作为标准实用的工具，对于收藏、整理和研究古籍版本者具有很高的参考价值。

高校图书馆古籍保护的现状与展望　程仁桃、杨健，《图书馆工作与研究》，2009 年第 8 期。本文主要对我国高校图书馆保护的现状进行分析解读并作出展望。古籍见证了中华文明的传承，维系着民族精神的根脉，是中华民族持续发展的宝贵资源。保护传世古籍为当代用，为后世存，是所有古籍保护工作者的历史责任。高校图书馆对古籍保护做了大量的工作，但严峻的形势迫使高校图书馆还要继续加强古籍保护工作。该文分为三个部分：第一部分为高校图书馆古籍保护存在的问题，高等院校图书馆古籍保护情况存在缺乏宏观管理、缺技术设备、缺专业人才和缺资金支持等问题；第二部分为加强古籍保护工作的方案，介绍了高校古籍保护工作人员在更有效地开展古籍保护工作和更好地保护古籍等方面进行的有益的探索；第三部分为对古籍保护工作的展望，指出高校图书馆的古籍保护工作，除了获取本国政府及相关部门的政策和经费的支持外，还应该创造机会进行更多的国际交流与合作，同时将信息技术应用于古籍保护中也有可能对我们的事业产生巨大的推力。

黄遵宪题批日人汉籍　郭真义、郑海麟编著，中华书局，2009 年 8 月。本书共分为十一章，分别是黄遵宪题批《日本八大家文读本》、黄遵宪题批《湖山楼诗稿》、黄遵宪题批《日本名家经史论存》、黄遵宪题批《补春天传奇》、黄遵宪题批《养浩堂诗集》、黄遵宪题批《近世伟人传》、黄遵宪题批《藏名山房集》、黄遵宪题批《北游诗草》、黄遵宪题批《雪堂诗钞》、黄遵宪题批《苍海遗稿》等。作者因开展黄遵宪的研究而编撰此书，收录了黄遵宪对日人汉籍之题批。而其他人士对于黄氏所题批的相关文本的意见被有选择地录于其后，以期待读者能参酌互见。黄遵宪批评日人汉文，大都从文章的思想观点着眼，本书为免过于累赘而喧宾夺主，对有关的日人汉文文本，只概括它的大意，指出黄遵宪批评的原因，未将原文本录出。黄遵宪批评日人汉诗，一般从艺术上着笔，为了使读者对批语有直观的感受，也由于诗作篇幅相对较短，因而对相关的日人汉诗大多录出。此外，由于本书只着眼于黄氏题批的史料价值，因而除必要的说明外，不附加编者的议论。最后，本书编写依据的日人汉籍，大多数是郑海麟博士在日本京都大学人文科学研究所和日本东京大学教养学部近代史研究室等单位从事研究工作时搜罗所得。而本书编排的体例是依黄遵宪撰写批评的时间先后为序。

关于《七志》附录两个问题的再研究　朱红、唐明元，《西南民族大学学报》（人文社科版），2009 年第 9 期。本文的结构为"总 – 分"形式，在"总"的部分，作者提出了本文的写作背景和探讨的主要内容。在"分"的部分作者采用横向分论式，分别探讨了《七志》附录的组成和卷数两个问题。作者通过对相关史料进行审慎、深入的分析，发现王俭的《七志》全书除正文之外尚存在附录。关于附录的组成问题学术界有很多不同的观点，作者认为《七志》有两个附录：一个是"所阙之书"，另一个是佛经、道经。而关于《七志》的附录卷数，作者通过对史料的深入分析，指出原文正文"七志"部分有三十卷，附录部分为十卷，两者共计四十卷。

我国古籍数字化进展与研究述评　朱锁玲、包平，《图书馆理论与实践》，2009 年第 9 期。本文的结构为"总 – 分"形式，在"总"的部分，作者介绍了我国古籍数字化工作的发展概况以及本文的主要内容。在"分"的部分，作者采用纵深推论式，包括我国古籍数字化工作的进展和相关成果，技术和理论两方面的研究突破，亟待解决的问题，相关建议和联合开发、资源共享五个方面内容。我国古籍数字化工作经历了二十多年的发展，已取得一系列令人瞩目的成果，在技术和理论上更是有了突破性的进展，但其系统性和科学性略显不够，且还没有一部专门讨论古籍数字化的著作问世。目前我国古籍数字化进程还存在着整体规划缺乏、重复建设严重，统一标准缺乏、文件格式繁多，检索技术不够完善和研究支持功能不高等问题。针对这些问题，作者建议：要有效规划，注重开发特色；统一标准，加强古籍元数据标准研究；完善全文检索技术；深度开发，提高研究支持系统功能。最后，作者提倡古籍专业人员和计算机技术人员联合开发，并实现各机构和地区之间的资源共享，以加快古籍数字化进程。

厦门古籍序跋汇编　陈峰编纂，厦门市图书馆编，厦门大学出版社，2009 年 9 月。丛书名为"厦门文献丛刊"。本书收集的文献记录了厦门地区几百年来历史发展与社会变迁，讲述着厦门地区千百年来政教民生与人缘文脉，是本地宝贵的文化遗产，更是不可多得的地情信息资源。本书的主要内容按经史子集顺序编排，其中经部主要包括春秋五论序、周礼补亡序（二篇）、四书存疑序（二篇）、易经存疑序（十一篇）、定云楼遗集序（五篇）、四书合喙鸣序（三篇）、古今文字通释序跋（四篇）、史勺序（二篇）、靖海纪略序跋（三篇）、隆庆同安县志序（二篇）、万历同安县志序（二篇）、乾隆同安县志序（五篇）、鹭江志序跋（三篇）、厦门志序（五篇）、金门志序（四篇）、马巷厅志序跋（五篇）、沧海纪遗序跋（二篇）等。此书具有重要的历史价值，它不仅帮读者了解了一书的写作宗旨、作品内容、体例结构，以及写作过程、出版情况和作者生平等信息，还可以探究作者所处的时代背景、作者的思想观点、学术流派和写作风格，起到辨章学术、考镜源流的作用，对于考证散佚文献有巨大功劳。

上海古籍本《直斋书录解题》评述　张守卫，《图书馆理论与实践》，2009 年第 11 期。本文的结构为"总 - 分"形式，在"总"的部分，作者介绍了《直斋书录解题》目前流传的三种抄本，并指出本文的写作内容。在"分"的部分，作者采用纵深推论式，分别评述了整理的成就和存在的问题两部分内容。作者认为，上海古籍本《直斋书录解题》充分吸收了前人的校勘成果，并纠谬补阙，胪列异同，在引用资料和校勘方面具有重要的成就。但其也有明显的不足，如未能充分利用《文献通考·经籍考》以补馆本条文之阙，校勘大多只列异文，缺乏考辨按断、断句之讹误亦未作改动，以及点校所选底本即馆本不够完善等。虽然有某些不足，但此本仍不失为目前较好的一个本子。

刘向《别录》佚文辑补　王连龙，《图书馆理论与实践》，2009 年第 11 期。本文的结构是"总 - 分"形式，在"总"的部分，作者介绍了本文的写作背景和写作目的，并概括了主要内容。在"分"的部分，作者采用横向分论式，分别提出并考证了新辑的两则佚文。这两则佚文，其一为：雠校书，一人持本，一人读，对若怨家，故曰雠书；其二为：昔有丽人善雅歌，后因以名曲。刘向《别录》是先秦两汉叙录的总集，因其辨章学术、考镜源流之功，在我国古代文献学史和学术史上有重要地位。但不幸的是，《别录》于唐后流传无序，逐渐亡佚。从清朝以来，虽然《别录》辑本有十家之众，但所辑佚文多陈陈相因。作者根据唐宋人文集，新辑得了刘向《别录》佚文二则并略做考证，对古代文献学的研究有重要意义。

我国古籍数字化理论研究综述　李广龙，《情报探索》，2009 年第 11 期。本文对我国古籍数字化的理论研究进行综合分析和论述。全文分为四个部分。第一部分为引言，介绍了我国古籍数字化的实践工作的起步与发展以及对古籍数字化的相关理论研究成果加以爬梳和整理的必要性。第二部分为基础理论研究，分别从古籍数字化的概念、性质、特征三个方面对 21 世纪以来我国古籍数字化的基础理论研究成果加以分析，从而理清发展脉络。第三部分为外部理论研究，即针对古籍数字化技术处理层面所涉及的一些相关技术理论研究。第四部分为结语部分，指出古籍数字化的理论研究是关系古籍数字化实践工作成败的关键因素，古籍数字化基础理论的形成为新的学科体系的构建奠定了坚实的理论基础；而技术处理层面的外部理论的发展进步则为实现中国独特的数字化古籍资源提供了强大的技术支持。

姚名达生平及其文献学成就　尤小平，《图书情报工作》，2009 年第 11 期。本文对姚名达先生的生平及其文献学成就和贡献进行梳理和介绍。姚名达对我国目录学进行了系统、全面的研究，融会中外，贯通古今，提出了目录学原理、方法等一整套理论，初步建立了近代目录学框架和学术体系，翻开了我国目录学史上新的一页。全文主要分为三个部分。第一部分为姚名达生平，介绍了姚名达短暂但辉煌的一生。第二部分为文献学论著，介绍了姚名达文献学方面的主要论著，包括《目录学》《中国目录学史》和《中国目录学年表》。第三部分为文献学成就与贡献，详细介绍了姚名达先生在文献学方面的成就与贡献，包括初步建立起中国近代目录学知识框架和学术体系；系统整理我国古代目录学遗产，总结了古代目录学的丰富经验；目录学史论新意迭出，立足历史，开展目录学前瞻性研究等。

张舜徽先生《说文解字约注》学术成就析论　许刚，《内江师范学院学报》，2009 年第 11 期。本文为"总 – 分 – 总"结构，在"总"的部分，作者介绍了张舜徽先生的生平以及《说文解字约注》的主要特点，提出本文写作的主要内容。在"分"的部分，作者采用横向分论式，分四点进一步概括了《说文解字约注》的特点，它们分别是"方法上：致详双声相衍之迹，以为守约之道；理论上：揭橥许书体例，拈示字训规律；取材上：博采文集笔记，旁搜古器遗文；实践上：访诸田野，重实物目验，以及引证方言，明古音遗存"。张舜徽先生是当代著名史学家、文献学家，其花费精力最多、积40余年功力所著的《说文解字约注》是汉代小学研究特别是许慎说文学研究的杰出代表作。作者在通读全书的基础上，进一步对其撰著的特点寻绎归纳，并试图从中把握《约注》的整体学术成就。最后，作者总结《说文解字约注》克服了知识分子脱离现实造成的一些弊端，对文字学研究以及整个的学术层面，都有着不容忽略的可贵价值。

程千帆先生的文献学成就　张慧丽，《图书情报工作》，2009年第11期。本文对程千帆先生的文献学成就进行分析和研究。全文内容主要分为四个部分。第一部分为程千帆先生生平及著述，指出他不仅学术视野十分宏阔，而且其研究领域相当广泛，比如校雠学、史学、古代文学以及文学批评史等，他都有很深透的研究，并取得了卓著成就。第二部分为早年文献学研究，指出程先生十分重视文献学研究和文献整理，并指出他的治学就是从校雠学入手的。第三部分为《校雠广义》及其贡献，文章认为，程先生在文献学方面的造诣和贡献主要集中体现《校雠广义》一书上，并详细介绍了《校雠广义》的独到之处亦即其贡献。第四部分为文献整理贡献，程先生非常重视文献整理工作，在这方面的主要贡献是撰写《史通笺记》，主编《全清词》《中华大典》以及晚年对沈祖棻、黄继刚、汪辟疆诸先生遗著的整理。

文献学理论研究导论　冯浩菲撰，山东大学出版社，2009年12月。丛书名为"文献学研究"。本书共分为十章，内容包括文献学的特征和功用、文献学分类、文献载体及其研究与介绍、文献类型及其研究与介绍、文献体式及其研究与介绍、文献注释及其研究与介绍、文献校勘及其研究与介绍、文献版本及其研究与介绍、文献传播及其研究与介绍、研究和撰写各类文献学著作的一般程序和知识准备。其中主要阐述了文献学的特征，文献学的功用，文献学重新分类的必要性、可能性和具体设想等内容。

古籍数字化相关问题的开放思考　童顺荣，《兰台世界》，2009 年第 18 期。本文对我国古籍数字化相关问题进行开放式思考和分析。文章认为古籍数字化对于保护以及推广传统典籍提供了一种比较好的解决方案，对于传统文化的传承、推广和弘扬具有重大意义。该文主要分为三个部分。第一部分为中文古籍数字化的进程及现状，详细介绍了我国古籍数字化的发展历程以及取得的成果。第二部分介绍了目前中文古籍数字化存在的主要问题及隐患。第三部分主要针对我国古籍数字化过程中存在的问题和隐患提出相应的改进建议：古籍数字化需要统筹管理、规范协调、整合规划；政府需要加强对古籍数字化市场的管理，严厉打击盗版；加强古籍数字化资源的导航系统建设，加强资源整合；密切与学术领域合作，充分实现古籍数字化的重大意义；古籍数字化应该形成一个良性、互动、充满活力的系统。

以现代复制手段促进古籍的保护与利用　彭红，《黑龙江史志》，2009 年第 19 期。本文对以现代复制手段在促进古籍的保护与利用方面的作用进行分析和阐述。全文分为四个部分。第一部分为古籍保护与利用的矛盾现状，分析了目前古籍文献在保护与利用两个方面存在的矛盾并指出利用现代复制技术对古籍进行复制，是解决此矛盾的最佳手段。第二部分介绍了复制开发促进古籍保护与利用的手段和实践，包括缩微复制、数字复制、仿真复制等。第三部分主要介绍了保护与利用并举带来的现实意义，如提升图书馆的社会形象、促进古籍学术研究的发展、有利于传统文化的传播等。第四部分为结语部分，指出利用现代复制技术将文献内容从原始载体上抽出来，再移植到新的载体上，使古籍在得到保护的同时，也使同一文献的内容在多种载体上再生，从而解决了古籍保护与利用两者之间的矛盾。

从《史记杂志》看王念孙校勘古籍的方法　杨捷，《才智》，2009 年第 22 期。《读书杂志》是清代学者王念孙所著的一部有关校勘古籍的专著，《史记杂志》是其中的一部分。经过对王念孙《史记杂志》的校正的分析和研究，作者总结出了其校勘古籍的方法，包括利用不同版本、参考其他文献记载、利用古书注解以及依据古汉语用词造句规律和据古音韵校勘古籍。他的这些方法，在古书校读方面给后人以深刻启示。

古籍数字化的现状研究　汪琳，《兰台世界》，2009 年第 22 期。本文对古籍数字化的发展现状进行研究和分析。文章认为，为了达到保护古籍文献而又不影响其正常使用的目的，在古籍文献的整理中运用计算机技术就显得十分重要。古籍文献数字化，有利于提高古籍文献的利用率，产生巨大的经济效益和社会价值，取得巨大的成就，但同时也存在一些亟待解决的问题。该文主要分为两部分。第一部分是古籍数字化的现状，分别从古籍数字化在国外的现状以及古籍数字化在我国的现状等两个方面进行比较分析和研究。第二部分为古籍数字化过程中亟待解决的问题，指出虽然国内外在中文古籍数字化方面都取得了显著的成绩，不但方便了读者对古籍文献的查找、阅读，而且还有效地保护了古籍文献，但是古籍文献数字化的整体现状仍然有不容乐观的地方，有许多问题尚有待于在今后的工作中不断指出和解决，比如古籍数字化缺乏统一的组织规划、古籍数字化急需统一的著录规则以及古籍数字化急需精通古籍、精通计算机技术的新型人才等。

陈振孙的善本观　张守卫，《图书情报工作》，2009 年第 23 期。本文对陈振孙的善本观点进行解读和分析。宋人已形成了"善本"的概念和收藏、鉴赏"善本"的风气，陈振孙受时代和风气的影响，也大讲善本，并形成了超越前人和同时代人的善本观念。从他的学术代表作《直斋书录解题》著录版本的价值取向中，可以窥见他对于善本的认识已达到较高的水平。陈振孙认为，校勘精审、文字内容无误的本子，应是善本；稀见本包括古本、旧本、金朝本应是善本；文字内容有特色，具有其他版本所没有的重要内容，特别是附有该书的有关序跋、编辑情况、考辨、补遗及有关作者行谊的本子应是善本；抄刻精美，具有较高的艺术价值的本子应是善本；珍贵的金石拓本应是善本，同时认为，监本、京本、杭本等多是善本；此外，他对于朱墨笔抄本也颇为看重，并视之为善本。

试论民国文献的保护和修复工作　王玉晶，《科技情报开发与经济》，2009 年第 36 期。作者鉴于河南大学图书馆民国文献内容丰富但破损严重等情况，进行了保护与修复方面的探讨和分析。本文采用纵向推论式结构，安排了三部分内容。第一部分为民国文献的损毁原因，作者从战争创伤、搬运损伤、馆藏环境以及自身原因四个层次进行了阐述。第二部分提出，保护民国文献是我们的责任，介绍了河南大学图书馆在保护民国文献方面做的工作，并提出两点建议：其一，改善民国文献阅览室的藏书环境；其二，对利用频率高的民国文献可再版复印。第三部分提出，修复破损的民国文献，一方面可采用前人在文献修复中摸索总结出的"修旧如旧，修旧如新"的技术进行修复；另一方面培养修复专业人员，及时修复破损图书。针对社会上很多人把文献修复工作看作简单的重复劳动，一定程度上阻碍年轻人选择这个职业的现象，作者建议提高文献修复人员的地位和待遇，认为这是建立一支文献修复队伍的前提条件，是保护历史文献万年基业的基础。

第四节　分科文献学

东亚"书籍之路"上的《论语》：研究新视野探索　黄俊杰，《甘肃社会科学》，2008 年第 1 期。本文共三部分内容，主要包括东亚儒学脉络中的《论语》学、作为思想发展过程的东亚《论语》学、结语等。《论语》是东亚思想世界的一大经典之作，已成为中日韩思想发展中重大议题的泉眼。本文从新的视野角度探讨了东亚书籍之路上重要之作《论语》的研究。作者对东亚儒学这一概念重新进行了解释，将《论语》学置于整个东亚儒学脉络中进行研究，比较了《论语》学在中、日、韩、越等国家发展的异同，主张求同存异。作者又提出了第二个新视野：东亚《论语》学应是东亚书籍之路发展的过程，而非思想发展的结果，我们一方面要分析《论语》学发展过程中所呈现的东亚各地及各时代的思想特质和思想倾向，另一方面要分析东亚个别儒者重新建设《论语》思想世界的过程。

从文献学角度看 18 卷本《中国文学编年史》　余来明，《武汉大学学报》（人文科学版），2008 年第 1 期。本文包括两大部分内容，基于文献学的角度审视了陈文新教授主编的《中国文学编年史》。文献研究对于重建历史具有非常重要的意义，陈文新教授主编的 18 卷本《中国文学编年史》一书，以编年的形式全面系统地展现了从周秦到当代的中国文学演进历程，是重建文学史的重大突破。该书在文献学方面具有很高的学术价值，是第一部涵盖古今的文学编年史，它对我国古典文献的讹误和抵牾情况做了精细的辨析，乃我国文学研究领域中重要的整理成果。18 卷本《中国文学编年史》在文史整理过程中坚持精粹性、准确性与全面性并重的原则，打开了新的学术增长空间，成为推动文学史研究向更深、更广的领域发展的重要文献。

民族古籍缩微胶片数字化图像分割方法选取研究　张留杰、单广荣，《福建电脑》，2008年第1期。本文共四部分内容，主要包括民族古籍缩微胶片图像的特征、图像分割的方法、分割方法的选取、结束语。民族古籍文献的数字化保护是一项具有深远意义的工程，对保护和研究少数民族文化起着至关重要的作用。但是，我国有许多民族古籍文献原本已经散佚或损毁，只留下了一些缩微胶片，需对其进行图像分割处理才能方便使用和研究。一幅民族古籍缩微胶片图像往往含有四幅民族古籍的一页书页内容，目前有并行边界分割技术、串行边界分割技术、并行区域分割技术和串行区域分割技术四种分割方法。本文比较了当前已有的四种数字图像分割方法的优劣，最后认为采用边界闭合与并行边界分割相结合的方法进行民族古籍缩微胶片图像的分割最为可行。

试论云南民族文献的保护与开发　颜艳萍，《云南档案》，2008年第1期。本文共三部分内容，包括云南民族文献保护与开发现状、云南民族文献保护的紧迫性、保护与开发云南民族文献的措施。民族文献是记载和研究我国各少数民族的政治、经济、文化、历史及自然等方面的重要文献资料，对其进行保护和开发有助于弘扬民族文化，增进文化的交流和合作，促进民族地区经济的发展，增强民族团结和稳定边疆秩序。云南是民族文献最丰富的地区，历史文化积淀深厚，流传下来许多文字记载和大量的口碑文献，它们具有很高的史料价值和学术价值。但是，收集民族文献的难度较大，口碑文献正在不断流失和消亡，纸质民族文献破损现象严重，亟须采取有效的措施抢救和保护民族文献。作者提出要加强民族文献的征集工作，加大现有民族文献的保护力度，建立云南民族文献资源管理体系，注重民族文献数字化信息资源的共建共享。

胡适的《诗经》研究　白宪娟，《辽宁师范大学学报》（社会科学版），2008年第1期。本文共三部分内容，包括胡适的《诗》学观、胡适《诗经》整理的主张、胡适《诗经》研究的总结。胡适先生对《诗经》的研究有着独特的价值与意义，是现代《诗》学史的奠基人，他对《诗经》的研究突破了经学范式进入到了现代《诗经》研究的阶段，对《诗》学的发展产生了重大影响，其对现代《诗经》研究的意义和价值可从研究成果和研究方法两个方面进行考察。胡适先生研究《诗经》的文字大体可以分为两类。第一类是集中讨论《诗经》的文章和文字；第二类是在日记和著作里对《诗经》进行的较为集中的论述。胡先生的研究也有不足之处，他偏向于《诗经》研究主张的提倡，却忽略了具体的《诗经》学实践，使其研究过于简单化和常识化。

《尚书》辨伪与清今文经学及近代疑古思潮研究（上）　邱志诚，《中南大学学报》（社会科学版），2008 年第 2 期。我国的疑古思潮可以分为以下几个阶段：宋代以前的潜流阶段、宋至清前期的尚书辨伪阶段、清中后期的今文经学复兴阶段、民国时期的疑古史观确立阶段。在近代，中西思想交会，疑古思想受到了民主和科学理念的影响，众多学者开始全面反思中国的传统史学。历代学者的《尚书》辨伪研究成为清今文经学和近代疑古思潮复兴的源头活水。本文共有三个部分：《尚书》的今古文源流及伪《孔传尚书》经典地位的确立；宋元明对伪《孔传尚书》的疑伪；伪《孔传尚书》作伪的定案与清今文经学的兴起，系统地论述了《尚书》辨伪和清今文经学以及近代疑古思潮的研究。

《史记》"四裔传" 与秦汉时期的边疆民族史研究　王文光、仇学琴，《思想战线》，2008 年第 2 期。汉朝是一个统一的多民族的国家，司马迁所著的《史记》"四裔传"以黄河流域为中心介绍了各边疆民族的发展历史，成为研究汉代各民族发展概况、生产力水平、民族关系及民族融合情况的最基本的史料文献。《史记》"四裔传"包含《匈奴列传》《南越列传》《东越列传》《西南夷列传》《大宛列传》及《朝鲜列传》等文章。本文共有三部分内容：《匈奴列传》与北方民族史的研究；《史记·大宛列传》与西域的民族及民族关系；《南越列传》《东越列传》《西南夷列传》《朝鲜列传》与相关的民族研究。

《史记》与《释名》声训比较研究　寇占民，《北方论丛》，2008 年第 2 期。《史记》不仅是一部历史巨著，更是一部语言著作的典范，司马迁在书中大多运用声训探源的方法诠释事物得名的由来。声训方法的主要源头是司马迁的《史记》，中间经历了许慎的《说文解字》，到后来刘熙的《释名》时蔚然成风。声训探源不仅是语言自身发展过程的规律，同时也具有科学的理据性。本文共有三部分内容：《史记》声训的目的和体例；《释名》声训的目的和体例；《史记》与《释名》声训体例的比较。通过本文能够明白声训法的特点和体例，可以更好地理解《史记》的内容，更深入地了解声训的探源功能。

胡三省《资治通鉴音注》轻唇音的研究　马君花，《宁夏大学学报》（人文社会科学版），2008 年第 2 期。《切韵》和《广韵》的轻重唇音是不加区分的，到宋末元初的胡三省时代，共同语的标准读书音系统里的轻唇音实现了彻底分化，故胡三省在音注时，轻唇音反切的上字都一概选用轻唇音字。轻唇音在胡三省的音注中发生奉母清化的现象，非与敷合流，微母与奉母混同，微母与明母不分。本文介绍了胡三省《资治通鉴音注》语音系统中的轻唇音反切上字的选用原则：①反切下字是一、二和四等韵的，其反切上字用重唇音字；②反切下字是传统重纽三等韵，庚三、清、职、之韵字与幽韵明母字、麻三韵明母字的，其反切上字同样用重唇音字；③反切下字是东三、锺、微、虞、废、文、欣、元、阳、尤和凡的，应选轻唇音字作为反切上字。

关于谢灵运诗歌的文献学问题　周兴陆，《复旦学报》（社会科学版），2008 年第 2 期。谢灵运是晋宋时期的著名诗人，其诗歌在当时被广为传颂。在明代嘉靖年间，黄省曾刻本《谢灵运诗集》，是一部非常重要的谢集刊本，原刊本幸尚存于上海图书馆。现今留存的《谢灵运集》都是后世重新辑录的，通过比对各种《谢灵运诗集》，可以了解宋后补辑的谢灵运诗歌的历史流程。本文围绕《谢灵运诗集》介绍了历史上谢灵运诗歌的辑补过程，具体包含两部分内容：黄省曾刻本与谢灵运诗歌的补辑；郑文焯、王闿运批校《谢康乐集》。

戏曲文献学　孙崇涛著，山西出版集团，山西教育出版社，2008 年 2 月。戏曲文献学、戏曲史学和戏曲理论是中国戏曲学的三大基础，也代表着戏曲学研究的三个层次。我国著名戏曲史学和戏曲文献学研究专家孙崇涛先生著《戏曲文献学》一书，论述了戏曲文献学的学科性质、研究对象、范畴、途径、方法等问题，以及戏曲目录学、版本学、校勘学和编纂学的相关知识和实践的操作方法，它不仅是对过去戏曲文献研究的理论总结，更为戏曲文献学的学科建设提供了研究内容和理论框架。本书是作者在多年国内外戏曲文献学教学工作基础上形成的一部教材，是我国首部公开出版的戏曲文献学概论著作，它充实了国学的相关内容，给广大戏曲工作者、学习者、研究者和教学者提供了参考。

《诗经》采摘诗研究　莫玉逢，《晋中学院学报》，2008 年第 2 期。本文基于《诗经》中采摘诗的分类展开，共三部分内容。《诗经》的内容丰富多彩，是我国极为优秀的诗歌总集。《诗经》中有许多"采摘诗"，以"采"的摘取、折取之意表达思念怀人之情，这类诗歌分为三类：以"采"字比兴的诗歌、以采摘某种植物表达思念之情的诗歌、以记录采摘的过程来表现国家繁荣昌盛的诗歌。《诗经》中的"采摘诗"运用了大量比兴的手法，以"采"兴政事，以"采"讽刺时政，以"采"抒发怨愤，使诗歌极富有感染力。采摘诗也是农事诗的一种，不仅记录了采摘的行为动作，还记载了劳动者的心理活动，在一定程度上反映了国家繁荣昌盛的局面。

出土文献与《论语》研究　陈良武，《漳州师范学院学报》（哲学社会科学版），2008 年第 3 期。《论语》是研究我国思想史的重要文献，是一部文学价值非常高的文学著作，在我国文学史上具有很高的地位。从古到今，研究《论语》的著述多如牛毛，但是，在其流传过程中由于受到了误脱、增衍和"疑古思想"等主观与客观因素的影响，对《论语》的研究出现了许多有争议的问题。出土的传世文献和新材料的发现能够有效地消解《论语》在成书、流传及文义释读等方面的争论，促进《论语》研究健康、深入地发展。本文汇集了古今学人的智慧，评述了出土文献对《论语》研究的贡献，包括五部分内容：《论语》出土材料种种、《论语》的结集与成书、《论语》在汉代的流传、定州简本《论语》的校勘价值、结语等。

论语研究的新突破　孔德立，《古籍整理研究学刊》，2008 年第 3 期。黄怀信教授是研究古文献的专家，且长期从事古文献的教学工作，拥有许多学术价值非常高的研究成果，为学术界做出了非常大的贡献。黄教授著有《论语新校释》一书，其中的文本校勘和文义诠释解决了许多困扰人们许久的疑问，纠正了过去的许多错误认识，为正确地理解《论语》和孔子思想奠定了基础。本文从以下三个方面对《新校释》做出了具体的评述：一是校改更加接近《论语》的原始面貌；二是对重要范畴的诠释更加深入准确；三是对原文的分章更为合理。

《尚书》周初文献与《史记》引文对比研究初探　严宝刚，《宁夏大学学报》（人文社会科学版），2008 年第 3 期。《尚书》里众多篇目完成的时间都不尽相同，需要对其进行时间层次的区分，把它们与《史记》的引文进行对比，可以研究汉语史的发展历程。本文选取了《尚书》中处于同一时间层次的5篇周初文献，对比《史记》中相应的引文，研究了从周初到西汉的汉语词汇演变。本文不研究引文对原文增减词的情况，只研究引文词和原文词的关系，包括两部分内容：引文与原文的异同、周初至西汉三组动词演变初探。从周初到西汉，汉语发生了深刻的变化，由于语法系统和基本词汇是语言中最稳定的部分，其变化可以作为语言分期的标准和依据。本文作者认为周初是上古汉语的前期，而西汉是上古汉语的后期，经济性原则与类化原则则是促进词汇演变的两大基本规律。

加强民族古籍保护　构建社会和谐文化　马小琴，《青海民族学院学报》，2008年第3期。本文共两部分内容，具体为：加强少数民族古籍保护工作的现实意义；少数民族古籍保护工作中存在的主要问题及解决措施。少数民族古籍种类繁多、数量巨大、内容丰富，是研究各民族历史文化的第一手资料，是中华民族灿烂文化的重要组成部分。加强少数民族古籍的挖掘和保护具有很大的现实意义，不仅有利于构建社会和谐文化，还有助于建设中华民族共有的精神家园。民族古籍的保护工作要从以下几方面努力：增强各级政府和有关部门对古籍保护的责任感，培养公众的保护意识；从制度方面加大对古籍的保护力度；加强专业训练，更新保护手段；加强对少数民族口碑古籍传承人的保护。

两个《欧阳修全集》通行本之版本系统及其瑕瑜辨略　伍玖清、周建军，《高校图书馆工作》，2008年第3期。本文共三部分内容，主要包括世界书局本和中华书局本《欧阳修全集》的版本系统、世界书局本和中华书局本《欧阳修全集》的差异表现、两种版本各自的主要优点和缺陷等。欧阳修是著名的文学家，他在诗、词、文方面成就卓著，其著作在当世和后世都广为流传，由于翻刻和讹传，其作品在传播过程中版本多样，形色各异。现存的两个通行版本的《欧阳修全集》就存在重大的版本系统差异，这两个版本既都有可赞之处，但也都又存有明显的不足。本文具体地论述了两个《欧阳修全集》通行本的版本系统和它们各自的优点与缺陷，对我们研究欧阳修的著作大有裨益。

浅论《三国志注》的历史文献学价值　陈楠，《山东图书馆季刊》，2008年第3期。裴松之是南北朝时期著名的史学家，受宋文帝诏令为《三国志》作注。裴松之的《三国志注》是研究史学成就的重要依据，好的著述和好的注释相得益彰，乃是史学瑰宝，将流芳后世。本文介绍了裴松之和他的《三国志注》、前人对《三国志注》的研究、《三国志注》的史料价值、《三国志注》的史学史价值及《三国志注》在历史研究方法方面的价值五部分内容。裴注不同于汉末以来注释家重于名物训诂的注释，是注释学的一大进步。裴松之发展了历史考证学，并在这方面作出了巨大的贡献。

《诗经》研究的三种视角　张蕊、俞启定，《中国韵文学刊》，2008年第3期。本文共三部分内容，从三种视角对《诗经》进行了深入的研究，具体为：经学视角——儒家经典；文学视角——诗歌总集；教育视角——教本。《诗经》一直是众人研究的对象，其研究历史久远，成果非常丰富。《诗经》研究的目的、方式和角度从传统到现代不断地变化着，传统上从经学角度研究《诗经》，将《诗经》视为神圣化、政治化的儒家经书；在现代，从文学的角度研究《诗经》，将《诗经》视为优秀的诗歌总集。《诗经》在我国古代还被选为教材进行教授，是儒家经学教育的重要内容，还应从教育的视角对其进行研究。

评顾颉刚的《尚书》研究规划　李吉东，《东岳论丛》，2008年第4期。《尚书》是我国最古老的的历史文献典籍，是研究中国上古史最早、最多的史料，也是考证中国上古历史史实的重要资料。《尚书》不限于儒家研读，更是全社会共读的典籍。顾颉刚对《尚书》和中国古史研究的关系有着深入的认识和理解，他对《尚书》的整理和研究进行了整体的规划，并制订了一系列研究计划。本文介绍了顾颉刚"为什么要研究《尚书》；初步的《尚书》研究计划：三十年代；研究规划的集中探索：五十年代"三部分内容。顾颉刚的规划对《尚书》和其他典籍的整理与研究意义重大，其具体的计划也是我们进一步研究的重要方案，我们要认真地对其进行研究、利用、改进与完善。

谢国桢师学记　商传，《大连大学学报》，2008年第4期。本文共四部分，作者基于亲身感受谈论了自己先师的晚明情结、但开风气、史料功夫、学问旨趣等内容。谢国桢先生是著名的史学家，一生著述颇多，既有务学术基础的史料研究成果，也有开学术风气的开创性研究成果。谢先生的成名作品，研究的多是晚明历史，他是开创晚明史研究的先导，其治学生涯中晚明情结浓重。在晚年，谢先生主要是整理旧著，利用野史笔记材料编写著作，还亲身赴江南访书。但其后期的著作多为阶级斗争的内容，缺乏开创性，偏离了原有的学术特点和学术深度，引起了学术界对其的误解。本文作者对其老师治学的理解不断加深，认为谢国桢老师不再是一位传统学究，而是一位关注历史时代变迁，充满激情，对历史理解深入、透彻的学者。

中国少数民族古籍文献的保护与开发利用　宝音，《内蒙古民族大学学报》（社会科学版），2008 年第 4 期。本文共四部分内容，主要包括少数民族古籍的基本概述、加强现代化手段保护开发民族古籍、利用现代化手段抢救少数民族古籍文献、少数民族古籍文献的开发利用等。我国各少数民族的古籍文献浩如烟海、内容丰富、门类齐全，既有文字文献，又有口碑文献，这些古籍文献真实生动地记载了各少数民族的历史发展情况，具有非常高的史学价值和文化价值。但是，由于各种原因，我国少数民族的古籍文献流损严重，正处于濒危阶段，亟须运用现代化手段对其进行抢救、保护、开发和利用。目前，保护民族古籍的措施主要有延缓型和再生型两种。开发利用少数民族古籍文献要坚持"抢救为主，保护第一"的原则，努力争取稳定的专项经费，对收集的文献进行整理编目，还需各民族地区共同努力。

浅议新疆少数民族古籍的保护和出版　郭德兴，《中共伊犁州委党校学报》，2008 年第 4 期。本文共三部分内容，具体为新疆少数民族文献古籍的现状、当前我区民族古籍保护工作中存在的问题、加强我区民族古籍保护和出版的建议及对策。我国新疆有 12 个世居少数民族，在漫长的历史发展过程中积聚了大量内容丰富的民族古籍，有书籍类、铭刻类、文书类和讲唱类四大类。虽然新疆的民族古籍卷帙浩繁，但不少民族古籍流损严重，正处于濒危状态，民族古籍的保护和开发迫在眉睫。加强新疆民族古籍的保护和出版，首先要加大宣传力度，为民族古籍保护营造一个良好的氛围；其次要改变现有的管理体制，创建民族古籍收藏的专门机构；最后还要运用现代化的先进技术，对少数民族古籍进行科学有效的保护。

探析《汉书·艺文志》序及《方技略》　陈婷，《中医文献杂志》，2008 年第 4 期。本文共四部分内容，包括："条其篇目，撮其旨意"——《汉志》图书整理著录方法；"论其书，以序方技为四种"——《方技略》四分法；"生生之具，王官之一守"——重视医学的思想；"论病以及国，原诊以知政"——以医从政的观点。《汉书·艺文志》是我国现存的最早的一部综合性的官修群书分类目录，依据"条其篇目，撮其旨意"的方法整理著录，分为六艺略、诸子略、诗赋略、兵书略、数术略、方技略六大类，分类简述了秦汉时期学术思想的源流演变，是先秦两汉的学术史大纲。《方技略》著录的是同医药卫生相关的书籍，依据图书内容性质和学术发展情况将医学书籍分为医经、经方、房中和神仙四类，通过小序和大序对医籍进行了宏观描述，它还指出汉代统治者非常重视医学，实行官守其学的制度，并存有以医从政的观念。

满语文献保护开发与历史文化综合研究　赵阿平，《满族研究》，2008年第 4 期。满族为中华民族的文化发展做出了巨大贡献，为人类文明进步提供了许多价值极高的经验和教训。20 世纪以来，满语文献调查研究成果丰硕，人才辈出，在各方的关注下取得了突破性的进展，研究方法有了创新，建立了专门的研究机构，培养了大量的研究人才，开展了学术国际交流，形成了独立的学科。本文主要探讨了满语文献保护调研与整理开发、满语文献与历史文化综合研究、满语文献与相关学科结合研究、学科建设发展与后继人才培养四部分内容。通过保护、开发满语和文献等文化遗产，为深入研究相关学科提供科学有效依据。通过综合研究满语、文献和历史文化，探寻满文化精神的精髓，研究满族治国之道的经验和教训，为我国经济、社会及文化发展提供参考和借鉴。

中国中医科学院图书馆中医古籍保护工作述要　裘俭，《图书馆工作与研究》，2008 年第 5 期。本文共六部分内容，主要包括中国中医科学院图书馆概况、中医古籍保护工作的开展和实施、中医古籍保护科研项目的实施、积极申报全国古籍重点保护单位、中医古籍保护工作任重道远、结语等。中国中医科学院图书馆是我国最早成立、最具特色和优势的中医专业图书馆，在同行业中有着不可替代的重要地位。古籍保护有原生性保护和再生性保护两种。中国中医科学院图书馆一直非常重视古籍的保护和拯救工作，一方面对已经或濒临损毁的古籍进行修复和复原，实行原生性保护；另一方面通过研究和出版，使珍稀的孤善古籍实现再生和传播，进行再生性保护。几十年来，该馆致力于古籍保护和利用等科研工作，承担各级各类专项课题，开展中国传统医药档案文献申报《中国档案文献遗产名录》，组织开展全国中医古籍保护研究培训，积极申报全国古籍重点保护单位，在中医古籍保护工作方面做出了巨大的成绩。

郑樵《通志·乐略》与孔子《诗经》　廖朝琼，《九江学院学报》，2008 年第 5 期。郑樵是宋代著名的史学家，一生搜奇仿古，专心著述，所著的《通志略》是继司马迁之后的一部纪传体通史巨著。《通志·乐略》是郑樵《通志略》中的一略，其中的音乐思想内容深受孔子音乐思想的影响。本文共两部分内容，作者分别对郑樵和孔子的思想以及《乐略》和《诗经》进行了比较研究，认为郑樵《通志·乐略》中所蕴含的"会通"思想与"编次"思想是对孔子音乐思想的继承和发扬，郑樵的《乐略》重新诠释了《诗经》中的音乐思想。

《诗经》燕饮诗与周人的生命意识（下）——《诗经》燕饮诗研究之七　张艳萍，《甘肃联合大学学报》（社会科学版），2008 年第 5 期。本文共两部分内容，具体为以孝为本、福荫子孙。周人的生命意识觉醒后绽放得绚烂多彩，他们非常重视生命质量，对饮食和居所有较高的要求。他们追求人生价值，把福禄寿和富贵乐作为衡量人生价值实现的重要尺度。另外，他们还积极追求人生的完美，努力完美个体的自我涵养，利用庞大的人力资源创造辉煌灿烂的人生。周人认为自己是祖先、自己和后世子孙组成的血缘链中的一环，生命是上继下续的，要对上以孝为本，对下福荫子孙，实现人生价值的最大化。《诗经》燕饮诗较全面地载录了周人在生命意识觉醒后对生命质量的追求，本文作者基于此重点论述了周人追求人生的完美的最高目标。

名师指点　终生受益——著名中医文献学家余瀛鳌教授谈治学与临证　楼绍来、杨悦娅、白玉金、李海英，《中医药文化》，2008 年第 6 期。本文共五部分内容，主要包括：出生世医，由西返中；名师指点，受益终生；潜心研究，著述颇丰；勤于临证，独具匠心；生活勤俭，养生养心。余瀛鳌教授是我国著名的中医文献学家，也是享誉京城的临床大家，长期致力于中医临床的实践和文献研究。余瀛鳌教授出生于中医世家，由西医归返中医，受过多位名师的指导，在临床文献研究方面的学术成就颇为卓著。几十年来，于教授潜心从事古籍整理、文献研究和临床诊疗，有许多新颖独到的见解。在生活方面，于教授秉承父母勤俭勤奋的美德，作风严谨，且非常重视养生养心。

《诗经·郑风》母体文化与诗旨研究　乔彩玲，《河南教育学院学报》

（哲学社会科学版），2008 年第 6 期。本文共三部分内容，主要包括郑国的地理环境和历史变迁、郑国思想文化及其影响下的郑国文艺、《诗经·郑风》诗旨分类研究等。《诗经·郑风》深受学术界青睐，一直是其研究对象，关于它的争论沸扬不止。每一种文化都不仅深受地域文化特点和积淀的影响，还深受民族文化色彩与传承的影响。本文搁置了学术界的种种争议，将《郑风》放在其产生的社会思想文化大背景下，分析了郑国的地理环境、历史变迁、思想文化、政治经济与其影响下的郑国文艺，对其进行了重新诠释。作者还依据《毛诗序》和《诗集传》对《诗经·郑风》的诗旨进行了分类研究，做出了较为客观正确的理解。

《诗经·国风》婚恋诗的地域性研究 李丽萍，《西南民族大学学报》（人文社科版），2008 年第 6 期。《诗经》中的诗歌地域特点鲜明，文化传统积淀浓厚，艺术风格浓重，是一部非常优秀的诗歌文化典籍。从地域角度去研究《诗经》的做法早已有之，本文作者以婚恋诗为题材，基于地域文化的传承、冲撞和变迁，并结合西周的历史事实，根据对诗意的文学理解对《诗经》中的婚恋现象与其文化内涵进行了深入、真实的解析。本文共有四部分内容：王道之本，温柔敦厚；殷商故地，自由奔放；秦豳之风，庄重悲凉；唐风之地，思深朴质。

何晏的《论语》学研究 宋钢，《南京师大学报》（社会科学版），2008 年第 6 期。本文共三部分内容，主要包括《论语集解》之多维透视、何晏《论语》注之形式及意义、结语等。自古以来，对《论语》学的研究层出不穷，相关的研究著述浩如烟海。何晏是《论语》学的研究者，著有《论语集解》一书，此书是现存的最早的研究《论语》学的代表性著作。我们如今所见到的最早的《论语》注，就是依赖何晏先生编著的《论语集解》实现保存和流传。何晏先生不仅研究他人的《论语》学成果，还自己为《论语》作注，并且发表自己的见解。本文作者从多方角度分析了《论语集解》，全面分析了何晏先生著《论语集解》的态度和立场，《论语集解》的特点和意义、地位和价值，还介绍了何晏《论语》注的形式和意义。

《论语》偶辞研究 孙董霞，《甘肃联合大学学报》（社会科学版），2008 年第 6 期。中华民族历代都追求对称的和谐和均衡的整体性，偶辞就是我国这一传统思维方式在语言上的显著反映。在《论语》中，有许多两两对出，结构相近，字数相等，意义关联密切，排列整齐的词组、句子和句组，这类句子具有特别鲜明的形式特征。本文分别从偶对结构在整个句子中所处的位置、偶句上句与下句之间的意义关系及偶对句式的具体形式特征三个角度对《论语》进行了系统的分类研究。《论语》中的偶对句式可以说是对偶句的原始雏形，已形成了丰富多彩的偶对形式，其中有许多精妙的对偶佳句。

民族文字古籍文献数字化保护技术研究项目中的图片存储及呈现 梁弼、钱建军，《电脑知识与技术》，2008年第7期。本文共四部分内容，主要包括引言、图片的存储、图片的呈现、结束语。在信息快速发展的网络时代，图文并茂的网页能使人们更容易地理解相关信息。我国是一个统一的多民族国家，实现少数民族文字古籍文献的数字化信息保护对我国的民族团结和发展意义非常重大。Oracle数据库具有多层次的网络计算功能，非常适合作为存储民族文字古籍文献数字图片的工具。JSP技术具有先进的数据库访问功能，而且代码非常简洁，能够在Web中很好地上传和呈现存储的图片。本文基于B/S模式，改进了以前Web中图片上传和呈现的算法，结合使用Oracle数据库技术和JSP技术，使图片在网上传输和显示的速度有了很大的提升。

浅谈藏族唐卡文献的保护 汪桂琴，《云南档案》，2008年第8期。本文共三部分内容，主要包括藏族唐卡文献的含义及其价值、藏族唐卡文献保存中存在的问题、几点改进意见等。藏族拥有悠久的历史文化，留下了大量丰富的民族历史文献，其中的唐卡文献是藏族文化的特殊载体，具有很高的收藏价值、利用价值与研究价值。本文详细地介绍了藏族唐卡文献的宗教价值、科学价值、历史和政治价值及艺术价值。藏族唐卡文献在保存中面临许多问题：气候环境恶劣、年代久远、光辐射强且日照时间长、气候变化剧烈、保存机构众多且缺乏良好的保管条件。作者提出：要利用现代科学技术，改善唐卡文献的保护环境；建立珍品唐卡特藏室，保护年代久远且有重要价值的档案；唐卡文献的保护工作要特别重视防光；对现有的唐卡文献进行清理和登记。

彝文古籍整理与研究 朱崇先著，民族出版社，2008年9月。彝族是我国西南地区人口最多、跨境居住的少数民族，是历史较为悠久的古老民族之一。彝族有900多万人口，它拥有自己的民族文字——彝语，属于汉藏语系藏缅语族彝语支，其留传的文化典籍浩瀚如海。对彝文古籍进行整理、翻译和出版以及对其文献内涵进行梳理与探讨，要考虑彝族历史发展和社会变迁的历程，熟悉和了解彝族地区的生态环境与人文风情，还要关注该学科领域中学术研究的进展情况、专业建设和理论探索等问题，要切实掌握新的理论和方法，以期能够不断提高彝文古籍整理的质量和文献内涵研究的水平。

谣与童谣的文字学和文献学考源　舒大清，《湖北社会科学》，2008年第10期。我国古代的童谣包含两大类型：纯粹的儿歌童谣、预测政治走向和结局的歌谣。两者的界限是极为明显的。在我国古代，政治童谣被用于预言未来的政治走向，但它和文字学及文献学的渊源却没有得到关注。据史料记载，谣是"䚻"字的通假，是一种判词，故童谣可以说就是一种判词，而这种判词是借助于儿童之口进行传播的。本文作者经过大量史料考证，给童谣下了一个较为准确的定义：童谣就是通过儿童和有心人之口进行散播的事关国家政治局势和重要人物未来结局的预言式歌词。

音乐文献整理的文献学方法及其规范——以"燕乐二十八调"的研究为例　杨晓霭、李玫，《文艺研究》，2008年第11期。音乐学是一个关于音乐的知识系统，其研究方法要遵循学科规范。研究音乐史不仅要分析理解音乐史料，还要把这些史料同保留到现在的音乐传统及出土的文物相互联系起来进行思考。但在音乐文献的整理过程中，文献学方法的运用却有失规范，已直接影响到了对我国古代音乐史诸多问题的认识和总结，"燕乐二十八调"的研究就是一个显著的例子。本文共四部分内容，以"燕乐二十八调"的研究为例，阐述了"燕乐二十八调"的资料搜集与目录版本、资料梳理与校勘考订、资料阅读与辨疑注释、资料分析与探求义理等内容，论述了正确运用文献学方法的重要意义。

北京大学中国古文献研究中心集刊（第8辑）　教育部人文社会科学重点研究基地、北京大学中国古文献研究中心编，北京大学出版社，2009年1月。本书是北京大学研究中国古文献系列辑刊中的第八辑，主要内容如下：论古代小说文献中的儒家文化；论元刊本《礼记集说》文献价值；论《左传》的并后匹嫡——以晋文公为例；宋蜀刻经书版本研究；中国的智慧——吉川幸次郎的《论语》研究；宋明学者论经学与理学之关系；水泽利忠《史记之文献学的研究》述略；释"相国"——读鉴注随札；南宋四明科举略考；《老子》"道"名的形而下背景；元代画家王绎生平交游考；《全宋诗》刘克庄诗补正及相关问题；等等。

当今《史记》研究应走综合化之路 陈莹、张新科，《社会科学评论》，2009年第1期。本文共三部分内容，包括《史记》研究综合化的原因、《史记》研究综合化的层次、《史记》研究综合化的意义等。在新时期，《史记》研究应当有新的思路、方法和成果，应选择走综合化的研究道路。《史记》研究综合化应是多层次的，包括：对前人研究成果的汇总；在前人研究汇总的基础上进行新的辨证；新手段、新方法、新思想及新理论的融通互汇，挖掘《史记》的价值；学科内部的综合化；跨学科、跨文化的综合等。《史记》研究的综合化具有多方面重要意义：协作攻关，发挥多方作用；清理已有成果，找到研究的突破口；实现不同学科的对话，发现新的研究课题；在综合中总结规律，在分析中提高研究水平；在综合化中实现生产化的目标；推动《史记》研究走向世界。

近30年《史记》《汉书》比较研究综述 曾小霞，《陕西教育学院学报》，2009年第1期。本文共三部分内容，包括20世纪后20年《史记》《汉书》比较研究、21世纪以来《史记》《汉书》比较研究、总结等。20世纪后20年以来，学术研究越来越自由化，《史记》与《汉书》比较研究历经简单的"史汉优劣论"、对《史记》与《汉书》进行全面系统的比较等变迁，向着多元化的方向发展，日益成为学术界关注的焦点。《史记》和《汉书》的比较研究大致分为两个阶段：20世纪后20年和21世纪后。本文较为详细地分析了《史记》与《汉书》在这两个阶段比较研究的状况和特征。第一阶段的研究是比较简单的优劣论分析，而在第二阶段，大大拓宽了引用的材料，加强了文学性比较研究，并立足于时代背景，比较客观地分析了《汉书》和《史记》各自的优势，为创作更多的《史记》和《汉书》比较研究的专著奠定了基础。

中国现代文学文献学之建立（上） 徐鹏绪、逄锦波，《东方论坛》，2009年第1期。本文包括引论和总论两部分内容。文献学是关乎文献整理的理论、方法和规律的学科，它是从历代的文献整理中慢慢产生并发展起来的。中国现代文学文献学是从中国文学文献学中分化出来的，其研究对象非常广泛和全面，包括有原创性基本文献、整理和研究原始文献而派生的二级文献以及作家的生平史料等。新建的中国现代文学文献学理论体系应是由总论、本体论和功能论这三个板块构成的，要科学地界定文献学的研究对象、基本概念和研究范畴，融通中国古典文献学与西方现代文献学的理论方法，还要凸显文献长期以来被忽视的人文内涵，深入地挖掘文献在传播中的人文价值。

古代文学研究的文献学方法论　凌郁之，《苏州科技学院学报》（社会科学版），2009 年第 1 期。本文共三部分内容，分别从方法层面、风气层面、精神层面对古代文学研究的文献考据进行了探讨。文献学在中国学术史上可谓源远流长，在多层次的古代文学研究中位于最底部的基础层面，发挥着必不可少的基础作用。在方法层面上，文献学是一种治学方法，是文史研究工作最基本和最必要的方法。在风气层面上，文献学崇尚求真务实的学风特色，力图扶正蹈虚浮薄的不良之风。在精神层面上，文献学兼具实证精神和人文精神，推崇耕耘实践，并且重视古代文学学科的人文性质。作者认为，古代文学研究应坚持实学求是的精神原则，提倡严谨务实的学风建设，还要鼓励自由的思想，其最高境界应当是诗性和理性、文艺学和文献学以及人文精神和科学精神实现完美的结合。

武术古籍整理与研究　郑勤、王玉德、张霞，《体育文化导刊》，2009年第 1 期。本文包括三部分内容，武术古籍概述、新中国成立以来武术古籍的整理情况及新中国成立以来武术古籍的研究现状。在第一部分，为了研究方便，作者重新界定了武术古籍成书的时间及其整理的时间，并根据武术古籍中武术内容成分的轻重将其分为一目了然的武术书、双重性质的武术文献和有武术内容的文献三种类别。在第二部分，作者以《武经总要》《武备志》及《拳经》等三部各有特点的书为例，详细阐述了新中国成立以来我国武术古籍的整理情况。在第三部分，作者对已整理的作品和武术挖掘工作的挖整结果进行了探讨，并从文献学和史学角度探讨了武术古籍的整理情况。

中国历史文献学与中国史学史的交叠与分野　谢贵安，《湖北大学学报》（哲学社会科学版），2009 年第 2 期。本文共四部分内容，主要包括问题的提出、中国历史文献学与中国史学史的交叠、中国历史文献学与中国史学史的分野、结论。一级学科历史学下设有两个二级学科，分别为中国历史文献学和中国史学史，二者之间既有交叠又存在分野，形成了既相互关联，又自成一体的学术体系。一方面，历史文献学与史学史有共同的研究对象，其各自研究的典籍和史籍有交叠的部分，二者的研究人员也往往身兼二职。另一方面，两个学科在基础层面的差异正日趋扩大，交叠部分的比例在日益缩小，高级层面也逐渐发生分野，在历史学科的内部还形成了相应的专业分工，这说明，中国历史文献学和中国史学史之间存在显著的差别。可见，人文学科的体系不是恒定不变的，其深受研究主体的主观影响。

今文《尚书》用韵研究　吕胜男，《中国韵文学刊》，2009 年第 2 期。《诗经》一直以来是研究上古音韵的重要语言文献材料，而作为源头性文献的《尚书》却被人忽视了音韵研究的价值，至今没有关于《尚书》的音韵研究论著。《尚书》是我国最早、最为重要的政治历史文献，不但是研究上古历史的重要文献依据，而且是研究上古语言现象的重要文献资料。本文通过对今文《尚书》小句句末字的用韵情况进行统计和分析，归纳其韵例，揭示了今文《尚书》用韵的独特性。

明清《史记》《汉书》比较研究综述　曾小霞，《苏州大学学报》（哲学社会科学版），2009 年第 2 期。本文共三部分内容，主要包括以评点为主的明代《史》《汉》研究、总结与开拓并行的清代研究、总结。《史记》与《汉书》的比较研究自唐前简单的优劣论，逐渐发展到了明清的互有得失论，这一进步是非常了不起的。明清两代的《史记》《汉书》比较研究不仅继承了前人，而且进一步开拓了研究视野和研究方法，呈现新的特色，研究还更加重视评论的形象性与准确性。具体而言，明代的《史》《汉》研究以点评为主，出现了以点评为主和评论汇总的专著，研究侧重于文学风格、情旨、叙事等文学因素的比较，还将小说评论同《史记》作比附研究。清代的研究以考据为主，总结与开拓并行，注重方法论的反思，进一步注意到史书的文学性，探讨班、马异同的论著也日益增多，不再笼统褒贬，主张更加科学的互有得失论，更从是否易学的角度探析两书的风格，文学流派还对史书进行自觉的探讨和学习。

孙楷第与中国古典小说文献学之创立　余来明，《明清小说研究》，2009 年第 2 期。20 世纪 30 年代，中国古典小说的研究取得了很大的进展，孙楷第以自身切实的研究实践在其中做出了极为突出的贡献。本文共分为三部分内容，详细地分析了孙楷第的中国古典小说文献研究。作者在第一部分系统地介绍了孙楷第的学术生涯和学术思路，他以小说文献学为学术研究方向，研究古籍训诂和校勘。孙先生从目录学出发，深入地研究了小说的流变和发展。在第二部分，作者认为，孙氏著的《三言二拍源流考》，开创了"旁证"式的古典小说文献研究理路，考析小说本身来源并探讨小说史相关问题，这确立了孙氏研究中国古典小说的基本思路，也深刻地启发了后来的小说研究者。在第三部分，作者指出，《中国通俗小说书目》《日本东京所见中国小说书目提要》及《大连图书馆所见中国小说书目提要》，号称"中国小说三书目"，是孙氏在古典小说文献学研究领域的扛鼎之作。孙氏在编录小说书目过程中，还从文献学角度对中国通俗小说进行了合理地分类，建立了较为明确的分类观念与辨体意识。

宋代晁氏宗族的文学和文献学成就　景圣琪，《山西师大学报》（社会科学版），2009 年第 2 期。本文共两部分内容，包括"父子同翰林，文辞吐清芳：晁氏族人的文学成就；朝坐公衙上，暮校万卷书：晁氏族人的文献学贡献"。宋代的晁氏家族，具有爱藏书和积极教育子弟读书的优良传统，是著名的文化家族，历代以诗书传家，不仅多有文华之士，还多擅长经世致用的仕宦之才，为我国的文学和文献学做出了杰出的贡献。收藏、研究和传承历代典籍、金石和书画等文献，记载和传播当时朝章典故和先贤前言往行，这些构成了晁氏堪称世代文献传承大家族的完整内涵。晁氏家族的文化传承，不仅依靠物质载体，还借助了高层社交文化圈。晁氏家族的教育模式和对文化传承的高度责任感，对我们认识家族文化的发展具有非常重要的价值和意义，其爱书和藏书的传统也尤为值得我们学习。

图像文献的文献价值——以中国古代书画史作品为例　郭建平、杜沏，《艺术百家》，2009 年第 2 期。本文共两部分内容，包括图像文献的概念及其发展、图像文献对其他学科的影响。中国书画史的发展不仅依赖古籍文字的承载，图像作为重要的文化信息载体，在其中也发挥了很大作用。图像文献比文字文献更加直观和生动，很多时候是补充文字文献资料的旁证或佐证，与文字文献共同作用说明问题，其在艺术史上起着主导性的作用。但是，图像往往只是间接地反映社会问题，自身隐含的丰富信息有其特定的文化密码和特殊的语言与形式密码，这就需要接受者有一定的观看能力。

流失海外纳西族东巴经档案文献保护研究　华林，《云南档案》，2009年第 2 期。纳西族东巴经档案文献是非常重要的档案文化遗产，也是极为珍贵的人类历史文化遗产，但由于历史的或人为的原因，大量的东巴经档案文献流失于海外。本文论述了东巴文的创制、东巴经档案文献的形成和构成、东巴经档案文献流失海外状况和分布情况。在最后，作者提出了东巴经档案文献流失海外的保护对策：建立东巴经档案文献的保护和抢救机制；做好民间现存东巴经档案文献的征集和保护工作；处理好东巴经档案文献的立法保护和古籍市场的规范问题；对流失海外的东巴经档案文献进行征集和追索。

简论《道藏》的分类　傅雪峰、吴燕，《解放军艺术学院学报》，2009年第2期。本文共四部分内容，主要包括引言、《道藏》的历史、"三洞四辅十二部"分类法、《道藏》分类的学术评价等。由历代道家典籍汇编而成的《道藏》，是一部大型的丛书，对其进行纂修已成为千年来整理道教典籍的基本形式。《道藏》的整理一直都采用"三洞四辅十二部"的分类法，该种方法在一定时期内比较科学、合理地反映了道教的流派传承与典籍分布的特点。三洞四辅十二部的分类法是道教特有的对道经的分类法，三洞包括洞真部、洞玄部和洞神部；四辅是用于辅助或补充三洞编目的经书的，包括太玄部、太平部、太清部和正一部；十二部是对三洞编目经书的细分，包括本文、神符、玉诀、灵图等。不过，随着历史的发展，三洞四辅十二部的分类方法渐渐变得神化和僵化，慢慢脱离了道教及其典籍的发展特点。

杨简《诗经》研究的心学特色　叶文举，《孔子研究》，2009年第2期。本文共三部分内容——"本心"（"道心"）：杨简《诗经》研究的本体解说；"思无邪"：杨简《诗经》研究的道德解说；"道不离于日用""不必于《诗》外求说"等。杨简是心学思想的集大成者，为陆九渊的传人，一生著述颇丰。杨简对《诗经》进行了深入的研究，并在其研究成果中宣扬了自己的心学思想，他基于本心，即道心，对《诗经》进行了本体上的解说，又以"思无邪"阐释了《诗经》的道德含义。杨先生认为每个人的内心自有道心，主张"道不离于日用"和"不必于《诗经》外求说"。心学一派"六经注我"的研究方法在杨简的《诗经》研究中得到了最鲜明的践履。

闻一多《诗经》研究对《诗经》中情诗读法的影响　钟晓华，《云梦学刊》，2009年第2期。本文共四部分内容，主要包括"分类研究：情爱抒发下的世情底色；训诂考据：场景复原中的鲜活生命；鉴赏沟通：诗性叙述中的文学眼光；文化阐释：人类文化学的得失之间"。闻一多《诗经》研究对《诗经》情诗的读法有很大的影响，他开创分类研究，使得《诗经》中情诗的篇目在分类诠释中逐渐界定、细分和明确。闻先生热衷于考据训诂之学，讲求读懂情诗的隐语，其诗歌总体观念深切地发掘出了《诗经》情诗读法所包含的文学魅力。独特的文学的感知和联想能力，使闻一多先生拥有了鉴赏《诗经》情诗的灵泉。闻一多先生采用传统考据和现代思辨相结合的方法，成功地阐释了《诗经》情诗，同当前盛行的具有争议的原型研究与文化人类学研究形成了对照，启示我们在作者缺席和模糊的情况下，《诗经》情诗的读法要合乎文本的整体逻辑性，同时有效解释应当较大限度地反映作者当时所处的语境。

新时期《诗经》意象研究述评　王双，《河北大学学报》（哲学社会科学版），2009 年第 2 期。新时期，《诗经》的意象研究异常繁盛，不仅有对原型意象的解读和文化背景的探源，还有对文学意象的论析和审美功能的阐释。新时期的《诗经》意象研究有大量的学术论文，其范畴涵盖鱼、鸟等动物意象，莲等植物意象以及山、水、云、雨等自然意象。《诗经》原型意象的研究在改革开放的新时期成果卓著：供研究的原型意象物逐渐增多，研究领域日益扩大；文学的文化研究成为主流形态；《诗经》中的原型意象得到更贴近原初状态的解读，一些历有争议或遭歧解诗篇的题旨诗意得到了更正确的阐释。

孔子思想的内在体系——徐复观《论语》研究的解释进路　刘毅青，《孔子研究》，2009 年第 3 期。本文共三部分内容。关于《论语》的现代阐释有不同的解释学态度，体现了不同的价值意向及文化观念。徐复观认为孔子思想是具体生命中的理性所展现的合理性，重视的是行动和实践，即知行合一。孔子的思想体现在具体的人格方面，通过生活言语表达出来，并以实践人格赋予其新的内容，徐复观称这些与人格相关的思想名词为"质地名词"。对《论语》的现代阐释应把握其特殊的概念体系及其内在的逻辑特征，只有这样才能正确理解《论语》，对其做出更为符合原意的解释。

中药文献学（第 2 版）　丁安伟主编，科学出版社，2009 年 3 月。本书是 21 世纪高等医药院校教材，系统地介绍了文献学理论与应用知识。本书对第 1 版教材进行了比较全面的修订与更新，主要内容有绪论、中药文献学基础知识、古代中药文献、现代中药文献、外文中药文献、中药文献的计算机检索、中药文献的应用等。另外，本书后面还附有古代重要中药文献一览表、重要中药中文期刊一览表、SCI 收录国内外核心期刊一览表以及重要网站域名一览表等，以供相关查阅。

文字学模式还是符号学模式——对《易经》卦画的一种解释　秦国杨，《内江师范学院学报》，2009 年第 3 期。本文论述了《易经》卦画解释的文字学模式与符号模式，主要内容有阴阳观念与阴阳概念的区分、文字学解释模式的困惑及符号学的解释模式。作者认为如果将《易经》的阴阳卦画完全纳入文字学解释模式下，会有许多难解的问题；将《易经》卦画以符号学的模式解读，结合符号学语言和言语、所指和能指、组合段和系统、直接意指和含蓄意指等进行考察，从解释的力度与解释的适用范围上看，后者更适合《周易》的哲学体系。另外，《易经》卦画的文字学的解释模式并非一无是处，它显示了在《周易》哲学体系中从阴阳观念到阴阳概念的转变。

杜诗学文献研究的集大成之作——简评《杜集叙录》　王静、刘冰莉，《杜甫研究学刊》，2009 年第 3 期。本文共三部分内容，主要包括：搜罗殆尽，体例公允；甄别正误，还原本貌；考补阙失，慎下结论。从唐朝开始，杜诗学文献的整理和研究呈繁荣态势，尤其在宋代和清代达到了高峰。近期，由齐鲁书社出版发行的《杜集叙录》，是一部经过众多学者苦心整理、广泛搜寻、去伪存真的杜诗学文献巨著。《杜集叙录》一书深入地研究梳理了从宋代到现在在国内外流传的杜集文献，还对之前的相关文献做了大量的辨伪考订工作，是目前比较完善的杜诗史学的文献，具有很高的价值。

《诗经·周南·卷耳》接受史研究　刘小双，《安徽广播电视大学学报》，2009 年第 3 期。接受史是诗歌潜在意义外化形式的衍化史，是文献作品在不同的历史阶段经过读者解释后所呈现的具体面貌，即读者阅读经验的演变史，它也是接受美学的重要组成部分。《诗经》为我国第一部诗歌总集，它从出现后便不断地被阐释、鉴赏以及吸收借用，其拥有数千年的历史。本文从诗歌的主旨内涵、抒情主体及诗歌艺术三个方面对《卷耳》漫长的接受史进行了考察，从中能够看出历代评论家关注的重点随时代发展的变化。从最开始阐发温柔敦厚的诗教，到后来还原诗歌的原貌，并对诗歌的本体进行深入、细致及全面的考察，这里面不仅能看出时代思想对文学艺术的影响，更能反映诗歌批评理论的不断发展与成熟。

论中西方法律文化的相似性——《法律与宗教》与《论语》的比较研究　吴斌，《聊城大学学报》（社会科学版），2009 年第 4 期。诸学者一直都非常关注东西方法律传统的类似点和包含法律传统的不同文化的交流的可能性。我们关注和论说的一切，实际上都是基于既有的文化积累，都是对古老真理和前人思想的延续或引申。人们寻找真理的路径千差万别，故而都拥有各自相互独立又彼此相关的文化内容，不同地域的信仰和文化也在不断地进行着交流和碰撞，更出现了精神信念的分享和文化创造的持续更新。在近些年，随着国人对历史沉疴的不断反思以及与当今世界的日渐融合，我们发现自身的文化处境和西方是有许多相似之处的，这使得更多的中西文化交流和对话成为可能，也让体用之争和优劣之争失去了原有的意义。我们真正需要的，不是直接地获得一个简单的结论，而是在争论与辩难的途中停留探索。本文对伯尔曼的《法律与宗教》和中国古代的经典典籍《论语》进行了比较研究，并审视了当下的文化现状，证明了上述结论的合理性。

《国语》、《左传》、《史记》中的晋文公重耳形象比较研究　马婷婷，《和田师范专科学校学报》，2009 年第 4 期。本文共两部分内容，包括流亡之重耳形象和称霸之晋文公形象。本文比较研究了《国语》《左传》及《史记》三部有名著作中的晋文公形象，更进一步地反映了晋文公的人物形象和作者的创作倾向。晋文公在这三部典籍中的形象基本相似但也有不同之处：《国语》里的晋文公从善如流，但缺少了些霸气和沉着果断的决策能力；《左传》里的晋文公满怀英雄气概；《史记》里晋文公的形象更加具有立体感，司马迁有力地刻画了人物的成长和性格发展的过程。

朱彝尊手抄本《长生殿》　冷桂军，《苏州教育学院学报》，2009 年第 4 期。近来，偶然间发现了朱彝尊手抄的《长生殿》残本，从中能够看出《长生殿》在舞台上传承过程中的发展变化。经对比发现，朱彝尊的手抄本和通行本的角色称谓是不一样的，其中的一些出目没有下场诗，两种版本的宾白也相差很大。尤其在第二十四出《惊变》，其所用的曲牌就不一样，曲词也差别甚远。在"南泣颜回"曲子之后，朱本用的是一支"黄龙滚"曲子，而徐本则用的是"北斗鹌鹑"曲子。朱本附加了一段由没有意义的语气词构成的唱段，用来表现杨贵妃神志朦胧的醉意和娇态。若能够将"黄龙滚"这段戏搬上昆曲的舞台，必将使杨贵妃的形象表现得更加生动和丰满。

抢救少数民族古籍　保护人类共有遗产——简述锡伯族古籍总目提要编纂工作　郭德兴，《中共伊犁州委党校学报》，2009 年第 4 期。本文共三部分内容。锡伯族是鲜卑后裔，拥有悠久的历史和深厚的民族文化。锡伯族的先民在漫长的社会实践中创造了大量的民族古籍文化遗产，如吉普西语、呼吐木文等。锡伯族珍贵的古籍文化遗产不仅是我们中华民族的，更是属于全人类的，我们有责任做好抢救锡伯族古籍文献的工作，努力保护好人类共有的文化遗产。本文简述了锡伯族古籍总目提要编纂工作，呼吁人们努力保护优秀的民族古籍文化遗产。

试论《诗品》的文学文献学价值　辛晓玲，《图书与情报》，2009 年第 4 期。南朝（梁）钟嵘撰写的《诗品》三卷，是我国首部系统的自觉的文学批评著作，在文学理论和文学批评史上都有很高的地位。本文基于文学和文献学的视角探讨《诗品》的价值，进一步深化了《诗品》的研究。《诗品》不但开了我国诗话的先河，而且为我国的文学批评开辟了一个全新的领域，也使中国的文献宝库添加了新样式。另外，《诗品》异文为校勘相关文献提供了有效资料，也为正确地理解钟嵘文学思想提供了线索。

常用中医古籍数据库评价与分析　李兵、贾守凯，《陕西中医学院学报》，2009 年第 4 期。本文共五部分内容，主要包括中医古籍数据库建设概述、中医古籍数据库的评价指标、中医古籍数据库评价体系的构建、常用中医古籍数据库的对比分析、结语。目前，对中医古籍进行整理和利用的一个新方向就是将中医古籍数字化，并建立中医古籍数据库。本文基于对中医古籍数据库的特点与用户对象的调查，提出了中医古籍数据库的评价要素及指标：内容评价、检索功能、辅助功能和服务功能。构建中医古籍数据库评价体系可以采用文献调研法、网上特菲尔专家调查法和基于指数标度的层次分析法。基于上述评价指标体系，又结合当今中医古籍数据库的利用情况，本文还对常用的古籍数据库进行了对比分析。

藏书家、古典戏曲文献学家傅惜华　李慧，《贵州文史丛刊》，2009 年第 4 期。傅惜华是 20 世纪有名的藏书家、古典戏曲文献和俗文学研究专家,一生著述颇丰,留存有大量的藏书,在戏曲目录学领域也有突出的贡献。在 30 年代,傅惜华就以收藏戏曲、小说等俗文学文献名扬于世,其苦心孤诣收集到的珍贵古籍文献有明万历本《荆钗记》、金陵富春堂刻本《西厢记》(南西厢最古本)、天启三年刻本《博笑记》等。本文从图书典籍的视角出发,简略论述了傅惜华对中国戏曲典籍的收藏保存、著录传播及捐公奉献。

近百年来《论语》语言研究述评 张忠堂,《山西师大学报》(社会科学版),2009 年第 5 期。本文共三部分内容,主要包括近百年来的研究回顾、当前研究存在的问题、今后的研究设想。近百年来,《论语》词汇、构词法及句法等方面的研究硕果显著。其一,从研究趋势的角度看,《论语》词汇较受学者重视,而词法与句法则易被忽略。其二,从研究方法的角度看,专题描写和比较稍多,语法化分析、语义特征分析及配价分析等现代语言学方法还处于初始的尝试阶段。现阶段的《论语》语言研究尚存在两点不足:一是倾向于传统题目和热点题目,对未涉猎的新领域缺乏热情;二是倾向于"例证"式考据,忽略了对现代语言学理论与方法的借鉴。本文作者提出要加大《论语》语言研究的批评继承、自主创新、综合研究及历史考察的力度,同时要突出两个重点:彻底描写《论语》各类词汇的特点与功能;全面归纳《论语》的句型、句式及句类系统。

谢国桢与清代学术史研究 武少民,《东北师大学报》(哲学社会科学版),2009 年第 5 期。谢国桢是中国 20 世纪著名的史学家,对清代学术史颇有研究,成果卓著。本文共三部分内容,主要包括论明末清初的学风、论乾嘉时期的学术成就、论晚清学术的嬗变。谢国桢先生认为明末清初为我国的文艺复兴时期,他辩证地看待了乾嘉学派,既充分肯定其学术贡献,也客观地指出其考古不知今、识小不识大、考证琐碎、缺乏体系等不足之处。谢先生高度赞扬全祖望等富于爱国热情的历史学家,此举彰显了他希望唤起民族精神的爱国情怀。对于晚清的学术,谢先生着重研究了学术嬗变同时代发展的关系,高度评价了晚清时期的公羊学派,赞扬了龚自珍和魏源反映时代的治学精神,并客观评述了梁启超先生在清末的学术地位。

古文献问学丛稿 王华宝著,中华书局,2009 年 5 月。王华宝是中国古典文献学博士，身居中国史记研究会理事及中国训诂学研究会理事等职，致力于古籍编辑整理工作 20 多年，先后 20 多次荣获省部级和国家级的图书奖。本书就是作者长期从事古文献整理和古汉语研究的成果辑选，贯彻了理论和实践相结合的原则，具有很高的学术价值。在本书中，作者着重探究了些许著名史学文献和文学文献在整理校勘、词语考释及标点使用等诸多方面存在的问题，还对古文献整理研究中的校勘方法和原则进行了论述。本书的最后还附有两篇文章，分别阐释了章太炎、黄侃及徐复等学术大师的治学特色与学术成就。

中国少数民族文献学研究　包和平编著，国家图书馆出版社，2009 年 5 月。少数民族文献是我国民族文化的重要内容，其历史价值、文化价值和学术价值极高。近年来，学术界将少数民族文献的研究提上了日程，少数民族文献学已经成为了一门新兴学科。本书基于少数民族文献、少数民族文献目录和少数民族文献的管理这三个专题，对少数民族文献进行了系统研究，还论及了少数民族文献学的基本理论及少数民族文献工作的基本知识。为了进一步提高我国少数民族文献工作的水平，推进我国少数民族文献事业的发展以及向建设与发展民族地区社会提供更好的服务，需要继续加强对少数民族文献学的研究，建立更加完善的少数民族文献学理论体系，还要努力构建具有中国民族特色的少数民族文献学。

试论陈垣对历史文献学的建基性贡献　崔文媛，《河南师范大学学报》（哲学社会科学版），2009 年第 5 期。陈垣是我国著名的历史学家和教育学家，为我国的历史文献学、宗教史等诸多领域做出了突出贡献，被学术界誉为"民国以来史学的开山大师"。本文系统地探讨了陈垣在历史文献学领域的贡献，为客观地评价其在我国历史文献学发展史上的地位奠定了基础。主要内容有陈垣在目录学方面的贡献、陈垣创立校勘学方法论、陈垣在历史年代学和避讳学方面的成就等。陈垣以目录学开启了历史学领域的研究，非常重视总结和提升校勘方法的理论，为我国的古籍校勘提供了科学的理论指导，用心研究中外纪年的问题，创设了历史年代学，并对我国古代的避讳风习进行了归纳总结。

简述高等中医院校图书馆古籍保护与开发利用——以南京中医药大学图书馆为例　刘小兵、顾宁一，《江西中医学院学报》，2009 年第 5 期。本文共七部分内容，主要包括中医古籍现状、中医药古籍保护工作的开展、馆藏古籍文献的开发与利用、加强古籍保护人员的培养及古籍保护机构的建设、争取学校在财力方面的大力支持、围绕着丰富的馆藏古籍开展学术研究活动、结语。中医药古籍是我国优秀的历史文化遗产，其中包含了丰富的医学知识和哲学思想，有极高的学术研究价值。在我国，各高等中医院校均藏有一定数量的古医籍，自然担负起了保护和开发利用中医药古籍的重任。本文以南京中医药大学图书馆为范例，介绍了其保护和开发利用古医籍的成功举措。南京中医药大学图书馆从原生性保护和再生性保护两方面着手，既逐步改善古籍藏书环境，重视古籍修复工作，又努力做好古籍的复制、点校出版及数字化等工作。在古医籍的开发利用方面，南京中医药大学图书馆全面普查了中医古籍资源，编制了馆藏古籍目录，为重大课题研究提供了古籍资源保障。该图书馆还充分发挥自身的人才优势服务社会，并积极申报国家级和省级的古籍重点保护单位。

《诗经》情歌与《仓央嘉措情歌》比较研究　蒋宏、蒲林，《楚雄师范学院学报》，2009 年第 5 期。本文共三部分内容，主要包括理性与禅思、世俗与神圣、顿挫与酣畅等。《诗经》里的情歌和《仓央嘉措情歌》是典型的古代汉藏民间情歌，极受汉藏民众热爱，两者形成的地域环境、社会状况、思维方式及语言文化等存有差异，这就决定了它们的民族特色是不同的，蕴含着不同的情爱元素与民族文化信息。本文于思想内核、题材内容及风格特征等角度对《诗经》的情歌和《仓央嘉措情歌》进行了比较研究，探讨了两者在艺术创作上的民族特色和艺术个性形成的社会文化背景。

法藏敦煌《汉书》节钞本残卷研究　易平，《北京师范大学学报》(社会科学版)，2009 年第 6 期。本文共四部分内容，主要包括敦煌《汉书》节钞本残卷状况、敦煌《汉书》节钞本对原书的删节、敦煌《汉书》节钞本残卷注文来源及其价值、结语。法国巴黎国家图书馆藏有《汉书》写本残卷，其中的《萧何曹参传》《张良传》及《项籍传》残卷是删节隋唐以前《汉书》而成的。本文主要探讨了敦煌《汉书》节钞本残卷对原《汉书》的删节情况和注文情况。为了提供普通读者能够使用的《汉书》简易文本，敦煌《汉书》节钞本只是对《汉书》进行了删节，没有改动其内容，保存了《汉书》原文的本真性。晋灼的《汉书集注》是初唐颜师古《汉书注》的主要依据，敦煌《汉书》节钞本残卷的注文都来源于晋灼

《汉书集注》，并且采用的都是晋灼注释的原文内容。可以说，敦煌《汉书》节钞本残卷为《汉书》的一种特殊文本形式，极为罕见，对研究早期的《汉书》流传和文本变易、汉晋以来《汉书》注释及今本《汉书》的校订具有非常重要的文献价值。

《论语》文学研究 60 年　柳宏、宋展云，《文学评论》，2009 年第 6 期。本文共五部分内容。新中国成立后的 60 年里，《论语》研究逐渐从经学向文学转变，开始了在文学层面研究《论语》的新方向。本文全面回顾了我国 1949 年到 2009 年的《论语》研究进程，总结了其间取得的成果和不足，并提出了《论语》文学研究的切实建议。主要内容有：分析历史上忽视《论语》文学属性的原因，全面了解《论语》的文学特征与文学价值；多方位探讨《论语》中的人物形象，更加客观地认识了孔子的形象价值以及在文学史上的意义；深入研究和探索《论语》的语言观、语言实践、语言艺术特色和对后世文学的影响，并提出了一些极富新意的见解等。

颜回形象比较研究——以《论语》、《庄子》为中心　姜波，《学习与实践》，2009 年第 6 期。本文共四部分内容。在中国哲学史上有许多地位特殊的名人，颜回就是其中之一，他生平没有著述，也无功德，但却被誉为"复圣"。《论语》和《庄子》皆成书于战国时期，各自对颜回言行的记载是比较接近历史事实的。本文对比研究了两书中的颜回形象，证实颜回"复圣"的礼遇是实至名归的。颜回杰出的政治思想、好学精神及"颜乐"精神深深地影响了中国的哲学史，对我国精神文明发展的贡献是巨大的。但是，《论语》和《庄子》记载的颜回形象也有不一致之处，故有关颜回的记载是否客观属实，仍需要进一步的考证和探究。

《史记》研究四题　张强，《苏州大学学报》（哲学社会科学版），2009 年第 6 期。本文论述了《史记》研究的四点内容。其一，表是一种重要的体例，用于检索和对照非常方便。《史记》的表共有 10 篇，其中的《秦楚之际月表》最为典型。秦楚这一历史时段，社会变革异常剧烈，司马迁在研究这段历史时将"变"作为关注的焦点。其二，"十表"中的《汉兴以来诸侯王年表》，详细记载了汉定百年来诸侯国变迁的历史和汉兴百年来分裂与反分裂的历史。其三，《吴太伯世家》居三十"世家"第一，其中表达的"让"体现了司马迁希望以"让"明礼及以礼规范社会秩序的政治思想。其四，《伯夷列传》为七十二"列传"的首篇，也是司马迁交代史述原则的重要文章，反映了司马迁欲以仁义关心民瘼、反对暴政和争权夺利的意图。司马迁在研究夏商周秦的兴衰时，极为赞成周礼的思想，充分肯定了礼在维护社会秩序中发挥的重要作用。

中国农业古籍数字化综述　王文英，《农业考古》，2009 年第 6 期。本文共四部分内容，主要包括农业古籍整理、农业古籍数字化、农业古籍数据库构建、农业古籍的数字化访问等。农业古籍是中华民族的优秀文化遗产，对其进行数字化整理，便于完成其保护和保存工作，有利于实现资源的共享，推动农史研究，有助于简化古籍整理的工序，节约时间和经费。构建的农业古籍数据库，应从以下几方面努力：农业古籍书目信息数据库、农业古籍图文版类型数据、专题农业古籍全文数据库、大型古籍数据库中的农业古籍、数字图书馆中的农业古籍等。农业古籍的数字化访问方式也应是多元的，包括书目检索的多样化、参考咨询服务、相关网站链接及农业古籍的展示等。

中草药在古籍保护中的应用　牛亚华、刘国正、蔡德英、裘俭、符永驰、刘培生、程英，《中医杂志》，2009 年第 7 期。在我国古代，中草药在古籍保护方面发挥了重要作用。本文基于大量的历史文献资料，试图总结整理古代运用中草药保护和修复古籍的经验，以为现代人们保护古籍提供借鉴。本文共三部分内容。首先介绍了黄柏、芸香草、樟脑、花椒、白及等十余种植物类药物在古籍保护中的应用；其次分述了丹铅、白矾、石灰末、英石等数种矿物类药物在古籍保护中的作用；最后简叙了麝香这唯一一种动物类药物的古籍保护之用。

《论语》中孔子的教师形象研究　刘艳，《学术交流》，2009 年第 9 期。本文共五部分内容，主要包括：具有实事求是、诲人不倦教学态度的师长；运用因材施教、启发式教学方法的智者；注重素质教育、拥有教书育人理念的教育家；幽默风趣、拥有温而厉性格特点的长者；一生锲而不舍、顽强从教的奋斗者等。《论语》是儒家学派的经典著作，其内容贴近生活，采用诗化的言语，言简意赅，含蓄隽永，为世人传颂。《论语》善于通过神情语态的描写塑造人物形象，本文深入研究了《论语》中塑造的孔子这一伟大教师形象，对孔子的形象和地位进行了如上归纳表述。

郑鹤声与《史记》研究　汤城，《东岳论丛》，2009 年第 9 期。本文共两部分内容，包括郑鹤声《史记》研究的特点、郑鹤声《史记》研究的价值和意义。郑鹤声是我国著名的史学大家，曾任职于国立编译馆和中央国史馆，一生著述颇丰，对《史记》有独到的研究。受柳诒微的影响，郑鹤声治学极为严谨扎实，在众多史学领域都有很深的造诣。郑先生的《史记》研究重于"会通"，不偏固于一家之言，并且强调史料的重要性，其研究成果具有非常重要的价值和意义，我们应该予以足够的重视。

对"史料学"、历史文献学与史学史关系的探析　乔治忠，《学术研究》，2009 年第 9 期。本文共四部分内容，主要包括三个专业命题的内涵与视角、单一"史料学"眼光的学术偏差、史学史研究缺位时的学术误区、史学史研究与治史理路等。历史学包含了极丰富的内容，其内部可分出多种专门的研究内容、探讨角度和治学方法。"史料学"、历史文献学与史学史，三者拥有各自的特色和内涵。"史料学"和历史文献学必须置于史学史的大环境中才能走向正确的发展道路，而文献史料的运用须以历史文献学的深入研究为前提。如果史学史研究缺位，只采用单纯的"史料学"眼光，将会致使严重的学术偏差，对一些历史文献产生错误的认知。在史学史的研究中给历史文献做出正确的定性和定位，能够免于陷入学术误区。

何晏《论语集解》研究　徐向群、闫春新，《求索》，2009 年第 10 期。本文共两部分内容，具体为《论语集解》的体例特色和《论语集解》的性质。何晏《论语集解》汇集了众多汉魏《论语》注，由官方的五人集体编撰而成，该书的编撰者拥有不同的学术背景，承载了汉魏时期的学风转折，使本书具有极高的史料价值和思想价值。基于经学史的角度，《论语集解》兼具古论、鲁论和齐论三论的特点。基于思想史的角度，《论语集解》包容了汉魏名教、名法及礼法等诸种思想，还蕴含着魏晋玄学思潮的萌动。《论语集解》可谓是汉魏注的精粹总结，基本上属于汉注系统，其中的王肃《论语》注极具魏晋儒的礼法特色，何晏《论语》注则开创了魏晋经学玄学化的新局面。

《诗经》和《圣经》对中西文学影响的比较研究　于晓梅，《边疆经济与文化》，2009 年第 10 期。本文共三部分内容，主要包括《诗经》对中国文学的影响、《圣经》对西方文学的影响、《诗经》和《圣经》作为经典对中西文学影响的异同等。《诗经》与《圣经》是人类最早的教科书，

274

记载了人类早期的情感经历与生命体验，是人类文明史上极其重要的伟大作品。虽然《诗经》与《圣经》产生的地域和民族有很大差异，但都表达的是人类历史发展进程中的丰富人生体验与生命追求。《诗经》为我国古代优秀的文化遗产，拥有丰富的思想内容与迷人的艺术魅力，对中国文学的发展产生了深远影响。《圣经》是基督文化的结晶与精神支柱，有极高的艺术价值，强烈影响着整个西方文学的发展。

论科举文献的保护与开发利用　刘一彬，《图书馆理论与实践》，2009年第 12 期。本文论述了科举文献及科举文献的保护和开发利用，共四部分内容。其一，对科举文献进行了界定，将其分为科举录、朱卷和八股文三类。其二，阐述了保护科举文献的意义。科举录具备很高的史料价值，因它是古代官方编印的载有及第者几代祖先的文献。朱卷是一本简略的家谱，拥有非常高的文献价值。八股文也并非一无是处，应重新挖掘其研究价值。其三，提出了几点保护科举文献的措施，要健全科举文献遗产的保护制度，加强科举文献保护技术的应用研究等。最后，作者提出，要充分利用丰富的科举文献，更好地为科举学研究服务。

略论回族典籍文献之保护　吕毅、徐黎，《图书馆理论与实践》，2009年第 12 期。本文共两部分内容，具体为保护回族典籍文献的必要性和保护回族典籍文献的可行性措施。本文作者结合自己的工作经历，初步探讨了回族典籍文献的保护问题。回族典籍文献蕴藏丰富，内容广泛，且具有鲜明的民族特色和地域特色，是地方文献和特色文献的重要组成部分。然而，这些宝贵的典籍文献却多有散佚，而且遭到不同程度的损坏，保护回族典籍文献已经迫在眉睫。保护回族典籍文献的可行性措施有宣传普及文献保护意识、积极开展文献修复工作、引进高科技手段实现再生性保护、建立回族典籍文献专藏数据库与专题网站等。

《史记》亡缺研究述评　李景文、宋立，《图书情报工作》，2009 年第 19 期。本文为"总－分－总"结构。引言部分简单介绍了两千年来历代学者对于《史记》亡缺的研究概况，并通过分类梳理将其大致归纳为"十篇全亡说""部分亡佚说""十篇未亡说"三种观点。正文部分为横向分论式，分别对以上三种观点进行了详细的述评。最后总结全文，指出关于《史记》亡缺问题，虽然争辩不休，形成了诸多观点，但至今仍无定论，并提出今后研究应当关注的方向：一是班固所云的"十篇缺，有录无书"

的两个疑问；二是张晏所列的十篇全亡篇目是否正确，以后是否应从全局出发，整体性地研究《史记》，并从中发现哪些篇章可能亡佚，但却被后人所补；三是能否通过旁证来解决问题。

简论儒学文献的演变——《汉书·艺文志》与《隋书·经籍志》之比较 朱晓凤，《经营管理者》，2009年第21期。自孔子删"六经"开始，儒学逐渐成为一个派别，儒学文献经过长期的演变发展，已形成了一个庞大的文献体系，包含了"六经"与儒者的著作和儒学流派与历史等内容。《汉书·艺文志》为我国现有的第一部综合性目录，是先秦到两汉这一时段的学术文化缩影，从中可以发现儒学文献的结构和内容，了解儒学文献的基本著作。《隋书·经籍志》是我国现存的第二部完整的史志目录，为研究东汉到隋代这一时段内的学术文化发展变化提供了重要参考。《隋书·经籍志》基本上是对《汉书·艺文志》的继承，但两书作者的思想境界和材料取舍存有差异，故内容上也是有差别的。本文以"六经"和儒家著作为视角，通过对比分析《汉书·艺文志》与《隋书·经籍志》，简要论述了儒学文献的历史演变及其对后世产生的重要影响。

第五节　阅读文化

耕读传家 何江涛主编，北京图书出版社，2008年3月。本书是中国阅读报告丛书，共五章内容，包括耕读传家、当代家庭阅读事件、家庭将遇良才的理论探讨、社会发展与家庭将遇良才、关于家庭阅读的建议等。书后还附录了家庭阅读与家庭藏书论著索引。图书馆是重要的文化流转场所，肩负着推进社会信息化和推进全民阅读的重任。作者在本书中全面探讨了家庭阅读问题，涉及家庭阅读理论和家庭阅读建议，以及中外家庭阅读的成功经验，为图书馆等社会机构更有效地帮助家庭进行阅读活动提供了便利，极大地推动了全民阅读活动的开展。

书香社会 李东来主编，北京图书馆出版社，2008年4月。本书是中国阅读报告丛书，共分为八章，主要包括社会阅读行动、大众阅读推广、社会阅读研讨、社会阅读机构、社会阅读调查、海外社会阅读情报、阅读观察、社会阅读方式变迁。本书对社会阅读做了全面的论述，内容非常丰富，深受阅读研究者的推崇。此外，本书图文并茂，含有 100 余幅华美的彩色图片，还介绍了一些阅读推广活动的成功经验，深刻启发了图书馆和相关组织阅读推广活动的开展。本书作者强烈呼吁大家关注社会阅读，协力营造书香社会。

卡萨诺瓦是个书痴：关于写作、销售和阅读的真知与奇谈　〔美〕约翰·马克思韦尔·汉密尔顿著，王艺译，生活·读书·新知三联书店，2008 年 4 月。本书是一本关于书的趣谈，用幽默的话语道出了阅读、写作和出版的真实内幕。共九章内容，主要包括：罗格尔·克雷普尔的水产店；市场营销的艺术；拙劣的致谢；与书籍有关的修养；不体面的职业；作品的运气；最容易被偷的书；亲爱的政客先生，请不要写了；包罗万象的图书馆等。书后还附录了图书推销：一项基于我们本性的事业；自助出版：美国梦；关于编辑错误的四大误区等内容。通过本书，读者可以了解图书的丰富历史，也可以了解涵盖写作、市场、促销、评论、代笔和收藏的整个图书业的概况。

爱书人的世界　邱冠华主编，北京图书馆出版社，2008 年 4 月。本书是"中国阅读报告"丛书中的一种，由"爱书人的体验与主张；读什么书，藏什么书；深度报道；爱书人经验交流"四部分组成，该书讲述了许多爱书人的故事与感悟，介绍了公共图书馆全年的借阅情况，研究了中外推荐书目的演变，还向读者推荐了许多有意思的书籍及一些有用的阅读方法。具体内容有：让阅读成为我们的习惯；永远读不完的书；书山学海；名人与藏书；苏州十佳藏书家访谈录；作为爱书人的 CEO 们；科普读物最佳书；阅读起步者的最佳书；深度报道；爱书人经验交流；怎样用书装饰你的家等。本书堪称爱书人的得力顾问，其丰富的内容可以为读者的阅读提供极大的帮助。

教会孩子阅读　储晋编著，华东师范大学出版社，2008 年 5 月。本书包括激趣、方法、训练、参考答案及附录五部分内容，讲述了大量关于阅读的故事和读书的方法，是培养孩子阅读兴趣，教会他们有效阅读的优秀指导书。在前言部分，作者介绍了自己的一堂阅读课和自己是如何教阅读的，他认为优等生不是因为其智力高于一般学生，而是因为他们对阅读有着浓厚的兴趣，并且懂得一些阅读的技巧和方法，所以才更好地掌握了知识。所以，真正学会阅读，使其形成个人的基本素质，再加上适当的训练，就能培养出天才儿童了。

书店的灯光 〔美〕刘易斯·布兹比著，陈体仁译，上海三联书店，2008 年 10 月。本书是作者关于书和书店的回忆，包括了自己阅读的启蒙，描绘了书店的氛围，述说了书和书店的历史及众多和书有关的故事，审视了在网络和电子媒介日新月异发展背景下的书店的未来。本书共包括十章内容，主要有在人群中独处、魔箱、公司、书城、在路上、走出黑暗、大生意、不能因噎废食、灯光温馨的书店和新成员。通过本书，我们可以深切地感受到一个爱书之人对书的无限热情，一个书店从业人员对书店工作的纯粹热爱，强烈地感染着大家一同沉浸于书和书店的美好当中。

读书与藏书之间（二集） 辛德勇著，中华书局，2008 年 10 月。本书是《读书与藏书之间》的续集，选辑的是作者在 2006 年和 2007 年所作的关于古籍收藏和阅读鉴赏的文章，总共 20 篇文章，编为四个专题：怀念与景仰、访书肆与赶书市、收藏与鉴赏、文献学与版刻史。具体内容有送别我的老师、落伍的一年、盛大士《靖逆记》版本源流之判别、说"借书一痴，还书一痴"等。本书同第一集一样，对购书和藏书的记录是既生动又有分量，读书与品书是既勤奋又深入，但是本书日渐侧重于目录学史、历史文献学、书籍史与印刷史，还收录了一些文献学界和藏书界前辈的文章，如黄永年、周绍良等。

1978~2008 私人阅读史 胡洪侠、张清主编，深圳报业集团出版社，2009 年 1 月。本书是中国改革开放 30 年之际，集合 34 位国内一流文化名人对自己的阅读经历进行回味和梳理撰写而成的私人阅读史，是一本阅读价值和文献价值极高的关于书和与书有关的故事的文本。本书介绍了陈思和刘苏里、张冠生及周国平等众多文化界专家的私人阅读历史，回顾了我国 30 年时代背景下的出版的演变。主要内容有：阅读的阳光；我的私人阅读史；这是"摸着石头过河"的 30 年；书的价值不在于是否畅销；通过读书开始自我再启蒙；阅读趋向个人化等。

在亲子阅读活动中拓展少儿图书馆多元化服务领域 孟广菊，《图书情报工作》，2009 年第 S1 期。本文共三部分内容：少年儿童图书馆开展亲子阅读活动的必要性；少儿图书馆开展亲子阅读活动的优势；开展早期阅读、亲子阅读的方法等。在网络化时代，阅读能力是一项很有价值的能力，阅读能力与阅读素养的培养应该从少儿开始。构建少儿图书馆，开展

亲子阅读、分享阅读等形式的阅读活动，有助于从小培养孩子的阅读能力
与阅读素养，帮助少年儿童从小养成利用图书馆的习惯，提高少年儿童的
语言能力，也有利于开拓多元化的少儿图书馆服务领域。

多媒体阅读教学中的认知分析　徐可欣、韩国盛，《现代教育科学》，
2009 年第 S1 期。本文共四部分内容，主要包括阅读模型、多媒体对阅读
的影响、多媒体阅读教学的认知分析、总结等。本文开篇介绍了阅读理
论，谈到在 20 世纪 70 年代美国流行的两种阅读模式：自上而下和自下而
上。基于前一模式，阅读可分为取样、预测、验证及肯定或修正四个阶
段。阅读不只是获取语言层面的信息，更是思维同语言相互作用的过程。
在 E 时代，多媒体阅读教学骤然兴起，本文总结了多媒体阅读这一新颖教
学形式的特点，借助心理学模型的概念，对其做了进一步的认知分析。

高职院校大学生阅读服务对策分析　梁启东、王丽瑜，《情报杂志》，
2009 年第 S1 期。本文共七部分内容，主要包括：结合高职院校实际，形
成办馆机制；加强资源建设，提高图书馆效益；借助网络环境，提供便捷
服务；开展导读活动，激发阅读兴趣；加强读者培训，提高阅读能力；提
高馆员素质，增进服务水平；改善读书环境，营造良好氛围。阮冈纳赞提
出了有名的图书馆学五法则：书是为了用的，每个读者有其书，每本书有
其读者，节省读者的时间，图书馆是一个生长着的有机体。该法则从根本
上阐明了图书馆的职责和功能。本文基于阮冈纳赞的图书馆学五法则，考
虑了大学生的需求特点，从主观和客观、宏观和微观、软件和硬件等角度
分析了大学生阅读的服务对策。

青少年读书会：营造青少年读书会的学习魅力　林美琴著，首都师范
大学出版社，2009 年 1 月。本书的主题是配合教育部在高中职校园推动读书
会，指导热心经营青少年读书会的人筹组和规划开展高中职班级读书活动，
引导和提高青少年阅读、思考及讨论的能力。本书主要内容有展开希望之
翼、漫步阅读花园、做一个心灵捕手、E 世代手工艺四部分，书中还介绍了
如何构建 21 世纪学习型时代的学习观念，如何指导青少年活化阅读和深入
阅读并提高阅读乐趣，如何撰写阅读笔记及心得，如何带领有效的、多元化
的学习和讨论，如何筹组、运作和经营一个成功的青少年读书会。

**以读书活动为载体　促进全民阅读发展——"4·23 世界读书日"读
书征文比赛活动的启示**　王缨缨，《图书馆论坛》，2009 年第 2 期。本文共

三部分内容，具体为做法、效果、启示。4 月 23 日被联合国教科文组织定为世界读书日，旨在向大众推广阅读与写作，宣扬阅读方面的版权意识。本文介绍了汕头市图书馆在世界读书日开展的读书征文比赛活动情况，以此启示图书馆发挥自身的主导作用，利用"世界读书日"等良好活动形式，帮助大众有效阅读，并重视读书的持续性和实效性，让读书成为人们坚持不懈的乐趣和追求。

用书评引领大众阅读　庞红，《图书情报工作》，2009 年第 S2 期。本文共三部分内容，主要包括对国民阅读的现状调查、利用书评引领大众阅读、用书评引领大众阅读的方式。《中华读书报》把 20 世纪 80 年代到现在的流行阅读概括为三个阶段：80 年代的精神阅读、90 年代的物质阅读、新世纪的功利阅读。新世纪，互联网的兴起改变了媒体的格局与人们的阅读习惯，人们仅利用有限的时间和精力，以功利性的浅阅读获取广博的信息。本文解读了我国六次国民阅读状况调查结果，论析了大众阅读的现状，指出书评对引导大众阅读有重要作用，探讨了网络环境下用书评指导阅读的新方式，引导大众有效阅读，构建阅读型社会。

读者阅读需求研究　肖军、翁晓华，《思想战线》，2009 年第 S2 期。本文共三部分内容，主要包括大学生的阅读需求、大学教师的阅读需求、教学计划决定了读者阅读需求。读者是利用文献获取信息和知识的人，既是阅读活动的主体，又是图书馆工作的主要服务对象。对于大学图书馆，主要参与人员为教师和学生，要针对他们的阅读特点和规律，了解他们的阅读需求，做好图书馆的服务工作。图书馆要保证丰富的藏书，提供有价值的文献，提高工作人员的服务质量，更好地满足读者的阅读需求，促进读者对图书馆文献资源的利用和开发。

对近两年图书馆界关于"浅阅读"问题研究的述评　董一凡，《图书馆论坛》，2009 年第 3 期。本文共两部分内容，包括理论研究存在片面性和应对"浅阅读"读者群体的服务策略。近来，图书馆界十分关注"浅阅读问题"，重点研究了浅阅读的含义、特征及服务和策略方面的内容。本文作者梳理了学者对浅阅读的主要观点，提出了自己不同的见解。作者认为浅阅读不是不需思考的跳跃式阅读方法，而是追求短暂视觉快感与心理愉悦，以浅显浏览替代传统阅读的经典阅读；作者认为浅阅读不是一种浅层次、简单轻松的和追求娱乐性的阅读形式，对社会没有所谓的危害严重问题，而是新时代的读者积极应对海量信息的一种有效阅读方法。作者建议，图书馆要贯彻和落实《图书馆服务宣言》的精神，提供人性化和个性化的有效服务，为读者自由方便地利用文献创造良好的条件。

关注当代大学生阅读倾向，发挥大学图书馆在素质教育中的作用　刘量、江凤娟、王丽，《民族教育研究》，2009年第4期。本文共两部分内容，具体为：当代大学生阅读倾向调查数据分析；大学图书馆要积极发挥"第二课堂"的作用，为培养当代大学生综合素质服务。大学是大学生世界观和价值观形成的关键时期，是其素质教育的重要阶段，阅读乃提高当代大学生素质的重要手段。本文基于对中央民族大学学生阅读情况做的问卷调查，做了深入的数据统计与分析，阐述了当代大学生阅读存在的问题。大学生的阅读易受年级、专业和性别的影响，阅读喜好比较单一，限制了他们的全面发展及综合素质的提高。作者建议大学图书馆转变服务方式，发挥其在大学综合素质教育的积极作用，更好地为大学生提高阅读水平服务，辅助大学生形成良好的世界观和价值观，全面提升大学生的综合素质。

阅读心灵：浙江省职工读书征文活动获奖作品集　陈世权、杨谷人主编，人民出版社，2009年4月。为了学习和贯彻党的十七大提出的加强文化建设，提高全民族文明素质，浙江省开展了"人民书店杯"全省职工读书征文大赛活动，受到了民众的强烈支持。本书收录了此次征文活动的获奖作品，分别对特等奖、一等奖、二等奖及三等奖作品进行了介绍。主要内容有：生命的"活水"；知识的港湾——我与职工书屋；读书与我们终身相伴；知识锻造美丽人生——一个女囚的读书故事；读书是我的最爱；在阅读教育专著中成长；花开的声音；变化等。本书内容丰富，文字精彩，事例生动，反映了广大职工对阅读的热爱和感悟，给人以启迪和激励。

高等院校图书馆阅读指导之读书活动研究　黄少玲，《图书馆》，2009年第4期。本文共四部分内容，主要包括：提高阅读水平、增强阅读观念的意义；国内外阅读现状综述；目前大学图书馆阅读指导研究；组织开展形式多样的阅读活动，吸引大学生读者。在知识经济时代，知识含量决定了社会生产的发展，知识分子成为推动社会进步的中流砥柱，而阅读是人们获取知识的重要手段。高等院校的图书馆是重要的阅读和文化交流场所，肩负着指导读者有效阅读和提供阅读服务的重任。高校图书馆的阅读指导工作包括引导新生参观图书馆、开设文献检索课程、展示新书和推荐书目、鼓励学生参加图书馆服务实践工作等。为了推动图书馆阅读指导活动的有效开展，本文综合分析了高校图书馆阅读指导工作的实践与研究状况，深入研究和探讨了提升高校图书馆阅读指导活动的对策。

小型公共图书馆阅读活动探讨　王松国，《图书馆论坛》，2009年第5期。阅读是人们认知的主要方式，而图书馆是向读者提供阅读服务的重要场所。本文介绍了公共图书馆的阅读活动，特别是小型图书馆的阅读活动。主要包括小型公共图书馆的特点、小型公共图书馆阅读活动对象的特点和定位、小型公共图书馆阅读活动的开展方式等内容。作者提出了几点关于小型公共图书馆阅读活动的思考：正确理解阅读活动在日常工作中的位置；阅读活动配合当地教育机构更富有成效；避免短期功利行为，建立长效阅读活动计划。

对大学生信息素养与阅读行为内在联系的研究　赵玉光、文玉萍、曹继春、任福珍，《图书与情报》，2009年第5期。本文共四部分内容，主要包括信息素养的内涵与意义、信息能力与阅读行为、大学生的信息道德与阅读行为、结语。人类文明史可以说是阅读的历史，阅读是人类特有的文明行为与社会现象。信息素养包含信息意识、信息能力与信息道德三个基本要素。阅读行为是读者在阅读过程中表现出的综合行为，反映了读者的信息能力。作者详细阐述了大学生的信息素养与其阅读行为的关系，认为大学生的阅读行为直接受其信息意识影响，主要反映在确定读物、鉴别信息、整合与创新知识及具体课题研究过程中的能力上，还受其信息道德的支配。

论大学生经典阅读　张学军，《图书馆论坛》，2009年第5期。本文共四部分内容，主要包括经典及经典阅读、当代文化背景下"经典阅读"面临的挑战、当代大学生经典阅读探析、高校图书馆如何在经典阅读中构建大学生的精神家园等。经典是具有权威性和典型性，影响广泛深刻的著作。中国的古代经典蕴含了中华民族古文明的精华，能够帮助大学生迅速了解传统文化精髓，对我国大学生精神文明的建设和发展有十分重要的价值与意义。当代社会是知识经济时代，极力提倡大学生素质教育，重视大学生素质的提升，鼓励大学生进行经典阅读就更加重要了。

中美大学生阅读倾向比较研究 赵慧真,《图书馆》,2009 年第 6 期。本文共三部分内容,主要包括中美大学生阅读概况、影响中美大学生阅读倾向差异的因素、改善中国大学生阅读情况的建议。本文比较分析了中美大学生的阅读倾向,发现我国大学生的阅读存有盲目、消遣性和平庸化等不良倾向。通过对比研究,作者认为影响中美大学生阅读倾向差异的原因有:社会文化环境影响读欲、教育制度制约阅读动力、专业的选择影响阅读兴趣、专业细化限制阅读范围、专业教师态度影响阅读实施、信息素质教育影响阅读能力、图书馆教学参考资源影响阅读专业性等。作者提出了改善中国大学生阅读情况的建议:推行通识教育扩大阅读范围;改善教学方式提高阅读兴趣;增强图书馆与教师的合作,提高大学生的信息素养;加强文献资源建设,提供信息资源保障;加强图书馆的导读功能,引导读者的阅读方向。

网络阅读窥见 帕提曼,《图书与情报》,2009 年第 6 期。本文共四部分内容,主要包括互联网及网络阅读的特点、网络阅读实例举要、网络阅读的负面影响、结语。网络阅读拓宽了读者的阅读渠道,有助于营造良好的读书氛围,有利于国民素质的全面提升。但是,网络阅读面临出版把关不严的问题,无法保证阅读文本的知识性和学术规范性,而且网络阅读不利于像文本阅读那样仔细深入研读,一般是快速的浏览式阅读,人们日渐淡化了书本情结,传统的阅读心态遭到颠覆。

浅谈如何利用中学图书馆开展阅读辅导 许苑,《图书与情报》,2009年第 6 期。本文共四部分内容,主要包括"阅读辅导课"的提出、"阅读辅导课"的开展过程、"阅读辅导课"的成效、进一步办好"阅读辅导课"的思考。苏州胥江实验中学率先将本学校的图书馆委托给公共图书馆管理,实行总分馆的管理模式,以便更好地履行学校图书馆的责任,发挥图书馆的职能。调查发现,我国中学生存在阅读时间不足,没有良好的阅读方法等问题。苏州图书馆胥江实验中学分馆提出开展"阅读辅导课",充分发挥公共图书馆的专业优势,探索结合学校的教学需求,将阅读辅导融入学生的学习与生活中,培养中学生的阅读兴趣和利用图书馆的习惯,以提高他们的阅读能力。

阅读 2.0:新一代的图书馆阅读推广 谢蓉、张丽,《大学图书馆学报》,2009 年第 6 期。本文共三部分内容,主要包括阅读 2.0 时代的来临、阅读 2.0 及其特征、阅读 2.0——新一代的图书馆阅读推广等。随着网络科技的快速发展，阅读方式越来越多样化，有在线阅读、手机阅读及手持式阅读器阅读等。有调查表明，网络阅读与数字媒介阅读已迅速普及。纸质阅读逐年下降，电子阅读迅猛增长，图书馆要大力进行图书宣传和推广工作，积极运用阅读 2.0，以保证更好地发挥其阅读服务职能。阅读 2.0 是 Web 2.0 理念和方法在社会阅读中的运用，其方式有与读者互动、运用 OPAC 2.0 与"豆瓣"双向互检、整合海量信息、一键搜索、搭配使用众多的 Web 2.0 工具与发挥区域图书馆共享优势等。

基于阅读价值的科技文献排序方法研究　张光前、刘欣、冯永琴，《情报学报》，2009 年第 6 期。本文共五部分内容，主要包括绪论、文献阅读价值的内涵及相关研究、PaperRank 阅读价值评价指标体系的建立、PaperRank 算法的设计及实现、实例验证与分析。对于科研工作，科研文献是保证其顺利开展的前提和基础，还需要将纷繁的文献资料基于阅读价值进行排序并搜集相关知识。本文鉴于 PageRank 算法，提出和验证了 PaperRank 方法，它是综合考虑反映文献阅读价值的文献内容、期刊、作者及时间等因素以及对文献进行排序的方法。PaperRank 方法不仅可以得到文献阅读价值排序的结果，还能获取相关重要作者与重要文献的知识与信息。作者详细论述了 PaperRank 方法的原理和步骤，指出该方法在以后应注意的问题：期刊的影响因子问题、PaperRank 的可扩展性问题以及实施 PaperRank 方法所需的基础设施和基础工作问题。

数字化阅读：图书馆的挑战与机遇　张正，《图书与情报》，2009 年第 6 期。本文共两部分内容，包括：数字化阅读走上阅读前台；数字化阅读，图书馆的困境与应变之道。阅读是人类获取知识的重要手段，是推动人类文明发展和前进的引擎。随着网络技术的迅速发展，信息的媒介越来越多样化，有电子杂志、博客文章、网上小说、手机书等，数字化阅读已然兴起，它包含一般的网络阅读和移动阅读两层内涵。图书馆是重要的文化传播场所，肩负着社会教育的重任，面对数字化阅读的冲击，它必须不断更新馆内资源，创新服务的内容和方式，积极引导数字化阅读，为建设阅读型社会发挥自身的积极作用。

阅读疗法在青少年灾后心理重建中的运用思路　曾庆苗、李桂华、刘艳，《图书馆》，2009 年第 6 期。本文共三部分内容，主要包括灾区青少年心理特征、阅读疗法的心理治疗作用、运用阅读疗法辅助灾区青少年心理重建的方法与思路。大的灾难会给青少年造成严重的心理创伤，他们情绪浮躁，故意破坏，这种心理失调的问题会持续很长一段时间，及时的心理干预与事后支持能帮助灾区孩子缓解心理问题。阅读疗法具有针对性强、操作性强及易于接受和推行的优点。运用阅读疗法帮助灾区青少年心理重建，要把握灾区青少年的心理状况，从其阅读倾向了解其心理需求，为其选择相应的书目，并持续观察和分析治疗过程中的心理状况，以便继续提出相关方法与思路。

公共图书馆在全民阅读活动中的作用与对策探讨　洪文梅，《图书馆理论与实践》，2009 年第 7 期。本文共三部分内容，主要包括我国全民阅读活动的概况、公共图书馆在推动全民阅读活动中的作用、公共图书馆开展全民阅读活动的措施等。自世界读书日确立后，全民阅读活动得到了极大的发展，成为一项极受推崇的"国家工程"。我国的全民阅读形成了政府主导，各界合力营造氛围，各地共创书香社会的局面。公共图书馆是全民阅读活动的倡导者、组织者与实施者，是全民阅读的文献资源保障中心，是保障公民平等阅读的场所，有促进全民阅读的良好环境，能利用其专业知识指导全民阅读。作者提出了公共图书馆开展全民阅读活动的相应对策，倡导公共图书馆积极发挥自身引导社会阅读、构建和谐社会的作用。

论浅阅读时代图书馆的应对策略　曾雪莲，《中共福建省委党校学报》，2009 年第 7 期。本文共三部分内容，系统论述了浅阅读的原因、特征、负面影响及图书馆的对策。在信息化时代，人们的阅读方式与阅读习惯出现了深刻的变化，日益热衷于各种快餐式阅读，即浅阅读。浅阅读是一种浅层次的、追求简单性和娱乐性的阅读形式，主要表现在：推崇"读图时代"和"动漫时代"，提倡"速读"与"缩读"，推崇"时尚阅读"与"轻松阅读"等。图书馆应对浅阅读应从以下几方面努力：普及深阅读的理念及阅读方法；强化经典阅读，培养读者良好的阅读习惯；加强书目推荐和书评工作，促进导读；营造深阅读的文化氛围。

书前书后：来新夏书话续编　来新夏著，三晋出版社，2009 年 8 月。本书是"花园文丛"系列丛书中的一种，分为藏书与读书、为自己的书写序、书评三部分内容。该书收录了漫话古籍的保护与研究、明清藏书楼随录、读《文史通义·易教·书教》、《书目答问汇补》叙、《来新夏书话》序、《中国方志史》序、鲍延毅教授与《死雅》、评说《书楼寻踪》、藏书与《藏书家》等文章。

不同年代青少年阅读状况比较研究　叶松庆，《出版发行研究》，2009年第9期。不同年代的青少年具有不同的阅读观。本文作者对设定的三个年代（20世纪80年代、90年代、21世纪当前年代）青少年阅读的基本情况，包括青少年阅读书刊的目的、阅读的书刊类别、最喜爱的书刊内容等进行比较研究后发现，不同年代青少年的阅读观主流有一致的地方，他们已养成了阅读的习惯，将阅读作为提高自身思想道德的有效手段，利用阅读来巩固学习效果，总体上看，他们阅读观渐趋成熟，符合社会发展的要求。但也存在一些值得关注的问题，主要表现在两个方面：一是不同年代的青少年有不同的偏向性，20世纪80年代的青少年阅读主要偏向于言情类书刊，90年代的青少年阅读主要偏向于武侠、爱情类书刊，21世纪当前年代青少年阅读主要偏向于休闲类书刊；二是忽视经典名著。文章最后，作者指出，随着年代的进步，青少年阅读的方式日益多样化，有纸质文本阅读、网络阅读、手机阅读等。

从传统走向现代的国民阅读倾向探析　刘其云、王元忠、张雪，《图书馆工作与研究》，2009年第9期。国民阅读反映了一个国家、一个民族的文化素养和价值追求，已引起世界各国的重视。本文探讨了我国的国民阅读从传统到现代的发展演变，分为引言、现实、讨论与对策四部分内容。调查发现，国民阅读率在最近几年持续下降，其原因有媒体多样化的影响和人们功利行为的影响及低俗化的纸质媒体内容的影响等。提高国民阅读率的对策有：政府有作为的行为，作者、编者及出版者的高度责任感，利用好已有的文化设施等。

对现代阅读的多维度解读　卢锋，《出版发行研究》，2009年第9期。阅读是人们更新知识、开阔眼界、提升素养的重要手段，在当今的学习型社会和网络社会，阅读的内容和方式得到了不断的丰富和发展。本文基于多种角度阐释了现代阅读，主要分为五个部分内容：阅读是一种学习方式，应该是全面的和终身的；阅读是一种休闲方式，应该是健康的和文明的；阅读是一种媒介方式，应该是提供服务和不断创新的；阅读是一种精神成长方式，应该走向经典和崇高；阅读是一种交往方式，应该实现共享和和谐。

国外阅读活动现状及启示　王翠萍、宋志强、张艳婷，《图书馆学研究》，2009 年第 9 期。本文共三部分内容，主要包括国外社会阅读存在的主要问题、各国开展的阅读促进活动、启示等。信息化时代，网络和多媒体迅速普及，阅读的内涵与外延不断发生着剧烈变化。本文总结分析了国外阅读活动的状况，发现其存在阅读危机和障碍、阅读习惯变化快、阅读率日渐降低等问题。作者阐述了各国采取的促进阅读的措施，包括阅读调查和评估、政府出台相关法律、阅读计划和项目、图书馆与家庭阅读相结合、志愿者参与等。提倡全民阅读是一项长期的基础性工程，需要不断地加大投入力度，完善各项硬件设施，积极发挥图书馆对阅读活动的促进作用。

视觉文化对少年儿童阅读的影响及对策　朱福才，《图书馆工作与研究》，2009 年第 9 期。本文共三部分内容，主要包括视觉文化对少年儿童阅读的挑战、视觉文化时代少年儿童图书馆的对策、结语。视觉文化，即读图时代，是以图像符号构成，通过视知觉感知的文化形态，其发展给少年儿童的实际阅读造成了极大的冲击。电视、互联网及动漫文化冲淡了书籍文化浓度，诱使少年儿童沉迷于荧屏世界、电脑游戏和虚幻事物，丧失了应有的思考和交流训练，精神也受到了污染。视觉文化时代，面对新的阅读环境，少年儿童图书馆一要以倡导儿童读书为核心，充分发挥其以书育人的教育职能；二要强化网络阅读的导向功能，完善少年儿童图书馆的网站建设。

中国当代阅读史（1949～2009）　徐雁、童翠萍，《图书馆杂志》，2009 年第 9 期。本文结合社会大背景分析了 1949～2009 年的中国阅读历程，将我国 60 年来大众阅读的发展历程梳理为了四个阶段：1949～1966 年、"文革"十年、70 年代末至 80 年代末、90 年代末至今。作者还总结了我国各个时期阅读行为及阅读主题的不同特点，并分析了产生这些特点的原因。

Mobile 2.0 背景下的手机阅读　楼向英、高春玲，《图书馆杂志》，2009 年第 10 期。本文共四部分内容，主要包括：云端的融合——从 Web 2.0 到 Mobile 2.0；什么是 Mobile 2.0 及 Mobile 2.0 的应用；Mobile 2.0 背景下的手机阅读；图书馆需要关注手机阅读。运用 Mobile 2.0 的手机阅读，深刻地影响了读者的阅读和图书馆的服务。手机阅读的内容有阅读RSS收割的信息、手机报、手机杂志、手机小说等。我国手机阅读发展的主要特征是：手机阅读人数明显上升；手持电子图书阅读器中手机阅读的比例最高；手机文学显示出旺盛的生命力和经济效益，引起了商业公司的极大重视。图书馆应当从用户需求、提供信息服务、采集信息资源、优化馆藏资源等角度关注手机阅读。

中国阅读：全民阅读蓝皮书（第一卷）　郝振省、陈威主编，中国书籍出版社、海天出版社，2009年10月。本书是"出版行业研究报告"丛书中的一种，是响应全球推进阅读活动而作的首本对行业内外都有大影响、有高价值的阅读蓝皮书，主要包括领导专论、专题报告、阅读60年、阅读调查、阅读思考及海外阅读等内容。书后附有《关于进一步推动全民阅读活动的通知》、中国全民阅读大事记、中国全民阅读活动相关组织与项目简介、世界各地阅读活动概览、2009年中央国家机关开展的"强素质、做表率"读书活动推荐书目、2009年新闻出版总署第六次向全国青少年推荐的百种优秀书目。

论网络时代新阅读文化的建构　戴文红，《南京社会科学》，2009年第10期。本文共三部分内容，主要包括引言、阅读文化与网络阅读文化的新认知、如何建构网络时代的新阅读文化。网络阅读是一种社会文化系统，有三层内涵：网络阅读产生与发展的物质层面、影响网络阅读文化的制度层面、网络阅读的精神层面。构建网络时代的新阅读文化，引领健康、高效的网络阅读，需要从网络阅读的内涵出发。其一，制度文化层面的构建应包括网络阅读的约束意识、伦理、规范、促进政策等。其二，精神文化层面的构建应包括网络阅读的需求、动机、技能和习惯等。其三，物质文化层面的构建应包括网络阅读的文本、设备等。

60年中国人的阅读心灵史　岛石主编，孙月沐、郝振省丛书主编，中国书籍出版社，2009年10月。本书是丛书"中国图书商报·中国书业书系·聚焦书业60年"中的一种。该书从阅读变迁的角度探寻了我国60年的演变历程。60年来中国发生了巨大的变化，尤其反映在阅读变迁方面。本书分上、中、下三篇：60年个人阅读心灵史、60年阅读文化变迁和60年阅读调查切片。具体内容有"蔡骏：那些影响我的作家们；残雪：书籍里有一个无比深邃的世界；陈彩虹：巨著读来益终生——我读马克思《资本论》的经历；陈晓明：阅读与往事；崔曼莉：传统文化对我的影响源于小人书；从维熙：读书之痛——我的阅读经历；贺绍俊：用心灵的触觉去阅读"等。

新中国书评六十年　伍杰，《中国图书评论》，2009 年第 10 期。书评是图书的一个缩影，有活跃精神与推动思想进步的重要作用，是人们必不可少的精神食粮。从 1949 年到 2009 年，中国书评经历了由小到大、由无形到有形、由微弱到辉煌的发展历程，在学术发展与文化建设中发挥了重要作用，并取得了许多重大成就。中国书评发展的 60 年可以分为两个阶段：前 30 年，基本健康，但受到了些许"左"的干扰；后 30 年，我国书评事业的发展健康辉煌，取得了空前的重大成就。本文作者伍杰是中国书评史、书评理论及书评学领域的权威研究专家，掌握有丰厚的史料，以细腻客观的笔触描绘了我国图书评论事业的发展轨迹。

Google 的网络阅读商业化操作解读　汪诚华，《图书馆杂志》，2009年第 11 期。本文共四部分内容，主要包括 Google 的网络阅读商业化模式、Google 的扩张将最终垄断整个网络阅读出版行业、Google 成功路上的障碍分析、结语。在 2004 年，Google 联合五大图书馆推出了构建数字图书馆的伟大计划，引发了与出版商及作者的法律诉讼。2008 年，Google 以买单的方式同出版商和作者达成了协议，获得了创建数字图书馆的通行证。协议制定了 Google 与出版商和作家双方的利益分享条款，规定允许大学、图书馆与其他公益机构从 Google 购买电子版图书。最终，Google 实现了网络阅读的商业化操作，在市场竞争中取得了伟大的胜利。

女性图书出版与阅读小辑　薛宝根、符红霞、苏岑、辛夷坞、一草，《出版广角》，2009 年第 11 期。女性读物包括女性理论的著作、女性情感和生活的图书及女性人物传记等。近年来，女性图书销售势头强劲，受到了人们的热切关注。图书的价值和女性的心理、生活、命运以及生理等关系密切，女人读书的主流就是为了更"女人"，应该重视图书不可或缺的价值和意义。本文共包括五部分内容，主要有：网络时代女性读物的出版；女性图书需要精准界定；图书是女人的灵魂化妆品；最理想的女性图书应该像一块牛奶巧克力；女性读物可长久经营，但绝非依赖型产品等。在本文中，诸位资深的出版商与知名作家谈论了女性图书的出版与阅读，为女性图书健康、良性与稳速发展提供了帮助与借鉴。

女性阅读：救市的新力量　于敏，《出版广角》，2009年第11期。在图书世界里，女性读者占有的比例已和男性旗鼓相当，专为女性打造的图书层出不穷，女性阅读率呈逐年迅速攀升的态势。《杜拉拉升职记》打着女性阅读的大旗，宣示了整个出版界全面关注女性阅读图书时代的来临。基于当前的图书市场，本文着重分析了女性职场文学、女性情感心理辅导、家庭实用指南及时尚潮流四个类别女性图书的发展状况。

向阅读致敬：深圳读书月历届嘉宾回望与回访　胡洪侠、张清编著，海天出版社，2009年11月。本书回顾了深圳读书月的历届情况。全书包括上编"回望"、中编"回访"、下编"回放"（第一辑"在历史的天空下"，第二辑"精彩现场"，第三辑"所思所想"）三部分内容。参与深圳读书月的嘉宾，让深圳市民有机会目睹名家风采，聆听大家声音，齐享思想盛宴；增加了深圳读书月的活力和动力，增加了阅读文化的亮点；激发了市民的阅读热情，凝聚了市民的阅读目光。

当前小学生阅读状况的调研与思考　顾惠冬，《图书馆杂志》，2009年第11期。阅读在小学生的学习与成长中发挥着极其重要的作用，少儿图书馆应围绕"阅读"开展工作，利用一切资源，联合社会各界力量，营造适宜的阅读氛围，激发少儿的阅读兴趣，提高其阅读能力，使其养成良好的阅读习惯。本文基于小学生阅读倾向的调查，分析了小学生的认知途径、利用图书馆的状况、阅读倾向的性别差异、年级差异等问题，得出了各项调查结论，并由此引发少儿图书馆围绕"阅读"开展读者工作的思考。

张晓梅：阅读修炼"复合美"　朱瑜，《出版广角》，2009年第11期。张晓梅是美容指导书的畅销作家，著有《修炼魅力女人》《晓梅说美容》《修炼自然美人》《魅女必修100课》及《新女人素食主义》等十余本热销书，这些书籍包含了她长期从事美容工作的人生体验、职场心得及对中国当代女性群体的深入观察和思考。她的博客被称为"中国第一美丽时尚"博客。她时刻带领中国女性分享她们的美与魅力，分享她们在事业上的成功与生活上的幸福。她认为女性魅力是经后天努力和修炼而成的复合美，阅读是塑造女性魅力的重要手段。

补偿性媒介理论视角下的网络阅读　王健、陈琳，《图书馆理论与实践》，2009年第11期。本文共四部分内容，主要包括补偿性媒介理论、网络媒介形态下的阅读对传统媒介形态下阅读的补偿、网络媒介形态所引发的阅读缺陷、未来网络阅读发展的人性化趋势。网络阅读是适应时代发展新要求而产生的全新阅读方式，基于补偿性媒介理论，我们可以发掘它具备的优势。网络阅读拥有动态开放的网络信息资源系统、主体多元化直观的个性化选择、追随路径链接的跳跃式阅读方式和虚拟开放的互动网络阅读环境等优点，极大地弥补了传统媒介阅读的不足。但是网络阅读也存在易使读者缺乏心理图式整合，产生阅读焦虑，迷失方向，淡化阅读满足感，固化阅读思维等弊病。未来的网络阅读要坚持人性化的发展趋势，使其与传统媒介阅读长期共存，向人性化的网络阅读虚拟实境发展。

图书馆网络阅读服务与形式研究　邱茂炜，《图书馆工作与研究》，2009 年第 11 期。本文共四部分内容，主要包括网络阅读的现状和特点、网络阅读影响、图书馆网络阅读指导形式、结语。在现代社会，网络阅读深刻影响了读者，成为他们更新知识、获取信息的重要方式。网络阅读具有很多特点，如资源广泛、互动性强、虚拟体验、开放便捷、主体多维等。其对读者造成的影响有阅读习惯的变化、阅读目的转变、网络阅读思维的变化等。图书馆是提供阅读服务的机构，肩负着指导读者阅读的重任。图书馆应跟上网络时代的步伐，提供网络阅读指导服务，其服务形式应包括意见领袖型网络阅读指导、基于统计的网络阅读指导、把关人型网络阅读指导及阅读社区的网络阅读指导等。

图书馆的少儿阅读实践与探索　周国良，《图书馆杂志》，2009 年第 11 期。阅读给少年儿童带来了无限的乐趣，是他们增长知识、开阔眼界和走向成功的重要途径。本文作者解读了少年儿童阅读工作的重要性，论述了目前少年儿童阅读存在的问题和原因，并提出了图书馆开展少年儿童阅读工作的具体办法：调整资源结构，适应少儿读者阅读需求；多管齐下，激发阅读兴趣；有的放矢，提升阅读品质；与时俱进，指导网络阅读；多方合作，促进阅读互动；延伸服务，拓宽读者范围等。

美国公共图书馆暑期阅读研究及启示　聂卫红，《图书馆学研究》，2009 年第 11 期。美国图书馆的暑期阅读研究与暑期阅读活动方面有很多成功之处，为我国国内公共图书馆进行相关的工作与研究提供了极有价值的经验。本文共三部分内容，作者论述了美国图书馆界暑期阅读研究状况、阅读与图书馆活动，并总结了美国图书馆暑期阅读活动给我国的启示：为低收入家庭孩子的阅读服务；广泛的社会合作和积极的阅读推广；

注重阅读活动效果研究；借助网络推广暑期阅读活动；等等。

阅读改变人生　《阅读改变人生》编委会主编，人民出版社，2009 年 11 月。农家书屋使阅读在农村中得到了普及，能够极大地丰富农民群众的精神文化生活，提升农民的素质，使农民群众获得致富门路及实践指南，具有重要的存在价值和意义。为了推动全民阅读，全国农家书屋组织开展了一次读书征文活动，主题是《对我帮助最大的一本书》，评选出了 100 篇优秀文章。本书是由这次征文活动选出的优秀作品结集而成的，共分五篇介绍了获选的优秀作品，具体为"实用科技篇：在希望的田野上；人生感悟篇：生活的滋味；励志篇：点一盏心灯；文化生活篇：书香飘农家；管理篇：我的工作好参谋"等。本书语言朴素，事例鲜活，情感真挚，具有很强的影响力。

阅读疗法在整体护理教学中的双重效应　慕琴玉、吉淑琴，《图书馆理论与实践》，2009 年第 11 期。本文共两部分内容，包括"阅读疗法"在整体护理教学中的作用及意义、阅读疗法在护理教学中的应用。阅读疗法是结合护理学、生理学及心理学，用阅读缓解或排除读者心理问题的心理辅导治疗方式。阅读疗法拓展了整体护理教学的新思路，可有效治疗大学生的心理疾病，可激发护理教学工作者的科研意识。护理教学中采用多种方式同阅读疗法挂钩，阅读疗法在整体护理和临床护理中都得到了应用。将阅读疗法与护理教学相结合，在了解患者病情和书刊的内涵情况下，用知识和病人交流，给予他们"告之、导之及开之"的帮助。

1988～2008 年大学生课外阅读行为变迁　张岚、戴建陆，《图书馆杂志》，2009 年第 12 期。本文基于对 1988 年到 2008 年大学生阅读行为变化的统计调查，论述了这 20 年来大学生课外阅读时间、阅读图书类型、经典名著阅读与阅读热点的变迁及网络时代大学生阅读习惯的变化。作者指出，不同时期大学生的课外阅读变化有一些共同的特征：大学生课外阅读时间不断减少；大学生偏爱文学类图书和休闲娱乐消遣图书，追捧热点、畅销图书，功利性阅读盛行；经典阅读仍深受大学生喜爱。在当今的网络时代，大学生的阅读方式发生了极大的转变，走向了马桶阅读、视觉阅读、网络阅读及娱乐阅读。

图书馆员职业性与专业性阅读研究　魏书娟，《图书馆工作与研究》，2009 年第 12 期。本文共五部分内容，主要包括图书馆员阅读的意义、图书馆员阅读现状、馆员阅读的职业性和专业性、正确引导图书馆员的职业性和专业性阅读、结语。当前，我国图书馆馆员阅读存在许多不良倾向：工学矛盾；盲目性阅读和功利性阅读；过分阅读与阅读不足；跟风阅读和时尚阅读；网络阅读持续上升，淡化了读者的思考能力与专注能力。馆员阅读具有职业性和专业性的特点，一要积极营造阅读氛围，强化跨部门学习；二要对文献作选择性和计划性的阅读，避免阅读的无序性与盲目性；三要阅读专家学者推荐的专业书目，搞好专业阅读。

阅读中国，聆听中国——法兰克福书展述评专辑 吴伟、李朋义、陈昕、潘凯雄、贺圣遂、龚莉、庄智象、东西，《出版广角》，2009 年第 12 期。法兰克福书展是世界上历史最悠久、规模最庞大、影响最广泛的书展，被誉为"知识界奥运会"。第 61 届法兰克福书展，中国参展团以强大的阵容参与了这次书展的各项文化交流与版贸活动，与会的作家都幽默风趣，以得体的举止使西方观众深深折服，在西方出版界吹起了一阵强劲的中国风潮。本文辑录了多位中国出版界资深人士关于这次书展的感悟与思考，一起来探讨我国出版业的进一步发展路径，共八篇内容，主要包括：我们期盼持续；对本届法兰克福书展的一些感想；精彩成功，任重道远；有容乃大；出版文化的魅力永远吸引人；数字出版大潮汹涌；以传统和创新参与国际竞争；三个角度看书展。

高校学生电子书阅读情况实证研究——以上海理工大学为例 王洪建、边瑶、周澍民，《科技与出版》，2009 年第 12 期。本文共三部分内容，主要包括调查数据分析、调查结论、相关建议。本文抽样调查了上海理工大学在校学生的电子书阅读情况，以探究我国高校学生的电子书市场状况。调查数据显示，高校学生阅读电子书的比例很高，阅读的载体主要是电脑与手机，阅读的主要是文学类和时尚消费类图书，且大都习惯性地选择免费电子书。开拓学生电子书市场，扭正电子书付费趋势，要做到：以合适的方式销售合适的资源、对优质资源收费、保护好内容资源等。

基于阅读结构的互动：细节性阅读行为分析 陆顺，《图书馆理论与实践》，2009 年第 12 期。本文共三部分内容，主要包括从社会阅读到细节性社会阅读、从阅读结构调整到阅读能力培养、从细节性阅读行为到细节性阅读策略等。阅读是一种源远流长的文化行为，包括阅读行为和阅读结构两层内涵，其中的阅读结构是基于某种阅读制度产生的，反映的是社会阅读进步与社会阅读生活内容丰富的结果。微电子技术使阅读行为社会化，使阅读出现细节化现象。本文分析了阅读结构互动下的细节性阅读，用实例说明了阅读的社会化发展状况，希望将阅读引向良性发展，进一步提高图书馆阅读服务的质量。

童书出版与儿童阅读文化的构建　谢毓洁，《出版广角》，2009 年第 12 期。儿童是祖国的花朵和民族的未来，儿童文化建设应予以高度重视。童书出版肩负着不可推卸的社会责任，它不仅是一种社会行为，更是一种文化传播行为和价值传播行为。近年来，童书出版的数量、类别、翻印数、总定价都全线大幅增长，童书出版市场竞争异常猛烈。童书出版社猛烈追逐短期市场效果，出版商极度挖掘名家作品与经典文学资源，多家出版商齐聚争开一个项目，对杨红樱、伍美珍及郁雨君等畅销童书作家的作品做分解式出版，急需对童书出版业进行规范和革新。

当前亚洲主要国家的国民阅读状况之比较研究——以日本、新加坡、中国为例　乔菊英、蔡兴彤，《图书情报工作》，2009 年第 13 期。21 世纪是知识经济时代，人才成为国家竞争制胜的关键，人才需要获取大量新知识，而阅读则是其学习新知识的主要方式。本文作者以日本、新加坡及中国等几个亚洲主要国家为例，比较分析了这几个国家的国民阅读现状和影响国民阅读的因素，例如政治情况、经济情况、人口数量及公共图书馆数量等，探讨了中国国民阅读在亚洲诸多国家中所处的水平与地位，并从其他国家国民阅读开展的过程中找到了提高我国阅读水平的借鉴经验。

当前我国与欧洲主要国家国民阅读状况之比较研究——以中国、德国、俄罗斯为例　蔡兴彤、李蕊平，《图书情报工作》，2009 年第 13 期。德国、俄罗斯与中国都是爱好读书的国家，是文化大国，国民已形成了良好的阅读习惯，选取这几个国家为范例，调查他们的阅读状况，可以从中得出促进国民阅读发展的启示与借鉴。本文比较分析了三国的阅读率、家庭藏书量、阅读群体、阅读频率与阅读倾向等问题，对比发现我国的国民阅读远落后于德国和俄罗斯。作者总结了德国和俄罗斯开展国民阅读的优点之处：立足现实，取长补短；潜移默化，从娃娃抓起；多方筹资建图书馆，降低书价促进阅读。本文的目的在于为我国国民阅读的发展提供启示与借鉴。

当前我国国民阅读状况分析　乔菊英、李蕊平，《图书情报工作》，

2009 年第 13 期。基于我国出版科学研究所开展的第三、第四及第五次全国国民阅读调查，论述了我国目前的国民阅读状况，具体包括：网络、杂志、报纸及图书等各种媒体阅读的现状；学生阅读现状；我国国民家庭藏书量；图书馆阅读状况等。本文分层总结了形成我国国民阅读现状的原因，提出了相应的改善我国国民阅读现状的对策：集合各方力量，推动全民阅读，提升全民文化素质；重视培养青少年阅读习惯与阅读观念；提高农民的阅读能力与阅读水平；重视传统阅读；合理引导网络阅读等。

社会变迁下的当代国民阅读与国民素质 胡悦晗、万华，《图书情报工作》，2009 年第 13 期。本文共三部分内容，主要包括从"阅读"到"国民阅读"、社会变迁下的当代国民阅读、国民阅读与国民素质提升等。本文梳理了我国从个人阅读到国民阅读的历史演变，论述了社会变迁对我国国民阅读造成的影响。在改革开放的社会变迁下，信息社会的新知识结构需求是促进国民阅读增长的原发动力；出版商为了赢得市场，使得国民阅读的内容趋于大众化、娱乐化和通俗化；图书的发行体制和方式产生了变化，国民阅读方式也随之多样化；新型大众传媒体的出现促使国民阅读趋于趣味性。调整国民阅读，提升国民素质，要强化政府的阅读引导作用；提供动态的主题化阅读交流空间；进一步增强出版行业的市场竞争。

资讯时代大众阅读心理研究 张正，《图书情报工作》，2009 年第 13 期。本文共三部分内容，主要包括：资讯时代大众阅读的新潮流；资讯时代的大众阅读心理研究；掌握大众阅读心理，构建全民阅读社会。在信息大爆炸的资讯时代，大众阅读的方式日益多元化，大众阅读的心理也因社会生活的复杂而产生了极大的变化。由于受生活环境、经济水平、地域文化与知识水平等社会因素和网络技术、数字化技术等技术因素的影响，大众的阅读出现了从众心理、功利心理、休闲娱乐心理、偏好心理及追求个性心理的心理转变，要全面把握资讯时代下大众阅读的心理活动，有效推进全民阅读社会的构建。

阅读——图书馆生生不息的有机体——兼评让·马里·古勒莫的《图书馆之恋》 杨祖逵，《图书情报工作》，2009 年第 17 期。本文共三部分内容，主要包括从历史文化的角度来解读图书馆、从读者的阅读体验来认识图书馆、以人文关怀的精神来变革阅读。阅读是图书馆存在和发展的灵魂与动力，是图书馆进行传承与变革的出发点与落脚点，历来关于图书馆的历史与小故事十分丰富。法国著名作家古勒莫的《图书馆之恋》，记录了作者对书籍的痴迷热爱和对图书馆的深刻记忆，让每一位读者都深深体会到了人类对图书馆的深厚情意。《图书馆之恋》让我们站在读者的角度进一步对图书馆做了客观、理性的认识和了解，从而更好地基于读者探讨图书馆阅读服务工作的未来发展。

网络阅读与高校图书馆的阅读教育　高敏，《兰台世界》，2009年第18期。本文共四部分内容，主要包括数字时代网络阅读的含义、网络阅读的优点、网络阅读中存在的问题、网络环境下高校图书馆的阅读教育。网络阅读是数字时代的产物，分为在线阅读与离线阅读，具有文本形式多样化，信息资源丰富多彩，信息资源的共享性、平等性和互动性，信息更新快等优点。在网络环境下，高校图书馆应加强网络阅读的指导和培育工作，基于现代网络平台与丰富的网络资源大力开展阅读教育工作，具体措施有净化网络阅读环境、做好信息导航工作、培养大学生的网络阅读技能等。

高校图书馆开展阅读疗法的探讨　吕新惠，《兰台世界》，2009年第18期。本文共四部分内容，主要包括阅读疗法的心理学原理、阅读疗法的可行性、高校图书馆在阅读疗法中的角色定位、高校图书馆开展阅读疗法的措施。阅读疗法是利用阅读进行保健、养生、辅助治疗心理疾病的方法，其心理学原理有共鸣原理、净化原理、平衡原理、暗示原理和领悟原理等。高校图书馆具有独特的优势，大学生认知水平较高，阅读疗法保密性强，这些使得阅读疗法非常适用于大学生。高校图书馆在阅读疗法中扮演着重要的角色，它是甄选好书的机构，可作为实施者积极开展阅读疗法，可作为合作者推行阅读疗法。高校图书馆开展阅读疗法的措施有建立完善的阅读疗法体系、营造舒适的阅读环境和良好的阅读条件、培训专业的指导老师、开展网上心理咨询服务等。

当代高校读者阅读心理透析　王文兵，《新闻爱好者》，2009年第20期。阅读是一种认知活动，也是一种心理活动，受社会环境与专业需求的影响。在实践中，人们常常注重阅读方法与技巧的研究，忽视了阅读心理的思索。阅读心理是阅读过程中发生的一系列内心活动，其过程包括认知过程和调控过程两方面，认识阅读心理过程，总结和运用阅读规律，对提高阅读效果具有十分重要的意义。本文基于高校大学生阅读心理行为的调查，分析了几种典型的阅读心理问题，最后提出了几点矫正不良阅读心理的方法。

基于学科的阅读研究——论西部高校图书馆阅读促进与服务 黄志奇，《新闻爱好者》，2009 年第 20 期。本文共三部分内容，主要包括以学科划分阅读范围、大学生在校期间阅读的盲点、阅读促进与服务对策等。高校学生一般选择阅读某一学科和专业的文献，以便为以后继续深造或工作做准备，他们的阅读有很强的阶段性和目的性。以学科划分阅读范围，可以有效促进高校图书馆阅读服务工作的开展。对于图书馆来说，学科划分具有目录性的指导作用和范型作用。本文以西部高校图书馆的阅读促进和服务为范例，介绍了学科划分的专业阅读机制的优势，探讨了打破专业界限限制，树立大阅读的阅读服务理念，有效发挥高校图书馆的第二课堂作用。

第三章　情报学

第一节　情报学理论与情报学教育

学术博客与传统学术交流模式的差异探析　林忠，《情报资料工作》，2008 年第 1 期。本文共分为三部分，研究了传统学术交流模式及学术博客交流模式的基本概况、特点以及两者在交流方式、交流理念、交流内容、交流效率、交流周期等方面的差别。作者认为，传统交流模式在及时性、互动性以及文献内容新颖性等方面有一定的局限性，学术博客的出现则弥补了这方面的缺陷。但是传统的交流模式更正规严谨、更有利于深层次的阅读思考，学术博客与传统学术交流模式相比较则存在随意性较大、容易侵权等问题，学术博客并不能够代替传统学术交流模式。因此，两者各具优势，也各存不足，在学术交流中应该互相补充，形成以传统的学术交流模式为主、学术博客模式为辅的新型学术交流形态。

论情报学理论主体和实践主体的交往与转化　马丽华、陈文勇，《情报资料工作》，2008 年第 1 期。本文共分为四个部分，从情报学研究主体和实践主体、两类主体之间交往的假设、二者相互转化的过程及障碍四个方面论述了情报学理论与实践的关系问题。作者认为，情报学理论主体和实践主体的交往与转化，归根到底是情报学研究主体和实践主体之间的交往与相互转化，其相互转化的深度和广度取决于研究主体和实践主体之间交往和转换的质与量。情报学理论研究者与实践者彼此之间是平等的主体，相互需要，互为前提，双方应该带着双向建构、双向滋养和双向转化的交往假设去交往转化，这样才能实现共同发展。对情报学理论主体和实践主体的交往与转化的内容、过程、困难和障碍等的研究，将会有力地推动情报学理论与实践发展。

情报学理论体系的发展及问题刍议 徐涓、陈欣、李晓菲，《情报杂志》，2008 年第 1 期。本文共分为三个部分，首先对国内外情报学理论学派的观点进行了分析与归纳，其次提出了当前情报学理论体系研究所存在的问题，最后给出了具体的看法和建议。作者认为，情报学体系建设还存在以下问题：一是未形成核心的学科理论体系，理论研究不充分；二是学科理论体系研究出现泛化现象，缺乏深入探讨；三是对情报用户重视不足；四是理论和实践相脱节。因此，在进行情报学学科理论体系的研究时，应该从情报学学科的特点出发，理论联系实际，建立起一个科学完善并能够指导情报工作的学科理论体系。

哲学视野下的数字信息——兼论信息的本体论地位 吴志荣，《图书情报工作》，2008 年第 2 期。本文共分为三个部分。第一部分主要介绍了数字信息的功能特点和生成方式，第二部分主要阐述了数字信息的功能及特性所导致的虚拟实在的困惑问题，第三部分主要论述了"信息"的本体论地位。数字信息具有虚拟全息化和全方位、智能化、容易变异、异化的功能特点，它的生成方式还与我国古代的阴阳太极思想暗合。作者认为，数字信息的功能及特性导致了虚拟实在的出现，从而使本体论实在论的讨论变得更加复杂化，"三个世界的理论"变得更具说服力，信息的本体论地位也更加凸显，因此需要对"信息"的概念进行重新界定。

基于建构主义理论的大学生在线信息素养教育指南的研究 高景祥、王跃虎，《图书馆工作与研究》，2008 年第 2 期。本文共分为两个部分。第一部分分析了建构主义理论及其基本内容，从建构主义的知识观、学习观、学生观三个方面对该理论进行了探讨。第二部分阐述了在建构主义理论背景下大学生在线信息素养教育指南的设计问题，主要介绍了该指南的设计原则、教学目标、系统架构、软件实现和各子系统的功能与实现技术。作者认为，根据建构主义理论，在开展大学生在线信息素养教育时，要以学习者为中心，根据大学生的认知特点来构建以事例、问题为基础的教学内容，并为学生提供互动的学习方式，创造有利于信息知识与信息技能学习的情境。

信息哲学与信息时代的哲学——从两个"信息哲学"范式说起 康兰波，《天府新论》，2008 年第 3 期。本文共分为三个部分，主要阐述了邬焜和弗洛里迪的两个"信息哲学"范式在评价信息科学时的相容性、相异性以及作为信息时代哲学形态的信息哲学的特点三个方面的问题。两个"信息哲学"范式都高度评价了信息科学，认为信息哲学是对传统哲学的彻底超越，并且都敏锐地提出信息哲学是元哲学或第一哲学，在建设和谐美好世界中发挥了重大作用。但是这两个范式在哲学基本立场、对信息世界的刻画、对信息本质的把握以及在有待进一步解决的问题等方面却存在较大的差异。通过对这两个哲学范式的比较可以发现，作为信息时代的哲学形态的信息哲学是对以往哲学单一实体性思维方式的变革，它的产生具有必然性，并且在具体内容和表现形式上也具有多样性。

情报学理论贫困的反思与应对　王叶冰，《情报科学》，2008年第3期。本文共分为四个部分。第一部分是对情报学理论贫困的反思，主要探讨了我国情报学移植国外情报学理论、移植其他学科的问题；第二部分介绍了情报学研究中所存在的问题，主要从外部环境和内在因素分析两方面进行了探讨；第三部分介绍了如何形成独具个性的情报学理论的方法；第四部分是对全文的总结。总括全文，作者认为，造成我国情报学理论贫困的原因，既有外部环境的制约，也有内部因素的缺失；既有历史的因素，也有现实的原因。要改变这种贫困的局面，当前情报学者要努力将目标定位在追求原创性的同时又要形成具有独特个性的情报学理论。同时既要处理好引进、消化与吸收、借鉴与发扬以及理论与实践的关系，形成具有中国特色、体现情报学特色、源于实践又高于实践的情报学理论体系，又要在思维方式和方法上有所突破，深化对研究对象的认识、选取适合的研究范式、对研究方法进行多元整合，找出一条适合我国情报学理论研究的最佳方法。

从哲学的角度看信息的本质　刘怡，《图书与情报》，2008年第4期。本文共分为三个部分，分别探讨了信息的定义、信息的特征以及信息的本质三方面的问题。首先，通过对信息定义的分析得出信息具有以下三个特征：一是能给人提供相应的消息；二是只有在社会群体中才是有意义、有作用的；三是只有以载体的方式才能够存在、传播和获取。其次，从哲学的范畴对信息的本质进行了相关的探讨，指出物质是信源，意识是信宿，信息一方面需要以物质为载体，另一方面又需要意识来接收，因此信息是与物质不可分割的，也不可能脱离意识而存在。作者认为，信息是物质作用于意识的媒介，同时也是意识反作用于物质的媒介，是联系物质与意识的中介环节。

国外情报学（资讯学）学科基础理论建设现状　肖勇，《情报资料工作》，2008 年第 4 期。本文为"总 – 分"结构，共分为两部分。第一部分引言部分介绍了情报学（资讯学）的定义。第二部分为文章的正文部分，可以分为两个层次：第一层次介绍了国外情报学学科基础建设的元理论现状，指出元理论是关于理论的理论，它是一个学科或实践领域的前提假设，学科元理论也即是学科理论的认识方法论与哲学基础；第二层次探讨了国外情报学学科基础理论体系建设现状，主要从自上而下和自下而上两种研究思路出发对目前的国外情报学（资讯学）的学科基础理论建设现状进行了评述。

情报学理论研究的困境与走向　李亚波、王晖、陈文勇，《现代情报》，2008 年第 4 期。本文共分为五部分，主要探讨了当前情报学理论研究的困境与走向问题。作者以中国知网数据库中"中国优秀博硕士学位论文全文数据库""中国重要会议论文全文数据库"以及"中国期刊全文数据库"在 2000～2007 年间收录的情报学论文为研究对象，并在对情报学理论新视域展开广泛深入的调查分析的基础上，梳理出了目前情报学理论研究的五个方面关键问题：情报学研究的本质主义批判、情报学理论的失语与原创性、情报学的可信性与可用性、情报学研究怪圈以及情报学理论创新所面临的挑战。

信息主义与信息哲学：差异中的关联与包容　肖峰，《中国人民大学学报》，2008 年第 5 期。本文共分为三个部分。第一部分主要阐述了信息主义不等同于信息哲学的原因；第二部分分析了信息主义与信息哲学的多重关联；第三部分探讨了走向包容性的信息主义与信息哲学问题。总括全文，作者认为，信息主义和信息哲学都源于信息时代，信息主义因为有社会观上和世界观上的不同，所以和信息哲学之间存在非常复杂的关系。它们之间的差异性则表明主张信息主义的人不一定就在主张一种信息哲学，同时研究信息哲学的人也不一定主张信息主义。它们之间的关联性表明信息主义和信息哲学之间有可能相互过渡。因此，我们应该对信息主义与信息哲学的开放性和包容性有清楚的认识。

情报学性：情报学之理论基础　陈文勇，《图书情报工作》，2008 年第

5 期。本文共分为三部分。第一部分主要分析了情报学的非独立性；第二部分阐述了以学科为理论基础的发生学；第三部分探讨了以情报学性作为情报学理论基础的问题。作者认为，情报学理论尊严经常遭到理论和实践领域诘难的根源在于其理论基础的摇摆不定和非独立性的学科品性。情报学性，即情报学理论具备的自身逻辑性质与属性，有着非常丰富的内涵与外延；在其基础上，各种知识可以发展和拓宽，进而使情报学保持开放性与独立性的平衡。因此依据情报学理论存在逻辑，情报学性这一具有终极评价意义的衡量标准能够作为情报学的理论基础。

情报学理论发展动力观的构想　杨永生、赵宏岩，《情报科学》，2008年第 5 期。本文为"总－分－总"结构，共分为五个部分。第一部分是引言，主要提出情报学理论发展动力观问题的研究背景，指出本文主要通过对情报学理论内在矛盾与冲突的分析来探讨情报学理论发展动力观。第二至第四部分是文章的正文部分，主要探讨了情报学理论中内在的三种矛盾与冲突，即情报学理论与情报实践的紧张、情报学体系化与问题化的冲突、情报学化与非情报学化的危机。第五部分是对全文的总结。总括全文，作者认为，情报学理论中的这三对矛盾与情报学的发展紧密相连，是情报学理论发展的根本动力所在，每一种冲突都将直接威胁情报学理论的生死存亡，同时又给情报学理论带来新的发展机遇。情报学在不同发展阶段对这些冲突的解决方式及解决程度将会生动诠释着这个时代情报学理论的主导精神和成熟水平。

情报学研究对象体系的结构性分析　任福兵，《情报资料工作》，2008年第 5 期。本文共分为三部分，主要探讨了情报学研究对象体系的历史演进、重新研究的重要意义和情报学研究对象体系的结构三个问题。作者认为，情报学研究对象是情报学科的基础，深刻地影响着情报学科的生存与发展。情报学作为开放性和交叉性的学科，近 20 年来，技术和运用领域快速发展，然而基础研究发展却相对滞后，引起了关于情报学发展危机的争论。本文从宏观角度对情报学广义研究对象进行了横向、纵向、下向和边向的结构性分析，发现目前情报学研究对象还存在结构性问题，情报学界对此应该予以足够重视，以更好地推进情报学的健康、可持续发展。

信息科学元理论及其应用研究　方清华、何绍华，《图书情报知识》，2008 年第 5 期。本文为"总－分－总"结构。引言部分提出本文研究信息科学元理论的背景和必要性。正文部分，对信息科学的四种元理论即信息传递模型理论、认知建构主义理论、社会建构主义理论和社会建构论的基本内容和应用进行了探讨，并对这些元理论方法在信息科学领域的运用进行了总结。作者重点分析了四类元理论对信息与知识的表示、信息的本质与属性、系统的角色、用户在信息传递中的角色等信息科学领域研究的核心问题的不同看法，并且指出这四种元理论的思想分别代表了四种取向理论，即信息中心取向、个体认知取向、社会认知取向以及知识形成理论取向，同时也反映了信息科学的研究范式正由"以系统为中心"转变为"以用户为中心"。结论部分是对全文的总结。作者认为，不同时期产生的元理论之间是互补共存的关系，它们在信息科学的领域都有着很广泛的应用。

信息与社会信息在科学哲学上的不同内涵　谷声然，《科学管理研究》，2008 年第 6 期。本文共分为三个部分，对信息与社会信息在科学哲学上的不同内涵进行了探讨。作者认为，社会信息是不同于一般信息论的信息。一般信息论的信息是奠基在社会信息基础上的，主要指计算机处理以前已经形成的信息。信息是人和动物对世界把握的成果，它既不是与物质和意识相并立的第三种存在物，也并非统一世界的本体。社会信息则具有双重基本意蕴，从广义上理解是相对于动物把握的信息而言的，是人对物质世界直接或间接把握的结果，狭义上来说是人对社会的认识成果。广义的社会信息论包括一般信息论。

社科情报学理论研究存在的主要问题　梁俊兰，《情报资料工作》，2008 年第 6 期。本文共分为四个部分。第一部分介绍了社科情报学的发展历史与现状；第二部分分析了其研究中存在的问题；第三部分阐述了社科情报学下滑和萎缩的原因；第四部分探讨了其解决策略。作者认为，我国社科情报学理论研究在近十几年来出现下滑和萎缩现象。目前在研究中主要存在研究力量薄弱、研究风气浮躁、研究成果减少以及在我国信息社会发展过程中缺位等问题。究其原因，既有学科发展的内在根本性因素，也有社会环境变化的客观因素。因此，我国应该加大对社科情报学理论研究的扶持力度，设立较稳定的研究机构或者研究小组，充分发挥学会和学报的积极作用，努力克服浮躁的研究风气，从而有效地遏制社科情报学理论研究的下滑和萎缩态势，促进社科情报学健康发展。

跨越情报学研究"鸿沟"的理论思考　王建冬、陈世银，《情报理论与实践》，2008 年第 6 期。本文共分为三部分。第一部分针对信息的序化和转化两种取向的基本内涵和国内外争论现状进行了分析，指出序化更强调知识的生成，而转化则更关注信息的处理，两者在传统上存在着难以逾越的鸿沟，这也进一步导致了情报学的研究对象一直在信息和知识间摇摆不定、情报学研究边界的模糊与研究领域的不断游离。第二部分从研究对象和研究方法两个分析维度出发，对上述两种传统取向进行了比较。第三部分通过理论探讨与实例分析阐述了跨越情报学研究鸿沟的两条可能路径——从序化走向转化和从转化走向序化。

大学生信息素质初级教程　袁润、沙振江主编，刘红光（丛书主编），江苏大学出版社，2008 年 7 月。丛书名为"高校信息素质教育"。本书共分为七章，详细阐述了信息素质的内涵、大学生信息素质教育的意义、高校图书馆在大学生信息素质教育中的优势及其开展信息素质教育的途径。并且为了帮助刚入校大学生充分利用高校图书馆，本书还系统介绍了高校图书馆的性质与职能、发展历程、各种服务、信息资源知识、目录理论与应用及数字图书馆的特征与使用等图书馆必备知识。作者认为，我们已经进入知识信息快速增长、快速演化的知识经济时代，良好的信息素质对于大学生顺应知识潮流、实现自我发展非常重要。高校图书馆具备了得天独厚的信息资源和人才的优势，理应在大学生信息素质教育中起到主导作用。

情报学理论与实践关系研究的知识向度　赵静、陈文勇，《情报杂志》，2008 年第 7 期。本文共分为三个部分。第一部分主要阐述了破解情报学理论与实践关系的知识理路；第二部分分析了情报学理论与实践主体知识身份的确立及其意义；第三部分展望了当前情报学研究的知识图景。作者认为，研究情报学理论与实践关系的发生机理，关键在于能够合理地认定双方主体的知识身份。要使情报学理论知识活性化，必须在情报学理论的研究者与实践者之间确立知识分享的理念。而对情报学理论研究中"普遍主义"的消解，则需通过一种叫作"地方性知识"的知识观来完成。在目前情形下，对情报学理论"普遍主义"的"合法化"的消解既是情报学理论流派的创生，同时也是情报学理论通向实践获得"解放"的道路。

信息生态学对网络教育资源库建设的指导意义　修永富、张桂芸、贾花萍，《现代教育技术》，2008 年第 9 期。本文为"总－分－总"结构，共分为三个部分。引言部分阐述了信息生态学产生的背景；正文部分共分为两个层次，第一层次分析了信息生态学的基本概念，第二层次探讨了信息生态学对网络教育资源库建设的指导意义；结论部分对全文做出总结。作者认为，信息生态学是目前世界范围内的一门新兴学科，它主要研究人、信息、环境之间的相互关系，并为当今信息时代中产生的新问题提供了新的研究视角，对网络教育资源库建设具有重要的指导意义。对于目前网络教育资源库的建设，作者给出以下六点建议：一是重视网络教育资源建设的整体性，树立科学的系统观；二是注重资源类型的多样性，满足不同学生的需要；三是以人为本，注重学生能力的培养；四是建立便利的反馈机制，促进资源库的协同演化；五是注重"优胜劣汰"，保持资源库的平衡；六是促进资源库中信息的流动，提高资源利用率。

情报学理论大厦构建——刘植惠教授情报学思想研究　许志强、郭晓俊，《情报科学》，2008 年第 10 期。本文共分为五个部分，对刘植惠教授情报学思想进行研究。情报事业在我国的发展已经经历了半个多世纪的历程。为了更好地构建我国情报学理论大厦，促进我国情报学事业的发展，刘植惠教授主要从情报学理论大厦的哲学基础、发展战略、学科结构、基本框架、人才保障和技术支持六个方面描绘了情报学理论大厦的构建。作者认为，刘教授的研究，对于进一步地明确我国情报学研究和科技情报工作的方向和任务，促进我国情报事业的发展意义非常重大。

我国信息生态学研究现状综述　张向先、郑絮、靖继鹏，《情报科学》，2008 年第 10 期。本文共分为五个部分。第一部分介绍了信息生态学的概念和产生的实践与学科背景；第二部分分析了信息生态学的研究目的、内容和意义；第三部分阐述了信息生态学的理论基础与研究方法；第四部分主要介绍了其应用研究概况；第五部分是对全文的总结。信息生态学是一门借助于成熟生态学理论来研究人、社会和环境之间相互关系的新兴交叉学科，其目的在于利用生态学研究的观点与方法来研究人和信息环境之间的关系，解决信息生态失调问题，从而保持信息生态系统的平衡。作者认为，网络信息生态问题、信息生态失衡问题、信息生态与社会环境问题、企业信息生态环境问题以及信息生态与企业信息化问题已成为当前信息生态学研究的热点；有关信息生态学与其他信息相关学科的整合研究，将会成为当前以及今后一段时期的研究发展趋势。

情报学思维：情报学理论走向实践的认识性中介　王丽娟、陈文勇，《情报杂志》，2008 年第 12 期。情报学思维是实践理性的思维，其实质是一定的情报学观以及在其支配下的情报学操作思路的统一体。作者认为，从情报学理论到情报学思维的过程，不仅是发生在情报学理论内部的认识运动过程，而且是情报学理论思维化的过程。而从情报学思维到情报活动实践，首先要把外在的情报学思维内化，然后将情报学思维作为情报行动的认识论依据，同时把情报学思维作为反思自己情报行动是否合理的理性标准。经历这一过程，情报学思维也就走向实践。由此可见，情报学思维就是情报学理论走向实践的认识性中介。

从信息经济再认识信息的哲学属性　余洪滨，《消费导刊》，2008 年第 13 期。本文共分为三个部分，分别阐述了人们对信息的认识，信息、物质与能量的关系以及从信息经济的哲学看经济资源的稀缺性三个问题。近几年来，信息作为推动经济发展的一个新动力引起人们广泛关注，但是人们对信息的哲学属性的认识却还停留在意识或认识论的范畴，这对于未来经济发展来说是一种很大的局限。本文作者借助熵的概念把物质、能量和信息的关系联系在一起，说明了信息的哲学属性，指出信息是与人相关的物质方式、运动形式及状态的自身显示。并且信息的传递离不开能量，能量是信息传递的媒介。然后作者又从信息经济的哲学角度重新认识经济资源的稀缺性这一问题，认为信息也是物质，已经成为当今推动经济发展的一个主要因素，并且人类发展的物质资源是无限循环的，只要我们合理利用便能够促进经济的可持续发展。

对网络信息技术的哲学思考　韩强、任应斌，《天中学刊》，2009 年第 1 期。本文共分为三个部分。第一部分分析了网络信息技术对马克思主义物质观的冲突与碰撞；第二部分分析了其对马克思主义联系观的丰富发展；第三部分指出其对马克思主义实践观和认识论的拓宽。作者认为，近年来迅速发展的网络信息技术，不仅在很大程度上改变了人们的生活方式、生存方式和思维方式，而且也使人们的人生观、世界观和价值观发生了深刻的变革。同时网络信息技术及基于此技术而构建的网络世界也与马克思主义的物质观产生了一定程度的冲击和碰撞，这主要体现在以下两方面：其一，网络的存在既不同于客观物质世界，也不同于主观意识，是一种超越时空的既非物质又非意识的存在，传统物质观不能够完全涵盖它；

其二，网络世界这一时空特质是传统时空的衍生物或派生物，也与传统的时空有着本质的区别。但是网络信息技术的发展却很大程度地丰富发展了马克思主义联系观并拓宽了马克思主义实践观和认识论。

信息哲学的几个基本问题研究 于北海，《农业网络信息》，2009 年第 1 期。本文共分为四部分。第一部分概述了信息哲学的基本内涵；第二部分主要分析了信息哲学的发展历程和科学目标；第三部分对图书情报学作为一门应用信息哲学进行了原因分析；第四部分对全文作出总结。作者认为，信息哲学主要是对信息本质、信息动力学及其应用所进行的理论上的和基础性的研究，是哲学的一个描述性和标准化的分支。图书情报学是运用信息哲学的基本原则与一般方法来解决一些特定的实践性问题和现象，而且信息哲学自身也是一种图书情报哲学，可以成为图书情报学的理论基础，因此，图书情报学也可以被看作应用信息哲学。

情报学发展的应然路径——理论思维的回归 王丽娟、陈文勇，《情报科学》，2009 年第 1 期。本文共分为三部分，主要阐述了情报学理论思维的内涵、情报学理论思维的缺失及研究现状的反思、情报学研究路径的变革三个方面的问题。情报学的研究一直受制于其他研究领域，面临着相当尴尬的发展困境。究其原因，情报学理论思维的缺失是制约其研究进展的一个非常重要的因素。作者认为，理论思维是一门学科走向成熟的重要标志，情报学要得到真正发展，必须呼吁情报学理论思维的回归。这就要求情报学研究者应该检视情报学的发展史，反思其研究存在的问题，并建立自己的思维路径，将情报学研究的实质性进展诉诸情报学理论思维，形成情报学独立的思维品格。

对情报学应用领域与理论基石的思考 施国良，《图书与情报》，2009 年第 2 期。本文共分为三部分。引言部分主要介绍了提出情报学应用领域和理论基石这一问题的背景。正文部分包括两个层次：其一，分析了情报学在军事和国防领域、政府与非营利组织领域以及企业领域的重要应用；其二，论述了五个支撑情报学学科体系的理论基石，即竞争论、战略管理、信息科学、认知科学、非物质经济理论。结论部分对全文做出总结。总括全文，作者认为情报学并不等同于信息科学，今后的情报学研究不应以信息为核心，而必须以"用户吸收信息应用于决策"为核心。

试论基于信息哲学的"信息人态论" 朱永海，《情报理论与实践》，

2009年第3期。本文共分为四部分，分别阐述了"信息人态论"的思想基础、基本内涵，并基于此探讨了人态回归和人类文明的问题。作者从生态问题的信息哲学基础上展开逻辑思辨，通过对信息环境论和信息生态论中人与信息环境之间的相互关系进行全方位的认识提升和改观，从而形成了"信息人态论"。总括全文，作者认为，"信息人态论"体现了以人类中心主义为思想基础的人类对宇观信息系统的控制和驾驭，本质上是"人类中心主义论"在信息系统中的反映，并且"信息人态论"推动了宇观信息系统的进化，从而促进了人类文明的真正实现。

信息生态学的理论体系与学科建设研究　丛敬军、王学东，《情报资料工作》，2009年第3期。本文共分为五部分。第一部分主要探讨了信息生态学领域国内外的研究现状；第二部分提出构建我国信息生态学科理论体系的原则，即整体性原则、有序性和动态原则、等级系统与系统发展原则；第三部分指出构建信息生态学理论体系的方法论基础；第四部分主要介绍了我国信息生态学科理论体系的结构和内容，提出了信息生态学的存在论、本质论和实践论；第五部分对全文做出总结。信息生态学经历了两个阶段的发展历程：第一阶段（20世纪70年代至80年代末）是其初始研究阶段，此时信息生态学还没有形成独立的学科和统一的理论框架；第二阶段（20世纪90年代至今）是其发展完善阶段，这一阶段信息生态学已开始作为一门独立的学科出现，而且相关学科对信息生态学的研究也取得了较丰富的研究成果。总括全文，作者认为我国应该以科学的方法论为基础确定学科的逻辑起点，并运用由抽象上升到具体的基本思路及逻辑分析、演绎推理等主要手段，来构建信息生态学的理论体系。

基于生态学核心概念之信息生态学发展趋势探讨　曾英姿，《情报杂志》，2009年第3期。本文共分为五部分。第一部分提出生态学思想是信息生态学之理论基石；第二部分说明应将整体涌现论与系统观作为信息生态学的发展纲要；第三部分提出信息生态系统的研究亟须生态系统稳态与演替思想的充实；第四部分提出了对于信息生态系统的多样性研究的建议；第五部分对全文做出总结。作者认为，在信息生态系统的研究中，我们不仅要加强对信息生态系统演替规律和调控机制研究，针对特定发展阶段及不同信息生态环境采取差异化的发展策略，而且要学会发展和保护信息生态系统的多样性，从而提升信息创新能力、信息传递与利用的效率以及个性化的信息服务水平。

数字时代大学生的信息素质教育——基于知识结构优化的思考 杨勇,《大学图书馆学报》,2009 年第 3 期。本文共分为四部分。引言部分通过对云南某大学图书馆各类文献资源数据库服务及其利用情况的调查,分析了大学生信息素质的发展现状。正文主要探讨了信息素质的内涵及其与知识结构的关系、数字时代大学生的信息素质教育以及基于知识结构优化的大学生信息素质教育创新三方面的问题。总括全文,作者认为,信息素质是数字时代人们的必备素养之一,它所包含的有关信息的基本知识、技能、理念等独有知识体系,是数字时代知识结构的重要有机组成部分。然而当代大学生却普遍存在信息素养缺失问题,所以我们需要重新审视数字时代大学生的信息素质教育问题,在大学生整体知识结构建构中引入信息素质教育,将信息素质作为大学生知识结构的重要组成部分;同时用创新的信息素质教育理念、方法与内容,改善大学生的知识结构,提高大学生的信息素质,从而为数字时代背景下大学生的发展打下坚实的基础。

后现代主义思潮对情报学基础理论的影响 王建冬,《中国图书馆学报》,2009 年第 4 期。本文共分为三部分,主要阐述了 20 世纪中叶以来的后现代主义思潮对情报学基础理论发展的显性和隐性影响。作者认为,显性影响主要体现在情报学界对一些后现代理论尤其是科学哲学领域的显性引入和讨论。其中包括卡尔·波普尔的后现代本体论思想、托马斯·库恩的后现代科学历史主义以及社会建构主义的科学哲学。隐性影响是指基于新解释学和社会建构主义两种取向下的后现代主义思潮对于作者、读者与文本三者关系的重新解读以及对情报学认知观、领域分析等基础理论的影响,从而在情报学研究中形成了一套关于作者、读者和文本三者关系的后现代解读体系。本文从科学思想史的角度初步梳理了情报学基础理论中各流派和后现代主义的关系,为我国情报学基础理论体系的建构提供一个新的分析视角。

对信息生态学研究的理性思考 李满花,《国家图书馆学刊》,2009 年第 4 期。本文共分为三部分,主要分析了信息生态与自然生态的不同以及简单套用自然生态学研究思路和研究方法的后果两方面的问题,最后对全文做出总结。作者认为,信息生态与自然生态的本质不同在于信息生态学的核心是人，从而使得信息生态具有主体能动性的特征，不像自然生态系统那样具有自我调节功能。目前盛行的先揭示信息生态污染和失衡的现象、接着分析其原因、最后提出解决方案的三步式研究方法是对自然生态学一般方法和研究思路简单比附和套用，它忽视了信息生态是以"人"为核心的，直接导致了信息生态学研究中人的主体性的缺失。而且，这种研究思路也只是从"污染和失衡"的角度来反向回应信息生态问题，并没有从正面视角来研究信息生态的本体，因此只会使信息生态学的研究误入歧途。因此在信息生态学的研究中只有突出体现人的积极能动作用，才是信息生态学的研究之路。

对"高校大学生信息素质指标体系"的评价分析　谢穗芬、艾雾，《大学图书馆学报》，2009年第4期。本文共分为三部分，分析了"高校大学生信息素质指标体系"（讨论稿）的科学性和客观性、系统性和完整性、灵活性和前瞻性三个方面的特点，然后从指标体系的结构和内容两个方面，将"高校大学生信息素质指标体系"与北京地区高校信息素质能力指标体系和中国科学技术信息研究所的国民信息素质教育研究项目的各项指标进行了比较分析。作者认为，高校大学生信息素质指标体系应包括信息道德这个指标，并且在制定时应充分考虑不同层次对象，将定性分析和定量分析相结合，这样才能对信息素质教育的研究起到较好的指导作用，使人们对这些标准达成广泛共识，从而使"高校大学生信息素质指标体系"作为符合我国基本国情的信息素质评价标准的正式文件早日发布。

我国大学生信息素养评价研究的文献计量分析　蒋葵，《大学图书馆学报》，2009年第5期。本文通过运用数据库检索策略对2000~2008年公开发表的有关大学生信息素养评价的80篇文章，从年代、主题、期刊分布以及各年研究热点分布等方面进行了文献计量分析，揭示了信息素养评价的研究轨迹和研究热点，探讨了存在的问题和解决对策，并展望了其发展方向。作者认为，我国大学生信息素养评价的研究还处于起步阶段，还存在一些亟待解决的问题。为了更好地促进该领域研究和实践的快速发展，迫切需要制定有关我国大学生信息素养评价的国家标准，建立能进行大学生学科信息素养评价、通用信息素养评价和不同学历层次信息素养评价的复合指标体系，加强对于大学生信息素养评价的实践研究，探索更高效的评价手段。

对大学生信息素养与阅读行为内在联系的研究　赵玉光、文玉萍、曹继春、任福珍，《图书与情报》，2009 年第 5 期。信息素养包括信息意识、信息能力和信息道德三个方面；阅读行为是指读者在阅读过程中所表现出的综合行为。本文共分为五部分，作者首先介绍了信息素养的内涵与意义，其次从信息意识、信息能力和信息道德三方面探讨了大学生信息素养与阅读行为之间的内在联系，最后对全文做出总结。作者认为，大学生的兴趣、动机、认知、复习、解压等类型的信息意识影响了他们的阅读行为；确定读物、鉴别信息、整合创造以及面对不同信息源等方面的信息能力则反映了他们的阅读行为；信息道德则支配着他们的阅读行为。信息素养是当代大学生整体素质不可或缺的一部分，然而多数大学生对其概念及所包含的要素还不甚了解，以至于对大学生的阅读行为造成一些不良影响，因此，很有必要加强对大学生的信息素养的培养。

学术信息开放交流模式研究　郭海明，《吉首大学学报》（社会科学版），2009 年第 5 期。本文共分为三部分。第一部分指出科学研究呼唤开放的学术信息交流模式的原因，即随着计算机网络技术的发展，传统的基于纸介质的学术信息交流机制已不能全面适应新型网络学术环境下的学术交流活动要求，阻碍了学术信息的有效交流。第二部分为学术信息开放交流模式的理论分析，主要介绍了开放交流模式的交流原理、体系结构和四种交流机制即基于 OAI（Open Archive Initiative）的开放元数据机制、基于搜索引擎的开放存取机制、基于 DOI（Digital Object Identifier）的永久性保存和利用机制以及基于 Web Service 的开放存取机制。第三部分则提出了知识社区模式、机构知识库模式、开放存取模式等学术信息开放交流的实现模式。

后信息构建理论研究　迪莉娅，《档案》，2009 年第 5 期。本文共分为三个部分，主要阐述了对信息构建理论的反思、后信息构建的理论基础、后信息构建的主张三方面的问题。作者首先从结构主义的角度对信息构建理论进行了反思，认为信息构建理论为信息的结构化、有序化和系统化提供了理论和实践的工具，但是它却限定了信息理解的多元化和创造性，过分强调信息结构对于信息的塑造。其次从后结构主义的视角提出后信息构建的理论及其主要观点：主张在信息建构过程中，不应该只拘泥于固定的信息构建模式，而要随着信息构建主体的多元化以及过程的自组织化，不断进化信息的结构，这样才更有助于用户对信息的理解与思维的创新。

高校学生信息素养评价指标体系构建及启示 邱璇、丁韧，《图书情报知识》，2009年第6期。本文共分为四部分。第一部分主要分析了构建高校学生信息素养评价指标体系的必要性。第二部分回顾了国内外已有的关于信息素养评价指标体系方面的研究成果，并从信息素养评价标准和指标构建方法入手，提出目前构建高校学生信息素养评价指标体系的最佳方法是采用定性与定量相结合的方式，而国内研究的主要不足之处是权重制定方式未考虑到作为教育受众的学生的自身需求。第三部分阐述高校信息素养评价指标体系的构建，并运用层次分析法，通过对比试验，研究专家和学生以及不同学生群体在指标权重上的异同点及内部规律。第四部分总结了本次研究所得到的启示，并提出了高校信息素养培养的三个目标层次（基础信息素养、专业信息素养及高级信息素养）的培养目标和培养内容。作者认为，在构建我国高校学生信息素养评价指标体系时应考虑更多、更细化的因素并且要随着新环境下高校学生信息素养行为的变化而不断更新，不能一蹴而就。

后现代视域中的情报学理论与实践 张青松、王鑫雨、陈文勇，《现代情报》，2009年第7期。本文引言部分分析了情报学理论与实践的矛盾。正文部分包括三个层次，第一层次是溯源，即情报学理论从何而来；第二层次是追根，即指出情报学实践并非绝对的客观；第三层次从后现代主义视角探讨了情报学理论与实践的关系。结论部分是对全文的总结。现代主义认为情报学的理论具有唯一性，情报学实践是客观的，然而其关于理论与实践的解释却无法解决情报学理论与实践之间的矛盾。后现代主义思维范式则倡导情报学理论是多元化的即对同一事物有多元理解和多元解释的多元真理观；情报实践是多样化的，并非绝对客观；而且情报学理论与情报实践之间是多维互动的。后现代主义关于情报学理论与实践的再认识尽管不可能使情报学理论与实践之间的矛盾完全消失，但却为人们从不同的角度来认识理论与实践的关系提供了新的思路。

高校信息素养评价标准发展研究 赖茂生、孙鹏飞，《情报科学》，2009年第8期。本文引言部分简单介绍了本文的研究背景和研究方法。正文部分主要包括四个层次：其一，信息素养的一般定义与内涵；其二，信息素养领域的相关研究；其三，高校信息素养评价标准的发展历程；其四，高校信息素养评价标准的对比分析和发展趋势。结论部分总结全文并提出了未来研究的若干方向。作者认为，信息素养自被提出以来一直受到图书情报学界、教育界以及计算机相关领域的重视。不同国家、不同时期的高校信息素养评价标准的维度也不尽相同。通过对几大标志性评价标准的调研和内容分析可见，公民权利和终身学习已成为高校信息素养评价标准发展的新热点。随着社会的进步以及信息与通信技术的不断发展，信息素养的维度也将不断变化。未来的研究可能向以下三个方向发展：一是结合新出台的评价标准及评价标准的更新，对高校信息素养评价标准进行研究；二是结合国家、地区和高校等不同层次的一些更具代表性的评价标准进行研究；三是结合高校信息素养的最近实践进展，对高校信息素养评价标准进行研究。

陕北地区大学生信息素养状况调查与分析 魏继宗、孟亚玲、张立昌，《电化教育研究》，2009 年第 8 期。陕北地区地理位置偏僻，高校稀少，校际交流困难，很不利于该地区大学生信息素养的提高，从而也影响了该地区的高等教育。本文以延安大学和榆林学院的本科生各自对待信息、知识、图书馆、网络的态度为模块对陕北地区大学生信息素养状况进行了调查分析，并提出了对陕北地区高校提高在校本科生信息素养的建议：一是通过鼓励专业教师进行教学改革和外出进修、开放院系专业资料室等方式打开通往外界的窗口；二是增强图书馆的服务职能，完善图书购买制度；三是改革"文献检索与利用"课程教学，开发灵活多样的课程教学模式；四是完善大众传播媒体建设，在课余向学生传授知识。

谦逊的理性：情报学应有的理论品格——关于情报学理论原创的前提性思考 李万辉、陈文勇，《图书情报工作》，2009 年第 8 期。本文共分为三部分，首先分析了情报学狂妄理性的表现，其次提出情报学应该保持谦逊的理性这一应有的理论品格，最后阐述了谦逊的理性规约下的情报学之尊严问题。作者认为，目前的情报学界存在一种狂妄的理性，不能明确区分情报学的形式研究对象和实质研究对象，盲目移用其他学科的概念、分析框架以及思维方式等，从而使其被殖民化，成为一门没有限度的学科，这是原创性情报学理论缺失的前提性原因。而情报学理论原创的产生则需要一种谦逊的理性，只有在该理性的规约下，情报学才具有真正意义上的学科尊严。

情报学的元理论探析　王琳，《情报理论与实践》，2009 年第 9 期。本文为"分－总"结构，共分为四部分。第一部分分析并界定了元理论的概念；第二部分阐述了情报学元理论研究的发展脉络和现状；第三部分提出了情报学元理论层次结构；第四部分对全文进行了总结。作者认为，元理论是理论构建的前提性知识，它以理论作为研究对象，所要揭示的是理论所依赖的隐蔽前提即在研究者建构理论和理论体系背后起支撑作用的基本信念、观点与立场。情报学元理论的研究可分为两个层次结构即普适性元理论层次和特定领域元理论层次。对情报学元理论的进一步深入研究，能够为常识性实践应用研究的情报学找寻到应对挑战的解决之道。

《国外图书馆学情报学最新理论与实践研究》前言　孟广均，《图书情报工作》，2009 年第 9 期。本文主要分为四个部分，分别从基础理论、新技术应用、组织管理和教育四个方面介绍了《国外图书馆学情报学最新理论与实践研究》的主要内容，并探讨了近年来一些发达国家在图书情报研究及图书情报事业方面取得的主要成就，及其对我国图书情报事业发展与学科建设的借鉴意义。作者认为，我们应该学会借鉴发达国家图书情报事业在发展过程中所取得的成就和经验，并且吸取其中的教训，避免重蹈覆辙。

关于"信息消费"生态的哲学思考　安宝洋、蔡东伟，《前沿》，2009年第 10 期。本文共分为三部分。首先，具体阐述了"信息消费"及"信息消费生态"的概念和基本内涵；其次，分析了"信息消费"的本质特征，并在此基础上探讨了"信息消费"与人的全面发展的关系；最后，作者针对"信息消费"生态价值异化问题，探讨了和谐视阈下如何进行"信息消费"生态建设的问题。作者认为，"信息消费"生态的本质特征在于它的社会性，"信息消费"生态系统不同于纯粹的自然生态系统。它是由人来建立和推动，从而达到稳定、均衡状态的；具有整体性、开放性、多样性等系统一般特征。"信息消费"具有发展与"再生产"的创造性本质，作为消费者的信息人则具有"消费者与生产者"的双重性角色。而我国"信息消费"生态则存在一种"异化"的价值倾向，其本质上是人与人化自然生态系统之间的矛盾。"信息消费"生态价值关系的和谐，需发挥生态伦理的价值功能，创新当前生态伦理建设。

国内情报学理论 2008 年研究热点及发展趋势　陈兰杰，《情报杂志》，

2009 年第 10 期。本文以《中国学术期刊全文数据库》为数据来源，通过分析检索结果，反映出我国情报学 2008 年的研究进展，并从一个侧面反映了我国情报学研究的新动向、新趋势和热点研究课题。作者指出，情报学教育、科学计量学研究、基础理论、情报学期刊、信息资源建设与信息服务、信息组织与信息检索、知识管理、情报分析、竞争情报、信息经济学领域是我国 2008 年国内情报学的研究热点。其研究趋势主要体现在以下方面：一是更加关注实践领域的新需求和新问题，情报学专业教育研究和科学计量学研究逐渐升温；二是情报学基础理论研究居首位，以用户为中心来重塑情报学学科势在必行；三是情报研究方法呈现多元化趋势。

情报学理论发展的路径及其动力引擎探源　张青松、王鑫雨、陈文勇，《情报科学》，2009 年第 10 期。本文共分为三个部分。引言部分简单提出有关情报学理论发展的问题。正文部分共分为两个层次：一是情报学理论的发展路径，二是情报学理论发展引擎问题。结论部分对全文做出总结。总括全文，作者认为，目前情报学在发展过程中遭遇了诸种矛盾和冲突，因此情报学理论的发展亟须走上一条内生之路、人文之路。情报学理论与情报实践的紧张、体系化与问题化的冲突、情报学化与非情报学化的危机这三对矛盾紧密缠结，共同干预着情报学理论发展的各个转向。它们不仅是情报学理论生死存亡的转换枢纽，也是其发展动力的生发之所。

数字化校园环境下教师信息素养提升的策略　卜忠飞、韦凯，《中国电化教育》，2009 年第 11 期。本文为"总 – 分 – 总"结构，共分为三部分。前言部分，主要介绍了扬州教育信息化建设近十年来的发展情况。正文部分包括两个层次：其一是教师信息素养的养成策略，其二是提升教师信息素养的具体措施。结论部分对全文进行了总结。作者认为，教师的信息素养是制约教育信息化进一步发展的关键因素。要进一步提升教师信息素养，一方面要进一步转变教师的观念和态度，加强学校信息基础设施和信息资源建设并注重对教师的培训；另一方面需要进一步完善学校行政领导的支持和激励机制。

国际图联的"信息素养资源目录"数据库　徐志玮、吴鲜红，《图书馆学研究》，2009 年第 12 期。本文引言部分简单介绍了国际图联的"信息素养资源目录"数据库的基本情况。正文部分包括三个部分：该数据库的内容分类、国家分布、有关美国信息素养的内容详解。结论部分是对全文的总结。作者指出，国际图联的"信息素养资源目录"数据库是由联合国教科文组织编辑的，收藏了众多世界各地成功的"信息素养"案例，不仅为教师信息素养课程提供了先进的实践经验，为图书馆开展用户的信息素养教育提供了丰富的素材，同时也为分享信息素养的成果提供了很好的展示平台。

香港高校图书馆信息素养网络课程的调查与分析　赵丹，《图书馆工作与研究》，2009年第12期。本文通过网页访问的方式，对香港高校图书馆综合性信息素养网络课程的开展情况进行了调查，并进一步分析了其开展现状和教学特色。作者认为，综合性的信息素养网络课程具有传统教育模式不可比拟的优越性，已成为图书馆开展信息素养教育的发展方向。我国内地高校图书馆在进行信息素养网络课程建设过程中，需要注意以下四个问题：一是要整合现有资源，根据自身的办学层次、学生类型、馆藏资源以及技术条件，因地制宜地进行信息素养网络课程的建设；二是要寻求建立广泛合理的合作机制，共同推动高校信息素养教育；三是要注重信息素养教育与学科教育的有机结合；四是要树立以用户为中心的技术理念，从而为优化信息素养课程提供良好的技术支持。

信息生态学研究热点分析与展望　周秀会、夏志锋、董永梅，《情报杂志》，2009年第12期。本文共分为四个部分。第一部分梳理了信息生态学相关概念的发展脉络；第二部分探讨了信息生态学的研究对象与研究内容；第三部分综述了信息生态学的国内外研究现状及研究热点；第四部分指出信息生态学研究中存在的不足，并展望了其今后的研究热点。作者认为，目前信息生态学研究还存在以下不足：一是理论研究不够深入；二是核心价值研究缺乏；三是区域性信息生态系统研究不足，相应的理论研究和应用研究都比较缺乏。信息生态平衡评价、信息生态系统核心价值研究以及区域性信息生态系统研究等几方面有可能成为今后的研究热点。

情报学理论的哲学研究进展　王知津，《图书情报工作》，2009年第22期。本文共分为五部分。第一部分主要介绍了作为情报学基础的三种哲学观点：波普尔"三个世界"理论、国内学者刘植惠和秦铁辉提出的"四个世界"理论、信息哲学论；第二部分探讨了马克思主义哲学中的对立统一观点、可知论观点、联系和发展观点以及能动性观点对情报学理论与研究的指导作用；第三部分主要分析了归纳法、反馈法、选择法这三种哲学方法在情报学中的应用；第四部分阐述了认知理论、后现代主义、批判现实主义、设计学、阐释学五种情报学理论研究中的哲学理论；第五部分对我国情报学理论的哲学研究进行了展望。作者认为，国内学者在从哲学视角研究情报学的过程中，不仅应该明确情报学的哲学基础，而且需要对所引入的哲学观点进行深入的辨析。

嵌入性理论对情报学研究的启示　秦铁辉，《图书情报工作》，2009 年第 24 期。本文为"总 – 分"结构，共分为两部分。在引言部分，作者先从嵌入性理论的基本概念入手，简单阐述了嵌入性理论和情报学的关系以及它对情报学研究的借鉴意义；正文部分详细探讨了嵌入性理论对情报学研究中的深化问题、人才流失问题以及情报获取问题所带来的启示。总括全文，作者得出以下观点：一是根据嵌入性理论的观点，在进行情报学研究时应该与其周围环境相联系，放到更大的社会背景中去考察；二是在应对人才流失严重问题时，图书馆应该让员工的知识和技术与其工作和职业生涯目标相吻合，初步形成工作嵌入关系，并开展一些培训，为员工提供更新知识的平台；三是在构建人际情报网络时，情报人员嵌入既不能过强也不能过弱，只有适度嵌入才有利于获取质优量大的信息。

第二节　情报研究与竞争情报

情报研究报告描述框架研究　孙志茹，《图书情报知识》，2008 年第 1 期。本文共分为三部分。第一部分为引言部分，简单介绍了当前情报研究工作的现状。第二部分为本文主体部分，主要包括两个层次：其一，情报研究报告的目的；其二，情报研究报告描述的框架。第三部分是对全文的总结。总括全文，作者认为情报研究报告作为情报研究的成果，与其他文献资源相比，具有传播范围相对较小、用户针对性相对较强、内容知识密集度高、使用上有一定权限限制的特点。针对情报研究报告的这些特殊性，情报研究报告数字化描述的目的是检索、促进情报研究自动化以及内容整合。而以此设计出的情报研究报告描述的基本框架主要包含三部分内容：属性的描述、内容的描述、关系的描述。

基于数据挖掘的网络业务流分析方法 乔欣、李伟，《东南大学学报》（自然科学版），2008 年第 S1 期。本文共分为三部分。第一部分为引言部分，简单介绍了网络业务流分析的主要方法和数据挖掘的概念，并基于此提出了具有时态路径约束的关联规则挖掘分析方法。第二部分为本文的主体部分，主要包括两个层次：其一，时态路径约束关联规则挖掘分析的问题描述；其二，时态路径约束关联规则挖掘分析的算法分析。第三部分是对全文的总结。数据挖掘是一个从海量数据中抽取未知的、隐含的且具有潜在用处的信息的过程。具有时态路径约束的关联规则挖掘分析方法是基于数据挖掘基础上的一种网络业务流分析方法。它是以网络业务为分析粒度，以和网络业务流相关的时态属性及路径属性为约束条件，对已积累的反映网络状况的海量历史数据进行挖掘分析。该分析方法在进行关联规则挖掘时，利用了频繁数据项集的性质，引入事务标号，求出候选频繁项集的同时也求出其支持度，从而避免了为求其支持度所进行的扫描数据库运算，极大地提高了数据挖掘的速度和效率。作者认为，该分析方法能够发现业务之间的关联关系，达到从宏观的角度来分析业务间的特性，从而为网络管理人员进行网络优化与控制提供了强有力的支持。实验表明，进行数据挖掘分析的数据量越大，该分析方法的性能与效率就会越好。

数据挖掘技术在 C2C 电子商务中的应用 汪赫瑜、丛喜宾，《辽宁工程技术大学学报》（自然科学版），2008 年第 S1 期。本文共分为三部分。第一部分为引言部分，主要提出本文研究的是数据挖掘技术在 C2C 电子商务中的应用问题。第二部分是本文的主体部分，主要包括两个层次：其一，电子商务环境中数据挖掘应用流程；其二，数据挖掘算法应用，详细阐述了聚类算法的内涵以及运用聚类划分买家进行细分的模型。第三部分是对全文的总结。总括全文，作者认为，数据挖掘技术在 C2C 电子商务中的应用具有一定的实用价值和现实意义，很大程度上提高了网站的服务质量，创造了更多的潜在利润空间，为正确的电子商务应用决策提供了可靠的保证和强有力的支持。

基于信息熵的无线传感器网络数据融合方案 唐晨、王汝传、黄海平、孙力娟，《东南大学学报》（自然科学版），2008 年第 S1 期。本文为

"总－分－总"结构，共分为三部分。引言部分概述了本文的研究目的，主要介绍了目前的两种传感器网络路由协议，并提出了基于信息熵的无线传感器网络数据融合方案。正文部分主要描述了基于信息熵的数据融合模型，其中阐述了信息熵、相对信息熵、并查集的定义，并通过两个实验仿真，具体比较了该方案与传统的 LEACH 协议在分簇和数据融合两方面的优劣。结论部分对全文做出总结。该方案的具体思路首先是对传感器采集的历史数据进行分析，其次是运用并查集划分等价类思想将存在数据冗余的节点尽可能划分到一个簇中，最后是周期性地选取簇头节点对簇内的节点数据进行融合处理。实验表明，该方案与传统的 LEACH 协议相比，所提方案分簇更加合理，显著减少了无线传感器网络节点的能量消耗，延长了网络生存周期。

改进的 BP 算法在多传感器数据融合中的应用　张宇林、蒋鼎国、徐保国，《东南大学学报》（自然科学版），2008 年第 S1 期。本文共分为四部分。第一部分阐述了多传感器特征级数据融合模型的结构原理；第二部分主要分析了基于小波神经网络的 BP 权值平衡算法；第三部分运用融合仿真实例，证明了该算法的有效性；第四部分为结论，总结了该算法与可用于特征级的数据融合的其他算法相比的优点。本文采用基于小波神经网络的 BP 权值平衡改进算法，构造了小波神经网络并训练以改变 BP 网络权值。作者根据多传感器特征级数据融合模型，并且结合该权值平衡算法，把测量到的数据进行基于特征级的融合，将该数据融合结果提供给决策级判断，从而得出了非常理想的判定效果。仿真实例的结果表明，基于小波神经网络的改进 BP 权值平衡算法，一方面结合了小波神经网络的收敛速度快、逼近能力强的优势，另一方面也利用了 BP 的结构简单，容易构造的特点，不仅有效提高了学习的速度，而且具有更高的计算精度。

基于信任度的多传感器数据融合及其应用　焦竹青、熊伟丽、张林、徐保国，《东南大学学报》（自然科学版），2008 年第 S1 期。本文共分为三部分，分别阐述了基于信任度的多传感器数据融合的信任度函数及其数据融合过程，并分析了其在农田土壤含水率的数据融合中的应用。作者认为，多传感器信息采集系统由于不可避免会受到传感器精度、传输误差、环境噪声及人为干扰等因素的影响，测得的数据常会产生不确定性。针对这一缺陷，本文提出了一种基于信任度的多传感器数据融合方法。该方法首先定义了一个模糊型指数信任度函数来量化处理两传感器测得数据间的信任程度，然后通过信任度矩阵来度量各个传感器测得数据的综合信任程度，以便合理分配测得数据在融合过程中所占的权重，得到数据融合估计的最终表达式，从而实现多传感器数据的融合。通过分析土壤含水率的数据融合结果可知，基于信任度的多传感器数据融合方法不仅比传统方法具有更高的融合精度，而且还具有良好的抗干扰性。

国外咨询情报机构战略情报分析方法比较研究　赵凡，《情报杂志》，2008年第3期。本文共分为三个部分，作者分别从信息资源建设、数据库建设、战略情报分析的研究方法与模型、研究工具、分析流程与基本框架、情报分析平台建设六个方面对加拿大科技信息研究所（CISTI）、美国兰德公司（RAND）以及美国能源部能源信息管理办公室（EIA）这三个国际著名咨询情报机构的战略情报分析方法进行了比较研究与系统的介绍，希望能为我国的情报机构开展战略情报研究提供一些有价值的参考。

数据挖掘技术在铁路货运客户细分中的应用　钟雁、郭雨松，《北京交通大学学报》，2008年第3期。本文共分为四个部分。作者基于数据挖掘中的聚类与分类技术，分别从货票数据的预处理、聚类与分类算法选择和描述、客户细分的实现、研究目的与方案的改进四个方面对数据挖掘技术在铁路货运客户细分中的应用进行了研究分析。具体流程是：首先挖掘货票库中的海量数据所蕴藏的信息并对其进行预处理；然后应用聚类技术对货运的历史数据进行聚类分析，保存聚类结果；进而根据聚类的结果再运用贝叶斯分类器对新数据进行分类；最后依据分类结果对客户实施相应类别的营销措施。作者认为，该研究有助于铁路货运营销部门依据不同类别的货主对铁路贡献的大小来制定不同的优惠措施，并为其提供决策依据，提高铁路部门客户关系管理与决策水平。

一种用于数据挖掘算法的数据生成方法　魏伟杰、张斌、王波、张明卫，《东北大学学报》（自然科学版），2008年第3期。本文为"总－分－总"结构，共分为三部分。引言部分主要介绍了现有的两种可用于数据挖掘算法测试的数据集及其缺点，为克服其缺陷，提出了一种基于遗传算法和熵的测试数据集的模拟数据生成方法。正文部分首先使用遗传算法的交叉算子和变异算子对数据集进行了扩充，然后描述了基于熵的群体相似性函数和测试数据集生成方法，最后运用仿真实验进行了分析。结论部分对全文做出总结。总括全文，作者认为，获取可靠测试数据集在数据挖掘算法的研究与测试过程中十分重要，然而时间、保密性、噪声和数据多样性等因素的限制，使得测试数据集的获取一直困扰数据挖掘算法的研究。该方法先利用具有继承性特性的遗传算法对采集到的少量真实数据进行扩充和模拟，然后用基于熵的相似度函数衡量生成数据集与现实真实数据集的相似度，最终生成规模大的测试数据集，同时还给出了描述型数据的生成算法。使用该方法，可以保证生成数据集与真实数据集有相同的属性、相同的属性取值区间与属性值分布以及类似的属性关联关系，加速了数据挖掘算法的研究进程。

基于文本挖掘技术的产品技术成熟度预测 刘玉琴、朱东华、吕琳，《计算机集成制造系统》，2008 年第 3 期。本文为"总 - 分 - 总"结构，大致分为三个部分。引言部分，简单介绍了产品成熟度预测的定义及其研究意义。正文部分，结合国内外产品成熟度预测技术研究现状，提出基于文本挖掘技术的产品技术成熟度预测方法，阐述了运用该方法进行预测的具体步骤，并利用该方法预测了我国光通信技术的成熟度情况，并通过实验，验证了该方法的有效性。结论部分，对全文做出总结。作者认为，该方法运用了文本挖掘技术挖掘隐含于专利数据库中的内在、客观、定量的信息，通过引入技术新颖度度量函数量化了技术的新颖程度并评价了专利的质量；同时以专利维持成本反应专利的获利情况，并且结合专利数量作为预测指标，对产品技术成熟度进行预测。实验证明，该方法克服了现有预测方法的使用限制，具有应用范围广、反应速度快等特点，并且在预测数据获取、准确性与实用性等方面具有较高价值。

论不完全信息条件下的片断情报分析法 张华，《情报理论与实践》，2008 年第 4 期。本文共分为五部分，分别阐述了在不完全信息条件下的片断情报分析法的基本概念、信息碎片的来源、基本流程，并以"诺基亚互联网战略"为例说明了该分析法的应用，进一步揭示了其对于企业进行各种战略决策活动的重要意义。作者提出，片断情报的分析过程大致可分为信息表示、信息聚类、信息重组、主题拼图和推理分析五个层次。该分析法不仅可以用于判断企业目前战略的真实性，而且还可以通过目前的行动来洞悉企业的未来战略计划，帮助企业尽可能多地收集相关信息，从而更准确地了解竞争对手的意图，使企业在激烈的竞争中取胜。

非相关文献知识发现方法在航天科技情报研究中的应用分析　曹志杰、冷伏海，《情报理论与实践》，2008 年第 4 期。本文共分为五个部分。第一部分剖析了非相关文献知识发现方法的原理及其对于航天情报研究的重要意义。第二部分主要介绍了该方法的国内外应用现状。第三部分剖析了非相关文献知识发现方法运用于航天科技情报研究的可行性，对比分析了该方法应用于生物医学领域及航天科技情报研究领域的异同点，总结了其发现流程以及开发人机交互系统所需的关键技术。第四部分对其可行性进行了验证，人工模拟了用此方法发现新型飞行器隐身技术的知识发现过程。第五部分总结其规模应用所面临的挑战。作者认为，该方法在推广规模应用过程中，还需要开发出相应的系统辅助完成部分工作以提高其发现效率。

国家竞争情报研究的理论支撑　周玮，《情报杂志》，2008 年第 4 期。本文共分为三个部分。首先阐述了国家竞争情报的思想内涵及其研究意义。其次探讨了国家竞争情报研究的渊源理论，指出其理论渊源除了情报学原理以外，还包括比较优势原理和竞争优势原理等重要的竞争理论。最后，勾画了国家竞争情报理论的逻辑体系：一是主要运用定性分析方法的以波特的"钻石模型"为代表的成因理论；二是运用量化分析方法的计量分析理论；三是发展阶段理论。前两种理论都属于静态的竞争情报理论，后一种则属于动态的竞争情报理论。作者认为，在经济全球化、区域竞争愈发激烈的环境下，通过对国家竞争情报工作的开展，有助于促进国家竞争力的提升。目前，国家竞争情报的理论体系已初步形成，对进一步开展国家竞争情报研究具有理论和实践指导作用。

基于改进模糊 k 均值算法和神经网络算法的数据挖掘模型　李桃迎、陈燕、杨明、牟向伟，《大连海事大学学报》，2008 年第 4 期。本文共分为三个部分。引言部分分析了聚类分析和神经网络的特点，为克服神经网络中样本数据包含大量与目标数据无关的属性而导致的网络训练时间长、效率低的问题，作者提出了基于改进模糊 k 均值和 BP 神经网络算法的数据挖掘模型。在正文部分，作者分别阐述了改进模糊 k 均值（FKM）聚类算法和 BP 神经网络算法的原理，并运用该模型对儿童血红蛋白含量进行预测，验证了该模型的实用性和可靠性。结论部分，对全文做出总结。总括全文，作者认为，利用改进的 FKM 聚类算法对输入数据的属性进行聚类分析，能够保留与目标属性相关性强的属性，摒弃相关性弱或冗余的属性，有效减少神经网络的训练样本数据量，从而提高网络的训练效率。

信息分析与预测　江三宝、毛振鹏主编，清华大学出版社，2008 年 5 月。本书包括绪论、信息分析与预测的程序、信息分析与预测方法和信息分析与预测专题研究四个部分。绪论概述了信息分析与预测的概念、功能、作用、特点、产生和发展。程序部分重点介绍了课题选择和计划，信息搜集，信息整理、评价和分析，信息分析与预测产品的制作、评价和利用。方法部分介绍了包括比较、分析与综合、推理在内的常用逻辑方法，专家调查法，文献计量学方法，层次分析法，回归分析法的计算，时间序列分析法等。专题研究部分在分析与预测科学技术信息、技术经济信息、市场信息、竞争情报以及社会科学信息的基础上，对信息分析与预测的特点、内容以及某些专用程序与方法进行了深入的研究。

情报分析人员的元认知分析　韩志英、孙忠斌，《现代情报》，2008 年第 5 期。本文共分为三部分，分别阐述了元认知的基本内涵与组成要素、元认知在情报分析中的体现以及提高情报分析人员的元认知能力的具体措施。情报分析过程从认知心理角度来分析，是情报分析人员头脑内信息加工系统的工作过程，元认知能控制调节各种信息加工活动，在信息加工系统中处于支配地位。作者认为，情报分析人员元认知主要包括元认知知识、元认知体验和元认知监控三个重要组成部分，它们之间相互依存并制约着，通过协同作用，使情报分析人员能够顺利实现对自己认知活动的监控与调节。提高情报分析人员的元认知能力，可以很好地帮助开发情报分析人员的智力、发展情报分析人员的情报分析能力，有效地提高情报的质量与效率。

情报分析中五项新技术的应用解析　李娜、吴清强、侯丽，《情报科学》，2008 年第 5 期。本文引言部分介绍了本文的研究背景，并提出了五项应用于情报分析当中的计算机技术，即基于网络的技术、信息抽取技术、数据挖掘技术、语义网络技术和信息可视化技术。正文部分共分为三个层次，分别介绍了这五项技术在国内外的研究与应用情况及其优势，并发掘出尚需进一步解决的问题。作者认为，随着计算机和网络技术的不断发展，情报研究的任务与方式都发生了重大的变革，情报研究中的重要环节情报分析也在不断变化。这五项新技术的应用有效解决了情报分析当中关于海量网络信息的监测和挖掘、信息的智能化分析、基于知识语义结构的推理、知识发现、分析结果的有效解读五个方面的问题，然而仍有以下两个尚需解决的问题：一是多媒体信息的处理技术应用到情报分析当中处理非文本信息的问题，二是这五个方面的技术中已经成熟的算法与软件工具的融合集成问题。

数字时代情报研究工作模式探析 曲柳莺、陈忠，《图书情报工作》，2008年第5期。本文为"总－分"结构。引言部分提出本文的研究背景和目的。在正文部分，首先分析了我国情报研究工作的发展情况及存在的问题，介绍了国内外情报研究工作模式的最新发展；其次，作者结合自身工作实践提出一种基于知识管理的情报研究工作模式并具体探讨了其内部结构；最后，预测分析了未来情报研究工作模式的发展趋势。作者认为，当前我国情报研究工作模式普遍落后于现代信息技术的前进步伐，主要存在快速反应能力不强、资源共享程度不高、情报研究手段落后、协作研究模式还未形成等问题。以知识管理理念为支撑的情报研究工作模式，能够实现情报工作的整体创新，全面推动国内情报研究工作模式的转型。未来情报研究工作模式将会向以下趋势发展：一是由共享积累资源向共享智慧转变；二是情报机构间将建立协作互补机制；三是研究模式将向"小核心、大范围"发展。

竞争情报研究与服务业的发展态势及其述评 彭靖里、李建平、杨斯迈、邓艺，《情报杂志》，2008年第5期。本文为"总－分－总"结构，共分为三个部分。引言部分概述了本文的研究内容；正文部分分别从国外和国内两个层次全面分析了竞争情报（CI）研究与服务业发展态势；最后一部分是分析结论和启示。作者认为，目前全球已经形成以下三大CI研究与服务业发展最活跃的区域：一是以美国和加拿大为首的北美地区；二是欧盟地区国家；三是包括日本、韩国、中国、新加坡在内的东亚地区。从国内CI研究与服务产业化的发展来看，台湾地区优于大陆，大陆优于港澳地区，但与国外尤其是西方发达国家相比，我国在情报观念与认识、政府支持力度、社会法制环境建设和服务技术水平等方面还存在很大差距。

浅析系统科学方法在情报分析中的应用 苑春晖、孔令然，《科技信息》（学术研究），2008年第6期。本文共分为三个部分，分别从系统论、控制论和突变论入手，探讨了系统科学方法在情报分析工作中的应用。作者认为，系统科学方法是情报分析工作中的一种常用的研究方法，它以电子计算机为工具，以系统论、信息论、控制论为基本内容，同时渗透多种学科和多种技术，在情报分析工作中起到重要的辅助支持作用，能够提高情报分析人员对所获情报的认识程度，促进科学分析取得进展，从而提高情报分析的质量，促进情报工作有效发展。

情报研究快速反应能力及机制实证分析研究 王双菊、高峰，《图书情报工作》，2008 年第 6 期。本文通过对 2006 年 8 月～2007 年 8 月国家科学图书馆兰州分馆的资源环境战略情报研究团队所开展的情报研究任务进行分析，首先从时间性和重要性两方面阐明了情报研究需求的特征，其次结合具体案例剖析了团队情报研究快速反应能力的不足与提升，再次分析了情报研究快速反应机制的缺失与建设等问题，最后对全文做出总结。总括全文，作者认为，团队的情报研究任务呈现多样性、复杂性以及在时间上的快速性，对情报研究的快速反应能力提出了很高的要求。然而我国的情报研究快速反应能力还有待进一步提高，在机制的建设摸索过程中，需要进一步建立完善任务协作协调机制与分工督导机制、沟通交流机制和特色培育机制，从而有效提升团队的情报研究快速反应能力。

基于知识产权的技术竞争情报研究及其策略分析 彭靖里、丁祖汤、张勇、可星，《情报理论与实践》，2008 年第 6 期。本文共分为四部分。第一部分阐述了我国在知识产权竞争方面所面临的严峻形势和知识产权壁垒特点；第二部分分析了基于知识产权的技术竞争情报的研究进展及发展态势，并指出应对知识产权壁垒将成为今后我国技术竞争情报研究的重点；第三部分初步探讨了应对知识产权壁垒的技术竞争情报基本内容和方法；第四部分提出运用技术竞争情报应对知识产权壁垒的四项策略。总括全文，作者认为基于知识产权的技术竞争情报活动随着知识产权的争夺与保护已成为目前国际贸易主要形式和竞争手段以及企业技术管理和科技情报服务的重要内容之一。有关它的研究已呈现信息来源多样性、分析过程智能化及成果用途广泛性等趋势，具有非常广阔的发展前景。

分布式多传感器结构中的数据融合方法 张捍东、孙成慧、岑豫皖，《华中科技大学学报》（自然科学版），2008 年第 6 期。本文为"总 - 分"结构，共分为三部分。引言部分提出了本文的研究背景和研究目的。正文部分，首先分别阐述了单传感器分批估计融合和自适应加权平均法的数据融合的基本原理，其次通过数据实例分析了分布式多传感器结构中的数据融合方法测量的准确性。作者认为，分布式多传感器结构中的数据融合方法提高了单个传感器的测量精度，为数据处理打下了坚实基础。该方法首先对每一个传感器进行时间上的分批估计，以降低误差的影响，获得各个传感器的局部决策值；继而对那些方差超过了一定数值的数据进行基于相对距离的再处理。最后运用最优融合原则，并运行加权自适应算法对各个局部决策值进行融合。数据实例分析结果表明，处理后的数据更接近测量真实值。

数据挖掘中分类算法分析与量化研究　张原、高向阳，《西北工业大学学报》，2008 年第 6 期。本文共分为两部分。首先，详细分析了 C4.5 算法、Bayesian 置信网络以及序贯最小优化（SMO）这三种在数据挖掘系统中使用最广泛的分类算法方法的优缺点；其次，运用交叉验证方法对这三种算法进行了实验分析，分别得出在相同训练、测试样本数据条件下三种算法建立模型所需的时间、分类的准确性、覆盖率以及 margin 曲线，并分析了训练样本的数量对三种算法的不同影响，从而为使用者在不同的样本质量下选择相应分类算法提供了理论和实验依据。作者认为，C4.5 算法在训练样本质量较高、数量比较充足时是最佳选择；在实际情况下，样本数量有限且数据包含空值，比较适合运用 SMO 方法；而 Bayesian 置信网络在对计算速度、鲁棒性、准确性都有一定程度的要求时最适合采用。

主成分分析法在边防情报分析中的应用　唐超，《情报探索》，2008 年第 7 期。本文共分为五部分。第一部分从时间结构和空间结构上对边防情报工作的影响因素进行"共时性"和"历时性"分析；第二部分概述分析了主成分分析法及其计算步骤；第三部分介绍了主成分分析法在边防情报工作中的应用步骤；第四部分通过实验证明了主成分分析法的可行性和优越性；第五部分对全文做出总结。作者认为，采用主成分分析法进行边防情报的分析，能够较好抓住事物发展的主要矛盾，减少分析变量，进一步提高分析效率和量化程度，对于边防数据统计、指标设置以及前景预测等具有积极意义。但任何分析方法都有其局限性，主成分分析法主要适合于较稳定的统计工作，需要长期、客观、准确的统计作为分析基础，而对于突发性较强的情报工作的分析还要依靠其他分析方法来解决。

基于中小企业集群知识外溢负外部性规避的竞争情报分析　程书燕，《图书情报工作》，2008 年第 7 期。本文共分为五部分。第一部分为引言部分，概述分析了竞争情报和中小企业集群知识外溢效应。第二部分从原因探究和结果分析两方面分析了中小企业集群知识外溢负外部性。第三部分通过对竞争情报及其特点的研究，总结了竞争情报和中小企业集群知识外溢负外部性规避之间的联系，并在此基础上提出规避中小企业集群知识外溢负外部性最有效的途径，是建立中小企业集群竞争情报体系。第四部分从四个方面探讨了建立和完善中小企业集群竞争情报体系的方法。第五部分对全文做出总结。作者认为，产权界限模糊、非正常人员流动、知识零成本输出和恶性竞争等原因造成了中小企业集群知识外溢负外部性，而这种负外部性又进一步导致了市场对知识产品交易的调节失灵、集群产品质量下降及集群内知识创新的停滞。为了规避中小企业集群知识外溢负外部性，应当从以下四方面建立和完善中小企业集群竞争情报体系：一是增强中小企业集群竞争情报意识；二是明确中小企业集群竞争情报体系流程；三是建立和完善中小企业集群竞争情报人际网络系统；四是建立快速高效的竞争情报反应系统。

无线传感器网络数据融合算法研究　邱爽、吴巍，《武汉理工大学学报》，2008 年第 7 期。本文共分为三部分，通过实例对分批估计、一般算术平均及多传感器多目标分批估计融合算法和其有效性进行了深入的研究、理论分析和计算机仿真，并且得出当传感器节点数目一定时，分批估计算法精度更好的结论。作者认为，数据融合能减少节点的传输数据量和网络中总能量的消耗，通过适当的数据融合算法来实现网络节能，是无线传感器网络的一个主要发展方向。利用 Kalman 滤波进行目标状态估计，并将分批估计算法应用到无线传感网络的数据融合中，然后通过对监测同一对象的多个传感器采集的数据进行综合，能够达到提高数据精度与可信度的目的。大量的实验仿真数据证明了该算法的可行性。而且多传感器多目标分批估计融合算法，还能对监测不同对象的多个传感器采集的数据进行融合。

基于粒子群算法的多传感器数据融合　张宇林、蒋鼎国、黄翀鹏、朱小六、徐保国，《化工学报》，2008 年第 7 期。本文为"总－分－总"结构，共分为三部分。引言部分概述了该研究的理论基础。正文部分共分为两个层次，第一层次详细阐述了基本粒子群算法的原理并对原有算法中的固定惯性权重进行了改进，着重分析了惯性权值因子在粒子群优化（PSO）算法中的作用，并在现有的线性递减权值方法基础上，提出了一种非线性权值递减策略；第二层次分析了基于改进粒子群算法的数据融合权值因子估计。结论部分对全文做出总结。作者认为，粒子群算法是一种有效的寻找函数极值的演化计算方法，具有简便易行、收敛速度快的优点，但同时也存在收敛精度不高、易陷入局部极值点的缺点。实验结果证明了改进的PSO算法能近似最优地确定数据融合中各权值因子，使数据融合在信息的冗余度/互补性、信息源的可靠性以及进行融合的分级结构不确定的条件下，以近似最优的方式对传感器数据进行融合，有效地提取各融合数据中的有用信息，并成功排除噪声干扰，取得良好的融合效果。

情报研究团队定量考核分析　王双菊、高峰，《情报科学》，2008 年第 8 期。本文共分为四部分，分别探讨了情报研究团队考核的重要性、考核准则、考核的内容及其相应的考核模型四个问题。作者认为，目前的情报研究工作普遍采用团队工作模式，合理的考核能有效地促进情报研究团队的发展并调动情报研究人员的积极性，因此如何量化考核情报研究团队的问题至关重要。对情报研究团队的考核应该既包括对团队完成的项目考核以便考察情报研究团队完成项目的总体状况并发现存在的问题，又包括对情报研究人员的考核以评判每个情报研究团队成员的团队贡献度大小以及个人能力特点。在进行考核时应该明确考核目的和意义、强化和放大团队目标、重视反馈沟通和绩效改进并且保证考核周期系统化。

基于支持向量机的数据挖掘研究　王国胜，《计算机工程》，2008 年第 8 期。本文为"总 - 分 - 总"结构，共分为五个部分。第一部分为引言，对数据挖掘的定义、内容及常用的技术进行概述；第二部分从概念、特点、理论基础、功能几个方面对支持向量机进行了分析，提出支持向量机的理论基础是统计学习理论，其本质是一种非线性的数据处理方法；第三部分详细描述了支持向量机（NPA）训练算法，并指出其不足之处，提出相应的改进措施；第四部分通过实验比较与模拟来证明该算法的有效性；第五部分对全文做出总结。作者认为，支持向量机训练算法在第一类子循环的前半阶段采用的是 Gilbert 迭代，后半阶段采用的是 NPA 迭代，继而提出了界定这两个阶段的方法，而且利用中间计算结果优化了第二类子循环中的迭代过程。实验证明，改进的新算法在不增加计算量的条件下，提高了算法收敛速度，并且基于该算法而开发的自动分类模拟系统也获得较好的分类结果。

基于数据融合技术的单基站混合定位算法　张令文、谈振辉、张金宝，《通信学报》，2008 年第 8 期。本文共分为五个部分。第一部分为引言部分，针对传统无线网络定位中多基站定位容易引起通话质量干扰的问题，提出在 TD－SCDMA 蜂窝通信系统中，应该只采用单基站混合定位法（HPSR）。第二部分为了消除非视距误差，提高定位精度，作者设计了一种新的基于线性加权因子的冗余 RSS 数据融合模型，并从理论上证明了该模型的有效性。第三部分阐述了单基站混合定位算法（HPSR）的原理，给出实际运用中的定位流程图。第四部分通过实验仿真验证，证明了单基站混合定位算法同时提高了 TOA/AOA 算法的精确度和稳定度。第五部分为结论：总结了该算法的优点。作者认为，该算法具有以下优势：一是基于 TD－SCDMA 标准，成本低，不需要额外配置；二是利用单基站定位，解决了多基站定位干扰问题；三是利用 RDFM 消除了 NLOS 误差，提高了单基站定位精度；四是算法更加简单。

后资源时代情报分析、交流、整合的重要性——9·11 之后美国国家情报体系危机重构的启示　曾原，《情报探索》，2008 年第 9 期。本文共分为三个部分。首先阐述了危机、情报以及危机管理中的情报等概念及逻辑；其次分析了"9.11"暴露出的美国情报体系存在的问题和美国国家情报体系危机重构的主要内容；最后基于上述背景提出在后资源时代，要重视弱直接情报源情况获得之后的强分析，并从宏观体制变革层面和微观情报任务实现以及情报技术发展层面来实现情报工作变革逻辑上的闭合与内在关系上的互动，从而加强情报的分析、交流与整合，促进危机管理中情报子系统的完善，并为最终危机决策提供良好支撑，提升后资源时代的危机管理能力。

美国"矩阵"情报分析系统的破解研究　高庆德、程英，《计算机工程》，2008 年第 9 期。本文共分为五部分。第一部分为引言，概述分析了美国"矩阵"情报分析系统的产生背景"9·11 事件"；第二至第四部分为文章的正文，分别从体系结构、分析过程和算法描述几方面对该情报分析系统展开初步探索研究；第五部分为文章的结论，对全文做出总结。总括全文，作者认为，伴随着现代科学技术的快速发展，获取情报素材的手段和能力产生很大提高，同时也使得拥有高价值的情报素材与低质量的情报分析水平之间的矛盾日益突出。为了解决该矛盾，自然科学将会大量融入军事情报分析领域，对军事情报量化与自动化辅助分析系统的研究也将更加深入。

浅论 CRM 在科技情报研究中的应用　梁慧刚、黄可、刘清、汪华方，《现代情报》，2008 年第 9 期。本文为"总 – 分 – 总"结构，共分为三个部分。引言部分概述分析了客户关系管理（CRM）的主要含义与内容。正文部分包括两个层次：其一，客户关系管理对科技情报工作的促进作用；其二，实施客户关系管理的方法和策略。结论部分对全文做出总结。作者认为，CRM 能够全面提升科技情报工作的竞争力，促进科技情报研究的可持续发展，并能充分满足显性需求，挖掘隐性需求，提高科技情报研究服务客户的满意度和忠诚度，从而在科技情报研究工作中发挥着重要的作用。在 CRM 方法的实施过程中，应该以提高用户的满意度和忠诚度为工作导向，强调客户分析，树立用户竞争理念，并建立有效的沟通反馈机制和考核指标。

情报研究快速反应机制的德尔菲调查结果分析　王双菊、高峰，《情报杂志》，2008 年第 9 期。本文共分为三部分。首先简单介绍了德尔菲法的定义及基本特征；然后运用德尔菲法对情报学快速反应机制进行了两轮的调查，争取了国内知名专家的意见和建议，得出了他们认为能够提高情报研究快速反应能力的机制，并且请各位专家依据每个机制对于提高情报研究快速反应能力的贡献度进行打分；最后根据调查的结果对情报研究快速反应机制的重要度进行了排序，并且统计了专家意见的集中程度和协调程度。经过德尔菲法的调查，作者确立了对于提高情报研究快速反应能力较为重要的八大机制，这些机制是一个有机的整体，能从不同的侧面为情报研究快速反应能力提供保障，但是每一机制的建立与完善都需要很复杂的工作，还需在实践中不断修改完善，以充分发挥其提高情报研究快速反应能力的作用。

无线传感器网络中基于移动代理的自适应数据融合路由算法　胡海峰、杨震，《电子与信息学报》，2008 年第 9 期。本文引言部分，简单介绍了几种基于移动代理的数据融合算法并指出其缺点，在此基础上提出了基于移动代理的自适应数据融合路由（AFMR）算法，以解决移动代理如何能以能量有效的方式融合并收集相关性数据的问题。正文部分，首先阐述了该算法的基本概念和应用背景；然后具体描述了 AFMR 的算法思想与基本模块；最后用仿真的方法验证了在数据相关度、网络拓扑、不同的单位数据融合能量等条件下，AFMR 算法比现有 TSP 和 FMR 的移动代理路由算法在节能方面更加有效。作者认为，AFMR 算法能综合考虑移动代理在路由过程中传输能量与融合能量的消耗，并能根据数据融合算法的能量开销与节能增益，对移动代理迁移到各节点时是否要执行数据融合操作进行自适应调整，以便能在各种不同的应用场景中优化移动代理能量开销。

聚类分析的数据挖掘方法及其在机械传动故障诊断中的应用　邵忍平、黄欣娜、胡军辉，《航空动力学报》，2008 年第 10 期。本文共分为四个部分。主要介绍了网格化处理的思想并运用该思想对基于密度的聚类分析方法进行了改进，提出一种新的聚类算法。该算法通过测试齿轮传动系统的故障信号并对故障类型进行判定，然后对不同转速下齿轮的传动振动信号进行谱熵计算，并且采用网格划分的方法将其表示在二维和三维空间分布平面内，能够较好地聚类分析和识别正常、裂纹、磨损等类型的故障。实验证明，该数据挖掘方法能对不同工作状态下的齿轮传动信号进行可靠的聚类和区分，且聚类率为96%以上。证明了该方法应用于齿轮故障区分与诊断是切实可行和有效的。

基于专利文献数据的生物柴油竞争情报分析　王伟，《科技创业月刊》，2008 年第 11 期。本文共分为七个部分，以中国专利文献为对象，通过对申请人、申请时间和发明人及其所属地域、PCT 专利申请、国际专利分类等指标进行数据统计和定量研究，真实客观地反映了生物柴油领域发明创造的研究热点、时空特征、重点机构和发明人等。作者认为，我国有关生物柴油领域的研究具有以下特点：一是研发的工作起点低，但发展迅速；二是研发重点突出，领域不断扩大；三是研发地域广泛且与地方科技、经济发展呈正相关关系；四是核心技术领域竞争激烈，但错位发展的趋势逐步显现；五是少数机构和个人具有一定的比较优势，但持续创新的能力却有待加强；六是外国公司申请专利数量少，但抢滩中国市场的意图明显。该研究为企业和组织评估行业的发展趋势，分析现有与潜在的合作对象或是竞争对手的创新能力和动向，从而制定专利竞争战略，保持竞争优势提供可靠的情报信息。

技术路线图在学科战略情报研究中应用的思考　李栎、张志强，《情报科学》，2008 年第 11 期。本文共分为四个部分。第一部分简单介绍了技术路线图的定义、发展和典型的技术路线图绘制过程；第二部分分析了将科技路线图方法引入学科战略情报研究的重要意义；第三部分阐述了典型科技路线图方法的局限性；第四部分提出与学科情报研究方法在人员、思想与方法上无缝整合的科技路线图的构想。总括全文，作者认为，典型的技术路线图的绘制过程耗时、耗力、耗财并且过于依赖专家，因此不太适用学科战略情报研究的实际情况；而无缝整合的科技路线图方法却能够将专利情报分析法、文献计量法、经济统计、词频分析以及共词分析等多种方法整合到科技路线图的绘制过程中。

基于分簇的无线传感器网络簇内数据融合算法　翟建设、李娜、吴青，《计算机工程》，2008 年第 11 期。本文为"总－分－总"结构。引言部分提出本文的研究目的。正文部分主要阐述了无线传感器模型、分簇算法描述以及簇内融合算法的原理，分析了基于分簇的簇内数据的融合算法的误差成因，并提出先进行簇内传感器测量修正，然后再进行簇内传感器数据融合的改进算法，最后通过 TOSSIM 仿真平台的实验，证明改进后的簇内数据融合算法能使测量误差明显减少。结论部分对全文做出总结。作者认为，根据通信消耗量、节点剩余能量和节点 IP，设计的无线传感器节点分簇算法，能有效地减少无线传感器网络的数据传输总量，节省 WSN的能量。

Thomson Data Analyzer 在机构专利情报分析中的应用研究　冯浩然、方曙，《情报科学》，2008 年第 12 期。本文使用 Thomson Data Analyzer TDA（TDA）软件分别从专利数量、机构对外合作情况、发明技术领域、专利家族国家分布以及技术领域相似度五个方面对 1986～2005 年间收录的德国马普学会（MPG）、日本东京大学（Tokyo）、美国国立卫生研究院（NIH）、美国康奈尔大学（Cornell）、美国斯坦福大学（Stanford）、美国威斯康星州立大学（Wisconsin）六家机构的专利数据进行了比较分析，得出TDA 在机构专利情报分析中的重要应用。通过分析可以发现 TDA 是一款功能强大的专利数据挖掘工具，能够大大提高情报人员的工作效率，获得更多更深层次的信息，并为机构发展态势、技术趋势预测、研发重点等诸多领域的研究提供有力的参考。

量子博弈与竞争情报研究　白雨虹、杨秀彬、王延章、王雪华，《现代情报》，2008 年第 12 期。本文共分为三个部分，探讨了在量子信息学里的量子对策中表现出策略优越性的量子博弈理论以及量子博弈理论和竞争情报在信息博弈内涵上的内在关联，并且利用量子博弈理论对竞争情报策略进行优化，分析了竞争情报在量子信息空间中的应用，从而给出在量子信息条件下基于量子策略的竞争情报模型分析。作者认为，作为信息科学和量子力学结合学科的量子信息学与在本质上属于信息且是博弈信息核心部分的竞争情报在竞争策略、信息处理上存在内在的关联。使用量子博弈作为一种策略方法，能为量子信息下的竞争情报的信息探索与研究、信息模型与策略提供有益的分析方案。

基于状态转换的顺序式异步数据融合算法　葛泉波、文成林，《系统工程与电子技术》，2008 年第 12 期。本文引言部分分析了已有的异部融合算法所存在的问题，并以数据的采样结构为基础，研究和设计由实际系统所造成的多传感器异步数据融合问题，建立了一种仍以线性最小均方误差为准则的基于状态转换的最优顺序式异步融合新算法。正文部分首先对系统进行了描述，然后详细地推导了融合新算法的具体形式，最后通过理论分析和计算机仿真证明了该算法的优越性。该算法的基本思想是先通过连续系统离散化来获得融合周期内各采样点与融合时刻之间状态的动态关系，然后利用该关系来建立相邻的两采样时刻间的符合标准 Kal - man 滤波条件的状态递归方程及相应的测量方程，最后通过执行顺序 Kalman 滤波来实现异步数据融合。结论部分对全文进行总结。作者认为，新算法不仅克服了现有的基于伪量测值的异步融合算法存在的实时性差、引入噪声以及融合时刻中心处理器计算负荷大等相关问题，而且能够获得更好的跟踪性能。

基于数据融合的多变量相空间重构方法　丛蕊、刘树林、马锐，《物理学报》，2008 年第 12 期。本文首先分析了单变量时间序列与多变量时间序列相空间重构存在的问题，提出了一种将数据融合与相空间重构相结合的新的多变量融合的相空间重构方法。该方法通过 Bayes 估计理论，在同一相空间中将多变量进行相点的最优融合，得到更为理想的融合相空间。然后应用所提出的方法对 Lorenz 系统和耦合 Rssler 系统进行了多变量融合的相空间重构。通过对比多变量重构图与单变量重构图，可以发现基于数据融合的多变量相空间重构图包含所有单变量相空间重构图的重要信息，使得重构的相空间更加完备，并且较全面地反映了吸引子的全貌信息。最后，作者应用此方法对转子油膜涡动故障所得到的多变量时间序列进行了相空间重构，结果表明融合得到的信息使故障特征具有完整性并且提高了故障诊断的准确率，也更进一步地证明了该方法的有效性。

基于双基点法的多传感器数据融合　万树平，《控制与决策》，2008年第12期。本文的引言部分简单介绍了目前针对多个特征指标的多传感器目标识别问题的几种数据融合方法的局限性，并提出了一种基于双基点法的信息融合方法。正文部分包括三个层次：首先对双基点法进行了评价，其次是详细地阐述了该数据融合方法的原理，最后通过仿真实例验证了所提出算法的有效性与可操作性。结论部分总结了该数据融合算法的优点。作者提出，该方法首先根据指标隶属度矩阵将多传感器目标识别问题转化成多目标决策问题，然后通过定义熵权和相对接近度，对传统的双基点法进行改进，从而给出目标识别算法。实验证明该方法利用熵权能较好地避免目标识别受主观因素的影响，非常适用于具有多特征属性的多目标识别。

基于数据融合的源代码静态分析　陈超、李俊、孔德光，《计算机工程》，2008年第20期。本文共分为五个部分。第一部分阐述了源代码静态分析的定义并指出目前已有的源代码静态分析工具容易产生误报和漏报的共同弱点及其原因；第二部分阐述了采用数据融合技术对源代码进行静态分析的工作原理；第三部分提出基于此工作原理而实现的数据融合源代码检测原型系统的设计框架；第四部分通过实验对常用的网络软件进行测试，证明了该技术的有效性；第五部分对全文做出总结。该技术的工作原理是对现有静态分析工具的分析结果进行解析和数据融合，然后对相应的参数进行估计。为了便于读取和分析输出的结果，采用XML格式输出结果。作者认为，该技术综合了各个工具的优点，有效地降低了误报率和漏报率，实现了较好的检测性能。

中药特性信息数据挖掘系统中的预处理设计　胡建军，《计算机工程》，2008年第21期。本文共分为四个部分，阐述了中药特性信息数据挖掘系统的开发问题。第一部分主要概述了本文的研究意义；第二部分介绍了该系统的结构，挖掘流程包括数据预处理、个方分析与类方分析三个模块；第三部分分析了中药数据的特征，并对数据进行了预处理，包括过滤噪声数据、缺损数据处理、中医药术语规范化、剂量单位规范化、作用度规一化及功效量化等；第四部分对全文做出总结。作者认为，中医药数据的不规范使得预处理成为数据挖掘系统中的关键过程。将数据融合技术应用于传统的中医药方剂学理论的研究，能够有效地挖掘中医药研究有价值的信息，这不仅为数据挖掘技术开辟了新的应用领域，而且还能为中医药的研究提供新思路、新途径，并促进传统中医药的发展和繁荣。

基于图像映射的关联规则数据挖掘方法 王晗、孔令富、练秋生，《计算机工程》，2008 年第 21 期。本文共分为七个部分，主要介绍了基于图像映射的关联规则数据挖掘方法 Pix – DM 的提出背景、主要定义及有关性质、算法研究及优化等问题，并通过实验分析了该算法的有效性与可行性。该方法的提出主要是针对大多数的关联规则数据挖掘算法难以适应支持度或者数据集变化的问题，它主要利用了图像在操作系统中的显示和存储特点，并结合数据挖掘理论，通过映射将数据挖掘过程有效地在线性空间中实现，从而提高了算法对支持度或者数据集变化的适应能力。

基于中医疗效评价的交互式数据挖掘框架 印莹、张斌、赵宇海、张晓红、张明卫，《计算机工程》，2008 年第 23 期。本文引言部分分析了本文的研究目的，概述了有关现代中医疗效评价的问题。正文部分首先分析了中医学数据的特点，其次在此基础上提出了基于用户交互的疗效评价框架。该框架以小儿肺炎为示范，采用数据挖掘、逻辑分析和数理统计相结合的方法，并通过回顾性和前瞻性多角度的验证和比较研究，揭示了各证和所属症状之间的关联性。结束语部分对全文做出总结。实验证明，该评价框架不仅突破了传统的主观疗效评价方法的限制，而且也很大程度上优化了疗效规范，建立了信度和效度较高的、人机交互可度量的病证结合的客观疗效评价体系。

情报分析与研判中的团体思维 何方明、张史勇，《科技情报开发与经济》，2008 年第 30 期。本文共分为四个部分。第一部分阐述了团体思维的概念，研究了情报分析与研判和团体思维的联系，并通过事例证明了团体思维不利于情报分析人员的思考，并制约团体成员提出不同意见，常会导致情报部门出现情报失误。第二部分分析了情报分析与研判中团体思维产生的原因、表现形式以及相应的后果。第三部分提出了规避团体思维的对策。第四部分为结语，对全文做出总结。作者认为，漠视少数派团体成员及对少数派团体成员施压等原因导致了团体思维现象的产生，为了规避该现象的不良影响，应该采用民主式领导方式，领导保持中立，建立相应的民主决策监督机制，并且要恰当地保存和培训少数持不同意见的团体存在，广泛征求情报分析团体外界的和匿名的意见，从而更有利于情报分析团体做出正确的判断，使情报产品更加准确客观。

论边防情报分析失误　李峰，《科技情报开发与经济》，2008 年第 32 期。本文共分为四个部分，分别阐述了情报的特殊性与边防情报失误，分析了边防情报分析失误的外在因素及边防情报分析失误的根源，同时提出了克服边防情报分析失误的要求。作者认为，对于情报分析失误的研究能够促使人们吸取教训、分析原因，并适时地加以改进。情报从属于政策以及边防情报分析人员较少，使得所需的情报素材无法及时得到是导致边防情报分析失误的外在原因，然而其根源却在于知觉，要克服边防情报分析的失误，就需要处理好情报分析人员与决策者之间的关系并掌握科学的边防情报分析方法，做出正确的判断。

信息场理论在情报分析中的应用　何晓兵，《现代情报》，2009 年第 1 期。本文共分为三个部分，首先概述了信息场的定义和实质，其次在经典的情报分析案例的基础上对情报分析中信息场的基本构成进行了剖析，并且探讨了信息场集合运算和信息场强度叠加理论在情报分析中的应用，最后对全文作出总结。作者认为，信息场是客观事物的信息空间分布，情报分析的实质是认识和分析影响情报分析对象运动的所有信息的连续分布，并从中获得分析对象运动规律、状态、方向等情报。按情报源可以将情报信息场分为情报分析对象信息场和环境信息场，而按情报的表达工具可以将情报信息场分为语言信息场、言语信息场与副语言信息场。信息场理论揭示了一种情报分析的方法，只有充分地把握各种情报信息场，才能正确地进行情报分析对象的分析研究，并找出其运动规律，预测其运动规律，从而为决策提供科学的依据。

结构洞理论在情报分析中的应用与展望　汪丹，《情报杂志》，2009 年第 1 期。本文共分为四部分。首先介绍了社会网络分析中的结构洞理论的原型及优化；其次，分析了国内外关于结构洞理论应用的实证研究和进展；再次，详细地阐述了结构洞理论的三种算法：Burt 的网络约束算法、中介中心度算法和邻接矩阵直接度量法，并对这三种算法进行了对比分析，提出了改进的结构洞算法；最后分析了结构洞理论在情报分析中的研究设想。作者认为，结构洞理论不但有助于发现关键的行动者和关键位置，而且更有利于拓展研究与发现的视野。因此，情报分析领域需要结构洞的理论和方法来揭示知识挖掘和知识关联等方面隐藏的网络关系和网络结构。

面向技术预见的专利情报分析方法研究 谢学军、周贺来、陈婧，《情报科学》，2009 年第 1 期。本文共分为三个部分，首先简单评述了技术预见和专利情报分析方法的研究现状，然后构建了专利情报分析方法体系，最后在此基础上从技术和管理两个层面探索了面向技术预见的专利情报分析方法。作者认为，面向技术预见的专利管理层面分析方法主要有专利趋势分析和重要专利引证率分析；而技术层面的分析方法主要包括专利技术/功效矩阵、专利生命周期曲线图、专利技术演进图和技术发展阶段测量方法。随着技术创新周期的日益缩短，企业将更加需要加强技术预见活动。而专利情报分析有利于技术预见，能够协助企业确定研发主题和方向，并为企业的战略性定位与技术投资提供有价值的决策信息。

情报研究和学科化服务协同工作机制初探 姜山、吴海、杨小玲、刘清，《现代情报》，2009 年第 1 期。本文共分为三部分。首先分析了当前情报研究服务和学科化服务的特点，并指出在数字化和网络化的信息环境下，单纯的情报研究和学科化服务不能全部满足用户的信息需求；进而阐述了建立情报研究和学科化服务协同工作机制的必要性；最后对如何建立情报研究和学科化服务协同工作机制进行了探索。作者认为，情报研究和学科化服务都是知识服务的一部分，建立二者的协同工作机制能够充分满足用户多样化、个性化的需求，全面地提升知识服务的能力，有利于实现信息服务长期、稳定、可持续的发展。

基于技术路线图的科技情报研究 张铁男、赵围，《图书情报知识》，2009 年第 1 期。本文共分为三个部分。引言部分概述了本文的研究目的和研究背景。正文部分，首先阐述了国内外关于技术路线图和科技情报的研究，然后将技术路线图和知识管理理论引入科技情报研究的实践中，提出了科技情报研究路线图方法，从而探索分析了在知识经济的背景下开展科技情报研究的有效手段。结论部分对全文做出总结。作者认为，科技情报已成为当前全球化竞争的重要手段，然而在科技情报研究实践中却缺乏有效的系统分析框架。科技情报研究路线图结构，从理论上为科技情报研究提供了一个实用的分析框架，并且建立起科技情报研究各个阶段相互支持的桥梁及内在的逻辑关系，从而充分提高了科技情报研究成果的科学性和有效性。

面向高技术企业标准战略的竞争情报研究　张向荣、刘彬彬，《图书馆学研究》，2009 年第 1 期。本文为"总 – 分"结构。引言部分简单概述了高技术企业标准战略及其战略管理过程。正文部分包括三个层次，主要分析了高技术企业标准战略管理的三个阶段对标准竞争情报的需求及其所呈现的特征，并且由此探讨分析了企业标准战略管理过程中标准竞争情报的组织机制。作者认为，一个完整的企业标准战略管理过程主要包括标准锁定管理阶段、标准实现管理阶段以及标准扩散管理阶段。而在这三个阶段，标准竞争情报能够为企业提供对竞争环境、竞争对手及自身信息等进行全面监测与分析的信息，从而更加有利于高技术企业标准战略的胜利实施。

数据挖掘在变电站设备缺陷预测管理中的应用　张增敏、谢嘉、李长河，《哈尔滨工业大学学报》，2009 年第 1 期。本文共分为三部分，首先阐述了变电站设备缺陷的分类及其数据的特点，然后将先进数据挖掘技术应用到变电站设备缺陷的预测管理过程中，并应用 J2EE 的 B/S 结构设计开发了设备缺陷数据挖掘系统。该系统先对数据进行预处理，然后利用多元线性回归模型进行数据挖掘，从中发现其中的隐含趋势和规律，从而指导变电站工作人员能够提前做好缺陷处理工作。作者认为，对变电站设备缺陷进行预测管理，能够帮助工作人员尽快地找出故障出现的趋势及原因，即设备的缺陷及其部位。该系统能够加深和加强设备缺陷的分析功能，并为管理人员提供缺陷管理的预期信息，从而有助于加强变电站的设备运行质量管理。

基于数据挖掘的符号序列聚类相似度量模型　郑宏珍、初佃辉、战德臣、徐晓飞，《计算机工程》，2009 年第 1 期。本文为"总 – 分 – 总"结构。引言部分概述了本文的研究目的。正文部分，首先阐述了符号序列聚类问题的相关定义，然后在此基础上建立了符号序列的正则相似度量模型

（RSM），通过调整 RSM 模型的参数，可以使 RSM 变为与编辑距离、海明距离等价的相似性度量，最后又将该模型与其他序列相似性度量进行比较，给出了 SOM 符号序列聚类算法的原理。结论部分对全文进行了总结。通过 RSM 与其他序列相似性度量的比较，证明了 RSM 具有更强的表达相似性概念的能力。作者认为，由于 RSM 能够表达不同的相似性概念，因此能够适用于不同的应用环境，在其基础上提出的自组织特征映射退火符号聚类模型，使得从消费者偏好序列中发现市场细分结构的研究在实际应用中能够得以实现。

基于本体的语义数据融合方法　刘波、齐德昱、林伟伟、庞雄文，《华南理工大学学报》（自然科学版），2009 年第 1 期。本文的引言部分针对网格中语义数据的按需访问问题，提出基于本体的语义数据融合方法 OSDF。正文部分首先概述分析了数据对象的定义、OSDF 的体系结构、OSDF 中的公共数据模型及其相应的数据融合算法；然后描述了 OSDF 的语义模型，给出了虚拟数据库的查询执行过程和算法；最后使用原型系统验证了 OSDF 的正确性和可行性。结论部分对全文进行了总结。该方法的原理是以数据对象为基本元素，利用数据对象与领域本体间的映射关系来表达数据对象的语义，运用嵌套关系模型来表达数据对象的模式信息，并通过把一个网格节点中所集成的所有数据对象作为下一节点的数据对象，从而实现数据资源由粗到细的融合。

2005 ~ 2008 年我国竞争情报研究论文的统计与分析　傅丽君，《情报杂志》，2009 年第 S1 期。本文共分为六个部分，以中国期刊全文数据库（CNKI）收录的有关的 2005 ~ 2008 年竞争情报论文为基础，运用文献计量方法对竞争情报研究论文从年代分布、期刊情报源分布以及论文主题内容三方面进行了统计与分析，从而总结了竞争情报研究的发展趋势，并提出了关于研究过程中的一些问题。作者认为，竞争情报在 2005 ~ 2008 年已经取得了更为迅速的发展，而且更加趋于稳定完善，然而仍在以下三方面存在一些滞后：一是竞争情报的教育相对于竞争情报研究的滞后；二是与竞争情报相关的法律法规的不完善；三是研究内容定位两极发展。因此，在以后情报学的研究中更要致力于其薄弱环节，使得竞争情报研究更加协调发展。

情报分析在情报学科中的意义探讨　孙兵、何凤闻，《情报杂志》，

2009 年第 S1 期。本文共分为三个部分，通过分析情报学的主要研究内容和研究方法探讨了情报分析在情报学科领域中的重要性。并且利用 CNKI 对 1999～2008 年近 10 年来情报检索、情报分析和情报服务三个主题在情报学及其相关学科中的核心期刊论文的发表数量进行统计，从而阐述了情报分析在情报学中的重要意义，并通过对研究现状的分析，给出了提高情报分析被重视程度的几点建议。作者认为，情报分析突出了情报学的学科特色并提高了情报学的学科竞争力，在情报学研究中具有不可替代的重要意义，因此应该提高对情报分析重视程度。并就如何提高情报分析被重视程度提出以下三点建议：一是从意识形态上给予情报分析足够的重视；二是在科研方面适当增加情报分析方向科研项目并大力发展分析技术；三是在人才培养方面，加强情报分析能力的培养。

GRNN 神经网络在信息分析预测中的应用　张娅莉、喇果彦，《数据采集与处理》，2009 年第 S1 期。本文共分为五个部分，利用广义回归网络模型建立了糖尿病和高脂血症预测网络模型，然后分析了该网络创建与训练、输入输出向量设计，并对该神经网络进行了测试，比较分析了 GRNN 网络与 BP 网络预测稳定性，最后对全文进行了总结。作者认为，广义神经网络避免了 BP 网络预测同样的数据库，算法冗长以及网络预测结果不稳定的缺点，具有更好的拟合精度和预报精度。实例分析证明，广义回归网络模型能够应用于疾病预测数据处理工作，并取得更优的分析结果。

基于无线通信网络的人员出行信息分析系统设计与应用　刘杰、胡显标、傅丹丹、陈明威，《公路交通科技》，2009 年第 S1 期。本文共分为四个部分。第一部分为引言部分，主要分析了传统 OD 矩阵即人员出行信息矩阵的局限性，并在此基础上提出了基于无线通信网络的人员出行信息分析系统。第二部分对无线通信网络手机信令数据及其交通适用性进行了分析。第三部分对基于无线通信网络的人员出行分析系统进行了简单介绍。第四部分通过验证实例证明了该分析系统的有效性。该分析系统以手机作为最理想的交通探测器，通过分析移动公司匿名移动用户手机信令数据，建立交通模型，并抽象出各个匿名移动用户在无线通信网络中的出行情况，进而根据交通运输网络和移动网络覆盖的匹配关系，得到各交通小区间的人员出行 OD 矩阵。通过对上海、北京等城市的实例分析验证，充分证明了该系统的技术可行性和数据精度的可靠性，同时也表明了该分析系统采样率高、成本低、部署容易等优点。

数据挖掘在垃圾短信过滤中的应用　沈超、黄卫东，《电子科技大学学报》，2009 年第 S1 期。本文共分为三部分。首先针对手机垃圾短信泛滥且治理效果不佳的问题，基于运营商现有的业务平台，借助数据挖掘技术和统计分析设计了垃圾短信过滤系统，提出垃圾短信过滤闭环流程图。该系统依据动态获取的垃圾短信数据自动生成过滤规则，并在信息转发阶段对垃圾短信进行过滤。然后结合某省运营商短信运营数据对垃圾短信的过滤进行了实证研究，作者在分析样本短信数据的基础上确定了建模特征属性集，并采用决策树推进算法获取了垃圾短信的过滤规则，进而设计了垃圾短信过滤方案。最后从准确率和覆盖率两方面对其进行了验证，实验证明基于数据挖掘技术设计的垃圾短信过滤系统能有效提高垃圾短信过滤效率，具有一定的推广价值。

犯罪情报分析软件研究　张家亮、芦鹏，《广东公安科技》，2009 年第 2 期。本文共分为四个部分。第一部分简单介绍了犯罪情报分析软件的概况；第二部分，对犯罪情报分析软件进行了分类介绍；第三部分对各类典型犯罪情报软件进行了综合比较；第四部分探讨了如何因地制宜的使用犯罪情报分析软件。作者认为，随着社会信息化程度的逐步加深，犯罪情报数据量也越来越大。犯罪情报分析软件能够帮助犯罪情报分析人员从海量的数据中查出有利用价值的犯罪情报线索，然而目前犯罪情报软件与其他应用软件一样，有着众多的产品和版本，这就要求犯罪情报分析人员能够根据需要灵活地选择不同种类的犯罪情报分析软件，并精通一到两种综合、专业犯罪情报分析软件，以便能在越来越复杂的海量犯罪情报中提取出正确的犯罪情报数据。

信息系统分析与设计　卫红春等编著，清华大学出版社，2009 年 2 月。丛书名为"高等学校教材信息管理与信息系统"。本书共分为十二章，简明地介绍了信息系统的基本概念、基本理论、基本方法及基本技术，全面地介绍了关于信息系统建设的规划、开发、维护及管理等内容，并对信息系统开发中的领域分析、需求分析、系统体系结构设计、详细设计、系统实现与测试等工作进行了深入介绍。书中采用了面向对象的方法，运用UML 统一建模语言建立了信息系统模型，而且配有完整的开发案例。最后一章主要介绍了信息系统的主要应用领域。该书结构合理、概念清楚、内容丰富，且具有知识新颖、简明易学和重视开发实践等特点。

论 IA 理论在情报分析中的应用价值　贾晓斌，《情报资料工作》，2009 年第 2 期。本文首先简单介绍了信息构建（IA）的基本概念及核心内容，然后阐述了能够将信息构建理论应用于情报分析的基本原因，并从四个方面分析了信息构建理论在情报分析中的应用价值以及对情报学发展的影响，最后对全文做出总结。作者认为，信息构建理论提供了一种新的构建信息空间的图景和方法学，并通过引入"信息理解""体系结构"等新理论元素，表述了设计一个有效的信息管理架构所必需的理论、方针、原则和标准，进而为信息时代情报分析工作提供了全新的指导方法，并为人们有效化解"信息爆炸"和"知识贫乏"之间的矛盾，解除"信息焦虑"，有效地获取和利用情报信息提供了新的思路。

亟需加强以实践为指向的情报分析方法范式研究　钱军，《情报理论与实践》，2009 年第 2 期。本文共分为四部分。第一部分从提高情报分析质量的角度探讨了情报分析方法范式研究的实践意义。第二和第三部分详细介绍了情报分析方法范式研究的国内外研究现状。第四部分提出了情报分析方法研究的五种范式，即数据范式、文献范式、机构范式、人际范式和认知范式，并简要地介绍了各自的特征和情报功能。总括全文，作者认为，情报分析范式研究能够有效地揭示各情报分析方法在功能上的关联性和差异性，加强对情报分析方法的范式研究，对于情报机构在研究过程中有计划地开展不同类型的情报分析和提高情报分析质量具有很重要的现实意义。

论竞争情报分析中的认知能力　钱军，《南京邮电大学学报》（社会科学版），2009 年第 2 期。本文首先详细分析了情报能力的核心是分析人员的认知能力的原因；然后运用认知心理学中关于人的认知过程的观点，对情报分析人员在认知环节中的注意、编码、推理等情报认知能力进行了反省；最后对全文做出总结。作者认为，竞争情报分析的过程本质上是一个认知过程，情报分析人员的认知能力是情报能力的核心，当情报分析人员开始接触所搜集的信息时，认知便会对其分析行为产生不知不觉的影响。因此提高情报分析的质量，根本途径还在于提高分析人员的认知能力。

我国竞争情报研究现状与趋势——基于硕、博士学位论文的统计分析　王克平、汤坚玉、黄知才、贺国庆，《情报科学》，2009 年第 2 期。本文通过对 1999～2007 年我国有关竞争情报研究的 149 篇硕博士学位论文进行统计分析，主要统计了论文年代分布、学科专业分布、研究热点分布、研究机构分布等，并对以上统计数据进行了详细的分析，总结出当前我国竞争情报的研究现状，指出了存在的问题和解决对策。作者认为，尽管我国竞争情报硕博士学位论文的数量增长很快，但是理论研究偏多偏浅，理论联系实际有价值的研究较少，而且很多研究重点并没有结合本学科的特色充分发挥自己的专业特长。因此，在今后的研究中，首先，应重点加强竞争情报的应用研究，尤其是发掘各行业中有中国特色的竞争情报企业案例，并将竞争情报理论和方法应用到具体的行业中进行深入系统的研究；其次，应该结合各学科自己的专业优势，进行多视角、跨学科的综合研究。

一种新的增量式关联规则数据挖掘方法研究　王晗、孔令富，《仪器仪表学报》，2009 年第 2 期。本文针对提高关联规则数据挖掘算法实时性和适应性的问题，提出一种新的增量式的数据挖掘方法，然后对其进行了理论分析，详细阐述了该数据挖掘算法的设计与实现，并将其应用于铝电解工业现场采集数据的挖掘分析，证明了该算法的实用性。该算法的基本原理是映射数据挖掘空间到图像空间，然后利用数字图像显示及存储的特点，并结合增量事务的挖掘过程进行挖掘。作者认为该方法一定程度上提高了关联规则数据挖掘的实时性，并且对于数据集及支持度的变化具有良好的适应性。铝电解现场采集数据挖掘实践表明，此增量式挖掘方法简单有效，实用性很强；为提高铝电解生产的管理水平，提供了一种评价工人操作可靠性、系统控制稳定性衡量的客观手段。

基于约束概念格的天体光谱局部离群数据挖掘系统　张继福、张素兰、蒋义勇，《光谱学与光谱分析》，2009 年第 2 期。本文针对天体光谱数据在特征子空间中的局部偏离问题，采用 VC++6.0 及 Oracle 9i 作为开发工具，设计了基于约束概念格的天体光谱局部离群数据挖掘系统，然后详细地描述了该系统的软件模块功能与体系结构，以及天体光谱数据预处理、基于链表结构的概念格构造、约束概念格构造方法、局部离群数据挖掘方法等关键的技术。作者提出，天体光谱数据挖掘是实现人类寻找特殊未知天体探索宇宙奥秘这一目标的有效方法。而约束概念格是一种新的概念格结构，具有提取知识针对性和实用性强、构造效率高等特点。系统运行的结果表明，该数据挖掘系统实现天体光谱局部离群数据挖掘是可行和有价值的。

论冶金科技情报研究的五种产品形态 张红斌，《特钢技术》，2009 年第 3 期。本文共分为三个部分。第一部分阐述了冶金情报研究产品的五种形式及其一般特色和服务功效；第二部分具体分析了五种产品的智力劳动形态及对情报人员素质的要求；第三部分对全文做出总结。总括全文，作者认为，这五种产品各有重点服务对象和服务功效，所包含的智力劳动形态及对情报研究人员的素质要求也有差别。在这五种情报产品中，四级产品是为对付无孔不入的竞争情报对手和剽窃技术成果者而提出的产品，具有高效、快速、保密性好的特点，属于高智力劳动形态，对情报人员素质要求高。五级产品是针对近年来情报研究进入最高境界时科学研究发生交叉而产生的，是最高形态的情报研究产品，其最大特点是具有创新性。

知识可视化和可视分析在学科情报研究中的应用 姜世华，《图书馆学研究》，2009 年第 3 期。作者首先介绍了知识可视化的基本概念及其国内外发展现状，并对知识可视化的作用进行了阐述；然后又分析了学科情报研究所急需解决的问题；最后提出将知识可视化与可视分析方法应用于学科情报研究中并探讨了其发展的趋势，希望能够提高学科情报研究的工作效率、改善其工作模式。作者认为，知识可视化和可视分析尽管已经引起了国内外部分学者的关注而且发展势头良好，但它仍处于摸索和实践阶段，还有很多理论上和实际中的问题有待解决，因此仍有着广阔的探索空间，它在学科情报领域的应用也代表了情报分析未来的发展趋势。

CFNN 在多传感器图像数据融合中的应用 苏金泷，《哈尔滨工业大学学报》，2009 年第 3 期。本文共分为三个部分。引言部分简单介绍了多传感器数据融合技术，并探讨了有关其研究的意义。正文部分分为两个层次：其一，详细地阐述了补偿模糊理论和神经网络的混合系统（CFNN）图像数据融合算法；其二，具体分析了像素级多传感器模糊神经网络图像融合的原理，并通过仿真实验证明了 CFNN 图像融合算法的有效性。结论部分对全文做出总结。作者认为，CFNN 混合系统引入了模糊神经元，使网络既能适当地调整输入、输出模糊隶属函数，又能够借助于补偿逻辑算法动态地优化模糊推理，从而大大提高了网络的训练速度、容错性和稳定性。仿真实验也证明，CFNN 图像融合算法能够显著地提高多传感器图像数据融合的质量。

基于 Bayes 序贯估计的无线传感器网络数据融合算法　张书奎、崔志明、龚声蓉、孙涌、方巍，《电子与信息学报》，2009 年第 3 期。本文作者首先指出移动代理被认为是在无线传感器网络中解决数据融合的有效方法，但是代理访问节点的次序及总数对算法有较大影响，进而针对这一问题提出了一种基于 Bayes 序贯估计的移动代理数据融合算法，并对该算法的原理进行了详细的阐述，最后通过模拟实验证明了该算法的有效性。该算法的基本原理是首先通过构造特定数据结构的报文，在多跳环境中利用 Bayes 序贯估计调整梯度向量，然后据此动态决定移动代理的访问路径，从而使移动代理能够有选择地在传感器节点之间移动，并在节点处对数据进行融合，最后将多余的感知数据剔除，而不是将原始数据传输到 Sink 节点。理论分析和模拟实验都表明，该算法具有较小的能量消耗和传输延时。

一种基于数据聚类技术的情报分析系统研制　谢秦川、王方，《警察技术》，2009 年第 4 期。本文引言部分介绍了数据聚类技术的定义及其应用。正文部分包括两个层次：第一层次详细地阐述了情报分析中数据聚类技术的基本原理；第二层次介绍了基于数据聚类技术的情报分析系统的研制原理及其实际应用。结论部分对全文做出总结。作者认为，数据聚类技术能够根据数据之间的相似程度，实现对海量数据的分类，基于该技术而研制的情报分析系统能够综合利用情报的各种要素，深度挖掘情报的内部联系，从广度和深度上扩展情报的效能。而且通过对情报组优先级的定义，该系统能够提取到具有较高串并价值的情报，从而达到促进情报串并、节省人力物力的良好效果。

基于模糊属性集的粗糙近似精度数据挖掘策略　张文宇，《情报学报》，2009 年第 4 期。本文探讨了为提高信息系统的分类质量而提出的一种基于模糊属性集的粗糙近似精度数据挖掘策略。作者首先在决策表中给出模糊属性集的原子概念表示及其对象的描述；然后依据原子概念的特征构造了模糊属性集的粗糙上下近似表述；进而利用模糊属性重要性度量的概念，提出运用逼近精度近似度量的数据挖掘策略进行模糊属性约减；最后通过算例说明了如何在决策表中发现分类规则。实验证明，运用此方法挖掘出的规则简练且可靠合理。

核工程中的数据挖掘 蒋波涛、赵福宇，《核动力工程》，2009 年第 4 期。本文共分为四个部分。第一部分简单地介绍了本文的研究思路。第二部分阐述了支持向量回归机（SVR）的数学原理。第三部分分别使用 SVR 和传统的社会科学统计软件包（SPSS）来处理严重事故实验中熔融液滴运动中的同一组数据，并通过对最后结果曲线的比较分析，证明了 SVR 是直接由数据自身的内在关系来拟合，而无需像 SPSS 方法一样，先进行分段假设模型再拟合，从而体现了 SVR 方法的优越性。第四部分总结上文，得出结论。作者认为，数据挖掘是在海量数据中发现人们感兴趣的、有用的信息的过程。支持向量机（SVM）是一项数据挖掘中的新技术；支持向量回归机（SVR）则是 SVM 在回归估计中的应用体现。SVR 与传统方法相比，具有无事先人为强加性，而且直接由数据内在关系拟合而成，使得到的结果更加准确。

一类基于认知心理特征的知识发现新模型 杨炳儒、杨珺、唐志刚，《高技术通讯》，2009 年第 4 期。本文首先简要地概述了数据库中的知识发现（KDD）技术的研究视角，并提出本文的研究视角，即将知识发现系统视为认知系统，从认知心理学角度来探讨知识发现过程；然后模拟认知心理学上的两个重要特征——"创建意向"和"心理信息修复"建立了两个用于知识发现系统和过程的协调器——启发型协调器和维护型协调器，实现了系统自主发现知识短缺和进行知识库的实时维护；进而又创建了双库协同机制，揭示了数据库和知识库在特定构造下，两个范畴之间的等价关系（也即结构对应定理）；最后将这两个协调器和双库协同机制融入经典数据库中的知识发现（KDD）过程模型，诱导出了新的知识发现过程模型——KDD ~ * 及基于数据库与知识库双库数据挖掘［KD（D&K）］过程模型，从而实现了"定向搜索"和"定向挖掘"，并且通过实例验证了其有效性和先进性。作者认为，新的 KDD ~ * 过程模型，能大大提高知识发现过程中的认知自主性，改善和扩展原有过程模型的性能，从很大程度上解决了领域知识参与挖掘过程的问题；同时 KD 过程模型也为新型智能系统的构造提供了核心构件。

事件驱动型传感器网络能量有效数据融合算法 陈斌、万江文、冯仁剑，《高技术通讯》，2009 年第 4 期。本文从平衡网络负载和降低网络能耗的角度，提出了网络的一种能量有效数据融合算法 EFDAA，并将其应用于覆盖度和节点数量均较大的事件驱动型无线传感器网络，详细地阐述了该算法的网络结构、融合节点数计算方法和具体的算法设计，最后通过仿真实验证明了该算法的有效性。作者提出，该算法采用的是正六边形网格划分方法，并基于全网能量消耗模型来计算所需的融合节点数，不但解决了无规则选取融合节点数量造成的网络能耗增加问题，而且能够优化融合节点的分布；同时以邻节点度、节点剩余能量和移动性作为选取融合节点的权重因子，运用多参数加权的融合节点选举方法与基于距离的簇内多级单跳通信机制，又进一步实现了网格内的节点负载平衡。仿真实验的结果表明，融合节点数量的优选，能有效降低网络总能量的消耗；相比较于HEED 算法，EFDAA 能有效延长网络生命期。

基于最小 Steiner 树的无线传感器网络数据融合算法　李志宇、史浩山，《西北工业大学学报》，2009 年第 4 期。本文首先阐述了无线传感器网络（WSN）中的数据融合问题，指出能源有效性是 WSN 路由算法设计首先需要考虑的问题，通过数据融合合并冗余数据可以有效地节约网络能耗，其中，WSN 数据融合问题可以看作寻找 Sink 节点和覆盖源节点的最小 Steiner 树（MST）问题。然后提出了一种 MAX - MIN 蚂蚁系统算法与自适应蚁群系统算法相结合的 MST 构造算法（MMACS），并在此基础上，又提出了一种基于 MST 的无线传感器网络数据融合算法（DAMST）。该算法首先采用定向扩散的机制进行兴趣散布，然后利用 MMACS 算法构造 MST，将源节点的数据发送到构造好的 MST 上，并经过融合后传输到 Sink 节点，能够有效地减少网络传输中的数据量。通过与其他算法比较，仿真实验表明了DAMST 算法能降低网络总能耗和平均时延，延长网络的生存时间。

改进的一致性数据融合算法及其应用　王华、邓军、王连华、葛岭梅，《中国矿业大学学报》，2009 年第 4 期。本文引言部分概述了本文的研究目的。正文部分首先阐述了一致性数据融合算法的数学原理，然后通过定义一种新的置信距离提出了改进的一致性数据融合算法，最后介绍了具体的算例应用。结论部分对全文做出总结。总括全文，作者认为，该算法综合考虑了各传感器测量精度上的差异，并运用权系数来体现各传感器测量精度差异对置信距离的影响，能有效减小传感器发生扰动时数据融合结果的变化，因此具有较高的数据融合精度；通过与未改进的一致性数据融合算法和极大似然法相比较，可以发现该算法具有更高的融合精度和更强的抗干扰能力。目前，该改进的算法已经成功应用到煤自然发火实验温度数据的数据融合中，取得了较满意的融合结果。

基于事实型数据的科技情报研究工作思考　贺德方，《情报学报》，2009 年第 5 期。本文作者首先提出了对于当前我国科技情报工作研究方法的思考，指出应从建设面向科技战略与科技管理服务的事实型数据库、推动专用方法和工具的创新与使用、充分利用专家的智慧三个方面来提升科技情报研究水平；然后阐述了这三个方面的具体解决措施；最后结合中国科学技术信息研究所的工作实例，介绍了开展基于事实型数据的科技情报研究的实践探索。作者认为，大胆地创新以事实型数据为基础的方法论，不仅有助于推动科技情报理论研究，而且有助于指导创新型国家建设实践。

再论关系数据流中增减型及循环型知识的发现　马垣，《广西大学学报》（自然科学版），2009 年第 5 期。本文详细地介绍了增减型及循环型决策规则发现算法的数学原理和该规则的似然度两方面的内容。主要阐述了在以关系为单位的数据流中去发现"增加""减少"等增减型知识和"良性循环""恶性循环"等循环型知识的方法。作者认为，运用这些方法能够发现事物间发展的联系及发展的趋势，从而为决策者提供更强有力的支持。尤其是发现各种循环，将能为决策者加强"良性循环"，增加效益和成功，摆脱"恶性循环"，避免亏损和失败，提供了重要的依据。

面向 KBS 分布式知识发现平台的设计　袁援，《重庆邮电大学学报》（自然科学版），2009 年第 5 期。本文首先对现有的知识发现 KD 模型进行分析，详细阐述了其典型的知识发现过程；然后又基于此对支持多领域知识库（DKB）知识获取的 KD 模型的基本框架和算法原理进行了描述；进而采用 Multi－Agent 架构的非线性设计模式，研究了 KBS 中领域知识的知识发现方法，给出了一种基于 Multi－Agent 的并行知识发现模型，并运用分布式挖掘技术扩充了现有的知识发现模型；最后将该模型应用于 KBS 中领域知识发现中，开发设计了一种面向 KBS 分布式知识发现平台。分析结果表明，该设计方法是一种有效解决 KBS 分布式知识发现的可行方案。

我国竞争情报研究进展的定量分析　陈淑平，《大学图书情报学刊》，2009 年第 5 期。本文统计了 2000～2008 年间中国期刊全文数据库收录的关于竞争情报研究的论文，并采用文献计量方法从论文发表年代、来源期刊、所属学科、研究主题以及著者情况等方面进行定量分析，从而揭示了我国竞争情报的研究现状、发展特点和存在的问题。通过分析，发现我国的竞争情报研究正在向深入化、成熟化方向发展并且已经基本形成了较为完整的研究体系；然而研究却没有脱离图书情报学的研究视角，作者大多是图书情报领域的专家、学者与实际工作者，很少有企业领域的从业人员，而且研究范围也局限于情报学科体系内，作为开展竞争情报活动的主体的企业尚未对理论研究给予充分的重视。

信息数字化与预测　欧阳首承、陈刚毅、〔美〕林益著，气象出版社，2009 年 6 月。本书共分为六章。首先就信息数字化的基本问题进行了概述，并分析了波动与涡动的基本特征，然后具体阐述了包括数量的科学性与物质结构（Diagrams）性、第一推动的科学性与搅动的过程物理性、非线性与演化的转折性、非规则信息与区域信息数字化等主要内容。该书不仅能够针对重大自然灾害直接为预测行业提供不同于现行体系的天气预测方法，而且能为研究物质或事件的变化、老化等问题提供分析手段，并且提出了如何应对不稳定能量的减灾、防灾措施等问题。总之，该书在形式上综述了当代科学解决问题的能力与存在的问题，实质上也涉及了自然哲学的认识观，以方法的使用性揭示了自然和社会科学各领域中变化事件的本质性和处理方法。

信息系统分析与设计（第 2 版）　傅铅生编著，国防工业出版社，2009 年 6 月。丛书名为"普通高等教育'十一五'国家级规划教材"。本书共分为十章，以从事企业信息系统开发与应用维护的读者为对象，系统地介绍了关于管理、信息、系统等基本概念，详尽地介绍了从系统规划、系统分析、系统设计、系统仿真、系统实施到运行维护全过程的信息系统开发的方法和技术，并且重点讲述了在管理信息系统开发中使用的生命周期法，还对信息系统制模分析和面向目标开发技术等信息系统建设的最新应用研究进行了讨论。作者认为，开发人员不仅要具备信息技术的基础知识，还应该掌握企业管理的基本理论。

情景分析法在竞争情报研究中的应用　黄晓斌、马芳，《情报资料工作》，2009 年第 6 期。本文共分为五个部分。第一部分介绍了情景分析法的特点；第二部分分析情景分析法应用于竞争情报研究的意义；第三部分介绍了该方法在竞争情报研究中的主要应用；第四部分评价情报分析法应用的优点与局限性；第五部分指出情景分析法在竞争情报研究应用中所需注意的一些问题。作者认为，情景分析法在竞争情报中主要应用于竞争环境监测、竞争对手分析、竞争战略和策略的制定、危机分析与风险管理等方面，其优点是具有较大的灵活性、超前的预测性、系统全面性、较强的可操作性，而且能够融定性与定量分析于一体；其缺点是过程比较复杂、短期的效果不显著、容易受传统模式的制约，并且操作不当容易出现错误。因此，在应用中应当注意以下问题：一是关键因素的确定；二是多种情景的构建；三是利用信息技术建立情景仿真模型；四是与其他分析方法的结合。

基于文献内聚度的非相关文献知识发现排序方法研究 张云秋、冷伏海，《现代图书情报技术》，2009 年第 6 期。本文首先简单介绍了非相关文献知识发现的研究背景，在分析现有的非相关文献知识发现中间集排序方法的基础上，以主题关联度为着眼点，以共现理论为基础，提出基于文献内聚度加权的 B 排序方法。然后阐述了其基本原理、文献内聚度的基本概念及其计算方法。进而通过实验，以 Swanson 的早期发现之一为基础，考察经逆文献频率加权和文献内聚度加权两种方法排序筛选后 B 的范围及目标关联词与目标关联对的出现情况，并以此作为评价其对 B 影响的依据。实验结果表明基于文献内聚度加权法能显著提高 B 的质量，从而提高了发现效率。

重点学科发展战略情报研究（二）——共词战略坐标 崔雷、杨颖、王孝宁，《情报理论与实践》，2009 年第 7 期。本文以辽宁某高校的国家级重点学科内分泌与代谢病学科为例，运用科学计量和文本挖掘工具，针对其内容进行分析，试图找出当前该领域的研究热点，并且根据聚类结果绘制出高频词的战略坐标（Strategic Diagram），来展示整个学科领域热点的研究程度。作者认为，借助科学计量与文本挖掘工具建立共词战略坐标，有助于科研人员把握本学科领域当前的热点，并且可以结合之前的研究成果——引文战略坐标，来了解本学科基础论题的发展历程。两者相互补充，实现了科学计量法在重点学科建设中的应用，并为科研管理人员和专业人员对重点学科发展方向的决策提供参考，从而有助于正确判断学科未来发展方向，并结合自己的优势，不断创新，加快重点学科的发展。

定量化研究方法在学科情报研究中的应用研究 张晋辉、刘清，《情报杂志》，2009 年第 7 期。本文共分为六个部分。第一部分简单介绍了定量化研究和学科情报研究；第二部分分析了学科情报研究对于定量研究方法的特殊需求；第三部分介绍了定量化研究在学科情报研究工作中的应用分类；第四部分阐述了一些比较常用的定量研究方法；第五部分介绍了数据库、指标等学科情报研究中常用的定量研究资源；第六部分提出对学科情报研究工作中如何加强定量化研究应用进行的一些思考。作者认为，情报研究的过程中，对于量化信息的需求日益突出，基于定性方法的情报研究的结果，精确度和可信度比较有限，而结合定量方法的情报研究结果直观可靠，易于接受，且说服力强。因此，在学科情报研究过程中就产生了对定量化研究的特殊需求。定量化研究方法在学科情报研究的很多方面都有应用如学科群规律分析、学科与相关学科分析、学科研究热点及未来发展趋势分析、学科内机构分析等。其常用的定量研究方法有统计分析法、引文分析法、共词分析法和数学模型分析法。要在学科情报研究中加强定量化研究的应用则必须完善定量化方法体系，在做好理论和方法研究的同时，加强对定量研究方法的学习和交流，并且加强科研合作的信息计量研究及科技评估指标体系的建立和标准化。

基于微粒群和子空间的离群数据挖掘算法研究　葛凌云、张继福、蔡江辉，《系统仿真学报》，2009 年第 7 期。本文为"总 – 分"结构。引言部分介绍了几种传统的离群数据挖掘方法，并指出它们的缺陷大多都是利用全局观点来看待离群数据，因此很难发现低维子空间中的偏移数据。正文部分首先阐述了稀疏系数和微粒群算法的原理然后基于此提出了一种基于微粒群（PSO）和子空间的离群数据挖掘算法（OM – PSO），并描述了该算法的原理；最后采用离散化的天体光谱数据作为数据集，进行实验，并与 EOS 算法相对比验证了该算法的有效性。作者认为，该算法首先将子空间看作微粒，并根据偏离数据所在子空间的稀疏系数，利用带有变异算子的 PSO 算法搜索子空间，然后将子空间中的数据看作局部偏离数据，也即离群数据；利用了微粒群算法（PSO）具有简单、容易实现且没有许多需要调整的参数等优势，因此显著地提高了搜索子空间的能力和效率。

基于 MeSH 加权的非相关文献知识发现排序方法研究　张云秋、于双成，《情报理论与实践》，2009 年第 7 期。本文首先分析了现有的关于非相关文献知识发现的中间集排序方法的研究及其不足，然后，以主题关联度为着眼点，以共现理论为基础，提出了基于共有医学主题词（MeSH）加权的 B 排序方法，并且以 Swanson 的早期发现之一为基础，考察了经共有MeSH 密度加权和逆文献频率加权两种方法排序筛选后 B 的范围及目标关联词与目标关联对的出现情况，以此作为评价其对 B 影响的依据。实验结果表明，基于共有 MeSH 加权法能够显著地提高 B 的质量，从而提高发现效率。

面向对象的航空影像与 LiDAR 数据融合分类　管海燕、邓非、张剑清、钟良，《武汉大学学报》（信息科学版），2009 年第 7 期。本文首先分析了航空彩色影像和机载激光雷达（light detection and ranging，LiDAR）两类传感器数据的特点，然后针对这两类数据源的优点和局限性，提出一种面向对象的多源数据融合分类方法。该方法的基本原理是首先根据影像光谱特性将航空影像分割为若干同质区域，然后通过综合考察每个区域内LiDAR 数据的滤波结果、高差值、空间离散度和航空影像光谱信息，从而判断各区域归属为哪一类。实验证明，该方法能够有效地分离房屋、树木和裸露地三种基本地物。

基于 GPU 的遥感影像数据融合 IHS 变换算法　卢俊、张保明、黄薇、李二森，《计算机工程》，2009 年第 7 期。本文共分为五个部分。第一部分为引言部分简要概述了 IHS 变换算法和图像处理单元 GPU 的特点；第二部分分析了 IHS 变换融合算法模型；第三部阐述了 IHS 变换的 GPU 实现；第四部分通过实验分析证明了该算法的有效性；第五部分对全文做出总结。该算法利用图形硬件的可编程渲染器及其处理数据的并行性，将 IHS 的正反变换映射到 GPU 中进行计算。并运用 MRT 和 RTT 技术实现 IHS 正反变换中三个分量的并行渲染输出，加速了计算过程。实验结果表明，当数据量较大时，运用该算法的处理速度要比基于 CPU 的算法速度更快。

情报分析方法研究进展　徐芳，《情报理论与实践》，2009 年第 8 期。本文对当前使用较为普遍的主要情报分析方法进行了总结，建立了包括一般情报分析方法、专门情报分析方法和最新情报分析方法的情报分析方法体系。作者认为，在信息过剩而情报缺失的时代，如何从海量的信息中挖掘出有用的情报则显得尤为重要，因此情报学分析方法的重要作用也就不言自明。对情报分析的方法进行总结分类，建立情报分析方法体系，一方面可以回顾情报分析方法研究的进展，完善情报分析方法研究的理论体系；另一方面，也可以为各领域的情报分析实践活动提供方法上的指导，以便能够快速、准确地从海量信息中分析出有价值的情报，从而提高情报分析效率，最大限度地增加情报的附加值。

可视化技术在情报研究中的应用案例分析　汤天波、高峰，《情报理论与实践》，2009 年第 8 期。本文共分为三个部分。首先分析了可视化技术的发展历程和现状及其在情报研究中应用的必然性，并简要地讨论了可视化技术在情报研究四个阶段的应用情况；然后着重对其在情报研究中应用的几个案例做了详细的对比分析，阐述了可视化技术在情报研究中的应用现状；最后分析总结了其在情报研究中应用的局限性。作者认为，可视化技术在情报研究的信息检索和信息组织领域、情报分析和数据挖掘领域以及情报服务方面都发挥了重要的作用，然而也存在一定的局限性，因此我们在应用时应该认清其在情报研究领域所扮演的角色，并明确其功能和局限性，以便能更好地在实际工作中运用它来提高情报研究的效果。

基于双向词频统计的非相关文献知识发现排序方法研究　张云秋、郭柯磊，《情报科学》，2009 年第 8 期。本文为"总 – 分 – 总"结构，共分为五个部分。第一部分阐述了 Swanson 教授提出的基于非相关文献的知识发现的基本发现模式；第二部分对现有的非相关文献知识发现的中间集排序方法进行研究分析，指出其不足之处；第三部分以主题关联度为着眼点，以共现理论为基础，拓展了基于词频统计的 B 排序方法，并引入共现低频的思想，提出了基于双向词频统计的中间集排序方法；第四部分对其意义及可操作方法进行了初步试验；第五部分为结论部分，对全文做出总结。实验证明，在非相关文献知识发现的过程当中，选取共现高频词的同时，适当地抽取一些有实际意义的低频 B，能够进一步地提高 B 的质量，从而有效提高知识发现的效率。

声表面波标签信号的数据融合检测方法　李庆亮、吉小军、韩韬、施文康，《上海交通大学学报》，2009 年第 8 期。本文首先阐述了声表面波（SAW）器件的特点、SAW 标签的工作原理以及 SAW 标签解码方式等；然后采用基于匹配追踪（MP）－小波包（WP）原子分解的数据融合算法来估计 SAW 标签的特征参数，该方法的主要原理是先采用 MP－WP 原子分解方法从包含着噪声的接收信号中估计出 SAW 标签的脉冲响应，并利用估计值和原始值得到估计方差，再依此计算多次接收信号的权重分布；再次，在此基础上，采用基于最小均方误差的权重数据融合算法融合所接收到的标签信号；最后，构建了相位检测系统并对该融合方法进行了实验验证。结果证明，在相同的累计次数下，该融合方法比算术平均法在脉冲峰值和位置上都更逼近于真值。

移动传感器网络中能量有效的数据融合算法 宋伟、黄刘生、徐宏力，《计算机工程》，2009年第8期。本文为"总–分–总"结构，共分为五部分。第一部分将数据融合算法分为固定拓扑结构的方法和非结构化的方法两类，并且探讨了各自的优缺点。第二部分，阐述了非结构化的数据融合协议 DAARW 算法的两个机制及其基本原理，指出该算法的不足之处：一是没有考虑能量有效性；二是算法定义的优先级无法实现算法所要求的功能。第三部分基于 DAARW 算法提出 EEDAARW 算法，并阐述了其基本原理。第四部分通过实验验证了 EEDAARW 算法。第五部分对全文做出总结。作者认为，EEDAARW 算法从能量平衡和负载平衡两方面考虑了能量的有效性，而且分别使用 DAA 机制和随机等待机制实现了时间和空间上的融合，从而能够平衡网络中节点的能耗，并延长网络的生命周期。实验分析表明，EEDAARW 算法使网络生命周期比非结构化的 DAARW 算法延长了约30%。

信息分析 沙勇忠、牛春华等编著，科学出版社，2009年8月。本书共分为十章，系统地阐述了信息分析的相关理论、技术方法与最佳实践。首先在绪论中阐述了信息分析的内涵、领域、产生与发展及其从业人员的基本素质要求等；然后又详细阐述了信息分析的工作框架和建模以及计算机辅助信息分析等基本的技术和方法；进而又分析了具体领域信息分析的主要内容，包括科技信息分析、社会信息分析、经济信息分析等；最后对信息分析项目与机构管理进行了探讨。作者认为，信息分析就是针对特定的需求，对信息进行深度地分析与加工，从而提供有价值的知识和情报的过程。

信息系统开发方法教程（第三版） 陈佳编著，清华大学出版社，2009年8月。丛书名为"高等院校信息管理与信息系统专业系列教材"。本教材共分七章：信息系统概述、信息系统开发过程管理、信息系统总体规划、信息系统分析、信息系统设计以及系统测试与运行维护等，主要包括以下三方面内容：其一，介绍了与信息系统开发有关的基本概念、基本原理及开发思想；其二，结合具体案例系统阐述了信息系统的总体规划、系统分析、系统设计、系统测试、运行维护等不同阶段的工作原则、工作步骤、基本方法和开发文档；其三，介绍了基于 UML 的系统分析和设计的基本方法，并运用 Rational Rose 工具来描述分析和设计结果。本书非常注重理论和实际的有机结合，具有较强的可操作性和重要的实践意义。

我国企业竞争情报研究进展的文献计量学分析　伍若梅、杨晓菲，《情报科学》，2009 年第 9 期。论文通过对 CNKI（中国期刊网）收录的有关竞争情报的 505 篇论文进行统计，运用内容分析和文献计量等方法，从文献增长规律、学科类别、期刊分布、高产作者、研究机构和研究热点等方面，对我国竞争情报研究现状进行了全方位分析，归纳出 1994～2008 年间我国竞争情报研究的特点，并提出了推动企业竞争情报理论研究与具体实践相结合的一些建议。

基于数据挖掘的网络入侵检测系统研究　代红、李海波，《情报杂志》，2009 年第 9 期。作为用户计算机主动安全防护的一项措施，入侵检测是网络安全体系中不可或缺的重要组成部分。根据入侵检测方法，IDS 分为两大类，即异常检测系统与误用检测系统。本文首先对网络入侵检测系统提出使用改进型 C4.5 算法并对数据集划分成子集的方法进行入侵检测；然后对实验结果进行了系统的分析与说明，指出该系统对拒绝服务攻击具有较高的检测率，同时对未知攻击模式也具备一定的检测能力；最后归纳得出结论，并对网络入侵检测系统未来的研究热点问题进行了大胆的设想和展望。

基于广义变精度粗糙模糊集模型的知识发现　孙士保、吴庆涛、普杰信、秦克云，《计算机科学》，2009 年第 9 期。把广义变精度粗糙集模型和粗糙模糊集模型两种方法结合起来处理目标信息系统中含有不完备的数据，具有十分广阔的应用前景。本文首先在一般关系下探讨了广义变精度粗糙模糊集模型中近似算子的定义及性质；然后分析了它与广义 Ziarko's 变精度粗糙集模型、广义 Pawlak's 粗糙集模型和粗糙模糊集模型的关系；最后给出了广义变精度粗糙模糊集模型中近似约简的理论和方法，并通过实例分析对广义变精度粗糙模糊集模型中约简算法的有效性及模型的实际应用进行了验证和说明。

基于有限元分析结果知识发现系统研究　郭于明、王坚、凌卫青，《制造业自动化》，2009 年第 9 期。本文在分析数据挖掘的一般步骤基础上，构建了基于有限元模拟结果数据的知识发现系统框架。作者在文中提出了一种基于元数据模型、支持用户参与的有限元分析知识发现系统，并对构成该系统的各个模块及其实现所需的关键技术作了论述。最后以接触分析为例对有限元分析数据进行挖掘，算例结果表明，知识发现系统的有效性。

移动最小二乘增量式多视点云数据融合算法　曹巨明、吾守尔·斯拉木、梁晋、梁新合、张德海，《西安交通大学学报》，2009 年第 9 期。随着三坐标测量技术、三维扫描技术及机器视觉技术的迅猛发展，以多视点云数据为基础的逆向工程和三维快速造型技术受到越来越多研究者的关注。本文首先对散乱数据点进行了移动最小二乘曲面拟合，在此基础上，提出了一种增量式多视点云数据融合算法。作者把多视点云数据看作对同一物体外观二维流形的一次包含畸变、噪声与误差的采样，同时把多视点云数据的融合转化为由上述散乱数据逼近物体外观二维流形的过程，并利用 MLS 生成曲面的光滑特性与优越的散乱数据点逼近性能，来优化基函数、选择权函数及支撑域等，成功实现了多视点云数据的融合。通过移动最小二乘参数的控制，能够保留或平滑某种规模的特征。实验结果表明，基于 MLS 的多视点云的融合算法的确是一种有效的多视点云数据融合方法。因为融合数据在过渡区域具有较好的平滑特性，所以对于累积匹配误差、形变及噪声较大的多视点云的数据融合，也可获得较好的融合结果。

共词分析法用于文献隐性关联知识发现研究　曹志杰、冷伏海，《情报理论与实践》，2009 年第 10 期。由于研究人员知识面局限、信息海量激增，或者人为的隐藏、弱化、去除等原因，在某些领域科技文献中经常出现无法发现某些有价值关联或者有意义参考文献的现象，这给日常情报研究工作造成诸多不便。本文在介绍隐性关联知识发现理论与共词分析方法基本原理的基础上，提出了一种基于共词分析的隐性关联知识发现方法，并通过具体案例阐述了共词分析法在隐性关联发现中的实际应用。指出把共词分析法引入文献隐性关联知识发现过程，能够有效地发现出于特定目的被人为隐藏、弱化或去除的隐性关联，以及因知识面局限被忽略的隐性关联，从而为情报研究人员的日常工作提供了新的思路和方法。

基于认知无线电系统合作检测的数据融合研究　林威、吴捷、张钦宇、张乃通，《通信学报》，2009 年第 10 期。本文从多传感器数据融合的角度研究认知无线电系统合作感知问题。指出忽略不可靠用户的检测结果，运用部分融合的方法能够大大提高认知系统的检测性能。作者认为，对于特定的在线用户规模，存在一个最优的参与融合用户数，可以固定选择每次检测的融合用户数使系统平均检测概率达到最大。以此为基础，文章提出一种基于测量的融合方法，根据每次检测的接收信号状况动态调整参与融合的用户数，采用 Monte Carlo 方法进行仿真的结果表明，在至少 60% 以上的检测中，该方法都会使系统检测性能相对于基于统计的融合方法有所提高。

专利情报分析法挖掘区域优势产业的研究　罗爱静、陈荃，《情报理论与实践》，2009 年第 11 期。区域优势产业是区域和国家经济实力的重要支撑。如何依据各区域的产业属性与资源禀赋，有效地发掘并发展其优势产业是加速区域经济发展、增强国家综合竞争能力的关键。专利情报在反映地区产业优势方面具有极大潜力。本文在调查研究国内外文献的基础上，运用国际通用的 CHI 指标，结合国情筛选出适合区域产业优势甄选和深度分析的专利指标。并利用"长株潭国家综合配套改革试验区"的专利数据进行实证研究，结果表明专利情报分析方法在挖掘区域优势产业中具有较强的实践性和可行性。这势必会为其他国家综合配套改革试验区运用新思路、选择新模式促进优势产业发展，以及专利情报分析法的应用领域扩展提供理论支持与实践参考。

论情报研究中的指标分析　王延飞、王林兰，《情报理论与实践》，2009 年第 11 期。情报研究中的指标分析，是把指标数据作为判断研究主要依据的决策分析过程。作为经常使用的工具手段，指标分析在现代情报研究中具有十分的重要作用。情报研究中所涉及的指标可归纳为两大类型，即评价指标与分析指标。指标是分析中的支撑性基础信息，因此在情报研究中进行指标分析时应该注意从不同角度来把握对有关指标的分析和使用，如指标的内涵、外延、时效性以及指标发布的主体等。

一种复杂系统多源信息分析建模新方法　张玉存、邢婷婷，《电子学报》，2009 年第 11 期。本文根据多源信息的耦合及系统状态属性，把拓扑反变理论运用到多源信息分析中，构建多源信息分析理论模型用于复杂系统状态的监测，解决多源耦合信息的综合表示、特征融合、解耦变换以及动态决策的相关问题，从而为复杂系统综合分析提供行之有效的方法。将该方法应用到机械手加工系统中，监测机械手动态准确性，确定精度评价标准，并用实例对该理论方法的正确性进行了验证。

网格环境下的分布式知识发现研究进展　李进华，《情报理论与实践》，2009 年第 11 期。现代信息技术的飞速发展深刻地改变着传统科学研究方式。为适应科学研究中数据的海量增长、信息处理过程高度复杂化的发展趋势，信息技术自身也在不断发展。网格已逐渐成为科学研究机构与大型企业非常重要的信息基础设施。大规模分布式知识发现是网格的重要功能之一。文章从基础理论与实际应用两个层面分别论述网格环境下分布式知识发现研究的进展，并作简要评述。最后，归纳总结了网格环境下的分布式知识发现的研究趋势。

1998~2007 年中国大陆竞争情报研究现状的计量分析　贡金涛、贾玉文、李森森，《情报杂志》，2009 年第 12 期。竞争情报研究起源于美国，20 世纪 80 年代被引入中国后，研究越来越受到我国学术界和企业界的重视。文章通过整理我国大陆 1998~2007 年的竞争情报学研究数据，首先利用基于新关键词的内容分析法来显示学科的发展趋势；然后在运用统计分析方法的基础上，采用作者共被引分析方法，揭示了中国竞争情报学研究领域中潜在的作者群体结构；最后对竞争情报学研究的趋势与发展方向进行了总结和归纳，即竞争情报技术化趋向加强、组织网络化观念与网络化分析方法在竞争情报中的运用、动态观念对竞争情报学的影响加强等。

信息系统分析设计与管理　甘仞初主编，高等教育出版社，2009 年 12 月。本书是高等学校信息系统与信息管理专业核心课程之一"信息系统分析与设计"课程的教材。根据作者长期教学、科学研究和信息系统建设实践经验以及课程教学大纲的要求，介绍信息系统开发与管理的基本理论、方法和技术。全书共分八章，信息系统基础、信息系统建设导论、信息系统规划、结构化系统分析、信息系统设计与实施、面向对象方法、Web 信息系统开发及信息系统的管理。书中重点阐述系统规划、系统分析以及系统设计和实施的理论和方法，讨论信息服务管理、信息安全管理、信息系统项目管理、信息系统管理的组织和人员等。全书知识点布局合理、内容翔实、概念清晰，真正做到了理论和实践的紧密结合。

信息系统研究的前沿与方向（附 CD‐ROM 光盘 1 张）　黄伟、王刊良主编，清华大学出版社，2009 年 12 月。21 世纪以来，全球信息与通讯技术（ICT）进入了一个高速增长时期，信息系统已成为现代企业与组织生存和发展不可或缺的重要支柱，出现了不少新的研究方向和热点问题，设计科学与定性研究方法越来越受到信息系统学者的关注。《信息系统研究的前沿与方向》由世界信息系统领域十几位著名专家学者共同完成，全书共二十二章，主要包括信息系统的研究方法论、信息系统的重要研究议题以及热点问题三个方面的内容。

高校图书馆基于学科的情报研究探索　陈文、彭晓东，《现代情报》，2009 年第 12 期。学科建设是高等学校的核心建设，以学科建设为基础的高校图书馆情报研究是面向用户的深层次、全方位的研究型服务，主要包括基于学科的资源建设、信息用户行为、科研文献产出以及专业信息素质教育等方面的研究内容。高校图书馆围绕学科进行深层次的情报研究，开拓了图书馆情报研究的新领域，它不仅能为学校的学科建设提供了高质量的情报研究"产品"，同时也有利于促进图书馆业务工作的全面可持续发展，增强图书馆在网络化时代和信息社会的综合竞争能力，提升图书馆的社会价值和学术地位。

基于智能 Agent 系统的 Web 数据挖掘系统结构的预取模型　邢国春、姜健，《情报科学》，2009 年第 12 期。在信息大爆炸的当今社会，如何快速而准确地从丰富的信息资源中搜索到所需信息已成为困扰网络用户的一大难题。在此背景下，基于智能技术的 Web 信息挖掘的研究成为热点。本文吸收当前信息检索及智能所具有的社交能力、自治能力、反应能力特性等方面的最新思想和技术，利用人工智能技术，在以语法分析为主的前提下，加入对信息内容语义的利用，提出一个基于智能 Agent 的 Web 页面信息挖掘系统框架模型。作者详细阐述了各 Agent 实现的目标和行为，以及 Agent 之间实现通信的方法。

数据挖掘技术在图书馆读者分析中的应用　钱强、李英，《图书情报工作》，2009 年第 12 期。随着数字图书馆建设的不断发展和图书馆数字化程度的不断提高，图书馆需要处理和提供的信息更多、更新、更广泛、更复杂。在此背景下，运用什么方法对海量数据进行有效地分析处理成为图书馆管理者所关注的一个重要问题。本文主要包括三个方面的内容：其一，对图书馆数据库中的借阅数据加以聚类分析，对读者进行类别划分；其二，运用关联规则分析法挖掘读者的借书规则，并分析不同类别读者的借阅特征；其三，为图书馆管理提出合理化建议，以提高高校图书馆的图书使用效率。

基于网络日志的数据挖掘预处理改进方法　孙宇航、孙应飞，《系统工程与电子技术》，2009 年第 12 期。本文围绕网络日志挖掘工作的预处理过程进行研究，应用 ID3 算法改进 Frame 页面过滤方法，使得在路径补充步骤中减少了提升站点结构这一步。在超时阈值的设定方面采用动态修正方法，提高预处理技术对长时间会话的识别能力。相关实验结果表明，该方法不仅有效地减少了预处理过程中的信息丢失，而且提高了挖掘结果的精确程度。本文所提出的改进方法应用到网络日志挖掘预处理过程中有助于提高挖掘结果的兴趣性。

基于非相关文献知识发现系统的算法　程趁娜、兰小筠，《情报科学》，2009 年第 12 期。近些年来，随着文献量的大幅度增长，对海量文献进行人工挖掘变得愈发困难。在此背景下，基于非相关文献的知识发现系统应运而生。目前，基于非相关文献的知识发现方法已得到情报学界专家学者的高度关注和进一步研究。本文首先对国外基于非相关文献的知识发现系统中所使用的 TF－IDF、Association Rules、Z－Score 及 MIM 等关联挖掘算法做了阐述，然后简要介绍了 LTC－AMW、AMW 和 COH 等目标词排序算法，旨在为国内知识发现方法的研究提供借鉴和参考，以指导我国研究者在结合国外已有的算法的基础上，开发出适合中文文献数据库的知识发现系统，从而为医学及其他领域提供有用的知识发现工具。

非线性系统的异步多速率数据融合估计算法研究　闫莉萍、邓志红、付梦印，《电子学报》，2009 年第 12 期。本文尝试把 STF 算法推广用于异步、多速率、非线性采样多传感器的数据融合状态估计问题中，针对一类非线性时变动态系统，推导出了相应的数据融合算法，仿真结果验证了算法的有效性，同时对模型参数及控制项的不确定性都具有较好的鲁棒性。本文推导出的算法在制导、机动目标跟踪、航空导航等诸多领域均具有广泛的推广应用价值。

基于 Web 数据挖掘技术的企业网站客户忠诚度提升模型研究　谭春辉、王俊，《图书情报工作》，2009 年第 14 期。随着世界经济的全球化和信息化趋势的不断增强，越来越多的公司纷纷建立自己的网站，从事商务活动，网站已成为企业经营过程中必不可少的网络营销工具，并且在增加销售收入、增强企业竞争优势、扩大企业影响等方面发挥着越来越大的作用。本文主要包括三个方面的内容：其一，分析阐述企业网站客户忠诚管理现状；其二，简述 Web 数据挖掘技术是提升网站客户忠诚度的关键技术；其三，构建基于 Web 数据挖掘的网站客户忠诚度模型，在此基础上，对模型运行的基本流程、提升模型的主要应用、模式识别的技术方法、模型运行的注意事项等进行深入分析。

非相关文献知识发现初始集过滤方法的试验研究 张云秋、冷伏海，《图书情报工作》，2009 年第 16 期。一体化医学语言系统语义类型和停用词表是当前非相关文献知识发现初始集通常采用的过滤方法。本文对现有非相关文献知识发现的初始集过滤方法进行研究分析，在此基础上提出了基于副主题词、基于共现语义群两种过滤方法。实验结果显示，恰当适度地组配副主题词，在不影响发现结果的情况下，有利于缩小初始集的范围，从而大大减少筛选的工作量，进而大幅提高发现效率；从基于共现语义群的过滤效果来看，经过强关联的共现语义群对初始集进行联合过滤后，能够大大缩小中间集，即 B 列表的长度，而发现结果并没有改变，因此可大大提高发现效率。

基于语义的移动对象轨迹知识发现研究 桂智明、陈彩，《计算机工程》，2009 年第 16 期。通过从移动对象的轨迹中发现用户行为模式与运动规律，不仅可用以预测移动目标在未来时段的行为，同时还能够用来分析热点区域、用户偏好等，从而为旅游、罪犯跟踪、交通管理等众多领域提供借鉴和参考，对轨迹的处理及模式挖掘的研究逐渐成为近年来的研究热点。然而，当前主流的相关研究因忽略位置语义知识的研究而不能有效地发现轨迹中隐含的知识。在此种背景下，本文提出一种基于语义的知识发现和轨迹建模方法，该方法基本原理是：通过预先定义，把与应用需求相关的重要地点作为关键点，对和该地点具有同种空间关系的轨迹点加以聚类，并以聚类后的关键点序列表达轨迹，运用正则表达式来实现轨迹中隐含的频繁模式及关联规则的发现。文中相关实例表明，该方法具有较强的可行性。

信号分析：竞争情报研究的又一重要课题 沈固朝，《图书情报工作》，2009 年第 20 期。对信号进行恰当的辨识和解读，将会大大提高情报预测与预警的准确性。本文从信号的含义与分类、产生和发现、搜集和处理、分析与辨识、理论及应用五个方面介绍中外学者的研究成果。认为在对信号的研究中，需要运用不同方式强化对竞争者市场战略及其他行为的预测，监控竞争者调整其活动或改变战略的意图，并主动进行证据搜集与推理，同时对这些判断进行持续反思和质疑。指出这些工作不仅将促成市场预测的研究，也将为竞争情报方法论的研究开辟新的途径。但作为情报分析方法的一种，信号分析本身也有其局限性，因此在分析过程中，要注意观察外部环境的各种变化，同时把各种线索融入分析过程，使之尽可能地得到更加精确的结果。

数据挖掘技术在情报分析与服务中的应用研究　卜庆珍，《科技情报开发与经济》，2009 年第 22 期。随着知识经济时代的到来，社会信息化程度的不断提升，各学科之间相互交叉渗透，不仅社会信息总量激增，而且人们对信息的需求也由简单的获取向提取满足特殊需求的信息情报转变，呈现更加专业化和个性化的趋势。传统的情报工作方法无法全面把握和处理这些纷繁复杂的信息，更难以满足日益增长的情报需求，情报研究和服务工作方法的转变与创新已迫在眉睫。本文首先从情报研究与服务工作的实际出发对当前情报工作的现状及存在的问题作了分析，并指出建立基于数据挖掘技术情报分析与服务系统非常必要；然后结合情报分析与服务的特点及流程，将知识管理思想、数据挖掘方法应用到情报分析和服务系统之中，构建了系统模型，并对其在情报研究和服务中的应用进行了探讨。旨在通过情报信息技术支持，提高采集、分析、处理、加工、存储信息的能力，拓宽情报服务范围，以提高情报研究时效性和情报研究成果的精度和可信度，以满足信息社会情报用户的需求。

知识发现中的因果关联规则挖掘研究　崔阳、杨炳儒，《计算机工程与应用》，2009 年第 31 期。因果关联规则作为知识库中一类重要的知识类型，具有十分重要的应用价值。关联规则挖掘一直是数据挖掘领域中最重要、最活跃的研究内容之一。本文主要包括以下三个方面的内容：其一，对因果关系的特殊性质进行了分析；其二，基于广义归纳逻辑因果模型和语言场，从表示、挖掘、评价及应用等方面，详细阐述了对因果关联规则的研究；其三，提出了隐含因果关联规则的概念。通过推理机制和语言场的运用，使得挖掘和评价因果关联规则的过程具备较好的逻辑性与扩张性。

第三节　信息计量学

数字图书馆知识产权研究论文的增长规律探析　石慧，《图书情报工作》，2008 年第 S1 期。数字图书馆知识产权问题是当前我国图书情报学科的研究热点之一，它贯穿于数字图书馆建设和利用的全过程。本文以 2001～2007 年我国数字图书馆知识产权研究论文的文献累积量为样本，首先利用统计学方法，拟合出其随年度增长的线性模型，并用检验统计量 T、F 和相关系数 r，对该模型进行线性相关性检验。在此基础上，利用文献计量学方法，分析论文的线性增长规律，从中得出结论：我国数字图书馆知识产权研究处于起步阶段。最后指出，借鉴发达国家数字图书馆在知识产权研究方面的成功经验，从资金、技术、管理和法律等各方面加强我国数字图书馆知识产权研究势在必行。

网络信息计量学方法论　邱均平、张洋、赵蓉英，《中国图书馆学报》，2008 年第 2 期。开展网络信息计量研究的前提条件是系统、全面地收集研究所需要的原始数据，而数据收集方法的研究是网络信息计量学方法研究的重点与难点。网络内容分析法、网络链接分析法和网络数据挖掘法等是网络信息计量学常用的数据分析方法。网络信息计量学的研究方法可分为哲学方法、一般科学方法和特殊研究方法三个层次。

网络计量学核心领域研究进展　李纲、郑重，《情报理论与实践》，2008 年第 2 期。网络计量学是由网络管理、网络技术、信息资源管理和信息计量学等相互交叉渗透而形成的一门交叉性边缘学科，同时也是信息计量学的一个重要的研究领域和新的发展方向。本文主要包括三方面内容：其一，从发展历程、研究对象与内容、国际研究热点问题以及发展趋势等方面对网络计量学进行探讨；其二，介绍了网络链接分析与搜索引擎算法的原理及相关模型；其三，对当前研究较多的网络数据挖掘与网络影响因子分别从理论与应用两个层面进行了分析和阐述。

国内网络计量学文献的数据分析　潘卫，《医学信息》，2008 年第 2

期。网络计量学是一门应用性、实践性很强的学科。网络计量学分析作为一种定量分析方法，与传统的手工统计分析方法不同。本文拟采用传统文献统计的方法，对 1999 年以来我国有关网络计量学研究的 94 篇论文进行统计。在此基础上，从发表论文的年度分布、论文著者、期刊分布等角度对其进行了归类和分析。结果显示，国内从事这一领域研究的人员主要集中分布在图书情报界，其他学科很少介入，这表明该领域的研究还处于试验和探索阶段。

我国档案服务社会化研究的文献计量学分析　李财富、杨晓晴，《档案学通讯》，2008 年第 3 期。近年来，社会信息化和档案信息化进程不断加快，在此背景下，与档案信息化相伴相生的档案服务社会化逐渐成为众多档案学者关注和研究的对象。本文主要包括三方面内容：第一，运用文献计量学的方法统计我国近 10 年来档案服务社会化的研究现状；第二，对我国档案服务社会化研究的期刊文献量与文献主题分布情况进行统计和分析；第三，结合研究特点探讨我国档案服务社会化研究中存在的不平衡状况。最后指出，伴随着档案网络化和信息化进程的不断深入，档案服务社会化研究主题不平衡的状况将会得到明显缓解，相关档案服务社会化问题的研究思路也将继续拓宽。

从文献计量学到网络计量学　邱均平、杨瑞仙、陶雯、李雪璐，《评价与管理》，2008 年第 4 期。从 1958 年以来，文献计量学悄悄发生了根本的变化：它逐渐成为一个独立的学科，在图书馆及信息科学学院中被广泛教授，并成为世界各地科学评价研究组的核心研究内容。本文主要包括四方面内容：其一，对文献计量学从 1958 年到现在的发展历程做了回顾；其二，对比早期的文献计量学和它的当前研究内容，综述了一大批最新的研究方向和进展；其三，对网络计量学这门迅速发展的文献计量学分支进行了详细的评述；其四，对网络计量学和文献计量学的未来发展趋势进行了探讨和预测。

中国基础科技的文献计量学研究——以纳米学科博士学位论文为例　李舒平，《合肥学院学报》（自然科学版），2008 年第 4 期。本文以纳米学科为例，采用文献计量学方法，从万方学位论文系统中选取题名中含有"纳米"一词的学位论文，并选取学位论文的 SCI 发文数量，会议论文、专利和图书及 SCI 论文的影响因子，关键词等指标进行定量研究，力求探求出目前我国纳米学科博士学位论文的整体质量，借此初步探求目前我国基础科技的研究水平和特点。

中国行政管理学研究作者成熟度的文献计量学分析　郭薇、常健，《学海》，2008 年第 4 期。本文运用文献计量学的方法对 2001～2005 年发表在中国行政管理学的四种重要刊物上的论文作者和引文情况做出了分析，并就中国行政管理学作者队伍的成熟度得出了一些初步的结论：第一，中国行政管理学研究的作者队伍已初具规模，但尚未形成稳定、高产的核心作者队伍，且其缺乏有效的合作；第二，超过 2/3 的文章曾被引用以及 4.83 条的篇均引文量显示出该学科的研究关联程度较高，但偏低的自引率反映出研究人员自身的研究缺乏足够的连贯性；第三，作者对最新研究成果的关注相对较弱，对专著的引用远远超过期刊；第四，被高频引用的论文主题主要集中在服务型政府、电子政务、行政绩效、第三部门、危机管理等问题上，在一定程度上体现了研究者们所关注的热点。

国内外网络信息计量学研究现状分析　张洋，《情报杂志》，2008 年第 5 期。本文主要包括三方面内容：其一，从理论、方法和应用三个方面系统地总结和评述国内外网络信息计量学的研究进展情况；其二，指出了当前该领域的研究所存在的主要问题；其三，就国内外的研究特点进行了比较分析。

文献计量学在我国科技论文评价中的应用　金新建，《现代情报》，2008 年第 5 期。文献计量学是运用数学和统计学的方法，对各类文献的特征进行计量分析，进而揭示文献情报规律及学科发展趋势的一门新兴学科。本文详细阐述了论文被引频次、发表数量、期刊影响因子等文献计量学指标在我国科技论文评价中的实际应用，并指出文献计量学的应用前景。

我国隐蔽网络研究文献计量学分析　陈红勤，《情报杂志》，2008 年第 5 期。自"隐蔽网络"的概念被引进以来，我国隐蔽网络研究受到了越来越多研究者的关注，各年度的文献量呈直线上升趋势。本文选取中文维普科技全文数据库、中国期刊网和万方数据－数字化期刊群等作为检索工具，以 2002～2007 年间所发表的关于隐蔽网络研究的 50 篇期刊论文为分析数据，从论文主题分布、年代分布、作者分布、基金分布、期刊分布等角度分析我国隐蔽网络研究的现状，同时也指出了存在的问题：隐蔽网络研究的力度和深度还不够；论文数量增长缓慢；作者人均发文量不高，没有形成核心作者群；图书馆应对隐蔽网络的研究还很欠缺；隐蔽网络教育的研究也明显不足等。但作者相信，随着搜索引擎功能的不断提高和国内外网络信息资源组织的完善，接下来的几年里，隐蔽网络研究将会得到更快、更深、更广的发展和应用。

用文献计量学方法对网络环境下馆藏文献的评价 屈宏明，《现代情报》，2008 年第 6 期。文献计量学是借助文献的各种特征的数量，采用数学和统计学的方法来描述、评价和预测科学技术的现状与发展趋势的图书情报学分支学科。在网络环境下，用文献计量学方法对信息资源进行评价已成为国内一个比较新的研究方向。对文献资源购置的质量评价是图书馆评估工作中最主要的对象，也是图书馆业务工作的中心环节。

从文献计量学角度评价科技论文的质量 董琳，《中国计划生育学杂志》，2008 年第 8 期。近年来，随着科技体制改革的不断完善，我国各级科研管理部门逐渐意识到科技成果质量科学评价的重要性。通过分析主要应用指标的各种因素，文章提出在评价科技论文过程中，要客观认识各种评价指标的功能及其局限性，针对不同学科特点采用综合评价方法去评价论文质量。指出科技管理部门应积极引导正确的价值取向，通过制定科学合理的评价标准与评价办法，调动广大科技人员的积极性，从而推动我国科学研究事业健康发展。

基于文献计量学的知识管理学科发展态势分析 李永梅，《情报探索》，2008 年第 9 期。本文利用美国科技信息研究所（ISI）Thomson Scientific 公司提供的德温特分析软件，在 WOK 平台上对 1997 ~ 2006 年美国《科学引文索引》（SCI）所收录的知识管理学科论文进行了多角度排序和分析，以期对知识管理界有所裨益，并为其提供参考。另外，本文主要运用关键词共词聚类分析法，对国内外近年来发表的知识管理文献进行了文献计量学调查分析，总结出当前世界知识管理研究的热点，并对其加以评价，供广大专业人员与图书情报人员参考。

2003 ~ 2007 年我国开放存取研究文献计量学分析 陈红勤、朱宁，《情报科学》，2008 年第 9 期。近年来，我国开放存取研究论文的数量有了较大幅度的增长，且各年度的文献呈持续上升趋势，这表明开放存取正逐渐成为一个热门领域。本文选取中文维普科技全文数据库和中国期刊网作为检索工具，以 2003～2007 年间所发表的关于开放存取研究的 50 篇简讯和 394 篇期刊论文为分析数据，从论文主题分布、作者分布、年代分布、期刊分布等角度对我国开放存取研究的现状进行了分析和探讨，并指出了存在的问题。

网络信息时代"三计学"的重要发展与创新——评《信息计量学》
文庭孝、张安珍，《图书情报工作》，2008 年第 10 期。本文以信息计量学、文献计量学与科学计量学的发展为基础，对武汉大学信息管理学院邱均平先生的《信息计量学》一书进行了介绍和评价：该书是网络信息时代面向研究与现实需要的应时与及时之作，是理论研究和教学实践的高度结晶，是文献计量学研究的发展和创新，它反映了"三计学"研究的交叉和融合，同时体现着理论、方法与应用的有机结合。

网络信息计量学与搜索引擎研究 张洋，《图书情报工作》，2008 年第 11 期。网络信息计量学和搜索引擎之间存在十分密切的联系，两个领域的研究工作相辅相成、互相促进。一方面，过去和现阶段的网络信息计量研究主要依赖搜索引擎来获取原始数据，搜索引擎的进步将为网络信息计量学提供更加有效的数据收集手段；另一方面，搜索引擎一直以来都是网络信息计量学的重要研究对象，所取得的研究成果可以有力地促进搜索引擎的发展。应把两者有机结合起来，在这一交叉领域开展综合性、系统性的研究。

2007 年国外科学计量学理论与应用进展研究 周静怡、黄飞燕，《图书馆建设》，2008 年第 11 期。科学计量学主要通过运用统计学与数学的方法对科学的投入、产出及过程开展分析和研究。2007 年，国外在科学计量学方面的研究，主要围绕其投入、产出和过程三个方面。具体来说，科学发展规律研究、科研合作研究、创新评估与创新模式研究、科学产出向专利转化的研究、学科发展研究前沿与趋势预测的研究等逐渐成为研究者开展研究的主要切入点。这种大范围、跨学科的研究，大大推动了科学计量学的研究和发展。

网络信息计量学在大学评价中的应用分析 张洋，《情报杂志》，2008 年第 11 期。本文主要包括三方面内容：其一，在理论层面上，从扩展数据来源、完善指标体系、改进分类方法三个方面，对将网络信息计量学应用到大学评价中的可行性与必要性做了系统论述；其二，以网络影响因子为例，分析国内外相关研究的进展情况；其三，总结了当前研究工作的主要特点。

我国网络计量学研究状况分析 金春梅，《农业图书情报学刊》，2008年第11期。本文以2000～2007年所发表的关于"网络计量学研究"的200篇文献为分析数据，首先采用文献计量法进行统计分析与回溯研究，揭示了网络计量学研究的发展历程、研究热点与理论成果，然后在此基础上总结了研究过程中出现的问题，最后对未来的研究趋势做了预测。

单一网站网页数量增长规律的实证研究——以"搜狐新闻频道"为例 阎劲松、沙勇忠，《图书情报工作》，2008年第11期。网络信息增长规律是网络计量学理论动态规律的重要研究主题之一，它对于优化网络信息资源配置，提高网络管理水平，进而促进网络计量学学科发展具有重要意义。本文借鉴"三计学"的理论与相关经验，分别以"单一网站"和"周"为结构尺度和时间尺度构造样本，对单一网站网页数量增长规律进行实证研究。结果显示，"仅存在正式交流过程的单一网站，其成熟期内的网页累积数服从二次曲线增长规律"。与此同时，指出该结果的局限所在，以期在今后的研究中加以改进。

利用文献计量学研究学科热点初探 张宏梁、田玲、张黎黎，《医学信息学杂志》，2008年第11期。文献计量学是信息科学领域中的一个重要分支学科，也是情报学研究最活跃、发展最迅速的专业领域之一，目前在许多学科的研究中得到了越来越广泛的应用。利用文献计量学，可以从核心作者、核心机构、关键词、高被引文献等多个方面从宏观的角度来客观地分析和总结当前学科研究热点，从而为学科研究人员、管理决策人员等提供学科情报。本文通过一些实例研究，探讨利用文献计量学来研究学科热点的方法，并针对目前研究方法的局限性提出了一些改进的措施，以期为文献计量学在学科研究中的进一步应用提供借鉴和参考。

国际科技合作文献计量学分析 马丽娜，《农业图书情报学刊》，2008年第11期。20世纪90年代以来，学科发展速度更快，涉及面更广，有关科技论文的合著现象屡见不鲜。在此背景下，开展对其研究有进一步深入和加强的必要，特别在一些国际著名科技期刊上刊载的论文的合著情况，恰恰能反映当代前沿学科研究领域的合作研究特点。本文采用文献计量学方法，以国际著名科技期刊（NATURE）2007年所刊载论文为样本，在大量统计数据的基础上，对有关论文合著情况从科技论文的基本合作、学科间的合作、单位间的合作、城市间的合作及国家间的合作情况等不同方面进行了分析研究，由此折射出当代自然科学国际合作研究的概貌和发展趋势。

网络计量学文献在国内期刊中的分布　潘卫，《医学信息学杂志》，2008 年第 12 期。本文采用文献计量的方法，选取清华同方中国期刊全文数据库（CNKI）作为检索工具，以 1999 年以来国内所发表的有关网络计量学研究的 94 篇论文为分析数据，从发表论文的期刊分布、论文著者、年度分布等方面进行归类和分析，旨在了解网络计量学在我国的研究现状。

信息计量学及其医学应用　王伟主编，人民卫生出版社，2009 年 1 月。2000 年以来，我国设置面向医药卫生领域的信息管理与信息系统或医学信息学等相关专业的院校急速增长，医学信息管理实践和医学信息学教育的发展需要有与之相适应的教材。为培养具备现代管理学理论基础、计算机科学技术知识及应用能力和医药卫生知识，掌握信息管理以及信息系统分析与设计方法等方面的知识与能力，能在国家各级医药卫生管理部门及其相关领域的企事业单位从事信息管理及信息系统分析、设计、实施管理和评价等方面工作的复合型高级专门人才，组织国内各有关教学单位的专家和教师编写了该教材。

运用文献计量学方法确定专题信息的收集范围　徐永红、薛涛、霍敏，《情报杂志》，2009 年第 S1 期。本文介绍了一套确定专题信息收集范围的实施方法。它利用文献计量学的方法，对专题领域的文献资源进行量化统计和分析，从而达到确定专题信息收集范围的目的。该方法构建了一个"适用于各种文献类型的专题核心文献源量化评估体系"，得出了可靠、准确的结论，提高了专题信息收集范围的确定效率，从而有效地保证了所收集专题信息的质量。

基于文献计量学分析的电子商务热点问题的研究　陈文林，《长江大学学报》（社会科学版），2009 年第 2 期。本文主要包括三方面内容：其一，运用文献计量学方法，对近年来电子商务领域主要学术论文进行统计分析；其二，从关键词、主题等的研究角度探析近年来电子商务学科的研究热点；其三，研究分析"热点"随时间的变化趋势，从而为未来电子商务研究方向的确定提供依据和参考。

馆藏图书老化规律的实证及应用 汪跃春，《情报杂志》，2009 年第 3 期。本文可分为四大板块内容：其一，简要回顾国内馆藏图书老化的实证研究；其二，利用流通统计的相对指标代替绝对指标，通过实例统计回归，得出馆藏图书随着图书年龄增长被读者使用的概率呈指数衰减趋势的结论；其三，研究得出八个主要类别图书的指数方程，并对各曲线的变化规律及其原因进行了分析探讨；其四，简要论述馆藏图书老化规律统计对馆藏布局、剔旧与馆藏文献开发利用的意义和作用。

我国文献计量学研究 30 年之发展 范全青、郭维真、凤元杰，《情报资料工作》，2009 年第 3 期。本文利用中文科技期刊数据库、全国报刊索引数据库和中文学术期刊全文数据库为数据源，选取主题、题名、关键词作为检索项，以文献计量、论文统计、著（作）者分析、引文（证）分析、载文分析、洛特卡定律、布拉德福定律、齐普夫定律、普赖斯指数、集中与分散定律、文献增长、文献老化、情报计量、信息计量、网络计量、科学计量、链接分析、词频分析、同被引、文献耦合、H 指数、影响因子、核心期刊等检索词进行检索，经去重整理后得到我国 1979～2008 年公开发表的文献计量学论文 6653 篇，并以此为研究对象，对我国文献计量学研究 30 年的发展状况进行分析，旨在揭示该研究领域的研究内容及热点、核心期刊和核心作者，从而得出我国文献计量学研究的整体状况与发展趋势。

中国社会科学学科结构及国际合作模式研究——科学计量学视角 袁军鹏、苏成、潘云涛、武夷山，《重庆大学学报》（社会科学版），2009 年第 5 期。本文采用科学计量学方法，以 1998～2006 年 SSCI 收录的中国论文为样本，在大量统计数据的基础上，从论文的总量分布、学科分布、时间分布等角度对中国社会科学的发展现状进行研究，并对中国与世界各国特别是与美国、日本、欧洲各国、俄罗斯等的合作模式及特征进行分析和探讨。在此基础上，提出中国加强国际合作、增强社会科学研究产出应采取的对策思路，旨在为中国社会科学研究的发展提供借鉴和参考。

网络信息计量学的文献计量规律及发展现状研究 邱均平、刘华华，《图书馆论坛》，2009 年第 6 期。本文以网络信息计量学的相关文献为数据来源，从文献增长规律及预测、作者队伍成长状况及高产作者、来源出版物及研究热点与主题变化等角度对该学科的文献计量规律和发展状况进行较系统的研究。本文的创新点有三：其一，反求布拉德福常数 a 值并验证布拉德福定律；其二，提出学科发展初期文献增长符合乘幂函数增长定律的假设；其三，首次提出作者领域年龄和作者活跃值的概念。

网络计量学常用工具比较研究　付威风、郑春厚，《图书馆学研究》，2009 年第 7 期。本文对网络计量学常用的数据获取和分析工具进行比较和分析，总结它们的功能与特点，并结合已有的研究提出新的方案，旨在减少在网络数据获取过程中产生的误差。本文主要包括三方面内容：其一，综合实证研究与文献调研的方法，对国内常用引擎工具、网络资源获取工具及网络数据分析工具进行比较和分析；其二，指出在目前国内利用软件工具在网络计量学研究中存在的问题和不足；其三，对研究过程中如何选择合适的软件工具提出自己的建议，以期能对相关研究提供借鉴和参考。

国内网络调查研究进展——基于文献计量学的网络调查研究分析　陈永泰、李守伟、何有世，《情报杂志》，2009 年第 9 期。采用文献计量学方法，以国内 1998～2007 年间发表在核心期刊上对网络调查研究的论文为样本数据，在大量统计数据的基础上，从文献的期刊分布、机构分布、年度分布、作者和主要研究内容等角度对其进行了统计分析，旨在揭示我国网络调查研究的基本现状：第一，基金资助是网络调查研究的主要动力；第二，《情报科学》《统计与决策》和《中国统计》等是网络调查研究的主要阵地；第三，浙江工商大学、武汉大学、成都信息工程学院、厦门大学和暨南大学等是网络调查研究的主要机构和主力军；第四，对某一科学问题进行研究时，网络调查逐渐成为受国内研究者欢迎的数据收集方式。

我国企业竞争情报研究进展的文献计量学分析　伍若梅、杨晓菲，《情报科学》，2009 年第 9 期。本文运用文献计量法和内容分析法，以 1994～2008 年国内企业竞争情报研究领域发表的部分学术论文为研究对象，从文献增长规律、学科类别、高产作者、期刊分布、研究机构及研究热点等角度对其进行统计和分析，并在此基础上得出一系列相关结论。

基于 Web of Science 的植物药研究论文文献计量学分析　张畅斌、沈林林、李文林，《医学信息》，2009 年第 9 期。本文运用文献计量学的方法，以 Web of Science 为基础，从论文发表时间、源期刊分布、作者分布、研究机构分布、国家/地区分布、被引频次等角度对 1999～2008 年植物药研究相关论文进行统计和分析，揭示了植物药研究论文的时间和空间分布状况，并初步明确了植物药研究的核心作者、核心期刊和经典文献。

中印科学合作的科学计量学分析　郭永正、梁立明，《科学学研究》，2009年第11期。运用科学计量学的方法，选取SCI－E数据库中1699篇中印合著论文作为样本数据，对20世纪80年代以来中印科学合作的发展进程进行了分析和探讨，阐述了中印科学合作的网络结构和学科分布。通过研究得出如下结论：第一，中印科学合作可分为起步、缓增和激增三个阶段；第二，美国、德国和俄罗斯是中印共同的最亲密合作伙伴；第三，物理学、化学和材料科学是中印科学合作的主要领域。

我国信息共享空间研究文献计量学分析　刘琼，《情报杂志》，2009年第11期。本文运用文献计量学方法，以中国期刊全文数据库CNKI为数据源，主要选取截至2008年10月国内发表的IC相关研究论文作为样本数据，从论文主题分布、时间分布、期刊分布、作者分布、作者机构分布、基金论文分布、关键词词频、下载频次、被引频次等多个角度对其进行全面的统计和分析，旨在探析我国信息共享空间研究的发展历程，在分析现状的基础上指出存在的问题，并提出相应的对策。

农业标准文献专业分布与热点领域的文献计量学分析——以国家标准馆2006~2008年度新到馆藏为例　李景、刘亚中，《图书情报工作》，2009年第18期。利用文献计量学手段，了解并掌握我国现有农业类标准文献的专业分布及热点领域，对于引导农业标准的制定方向，促进农业标准体系的健康良性发展和农业标准化的实现具有重要意义。本文运用文献计量学方法，对国家标准馆2006~2008年度国内农业标准文献到馆数量进行统计和分析。结果显示，我国农业类标准在标准制定修订方面存在不均衡的问题，领域间差距很大。期望农业科研人员能够重视这个问题，更多地关注并参与标准化和标准制定修订活动，积极推进农业科技成果向农业标准的转化进程。

我国查新论文的文献计量学分析　张军华、韩全会，《科技情报开发与经济》，2009年第27期。本文以"中国社会科学引文索引"内图书馆及情报与文献学领域的载有"查新"内容的23种核心期刊为数据采集源，选取其中的247篇查新论文作为样本数据，从论文的年代分布、论文的内容、合著情况分析、论文在期刊中的分布以及作者的地域分布等角度对其进行文献计量学分析，在此基础上总结出我国查新研究存在的主要问题，并提出了相应的应对措施：加强查新工作的组织领导，确定查新工作组织管理的常设机构；增加一些查新课题（含国家级课题），加强查新实践和理论的研究；培训查新人员；举办查新研究的高等教育；建立健全查新工作的行政法规；建立全国科技查新项目数据库；建立全国查新行业协会，达到管理与促进发展并进的目的。

国内外网络计量学研究比较分析 赵莹，《科技信息》，2009 年第 29 期。本文在对国内外网络计量学研究现状做简要介绍的基础上，从研究机构与研究者、研究时间与研究成果、研究方法、研究内容及研究成果形式等方面对国内外的研究特点进行分析和比较，旨在探讨国内外研究特点的不同之处，以期找出网络计量学研究中存在的问题及未来的研究方向。

第四节 信息政策法规

我国信息服务业法制建设研究 张成武，《现代情报》，2008 年第 1 期。近年来，随着信息产业的不断深化，信息服务业所面临的矛盾问题逐渐凸显，出台一部规范信息服务业的法律法规已成为我国信息服务机构和信息工作者共同的期盼。本文从信息服务业发展的法律要求入手，对当前我国信息服务行业存在的问题进行分析和探讨，在此基础上提出了具体的立法原则：维护国家主权和信息安全原则、自主发展民族信息产业原则、信息服务业适度超前发展的原则、协调一致的原则、尊重国际惯例原则。并详细阐述了信息服务业法制建设的内容，主要包括信息产品法、信息市场法、信息服务机构法、信息服务业从业人员法及其他相关法律。

政府信息公开法的价值与我国相关法制的完善 杨震、郭毅，《天津市政法管理干部学院学报》，2008 年第 1 期。政府信息公开是"政府机关将政府信息依法向社会有效公布使公众知晓的行为"。它对于推进行政公开、贯彻人民主权、保障公民知情权、构建和谐社会以及反腐倡廉等都有着重要的现实意义。文章首先对即将实施的《中华人民共和国政府信息公开条例》的主要内容做了简要介绍，然后运用比较法着重对本条例的缺失提出了几点建议：监督与救济机制要完善，申请人的范围要扩大，立法层次要提高，商业秘密与个人隐私要明确。

浅议信息政策法规在信息资源配置中的价值选择　王杰，《科技信息》（学术研究），2008 年第 1 期。本文主要包括三方面内容：其一，对信息政策法规价值选择在信息资源有效配置中的重要性进行分析；其二，探讨了信息政策法规在信息资源有效配置中的价值取向，即效率与公平的双重价值取向；其三，通过信息政策法规功能的发挥，建立一种动态的平衡机制，从而使效率和公平两种价值取向达到整合。

谈网络信息政策　沙芳，《大学图书情报学刊》，2008 年第 1 期。本文主要包括三方面内容：首先，阐述了网络信息政策的一些基本概念；其次，对世界各国网络信息政策进行了对比分析，借此来说明不同的政治、文化背景可能会使具体的网络信息政策有所不同，但其总目标是一致的；最后，探讨了国内的网络信息政策及其存在的主要问题，并提出了一些具体建议。这些建议包括：健全网络信息政策的体系结构、不断完善网络信息政策的内容、加强网络信息政策的反馈机制、运用多样化网络信息政策的手段等。

信息政策法规的执法与监督制度保障研究　杨海平，《图书馆理论与实践》，2008 年第 2 期。信息执法与监督是指"根据行政机关依照法定职权和法定程序贯彻和实施信息法的活动"。针对当前我国行政执法存在的问题，本文指出信息政策和法规的执行与监督制度保障应从以下六方面着手进行：第一，健全信息执法制度，确保信息执法规范；第二，提高执法人员的素质和执法水准，建立一支良好的信息执法队伍；第三，完善信息行政执法的运行机制；第四，革新信息执法手段；第五，加强信息行政执法的监督机制；第六，营造良好的信息执法环境。

中国企业 ERP 投资关键信息披露问题研究　张瑞君、孙玥璠、石保俊，《会计研究》，2008 年第 2 期。近年来，我国企业 ERP 投资迅猛增长。但是，ERP 系统在给企业带来诸多好处的同时，也可能会因其复杂性而给企业带来投资风险。在此背景下，ERP 投资的关键信息披露问题已成为目前国内外学术界研究的一个重要问题。本文首先对我国上市公司 ERP 投资相关关键信息披露的现状进行了研究，然后通过实证研究的方法，并针对我国企业 ERP 投资普遍采取的披露内容与方式存在的问题，对证监会信息披露准则的修订提出一些建议。

电子政务与社会信息公平的构筑 夏义堃，《图书情报工作》，2008 年第 2 期。本文主要包括以下内容：其一，对社会信息公平的概念及构成要素进行分析；其二，提出电子政务是保障公众信息自由、实现社会信息公平的目标手段和主要动力；其三，探讨了电子政务对社会信息公平所产生的积极影响，但也指出电子政务的推行客观上会对部分人的信息获取和利用造成一定程度的威胁；其四，从技术、管理、法律等层面探析解决问题的思路与对策。

电子政务信息资源共享的法制保障研究——基于《政府信息公开条例》与《政府信息公开条例专家建议稿》的比较研究 易晓阳、罗贤春，《图书情报知识》，2008 年第 2 期。本文对《政府信息公开条例》和《政府信息公布条例专家建议稿》进行了比较研究，指出该行政法规在知情权、信息发布、公开原则和救济制度等方面为电子政务信息资源共享提供了法制保障。《政府信息公开条例》的颁行，必将有利于整个政府信息资源管理制度的完善。

国际信息公平理论和实践发展纵览 徐珊，《图书馆》，2008 年第 2 期。信息公平是构建和谐社会的重要方面，图书馆界应深刻认识到自己在保障社会信息公平方面的责任，明确自己面对挑战应采取的行动。在图书馆实现保障信息公平方面，美国图书馆协会和国际图联有比较成熟的理论和政策，因而本文选择两者作为分析对象，对它们在保障公平获取信息方面的理论、政策及行动加以梳理，并分四个阶段对其发展过程进行全面介绍。最后对我国图书馆在追求实现信息公平目标的过程中应该注意的一些问题进行总结归纳，以期能够为我国图书馆界提供有益的借鉴和参考。

· **试论数字图书馆个性化服务中的个人信息保护** 许春漫，《图书情报工作》，2008 年第 3 期。数字图书馆个性化服务是针对不同用户的知识背景、兴趣爱好和信息需求，提供不同信息内容的服务。用户个人信息是开展个性化服务的基础和核心。加强个人信息保护有利于维护用户的合法权益，促进数字图书馆社会功能的充分发挥。数字图书馆在开展个性化服务过程中对用户个人信息的保护应采用综合保护模式：在数字图书馆内部运用完善的法律体系进行约束，并实行规范的自律措施，同时辅以用户的自我保护，用这三道防线为个人信息保护筑起坚固壁垒，营造一个安全的个性化服务空间，让用户无顾虑地享用这项服务。

网络时代的国家社会科学信息政策　楼培敏，《毛泽东邓小平理论研究》，2008年第3期。本质上讲，在网络时代国家社会科学信息政策是指社会科学信息化网络化国家战略的发展策略。本文主要包括以下内容：第一，揭示了制定国家社会科学政策的迫切性；第二，界定了国家社会科学信息网络政策的范围，并提出了七项政策原则；第三，提出一些可供参考的政策建议，如分级有度设定权限开放网络信息资源、加快建设中国社会科学网络话语权等。

我国网络信息政策法规实施状况及效率分析　宗诚、马海群，《图书情报知识》，2008年第4期。信息政策法规的实施是检验信息政策法规有效性及合理性的关键环节。本文将"效率"思想应用于网络信息政策法规的实施研究之中，明确指出我国在实施网络信息政策法规过程中存在监督环节薄弱、管理失衡、反馈渠道不健全等缺陷和不足，并提出了相应的对策，如建立第三方评估机构、强化政策法律协调等，建议完善我国网络信息政策法规，不断提升政策法规的实施效率。

基于信息公平的公共图书馆服务创新　王丙炎、梁新华，《情报杂志》，2008年第4期。随着信息时代的到来，信息公平问题逐渐成为信息社会的重要社会问题之一。数字鸿沟造成了信息资源的"马太效应"，加剧了信息不公平现象。构建和谐信息社会本质上要求消除数字鸿沟、维护社会信息公平。本文首先阐述了信息公平的含义，并对其产生的重要原因进行了探讨和分析，在此基础上提出，作为保障信息公平的制度和机构，公共图书馆应创新服务理念、服务方式与服务内容等，努力构建公共图书馆信息公平服务新模式。

美国反垃圾信息法及其对中国的启示　李昕，《华中师范大学学报》（人文社会科学版），2008年第5期。美国是垃圾邮件的发源地，同时也是垃圾信息问题最严重的国家。第一部反垃圾信息成文法、第一个反垃圾信息判例都产生于美国，其垃圾信息法律策略具有代表性，可以为其他国家反垃圾信息立法提供有益的借鉴和参考。本文从判例、成文规范和宪法原则等多个角度整体介绍并评析美国反垃圾信息法，在此基础上，从六个方面为中国建立完善的反垃圾信息法律体系提供政策建议，以供决策者借鉴和参考。

论突发事件中信息披露的原则　杨斐，《新闻天地》（论文版），2008

年第 5 期。突发事件具有突发性、恐怖性、不可预测和不可控等特点，会给人们的思想带来一定的混乱和影响，对社会迅速产生巨大冲击和震撼。如果信息披露不及时或者失真，突发事件还可能演变成公共危机。因此，及时、准确披露突发事件中的信息，不仅体现了对民生的开放程度和对人民知情权的尊重，而且对于解决问题、化解危机、稳定社会能够起到良好的促进作用。

中国图书情报资源共享平台建设立法构想　李燕，《图书馆理论与实践》，2008 年第 6 期。本文主要包括三部分内容：其一，论述了图书情报资源共享平台建设立法的必要性；其二，论述了图书情报资源共享平台建设立法的可行性，其三，提出了立法的主要框架构想和立法操作的具体建议。

公安情报政策法规体系框架研究　任翔，《中国人民公安大学学报》（社会科学版），2008 年第 6 期。公安情报政策法规体系是国家情报政策法规体系的有机组成部分，它决定着国家对公安情报工作的导向和行为准则，对维护社会治安稳定与构建和谐社会有着举足轻重的影响。建立一套科学、合理、规范的公安情报政策法规体系是推进公安信息化建设与实现情报主导警务理念的前提和基础。公安情报政策法规体系框架，主要由政策体系和法规体系两部分构成。公安情报政策体系主要包括公安情报政策目标、公安情报系统和公安网络政策、公安情报技术政策、公安情报人才政策、警务情报合作政策、公安情报资源政策等。公安情报法规体系主要包括公安情报基本法、公安情报技术法规、公安情报人才法规、公安情报安全保密法规、公安情报资源法规、国际警务情报交流与合作法规等。

信息法新论——平衡信息控制与获取的法律制度　刘青著，科学出版社，2008 年 7 月。信息技术特别是网络的飞速发展，极大地提高了人们搜集、存储、利用和传播信息的能力，同时也给现有的法律提出了新的挑战。信息获取、资源共享与信息控制、权利保护成为目前世界信息领域的潮流。该书指出信息控制与获取的平衡问题已经成为信息法的核心问题。在当今蓬勃推进的全球信息化过程中，信息拥有与利用中的利益矛盾日益突出。该书作者将围绕信息而产生的各种矛盾概括为信息控制与获取的矛盾，在分析信息权利的概念、性质等的基础上，进一步将其分为信息控制权与信息获取权，并认为信息法应以此权利模型为基础构建体系框架，从而建立起信息控制与获取的法律平衡机制。这一研究思路对于我们进一步认识信息矛盾的本质，并进一步理解信息法的实质具有重要意义。该书建立的信息法体系框架包括信息权利与合同自由的平衡、信息财产权与信息获取权的平衡、信息财产权与信息隐私权的平衡、信息隐私权与信息获取权的平衡等。

我国信息公平问题探析　张照云，《图书馆建设》，2008 年第 9 期。信息公平是社会健康快速发展的内在要求，但我国地区间及各社会层面的"数字鸿沟"却在不断加大。本文主要包括以下内容：其一，阐述了信息公平理念的提出及其在我国的法律依据；其二，对我国社会信息公平的现状进行了分析探讨并指出了存在的问题；其三，分析了我国实现信息公平的重要性和紧迫性；其四，从资源配置、平台建设、信息机构、政策法规和公民意识教育等方面分析和阐述实现信息公平的对策。

网络环境下企业会计信息披露研究　辛茂荀、续慧泓，《中国管理信息化》，2008 年第 16 期。本文首先对会计信息披露产生和发展的历史作了简要介绍和分析；在此基础上，研究探讨了目前网络环境下企业会计信息披露模式，并指出基于"事项法"的会计信息披露模式，将成为会计报告的主流；最后提出通过改进会计信息生成模型提高会计信息质量。

网络环境下会计信息披露存在的问题与对策　汤孟军，《现代商业》，2008 年第 21 期。作为电子商务的重要组成部分，建立在网络环境基础上的会计信息系统网络会计，是基于网络技术和会计电算化的又一发展。本文首先分析探讨了网络环境下会计信息披露可能存在的问题，在此基础上提出了解决问题的对策：强化技术安全加强网络环境下会计信息数据的控制；加强会计信息数据录入管理；强化内部人员的监督和管理；对会计信息披露进行规范；完善网络环境下会计信息披露的法律制度等。

网络财务报告的诞生——一场会计信息披露的革命　张秋静，《会计之友》（上旬刊），2009 年第 1 期。网络信息技术的发展改变了企业向会计信息使用者传递信息的方式。网络财务报告成为今后财务会计报告的发展趋势。本文对网络财务报告的优、劣势及面临的机遇和威胁进行深入、系统地分析探讨，并针对其劣势和威胁提出了应对措施。最终通过 SWOT 分析法得出以下结论：网络财务报告带来的财务信息决策有用性及其网络会计的兴起，使网络财务报告的实行成为必然和可能。

校园网络信息管理法律体系建设的初步探索　曹振生、陈颖、张红春、胡宇玲、崔荣平，《中山大学学报》（自然科学版），2009 年第 S1 期。校园网络是高等院校办学的重要基础设施，而网络管理已经成为学校管理重要组成部分。本文主要包括三部分内容：第一，分析了我国校园网络信息管理的现状；第二，阐述了国内外网络信息管理的立法实践；第三，提出了完善校园网络信息管理法律体系的必要性和设想。

从供应链角度看政府信息公开意识和信息传递效率　孙波、张梦迟、王倩、肖琦、梁峰，《情报杂志》，2009 年第 S1 期。《政府信息公开条例》的颁布实施，对于保障公民知情权、促进政府信息公开化和规范化具有重要意义，也促使公众对于政府信息公开的需求从被动接受型转变为主动需求型。本文通过从信息供应链和食品供应链角度分析三鹿奶粉事件中政府信息公开的相应措施，发现政府在信息公开意识和传递效率方面所存在的问题，讨论供应链上各环节在信息公开、传递及共享等方面所存在的问题，并提出相应对策，以提高政府的信息公开意识和传递效率。

图书馆数字化建设中的知识产权问题　孙慧、肖媛媛、邓文忠，《图书情报工作》，2009 年第 S2 期。知识产权问题是影响图书馆数字化建设的关键。本文首先对图书馆数字化建设与知识产权矛盾存在的必然性进行了分析。然后从五个方面阐述了图书馆在数字化建设中常见的知识产权问题。最后提出了解决上述问题的具体措施和政策建议：其一，提高图书馆员的素质，增强知识产权保护意识；其二，加强图书馆网站数字资源的版权保护；其三，恰当利用"合理使用"原则规避数字化建设中的知识产权纠纷；其四，使用技术方式加强知识产权保护；其五，制定有利于数字图书馆正常运作所需的法规。

基于互联网的个人信息保护的探讨　李振汕，《网络安全技术与应用》，2009 年第 3 期。随着计算机和网络技术的发展，个人信息在网络空间被泄露和滥用十分严重，正常的社会秩序也因此而面临严峻的考验。如何保护个人信息安全已经成为人们面临的一个至关重要的问题，它关系着和谐的信息社会的构建。本文主要包括以下内容：对我国当前互联网个人信息保护现状进行了分析，讨论了加强个人信息保护的紧迫性和必要性，提出了行业自律和立法规制两种个人信息保护模式，探讨了实施个人信息立法保护所应遵循的基本原则。

我国政府网站个人信息保护状况分析　徐晏，《情报理论与实践》，2009 年第 3 期。政府网站包含着大量个人信息，是搜集和披露民众个人信息的重要载体。本文主要包括四方面内容：第一，简要介绍了政府网站中涉及的个人信息种类；第二，探讨了政府网站收集个人信息的主要途径；第三，在调查研究的基础上，分析总结了目前我国政府网站中个人信息保护有待加强的实际情况；第四，指出了存在的缺陷，并针对相关问题提出了相应的解决措施。

数字档案馆信息服务中知识产权保护机制构建　袁红军，《档案学研究》，2009 年第 4 期。本文提出从加强知识产权保护、超文本链接慎重对待、把握信息服务的尺度、强化参考源知识产权保护、知识产权相关声明、完善隐私权保护机制及优化技术支持等方面规避数字档案馆信息服务中侵权风险，并对数字档案馆信息服务中可能涉及的知识产权问题作了详细阐述。

数据库的特别权利保护制度研究　张晓琳，《图书馆》，2009 年第 4 期。数据库的法律保护是法律界一个亟待解决的世界性难题，同时也是世界范围内都在开发的一个新领域。特别权利保护制度作为一种有效手段，必将成为数据库法律保护的发展趋势。本文首先对现行的国外特别权利保护制度作了阐述和分析，然后从保护模式、保护内容、保护例外、保护限制与期限以及数据库制作者责任等方面对数据库特别权利保护制度进行了深入研究，以期能对我国数据库立法保护的完善提供借鉴和参考。

理性认识信息公平　傅荣贤，《四川图书馆学报》，2009 年第 5 期。信息公平是社会公平理念在信息领域的延伸，其相应理论是西方民主制度的产物。应该指出，正像中国特色政治制度的"民主"形式不同于西方一样，中国语境下的"信息公平"也与西方式的信息公平大异其趣。在中国，信息公平只能是动态的而不是静态的、是相对的而不是绝对的。探讨一种超越西方话语霸权的，也具有中国特色和具有现实可行性的"信息公平"理论、方法和原则，应成为中国学者坚持的皈依。

信息公平的本体论研究（一）——论信息公平的内涵、原则及具体表现　王株梅，《山东图书馆学刊》，2009 年第 5 期。信息技术的广泛应用促进了社会信息化的发展，但信息技术在给人类带来福祉的同时，也产生了信息公平等一系列新的社会问题。近年来，信息公平问题日益突出，并逐渐成为当今社会密切关注和认真研究的重要课题。本文主要包括以下内容：第一，阐述了信息公平的概念、特征和内容；第二，探讨了确认或评价信息公平的基本原则；第三，分析总结了信息公平的具体体现，即信息平等、信息自由和信息共享；第四，指出了追求信息公平过程中应注意的几个问题。

信息低保：构建信息公平社会的基本保障　邵培仁、彭思佳，《现代传播——中国传媒大学学报》，2009 年第 5 期。信息低保是一种救助性的、良善性的信息交流与信息共享的保障机制。它是实现联合国提出的"全民信息目标"的重要措施，也是构建信息公平社会的基本前提。本文首先对实施信息低保的重要性和必要性进行了分析和阐述；然后指出了信息低保所应达到的目标及实施和保障信息低保的基本要素；最后，提出了实施信息扫盲、推进信息扶贫、倡导慈善文化和弘扬人文精神等政策建议。

政府信息公开法制若干问题再思考　莫于川，《行政论坛》，2009 年第 6 期。《政府信息公开条例》颁布实施以来，热点问题和争议案件接连不断，值得高度关注和研究解决。本文拟就我国政府信息公开法制发展进程中的若干热点问题再作反思，略陈管见，聊供批评。主要包括以下内容：其一，加强公开法制、实行阳光行政是当今社会不可逆转的世界潮流，《政府信息公开条例》的颁行具有里程碑意义；其二，《政府信息公开条例》实施过程中须认真解决好若干认识问题和实务问题；其三，分析总结政府信息公开法制在发展进程中可能遇到的问题，并提出了加强工作基础建设和外部环境建设、完善与之相关的监督救济法律规范和相关制度、加强专门机构与人员队伍建设等可采取的政策措施。

信息无障碍建设中的政府角色研究——从法律法规建设视角　赵媛，《图书馆论坛》，2009 年第 6 期。信息无障碍建设是我国建设信息化和谐社会的内在要求，是国家信息化建设的重要组成部分。政府是信息无障碍建设的组织者、建设者和管理者，其作用的有效发挥离不开法律的支持和保障。本文主要包括以下内容：从法律法规建设视角，阐述了政府在信息无障碍建设中所应扮演的角色；研究分析了政府的主体资格及范围和政府的权利、义务及法律责任等现状；指出了存在的问题，并对其存在问题的原因做了深入剖析；提出相应的对策及建议。

开拓信息资源管理政策法律研究的新领域——解读《信息资源管理政策与法规》 洪伟达、王政，《新世纪图书馆》，2009年第6期。本文是对邱均平主编的《信息资源管理政策与法规》一书的评介。认为该书具有受众清晰、针对性强、内容广泛、视角集中、研究视域广阔等特点，并开拓了信息资源管理政策法规研究的新领域。同时也指出了存在的问题和不足，如缺少对国外成熟经验的借鉴以及完善我国目前信息资源管理政策法规的意见和建议等。

政府信息公开背景下档案管理制度优化探析 蒋冠，《档案学研究》，2009年第6期。本文结构为纵深推论式。全文包括两个层次：一是现行档案管理制度与政府信息公开制度的冲突；二是政府信息公开背景下档案管理制度优化策略。作者认为，现行的档案管理制度，是基于保密文化环境下制定的，它与政府信息公开制度之间存在冲突，这种冲突，一方面表现在对社会公众利用档案限制严格，另一方面表现在档案保管部门自由裁量空间过大。要理顺档案管理制度和政府信息公开制度之间的关系，可以主要从如下两方面着手：其一，将机关档案利用作为政府信息公开的有机组成部分，为此，应重新定位机关档案室的职能；要赋予公民利用机关档案的权利；要根据政府信息公开的审查标准开放档案。其二，保障社会公众对档案馆中政府档案的利用权，包括放宽政府档案开放范围的限制、放宽对档案利用和使用方式的限制、建立档案馆提供档案利用的责任追究制度、建立公民利用档案的权利救济机制。

英、美、澳、挪网络信息保存政策的经验与借鉴 谢春林，《情报资料工作》，2009年第6期。本文主要包括三方面内容：其一，对英、美、澳、挪的网络信息保存政策进行梳理和研究，并比较分析这些国家网络信息保存政策的优缺点。其二，总结归纳网络信息保存的最佳实践模式。其三，提出了我国制定网络信息保存政策的六点建议，主要包括：制定网络信息资源选择策略，明确收藏范围；规范网络信息资源的编目，提高检索效率；改进现有的网络信息保存系统，适应具体需求；解决网站信息收集的法律问题，获得明确授权；建立合作分散的网络信息保存责任体系，共同实现保存；开发专题网络信息保存项目，实现重要事件保存等，以期为我国网络信息保存政策的制定提供借鉴。

　　我国信息资源建设政策目标和重点研究　张新鹤、肖希明,《图书情报知识》,2009 年第 6 期。我国的信息资源建设政策目前仍处于探索阶段,虽已制定了大量的信息资源建设政策,但因政策目标和政策重点的不清晰严重阻碍了政策作用的发挥。本文首先指出了现阶段我国信息资源建设政策的目标,即推动信息技术的应用和标准化建设、构建全国信息资源保障系统、协调信息资源共建共享中的利益关系、数字信息资源建设等;然后又研究分析了我国信息资源建设的研究重点:推进信息资源共建共享、引导扶持数据库产业的发展、加大技术支持力度、完善知识产权法律制度等。

　　论开放存取期刊的知识产权保护　范贤容、韩欢,《图书与情报》,2009 年第 6 期。本文主要包括三方面内容:其一,阐述了开放存取期刊知识产权的特点。其二,对相关知识产权保护现状进行了分析探讨,并介绍了传统数字化期刊、目前开放存取期刊出版机构和开放存取知识库等的知识产权保护策略。其三,就相关保护策略提出了政策建议,包括加强协议保护、辅助以法律保护、抄袭识别的智能化、加强开放理念及其意义灌输提高全民意识等。

　　法国信息自由保护的立法与实践　李滨,《南京大学学报》(哲学·人文科学·社会科学版),2009 年第 6 期。本文为"分 – 总"式结构。其中"分"的部分包括信息自由与信息权的确立、行政文件的公开、公共信息的再利用、法国信息自由保护的局限四部分内容。作者认为,在法国,信息自由被认为是一项宪法原则。1978 年,法国通过了关于保护公民自由获取行政文件的法律,该法成为信息自由的基本立法。2005 年,根据欧盟2003 年指令的要求,法国修订了这部法律,增添了公共信息再利用的内容,使信息的自由获取和利用成为信息自由原则中两个不可分割的方面。在实践中,获取行政文件委员会作为一个履行咨询独立行政机构,在司法诉讼之外,专门负责行政文件公开的事务,对于公民与行政机关之间在获取行政文件和再利用公共信息问题上发生的争议与分歧,提供一条独特的解决途径;同时,这个委员会对完善信息自由的立法,促进行政行为的透明度,以及促进公民自由获取行政文件权利的行使发挥了重要的作用。另外,在立法与实践上,法国信息自由的保护存在局限性,这集中表现在:第一,可以公开的行政文件范围不够全面。第二,信息自由的保障机制有待强化。一方面,获取行政文件委员会的意见仅仅是咨询性质的,不具有强制力；另一方面，在司法诉讼中，行政机关有时不积极采取合作措施，往往以有关文件已经丢失、被销毁或根本不存在等为理由，主张免除提供义务。这也是信息自由保护实践中的不确定性因素之一。在文章结语中，作者指出，法国信息自由保护的立法与实践，对其他国家信息公开和知情权的法制化建设提供了丰富的经验，具有重要的参考价值。

信息共享空间环境下开放获取与知识产权探析　倪代川、任树怀，《情报理论与实践》，2009 年第 7 期。近年来，信息共享空间在我国得到了广泛关注，这成为信息共享空间全球发展的一大亮点。但需要指出的是，信息共享空间在秉承自由平等利用的同时，大力提倡信息资源的开放获取必然与知识产权的有关法律相左，这个现实矛盾需要得到有效的处理。本文首先对开放获取运动与知识产权保护进行了综述。在此基础上，从图书馆的角度分析它们之间存在的现实矛盾。最后提出了信息共享空间环境下处理开放获取与知识产权矛盾的三点建议和办法：其一，大力宣传开放获取与知识产权，提高馆员和用户的知识产权保护意识；其二，制定相应制度，确保信息共享空间服务和知识产权间的融合；其三，通过技术处理，实现开放获取与知识产权之间的内在统一。

科技文献共享的知识产权保护机制研究　张文德、贺德方、彭洁，《情报理论与实践》，2009 年第 7 期。在开放的网络环境下，科技文献浩若烟海并在持续地飞速膨胀，如何利用现有知识产权法律体系对科技文献的知识产权进行保护变得日益困难。有关知识产权保护机制各国做法不一，保护的方式也不尽相同。本文在梳理和分析现有的知识产权保护方式的基础上，充分考虑当前的科技文献共享中知识产权保护状况，提出采用知识产权评估和创意共用许可的补偿方式。

俄罗斯信息安全政策及法律框架之解读　王磊，《信息网络安全》，2009 年第 8 期。随着信息技术应用普及和信息网络化的发展，信息安全问题应运而生，并成为"信息时代国家安全中最核心、最突出的问题"，包括俄罗斯在内的世界主要国家和地区均将信息安全视为国家安全战略的重要组成部分和基石。俄罗斯在信息安全领域颁布的各种政策、法令和法规，表明俄罗斯已经明确了其在信息安全领域的重大利益，以及所面临的威胁和应对措施。然而，俄罗斯信息安全立法仍存在诸多不足，尤其是在信息安全领域还没有制定专门的法律，俄罗斯也面临着积极探索制定单独的部门法这一重大立法课题，国家信息安全将成为其国家信息政策未来关注和研究的重点。

我国信息政策研究评述（1999～2008）　　汪少敏、郑满满、王爱群，《情报杂志》，2009年第8期。本文以1999～2008年我国有关信息政策的论文为样本数据，从主题和关键词词频等方面对其进行了研究分析，旨在探析我国信息政策研究的热点问题。然后分析探讨了上述热点问题产生的原因及主要研究方向，并结合信息化发展的大趋势透视了信息政策研究的走向。笔者力图客观反映十年来我国信息政策的研究现状和发展趋势，以期为今后的相关研究提供借鉴和参考。

中美信息政策模式比较研究及对我国的启示　　杨蒙达，《图书情报工作》，2009年第8期。本文主要包括三方面内容：其一，以信息政策与信息政策模式的概念及两者关系为开端，对中国和美国的信息政策模式做了简要介绍。其二，通过中美信息政策模式的对比和分析，总结了我国在信息政策国际兼容性、完善信息政策体系、信息技术转移等方面与美国的差距。其三，探析今后我国在信息政策方面的努力方向：建立信息政策的咨询、研究和反馈体系；完善市场竞争机制；实施知识产权战略；积极参与国际信息规则的制定；培养信息人才等。

广域信息资源管理政策法律问题的实践跟踪与学术探讨——评《信息资源管理政策与法规》　　肖红凌，《图书馆建设》，2009年第8期。本文是对马海群教授主编《信息资源管理政策与法规》一书所作的评介。文章认为，该书从信息资源管理的过程及领域出发，对信息资源管理政策与法规的理论和实践进行了系统、全面的论述。并指出，该书特别强调从信息资源管理的过程及领域出发，通过分析和研究大量的信息资源管理活动的现象去透视和揭示信息政策法规的作用及规律。作者指出，该书内容大体包括：首先，概述了信息资源管理政策法规的特点、作用及体系结构；其次，描述了信息资源管理政策法规的国内外发展现状，重点阐述了中国信息资源管理政策法规发展历程并进行了评价；再次，论述了信息资源管理政策法规过程及各领域信息资源管理政策法规；最后，探讨了信息资源管理政策与法规的学科建设。

版权保护、数字权利管理与商业模式创新　　张今、卢亮，《学术交流》，2009年第8期。数字权利管理是"版权人用以控制其数字作品的工具，能够直接规制使用者的行为，使版权产品具有一定的排他性以遏制盗版和非法使用"。数字权利管理作为一种限制性技术，其致力于规范使用者的使用行为，具有维护版权私权的正当性和必要性。而反对限制的思想和需求的存在使得数字管理一直处于限制和反限制的纷争之中，使其面临着有争议的法律评价。经营理念与商业模式的创新，是克服数字权利管理技术的限制和反限制之间矛盾的根本出路。

国外科学数据开放获取政策特点分析　刘细文、熊瑞，《情报理论与实践》，2009 年第 9 期。科学数据的开放获取逐渐成为科学交流的新趋势，各国政府和研究服务机构等都在积极探索科学数据开放获取的政策管理机制，并且已经取得了可喜进展。其政策举措集中体现在数据质量控制、数据开放资助、数据保存、数据共享利用以及数据合法保护五个方面。国际上各国政府、研究机构围绕科学数据开放获取广泛开展的服务和实践，值得我们学习和借鉴。我国可以结合自身情况，总结建设经验，寻找并实施推动科学数据开放获取的政策、方法和机制。

我国网络信息资源配置政策研究　沙勇忠、孔令国，《图书情报工作》，2009 年第 9 期。随着互联网的迅猛发展，网络信息资源的配置和利用逐渐成为现代信息资源管理的一个热点主题。本文在考察我国网络信息资源配置政策现状的基础上，试图构建由元政策、基本政策和专项政策所构成的网络信息资源配置政策体系，并对我国网络信息资源配置政策的完善提出对策建议：以效率为导向发展信息政策，健全网络信息资源配置政策体系，鼓励公众参与政策制定，加强网络信息资源配置政策的实施和反馈等。

全球信息化法律法规概览　廖瑾，《上海信息化》，2009 年第 10 期。政策和法律法规建设是信息社会建设的重要内容之一，不断完善的政策和法律法规为加快社会形态向信息社会转变提供了制度基础和保障。从近几年信息社会建设与发展的轨迹可以看出，政策、纲要、发展规划和法律法规，对全球信息化的建设与发展往往起到极其重要的引导和推动作用。而国际上主要国家的信息化立法实践，则可以为我们提供一些有益的借鉴和参考。

我国信息化法律法规建设六十年　周汉华、苏苗罕，《电子政务》，2009 年第 10 期。本文对我国信息化法律法规建设的发展过程与现状进行了概括和综述，主要分为两个阶段：1949～2001年我国的信息化立法停留在分散立法阶段，针对信息化发展中出现的一些突出问题，主要是由国务院和各部门通过制定法规和规章加以调整，立法重点集中在信息安全、电子商务及互联网治理等方面；2002年至今为集中立法阶段，立法作为全面推进信息化中的一项基础性工作，在政府信息公开、个人信息保护、电子签名与电子商务、互联网治理以及信息安全保护等领域得到极大发展，制定了我国电子商务和信息化领域的第一部专门法律，同时在我国第一次系统建立了可操作的、规范的政府信息公开制度。

促进信息资源合理配置的公共政策设计　杨红梅、杨植，《情报杂志》，2009年第10期。随着信息化进程的加快，信息资源配置状况对社会发展发挥着越来越重要的影响。如何解决我国在信息资源分配上存在的问题，促使信息资源达到合理配置，成为政府决策者们不得不面对的课题。本文首先分析影响信息资源配置的主要要素，并提出相应的政府策略建议。

信息政策研究定量分析　王福泉，《情报科学》，2009年第10期。本文以我国1999～2008年信息政策研究论文为研究对象，运用文献计量学方法，从论文"时间分布""作者分布""期刊分布""主题""合著率"等角度对其进行统计分析，全面系统地剖析了我国信息政策的研究现状，在此基础上重点阐述我国信息政策研究存在的问题，并提出了相应的对策，从而为信息政策研究的快速发展提供了依据和参考。

合作式数字参考咨询服务中知识产权保护机制构建　袁红军、杨智，《情报科学》，2009年第10期。合作式数字参考咨询服务主要用于解答用户信息提问过程中存在的知识产权保护问题。本文结合合作式数字参考咨询服务中涉及的知识产权问题，从行业自律、技术支持、知识产权保护机制与信息资源共享、隐私权保护机制、法律法规等方面构建合作式数字参考咨询服务中知识产权保护机制，以此来促进我国合作式数字参考咨询服务的发展。

数字图书馆个性化信息服务的知识产权问题探讨　刘永庆，《图书馆工作与研究》，2009年第11期。随着个性化信息服务研究的不断深入，个性化信息服务作为数字环境下提高图书馆服务质量和信息资源使用效率的重要手段，已成为图书馆重要的服务方式，但也面临着知识产权问题。本文首先简要阐述了个性化信息服务的特点，然后对数字图书馆个性化信息服务的知识产权风险进行了分析和探讨，在此基础上从四个方面阐述了初步解决问题的对策。

浅析网络环境下会计信息系统安全控制的实现　胡玉可，《会计之友》（中旬刊），2009 年第 11 期。在网络环境下，会计信息处理的适时、便捷和无纸化特征，能够大大加快会计信息流通的效率，但同时也会导致会计信息处理的非客观性和网上犯罪频繁发生。本文主要包括以下内容：完善法制环境，是会计信息系统安全实现的根本保证；健全环境控制，是会计信息系统安全实现的前提条件；加强文档管理组织，是会计信息系统安全实现的必要条件；加强组织控制，是会计信息系统安全实现的必要基础。

信息民主与控制权衡下的档案信息公开思考　张江珊，《浙江档案》，2009 年第 12 期。档案信息公开是保障公民民主权利的重要举措。当前，如何把握档案信息公开的度是档案信息公开的关键。本文以信息民主和信息控制之间的权衡为视角，首先阐述了信息民主与信息控制的内涵，并对两者的关系进行了分析，旨在研究探讨如何在档案信息的公开共享与保密之间构建一种平衡，以确保档案信息公开工作的顺利开展。最后，指出只有在良好的以信息民主为理念的公开文化氛围下，与信息控制理念进行权衡，进一步促进档案体制变革，更新档案学理论，形成以法制为基础的档案信息公开制度，才能真正解决档案信息公开在实践与理论上面临的难题。

我国信息资源公益性开发与利用政策的发展趋势——一项基于内容分析法的研究　闫慧，《图书情报工作》，2009 年第 14 期。本文运用内容分析法，以国务院信息化工作办公室 2002～2007 年 6 年 44 份相关研究报告中有关信息资源公益性开发利用的 11 份报告为样本数据，根据编码目录及编码表，从信息资源公益性开发利用政策的建议主体、政策责任者、实践落实者、政策受惠者、政策工具、政策资源六个方面进行详细的统计，并结合我国现状，对未来政策走向进行分析预测。结果显示：政府主导着未来该项政策的话语权；制定未来该领域具体政策的主要责任者为国务院相关下属部委；事业单位和其他非政府组织是落实该政策的主力军；我国该项政策的目标人群在短期内比较模糊；财政优惠措施、制度化政策工具、项目委托方式等将构成主要政策工具；未来政策制定者主要考虑的要素是信息和资金等资源。

互联网治理——国际法的新使命　朱博夫,《法制与社会》,2009 年第 16 期。随着互联网的高速发展和广泛普及,它对整个社会生活的影响力逐渐扩大,但同时也产生了一系列问题。传统的对互联网"任其发展"的观点逐渐被各国摒弃,取而代之的是以政府为主导的"互联网治理"的实践,一个建立在多边合作基础上的互联网国际治理框架正在逐渐形成。在这一进程中,通过法律手段规范、协调各国的互联网治理行为,确保各国平等、安全、有序地利用和发展互联网,便是国际法在信息时代的全新使命。

论政府信息公开环境下机关档案室档案开放制度建设的可行性　吴文革,《图书情报工作》,2009 年第 18 期。文件生命周期可分为形成、流转和归宿三个阶段,从其公开或开放的制度建设来看,政府信息的形成阶段和归宿阶段的制度建设渐趋完善,但中间流转阶段仍为开放制度建设的"瓶颈"。文章重点从理论支撑、法律依据等方面来展开论述,由此证明机关档案室档案开放制度建设是完全可行的。

信息公平与信息平等比较研究　邹凯、李颖,《图书情报工作》,2009 年第 21 期。本文主要包括三方面内容:首先,深入分析并阐述国内外关于信息公平和信息平等问题的研究现状,并指出研究中对两者关系的疑问及看法;其次,从定义、含义及来源等方面对信息公平和信息平等进行梳理和比较,旨在探析两者的区别和联系;最后,得出"不能简单用信息公平代替信息平等,应该从多种角度和学科对两者进行深入研究"的结论。

第五节　信息伦理

信息德育论:大学生信息素养与思想政治教育信息化研究　霍福广、刘社欣等著,人民出版社,2008 年 1 月。丛书名为"当代高校德育研究"。本书是广东省哲学社会科学"十五"规划特别委托项目、广东省教育厅委托课题"新形势下大学生思想政治教育面临的'五个如何'新课题研究"的最终成果之一。全书共分七章,内容主要包括信息社会及其对人的影响、信息社会的困惑、大学生的信息行为与特点、互联网络的功能与大学生的运用、信息社会的网络德育、高校信息德育的发展与特点等。

高等院校对大学生进行信息伦理学教育的研究　吴晓萍，《医学信息》，2008 年第 1 期。信息伦理是网络时代人类正常交流和网络虚拟交流必不可少的平衡器。高校作为人才和信息的高度聚集地，信息革命的冲击波对其产生的影响更为显著、更具有代表性。对在校大学生进行信息伦理教育，提高他们的免疫力，已成为刻不容缓的头等大事。文章首先概述了高校大学生信息伦理教育的现状，在此基础上，从七个方面对高等院校信息伦理学教育的必要性进行了分析和探讨。最后，提出了对大学生进行伦理学教育的政策建议，以期政府相关部门和高校领导层能对在校大学生进行伦理学教育引起重视并采取积极有效的措施，防止在校大学生的身心健康受到损害。

环境信息权及其现实意义　徐祥民、孔晓明，《中国海洋大学学报》（社会科学版），2008 年第 1 期。近年来，环境信息权和与其有关的一些问题引起了学界的浓厚兴趣，围绕这些问题的讨论占据了报刊的较大篇幅。然而，在热烈的讨论中也暴露出一些分歧，包括在一些基本问题上的分歧。本文试图在学者们以往研究的基础上为消除分歧作一点尝试，就环境信息权的构成、性质及其意义阐述自己的看法。

网络环境下档案信息伦理问题成因与对策研究　盛志喜，《山西档案》，2008 年第 2 期。文章共分为两部分内容：其一，对网络环境下档案信息伦理问题产生的原因进行分析和探讨，如：虚拟网络环境易导致档案信息行为失范；网络与计算机系统存在安全隐患；档案部门应对网络环境准备不足；网络信息立法不健全；等等。其二，针对上述原因，作者提出了解决当前网络环境下档案信息伦理问题应采取的对策，具体包括：加强信息伦理教育；增强档案信息伦理意识；加强网络监控技术攻关；预防不道德档案信息行为发生；加强信息立法；正确引导档案信息合法行为；完善伦理决策机制；规范档案信息伦理行为；等等。

信息伦理学和医院图书馆伦理建设初探　尚武、袁政文，《中国医学伦理学》，2008 年第 2 期。文章对信息伦理学及医院图书馆伦理建设相关的问题进行了分析和探讨，具体包括信息伦理学的内涵、医院图书馆服务的职业伦理问题、医院图书馆服务中的个人隐私问题、信息伦理教育的内容、公共信息伦理教育、职业信息伦理教育、信息伦理基本理论教育、医院图书馆伦理、国内外图书馆伦理建设等。

基于价值澄清理论的信息伦理教育研究　吴彤，《图书馆学研究》，2008 年第 3 期。本文主要包括以下内容：首先，分析了当前信息伦理和信息伦理教育的困境；其次，研究了价值澄清理论给我国高校信息伦理教育带来的深刻启示；最后，对高校图书馆在大学生中实施信息伦理教育的途径进行了深入的分析和探讨。

论信息公平的道德调节　沈光亮，《图书馆》，2008 年第 4 期。道德调节是维护信息公平的重要手段，它具有内在性、自觉性、广泛性和导向性的特点。文章主要探讨了公共信息政策的道德调节、公众信息公平认知和信息利用行为的道德调节以及信息服务的道德调节。最后，作者指出当前我国信息公平的道德调节应遵循"以人为本、公平优先、利益协商、合理配置、利于发展"等基本原则。

数据发布中面向多敏感属性的隐私保护方法　杨晓春、王雅哲、王斌、于戈，《计算机学报》，2008 年第 4 期。本文在前人工作的基础上首次对多敏感属性，特别是相关多敏感属性隐私数据发布问题进行了详细研究。文章主要包括如下内容：其一，提出了基于多维桶分组技术的隐私数据发布方法，该方法适用于含有任意多个敏感属性的关系型数据，能很好地保证多敏感属性数据的安全发布；其二，给出了三种基于 MSB 的贪心算法，包括最大桶优先算法、最大单维容量优先算法和最大多维容量优先算法，在保障信息安全发布的前提下，降低了连接的有损程度；其三，讨论了实际应用中发布数据存在的差异，对于发布数据中信息的不同要求，数据拥有者可以指定数据的不同发布程度；其四，采用实际数据集进行大量实验，对所提出的方法进行了验证与分析，测试了数据的发布质量和执行效率。实验表明，所提出的方法能很好地保护多敏感属性隐私数据的安全，发布具有高质量的数据。

浅谈新时期网络伦理建设　黄莺，《廊坊师范学院学报》（自然科学版），2008 年第 6 期。随着计算机的逐步普及和互联网应用技术的快速发展，有关网络伦理与网络道德建设的呼声不断升温，对网络伦理规范的探讨也成为社会的热点问题。作者认为应从以下几个方面加强网络伦理建设：第一，重视中国传统伦理，强化主体自律和责任意识；第二，弘扬人文精神，坚定正确的价值观念；第三，加强制度建设，完善法律法规；第四，加快网络技术发展，确保网络安全。

隐私保护——分布式挖掘中的改进型评价函数　吕品、于文兵，《武汉理工大学学报》，2008 年第 6 期。分布式数据挖掘依据结点间的数据分布情况，可以分为水平分布和垂直分布两种。所谓水平分布是指数据按记录分布在不同的站点，所谓垂直分布是指数据按属性分布在不同的站点。怎样在分布式环境中，与对方共享数据但不暴露自己的信息，是隐私保护数据挖掘研究的一个重要方面。本文基于已有的密码学基本知识，研究了贝叶斯网络这个强大的数据挖掘工具，在分布式环境下如何保护隐私。通过将 K2 算法的函数和隐私保护的分布式环境下的数据集相结合，探讨如何通过密码学的两方安全计算对 K2 算法中的函数进行改进。最后，通过理论分析和实验结果说明了改进的评价函数可以得到与原始的评价函数同样的贝叶斯网络结构，从而达到了数据垂直分布情况下隐私保护的目的。

信息道德对 B2B 电子商务系统用户接受行为影响的研究　汪雪芬、徐博艺，《情报杂志》，2008 年第 7 期。B2B 电子商务系统用户接受行为受系统的信息道德水平影响。信息道德作为一种人与人信息活动行为的规范总和，一方面直接对用户的使用意图产生影响，另一方面也会对接受行为的感知层面的变量有影响。本文结合信息道德方面的考虑，引入信任感知变量，提出了一个理论上的 B2B 电子商务系统接受行为研究模型，希望能对我国企业 B2B 电子商务系统的成功实施提供一些帮助。

档案信息伦理建设刍议　徐萍，《兰台世界》，2008 年第 8 期。档案信息化深入发展，带来诸多信息伦理问题。文章共分为两大板块。其一，围绕档案信息伦理建设中涉及的几个基本问题进行了阐述，具体包括档案信息公开与公平利用方面的伦理问题、保证档案信息原始性和真实性方面的伦理问题、维护档案信息安全方面的伦理问题、知识产权保护方面的伦理问题等。其二，对档案信息伦理建设中应处理的几个关系进行了阐述和探讨，如自律与他律、人文与技术、现代与传统、教育与宣传等。

基于隐私保护的数据挖掘　马廷淮、唐美丽，《计算机工程》，2008 年第 9 期。在数据挖掘过程中解决隐私保护问题，已成为数据挖掘界的一个研究热点。基于非精确的原始数据挖掘出较为准确的模式与规则是隐私保护数据挖掘的出发点。文章从 PPDM 的总体需求出发，基于数据隐藏，将

PPDM 技术分为安全多方计算技术、匿名技术和数据转换技术，并从准确性、隐私性和复杂性三个方面对 PPDM 技术进行了评估。基于隐私的数据挖掘是在原始数据的不准确性和数据挖掘结果的精确性之间寻求平衡。

构建良好网络伦理环境的途径　许彦华，《学术交流》，2008 年第 12 期。网络技术的飞速发展，在给人们快速交流提供方便的同时，也造成了网络科技发展的伦理困境。为突破网络技术发展的伦理困境，构建良好的网络伦理环境，作者提出如下政策建议：一是尽快制定网络伦理规范，二是努力实现伦理原则指导下的网络技术突破，三是利用网络提升人们的道德境界，四是积极构建有序、守法、崇德的人类第二生存空间，五是不断完善网络法制建设。

浅议网络用户信息泄露的根源分析和研究　古宝华，《商业经济》，2008 年第 17 期。目前，随着信息泄露等网络安全事件的逐年增多，网络的信息安全问题逐渐成为用户关心的问题，这也是影响用户附着和网络业务顺利开展的重要因素。文章指出，用户标识信息（包括身份标识和地址标识）在网络中绑定使用、存储和传输是目前用户信息在网络中泄露的主要原因。针对目前通信网用户核心数据集中关联存储的问题，基于当前的网络体系结构和通信协议，我们提出了以用户核心数据去关联分置存储和协同访问的思想，以防护预置后门、置入木马等注入式攻击带来的用户信息泄露安全隐患。

隐私保护的时序规则分布挖掘　耿波、仲红、彭俊、王大刚，《计算机工程》，2008 年第 24 期。如何保护私有信息或敏感知识在挖掘过程中不被泄露，同时能得到较为准确的挖掘结果，目前已经成为数据挖掘研究中的一个很有意义的研究课题。本文提出了在多方各拥有一部分记录的情况下挖掘时序规则分布的问题。并将联合计算时序规则各频度的问题转化成多方秘密比较数的大小的问题，从而用一个简单的基于半可信第三方的算法解决了多方联合计算时序规则频度的问题。在不泄露具体数据的情况下计算规则的局部频度，从而对序列进行分割并产生子序列满足的规则集，生成序列的规则分布表示，以对序列行为进行深入的了解。

隐私保护关联规则挖掘的一种改进方法　朱思征、陈世平，《上海理工大学学报》，2009 年第 1 期。隐私保护是当前数据挖掘领域中一个非常重要的研究问题，也是近年来该领域研究的热点之一。本文提出了一种

VSS – MASK 算法，该算法结合事务数据在关系型数据库中按纵向结构进行存储的实际，在 MASK 算法的基础上进行改造而成。这种算法有三个优点：其一，它可以避免原事务数据库因为采用横向结构组织数据所带来的强稀疏性和通用性差等缺点；其二，通过减少提交数据量提高算法扫描数据库效率，来提升整体 MASK 算法效率；其三，通过采用纵向结构对数据进行组织，提高算法针对不同数据集的通用性。

隐私保护的自适应垃圾邮件过滤方法研究　杨震、范科峰、雷建军，《通信学报》，2009 年第 S1 期。随着信息时代的到来，电子化文本信息迅速膨胀，怎样有效地组织与管理这些信息，并且快速、准确、全面地从中找到用户所需信息是目前文本信息处理领域所面临的一大挑战。本文针对垃圾邮件过滤中隐私保护问题进行了研究，提出一种基于简单散列变化的隐私数据保护方法，并且给出了一种改进的数据部分属性隐藏的隐私数据保护方法。实验结果证明了该方法的有效性。

第四章　信息组织与信息服务

第一节　分类法、主题法及其他法

网络环境信息标引的测评与比较研究　刘竟、朱书梅、侯汉青,《中国图书馆学报》,2008 年第 1 期。本文共五部分内容,包括引言、基于概念语义的标引方式、标引性能定量测试与比较、结语。在网络环境下,文献信息具有两大特点:数量多、增长快;新词层出不穷,基于语义的标引工作变得日益重要。本文详细论述了受控标引、自由标引及自动标引等多种文献信息标引方式,并着重从相符度、专指度、标引深度、通用词数等方面对各种标引方式的性能进行了系统的测试和比较,结果表明自由标引优于受控标引,而自动标引又优于自由标引。

网络知识组织系统的研究现状和发展趋势　王军、张丽,《中国图书馆学报》,2008 年第 1 期。本文共七部分内容,主要包括引言、NKOS 的类型和表示、NKOS 的互操作、相关的标准与规范、NKOS 的生成和维护、NKOS 的应用、结论。NKOS 超越了 KOS 在网络环境中的应用,具有数字化、网络化、语义化、协议化及自动化的特征,已成为网络信息领域里的一个新的、重要的研究领域。本文系统深入地对网络知识组织系统(NKOS)展开了论述,涉及 NKOS 的表示、互操作、标准化问题、生成与维护及应用等诸多方面。作者认为 NKOS 的发展为传统图书馆知识组织带来了生机,极大地推动了信息组织、信息表示和基于内容的信息检索等应用的发展。

网络信息分类体系研究　王小平、刘波,《现代情报》,2008 年第 1期。本文主要有四个部分,论述传统分类法对网络信息组织的适用、当前网络信息资源分类现状、网络信息分类体系的优化及最后的结语。在当前的形势下，传统分类法在网络环境下存在较多局限性，不能完全适用于网络信息组织。作者认为，对于网络分类体系的优化：没有必要强制统一分类的方法，只需要把基本的编制方法和原则标准化就可以了；需要实现分类主题一体化，对类目体系要从类目设置和类目排列方面加以优化。网络信息资源复杂繁多，按主题对网络信息资源进行分类也存在很多问题，将分类主题一体化的模式是目前比较理想的组织模式。

医学文献主题标引 肖晓旦、张士靖主编，高等教育出版社，2008年1月。本书是全国高等学校医学规划教材丛书的一种，共十四章内容，主要包括绪论、情报检索语言的类型、自然语言在情报检索中的应用、标引的基本知识、主题标引的原则与步骤、概念组配和组配标引、我国医学文献主题标引与MEDLARS标引语言、医学主题词表、中医药学文献主题标引等。本书对情报检索语言做了系统的阐述，特别介绍了叙词检索语言的性质和特点，并探讨了自动标引的原理，它不但是学习医学文献主题标引的良好教科书，还是传统或网络生物医学文献主题组织的工具书，具有很强的实用性。

中国中医药学主题词表（上下） 吴兰成主编，中医古籍出版社，2008年1月。本书是一部中医药学专业主题词表，共六部分内容。其一是字顺表（又称主表），该表基于汉语拼音顺序将全部主题词和入口词做了排列。其二是树形结构表（又称范畴表），该表基于中医药学学科理论体系和学科分类范畴将主题词划分为十五个类目，又详列了各子类目下属的主题词。其三是副主题词表，包含一个专题副主题词表和三个编目副主题词表。其四是出版类型表。其五是医学家姓名附表。其六是索引表。本词表为医药、中医药信息科研院所、大专院校以及图书馆等对期刊或图书资料进行标引、检索与编目提供了帮助。

基于语义的地理信息分类体系对比分析 张雪英、闾国年，《遥感学报》，2008年第1期。该文试图探讨以分类体系的对照关系为基础的地理信息分类体系对比分析方法，并将其应用于中国地理信息标准分类体系的比较分析。目前，地理信息分类体系之间的语义不一致，被认为是阻挡地理信息系统在语义层次上实现信息共享的最大障碍。本文在阐述中国地理信息分类体系之间参照模式的基础上，经过论证，提出了一种基于语义的地理信息分类体系对比分析方法。然后，对中国现行的几种地理信息标准分类体系作了详细的对比分析。文章最后，对我国地理信息分类体系的编制和修订提出了一些建议。

专业英语文献分类标引和主题标引研究 吴丽坤，《上海高校图书情报工作研究》，2008 年第 2 期。本文是"总 - 分"结构。在文章开始，作者指出，近年来，英语在高校教学中凸显出越来越重要的地位，高校图书馆专业英语类文献的馆藏也越来越多。然而，此类文献的分类标引和主题标引并没有统一标准，这直接影响了此类文献的利用率和书目数据的质量，导致了标引的混乱。本文以《中图法》为依据，将专业英语文献大致分为教材类、读物类、词典类三种。教材类英语文献跟常见的教材一样，由作者设计的章节构成，为教材类专业英语文献设置新类目在现有条件下比较困难；读物类专业英语文献的主要作用是提高读者阅读有关专业文献的能力，采用组配编号法对这类文献分类标引是十分必要的；对词典类图书的主题标引和分类标引主要依据词典、字典的规则进行。作者在文中对三类专业英语文献的分类标引和主题标引逐一进行了阐述和研究。

中国古代图书分类的学术价值 王琼，《江西图书馆学刊》，2008 年第 2 期。本文主要分为三个大的部分。第一部分主要阐述中国古代图书分类的特点，中国古代图书分类目录的一个重要特点就是"辨章学术，考镜源流"，中国古代各个时期占主导地位的图书分类法的形成建立在学术发展的基础上，图书分类和学术分类是相互影响的。第二部分主要阐述了中国古代分类思想的演变。中国古代，比较重视分类的传统，尤其重视学术分类，其图书分类法有较为完备的理论与实践方法。第三部分主要阐述了中国古代图书分类的学术价值体现，在总结中国古代的分类思想的基础上，指出中国古代图书分类不止是单纯的图书分类，其学术价值还体现在类叙、提要的撰写，互著、别裁的运用上。

关于建筑经济类文献的分类探讨 李进，《山东图书馆季刊》，2008 年第 2 期。本文是"总 - 分"结构。建筑学科某些方面文献的分类容易出现错误和分歧，这给相关馆藏排架的系统性和稳定性带来了困难，也影响了检索的效率。该文着重探讨了建筑经济特别是建筑工程费用如预算、定额和工程造价方面的文献的分类问题，针对相应问题提出了一些解决的办法。该文"分"的部分，主要内容包括：《中图法》第四版与"建筑经济"相关的类目；关于建筑造价、定额方面文献的分类；对《中图法》相关类目设置欠妥之处的修改建议。作者着重对与建筑经济学相关的主题词概念进行分析，并阐明了这些概念与《中图法》有关类目的关系，目的在于解决该类文献在实际分类工作中所遇到的问题，此外还对《中图法》相关类目设置的完善提出建议。

关于遗产学文献的分类探讨　李进，《图书馆理论与实践》，2008 年第 2 期。本文主要包括四个部分。第一部分是遗产学的学科构成与相关概念分析；第二部分是《中图法》中与遗产学有关的类目；第三部分根据实例对有关遗产学文献的具体分类问题进行了分析；第四部分主要介绍了在《中图法》第四版中增加的相关类目注解。作者认为，遗产学及其分支学科——文化遗产学和自然遗产学已成为一门新兴的独立的学科体系，然而，《中图法》第四版在相关类目设置上的滞后，影响到了该学科的文献分类。该文在分析遗产学、自然遗产和文化遗产的基本概念、内涵及与相关学科的联系的基础上，提出了相应的解决方案。

法律图书分类体系完善研究　龚继红、刘之雄，《河南图书馆学刊》，2008 年第 2 期。本文共分为四个部分。作者首先介绍了《中国图书馆分类法》自第三版起，所采用的对法律文献的两套分类体系。两种分类体系并存与统一文献分类的要求和趋势不一致，不利于文献建设现代化的实现。目前的法律图书分类体系已不能适应法学的发展对图书分类的需要。一套较为科学合理的、国内通用的法律图书分类体系的编制已经成为迫切的需要。第二部分，作者探讨了法律类文献单位独立的一些设想。法律类图书应作为一个大类，以该 DF 为代码单独立类，以反映当代学科体系中政治和法律已经成为两个相对独立的学科这一现实。第三部分和第四部分作者介绍了法律图书分类有关基本类目的调整以及有关类目详表的完善。法律图书分类体系中基本类目的设置和类目详表都严重落后于当代法学的发展，存在较大的完善空间。

试论网络信息分类中存在的问题及对策　刘星，《图书馆工作与研究》，2008 年第 2 期。近年来，互联网发展迅速，网上信息种类繁多，科学的分类相当重要。本文共分为四个部分。第一部分主要阐述了网络信息分类体系的特点；第二部分，主要阐述了网络信息分类法和传统网络信息分类法之比较，这部分主要从分类体系的不同、类目排列方式的不同、分

类标准的不同、知识范围不同等几个角度进行了分析；第三部分主要分析
网络信息分类存在的问题；第四部分阐述了构建统一的网络信息分类法的
问题。作者认为，研究网络信息分类的方法，应当充分借鉴传统文献信息
分类法的系统性和科学性，结合网络信息的通用性，动态性和直接性等特
点，构建一个既科学规范又适合大众的网络信息分类检索系统。

信息分类编码研究初探　李伟，《图书情报工作》，2008 年第 S2 期。
信息分类编码是信息组织的重要方法。信息分类编码在信息的检索、共
享、交换中起着至关重要的作用，对信息分类编码的研究具有重要意义。
本文共分为四个大的部分。第一部分主要阐述了我国信息分类编码的起
源，叙述了 20 世纪 80 年代我国信息分类编码的情况；第二部分主要是说
明了我国信息分类编码的基本原则和方法，信息分类的基本方法包括线分
类法、面分类法及混合或组合分类法；第三部分阐述了信息分类编码的发
展过程；第四部分主要分析了信息分类编码的发展趋势。

文献分类与学术转型　吴稌年，《图书馆理论与实践》，2008 年第 3
期。本文由学术的发展开始，引入学术和文献分类的联系，阐述了图书分
类的发展史，探讨了中、西图书分类在发展过程中的不同之处和特征。我
国的图书分类目录与学科体系、学术体系、教学科目同时产生，开始于孔
子编修六经，到《七略》时期已经比较成熟。中国的学术研究经过了多次
转型，而图书分类则经过了两次大的转型。《七略》是中国图书分类法的
一次重大转型，被人们承袭了两千年左右的时间，一直到近代，才产生了
另一次巨大的转型，其标志性的成果是沈祖荣、胡庆生两位先生编制的
《仿杜威十进分类法》，还有杜法、刘法、皮法等几十部分类法。中国的文
献分类法是直接从古代范式过渡为"内容为体，哲学为架"的范式的。这
一范式还会发展下去。

四部分类法起源于荀勖说新证　张固也，《图书情报知识》，2008 年
第 3 期。本文在考察了有关旧史料之后，对《七录序》的相关记载进行了
更全面的分析，找出了几条前人未加注意的新史料，论证了荀勖说的可信
性。梁代《魏中经》早已失传，阮孝绪述郑默编撰《中经》，所依据的史
传没有明确说明其分类法。郑默校书时主其事者为虞松，当时正处于魏末
各项制度"不得妄有改革"的时期，不可能改变旧的分类法。晋武帝把秘
书图籍分为甲乙丙丁四部，使秘书郎四人各掌一部，这是四部分类法起源

于荀勖说的新证据。

关于《中国分类主题词表》（第二版电子版）中小学课程主题词选词若干问题之探讨　张洪茹，《图书馆工作与研究》，2008 年第 3 期。本文指出，《中国分类主题词表》（第二版电子版）在使用过程中，其中的中小学课程主题词容易产生歧义，导致选词偏差，本文对与此有关的若干问题举例进行了探讨。该文共分为三个大的部分，包括对于新增主题词"阅读课"的理解与使用、对于新增的一些含有教育程度的课程主题词和原有未含教育程度的课程主题词的理解与使用、课程主题词的几处代用关系的正确使用等。作者认为，标引人员应当注意主题词内涵与外延的变化，做到正确选词、正确标引。

我国网络信息组织研究现状分析　褚芹芹，《图书馆学刊》，2008 年第 3 期。本文共分为四个部分。第一部分是网络信息组织文献统计分析，主要内容是运用文献计量等方法，对近十二年来收录的有关我国网络信息组织的近五百篇研究论文从数量、研究主题、期刊分布、作者等方面进行统计与分析；第二部分分析了我国网络信息组织研究的特点；第三部分主要提出了目前我国网络信息组织研究中存在的一些问题；第四部分提出了一些推进我国网络信息组织研究的对策。作者认为，推进我国网络信息组织的研究，需要加强网络信息环境的研究、加快中文网络信息分类法的编制研究、重视网络信息分类组织的技术研究，还要建立完善的网络信息组织理论体系。

机检条件下地方文献分类互见标引初探　陈小云，《山东图书馆季刊》，2008 年第 4 期。本文主要分为三个部分。第一部分简述了地方文献分类互见标引的意义，有助于提高地方文献的查全率和利用率，提高地方文献的分类标引质量，同时能够照顾不同专业读者的检索习惯；第二部分主要说明了计算机检索条件下地方文献分类互见标引的可行性；第三部分主要介绍了计算机检索条件下地方文献的分类互见标引，提出了跨学科多主题地方文献、地方行业志、地方特色资料、地方人物资料等地方文献分类互见标引的具体操作方法。

试论网络信息分类的几个问题　时洁，《河南图书馆学刊》，2008 年第 4 期。本文主要分为三个部分。第一部分主要介绍、分析了传统分类法在网络环境中的局限性，主要包括：复杂的、专业性较强的文献分类法使网络用户感到不便；信息分类的一维性与网络信息的多维性相冲突；传统分类法的严谨性和网络信息的随意性相冲突；传统分类法组织特征决定其推广和普及难度较大；等等。第二部分主要探讨了网络信息分类的要求。第三部分主要阐述了网络信息分类中的分类主题一体化，并就网络信息分类主题一体化涉及的部分问题进行了阐述。

数字图书馆的信息组织与管理 齐月，《吉林省社会主义学院学报》，2008 年第 4 期。本文结合与传统图书馆的对比，探讨了数字图书馆的信息组织与管理。该文主要分为四个部分，包括数字图书馆信息对象的特征、信息组织的目标和原则、信息组织的基本内容、数字图书馆信息的管理。作者认为，基本数字资源建设是数字图书馆建设的核心和关键，而数字化信息组织和管理是数字资源建设的重要组成部分，其中对数字化信息的管理必须要将元数据和对象数据分别存放和管理，强调数据的备份，数字化信息的保存是数字化信息管理的重要环节，其面临的很多问题还需要在实践中不断地摸索。

中国古代图书分类的历史过程与指导思想 郁世杰，《中南民族大学学报》（人文社会科学版），2008 年第 5 期。中国古代图书分类历史悠久、源远流长，本文主要围绕中国古代图书分类的历史过程和指导思想这两个问题，分别对古代图书分类当中居正统和主导地位的"七分法"和"四分法"展开阐述。着重论述了"七分法"的代表作《七录》《七略》《七志》《别录》和"四分法"的代表作《隋书·经籍志》《晋元帝四部目录》《中经新簿》《四库全书总目》的演进历程与思想特色；同时分析了以南宋郑樵为代表的非正统分类法。作者认为，中国古代图书分类是为统治阶级利益服务的，中国古代图书分类对于保存历史、传承文明居功至伟。

从自由分类法看网络信息的分类组织 鞠福琴、徐至明、胡仲谋，《情报探索》，2008 年第 5 期。本文共分为三个部分。第一部分主要介绍了自由分类法，自由分类法自 2005 年兴起以来，受到热捧。简单易用、用户主导、用 Tag 作类目标识是自由分类法的三大亮点。第二部分主要阐述了自由分类法对网络信息分类组织的启示。第三部分针对目前网络信息分类现状提出了一些发展的建议：应面向博客等用户发展和完善自由分类法；面向普通用户，优化网络分类法；面向学术用户，开发研制《中图法》搜索引擎版，最终以《中图法》搜索引擎版为基础形成网络信息分类组织的公共交换平台。

中文科技期刊数据库文献分类与检索　　吕月娥，《临沂师范学院学报》，2008 年第 6 期。目前的中文科技期刊数据库仍限于关键字索引，这种索引方式已经不适应人们查询科技文献的需要，给用户带来了很多不便。为了满足文献查询方式发展的需要，该文介绍了一种对文献关键词进行层次聚类的算法，首先是把文献关键词聚类为概念，从而生成一个概念树，其次是用概念向量表示文献，使每篇文献有一个与其对应的概念子树。在检索时，运用改进的余弦相似性方法，再根据概念向量计算文献的相似性，把与所给文献最相似的文献返回给用户。通过这种算法能很好地对文献进行相似性检索。

传统文献分类法与网络信息分类系统的比较分析　　邱陆英，《图书馆学刊》，2008 年第 6 期。作者首先指出本文研究的问题，即传统文献分类法和网络信息分类系统的比较，指出这两种分类方法在知识体系上的明显区别是：前者采用传统分类法的知识体系，而后者采用的是根据网络信息环境现状设计的新的知识体系。然后文章从类目划分、类目排列次序与显示格式、类目名称选择的规范程度、类目之间关系处理以及对网络文献的适用性等方面对网络信息分类系统和传统文献分类法进行了比较分析，阐述了二者的设计理念的不同，用二者类分网络信息资源都存在不足。作者认为，应在传统分类体系的基础上，编制一部统一而适用的网络信息分类法。

信息组织 I 实验教材　　司莉主编，武汉大学出版社，2008 年 6 月。本书是图书情报与信息管理实验教材丛书，共包括十章内容，主要包括：信息组织 I 课程实验概述；《中图法》类目复分仿分方法；《中图法》（第四版）电子版的使用；《杜威十进分类法》网络版的使用；《美国国会图书馆分类法》网络版的使用；多主题、各类型文献的分类标引方法；网络信息分类法的调查分析；同类书书次号的编制；LIbsys 中分编模块的操作；IL-AS 中的分编流程。本书是图书馆学专业的核心课程，系统阐述了信息组织的基本理论与基本方法，详细介绍了具体的分类语言，彰显了传授知识与培养学生科学精神、实践能力及创新能力相结合的教育观念。本书精心分析和设计了一系列实验，具有很强的实验指导性，对提高学生分析解决和处理实际问题的实践能力十分有益。

一种基于信息构建理论的图书馆信息组织与服务模型　周宇，《情报杂志》，2008 年第 7 期。本文为"总 – 分 – 总"式结构。其中"分"的部分为纵深推论式，包括信息构建理论对图书馆的启示、调查和分析及一种新的信息组织体系设计模型三部分内容。本文作者基于对图书馆用户的调查与分析，构建出一种新型的信息组织和服务模型，该模型中的信息组织体系融合了内容维度与时间维度的二维结构，用以充分描述信息构建的实际。结语部分，作者进一步强调指出，前期的调查与分析对信息的构建至关重要，要做到从技术和用户的心理两个层面去把握信息构建的模式，而不只是信息的有序化。另外，信息系统组织体系的设计还需要同标引体系设计、导航系统设计及检索系统设计相整合才能够发挥最大的作用。

信息组织概论（第二版）（附光盘）　冷伏海、徐跃权、冯璐主编，科学出版社，2008 年 7 月。本书是"21 世纪信息管理丛书"中的一种，共分八章，主要包括绪论、信息组织的发展沿革、信息组织的技术标准、信息组织的技术方法（分类法、主题法、集成法）、网络信息资源组织理论、信息组织发展评价等内容。具体来讲，其一，作者从理论上阐述了信息组织的发展轨迹、基本原则、基本方法与类型，介绍了数字信息环境下信息组织的变化、发展趋势及信息资源组织方式；其二，作者对新信息组织环境下的技术标准与技术方法的应用和发展做了深入地探讨；其三，作者重点研究了网络信息组织的基本问题，对传统信息组织方法在网络信息资源组织方面的应用与发展做了分析；其四，作者结合理论基础，从实践的角度对信息组织系统的建设问题做了总结。

自由分类法实例研究　袁志秀，《图书情报工作》，2008 年第 9 期。本文为"总 – 分 – 总"式结构。文章开头部分，作者综述了国内外众多学者对自由分类法的研究，着重介绍了国内研究者对于自由分类法同传统信息组织方法关系的一致的观点。其中"分"的部分为纵深推论式，依次论述了自由分类法实例研究的方法和内容、实例样本数据选取、数据实例分析、中英文自由分类法标签特征的比较四部分内容。最后，作者总结了实例研究的主要结论，包括自由分类法的概念和特征、中英文自由分类法的语言特征、自由分类法对于幂律分布的遵循及自由分类法同传统信息组织方法的主要区别等。

《中国分类主题词表》（第二版）的变化及使用　毛慧，《图书馆工作与研究》，2008年第10期。本文为"总－分－总"结构。其中"分"的部分为纵深推论式，包括《中国分类主题词表》修订的必要性、《中国分类主题词表》（第二版）的变化与特点、第二版存在的一些问题及其使用四部分内容。第二版对原版做了一些增删减的变动，完善了主题词排列顺序，选词更加简练，增设了电子版检索人名、地名、机构名及文献名等名称主题，个别主题词在两个版本中出现了反复的变更。另外，新版本对标引人员提出了敏锐性与主动性、注重比较与积累等的新要求。结语部分，作者总结指出，《中国分类主题词表》（第二版）由于受编制客观条件的约束，难免的会存有一些问题，还需对其做进一步的完善，但总的来说，修订后的版本已是世界规模最大和收词最多的分类主题一体化词表，也是我国使用最为广泛的分类语言与主题语言相互兼容互换的检索工具，我们要更充分、更深入地发掘其一体化标引的功能与价值。

面向信息共享的信息分类编码及其管理系统研究　古发辉、赖路燕、李雯，《情报杂志》，2008年第11期。本文为"总－分－总"结构。其中"分"的部分为纵深推论式，包括信息分类编码相关原理、面向信息共享的信息分类编码工作流、面向信息共享的信息分类编码标准体系构建、面向信息共享的信息编码结构模型及系统设计与实现五部分内容。总括全文，作者强调指出，面向信息共享的编码管理系统，其业务流程清晰，界面友好，建立了多个代码子系统，经过企业的试用，反馈效果十分好。作者认为：其一，面向信息共享的信息分类编码工作流能指导企业实施信息分类编码；其二，以"职能域－编码对象域－信息粒度"为基础构建的面向信息共享编码标准体系比较适合企业信息化建设的需求；其三，基于统一信息组织构建的面向信息共享的柔性编码结构模型，实现了企业的统一编码；其四，编码管理系统通过规则制定和审核机制有效地动态管理信息编码，既降低了误码率，又很好地控制了编码的唯一性。

图书馆政府信息组织与服务　程真，《图书馆建设》，2008年第12期。本文为纵深推论式，包括政府信息与政府文献、政府文献资源分布与收集、图书馆中政府信息的组织、图书馆政府信息服务及建立图书馆政府信息服务体系五部分内容。作者指出，图书馆为向公众提供政府信息的重要地方，政府的信息资源整合与向公众提供政府信息服务均需要图书馆、政府网站及政府行政机构协同合作才能很好地完成。另外，建立政府信息服务系统与合作制度还需要充分考虑市场化运作的商业机构的作用，真正实现政府部门、公共服务部门与商业机构的分工合作，以为全社会的各类用户提供既完整又权威的政府信息及符合公众需要的政府信息服务。

面向主题的 www 信息的分类系统的设计与实现　黄意珊，《中国科技信息》，2008 年第 16 期。本文针对由于互联网技术的飞速发展而产生的互联网用户收集和分析网络上与特定主题有关的网页文本变得越来越困难这一难题，提出了新的面向主题的万维网信息的分类系统（WICS）。这一系统能够高效率地收集网页，进一步进行信息分类，最终能够将搜索的结果呈现给系统用户。文章以典型的 www 搜索引擎为基础进行分析，介绍了如何进行 Web 文本挖掘与在系统中的运用。在原型系统中使用了文本的预处理与索引、倒排文件以及向量空间距离测度等技术、算法。初始实验结果表明，使用原型系统来进行 Web 信息的分类，为用户获取大量相关信息提供了很大的便利，同时提高了搜索结果的相关性及精确度。

地方政府公开信息分类及核心元数据研究　陈剑波，《情报杂志》，2009 年第 1 期。本文为"总-分-总"结构。文章开头部分，作者系统阐述了国家颁布的政府信息公开的标准与规范文件，指出整个政府信息公开工作中十分关键的是对政府信息公开的目录体系进行定义。其"分"的部分为纵深推论式，包括：相关概念、规范和标准；宁波市政府公开信息分类；宁波市政府公开信息核心元数据；与国家规范、标准的比较。本文是以宁波市政府的信息公开指南与公开目录编制实践为例的，通过研究政府公开信息分类方法与核心元数据描述，与国家相关规范和标准的比较分析，重点探讨现今各级地方政府信息公开目录体系的编制模式。

2007 年国外信息组织方法与技术研究进展述评　姜晓曦，《图书馆建设》，2009 年第 1 期。本文为"总-分-总"结构。其"分"的部分为横向分论式，作者从传统分类理论的研究进展、构建叙词表的标准及过程、元数据的研究进展、语义网的研究进展、知识网格、搜索引擎及 Web2.0 环境下的信息组织技术八个方面论述了 2007 年国外信息组织方法和技术的研究进展情况。本文最后，作者概述了 2007 年国外信息组织研究的特点，并据此对未来信息组织发展的趋势做了预测：其一，对新技术的依赖性越来越强；其二，元数据的应用将会更加广泛与深入；其三，信息组织的方式方法将会发生巨大的变化。

西文图书分类标引探析　吴丽坤，《晋图学刊》，2009 年第 1 期。本文为"总－分－总"结构。文章开头部分，作者概述了西文图书的编目业务及其重要性，着重阐述了主题性编目中的分类标引问题，指出我国高校图书馆是基于《中图法》（第四版）对西文图书进行准确分类标引的。本文"分"的部分为横向分论式，分别论述了西文图书标引时要注意的一些问题，如耐心和细致、注意查重、根据各馆实际情况具体分析等。最后，作者进一步强调了西文图书分类标引的重要性，并指出编目员需更加严谨地钻研业务，不断地提高语言能力和扩充自己的知识储备，以保证西文图书分类标引的准确。

信息组织与信息构建　刘伟、郝俊勤，《情报资料工作》，2009 年第 1 期。本文为"总－分－总"结构。文章开头部分，作者对信息构建和信息组织进行了概述，涵盖了信息构建的提出、信息构建的定义、信息建筑师及信息组织等内容。其中"分"的部分属于横向分论式，包括信息组织与信息构建一致性分析、信息组织与信息构建差异性分析、信息组织和信息构建与情报学的关系三部分内容。作者对信息构建与信息组织之间的关系做了具体的比较分析，认为二者在本质、研究对象及研究目的上具有一致性，在产生的社会背景、所采用的技术方法及二者与情报学的关系方面存在一定的差异性。总括全文，作者强调指出信息构建和信息组织是辩证统一、相辅相成的，二者要不断与时俱进，协同为人类更好地理解和利用信息服务。

基于《中图法》的网络农业信息分类编码研究　魏清凤、贺立源、黄魏、余秋华、门玉英，《情报学报》，2009 年第 1 期。本文为"总－分－总"结构。文章开头部分，指明了构建网络农业信息分类体系的重要性，指出当前网络信息分类主要有利用传统的文献分类法进行网络适应性改造而形成的分类体系与全新的分类体系两种途径，特别是以"华中农业信息网"的信息为实验材料，探讨合理的分类方案，获取初步的分类编码体系。"分"的部分为纵深推论式，内容有网络农业信息归类及其分类特点、《中图法》在网络农业信息组织中的优势和局限、《中图法》在网络农业信息分类中的应用改良、基于《中图法》的网络农业信息分类编码方案四部分。结论部分，作者强调指出，本分类体系实用性较强，信息管理能力好，易用可行，能有效提高信息利用率，有助于网络农业信息标准化的实现。

基于模糊集贴近度的文本信息分类器分辨率改进算法研究　李子叶、王亚刚、郭菊娥、席酉民，《管理工程学报》，2009 年第 1 期。本文为"总－分－总"结构。引言部分，着重对分类器的分辨率问题做了概述，并指出现有的模糊集贴近度的分类器分辨率会随模糊集中元素数量的增多而骤减，需要对其做进一步的改进。"分"的部分为纵深推论式，包括基于现有模糊集贴近度的分类器分辨率辨析、模糊集贴近度分类器分辨率改进方法构建、算例三部分内容。总括全文，作者在结论部分强调指出，改进后的计算模型有效提升了分类器的分辨率，并且算法简单可行，具有较好的实用性，使得用户能够更有效、快速地发掘散布在文本信息中的有价值知识，大大提高了信息的利用率。

数字图书馆的知识组织系统：从理论到实践　王军著，北京大学出版社，2009 年 1 月。本书分上、中、下三篇，共十三章。上篇介绍了集成传统知识组织资源，构造数字图书馆的知识组织系统，具体内容有引言、图书馆中的知识组织工具、数字图书馆知识组织模型、基于传统知识组织资源构建本体、DLKOS 支持下的服务及网络知识组织系统。中篇介绍了词表的自动丰富机制研究，内容有中国分类主题词表的自动丰富与 ADL 地理特征词表的自动丰富。下篇阐述了图书分类法自动分类研究，内容包括图书分类法自动分类、数据分析、实验环境的优化、分类法结构的改造、讨论和展望。书后附录包括原始类树中的类分布、改造后的类树中的类分布及交互 DDC 自动分类系统等内容。本书基于深入浅出的理论分析，指出了若干原创性的解决方案，并充分验证了这些方法的实用性及推广价值。本书可谓国内在数字图书馆知识组织系统方面的首本专著。

图书分类号不一致问题分析　徐卫宝，《图书情报工作》，2009 年第 S1 期。本文为"总－分"结构。"总"的部分，阐述了图书分类的重要性，并指出实践中依据《中国图书馆分类法》（第四版）进行图书分类存在同类书取号不一致的问题，特别以南京师范大学泰州学院图书馆的分类实践为例，探讨图书分类号不一致的原因与解决办法。"分"的部分为纵深推论式，作者从分类错误、分类前后不一致及分类粗细不一致三个方面分析了致使图书分类号不一致的原因，又针对这些原因从三个方面提出了解决图书分类号不一致的具体办法：工作管理的人性化与制度化、图书馆人员学习的常态化、本馆《中图法》使用说明的书面化等。

马克思主义在中外图书分类法中的列类研究：演变和进展　侯汉清、黄建年，《中国图书馆学报》，2009 年第 2 期。本文为"分－总"结构。"分"的部分为横向分论式，分别论述了马克思主义列类的历史演变、关于设置马列大类的争论及中外分类法对马克思主义的列类和处理三部分内容。总括全文，作者在结语部分总结了中外图书分类法或分类体系处理马克思主义文献的特点：把马克思主义当作一门科学或思想流派处理；采取中性原则，依据马克思主义发展的时间次序或地区进行排列；考虑马克思主义本身存在的不同流派，做出恰当的处置；考虑马克思主义和其他学科的交叉，通过设置交替类目等措施解决相关资料集中与分散问题；与时俱进，不断改进同马克思主义相关的类目体系与类目设置；等等。另外，作者特别指出，《中国图书馆分类法》的修订要坚持中性原则，降低意识形态的倾向，借鉴各家所长，发行世界主要语言的版本和多语种对照的版本，尽可能早地对 A 大类做实事求是的改造，以为更多的国家与地区所用。

《中国图书馆分类法》（第四版）食品工业类目设置问题探讨　张静、史淑君、张海玲，《图书馆建设》，2009 年第 2 期。本文为"总－分"结构。"总"的部分，指出本文通过对天津图书馆学会《中国图书馆分类法》TS 类修订调研小组对于 TS 相关类目的使用与标引情况的调研，阐述了《中国图书馆分类法》（第四版）食品工业文献在类目设置中存在的问题，并且提出了相应的修改办法。"分"的部分为横向分论式，主要内容有：类目设置滞后，注释不完全，交叉学科（技术）归类难问题；类目设置简单粗浅，不能反映目前日益发展的新学科和新主题；类目名称含义模糊，立类不明问题；相关关系类目辨类模糊，注释不够明确，专指度不高的问题等。

《中图法》可视化研究　靖培栋，《中国图书馆学报》，2009 年第 2 期。本文为"总－分－总"结构。文章开头部分，指明了《中图法》的重要作用，对《中图法》分类体系的可视化研究做了系统的概述：先采用

XML 技术对《中图法》分类体系进行存储，再利用 Java 与 DOM 实现该分类体系的截词检索，集成双曲树模式和普通树型，采用普通模式与长类名模式，将鼠标停在显示区域内的节点上显示检索结果。"分"的部分为纵深推论式，内容包括层次信息可视化、信息可视化流程、《中图法》可视化检索系统的实现、系统功能与可视化效果四部分内容。最后结语部分，作者进一步强调指出，建立的《中图法》可视化检索系统有效提高了《中图法》的使用效率，还能够激发用户的使用乐趣。

关于《中国图书馆分类法》（第四版）军事类修订的几点思考　王春生，《图书馆建设》，2009 年第 2 期。本文为"总 – 分"结构。"总"的部分，指出结合 10 年来《中图法》军事类使用的体会，为其修订提出若干建议。"分"的部分属于纵深推论式，包括两大部分内容。其一，《中图法》军事类修订需要解决的主要问题，即新出现的学科无法归类、部分类目设置不尽合理及与其他大类类目设置协调不当等；其二，类目修改的具体建议，即信息战、网络战及"三战"等类目的设置，军队政治工作类目的调整，E07 的类目设置的调整及国家安全和国家战略的类目设置等。

图情博客信息的组织管理研究　陈恩满，《图书馆建设》，2009 年第 2 期。本文为"总 – 分 – 总"结构。文章开头部分，指明了博客的重要作用，对图情博客资源的组织与整合做了概述。"分"的部分为混合式，前三部分为横向分论式，分述了图情博客信息组织的三种形式：图书馆图情博客新闻聚合、图情博客圈及 e 线图情博客。后两部分为纵深推论式，包括三种图情博客信息组织管理形式的对比分析、对图情博客资源组织管理的建议等内容。总括全文，作者在结语部分指出，对图情博客信息资源进行有效的分类管理，方便搜索查找与订阅以及屏蔽和管理，使其成为真正图书馆学意义上的资源，能促进图书情报事业的发展。图情领域的工作者应发挥自身的优势，把图情博客信息资源组织好，让更多的人受用。

网络世界的信息组织　周晓英、曾建勋，《情报资料工作》，2009 年第 2 期。本文为"总 – 分 – 总"结构。文章开头部分，指出网络世界的信息形式和信息技术发生了根本的改变，其信息组织问题成为研究热点。"分"的部分为纵深推论式，包括网络世界信息组织的挑战和目标、网络世界中的信息关系、网络世界如何发现和组织信息三部分内容。最后结论部分，作者总结了本文主要研究的两大问题：其一，网络世界的信息组织需深刻分析信息关系，基于信息关系组织信息才能应对网络信息管理的需要，从而有所创新和发展；其二，网络世界发现、组织以及获取信息可从内容、网站和网络三个层面考虑，优化三个层面的信息组织才有望形成更好的信息环境，为用户利用信息提供方便。

综合科技信息组织的理念与实现方法研究　宋文、孙坦，《中国图书馆学报》，2009年第2期。本文为"分－总"结构。其中"分"的部分为纵深推论式，包括综合科技信息的概念和内涵、综合科技信息与知识服务、综合科技信息组织的方法与技术、综合科技信息系统概念框架四部分内容。作者指出，综合科技信息应用的技术方法有本体技术、语义门户技术、Web Service技术及Web信息采集技术，该系统的概念框架为包含数据集成层、存储层与Web服务层的三层结构。结语部分，作者进一步强调指出，综合科技信息是一个全新的研究与建设领域，呼吁图书馆界与信息技术界的人员一起为建设一个更加丰富、方便和快捷的信息环境努力。

台湾地区文献分类法厘定特色探析　黄建年，《大学图书馆学报》，2009年第3期。本文为"总－分－总"结构。文章开头部分，概述了台湾地区主要的文献分类法，这些分类法或由台湾本土发明，或是台湾多次修订的，通过探究其厘定特色，以了解台湾地区文献分类法的发展源流，为大陆地区文献分类法的修订提供参考与借鉴。"分"的部分为横向分论式，逐一详述了台湾地区文献分类法厘定的特色，包括：传承有自，推陈出新；中立为本，凸显主体；文化承传，中西融合；体例完善，工具齐全；技术革新，开放存取；厘定频繁，个人主导。

《中国图书馆分类法》（第四版）音乐类J6问题探讨　景月亲，《图书馆建设》，2009年第3期。本文为"总－分－总"结构。文章开头部分，概述了《中图法》在音乐专业图书馆的应用。"分"的部分采取横向分论式，论述了《中国图书馆分类法》（第四版）音乐类J6存在的问题。一方面是关于类目体系的问题：类目设置不均衡、划分较粗和列类太少；类目注释欠严谨；类目设置欠缺前瞻性。另一方面是关于内容与形式特征的统一问题，涉及开本、记谱法、伴奏形式等几种形式特征。对于上述问题，相应的措施有：在类目设置方面，需根据不同的学科做不同的类目处理；在类目注释方面，需增设相应的专史类目，使其具有严谨性与前后呼应的意义；在类目设置前瞻性方面，需了解音乐学科和音乐创作的现状，预测其发展的趋势，以体现必要的前瞻性；在内容与形式特征的统一性方面，应当体现乐谱文献的外部特征，以实现分类法的内容和形式的结合统一。结语部分，作者又谈论了音乐专业图书馆争议比较多的关于乐谱、音响/像资料使用相同分类法的问题，指出重点要解决好《中图法》音乐类对于音乐书谱文献的适应性问题，并继续对其做适当的修订和改进。

信息组织及其与主题编目等的关系　王松林，《图书馆杂志》，2009 年第 3 期。本文共有三部分内容，包括国内外信息组织研究的差异、差异分析及与主题编目等的关系、结语。国外的信息组织侧重于元数据的研究，而国内的信息组织则重点研究主题编目问题。本文比较了国内外信息组织研究的差异，分析了差异产生的原因，并理清了信息组织同主题编目等的关系。

Web 2.0 环境下网络信息的组织　王卫军，《中国科技资源导刊》，2009 年第 4 期。本文为"总 – 分 – 总"结构。引言部分阐述了信息组织和网络信息组织的定义，对 Web 2.0 进行了概括论述。"分"的部分为纵深推论式，包括 Web 2.0 环境下的信息组织方式、Web 2.0 环境下网络信息组织的变革、需要关注的几个问题三部分内容。作者认为，Web 2.0 环境下网络信息组织的变革有：信息组织方式多元化；以"微内容"为基础的信息组织；强调"人的关系"在信息组织中的作用；网络信息的自组织性。另外，Web 2.0 的信息组织还要关注网络信息的深层次挖掘问题、Web 2.0 信息组织中引入语义的问题以及用户的积极参与和信息组织的效率问题等。结语部分，作者进一步强调指出，在 Web 2.0 环境下，要重点关注庞大信息有效组织的问题，要重视 Web 2.0 包含的以用户为中心、去中心化理念的重要影响。

中国竹类文献分类与分析研究　许易琦、董文渊，《竹子研究汇刊》，2009 年第 4 期。本文为"总 – 分 – 总"结构，在"总"的部分，作者首先介绍了本文写作的社会背景的写作目的，提出我国对于竹类的研究还不足的现状。在"分"的部分，作者采用纵深推论式，分别介绍了研究材料与方法、研究结果与分析两方面内容。作者运用文献计量学的原理和方法，研究了中国期刊全文数据库和数字化期刊全文数据库中 1988～2007 年的 1687 篇竹类文献，探讨了竹类文献的年代分布和主题类型分布。采用定性方法，构建了竹类文献分类系统，以发表在不同级别期刊的文献比例作为竹类文献的重要值，并分析了各类别文献的研究重点和研究热点。在最后，作者进一步指出，我国竹类研究工作水平不断提高，但在遗传引种驯化和良种繁育领域存在空白，需要加强此类研究以更好地指导竹类产业的发展。

网络信息的分类　李淑珍，《山西大同大学学报》（社会科学版），2009年第4期。本文为"总－分－总"结构，在"总"的部分作者说明了本文的写作背景和写作目的。在"分"的部分，作者采用纵深推论式，包括网络信息分类的特点、网络信息与传统文献信息分类比较、网络信息分类存在的问题三方面内容。随着网络的迅速普及和发展，网络信息数量激增且种类繁多，对网络信息进行科学和系统的分类至关重要。作者认为，网络信息具有高度动态性的特点，与传统文献信息有很大差别。目前网络信息存在类目划分不合逻辑、大类设置欠缺及类目级数不合理、分类缺少提示和分类代码、类目名称不规范等问题，因此，构建统一的网络信息分类法应该使计算机人员与图书情报人员结合，以现有的传统文献信息分类体系为基础，遵循面向网络信息资源、面向网络技术环境和面向网络用户的原则。作者指出，网络信息分类系统仍处于初级阶段，因此要结合网络信息的通用性、直接性和动态性等特点，以建构科学、规范、方便、实用的网络信息分类检索系统。

关于环境科学文献分类的研究　白国应，《山东图书馆学刊》，2009年第5期。本文的结构为"总－分"形式，在"总"的部分，作者提出环境科学的发展是人类对环境认识的一次飞跃，总结了环境科学的概念和内涵。在"分"的部分，作者采用纵深推论式，分别介绍了环境科学文献的分类标准、环境科学文献的分类体系、环境科学文献的分类方法三方面内容。作者认为，从目前情况来看，环境科学的内容包括环境科学基础理论、社会与环境、环境保护管理、灾害的防治、环境污染及防治、废物处理与综合利用以及环境质量评价与环境监测七个方面，它虽然历史很短，但研究内容丰富，对人类影响巨大。作者将环境科学文献的分类标准分为15种，提出其分类需注意集中与分散的问题，注意区别基础理论与基础学科、环境卫生与环境保护，并掌握关于灾害文献、环境污染文献和环境质量评价文献的分类方法。

信息组织（第2版）　戴维民主编，高等教育出版社，2009年5月。

从书名为"面向 21 世纪课程教材"。该书是教育部高等学校图书馆学学科教学指导委员会统一组织编写的图书馆学专业核心课程系列教材之一。笔者根据现代信息资源的特点与信息检索的要求，对信息组织的方法作了系统全面的描述，内容包括信息组织的基本原理、现代信息组织的背景和要求、信息组织分类法、信息组织主题法、网络信息组织、信息组织集成法、信息内容分析与标引、数字图书馆信息组织、信息组织中的自然语言应用、信息组织的历史发展及未来趋向。第二版修订时，结合近几年信息组织理论与技术的发展进行了及时更新和校订，尤其是对网络信息组织、自然语言信息检索方法等发展迅速的领域进行了较大篇幅的增补，较为全面地反映了信息组织最新的理论与方法。此书的特点是理论与实践紧密结合，既面向现实也展望未来，将传统文献组织与现代信息组织融为一体。书后所附中外重要信息组织工具简介、信息组织相关的网络资源指南和"信息组织"课程推荐书目，可以作为教学参考的资料。

一种复合型高校图书馆有专业特色的信息组织工作模式　周永忠、龙斌，《黄冈师范学院学报》，2009 年第 6 期。本文的结构为纵深推论式，内容包括当前我国高等学校图书馆计算机管理的现状、高等学校图书馆对信息资源特色化建设的对策和方式两个方面。文章研究了复合型高等学校图书馆数据库管理系统环境，阐述了传统的 CNMARC 编目的局限性、特色库的建设问题以及新技术 OPENURL + OPAC 的问题等。作者建议联合使用传统自动化编目方式和现代网络编目方式来构造具有专业特色的集成数据库管理系统。通过借鉴国内外网络资源编目经验，根据网络技术未来发展的前景，作者探究了 MARC 和元数据对构造特色数字化图书馆的积极作用，并提出了针对该集成系统的基于网络的编目解决方法，有助于图书馆工作效率提升。

《中国分类主题词表》的 SKOS 描述自动转换研究　刘丽斌、张寿华、濮德敏、任瑞娟、米佳，《中国图书馆学报》，2009 年第 6 期。本文的结构为"总–分–总"形式，在总的部分作者介绍了 SKOS 的含义、属性和作用。在"分"的部分作者采用纵深推论式，分别探讨了《中国分类主题词表》及其网络化、《中国分类主题词表》电子版自动转换为 SKOS 描述的构想及其具体实现方案三方面内容。SKOS 是基于传统分类法、主题词表等组织、检索网络信息，并应用网络语义表示的推荐标准，为知识组织系统提供了一套语义 Web 环境下简单灵活的描述和转换机制，目的是资源的共享和重用，因此非常适合《中分表》的网络化改造。作者提出，首先可以用 Java 语言编写内容提取《中分表》电子版中的程序词间语义关系、分类号、主题词和注释，将这些信息存储在关系数据中，接着利用 SQL 语言从数据库中提取相关字段，用 Java 语言写入 SKOS 描述的对应标签中，从而形成自动转换的 SKOS 描述代码。在结尾处，作者指出 SKOS 不仅能避免重构本体的繁杂，又可有效地利用传统知识组织的成果，比基于受控词表直接构建领域本体要简单容易，但我们仍需进一步研究对《中分表》的附录部分在语义环境下如何实现 SKOS 描述和自动转换。

心理学学科分支体系与其文献分类研究　张琴，《晋图学刊》，2009 年第 6 期。本文的结构为"总－分－总"形式，在前言部分，作者介绍了心理学分类的依据，概括了基础心理学和应用心理学的含义及内容。在"分"的部分作者采用横向分论式，分别详细介绍了基础心理学文献的分类以及应用心理学文献的分类两个方面内容。心理学分为基础心理学与应用心理学两类。基础心理学包括理论心理学、认知心理学、生理心理学等，而应用心理学包括教育心理学、医学心理学、商业心理学等，它们各自以不同主题进行了有所侧重的研究。作者认为，心理学的众多分支之间相互联系使心理学文献的分类相对复杂，因此理顺心理学各学科分支之间的相互关系有助于对心理学文献进行准确的分类标引。

主题网关的发展趋势研究　郭鸿昌，《兰台世界》，2009 年第 6 期。本文的结构为"总－分－总"形式。在前言部分，作者介绍了主题网关开创的背景及意义。在"分"的部分，作者采用纵深推论式，分别介绍了主题网关的相关概念、主题网关的特点及主题网关的发展趋势。作者认为，随着人们对网络学术信息资源的需求日益迫切，优化的网络信息资源组织的发展成为关键。主题网关便是一种新兴的网络信息资源组织和服务模式，具有针对性、可靠性、集成性、智能性和知识性的特点。经过十几年的发展，主题网关的建设初具规模，具有合作化、资源集成化、个性化、人性化、互相操作性和可视化的发展趋势。我国应加强国际合作，积极研究主题网关的开发，为我国科学事业做出更大贡献。

面向数字环境的《中图法》通用复分表修订思考　薛春香、侯汉清，

《中国图书馆学报》，2009 年第 6 期。本文的结构为"总－分－总"形式，在"总"的部分，作者说明了《中图法》历来对通用复分表修订的局限性，指出本文的写作角度。在"分"的部分，作者采用纵深推论式，介绍了通用复分表在数字环境中的应用、《中图法》通用复分表现状及问题和修订的策略三部分内容。作者认为，文献分类法的分面组配化趋势的加强推动了传统分类法在数字环境中的应用，编制通用复分表便是体系分类法分面化改造的重要措施之一。通用复分表使信息组织粒度细化，使文献分类从一维走向多维，并从单一检索入口向多入口方向发展。通用复分表的编制可以节省主表篇幅、增加类表的灵活性、增强分类法的内在规律性，但目前《中图法》通用复分存在类型偏少、缺乏独立实用性、分类程度不够等不足。因此，作者建议采用扩大类目复分范围、增加揭示维度、增加操作灵活性、细化复分表和注重与其他分类法的兼容性的方法加以修订。

基于《中图法》的多层次自动分类影响因素分析 何琳、刘竟、侯汉清，《中国图书馆学报》，2009 年第 6 期。本文的结构为"总－分"形式，在"总"的部分，作者说明了自动分类技术的重要作用和本文的写作主题。在"分"的部分，作者采用纵深推论式，分别介绍了多层自动分类的意义、基于《中图法》的多层自动分类原理、自动分类的影响因素和讨论四部分内容。自动分类是信息检索与数据挖掘领域的研究热点与核心技术，它应用广泛，但迫切需要升级。作者基于《中图法》多层分类的研究成果，提出多层自动分类原理，并科学分析了数据集、特征词选择、分类算法、分类体系和评估方法等因素对多层自动分类的影响。在最后，作者还详细探讨了《中图法》对自动分类的适应性，稀有类别的处理，知识库的更新，以及明显正确或错误数据的"标注"和标准数据集等问题。

藏族文献的分类方法 泽仁拥金，《康定民族师范高等专科学校学报》，2009 年第 6 期。本文结构为"总－分"形式，在前言部分，作者阐述了少数民族文献事业发展的进程，尤其是藏族的文献资料已形成了自己独特的分类法。在"分"的部分，作者采用纵深推论式，分别介绍了藏族传统文献分类法和近现代藏族文献分类的发展两部分内容。藏族在其漫长的发展历史中，创造出了独特的藏文化，卷帙浩繁且内容丰富的藏文文献代表了其杰出的思想文化和科学成就。藏民族为了更好地收集整理和保护藏文文献，创造了独特的分类法。作者依据多年所收集的资料，结合自己的知识经验，总结了藏族文献的分类方法，包括按文献历史顺序、按著述内容以及按藏族佛教文献和世俗文献进行分类，旨在帮助读者了解藏族文献内容，方便读者查阅与检索。

《中国图书馆分类法》组织民族古籍的可行性、局限及其改造 李敏，《图书馆建设》，2009 年第 7 期。本文的结构为"总 - 分"形式，在"总"的部分，作者交代了改造《中图法》的必要性和重要性。在"分"的部分，作者采用纵深推论式，分别探讨了《中图法》组织民族古籍的可行性、《中图法》组织民族古籍的局限以及《中图法》的改造三部分内容。作者认为，《中图法》用于分类组织民族古籍具有得天独厚的优势，其通用性和权威性为实现民族古籍共享提供了社会基础，其综合性为民族古籍分类实践提供了基本条件，《中图法》的科学分类原理也被应用于民族古籍分类。但由于《中图法》是为现代文献的组织、检索而编制的，它的民族文献类目过于分散和笼统，还不能完全适应民族古籍的归类、排架和检索效率。因此，改造《中图法》，需要使其增设类目和交替类目，并增加类目注释，还需更多的学科学者、分类法研究人员和文献实践工作者的共同努力。

对《中国图书馆分类法》（第四版）沿革注释符号"{}"使用的实例分析 陈立华，《图书馆建设》，2009 年第 7 期。《中国图书馆分类法》（第四版）首次运用沿革注释，引入"{}"符号，使用户非常容易了解新版分类法，并且能够便捷地利用新版分类法对藏书进行重新分类。本文作者详细论述了对"{}"符号的设置与"{}"符号中规定的内容的见解，具体包括以下九个部分：停用的类目内容和改入的类目内容不一致；停用的类目内容应保留，不应改入上位类中；类目停用后，归入的类目位置不妥；类目应保留，归入的类目位置不妥；类目停用，改入相应类目位置后，原类目改为上位类；类目应保留，停用符号取消；类目应保留，类目内容应做必要修改；类目的各下位类有的应停用，有的应保留；类目停用之后，影响到其下位类的排列，下位类应当随停用类目的变化而发生改变。

数字图书馆的信息组织与信息服务技术 罗红汉，《农业图书情报学刊》，2009 年第 7 期。本文的结构为"总 - 分 - 总"形式，在前言部分作者介绍了数字图书馆的建立背景和对信息资源组织的重要作用。在"分"的部分，作者采用纵深推论式，分别阐述了数字图书馆的研究现状、信息组织和信息服务三部分内容。互联网的快速应用与发展推动了数字图书馆的产生，而数字图书馆是解决网络信息过载的重要途径，也是资源共享和知识发现的关键。我国数字图书馆起步较晚但发展迅猛，而现在对数字图书馆信息资源进行组织与描述是图书情报学界需要解决的问题。作者认为，数字图书馆要重视信息的发现与选择、描述与揭示、整合与集成等信息组织程序，并创建具有个性化、主动性、时效性和以用户为中心的信息服务体系，这样才能推动建设高效灵活的数字图书馆系统，更好地为读者服务。

《中文新闻信息分类与代码》定量测评　孟英、肖宇锋、侯汉清，《图书馆理论与实践》，2009 年第 10 期。本文的结构为"总－分－总"形式，在前言部分作者阐述了《中图法》和《新闻表》的基本性能，提出要从定量分析的角度测评两者的优劣。在"分"的部分，作者采用横向分论式，包括基于类目数量的比较和基于类目质量的比较两方面内容。作者通过类目数量比较，认为《中图法》的类目更丰富，专用复分表数量多，适用性更强。然而《新闻表》复分表设置比《中图法》更具有专业性，体现了新闻信息的特征。又从类目质量角度做比较，得出结论：《新闻表》的交替度明显比《中图法》大，体现了新闻信息分类的灵活性强，便于用户选择使用；《新闻表》的参照度略小于《中图法》，《中图法》的适应性更强；《新闻表》的注释表达更清楚、详细。最后作者建议应当继续实践、研究和探索以促进《新闻表》的充实与完善。

从信息组织视角解析 CNKI　包冬梅，《图书情报工作》，2009 年第 10 期。作为中国国家知识基础设施的 CNKI，多年来得到了大力的发展，无论在资源数量、检索平台功能、信息组织水平还是信息服务方面都取得了长足的进步，为我国数字图书馆的建设与发展树立了典范。该文从信息组织的视角对 CNKI 知识网络服务平台分别从微观（基于知识单元的知识元链接组织和概念关系词典技术）、宏观（资源集合的导航组织和检索结果集合后处理组织）、中观（基于文献单元的引文链接组织）等层面进行剖析，认为 CNKI 提供一个相对比较完善和深入的数字图书馆信息组织方法体系，可作为我国数字图书馆信息组织的典范。文章最后期望 CNKI 通过优化信息组织能够提供更高质量的知识服务。

《中国少年儿童文献分类主题词表》人物主题词之不足　秦孝娥，《图书馆学刊》，2009 年第 11 期。本文是"总 – 分"结构。在引言部分，作者指出，为了方便对人物从生平事迹、传记方面进行主题标引和分类标引，《中国少年儿童文献分类主题词表》在"主题表"中增添了人物主题词——分类号对应的款目词，达到了很好的效果，然而该表所列人物主题词在人物收词的权威性、代表性、全面性以及人物注解的客观性、准确性、规范性等方面都存在不少纰漏。该文第一部分主要探讨了该表在人物收词上的漏金遗珠，第二部分指出了一些注释方面存在的瑕疵，笔者还对这些遗漏和瑕疵择要予以增补、更改或纠正，以供修订时参考和借鉴。

《中国图书馆分类法》（第四版）TP3 类目设置与注释的探讨　王冠华，《图书馆建设》，2009 年第 11 期。相对于计算机行业的快速发展，出版已达 10 年之久的《中国图书馆分类法》（第四版）计算机技术、TP3 计算技术的类目设置显得落伍和注释不恰当。该文就一些难以入类的计算机类文献及类目的合理设置和注释进行探讨，为《中图法》的修订提供参照。笔者认为，《中国图书馆分类法》（第五版）应针对 Windows 操作系统、嵌入式系统、程序语言、算法语言、计算机考试、软件工程等类文献在编目工作中入类时产生的问题，修改相应类目并添加注释，从而能更好地满足文献分类工作的实际需要。

《中国图书馆分类法》（第四版）地区复分表的改造　周冰、侯汉清，《图书馆建设》，2009 年第 11 期。本文共分为四个部分。第一部分探讨了《中图法》地区表存在的问题和《中图法》（第四版）地区复分表存在的类目粗略、分类烦琐复杂、类目设置不合理等问题。第二部分主要介绍了《中图法》地区表改造方案，针对其存在问题，笔者提出采用字母改造方案，改造方法包括：采用原复分号加一至二位字母标记的方法进行类目加细；对被分散列类的国家类目进行改造；统一使用标识符号，附录地名表等。第三部分主要讨论了改造方案，实例分析表明，字母改造方案具有较强的实用性。第四部分对文章进行了总结，肯定了改造方案，同时认识到方案还存在需要改进的地方。

关于使用《中分表》电子版标引文献若干问题分析　李楠，《图书馆建设》，2009 年第 11 期。该文包括四部分，分别是《中国分类主题词表》

的功能特点、《中分表》的使用方法、《中分表》存在的问题及解决办法以及最后的总结。《中国分类主题词表》由于其科学、高效、便捷、实用等特点受到文献标引人员的认可，它具有丰富的超文本链接功能、多样化的检索功能、友好的用户界面和帮助系统及显示、接口、浏览等功能。但《中分表》电子版中也存在一些问题，主要包括：违反主题词选取专指性原则及主题词概念组配原则；主题标识控制不够严谨，选词不够规范；主题词串排列顺序有误等问题。尽管如此，随着不断修订与完善，《中分表》必将更好地为文献标引人员服务。

我国林业电子政务网站信息分类模式研究　吴胜、张智光、张长江，《图书情报工作》，2009 年第 11 期。我国林业电子政务网站的现状要求对我国林业电子政务信息分类模式展开研究。该文对我国国家林业局及 28 个省林业厅网站进行了实证研究，研究结果证实：主题、原型、功能、实现、对象、地域、时间、角色八种网站信息分类模式是网站比较常用的信息分类模式；按其使用频率的递减顺序排列，依次是主题、原型、功能、实现、对象、角色、地域、时间；其中，主题、原型、功能是最常用的模式，实现模式也逐渐受到重用；与美国农业部等美国电子政务网站相比，我国林业电子政务网站对角色模式的使用较少。

面向个性化服务的信息组织本体模式　司徒俊峰、曹树金，《情报理论与实践》，2009 年第 11 期。本文共四部分内容，主要包括个性化服务的信息组织、本体与个性化服务信息组织、面向个性化服务的信息组织本体模式、结束语等。作者基于对当前个性化服务信息组织的特点与模式的总结，提出了一种基于用户本体与领域本体的面向个性化服务的信息组织模式，并在文中对资源描述、用户建模及信息重组三个模块的详细流程、描述语言与具体算法做了详述。

《中国图书馆分类法》A 类修订建议　邓福泉，《图书馆建设》，2009年第 12 期。《中国图书馆分类法》（即《中图法》）以罗列"马克思主义、列宁主义、毛泽东思想"等具体指导思想作为大类名称，在"依人列类"时没有预留足够空号的编制方法是不妥当的，因为它忽视了马克思列宁主义与毛泽东思想在我国社会主义现代化建设过程中的不断发展。该文认为，《中图法》（第四版）中，A 类现存很多问题需要修订解决，如类名不稳定、未留发展余地、类名冗长、编制技术运用不合理等。提出要对《中图法》中 A 大类名称进行彻底修订，建议一级类目需确保按人依次排列，其中，对具有共性的区分内容通过专类复分表来解决。

文献分类法主题法导论（修订版） 马张华、侯汉清、薛春香编著，北京图书馆出版社，2009 年 12 月。本书共十章内容，主要包括导言、检索语言原理、文献分类法、主题法、分类主题一体化词表、文献标引概述、分类标引与检索工具、主题标引和主题检索工具、自然语言标引与检索、知识组织系统及其在网络环境中的应用。作者指出，在信息大爆炸的时代，应当采取相应的文献控制方法对数量巨大且种类多样的文献信息资源进行处理和组织，从而使其能得到有效的使用，知识组织正是实现信息资源有效开发利用的关键之一。

受控词表的互操作研究 戴剑波、刘华梅（作者），侯汉清（丛书主编），东南大学出版社，2009 年 12 月。丛书名为"情报检索语言与智能信息处理"。近年来，随着网络应用技术的迅速发展和知识服务的深入研究，跨结构、跨语言的知识组织系统互操作问题已成为国际社会文献信息资源共建共享急需解决的问题。该书基于中国检索语言特点开展其互操作研究是具有重要意义的。实现不同词表和分类表之间的互操作越来越成为受控词表研究中亟待解决的问题之一。作者通过对国内外关于互操作研究进展的全面深入剖析，构建了《杜威法》与《中图法》的映射系统和教育集成词库的构建系统。笔者利用同现映射、基于结构的自动匹配、基于同义词表的映射、类目相似度计算等方法，实现了叙词表、分类表、自然语言之间的互操作，且在此基础上开展各种术语服务。此书是在大量真实数据集上展开实验研究，所开发的原型系统充分验证了这些方法的可行性和实用性。

文本自动标引与自动分类研究 章成志、白振田（作者），侯汉清（丛书主编），东南大学出版社，2009 年 12 月。丛书名为"情报检索语言与智能信息处理"。作为文本挖掘基础与核心技术之一，自动分类和自动分类技术具有重要的理论研究和实际应用价值。本书是国内第一本较为系统的介绍文本自动分类和自动标引的专著，总结了作者近年来在文本自动分类和自动标引上所做的研究与实践。全书共分为四部分。第一部分为基础部分，介绍了研究背景和研究意义，总体阐述了相关研究进展情况；第二部分介绍作者在自动标引方面的研究工作，主要包括文本分词技术及抽词词典构造、基于多特征选择及权值计算、自动标引中标引源权重方案确定；第三部分主要介绍基于《中图法》分类知识库的文本自动分类系统；最后一部分介绍了基于统计与规则相结合的文本自动分类系统。

《中文新闻信息分类与代码》复分表评介——兼与《中国图书馆分类法》比较　周冰，《图书情报工作》，2009 年第 15 期。《中文新闻信息分类与代码》是我国首部以国家标准形式颁布的新闻分类法，然而由于主表类目只有 5000 多条，所以复分表在提高标引能力方面具有重要作用。该文以新闻信息分类为例，详细全面地介绍了《中文新闻信息分类与代码》的复分表，并与《中国图书馆分类法》的复分表进行比较，比较之后发现《中文新闻信息分类与代码》复分表有鲜明的新闻特色，使用起来比较方便。同时也指出复分表中的一些可商榷之处并给出了相应的建议，供完善新闻分类法参考。

网络信息分类体系构建策略研究　王丽珺、汤亮亮，《中国科技信息》，2009 年第 23 期。网络信息分类是有效组织和利用复杂繁多的网络信息的基础。目前的网络信息分类为用户的信息检索提供了很多方便，然而仍存在很多不足之处。吸取传统分类法的优点，保持原分类法的特点，构建一部科学的网络信息分类体系已成为越来越迫切的需要。本文共分为三部分，首先分析了网络信息分类体系动态性、多维性、实用性、易用性等特点，然后在此基础上提出了网络信息分类体系的构建原则，并针对网络信息分类的特点和目前网络信息分类体系所存在的一些缺陷提出了网络信息分类体系的构建策略。

基于《中图法》的图书文献分类系统的设计与实现　高原、王保栋，《科技信息》，2009 年第 28 期。近年来，探讨一种图书文献智能分类方法，以促进图书分类趋向标准化和合理化，越来越成为一种迫切的需要。本文设计并实现了基于《中图法》的图书文献分类系统。从中文文献资料的题名、内容提（摘）要及正文当中获取信息。以《中国分类主题词表》的主题词、《中图法》类名和从已有的标引经验中获得的关键词作为词表的主干词汇，再辅以相关工具书和其他资料作为词汇的补充，作为分词元素集合。与此同时，采用适量的无用词，建立无用词表组成自动分类知识库，运用文本自动分类技术对原始数据进行整理，进一步找出关键词、主题词和分类号之间隐含的概念关系，从而形成分类类目与标引词串的对应款目，自动得出分类号。

第二节　编目

论计算机网络时代如何提高图书编目查重的准确率　宋笑梅，《社科纵横》（新理论版），2008年第2期。本文详细阐述了计算机网络时代的图书编目查重目的，并指出了查重应该注意的问题，同时介绍了提高图书编目的查重准确率方法以及保障措施。提高图书编目查重准确率的方法主要有题名查重、ISBN号查重、责任者查重，其中题名查重的查全率和查准率最高；而以ISBN号查重简单易行，查准率高；若在以上两种方法查找不方便的情况下，使用者可选用责任者查重。

学位论文编目的实践与探索　姚蓉、方怡，《大学图书馆学报》，2008年第2期。本文以《中国文献编目规则》为依据，结合学位论文的属性，同时研究了学位论文著录的原则以及与普通图书编目的差异，其中包括了各著录项目的编目细则、著录信息源的选取，以及CNMARC专用字段的著录方法等。

编目外包与编目员角色转换　徐咏梅，《图书情报工作》，2008年第S2期。本文共四部分内容，主要包括审视编目外包、编目外包中要注意的问题、编目员在编目业务外包中承担的任务、编目员应该具备的素质等。编目外包中要注意明确外包的目的、实施外包的程序等问题。编目员在编目业务外包中要承担起制定规则、管理协调、审校数据、原始编目、核心业务及其他业务等任务。新环境下的编目员应该具备刻苦钻研业务的精神、高度的责任心及管理协调能力，要有超前意识并不断提高自身综合素质，要有良好的心态和较强的适应能力。

CALIS古籍联机合作编目与高校图书馆古籍管理　郑晓霞，《高校图书馆工作》，2008年第3期。本文共四部分内容，主要包括推动古籍管理的信息化、提高了古籍管理人员的专业技术水平、纠正原版本鉴定存在的谬误、掌握馆藏古籍的保存状态等。古籍联机编目项目为中国高等教育文献保障系统CALIS下属的子项目，开展了包括高校古籍联机合作编目、编目咨询、编目数据批量提供及系统培训等业务。CALIS古籍联机编目具有整合高校古籍资源，提供广泛服务的功能，对各参与馆自身的古籍管理具有十分现实和长远的意义。

授权影印版西文图书编目应把握的三个关键问题 董梅香，《图书馆建设》，2008 年第 3 期。授权影印版西文图书编目中应把握的三个关键问题，即首先要严格遵循《西文文献著录条例》，采用 USMARC 的格式来进行著录；其次要把握授权影印版西文图书的著录要点；最后要选好著录信息源和完善编目的细则，以便能更好地提高对授权影印版西文图书的利用率。

编目的未来 胡小菁，《大学图书馆学报》，2008 年第 3 期。当下对互联网时代编目的未来存在两种截然不同的看法，一种看法认为编目工作是可以像以往处理其他载体文献一样来处理网络资源的，另一种看法则认为随着"Google 时代"的来临，编目工作需要作出根本性的改变。争议尚没有结果，但随着互联网时代的不断发展，编目工作已经显现了数据来源多样化、编目格式简单化、编目外包普遍化以及联合目录本地化的趋势。

文献编目规则兼容化探索 高红，《中国图书馆学报》，2008 年第 4 期。进行编目规则修订的动因是多方面的。因为一元化的信息规则的成本高昂使得难以适应文献量剧增的现实，所以兼容化是文献编目规则统一化和规范化的出路之一。本文探索了文献编目规则兼容化的历史原因、需考虑的因素、需遵循的原则及可能的实现模式。

文献编目领域中的机遇和挑战 顾犇，《图书馆建设》，2008 年第 4 期。"标引与编目"是《图书馆建设》中的常设栏目，为图书馆编目工作人员与研究人员提供了很好的交流园地。所以在《图书馆建设》办刊 30 周年之际，本文对国际编目领域的一些重点课题进行回顾，探索有利于中国图书馆编目工作人员把握机遇，并跟踪国际发展新动向，提出自己的观点，积极走国际化的发展道路。这些重点课题包括《书目记录的功能需求》《国际编目原则》《资源描述和检索》《国际标准书目著录》以及美国国会图书馆的《书目控制的未来报告》。

论编目业务外包环境下的书目质量控制 赵伯兴、戴行德，《国家图书馆学刊》，2008 年第 4 期。文章在对编目外包中所出现的书目质量常见问题进行分析的基础上，提出了认真选好外包商加强书目质量审校、签订质量契约和服务质量文件等提高编目外包质量控制的举措。

粤东植物多样性编目 曾宪锋著，中国农业科学技术出版社，2008 年

4 月。本书共四部分内容，主要包括：蕨类植物门；裸子植物门；被子植物门；科、属拉丁名索引等。本书收录了广东省东部地区的野生维管植物 2616 种，注明了每一种植物的分布状况，位置精确到县，并依常见、少见与罕见三个类目注明了各类植物的生存状况。本书对了解植物的多样性、保护与恢复生态环境以及合理利用植物资源有着十分重要的作用和意义。

梁思庄——我国现代图书馆事业的先行者——纪念梁思庄先生诞辰 100 周年 林明、王静，《大学图书馆学报》，2008 年第 5 期。本文共七部分内容，主要包括生平简介、对西文编目工作的贡献、对西文编目参考资源建设的贡献、对培养后人提高业务素质方面的贡献、对馆藏建设和读者服务的贡献、对图书馆事业国际交流的贡献、为后人留下的宝贵精神财富等。梁思庄先生在我国现代图书馆事业的发展中始终站在第一线，是我国现代图书馆事业的先行者，本文系统总结了梁思庄先生在参考咨询、西文编目、培养人才及国际交流等方面为我国图书馆事业做出的重大贡献。

浅谈港台中文图书编目 林敏，《大学图书情报学刊》，2008 年第 5 期。港台图书具有一定程度的特殊性，作者结合工作中的实践，通过对港台图书特有的字形和语言表述描述分析了当下港台中文图书与和内地中文图书的相关差异性，从出版版本项、发行项与价格等方面的数据以及著录和分类标引、主题等方面，对港台图书分编过程中出现的问题进行了分析，并提出解决的方法，其目的是提高港台图书文献编目效率和质量。

大学图书馆编目业务外包的实践与思索——以沈阳大学图书馆为例 赵颖，《图书馆学刊》，2008 年第 6 期。本文以沈阳大学图书馆为案例，对 ILAS2.0 编目数据的导出、接收以及 ISBN 的提取方法等进行了说明，然后总结了近两年来图书馆部分编目业务对书商进行外包的经验和效果，同时就编目业务外包的健康发展问题提出了自己的思考。

文献编目的发展趋势 文榕生，《图书馆论坛》，2008 年第 6 期。了解文献编目的发展趋势，有助于文献编目保持活力，做到与时俱进，不断创新。本文根据文献编目理论研究和现实情况，梳理出其目前的发展状况：编目格式呈现大同小异的多样化；编目对象已由单一的图书向各种实体文献再向虚拟文献的多类型转变；编目过程由后控规范趋向前移；编目成果由单一的图书馆转向多用途等变化。进而，作者强调重视编目理论研究，重视编目的科学性与实事求是。

在汇文系统中实现蒙古文书目文献联机编目及检索的必要性和可行性
闫冰梅，《大学图书馆学报》，2008 年第 6 期。在对当下蒙古文书目文献编目状况调查的基础上，面对蒙古文书目文献编目的不尽统一和不尽规范的现状，重点介绍了内蒙古大学、内蒙古图书馆、内蒙古师范大学等院校馆所的蒙文编目情况，讨论了在汇文系统中实现蒙古文书目文献联机编目以及检索的必要性与可行性，并建设性地提出了一些目前暂时的解决办法和将来彻底的解决途径。

我国文献编目的现状及发展趋势 吴冰芝，《黑龙江科技信息》，2008 年第 6 期。笔者认为文献编目是图书馆开展信息服务的基础，其在传统的图书馆工作中更是具有极其重要的作用。在当今社会的网络环境下，编目的对象、方法、方式等都已经发生了巨大的变化，编目工作也被赋予了新的内容。本文分析了我国文献编目所取的成就，同时也指出了其中的一些不足之处，并且对编目工作的发展趋势提出了看法。

图书情报与信息管理实验教材·文献信息编目实习教程 孙更新主编，武汉大学出版社，2008 年 6 月。本书是《文献信息编目》配套实习教程，共三编内容，主要包括编目实习的目标与预备知识、编目实习题、编目实习用文献信息图例等。本书设计了六个方面与 20 个单元的实习项目，包含了图书馆目录的检索及利用、各种类型文献信息目录款目和机读记录的编制、规范款目和规范记录的编制、图书馆编目工作组织管理和目录利用状况的调研等，为当下的编目教学学习提供了全面的辅导。书中还选列了 100 余种新颖、典型的文献信息，为实习提供了翔实可靠的著录信息源。

外语类音乐文献的编目探索 朱海燕，《图书馆建设》，2008 年第 7 期。本文共两部分内容，具体为我馆外语类音乐文献的编目、外语类音乐文献编目中应注意的问题等。音乐学院图书馆收藏的文献具有很强的专业性与特殊性，主要在于外语类音乐文献作品有多种题名与调号。本文作者详细介绍了我国音乐院校图书馆对外语类音乐文献的编目情况，并着重指出了编目过程中应注意的相关问题，如 ISMN（国际标准印刷音乐作品编码号）的著录、出版序列号的著录、出版编号的（录音和音乐）著录、关于 3 - 、5 - 和 6 - 字段的著录等。

对我国图书馆编目业务外包现状的质疑与反思 张力、孙佾琳，《图书馆建设》，2008 年第 7 期。图书馆业务外包这一理念在 20 世纪 90 年代后期被引入我国后，图书馆编目业务外包已经在许多图书馆得到了不同程度的实施。而从编目业务外包的成本分析和书款折扣等问题可见，外包人员的工作效率的确要高于图书馆工作人员的工作效率。但是无论从人员学历、工作经验、信息素质、馆藏熟悉度来讲，图书馆员都是绝对优于外包人员。因此我国的图书馆编目工作应当通过编目业务外包所积累的相关经验和新理念，做到以馆内员工为主，外包为辅，以探索新的外包模式与编目工作管理方式，来整合本馆的编目队伍，提高工作效率。

谈非书资料和电子资源书目规范控制　王雪华，《信息技术》，2008 年第 8 期。文章针对非书资料与电子资源目前在图书馆馆藏中占有了越来越重要的地位的情况，对如何实现非书资料与电子资源的规范控制进行了探讨。同时提出要实现非书资料和电子资源的规范控制，应当由国家权威的编目机构对名称规范数据进行整体控制，并加大制作规范数据的力度，提供给文献编目机构使用，这样才能真正实现文献资源共享。

农区生物多样性编目（套装上下册）　《农区生物多样性编目》编委会，中国环境科学出版社，2008 年 10 月。本书分上下两编，共十八章内容，主要包括农区生物多样性编目概述、分省农区生物多样性概述、农区重要湿地编目、分省农区重要湿地编目、农作物野生亲缘种分布区点编目、分省农业重要特产物分布区点编目、极端环境条件下的农业区点编目、分省极端环境条件下的农业区点编目、重要典型生态区与过渡带中的农区、分省重要典型生态区与过渡带中的农区等。作者主要研究了我国农区重要生态系统和生境分布区点，对农区重要物种及遗传资源概况做了简要概述，选定了九个专题，在全国范围内做了实地调查研究与文献查询，描述了一些有代表性的地点的地理气候状况、生物多样性状况及对农业的重要性、生物多样性受威胁的程度及原因与对策。

信息资源编目（第 2 版）　段明莲编著，北京大学出版社，2008 年 10 月。本书共十七章内容，主要包括信息资源编目基本原理、信息资源描述基本方法、计算机编目基本原理、电影与录像资料的揭示与描述、录音资料的揭示与描述、电子资源的揭示与描述、图书馆联机合作编目的标准化与发展趋势等。本书系统介绍了信息资源编目的基本原理与技术方法、国内外信息资源编目工作的发展概况，中西文普通图书、测绘制图资料、电子资源等信息资源的描述和揭示，检索点的规范工作和图书馆联机合作编目的标准化和发展趋势等内容。作者把中文文献编目、西文文献编目和计算机编目三者融为一体，把传统的手工编目理论和计算机编目原理相结合，沟通了各类型信息资源的编目理论和编目方法，对信息资源编目的一些问题做了深入浅出的论述。本书内容新颖广泛，分析阐述深入，并且注重实用。

谈我国文献编目规则的不足与改进　吴万晔，《图书馆学研究》，2008年第 10 期。本文从编目工作的实际出发，指出在《CALIS 联合目录中文图书著录细则》中存在的机械解读客观著录、忽略读者便利性、盲目照搬 ISBD 等弊病，同时对《中国文献编目规则》修订版中以卡片目录的相关陈旧规则作为电子目录的基础规则等误区进行探讨。

图书馆外文小语种图书编目工作初探　智晓静，《图书馆工作与研究》，2008 年第 11 期。文章指出，外文小语种图书编目工作也是图书馆系统工程的重要组成部分，但目前却还存在诸如编目资源和工具不足、专业小语种编目人员缺乏、编目系统不够完善等缺陷，只有采取有效的应对措施，依次解决这些问题，才能够推动外文小语种图书编目工作的顺利发展。

数字化图书馆的发展与图书编目工作　宋金燕、佘丽君、刘鹏年、龙旭梅，《科技信息》（科学教研），2008 年第 23 期。随着计算机技术、网络技术、高密度存储技术的不断发展，图书馆的发展也因此产生了深刻的变化，传统图书馆向数字化图书馆转变已经成为了不可逆转的趋势。文章阐述了数字化图书馆的概念、特征以及传统图书馆向数字化图书馆转化中的编目工作。

图书馆编目业务外包分析　于冬梅、王凤瑜、王宏艳，《中国市场》，2008 年第 40 期。图书馆业务外包是一种源于企业管理的经营管理模式。它在 20 世纪 80 年代首先为西方图书馆界所采用，90 年代的后半期被引入我国。图书馆理论界和业务部门对这一做法褒贬不一，争论较大。文章对高校图书馆编目业务外包的缘起进行了介绍，同时指出了编目业务外包过程中出现的种种弊端，并根据多年的实践经验给出了相应的对策和建议。

客观著录原则与港台图书的编目工作　周建清，《图书馆建设》，2009年第 1 期。文献编目的客观著录原则是为了能够更好地开展联机联合编目、对文献实体进行描述、实现数据资源共享，因而将其在普通中文图书编目中普遍推广。但港台图书与大陆内地出版的图书有很大的差别，这就致使在港台图书编目中实施客观著录原则存在一些问题。因此应当在力求遵循客观著录原则的同时，做到正确地认识和处理港台图书编目中的客观著录问题，同时结合港台图书自身的出版特点，重新审视适用于港台图书编目的相关客观著录原则。

港台版动漫图书编目问题探讨　李薇，《图书馆工作与研究》，2009 年第 1 期。本文针对目前港台版动漫图书与普通中文图书在国际标准书号、印刷文字、出版发行项等不一致的问题，在参照了《中国文献编目规则》（第二版）中的规定后，给出了港台版的动漫图书在实际著录过程中一些相应的解决办法和机读著录格式。

高校图书馆编目工作对读者的影响　刘虹，《图书情报工作》，2009 年第 S1 期。文章阐述高校图书馆编目工作的重要性与首要性，系统分析了编目工作中著录、分类、加工等环节对读者查阅文献的影响。并讨论了编目工作的及时性以及工作人员的信息素养对发挥图书馆信息资源优势的重要意义，从而让编目工作更有效地服务于文献信息的流通，以满足高校教学科研工作的需求。

试论随书附盘文献的编目　萨蕾，《图书馆理论与实践》，2009 年第 2 期。随书附光盘文献是印本图书和电子资源的结合体，这种出版形式会长期存在并得到发展，如何在编目中对该类文献进行充分且合理的描述成为图书馆界普遍关注的问题。本文简要阐述了随书附盘文献中光盘的特点，从各方面分析了光盘与印本图书存在的差异及随书附盘文献对文献著录与目录功能的实现造成的影响，并分析当前国内图书馆在实际工作中对随书附盘文献进行编目时所使用的几种著录方法的优势与弊端，而弊端不同程度地影响用户对目录的使用。作者在此基础上提出多层次著录的编目方法，并对可能存在的问题进行了探讨。

俄文图书联机合作编目的成功实践——记黑龙江大学图书馆俄文联机合作编目　付雅慧，《图书馆建设》，2009 年第 2 期。作者首先阐述联机合作编目的含义即利用计算机和网络环境，由多个图书馆共同编目、合作建立具有统一标准的信息资源联合目录数据库，介绍俄文联机合作编目的背景和在我国的发展状况，并指出黑龙江大学图书馆的俄文联机合作编目工作具有成功的示范意义。然后给出黑龙江大学图书馆在合作编目这一过程中的两点经验：统一标准、保证质量，这是联机合作编目工作的根本要求；必须重视重点字段的选择及控制。接下来作者指出目前俄文联机合作编目工作存在的著录方式不统一、CALIS数据库本身的数据有误、008字段代码填写不统一等问题。根据以上情况作者认为应该增加全国俄文联机合作编目成员馆数量，加大培训编目人员力度，确保标引的规范控制。

读者参与图书编目与数据对接初探 吴江，《图书馆论坛》，2009年第2期。本文共分为四个部分。第一部分主要是简要介绍一下MARC，存在缺点，但是目前还无法抛弃，优势是无语言和文化障碍，因此有必要保留MARC的记录格式但是必须替换其交换格式，以及寻求OPAC与互联网新的融合形式的必要性；第二部分介绍OPAC与互联网图书编目系统的融合现状；第三部分提出读者在互联网网站参与图书编目、解决读者自由分类与OPAC的中图分类数据的对接方法，即改进豆瓣，实现OPAC与豆瓣数据对接；第四部分主要分析如何保证互联网图书编目的准确性。

授权影印版外文图书的编目方法探讨 赵宇，《赤峰学院学报》（自然科学版），2009年第2期。授权影印版外文图书主要是指由国外出版机构授权国内出版机构影印出版或由国外出版公司与国内出版社合作出版，仅在内地发行销售的西文图书。近年来，授权影印版外文图书在我国图书馆的数量日渐增多。授权影印版图书因其价格低、出版速度快、内容涉及面广的优点，已成为高校图书馆馆藏资源的重要组成部分。然而这类图书在出版的过程中，其外部特征往往会发生一定的变化，给编目工作带来新的问题。本文在对授权影印版图书的主要特征和编目现状分析的基础上，依照西文文献著录条例结合利用USMARC格式著录西文文献的实践，探讨了此类出版物的著录方法。

文献编目中衍生词语义案例分析 王达生，《图书情报工作》，2009年第S2期。作者挑选编目工作中涉及哲学、文化事业、政治、国际关系、经济、教育、体育、语言文字、历史、民族、心理学、社会科学一般概念、交通运输工程学、天文学、化学、海洋学、导航技术学等各个学科的一到三个词汇，对词义与词性进行分析和文献索引，旨在证明使用叙词对纸质文献标引的必要性、重要性和可操作性，以便为读者更加直接、快速查到所需资料创造条件。

试论网络环境下专业图书馆的编目工作 石戎川，《图书情报工作》，2009 年第 S2 期。图书馆编目工作是图书馆基础工作的重要组成部分，是图书馆技术服务的核心，在整个图书馆工作流程中具有承前启后的纽带作用，是联系文献与读者的媒介，编目质量的好坏会直接影响读者服务的质量及文献信息资源的利用率。随着信息技术的发展，图书馆编目也呈现向联机联合编目发展的趋势。作者通过多年的编目工作实践，对如何做好编目工作，提高编目质量，提出了掌握网络环境下的编目工作方法和手段、注重文献编目的深层揭示、数据库维护、加强对读者的培训和提高编目人员的自身素质这五方面的要求和建议。

台湾 CMARC 数据在港台图书编目中的应用探讨 曹桂平，《情报探索》，2009 年第 3 期。我国台湾和大陆在 UNIMARC 的基础上制定了各自的机读目录格式，即台湾的 CMARC 和大陆的 CNMARC，作者就这两种编目数据展开本文。本文共分五个部分：第一部分先综述两岸 MARC 的发展概况；第二部分指出 CMARC 和 CNMARC 的异同点；第三部分作者指出随着两岸交流频繁，对台湾的 CMARC 数据进行利用的趋势在所难免，在此部分作者注重分析了利用台湾 CMARC 数据的意义和可行性；第四部分分析了 CMARC 在图书编目中的应用；第五部分作者提醒在利用 CMARC 的同时也要注意一些问题，但是充分利用台湾的 CMARC 资源对我们在港台图书编目的工作是大有裨益的，建议开发软件实现数据直接转换。

对当前联机合作编目工作的几点思考——以中国科学院国家科学数字图书馆联机合作编目为例 王燕，《图书馆论坛》，2009 年第 3 期。在图书馆自动化网络化建设中，文献联合目录数据库的建设是一项十分重要的工作，联机合作编目是文献联合目录数据库建设的直接手段。联机合作编目是利用网络技术建立起来的开放式编目系统，通过互联网系统将不同地点、地区有协议的各级各类图书馆，丰富的书目数据资源和人力资源以成员馆的形式整合起来，开展远程信息处理。本文以当前国内图书馆界三大机构体系使用的中文图书机读目录格式中部分字段的差异，表明联机合作编目标准细则在不同机构体系中的统一与相互交换的重要性；就联机合作编目数据质量要求，指出联机合作编目员应在各项标准的统一下相互协调，并且中心馆应加强对成员馆的编目数据质量监控，加强计算机网络设施建设与维护等。

西文图书编目本地化处理要点探索——兼评 MELINETS Ⅱ 编目子系统的应用 孙逸玲，《高校图书馆工作》，2009 年第 3 期。本文共分为三个部分。第一部分指出西文图书编目是一项规范化程度很高的工作，但由于每个图书馆的西文图书编目工作又有着各自的具体细则与要求，因而又必须体现出本地化特点；第二部分主要论述了对西文图书的编目工作中的重要环节的系统处理，必须注重系统参数设置功能的作用和规范，套录时应重视对本地化数据信息的细节处理，原始编目专业性强技术含量高，应注重编目捷径的探索；第三部分，作者建议应规范采访验收录入系统工作，把好源头关，提高西文编目工作效率。

图书编目工作发展趋势展望 赵建伟、王波，《大连民族学院学报》，2009 年第 4 期。作者首先概述图书编目工作及其沿革，然后展望编目工作的发展趋势，最后对全文进行了总结。作者认为，科学的编目工作模式应该是用合适的人和人数在适当的环节完成相应的工作，既要各尽所长，又要避免人员浪费和重复劳动，具体是在图书馆界、发行界和出版界三者联合的大局下实现业务分项化、技能专业化、人员结构合理化和业务环节合理化。

双向倒转印刷图书编目探讨 侯胜君，《晋图学刊》，2009 年第 5 期。双向倒转印刷图书这一全新的装帧形式出现，因其多种优点颇受广大读者喜爱，但是这类图书在出版时没有统一的标准对图书编目工作提出了挑战。本文选取 Calis 和国家图书馆的书目数据中心的编目数据进行对比，通过对两者在题名项著录、并列题名著录、责任者著录、载体形态项著录、随注说明项著录、主题分析块著录方面的差异分析，提出两种编目数据各自的优点与缺陷，并建议在提高工作人员业务素质的同时，国家应该尽快制定统一的图书编目规则，以促进书目数据的标准化、规范化进程。

计算机编目组织模式的研究 吴剑霞、张力岚，《图书馆》，2009 年第 5 期。计算机编目是一种现代化的编目方法，是将书目信息输入计算机中，在程序的自动控制下处理书目数据，生成目录产品。本文先介绍了计算机编目的现行组织模式，分析了原始编目、套录编目和外包编目这几种方法，然后分析编目人员与工作岗位要求。通过以上分析，作者得出结论：采访数据尽量不要用于验收工作中，也不要将其提升为编目数据；要实行联机合作编目与外包编目相结合的计算机编目组织模式；加强对外包商的控制和管理；分编部门要重新审视自己，给自己重新定位，从而适应编目工作社会化、网络化的要求；不论是分编人员还是外包商，要建立良好的沟通机制。

编目数据格式简化的标准化 王冠华、危红，《图书馆论坛》，2009年第5期。随着科技的发展进步，编目工作不断变化，现今互联网时代的编目工作中书目数据不再强调过分的细节描述，而是强调受控主题与名称检索点。因此，在满足用户需求的前提下，采用介于国家级记录的最高与最低标准间的编目等级，也就是核心记录，来简化编目数据格式，并且制定相应的标准，可以降低编目成本，提高编目效率，编目工作的重心也就随之转移到对于书目数据检索点的规范控制工作中。

试论我国中文图书编目差异及其消除措施 邱轶，《图书馆》，2009年第6期。目前我国中文图书编目的联机联合编目处于初级阶段，主要的几个编目中心已有数百家图书馆成为其成员馆，但是由于存在编目差异，阻碍了实现编目资源共建共享进程。本文在介绍我国中文图书编目工作现状的基础上，探讨了遵循的编目规则不同、对编目规则的理解不同以及联机编目机构的不同与著录级次的不同而导致的著录结果的差异，并提出了消除这些差异的措施，即统一编目规则，全面开展在版编目工作，使之更加规范化、标准化。

广东省高校图书馆编目业务外包现状的调查与分析 曹秋霞，《图书情报工作》，2009年第7期。本文通过对20所广东省高校图书馆的编目业务外包情况、外包模式、工作内容以及是否继续开展外包业务等的调查，总结出广东省高校图书馆目前编目业务外包现状。以此情况为基础进行分析，指出广东省高校图书馆的编目业务外包存在的问题，并根据问题提出发展的对策，即应确定编目业务外包的适当范围、制定严格的编目技术管理标准、采取有效的质量控制、建立或完善编目外包的评估制度、实施绩效评估、实行更加有效的系统安全管理、做好原编目馆员的安置工作、召开编目业务外包研讨会等。

信息与文献 书目数据元目录 第5部分：编目和元数据交换用数据元 中华人民共和国国家质量监督检验检疫总局、中国国家标准化管理委员会，中国标准出版社，2009年7月。本书主要有十一个部分，介绍了本书涉及的范围、规范性引用文件、术语、定义、目录、索引、数据元结构序列、编目应用消息矩阵、附录 A（规范性附录：选择的数据元值）、附录 B（资料性附录：本部分可使用的实例）和附录 C（资料性附录：本标准五部分的关系等）。GB/T 19688《信息与文献书目数据元目录》共分为五个部分，分别为互借应用，采访应用，情报检索，流通应用与编目和元数据交换用数据元。本书为其第五部分，为了符合国情且不影响整个标准的结构，标准起草工作组变动了国际标准 ISO 8459 - 5 的索引部分，将原第五章中的英文排序的索引改成了按汉语拼音顺序排序的索引，使之符合中国人的使用习惯。此外，在本书的附录中还增加了附录 NA 英文索引，使用户可以方便地对照查找。

网络环境下少儿图书编目工作的质量控制 李薇，《图书馆学刊》，2009 年第 8 期。本文共分为三个部分。第一部分指出在网络化时代，少儿图书的编目工作在技术环境、编目格式等方面发生了重大变化，对文献编目工作产生了影响。第二部分作者列出了网络环境下影响少儿图书编目质量的因素，主要是编目工作标准因素和编目人员水平因素。第三部分论述了少儿图书编目工作发展对策及提高少儿图书编目质量控制的措施，具体是完善少儿图书编目工作的相关标准与准则，提高编目人员的业务水平，加强编目工作管理，发挥联合编目中心的作用。

网络资源编目对象的选择标准与所面临的问题 柳丽花，《图书馆建设》，2009 年第 8 期。由于网络资源自身的特点使得编目工作存在困难，多家图书馆也进行了一系列的尝试，但是对于网络资源编目对象选择标准这一问题，目前学界尚无系统的探讨。这种情况下作者提出了待编目的网络资源应符合以下四个方面的标准，即符合图书馆电子馆藏政策、应具有一定的学术价值、容易获取而且所在网站应具有良好的技术性。作者指出目前网络资源编目尚需考虑数字资源的长期保存、URL 的长期有效性和版权等多方面的问题。最后作者论述了《中图法》虽然有一定的修改但仍落后于网络环境的发展变化，也落后于学科和文献出版的迅速发展。

小语种图书编目研究 闫安，《图书馆建设》，2009 年第 9 期。本文共分三个部分。第一部分作者阐述了小语种图书编目的意义，即小语种图书编目工作是图书馆对该类图书排架、典藏、检索与利用的保障，也是实现该类图书联机检索与利用及更大范围文献资源共享的前提；第二部分作者论述了我国目前小语种图书编目的现状，即缺乏统一明确的著录标准、自动化系统与专业编目员等；第三部分作者根据以上分析提出应确定小语种图书编目的著录规则与著录格式、应用互联网技术、加强自动化系统的研发、重视图书采访源头，使小语种图书编目走联合之路。

计算机编目条件下版本项的著录　蒋鸿标，《图书馆杂志》，2009 年第 9 期。目前我国对版本项著录方面的规定存在矛盾和模棱两可的现象，这使得编目人员无所适从。针对机读目录与传统目录在著录和排检上的差异，作者提出说明图书内容特点的文字和说明图书内容变更的文字应作为书名的组成部分著录于题名项，说明图书内容特点的文字无需再在版本项著录，说明图书内容变更的文字则还需在版本项著录版次和其改版时间等与改版有关的信息，这样既解决了以上矛盾，又能区分不同版本的同名书和不同版次的同种书，从而方便了读者的检索。

网络环境下图书编目工作存在的问题与对策　赵清霞，《农业图书情报学刊》，2009 年第 9 期。编目工作是图书馆的一项基础性和关键性工作，但是随着网络技术在编目工作中的广泛应用，我国编目领域现有的一些状况已阻碍了编目工作进程。本文首先介绍了网络环境下图书编目工作的特点，会使编目效率和编目质量大大提高。接着作者分析了网络环境下图书编目工作面临的问题，即标准化问题、联机编目问题和信息资源有序化问题。最后作者根据以上分析就图书编目人员如何应对新形势进行了探讨，认为编目人员必须具备较系统的图书馆专业知识，应熟练掌握计算机有关知识与网络应用技术，应具备较高的外语及综合门类学科知识的应用能力，应加强培训学习与业务交流。

国际标准书号（ISBN）升位对图书编目工作的影响　魏美莲，《图书馆工作与研究》，2009 年第 9 期。本文共分三个部分。第一部分作者分析了 ISBN 升位后的现状，由于 ISBN 升位一定时间里市场上会出现 ISBN - 10、ISBN - 13 以及两种混合的三类图书并存的现象，作为图书收藏单位的图书馆会长期存在这种现象，这就给图书编目工作带来极大的困扰。第二部分论述了由于升位引起三种图书共存状态对图书编目工作的影响，影响编目查重工作、图书分类工作、图书著录工作和编目效率。第三部分，作者提出应加强升级后的软件系统管理，思考升级后著录的处理方法，加强行业间的协作。

借鉴 OCLC 经验探索我国联机编目的国际化建设　程华，《图书馆建设》，2009 年第 9 期。OCLC 共享的资源服务、规范的数据标引、全球化的发展战略为我国的联合编目的国际化建设提供了借鉴和参考。本文作者首先分析了 OCLC 成功发展模式，主要在全球共享的联机与元数据编目服务、标准与规范的数据管理以及全球化共享式的运行机制方面。其次，分析了目前我国联机编目建设现状及存在的问题，作者认为我国联合编目建设起步较晚又存在管理理念封闭、联机编目功能单一、数据质量参差不齐等问题。借鉴 OCLC 成功发展的经验，我国的联机编目应当整合资源，规范标准，加入 OCLC 组织，并且链接搜索引擎及深化服务，从而促进联合编目的国际化发展。

文献资源共建共享环境中柳州医专图书编目工作　韦耘耕、刘伟勤，《农业图书情报学刊》，2009 年第 11 期。随着网络技术的发展，馆与馆之间的联系将更加紧密，编目工作实行联合编目最终实现全球资源共享的趋势不可避免，加强编目工作提高编目质量对我国图书馆建设有很大的意义，能够更方便及时地让读者获取更多、更有用的文献信息，并最大限度满足当今社会各行各业的共同需求。在这一特定的大环境下，本文以柳州医专图书编目工作为例与同行进行交流探讨，作者针对近年工作中遇到的若干问题，认真分析并提出自己的一些建议和设想，期望为推动我校图书馆事业向前发展做出贡献。

近十年西文文献编目研究综述（1999 ~ 2008 年）　李春燕、张珊珊，《图书馆建设》，2009 年第 11 期。1999 ~ 2008 年这 10 年间对于西文文献编目的研究主要集中于编目系统和客户端介绍、书目数据的质量控制、如何利用源数据、授权影印版西文图书的编目、对西文文献编目趋势的探讨等领域。综合这些研究成果来看，作者认为当前西文文献编目研究存在一些问题，如对新型资源的编目研究速度滞后于新型资源发展速度、对编目人员素质的研究不够全面和深入、对回溯建库研究的重视程度不够等。因此，我国西文文献编目研究应加深对上述问题的探讨，从而推动西文文献编目实践工作更好地发展。

日文图书编目方法研究　马卓，《农业图书情报学刊》，2009 年第 11 期。目前日文图书作为小语种图书，收藏量不多，专业人员稀缺，我国在日文图书编目工作方面相对落后。为解决这一问题，本文依照日语语言的独特性与编目系统要求，从文字要求、内容准确程度、字段规范、分类标准、种次号的给出、检索手段等方面入手，介绍了日文编目过程中应该掌握的基本方法。并从日文当用汉字、假名和特殊符号书写方法等方面，系统探讨了日文图书的编目原则。此外，指出了日文编目中工具书的重要性和采访内容存在的局限性。

西文多版次图书的编目探讨　周有芬、李诗平，《农业图书情报学刊》，2009 年第 11 期。在西文图书编目的实践中，由于各个图书馆对多版次图书的著录、归类的处理方法不同，且没有统一的规范，容易出现同一类图书的不同版次编目不一致现象，极大地影响了资源的共享和书目记录的标准化、规范化。对于这一现象，本文根据图书著录的根本思想及图书的分类要求，分别对多版次西文原版图书的著录及分类、授权影印版西文多版次图书的版本项的著录以及归类、西文配套图书的版次著录及分类进行了总结分析，归纳出每类图书合理的处理方法。

俄文图书联机合作编目工作的现状、存在问题及对策　付雅慧，《图书情报工作》，2009 年第 11 期。本文首先结合黑龙江大学图书馆的工作实践，对我国图书馆的俄文图书联机合作编目的现状做简略分析，发现目前我国在俄文图书编目方面存在较多的问题。其次作者着重分析了俄文图书联机合作编目实践中存在的共性问题，即数据查重问题、CALIS 联合目录的质量问题以及因套录和原编出现的问题，并针对各个问题提出解决方法。文章最后，作者提出应增加 CALIS 俄文图书联机合作编目成员馆数量、加大培训力度、通过多种途径培训编目人员等对策。

国内外图书馆编目业务外包服务的比较研究　曹秋霞，《图书馆建设》，2009 年第 12 期。作者首先指出研究背景，因编目业务外包服务具有降低图书馆运作成本、加快新书上架速度、节约人力等优点，因而已被国内外图书馆界吸收和利用。接着对国内外图书馆编目业务外包的发展进行比较分析，主要是通过开展编目业务外包的图书馆数量，外包的文献类型、质量和绩效评估、服务方式等方面的比较发现，国外图书馆的编目业务外包服务相对成熟。通过以上分析得出结论：我国图书馆的编目外包服务可以借鉴国外的发展经验并结合国内实际情况，开展有特色的编目外包项目，培育外包合作者，重视外包的管理。

高校图书馆编目业务外包模式选择及质量控制——以温州大学图书馆为例　胡越慧，《图书馆建设》，2009 年第 12 期。本文共分五个部分。第一部分指出高校图书馆实施编目业务外包已成为一种趋势，并分析了出现该种趋势的原因及有利条件和技术支持。第二部分论述了在实施业务外包过程中容易出现的问题，主要以温州大学图书馆在编目业务外包的实施过程中出现的问题为分析对象。第三部分阐述了图书编目业务外包的策略，内容包括：选择编目外包模式（主要有外送加工模式和到馆加工模式等）；制定业务外包技术指标，设计每个细节的具体要求；确定图书供应商，实行各书商协议委托一家加工的模式；理顺与供应商的关系，明确职责，严把每个细节，共同作业。第四部分论述了编目外包质量控制需把握的关键内容。即通过加工流程中的过程文件控制，把握图书经费、图书典藏和随机综合抽检、MARC 核心字段等编目业务外包质量控制的关键内容，从而解决出现的各类问题。第五部分，总结以上内容，指出温州大学图书馆实行编目业务外包过程的成就。

编目员的未来——元数据编目员　吴淑娟，《图书情报工作》，2009年第 19 期。本文共分五个部分。第一部分分析了数字环境对编目工作的冲击和影响，主要表现在编目对象的多元化、组织数字资源的技术和工具的发展、编目来源的竞争等方面。第二部分剖析了编目员的现状，面临着编目部门萎缩和编目技术含量下降、被排除在数字图书馆建设之外以及关注方法而忽视用户需求的现状。第三部分从编目部门名称的变化、相关文献阐述和社会相关机构招聘启事三个角度探讨，指出编目员的未来定位是元数据编目员。第四部分在以上基础上总结元数据编目员的职能和资格。第五部分，总结上面分析对当前的编目员和图书馆提出建议。

浅谈图书编目计算机管理系统　俞宁，《中国高新技术企业》，2009年第 22 期。作者首先分析图书馆现状，指出图书编目工作是图书情报部门进行馆藏建设以及开发利用馆藏文献资源的重要环节。通过图书编目工作，每种书都可以得到多处反映，并给检索者提供若干查询途径，从而形成相互联系、彼此补充的完整目录体系。接着对图书编辑的计算机管理系统进行分析，主要有"藏书""借阅"及相应的"内部业务"三大功能块，此部分还对计算机编目系统进行了介绍。最后作者指出，这样既促进了图书的有效管理，也为图书事业现代化奠定基础。

第三节 信息检索

化学化工电子文献检索与分析策略 赵乃瑄、冯新编著，化学工业出版社，2008 年 1 月。本书共分十五章，主要内容有电子文献信息源概述、电子图书和书目数据库、中文期刊数据库、美国化学文摘（CA）数据库、科学引文索引（SCI）数据库、化学化工专利数据库、其他化学化工电子文献信息源、电子文献的信息组织与评价分析、信息检索与科研创新等，书后还附录了科研课题信息检索范例及作者寄语。本书在编写时突出了实用性和新颖性，把信息检索的基础知识及理论同化学化工领域的课题实例相结合，重视培养学生的信息素养能力，广泛吸收并介绍相关电子文献检索的新动态、新知识及新方法，反映了信息检索的最新进展。

因特网上生物医学信息检索指南 崔雷、刘树春、沈秀丽主编，科学出版社，2008 年 1 月。本书共分十章，主要内容有医学文献检索系统、医学数据与事实检索系统、医学专业搜索引擎、综合性生物医学网上资源、基础医学网上资源、预防医学网上资源、内科学网上资源、外科学网上资源、其他临床医学网上资源、辅助医学网上资源。本书是 21 世纪高等医学院校教材丛书，主要讨论的是因特网上医学信息资源的检索和利用，作者基于医学的各个学科和专业，介绍了大量重要医学网站的信息资源。

网络环境下社会科学信息检索 刘俊熙等编著，上海大学出版社，2008 年 1 月。本书共分十二章，主要内容有社科文献概述、社科文献的交流、文献检索原理、文献检索语言、社科文献检索工具、社科文献综合参考源、社科类有关学科文献参考源、计算机信息检索、光盘计算机信息检索、Internet 社科信息检索和网上资源、计算机信息检索举例、社科文献研究及成果的表述方法，书后还附有中文社科 Internet 网站信息资源、Dialog 综合数据库及 First Search 数据库。本书内容新颖，自成体系，基于现代信息技术在网络环境下的运用，实现了传统教学内容和现代信息检索技术整体的、有效的融合，有丰富的检索实例，并逐步加以引导，具有非常强的实用性与通用性。

现代信息检索：原理、技术与方法　赵丹群编著，北京大学出版社，2008 年 1 月。本书共分十一章，主要内容有信息检索概述、信息检索系统及其构成、多媒体信息检索技术与方法、信息检索评价研究、信息检索的基本方法与步骤、常用网络搜索引擎服务系统等，书后附有主要参考文献列表与重要名词术语索引表。本书主要介绍及阐述信息检索领域基本理论、主要技术与应用方法的系统，其内容丰富新颖，资料翔实，概念清晰，所做的分析阐述既系统又深入。

数字信息资源检索与利用　杨守文主编，化学工业出版社，2008 年 1 月。本书是高等学校教材丛书，共分九章，主要内容有数字信息资源检索概述、参考数据库、事实和数值型数据库、全文数据库、专利文献及其他特种文献的检索、电子图书、网上其他数字信息资源、竞争情报基础、信息资源综合利用及学术论文的撰写。借助本书，读者可以便利地从中学习和掌握信息的检索及利用方法，有效地提高自身查阅文献信息的能力。

跨语言信息检索进展研究　刘伟成、孙吉红，《中国图书馆学报》，2008 年第 1 期。本文共五部分内容，主要包括跨语言信息检索研究的发展历程、跨语言信息检索的基本框架、跨语言信息检索的类型和技术、跨语言信息检索主要研究热点与领域、跨语言信息检索的发展趋势与面临的挑战。跨语言信息检索的研究经历了萌芽、发展和大型商用三个阶段，主要研究热点有翻译歧义研究、翻译资源构建、专有名词识别与音译研究、翻译技术研究、系统评价研究五个方面。作者还提出了解决查询条件和查询文档集之间的语言障碍的五种不同技术路线：同源匹配、查询翻译、文献翻译、中间语言技术、不翻译。

异构分布式信息检索系统整合研究　雷雪、焦玉英，《中国图书馆学报》，2008 年第 2 期。要想实现异构处理器和异构数据源之间的共建共享，需要对分布式检索系统的各个子系统进行整合。现有的技术可以满足具体的、个别的分布式检索系统的互操作的需要，但却不能建立具有普遍意义的互操作规范。尤其是数据/语义层的互操作为异构分布式信息检索系统整合的重点，相关的研究尚需要进一步深入。

网络免费资源的类型与检索策略　陈勤，《晋图学刊》，2008 年第 2 期。在目前条件下，有偿数据库购置费用高昂，图书馆不可能将所需的数据库收罗完全。因此如何科学合理地利用网上提供的免费图书全文资源，对图书馆补充馆藏资源是非常有利的。本文首先介绍网络免费图书全文资源的分布特点和搜索方法，主要可以通过图书馆网站书目检索系统、数字图书馆和综合搜索网站等途径获取。接着论述免费期刊论文的分布特点与检索利用，可以通过访问专业信息机构的网络数据库、搜索引擎收集全文期刊论文资源和访问科技情报信息机构网站等多个途径获取。然后阐述了导航站点免费学术资源的检索与利用，利用各类图书馆网站上的导航服务，是检索学术资源的一种有效方法。最后作者指出对于图书馆来讲开发利用网上的免费学术资源对推进图书馆文献信息资源建设是有积极影响的。

医学信息检索（附光盘供临床基础预防护理口腔药学等专业用） 徐一新主编，高等教育出版社，2008年2月。本书共分九章，主要内容有信息检索基础、图书馆资源利用、Medline、常用文摘数据库、引文检索、全文数据库、网络检索工具及其应用、常用医学网站、网络专类信息检索。本书是全国高等学校医学规划教材丛书，具有几大特点。其一，在绪论中阐述了医学信息检索与信息素养培养的重要性，并介绍了医学信息检索的教学内容与教学方法。其二，本书在信息检索基础知识部分添加了检索式编写和检索策略调整、信息网络技术等内容，非常新颖实用。其三，本书主要介绍计算机网络检索。介绍的国内外生物医学数据库，种类齐全，内容新颖，示例通俗。其四，本书配有光盘，内容包括习题解答及数据库检索界面的图片。其五，本书的编者均有长期的信息检索课程教学经验，大部分编者曾主编过同类教材。

现代信息查询与利用（第2版）（附光盘1张） 赵静编著，科学出版社，2008年2月。本书分为四篇：观念篇、基础知识篇、工具篇及方法篇。具体内容有：信息观与信息素质；信息查询基础知识；事实数据工具；查询图书信息的工具；查询期刊信息的工具；查询报纸信息的工具；查询专利信息的工具；查询标准信息的工具；查询会议信息的工具；查询学位论文信息的工具；查询科技报告信息的工具；集成、联机与专业检索系统；网络信息利用与搜索引擎；信息查询与利用方法。本书是普通高等教育"十一五"规划教材丛书，旨在帮助人们形成科学的信息观，学习获取和利用信息的基础知识，掌握查询、判断、组织、管理和创新信息的方法，以提高个人的信息素质，不断完善个人终身学习所需要的各项基本技能。

结合本体筛选和文本挖掘的垂直搜索引擎研究　赫建营、晏海华、金茂忠、刘超，《计算机科学》，2008 年第 2 期。如何在繁多的网络信息中迅速准确找到所需的信息是亟待解决的问题。本文先探讨了本体管理与文本挖掘技术，这是进一步研究的技术基础。接着提出了一个结合本体筛选和文本挖掘的垂直搜索引擎构建思想，具体包括基于本体筛选的智能搜索器、结合文本挖掘的网页信息分析及抽取、分类器及查询处理器的构建等。最后，描述了对提出的思想的原型系统的实现，即构造一个面向高校毕业生招聘的垂直搜索引擎原型。作者认为只要修改其特征过滤规则即可构造面向不同行业的垂直搜索引擎。

利用查询术语同义词关系扩展信念网络检索模型　徐建民、陈振亚、白彦霞，《情报学报》，2008 年第 3 期。本文包括六部分内容，主要包括引言、信念网络模型、查询术语同义词的相似度、基于查询术语同义词的信念网络模型扩展、实验与分析、结论。传统的信念网络模型没有利用术语之间的关系，本文利用信息检索同义词与词语相似度等概念，提出了最优同义词、相似概念及概念相似度等定义，并具体指出了一种概念相似度的计算方法，对传统信念网络模型进行扩展。经过实验和分析，证明了扩展之后的信念网络模型比传统的模型拥有更好的检索性能。

近几年来国外信息检索模型研究进展　孙坦、周静怡，《图书馆建设》，2008 年第 3 期。本文首先对信息检索模型的含义进行介绍，信息检索模型是信息检索的主要内容之一。接着介绍布尔模型，说明由于其存在的缺陷，近几年来国外对于布尔模型的研究较少，主要表现在对其改进或者对扩展布尔模型的进一步优化。接下来介绍了向量空间模型、概率模型和语言模型。对于新兴的基于本体的信息检索模型的研究，主要集中在对基于本体的信息检索模型理论的研究、与其他检索模型的融合以及基于本体检索模型的应用。除此之外，国外学者在不断地尝试新的模型，如利用元数据和文本建立的信息检索模型、网络环境下的异构信息检索模型等。

国外参考资源检索与利用　张久珍编著，北京大学出版社，2008 年 3 月。本书共分十三章，主要内容有参考资源与参考咨询工作、参考资源的评价与选择、图书资源的检索、报刊资源的检索、百科全书的检索、传记资源的检索、地名检索工具、年鉴、机构名录的检索、语文词典的检索、统计资料的检索、政府出版物的检索、文献利用的学术规范。书后还附录了主要语词索引。本书详细介绍了多种主要工具书，对电子资源与网络资源的检索和利用做了说明，作者还结合当前信息资源的分布与传播的特点，讨论了各种工具书在新环境下对应的电子型与网络型资源，以及国外参考资源遵循的学术规范。

现代信息检索实用教程　朱静芳主编，米海燕、李刚、刘晓丹副主编，清华大学出版社，2008 年 3 月。本书共分八章，主要内容包括：信息素质教育；信息检索基础理论；图书、期刊信息检索；特种文献信息检索；国外有关重要检索工具；网络信资源检索与利用；学术论文的撰写与发表；信息检索综合利用——科技查新。本书从全新的视角，整合了信息素质教育、各类信息检索方法、网络信息检索方法与技巧、学术论文撰写、信息综合运用与科技查新方法等方面的内容，书中还精选了大量的样例和网页样图，具有全面性、实用性和直观性三大特点。

信息检索问题集萃与实用案例　曹志梅、范亚芳、蒲筱哥编著，北京图书馆出版社，2008 年 3 月。本书分基础理论篇、信息资源篇、综合应用篇和检索实例篇四部分，共十二章，具体内容有信息资源及其相关知识、常用名词术语、综合类信息资源、专题信息资源、特种信息资源、搜索引擎、数据库系统的检索应用、综合检索应用、检索实例分析等。书后还附录了常用英文缩写释义。本书从实用的角度出发，基于编著者长期的图书馆工作经验和信息检索课的教学实践，说明了信息检索过程中可能遇到的各种各样问题，采用简捷明了的问答方式，意图提供解决问题的方法与技巧。

基于主题图的数字图书馆英汉跨语言检索模型　夏立新、张进、王忠义，《情报学报》，2008 年第 3 期。本文包括五部分内容，主要包括引言、支撑技术、英汉跨语言检索模型、模型系统实现、结束语。针对跨语言检索系统存在的翻译准确性差、效率低与成本高等问题，本文深入分析了主题图技术，提出了一种全新的基于主题图的数字图书馆英汉跨语言检索模型。该种模型运用了索引翻译的策略，实现了跨语言检索的目的，其最大优点是在提高翻译准确性的同时，能降低翻译的工作量与成本。

基于多 Agent 多层次概念关系网络的知识检索模型研究　张丽锋，

《江西图书馆学刊》，2008 年第 3 期。传统检索工具由于其本身的局限无法满足个性化信息检索的要求，在这种情况下人们研究并提出许多智能型知识检索方法，作者利用 Agent 技术与多层次概念检索技术提出了基于多 Agent 的多层次概念关系网络的知识检索模型。该模型充分利用了 Agent 的主动性、学习性、智能性和概念关系网络的语义关联性、动态性及继承性等特征，实现智能化与个性化的知识检索，具有广泛的应用前景。

基于粒结构的知识检索　曾毅、姚一豫、钟宁，《计算机科学》，2008 年第 3 期。信息科学和知识管理领域的系统分层结构可以表示为数据、信息、知识、智慧四个层面，本文以此为基础，分析了在数据层面上的数据检索系统（DRS）、信息层面上的信息检索系统（IRS）、知识层面上的知识检索系统（KRS）三类检索系统的特点和问题。分析异同得出知识检索主要是为了满足用户对知识的需求，它将是检索系统发展的下一个重要方向。最后作者认为基于粒结构的知识检索能够更好地协助用户获取知识，给出了一个粒知识检索系统的模型，并以粒计算为工具讨论了一些基本问题。

一种修正的向量空间模型在信息检索中的应用　马晖男、吴江宁、潘东华，《哈尔滨工业大学学报》，2008 年第 4 期。由于信息检索系统中普遍使用的向量空间模型（VSM）固有的缺陷，文本信息检索系统检索性能不高，为了改善这一现状，本文提出一种新的修正的向量空间模型（MVSM）。这种新的修正的向量空间模型重新定义了查询索引项的内容，把合成短语引入查询语句和传统的向量空间检索模型的信息表示中，并对合成短语的权重值进行重新计算。在以上的基础上，对查询索引项使用了基于同义词词典的查询扩展策略。通过具体实践验证表明，在信息检索系统中应用该模型能够较好地改善检索性能，可以提高检索查准率和检索查全率。

一种基于词语上下文关系的文本检索算法　郭少友，《情报理论与实践》，2008 年第 4 期。本文首先指出，已有的相关工作在相似性匹配过程中忽略词语上下文关系，影响检索系统的检索性能。然后针对已有研究对词语上下文关系应用不足的现状，提出了一种基于词语上下文关系的文本检索算法。最后通过实验验证得出以下结论：在文本检索过程中，充分利用词语之间的上下文关系，能够帮助提高检索性能。

多语言本体构建及其在跨语言信息检索中的应用　刘伟成、孙吉红，《武汉科技大学学报》（社会科学版），2008 年第 4 期。在跨语言检索系统中，传统的语言转换系统在词语消歧方面存在缺陷，使得检索效率也大受影响。多语言本体引入了跨语言同义词规范，用于跨语言信息检索时可以使不同语种的概念之间能够相互对照，并将检索提问式与文献的匹配提升到语义层面，从而消除了不同语言的转换带来的歧异性，其根本特征是，不同语种的本体库对应的概念内涵是一致的。该文试图对多语言本体的构建及其在跨语言信息检索中的应用进行探讨，以解决查询语言和检索语言在转换中出现的语义损失与曲解等问题。

项目课程法在文献检索课教学中的应用　杨光武，《大学图书馆学报》，2008 年第 4 期。本文共分为五个部分。第一部分对文献检索课的革新轨迹进行简要的介绍，随着时代的发展，教学内容和教学手段也不断地变化。第二部分介绍教学方法的革新，传统的教学方法注重知识和学习方法的传授，学生获取与利用信息的能力却没有提高，为此出现问题探究型、师生互动型以及兴趣型等教学改革，其中最具代表性是问题探究型。第三部分在第二部分的基础上指出问题探究型还存在很多缺陷，也未能根本解决教学中理论与实践相脱节的问题。第四部分引入项目课程法，建立真正的问题引导型教学模式。第五部分主要论述在实施项目课程法过程中应着重解决的问题，包括：根据项目课程要求，重新确定课程内容，编写新结构教材；改变教学模式，确立以学生为中心的教学过程；以任务完成为标准，制定新的评价体系。

智能信息检索扩展方法研究　陈晓金、王兵，《图书情报知识》，2008 年第 4 期。在信息检索中存在词不匹配问题，这增加了用户的负担，为解决这一问题，国内外学者提出了多种查询扩展技术用于信息检索。本文提出了一种结合本体与用户相关反馈技术的查询扩展方法。将 FirteX 作为检索平台，选取 WordNet 作为本体扩展资源，验证作者所提出的查询扩展算法。首先对于本体在查询扩展中的作用进行分析，其次对于用户相关反馈在查询扩展中作用进行分析，最后做出查询扩展实验，结果表明，这种方法比基于余弦相似性的查询扩展方法在平均查全率和平均查准率以及 F 值三个度量方面都有所提高。

中文工具书及其使用（增订本）　祝鼎民编著，中华书局，2008 年 5

月。本书共十三章，主要内容包括：概述；查字；查语词；查百科；查人物；查地名；查典故；查引语；查年代；查典章制度；查书目、报刊目；查论文资料索引；年鉴、手册和资料汇编等。书后还附有书名索引。本书是基于辞书编撰出版的变化情况对原版做了调整的增订本，是现今收入辞书品种全面，介绍和论述精到的有关汉语工具书使用的必备教材，内容涉及了我国古代辞书与现当代辞书，着重介绍和论述了相关汉语工具书的编撰特点、检索方法与版本变化情况。

结构化向量空间模型及其在 Web 信息检索中的应用　李玉镪、操卫平、周兰珍，《北京工业大学学报》，2008 年第 4 期。本文首先对传统向量空间模型简单介绍，分析了其基本思想。然后针对 Web 信息检索的特点，对传统的进行改进，提出了结构化向量空间模型。这种模型的基本思想是将 Web 文档表达为具有一定逻辑结构的向量，也就是结构化向量组。每个结构化向量组由若干个子向量构成，每个子向量对应 Web 文档中相对应独立的文本段。理论分析与实验证明，该方法克服了传统向量空间模型在 Web 检索中存在的若干问题，可以提高向量空间模型在信息检索精度和召回率方面的性能。

基于 Lucene 算法的移动终端资源搜索引擎研究与设计　曾庆祥、廖建新、安宝贵、朱春梅、于川，《北京工商大学学报》（自然科学版），2008 年第 5 期。本文的结构为"总 - 分 - 总"形式，在"总"的部分，作者介绍了网络搜索引擎的发展和影响，并提出了本文所探讨的问题。在"分"的部分，作者采用纵深推论式，包括 Lucene 算法分析和移动终端搜索引擎可行性方案两部分内容。近年来移动终端软硬件技术得以快速发展，移动终端的功能也日益增强，随着移动终端中存储数据的种类和数量不断增加，如何将用户所需要的数据快速、准确地展现给用户成为一个亟待解决的问题。作者通过对 Lucene 算法进行分析和借鉴，并结合移动终端的特性，提出并详细介绍了面向移动终端中用户数据的搜索引擎的可行性方案。最后，作者认为相关引擎的开发存在长远的价值，在不久的未来必将以一个统一的界面以客户端的方式提供给用户。

第三代搜索引擎的研究现状及其发展趋向探析　张立彬、杨军花、杨琴茹，《情报理论与实践》，2008 年第 5 期。本文共分为三个部分。第一部分对前两代搜索引擎的特点及局限性进行分析。第二部分介绍第三代搜索引擎的研究现状，先是分析"技术驱动型"与"服务驱动型"理念的区别，前者主要是从技术角度改进搜索引擎来更好地满足用户需求，后者主要是以 Jwmguagua 等为主，提出了搜索引擎直潜全能搜索技术系统，然后介绍第三代搜索引擎的研发历程。第三部分展望第三代搜索引擎的发展趋势，具有智能词组效应和编辑功能、具有引导查询能力、具有公众参与能力以及具有整合搜索能力等多元化趋势。

医学文献检索（第 3 版） 郭继军主编，人民卫生出版社，2008 年 6 月。本书分为九章，内容包括绪论、中文医学文献检索工具、中文医学文献全文数据库、外文医学文献检索工具、英文医学文献全文数据库、特种医学文献检索、引文检索系统、网络信息资源和医学论文写作。该书框架和基本内容与第二版相似，以保持连续性。主要变动包括以下五个方面的内容：其一，根据文献检索理论与技术的发展以及检索工具的变化，手工检索工具仅做一般概述性介绍，本版重点介绍计算机检索工具的特点与使用方法。其二，在不同章节内进一步强调文献检索基本理论与基本技能的阐述，并且作为教学重点讲授。其三，更新了各种检索工具介绍内容与图表，增补和使用最新检索界面，并对于图表做出说明。其四，根据网络资源和科技信息的发展，增加网络文献信息资源利用内容并且更新网址和内容阐述。其五，为便于教学与学生学习，本版增配课件光盘，内容包括教学要点和课后习题以及数据库检索利用界面，简明、生动，便于学生学习与掌握，也可用于自学，也有助于教师进行多媒体教学。

语义检索研究综述 黄敏、赖茂生，《图书情报工作》，2008 年第 6 期。本文为"总 - 分 - 总"结构。开头"总"的部分，分析了传统网络检索技术的局限性，提出利用语义检索来克服这种局限性，并简单介绍了其研究现状。"分"的部分为横向分论式，作者通过对语义检索现有研究与应用的调研，对当前语义检索研究进行了综述，详细阐述了基于本体的信息资源检索和语义网资源检索两部分内容，同时还进一步分析语义网资源检索的三种不同研究方向，即语义网文档检索、关系检索和实例检索。结论部分：总结上文，指出语义检索相对于传统网络检索的进步之处及其所面临的主要问题。作者认为，传统网络检索仍属于文献检索而非信息检索、知识检索；而语义检索能够表达和处理信息的语义内容，从而实现基于语义的匹配和推理，并为实现从文献检索到信息检索、知识检索的转变提供了支持。

基于本体论的知识组织与知识检索 张莉萍,《情报资料工作》, 2008年第 6 期。本文为 "分 – 总" 结构。"分" 的部分为纵深推论式, 共包括六部分内容。作者首先阐述了本体论的概念及其来源, 然后分析了基于本体论的知识组织和知识检索的内涵、方法与特点, 并详细论述了基于本体论的知识组织和知识检索的具体实现过程, 最后探讨了元数据在基于本体论的知识组织中的应用。结论部分是总结全文, 指出本体论的构建与应用在国外已成为研究热点, 但是在国内还处于研究的起步阶段, 尤其是在信息管理领域的应用还没有形成完整的体系, 因此还有待进一步研究。

基于语义理解的智能搜索引擎研究 陈林、杨丹、赵俊芹,《计算机科学》, 2008 年第 6 期。本文为 "总 – 分 – 总" 结构。引言部分分析了基于关键词理解的搜索引擎的缺陷, 并提出一种基于自然语言理解的搜索引擎模型。"分" 的部分为纵深推论式, 共包括三部分内容。第一, 该模型的总体流程; 第二, 核心技术 (基于自然语言理解的相关技术), 包括分词处理、关键词与特征词提取、语义分析及查询扩展等, 并基于语义理解建立了面向 Web 网页内容的特征库; 第三, 检索与排序, 提出返回文档排序的算法, 并基于 Lucene 工具建立了搜索引擎, 对库中已收录的特征词进行了查询测试。结论部分是总结全文, 指出基于语义理解的智能搜索引擎模型基本实现了对查询短语的理解, 能够显著地提高搜索引擎的查准率。

Web 智能信息检索技术研究 关桂荣,《内江科技》, 2008 年第 7 期。本文为 "总 – 分 – 总" 结构。"总" 的部分指出 Web 智能信息检索技术研究的重要性, 以及该文的主要内容是基于对国外 Web 信息检索技术进行探讨, 介绍了一种新的智能信息获取方法, 提供一种个性化和智能化的高效信息检索工具。"分" 的部分为纵深推论式, 共包括三部分内容。第一部分从搜索引擎的基本结构与工作机制、基于链接的相关排序、基于概念的检索、检索结果的联机聚类、相关度反馈等方面分析了 Web 智能信息检索技术。第二部分阐述了两种智能信息获取技术——智能 Agent 技术和 Web 半结构化信息抽取技术的原理和特点。第三部分 (Web 查询关键词的提取) 介绍了一种将智能信息统计、语义分析和知识学习方法相结合的自学习智能关键词提取算法, 并详细阐述了该算法实现关键提取的主要过程, 为进一步满足 Web 信息检索提供一种智能化、个性化的高效信息检索工具。

一种基于轮廓的图像检索算法　谢邦旺、王加俊，《中国图象图形学报》，2008 年第 7 期。文章提出了一种改进过的基于轮廓的图像检索算法。这一新算法在尺度变换、旋转变换和抗噪性能等方面具有更优的鲁棒性。这一算法可分为三个步骤：第一，用两种不同尺度的 1 维高斯函数先后对目标轮廓的凹陷部分与凸起部分进行进化处理，从而得到一个平滑简单并能能很好代表原始轮廓主要信息的进化曲线。第二，利用骨架化算法提取出目标骨架。第三，利用进化后的轮廓和骨架之间的距离直方图构造目标形状的描述符，并且实现了图像检索。此算法是针对 Choi Wai - pak 等人的基于最大内切圆直方图的图像检索算法存在的不足而提出的。与 Choi Wai - pak 等人的只利用了形状的骨架信息算法相比，此新算法不仅利用了轮廓所表达的外围整体形状信息，而且还利用了骨架所表达出的形状的拓扑关系。

现代图书馆利用指南　罗志尧、周群芳编著，杭州出版社，2008 年 7 月。本书共七章，全面介绍了图书馆利用的有关知识。第一至第二章（图书馆概述和图书馆馆藏的认识）主要介绍了图书馆的起源、类型、服务、数字图书馆、馆藏类型及其组织等方面的知识。第三至第五章详细阐述了图书馆图书与期刊的查找与利用、常用数字资源的检索与利用以及信息资料的收集、分析和综合利用方法。第六至第七章为读者介绍了一些比较实用的读书方法，并推荐了中外文化名著和文学名著等经典阅读书目，共计四十部。此外，本书最后还有三篇附录，分别是《中国图书馆分类法》类目简表、国内知名高校及浙江省高校和公共图书馆名录和浙江工业大学之江学院图书馆规章制度选编。

信息咨询概论（附光盘 1 张）　柯平主编，科学出版社，2008 年 7 月。丛书名为"21 世纪信息管理丛书"，南开大学精品课程教材。本书集全面性、系统性、应用性和新颖性于一身，融传统咨询和现代网络咨询教学为一体，理论和实践紧密结合，突出技术方法应用与内容的针对性，在继承的基础上开拓创新。全书共十二章。第一章主要介绍信息咨询的基本理论，主要包括信息咨询的概念与特征、类型、产生与发展、性质与功能及其理论研究等内容。第二章阐述了信息咨询的基本原理与过程，涵盖了信息咨询的程序与模式、问题分析、招标与咨询合同、项目建议书、咨询报告等内容。第三章主要阐述信息咨询的方法论体系，并重点介绍了其中的定性与定量分析方法。第四至第七章系统分析了信息咨询用户与需求、信息咨询职业、信息咨询产业以及信息咨询的管理。第八至第十二章主要介绍了信息咨询的专门领域：科技信息咨询、经济信息咨询、社会信息咨询、决策信息咨询和数字参考咨询。

医学信息检索与利用　谢英花、牛晓艳、马燕山主编，海洋出版社，2008 年 7 月。丛书名为"全国高等院校统编教材"。本书共十章。第一章绪论，介绍了医学文献信息的现状和发展趋势以及学习医学信息检索利用的意义。第二至第四章介绍了信息检索利用的基础知识信息，包括信息与信息资源、信息检索、搜索引擎等，重点阐述了信息检索的工具、语言、方法和搜索引擎的分类、检索方式与检索技巧等内容。第五至第八章详细分析了各种中外文医学文献检索工具和常用中外文数据库的检索与利用方法。第九章（医学信息评价与利用），包括循证医学及其信息检索、Meta 分析和医学信息分类、筛选与评价等内容。第十章主要介绍医学论文写作的基本格式与要求、写作方法与步骤等。

专利信息检索与利用　阚元汉主编，海洋出版社，2008 年 7 月。丛书名为"图书馆学情报学档案学理论与实践"。本书共分九章。第一至第二章主要介绍信息与信息资源、信息检索等基础知识。第三章概述分析了专利基础知识（包括专利制度、含义、类型、特点等）、同族专利、专利文献、专利信息等内容。第四章介绍国际专利分类法的产生与发展、应用、修订、编排等。第五至第九章系统分析了专利文献检索和利用，包括中国和世界各国的专利文献及其检索中国专利信息的网上检索、国际性专利组织专利文献及其检索以及德温特专利检索工具等内容。作者认为，专利信息是知识经济时代最重要的战略资源之一，世界各国都十分重视专利信息的传播与利用。专利文献是专利信息的主要载体，也是专利制度的产物，它充分体现了专利制度的两大功能：文献公开和法律保护。因此，专利文献反过来又成为专利制度的重要基础，促进了专利制度的发展。

博学·基础医学：医学信息检索与利用（第 4 版）　李晓玲、夏知平主编，复旦大学出版社，2008 年 7 月。本书共十章。第一章导论部分，主要概述信息及信息素养、数据库、计算机检索基础和数字图书馆等信息检索基本知识。第二至第八章主要介绍医学数据库等检索与利用相关知识，包括：核心数据库检索、常用的期刊文献数据库检索、特种文献（学位论文、会议信息、专利信息）数据库检索、互联网综合信息查询、生物信息学与药学等相关专业数据库检索和循证医学及证据检索等内容。第九章（信息处理与分析）将信息检索和学生的学位攻读、科研知识创新相结合，详细介绍了信息整理、分析、研究的科学方法与步骤，主要包括：文献检索策略与案例分析、网络信息聚合器、个人文献管理软件、医学信息调查与研究等内容。第十章（医学写作）主要介绍了医学学术论文、综述的写作以及学位论文写作和递交等内容。

信息检索新论　焦玉英、温有奎、陆伟等编著，武汉大学出版社，2008 年 8 月。本书共十八章。第一章概论，主要介绍了信息检索理论研究进展、网络信息检索展望和语义网检索技术等内容，并指出网上"浏览－查询"模式已逐渐取代了以传统文献为基础的"提问－检索"模式。第二章阐述信息检索的相关模型理论，如布尔模型、逻辑模型、概率模型、统计语言模型、浏览模型和隐马尔可夫模型等。第三章（信息检索相关性研究）主要包括信息检索相关性评价和用户相关反馈等知识。第四至第七章，主要介绍并行与分布式检索、多媒体检索、智能信息检索和光盘与联机检索的研究进展情况。第八至第十二章和第十八章中介绍了近年来信息检索领域的最新研究成果，如跨语言检索、信息过滤、信息抽取、网格信息检索、知识元检索和语义网检索等。第十三至第十七章主要包括自然语言与受控语言检索的比较与评价、检索用户行为与需求理论与实践、数字图书馆的信息检索策略与方法、信息检索标准与规范和合作数字参考服务研究等内容。本书所涉及的许多问题有的是国家自然科学和社会科学基金项目的研究成果，有的则是国际 TREC 检索会议近年来的中心议题。作者希望通过对这些问题的探讨研究，向读者揭示 21 世纪以来信息检索领域的前沿课题和研究方向。

科技查新与创新评估　谢新洲、李永进主编，北京科学技术出版社，2008 年 8 月。本书共十二章，主要内容包括科技情报检索概论、科技信息源及其特征、联机检索、网络信息检索、科技查新概述、科技查新工作的组织、科技查新过程解析、我国科技计划的组织与管理、科技计划的评估、科技项目前期评估的科技查新应用案例、科技项目中期评估的科技查新应用案例、科技项目后期评估的科技查新应用案例。本书是"现代公益技术和公共服务丛书"中的一种，深入探讨了科技查新应用于科技创新活动的全过程，包括科技立项、研发及成果评估等，实现了理论和实践的结合，案例和创新过程的结合，为我国科学研究的开展和管理提供了方法论。

实用信息检索方法与利用　赵乃瑄主编，化学工业出版社，2008年9月。本书共分十章，主要内容包括信息检索基础知识、信息伦理道德与知识产权、图书及其检索方法、期刊及其检索方法、化学文摘（CA）及其检索方法、《工程索引》（EI）及其检索方法、特种文献及其检索方法、网络信息资源及其检索方法、信息获取与评价分析、信息检索策略与实例分析。本书内容简明扼要，综合性较强，适用面广，具有新颖性、实用性及工具性的特点。

跨语言信息检索研究与应用　郭华庚、赵英，《现代情报》，2008年第9期。本文为"总－分－总"结构。开头"总"的部分介绍了本文的研究目的是运用跨语言信息检索技术解决语种多样性对于人们信息检索自由的限制，促进网络信息价值的充分发挥。"分"的部分为纵深推论深入式，包括跨语言信息检索的理论研究和应用实践两部分内容。理论研究部分，首先介绍了跨语言信息检索（CLIR）的相关概念、实现步骤和方式，在此基础上，重点阐述了CLIR的关键问题与对策及其相关翻译技术。应用实践部分，在分析基于CLIR的元搜索引擎的必要性和可行性的基础上，将CLIR的技术平台和元搜索引擎的系统结构相结合，设计出基于跨语言信息检索的元搜索引擎系统模型。结论部分指出，与国外相比我国在语言信息检索方面的研究还相对薄弱，检索的准确率也比较低，但是在互联网的发展和经济全球化的趋势下，这一领域也将获得更多的关注与更长足的发展，跨语言信息检索也将会成为网络信息检索中的重要组成部分。

联合参考咨询与文献传递服务：文化共享工程网上信息咨询教程　李昭醇、莫少强主编，广东人民出版社，2008年10月。本书共分八章，主要内容包括绪论、网络信息检索、主要的网络信息检索工具、学科信息资源检索、专题信息资源检索、其他主题的信息资源检索、外文文献的检索与文献传递、网络信息资源评价与利用。该书重点探讨了网络环境下的信息检索服务，其内容广泛，主次分明，条理清晰，具有很强的参考性。

学术文献检索　王宪洪编著，中国财经出版社，2008年10月。本书共分六章，主要内容包括文献检索概说、图书检索、论文检索、词语检索、事实及数据与法规文献检索、文献利用。本书考虑了我国社科专业学术文献检索学习的实际需要，对与专业相关的文献检索的理论与基本技能做了系统的论述。具体来讲，本书介绍了文献检索的基本知识，详细讲解了各种检索学术文献的途径与方法，阐述了文献的管理与利用，对学术论文的撰写和投稿以及相关的学术规范做了必要述说，旨在帮助读者在掌握文献检索方法的同时能学会开发并利用文献资源。

法律文献检索教程　于丽英、罗伟编著，清华大学出版社，2008 年 10 月。本书分为总论篇、法律资源篇、检索工具和检索实证篇四部分，共十一章，主要内容包括宪法及国家制度概述、法律资源与法律检索概述、规范性法律资源、非规范性法律资源、法律出版与政府信息、中国古代和近代的法律文献、印刷型检索工具、因特网法律资源与利用、法律检索实证等。书后附有互联网资源的统一资源地址列表、中文法学核心期刊目录、主要图书分类法简介和中国主要大学及法学院目录。本书是清华大学法学系列教材丛书中的一种，具有三大特点：内容力求创新，从法律学科的整体高度把握法律文献的研究与应用；结构组织具有系统性与合理性；实践性强，突出了法律文献检索的特色。借助本书能帮助培养法律专业人员的信息素质能力与研究能力，使其能了解本学科信息的类别和类型；了解本学科常用的信息源和检索策略；能对本学科文献的内容做出有效的评价；能对本学科文献中举出的证据和例子的有效性做出判断。

信息资源检索与利用　匡松、洪平洲主编，人民邮电出版社，2008 年 10 月。本书共分十一章，主要内容包括信息检索基础、信息检索的原理与案例、网络信息检索、常用中文数据库、国外常用数据库、常用国外文摘的使用、事实和数值型数据库、专利与标准文献数据库等。本书的编写贯彻了素质教育与创新教育的精神，其内容新颖，结构合理，做到了理论联系实际，具有很强的实用性，适合学生全面、系统地学习信息检索的知识、原理和方法，有助于学生迅速、熟练地掌握现代化信息检索与综合利用的技能，能有效地提高学生的信息意识、信息能力和信息素养。

信息检索教程（第 2 版）　王立清主编，中国人民大学出版社，2008 年 10 月。本书共分十二章，主要内容包括信息检索基础、检索语言、信息著录和标引、参考工具书概述、参考工具书使用、计算机信息检索概述、联机检索、光盘检索、网络信息检索概述、网络信息检索工具、网络数据库检索、特种文献检索。本书是"21世纪信息资源管理"系列教材丛书中的一种，是基于作者多年的教学实践编写出的，被评为了普通高等教育"十一五"国家级规划教材。

语义检索关键技术研究　胡哲、郑诚、王艳玲，《计算机技术与发展》，2008年第10期。本文为"总－分－总"结构。引言部分简单分析了传统的基于关键字的信息检索的弊端，并提出本文的研究思路——从本体论的思路入手，探讨语义检索系统中的关键技术。正文部分为纵深推论式，共分为三部分。作者首先介绍了语义检索技术的研究现状，然后从语义检索项预处理和查询语义扩展两个方面研究了语义检索技术的关键技术，最后通过实验分析，验证了语义检索关键技术与传统的检索技术相比，能够有效提高检索的精度和覆盖率。总括全文，作者认为，基于关键字的信息检索，由于忽视了关键词本身所包含的语义信息，因此查全率和查准率都较低。而源于人工智能和知识工程领域的本体理论和技术，具有基于语义的推理机制，能够很好地处理自然语言理解问题，因此运用本体论的思路建立的语义检索关键技术成为改进传统信息检索方式的良好工具，它能进一步提高信息检索的精度与覆盖率，减少不相关的返回结果。

基于语义的领域知识检索系统的设计及实现　朱思峰，《微电子学与计算机》，2008年第12期。本文为"总－分－总"结构。文章开头部分，指出传统信息检索工具存在不足，由此提出了基于语义网的领域知识检索系统的研究。"分"的部分为纵深推论式，包括领域知识检索、语义网、系统的架构设计、原型系统的实现及测试四部分内容。设计的JADE平台下的基于语义的领域知识检索原型系统，经测试表明，其能够快速发现领域研究者构成的集群和获取领域研究者的相关信息。最后的结束语部分，作者总结了下一步要做的工作，其中包括提高Agent的智能、提升语义网应用的层次、实现数据分析器、实现浏览器与本系统的融合等。

论利用服务器日志优化搜索引擎的研究　鹿文超，《电脑知识与技术》，2008年第21期。本文为"总－分"结构。引言部分概述了搜索函数在检索系统中的作用以及目前搜索引擎的检索函数存在的不足之处。正文部分为纵深推论式，共包括四部分内容。首先介绍如何利用日志分析获得用户偏好，进而优化搜索引擎；其次详细阐述了支持向量机（SVM）算法的原理，并探讨了怎样运用改进的 SVM 算法（即基于机器学习的文档检索方法）从用户行为日志中学习更新检索函数，以满足不同群体的用户需求；最后利用 Nutch 构建了一个搜索引擎，对 Ranking SVM 算法进行了验证。实验证明，该算法可以准确分析站点用户行为的共性，自动学习更新原始检索函数，并将经常访问页面排在前面以方便用户浏览，进而满足站点用户的群体需求。但系统还存在一些不足，用户兴趣聚类、合并相近查询词等问题还需要进一步研究。

基于本体的智能信息检索系统的构建方法　高琳、夏清国、王黎明，《计算机工程与设计》，2008 年第 24 期。本文为"总－分－总"结构。引言部分，作者指出传统信息检索技术所存在的三个深层次问题，"忠实表达问题""表达差异问题""词汇孤岛问题"。为解决这些问题，作者提出了一种基于本体的智能信息检索系统模型。正文部分为纵深推论式结构，共包括两部分内容。第一部分（信息检索模式分析），在对布尔模型、概率模型、向量空间模型和概念检索模型进行分析比较的基础上提出有必要使用概念模型来实现语义检索，并简单介绍了概念检索的过程与方法。第二部分，系统阐述了基于本体的智能信息检索系统的构建方法，主要内容包括本体的概念与构造方法、基于 TSC 方法和推理机的领域本体学习与一致性检测、XML 信息表示技术和通用的元数据描述工具 RDF（S）、信息检索实现。结论部分，总结全文。作者指出，该模型首先使用基于 SOM 神经网络与分层聚类的两阶聚类算法自动产生本体，免除了人工构造本体的繁琐，然后再利用本体中概念与概念之间明确的关系描述，对用户提出的检索要求进行语义上的扩充，从而使信息检索过程更加智能化，大大提高了信息检索的查全率和查准率。

工程信息检索教程　王知津主编，机械工业出版社，2009 年 1 月。本书分为基础篇、中文篇、英文篇及提高篇四部分，共分十章，主要内容包括绪论、中文信息检索、综合数据库检索、专业数据库检索、特种文献检索、事实与数据检索、联机信息检索、因特网信息检索、综合检索实例、科研能力拓展训练。该书从工程技术角度，详细讲述了信息检索的技术与使用方法，充分考虑了各种工程领域对信息检索的需要，而且在内容组织上做了精心的设计与安排。本书的体系和结构反映出整合中文与强化英文、突出综合与细化专业以及加强训练与注重实战的特点。

中外专利信息网络检索与实例 朱江岭、陈金梅主编，海洋出版社，2009 年 1 月。本书共分九章，主要内容包括：图书馆竞争情报服务；竞争情报概论；竞争情报研究内容；竞争情报工作规划；竞争情报搜集；竞争情报加工；竞争情报分析；竞争情报传播；商业秘密的保护等。本书是编者们长年从事专利信息检索教学工作和为社会企业专利信息服务的实践的总结，全面地论述了国内外的专利信息资源及其特点，详细地介绍了各种专利信息检索方法。此外，本书分析了不同性质的专利信息检索运用，以便满足不同的检索需求，对国际专利分类体系做了概述，还论述了专利信息对建设创新型国家的重要作用及在企业技术创新中的运用。

中医药文献信息获取与利用 蒋永光主编，人民卫生出版社，2009 年 1 月。本书分为信息源、方法原理、检索工具与信息研究和利用四部分，共八章，主要内容包括：中医药信息源及其特点；信息检索的原理与方法；中文医药文献检索；国外医药文献检索；中医药专利文献检索；古代医药文献检索；互联网中医药信息的获取；信息研究与利用等。本书是全国高等中医药院校研究生规划教材和卫生部"十一五"规划教材丛书中的一种，它立足于中医药研究生的教学特点与培养目标，基于学生信息能力方面存在的问题，围绕当前重要的信息资源与检索工具，阐述了文献信息的获取和利用的"方法"。

信息检索通用教程 潘燕桃主编，高等教育出版社，2009 年 1 月。本书共分八章，主要内容包括：绪论；综合性信息检索；社会科学信息检索；政务法律信息检索；经济商务信息检索；文化生活信息检索；自然科学信息检索；特种文献信息检索等。本书是普通高等教育"十一五"国家级规划教材丛书中的一种，是一部内容全面新颖，方法深入浅出，形式生动活泼，实用性与可操作性都很强的信息素质教育的专门教材，在内容体系、检索工具和检索方法上体现出了实用、常用与易用的特色。

基于 Ontology 的知识检索系统研究 侯集体，《情报科学》，2009 年第 1 期。本文为"总－分－总"结构。引言部分指出传统的信息检索机制已难以适应目前信息环境和用户日益增长的检索需求；基于 Ontology 的知识检索引起了国内外图书馆界与计算机界的特别关注，已成为数字图馆知识检索的一个新兴研究与应用领域。正文部分为纵深推论式，主要包括知识检索的概念和特征、Ontology 及其在知识检索中的应用和基于 Ontology

的知识检索系统的构建三部分内容。作者重点阐述了 Ontology 构建的一般流程和该系统几个主要模块（用户界面主体、搜索主体、本体论服务器、检索主体）的功能。结论部分，总结了该检索系统的优点，并指出其未来的研究方向。作者认为，Ontology 具有可以通过概念之间的关系来表达概念语义的能力，发掘出那些隐含的、不明确的信息，更好地满足用户的多样化的信息需求。基于 Ontology 的知识检索也更符合人类的思维习惯，能够克服传统检索方法所造成的信息冗余或信息丢失的缺陷，其查询效果更为合理可用。但是由于受本体论技术发展的限制，该模型只能在特定领域建模和应用，还难以构造通用的本体论知识模型。

基于改进 VSM 的文本信息检索研究　张成伟、郑诚，《计算机技术与发展》，2009 年第 1 期。本文为"总 - 分 - 总"结构。引言部分，指出目前的检索工具忽视了很多文本中隐含的语义信息，而导致检索效率低下，难以满足用户查询要求的现状。为克服该缺陷，作者将向量空间模型与本体论中的概念匹配相结合，提出一种基于向量空间模型改进的文本信息检索方法。正文部分为纵深推论式，共包括三部分内容。第一部分介绍了基于改进 VSM 的文本信息检索的相关知识：向量空间模型（VSM）和本体论（Ontology）。第二部分（关键技术）重点阐述了改进的向量空间模型和该系统模型的构建。第三部分通过实例论证了该模型能够很好地提高文本信息检索的查全率和查准率。结论部分，总结了该方法的优点与应用的局限性。作者认为，该方法的优点在于可以对传统的信息检索系统进行简单修改，比较容易实现。但与传统的文本信息检索相比，该方法依赖于领域本体的完善，因此只适合领域范围内检索，广泛的使用还有赖于本体模型构建的标准统一。

对电子环境下分类检索应用的思考　马张华、陈文广、赵丹群，《中国图书馆学报》，2009 年第 1 期。本文分为三部分。首先，作者提出了分类法是不可缺少的检索方法；其次，作者又阐述了分类法在电子环境下的应用形式及发展；最后，作者提出了传统分类工具的改进与完善。分类法作为一种系统的检索方法，在知识组织体系中有着其独特的价值；而在电子环境条件下，分类法的形式、应用的特点甚至管理方式等各个方面都发生了实质性变化，所以，应该在重视与检索实践结合的基础上汲取与探索；现行的文献分类法在电子环境下的改造，则主要包括了专业领域完备性的改造、标引方式的改造以及多维系统的构建等不同方面，而上层类表与底层类表的结合应用是多维类表构建的最基本的方式。

生物医学信息检索与利用 杨克虎主编，人民卫生出版社，2009 年 2 月。丛书名为"卫生部'十一五'规划教材"。本书共分为十一章。绪论部分主要介绍生物医学信息检索与利用的性质与任务、内容和基本要求以及生物医学信息检索与利用课的产生和发展等内容。第一章（生物医学信息检索基础）主要包括相关概念介绍、信息资源的类型与特点、信息检索系统、信息检索工具、信息检索技术、信息检索效果评价等内容。第二章主要介绍国内外的生物医学书目型检索工具。第三至第五章，详细阐述了生物医学信息检索的几种常用类型的数据库，其中包括：文摘数据库、全文数据库和引文数据库。第六至第七章主要介绍特种医学信息和生物信息的检索与利用。第八至第十一章主要包含网络信息资源利用、循证医学信息资源及其研究证据评价、数字图书馆和生物医学信息研究与利用等内容。

信息检索 杜伟主编，科学出版社，2009 年 2 月。本书共分十四章，主要内容包括：信息检索基础知识；检索工具基础知识；美国《工程索引》；英国《科学文摘》；美国《化学文摘》；美国《科学引文索引》；美国《社会科学引文索引》；美国《艺术与人文科学引文索引》；专利信息检索；会议信息检索；标准信息检索；中英文数据库检索系统；电子期刊和电子图书；搜索引擎等。本书是普通高等教育"十一五"规划教材丛书中的一种，提供了广泛的信息检索学科知识，其内容以最新版本为主，是一本适用性很强地学习信息检索方法与技巧的图书。

信息检索教程（附光盘） 马文峰著，国家图书馆出版社，2009 年 2 月。丛书名为"普通高等教育'十一五'国家级规划教材"。本书参考了大量国内外研究成果以及研究资料，将信息检索列为研究对象，从理论与实践两层面全面阐述了信息检索方法、技术及其应用，并基本做到内容完整、创新、深入和实用。本书分为文字及光盘两个部分。文字内容分为十三章。第一至第五章属于基本理论部分。前两章详细论述了信息检索的概念、基本原理及其基本方法。第三至第五章分别论述了工具书、数据库、搜索引擎这三大检索系统的原理、类型、结构及其功能，揭示了其产生、演变与发展的历史。从第六章到第十二章详述信息检索的实践。主要介绍各类学术信息源，图书、论文（包含会议论文、学位论文、期刊论文等）、专利与标准、报纸文章摘要、网络学术资源以及术语信息的检索与利用。最后一章重点阐述如何在信息检索理论及其实践的基础上，撰写一篇有价值的学术论文，同时还阐述了学术论文构思与撰写过程当中，作者必须要注意的一些问题，及写作中应遵守的学术规范。数字光盘部分主要由三十一个小标题构成。主要包含了对市面流行的各类工具书的介绍并附上相关图片，各种数据库的检索界面介绍，及对文字部分未提及或不全面的内容的一些补充与完善。

基于 XML 文本片段的图像检索实现与评价　陆伟、张宓、刘丹，《中国图书馆学报》，2009 年第 2 期。为了研究图像检索的结果受图像位置关系以及文本片段的影响情况，作者采用了同在域范围与 RK 这两种层级的体系来表示文本片段以及图像路径之间的关系，同时，分别检索及评价了这两种体系的不同层级。作者的研究结果表示，从整体上来看，层级越是靠近图像，其检索的效果通常就越好；而越靠近图像的文本，就越能恰当地描述图像中的语义信息。因此，相对而言，RK 层级更能精确地表达文本片段以及图像间的位置关系，并且随着层级以图像的实体为中心不断地向外进行扩展，其检索效果整体上呈现了逐渐下降的趋势。

基于本体词汇的三维模型语义检索　阮佳彬、杨育彬、林金杰、韦伟，《计算机科学》，2009 年第 2 期。本文构建了一个三维模型检索系统，并通过该系统描述了一个可以基于本体词汇对模型库进行有效检索的方法。该方法具体是先对一个三维模型库中的词汇进行语义上的扩充，然后对关键词进行检索，而不是仅仅做文字上的简单匹配。结果表明，该方法可以有效地将一个分类不够丰富的模型库的词汇做较大的扩充，提高系统词汇的覆盖面，从而提高了召回率，同时保证扩充的词汇和原有词汇在语义上的相关性即检索是根据语义关系来进行推理，从而提高了基于语义关键词检索三维模型时其结果的有效性，保持了检索的准确率。

基于本体的空间搜索引擎研究　段磊、李琦、毛曦，《计算机科学》，2009 年第 2 期。本文共分为两个部分，第一部分即引言部分，从两方面分析了传统搜索引擎在处理空间语义方面所存在的缺陷，并在此基础之上，提出将本体和自然语言处理技术引入搜索引擎中，解决基于自然语言查询的空间检索问题，强调在传统的搜索引擎的基础上增加地理偏好的理解。其余部分为第二部分。这部分首先介绍了基于本体的空间搜索引擎的体系架构，其次又针对该搜索引擎的关键技术实现展开分析，并提出自然语言式空间查询的解析方案以及通过专业领域知识建立起对应的本体库与模式库，最后通过原型系统对该方案的可行性进行了严密的验证。

第三代搜索引擎研究　俞平、肖南峰、甘志刚，《南京信息工程大学学报》（自然科学版），2009 年第 2 期。本文主要分为三部分。第一部分，作者简要介绍了第一、二代搜索引擎的原理，并说明了随着信息时代的到来，信息量急速膨胀，第二代搜索引擎已无法满足人们需求，第三代搜索引擎呼之欲出的现状。第二部分，作者就各方观点和各具意义的尝试，总结了目前较为主流的关于第三代搜索引擎的定义及其发展趋势。第三部分，作者提出了搜索引擎服务的概念，即 Search Engine Service。通过翔实的分析与对比，认为这一概念的应用将是未来人工智能技术与搜索引擎技术发展的必然结果，并会在人工智能系统与搜索引擎系统中占据十分重要的地位，并认为它是第三代搜索引擎不可或缺的一部分。

农村实用信息的收集与利用　黄晓斌主编，经济管理出版社，2009 年3 月。丛书名为"社会主义新农村实用知识"。本书基于农村读者的生活习惯、知识结构等特点，采用通俗易懂的文字表述，针对目前在农村常见的问题，详细介绍了农村信息的特点、种类、作用与价值，以及在农村的相关信息收集、分析处理和传播上的方法与技巧等内容，十分注重方法与技巧的可行性与可操作性，并辅以十分丰富的现实实例。希望能借此以帮助读者掌握农村信息收集与利用方面的知识，提高自身的信息素养，能有效地使用农业信息资源，并更好地适应市场经济需要，促进我国新农村建设的进程。全书内容提纲挈领，简单明了，便与阅读与应用。

中医药文献检索　胡滨、蒋永光主编，上海科学技术出版社，2009 年4 月。丛书名为"普通高等教育'十一五'国家级规划教材"，全国高等院校文献检索与利用课程系列教材。本教材主要由浙江中医学院和成都中医药大学等 20 所同类高校在全国中医药科技信息工作委员会的组织下编写而成的。本书分为八章，主要内容包括文献概论、文献检索基础、中文文献、外文文献、电子文献及特种文献的检索、参考工具利用、文献的积累及其利用等。第一至第二章为总论部分，主要论述了文献与文献检索的基本知识、基本理论及基本方法；第三至第六章为各论，详细介绍了各种类型的中医药文献检索常用检索工具的收录范围、编排及其著录格式、检索途径和使用时的注意事项；第七章则介绍了中医药实施检索所需要的各类型参考工具；第八章介绍了文献的引用、文献积累、文献综述的撰写以及中医药文献资源的开发利用。较第四版所增加的"附录"部分，则对相关学科的检索工具作了简明介绍。该书深刻贯彻了理论要与实践相结合的原则，突出中医药学特色及其重在实用的特点。并强调了在目前纸质文献和电子文献并存的现实条件下，手工检索要和计算机检索并用，不可偏废其一。

信息获取与利用　杜慰纯等编著，清华大学出版社，2009 年 4 月。本书为全国工程硕士专业学位教育指导委员会推荐教材，全书共分七章。第一章介绍信息素质和与信息素质相关的知识，以及信息、知识、文献等基本知识；第二章介绍信息检索过程中可能用到的工具；第三至第六章介绍获取信息的流程与方法；第七章介绍文献的整理、分析以及如何合理的使用。本书结合具体案例，对信息获取的思路、步骤与方法进行介绍。随着全球经济一体化的推进，知识经济的浪潮正迎面而来。但是，由于知识经济的发展水平直接取决于知识信息的积累与利用，信息逐渐成为解决实际问题与科技创新的动力。而网络环境则以难以想象的宽度和广度造成学习情境的"无边界"，使得信息检索中的信息来源及检索自由度大大提高。因而，对人们的信息素质提出了十分严格的要求。因此，高校的信息素质教育逐渐的受到全社会的关注。然而，各高校为工程硕士专业学位研究生所设置的课程体系中很难见到信息素质教育的身影。这主要因为现有的信息素质教育沿用的是针对普通高校学生所开设的信息检索课程，而工程硕士专业研究生的培养与普通高校大学生存在一定的差异性，所以就会产生一定的不适应性，这些不适应性主要体现在：其一，传统文献检索课程内容存在繁、旧、偏、难和唯书本论的现象；其二，过于突出内容的学术性，与现实的需求相距甚远，无法调动学生的积极性。为此，本教材编写人员在分析了我国工程硕士现状的情况下，结合多年的教学与科研经验，编制了本教材。本教材最大的特点是不同于传统教科书的书面化陈述，试图运用生动、精炼的语言，以全新的内容组织形式娓娓道来。本书内容的选择始终坚持以实用为基础，希望读者在学到方法的同时可以得到操作方面的技巧，培养出"信息意识"为其以后的学习与工作铺路搭桥。

图书馆实体信息资源组织的两大发展路径　王松林，《中国图书馆学报》，2009 第 4 期。本文共分为三个部分。第一自然段为第一部分，点明了本文中心，引出下文。正文内容为第二部分，通过分析搜索引擎的优劣，以使人们在使用中扬长避短，充分发挥搜索引擎的作用。第三部分为结语部分，强调了图书馆在面对现实挑战的同时，要积极思考，时刻怀有危机意识，扬长避短。本文中主要描述了一个事实——搜索引擎的日益学术化，中国出版科学研究所于 1999 年到 2008 年间对信息资源利用方式的五次调查结果显示，以实体资源组织建设为强项的图书馆不但没能对互联网上的信息资源进行有效的书目控制，而且实体信息组织功能正逐渐被搜索引擎组织功能所替代。但是，由于搜索引擎资源组织又有其自身优缺点，因此作者提出了作为实体信息资源组织建设主体的图书馆的两条发展路径——章节化组织及 FRBR 化组织。章节化组织可用来解决网络阅读中"短、平、快"的问题，而 FRBR 化组织则能化解检全率特别是检准率的问题。同时，本文还提出若将图书馆实体信息资源组织同搜索引擎资源组织有机地结合起来，便能使信息资源的利用更加有效便捷，事半功倍。

基于本体的 Web 智能信息检索系统　王保平、贾松浩、张新刚、朱思峰，《河南科技大学学报》（自然科学版），2009 年第 4 期。本文分为三个部分。第一部分为前言，主要概括了本文的写作目的；正文内容为第二部分，主要包括系统的体系结构，Web 信息检索及结果的讨论；结语部分为第三部分，简明概括了本文所提出的改进的 Web 智能信息检索系统。本文的创新之处在于提出了一个相比传统检索模型更具有优势和特点的改进的 Web 智能信息检索系统。该系统能利用领域本体知识库对用户所查询的信息进行语义上扩展与扩充，获得不同的相关序列文档，有效预防了信息丢失，从而大大提高了检索效率。同时，本文还详细地讨论本系统的体系结构，从而解决了传统检索模型基于关键字的信息检索功能仅仅只能从句法上对关键字进行检索、分析、因而忽视了关键字本身的语义信息所造成的漏检与错检，以及无法依据信息资源中的语义关系进行检索的问题，加强了检索结果的准确度，使得检索结果更符合用户的实际需求。

基于构件的协同检索模型　金大卫、胡知元，《武汉大学学报》（工学版），2009 年第 4 期。本文共分为两部分。第一部分为第一段至倒数第二段，这一部分中，作者通过对构件化的设计方法，基于构件协同工作的模型结构，基于构件的协同检索结构模型及实例研究的阐述，全方位地介绍了该协同检索模型。第二部分为结语部分，通过简明的总结，概括了该模型的优势。总括全文，作者首先提出了大型软件设计和建设的复杂性问题，通过分析现有检索工具和理论，并以此为基础，提出基于构件的协同检索的框架模型。其次，作者又详述了构件设计与实现的方法，并将数据检索过程中完整的数据处理流程，固化为核心的处理步骤和处理方法。最后，客户的信息采集、检索的个性化服务以及桌面化，通过构件单元间的协同工作而完成。由于本系统的处理层次十分清晰，因此能够很好地克服传统检索模型的不同缺陷，从而为数据检索提供了一个全新的解决思路与办法。

基于重要句群检索性能比较研究　何琳、黄水清、徐彩琴，《中国图书馆学报》，2009 第 4 期。本文共分为三部分。引言部分为第一部分，指出本文所研究的问题。第二部分为正文部分，主要介绍了基于重要句群检索的可行性及其提取方法并作了测试分析。第三部分为结语部分，作了简要总结与概括。本文的重点是提出一种重要句群的生成方法，重要句群指的是最能表达文献主题的句子集合，它的客观性较强，不带有主观色彩，生成率较高，因而检索可建立在利用自动文摘成果的基础上再运用重要句群。方法主要是先对句子进行预处理，然后通过计算文献语词权重与句子权重，最后得到重要句群。再利用向量模型的方法与构建检索式及检索提问，分别对基于文摘、重要句群以及全文的检索性能进行比较分析。经实验发现，基于重要句群的检索性能结果总体上优于作者文摘，但要略次于全文检索。

最新科技信息的网络搜寻与利用　刘业翔编著，中国大百科全书出版社，2009 年 4 月。本书共分为七章。第一章绪言，简要介绍了信息的网络知识；第二章、第三章介绍了不同的搜索引擎；第四章详细描述了最新资讯与信息来源；第五章简介不同学科的信息；第六章、第七章从不同方面介绍了可利用的信息源。本书重点介绍了目前互联网上的常用搜索引擎、元搜索引擎以及综合性的学术搜索引擎。又从专业学会、专题会议、国际会议、期刊、专利、索引、文献八个方面详细介绍了最新资讯以及信息来源。除工程技术外，还专门介绍了天文、生物、农业、地学、数学以及化学等自然科学的信息资源及人文社科方面的信息资源的入门级网站。本书的内容多来源于作者在研究生教学过程中的教学心得，内容侧重于化学、冶金等工学领域的应用，所介绍的搜索引擎和网站主要以学术型为主，以期望科技工作者通过本教材可以较快的获取所需资料。

一个基于本体的 P2P 语义检索框架 张智、顾进广、李鹏、刘宇，《武汉科技大学学报》，2009 年第 5 期。本文提出了一个新的基于本体的 P2P 语义检索框架，从而有效地解决了传统的 P2P 系统大多都采用关键字匹配以实现信息检索因而不支持语义、不提供语义关联检索、不提供规则推理检索等问题。该框架通过采用超级节点的拓扑结构，并利用本体进行信息集成，然后将支持相似概念的节点类聚至同一语义的对等组，组内节点则依据本体定义通过语义链来连接，而组之间语义关联则是通过超级节点的组语义链实现的；同时该模型还能增加语义快捷链以此来实现不同语义组之间的节点连接。本模型不仅有利于系统的模块化设计，还有利于提高组件的可重用性，并为 P2P 语义检索系统提供了有力的理论支持。

深入搜索引擎——海量信息的压缩、索引和查询 艾伦·H.威顿、亚里斯蒂尔·莫夫特、提摩太·C.贝尔著，梁斌译，电子工业出版社，2009 年 5 月。本书共分十章，分别是：概览，包括文档数据库、压缩和 MG 海量文档管理系统等；文本压缩，包括模型、哈夫曼编码等；索引，包括样本文档集合、倒排文件索引等；查询，包括访问字典的方法、布尔查询等；索引构造；图像压缩；文本图像；混合图文；系统实现；信息爆炸。本书是斯坦福大学信息检索和挖掘课程的首选教材之一，并已成为全球主要大学信息检索的主要教材。全书理论和实践并重，深入浅出地给出了海量信息数据处理的整套解决方案，包括压缩、索引和查询的方方面面。本书最大的特色是不仅满足了信息检索理论学习的需要，而且给出了实践中可能面对的各种问题及其解决方法。本书具有一定的阅读难度，主要面向信息检索专业高年级本科生和研究生、搜索引擎业界的专业技术人员和从事海量数据处理相关专业的技术人员。

基于自建模糊本体的智能信息检索研究 俞扬信，《兰州理工大学学报》，2009 年第 6 期。作者提出由于检索系统的准确率和召回率较低，传统搜索引擎存在部分缺陷，因此，如何通过结合了人工智能技术的智能搜索引擎，把信息检索从目前的基于关键词层面的检索提高到基于知识或概念层面检索，是解决这一问题的关键。而本文提出的基于本体的信息检索模型，即将信息检索系统与从搜索的数据信息自动构建的新的本体结合，因而具有了较好的检索效果。同时，作者介绍了使用在本模型中的本体都有一般语义本体、领域知识和自动生成、构建的模糊概念层。本文的主要研究基于本体的信息检索模型，通过描述处理过程及检索机制，而且通过采用 TREC 的评价方法来评估模型，并讨论了应用不同类型本体的检索效果及影响。实验结果显示，提出的信息检索模型具有较好的检索效果。

化学文献及查阅方法（第 4 版） 余向春编著，科学出版社，2009 年 7 月。丛书名为"普通高等教育'十一五'国家级规划教材"。该书是一本化学文献手工检索与计算机检索通用的教材和学习指南。全书共分十五章，主要介绍了化学科学这一学科的核心期刊及其网站、化学文献门户网站和链接以及相关期刊数据库。书中内容以美国《化学文摘》（CA）为重中之重，进行了重点讲解，特别是对于 CA 的网络版——Scifinder 的介绍更为详细，且清晰明了。同时，书中还详细地介绍了化学相关文摘及其对应数据库、专利文献、科技报告及有关的检索工具、会议文献以及学位论文的检索、理化数据的传统工具书及其网络化检索、DIALOG 与 STN 系统中的化学信息检索、Internet 上的搜索引擎、化学物质结构信息码及其在结构检索上的应用等相关内容。本书突出了网络化检索的现实趋势，并强调了传统检索技能的重要性与必要性。书中不少章节配有检索实例：纸质版本或网络版本的直观实例，是读者在学习时不可多得的重要参考。

电子信息资源与计算机检索 何琍芳，机械工业出版社，2009 年 7 月。丛书名为"普通高等教育计算机规划教材"。本书共十一章。第一章、第二章介绍了信息与电子信息资源及信息资源的管理；第三章为信息资源的开发与利用；第四章、第五章介绍了计算机信息检索的基本原理及计算机网络技术知识；第六到第十一章主要介绍了一些常用检索法（如联机检索、光盘检索），并且介绍了一些文献利用相关知识，包括网络信息资源利用、常用中文数据库、常用英文检索系统、学术论文的写作等。本书介绍了信息资源的一般知识，重点介绍了计算机信息检索的理论与方法。该书具有如下三个特点：一是注重理论基础知识的描述。这为之后章节的有关计算机信息检索的内容学习打下了扎实的理论基础。二是重点对现代化检索手段及其相关知识做出详细介绍。并详细描述了国内外的一些高品位的数据库的特点以及其检索方法，还特别附上了一些相关网站和搜索引擎的介绍，与同类著作相比具有较高的独创性。三是具有很强的实用性。本书的编写充分考虑了本门课程的实用性和对动手能力要求很强的特点，在编写之中采取了检索技术和检索方法相结合的方法，并将方法介绍和案例操作有机结合，各章内容循序渐进，层次明晰。

信息资源检索 程发良、陈伟主编，化学工业出版社，2009年7月。丛书名为"高等学校'十一五'规划教材"。本书应时代要求，在现代社会环境与技术环境双重背景下，针对在校大学生对信息资源检索与利用的强烈需求而编写。本书共八章，主要分两部分。第一部分为前两章，介绍了信息资源的基本知识与检索原理，其后各章则分别从不同角度介绍了信息检索内容，主要有工具书检索、数据库检索、网络信息资源检索与利用、特种文献检索、图书馆与信息资源组织、信息资源利用及知识产权保护等。在重视信息意识教育以及信息能力培养的同时，关注信息道德教育是本书的特点之一。并且本书在尽可能多地介绍国内外最新信息资源的形式和内容、检索与利用的方法的同时，又能将信息资源的合理利用方式与知识产权保护的内容结合起来；在注重信息资源检索运用的基本理论与实际应用的同时，还积极促使大学生树立知识产权保护的意识，并告诉大学生应注重规范利用信息资源，从而促使大学生的信息素养得到了全面的提高。

信息检索 徐天秀主编，科学出版社，2009年7月。丛书名"21世纪高等院校教材"。本书共分九章，主要介绍了信息检索工具的基本概念与使用、计算机信息检索的内涵与现状、现代化图书馆及其利用、综合性电子信息资源的利用、网络信息资源的检索与利用、社会科学信息检索、几种常用的自然科学与特种文献的信息检索工具以及学术论文的写作等方面内容。该书立足于向读者介绍现代信息检索的最新方法与先进技术，在对信息检索基本知识、信息检索系统及工具进行了全面阐述的基础上，重点阐述了国内外的重要电子信息资源及网络信息资源的检索和利用，同时，本书也对部分重要的印刷型检索工具书进行了翔实的介绍，并为读者提供了一套较全面的信息检索知识体系。

信息检索原理与技术 夏立新、金燕、方志（作者），邱均平（丛书主编），科学出版社，2009年7月。丛书名"现代信息资源管理"。本书共分十章，具体包括了信息检索概论与模型，自动索引及文档组织，词汇控制和自动文摘技术，用户接口，信息检索系统的评价，联机信息检索和因特网信息检索，数字图书馆的信息检索等相关内容。随着因特网技术的发展与普及，信息检索理论也随之不断拓展和丰富；而检索手段也已经顺应潮流，全面更新换代，如今，手工检索方式基本淘汰，取而代之的则是基于因特网背景下的计算机信息检索；此外，检索技术的飞速发展，使得现在的检索环境不再是布尔检索一统天下的局面，而是转变为一个集布尔检索、超文本检索、全文检索、智能检索等多种检索方法综合运用的全新纪元。而本书正是多年来信息检索相关问题研究的最新成果的集合，同时也是多年来作者从事信息检索课程教学经验的总结与发展。全书注重理论与实践相结合。在理论方面侧重于论述信息检索的基本原理、基本方法以及信息检索的支撑技术，而在实践部分则将重点放在阐述如何利用信息资源及检索工具与方法上。作者针对现有本科层次的信息检索类教材大多偏重于信息检索的实务内容方面的缺陷以及缺乏对信息检索系统的基本原理、基本方法和基本技术的系统全面的探讨等缺点，出版了本书。

信息检索模型及其在跨语言信息检索中的应用进展 吴丹、齐和庆，《现代情报》，2009年第7期。如何对查询与文档进行匹配，是信息检索发展中的一个重要理论问题。由此形成了不同的信息检索模型。本文主要对信息检索模型的研究进展，及其在跨语言信息检索中的应用进展进行了分析与综述。全文共分为三个部分。第一部分详细介绍了信息检索模型研究的进展。第二部分详细介绍了检索模型在跨语言信息检索中的应用。第三部分为结语部分，提出了数学是解决信息检索问题和自然语言处理的十分有用的工具，有助于实现真正的信息检索语义理解。

网络环境下的文科信息检索 陆宏弟编著，上海交通大学出版社，2009年8月。本书共分十八章，介绍了在Internet网络环境下的人文社会科学的信息检索方法，其主要内容包括中外电子图书与网络参考工具书、中外电子期刊、中外报纸新闻信息检索系统、中外学位论文数据库、中外法律法规数据库、中外引文索引数据库、统计资料数据库、网络搜索引擎、常用人文社会科学网站以及其他著名的社会科学数据库。书中还对港台相关数据库进行了详尽的讲解。书中所涉及的数据库均据最新版本，并且匠心独运地加以阐述。此外，还介绍了有关信息素养与信息检索的基本理论、文献综述与人文社科相关的学术论文写作技巧及要领。

药学文献检索与利用（第2版） 于占祥主编，中国医药科技出版社，2009年8月。丛书名"全国高等医药院校药学类规划教材"。本书系统阐述了药学文献检索的基本理论和检索方法。全书共分两篇二十章，大体分为两部分。第一部分为第一篇，主要讲述理论内容，第二部分为第二篇，是药学文献检索的实务部分。其中第一篇，包括第一至第二章，系统地介绍了药学文献检索的基本理论及基本概念；第二篇共十八章，详细介绍了中外文药学文献常用检索工具、中外文常用光盘数据库的检索方法及网络数据库的检索方法及技巧。特别是对 Scitlnder Scholar 系统的检索方法与应用技巧进行了较为全面详细的介绍。

个性化元搜索引擎的研究与设计　杨智奇、朱大勇，《计算机与现代化》，2009 年第 9 期。本文提出了一种全新的个性化元搜索引擎的模型。系统阐述了模型各主要功能模块的工作原理，并全面详细地介绍了依据用户兴趣所建立的模型对搜索结果进行系统排序的算法，最后用实验表明该算法能够有效地提升用户检索的质量。

元搜索引擎研究综述　吴小兰、汪琪，《图书情报工作》，2009 年第 9 期。本文共分为三部分。第一部分主要介绍了元搜索引擎的起源与发展；第二部分详细描述了元搜索引擎的研究现状；第三部分是结语部分，总结全文。本文首先从元搜索引擎的起源发展展开，接下来详细介绍了元搜索引擎的基本原理和分类，其次重点从元搜索引擎关键技术的实现上阐述元搜索引擎研究的主要内容与目前的进展，最后通过分析现有元搜索引擎所存在的各种局限性，总结并归纳出在元搜索引擎上未来所值得研究和探讨的若干方向。

文献检索与利用　花芳编著，清华大学出版社，2009 年 9 月。本书共分十章三部分，第一至第三章介绍了不同种类的文献资源，第四至第五章介绍了计算机检索与数据库，第六至第十章则是将重点放在资源利用上，通过论文写作将写作程序的各个组成部分分别陈述。本书系统地介绍了文献检索与利用的全部过程，从一开始的选择研究课题一直到最终的论文写作及发表，内容涉及制定相关研究策略、如何使用图书馆的电子资源和在 Internet 上收集与评估资料以及查找重要文献，同时还介绍了如何追踪最新的学术成果与进展、撰写论文、参考文献、论文版权及学术规范等问题。

网络环境下情报检索语言的优化　崔萌，《情报科学》，2009 年第 9 期。本文共分为三部分。第一部分提出了情报检索语言的不足之处；第二部分紧接上文，提出了优化策略；第三部分则总结性阐述了情报检索语言的发展趋势。在当代检索发展的背景下，伴随着网络技术、数字化信息资源以及信息检索技术的大发展，情报检索语言正向着人工语言一体化、自然语言的关键词化，及人工语言和自然语言最优组合化发展。而检索语言体系的创新与完善则可以使其功能更具兼容性与易操作性。

医药文献信息检索与利用　王平南、吴娅娜主编，科学技术文献出版社，2009年9月。丛书名为"高等医药院校教材"。全书共分七章，分为两个部分。第一部分为第一章，主要内容是信息资源概述，第二部分为第二至第七章，主要阐述了医药信息检索的基本知识及相关检索内容，并且还提到了相关论文写作及科技查新。本书在基础原理之上进一步深化了医药信息检索的主题和专业化程度，使读者在较短的时间内可以充分学习操作检索各种数据库的技能，以达到快速、准确地捕获信息资源的目标。本书特点是充分利用了图书馆各种数据库及网上各种信息资源，采用二者相结合的方法，详细地介绍了各种医药文献信息检索的方法、步骤和所采取的策略，书中内容丰富，信息量大，并附以大量的最新案例，同时能加以引导，使本书可读性、实用性强，在医药信息浩如烟海的背景下，解决了如何迅速、准确地捕捉信息这一医务科技工作者必须面对和急需解决的课题。本书从系统性、权威性、新颖性、实用性以及可操作性的原则出发，贯彻理论与实践相结合原则，突出了医药学特色和重在实用特点。

信息检索（第2版）　许家梁主编，国防工业出版社，2009年9月。丛书名为"高等学校信息检索课教材"。本书是一本为了适应工、理、文、管等多科性普通高等院校开设"信息检索"这门公共必修课或选修课的需要而编写的专业教材。本书安排了信息意识基础篇、信息检索基础篇、专业文献检索篇这三大部分共六章内容，以便于将信息素质教育贯穿于整个大学教育过程。全书从信息资源的使用者立场与视角着眼编写，又以不同类型的信息资源利用作为传授检索知识、方法与技能的出发点及落脚点，不拘泥于图书馆学、情报学这一固有的知识体系和知识结构；在内容安排上，不断然划分"手检"与"机检"，把手检和机检关联在一起，避免了不必要的重复；又突出"信息检索"课"授人以渔"的课程特点，从而可以引导学生通过运用所学的信息检索基本原理和基本方法，主动接触、认识并掌握尚未被收录到工具书中的信息资源库和检索工具，培养勇于探索和掌握新知识的精神。本书在培养学生信息获取能力方面，力争培养学生自我开阔视野的能力，获取尚未载入正规文献和尚未收入信息库的活信息的意识及能力，以及自己主动开辟信息来源渠道的能力；同时，在培养学生加工处理所获取信息的能力方面，突破了传统教育的在图书馆学、情报学范畴内进行信息加工的局限性，将信息的处理技术、加工方法延伸到治学、科研以及社会实践中去，并将信息的处理利用与大学生自身的学习、成才、就业、深造"挂钩"。

MPEG－7 区域综合特征匹配的图像检索算法　李悦、覃团发，《中国图象图形学报》，2009 年第 9 期。本文为"总－分－总"结构。引言部分概述了基于内容的图像检索算法的研究现状，并指出现有的基于颜色－纹理特征的图像检索算法不能充分反映图像内容的空间分布信息，检索效果不够理想。为提高检索精度，作者提出一种基于 MPEG－7 区域综合特征匹配的图像检索算法（FIM－RBIR）。正文部分为纵深推论式结构，分别从颜色空间的选择及其量化、检索方法及图像划分策略两方面对该算法进行了系统阐述，并通过对 Corel 标准测试图像库的检索实验证明了 FIM－RBIR 算法能够比较显著的改进 SIMPLIcity 系统的检索效果，具有较好的平均查准率和鲁棒性。结论部分，总结该算法的优点并提出下一步的研究方向。作者认为，FIM－RBIR 算法能够保留图像的空间信息，有效地区分目标与背景，不仅提高了检索的精度，而且能够有效降低计算复杂度。

药学文献检索　章新友主编，中国中医药出版社，2009 年 9 月。丛书名为"新世纪全国高等中医药院校规划教材"。本书共分十章，分别介绍药学文献检索基础、药学信息的获取、传统药学文献资源与检索、电子药学文献资源与检索、药学专利文献的利用、药学竞争情报的利用、药学信息数据挖掘、网络药学信息安全、药学文献信息的应用和药学文献与论文写作等内容。教材编写中力求将药学教育的教学、科研以及生产实践相结合，在保证教材的科学性与系统性这一前提下，重点介绍了药学信息获取、电子药学文献资源及其检索、药学竞争情报的利用开发以及药学文献和论文写作等内容。每章后面附有思考题，以便学生在课后复习巩固，书后附录还附上中文药学主要期刊、外文药学主要期刊及药学文献检索主要工具和必要的数据库等。本书是高等中医药院校药学类本科专业所开设的一门必修课程，通过对本课程的学习，旨在加强药学人才的信息获取意识，充分培养其分析及利用药物文献的能力，以使他们在将来的工作中能充分利用现有药学信息资源，为其个人发展服务。本丛书是新世纪全国高等中医药院校药学类专业的第一版规划教材，由国家中医药管理局牵头，统一规划、宏观指导，并由全国中医药高等教育学会、全国高等中医药教材建设研究会具体负责，编写组由全国18所高等中医药院校长期从事文献检索研究及具有多年相关教学经验的资深教师联合编写。

化学化工文献检索与利用（第2版） 王正烈、王元欣编著，化学工业出版社，2009年10月。本书共十四章，全书深入浅出地介绍了《CRC化学和物理手册》《兰氏化学手册》等物理化学类所需的数据手册、化合物制备手册以及各类化合物词典、丛书、百科全书。此外，还介绍了《格梅林无机和有机金属化学手册》《拜尔施泰因有机化学手册》《朗多尔特－博恩施泰因》表等常用资料。最后，还向读者介绍了美、德、俄、日的《化学文摘》《国际博士论文文摘》《世界专利索引》和《科学引文索引》，以及《工程索引》和《科学技术会议录索引》等理工类常用工具书，同时还介绍了计算机搜索引擎的使用等内容。本书所举案例四十余例，并以多种途径检索（例如化合物的制备、性质与应用等文献资料），对不同检索结果给以解释性说明，另外，书中还指出了这其中所存在的一些问题，以便读者能掌握查阅、对比、分析、鉴别的检索方法，从而达到文献检索与利用的根本目的，以最终实现获得原始文献的能力。

信息检索与应用（面向经管类） 刘峰涛主编，中国人民大学出版社，2009年10月。丛书名为"大学计算机基础与应用系列立体化教材"。全书共分为九章，其主要内容包括了信息论与信息检索原理、信息检索技术、搜索引擎与网络信息检索、经管类常用的综合性中文数据库和英文数据库、专利信息检索、数字图书馆、信息分析与学术论文写作、职业规划与信息检索九个部分。本书采用条块相结合的矩阵结构形式，不仅强调了教材的应用性、实用性，还强调了信息分析与论文写作能力的培养；同时，还拓展了信息检索的常规内容，又增加了一些对信息检索方式的商业模式的分析，以满足经管类教学需要，使得教材更具特色。

基于Ontology的个性化语义检索系统研究 翁畅平、沈娟，《图书馆理论与实践》，2009年第10期。本文在分析了现有的基于关键词检索的常用检索工具存在诸多缺陷的基础上，又通过Ontology技术的引入，提出了基于Ontology个性化语义检索系统的基本框架形式，阐述了基于Ontology

的个性化语义检索系统的工作流程及其各个组成部分的功能，并对该检索系统的实现问题的关键技术作出详细分析。本文把 Ontology 应用到传统信息检索技术中去，主要是从两个方面提高检索系统的检索能力。一方面是利用 Ontology 构建用户兴趣模型从而可以得出用户真正的检索意图；另一方面是可以使对文档的检索从关键词检索上升到知识层面上的语义检索，因此提高了检索结果的精确度。

POAD 专家系统中的知识检索方法 涂平晖、尹文生、陈修国、徐帆、张恒喜，《计算机应用研究》，2009 年第 11 期。全文共分三部分。第一部分主要介绍了 POAD 专家系统模型；第二部分阐述了其知识检索方法；第三部分则是举出实例并做了简单总结。文中提出，为了充分发挥面向问题分析与决策（即 POAD）专家系统在大容量知识库的构建以及以人为主导推理方面的优势，需要增强系统的知识检索的能力。根据 POAD 专家系统的知识表示和推理方法，作者设计了简单检索及层次检索方法，简单检索方便使用，因而用户不需要特别的训练；而层次检索则可实现复杂知识的检索，尤其是对于大容量知识系统效果更为明显。此外文章还提及设计了模糊检索与结果中再检索等其他的检索方法。而应用实验则表明，在 POAD 专家系统中，设计和开发的有效的知识检索方法，不仅可以极大地提高专家系统的速度，还可提高知识应用的深度。

文献信息检索概论及应用教程 包忠文主编，封晓倩、于东君副主编，科学出版社，2009 年 11 月。本书的重点是文献检索体系的实证阐述与典型工具及工具软件的个案介绍。内容分为学习教材和实习指导两大部分。而前者学习教程部分又可分为三个大类，其中包括文献检索的基本理论，中外文文献检索工具以及电子、网络检索工具。本书在体例上按照传统、计算机、网络发展的时序序列展开，在内容上则遵循着自国内到国外的原则，这样既便于读者学习，又能避免知识的重复与混乱，简单实用。书中除简要介绍了文献学、计算机文献检索与网络文献检索原理和方法外，还通过一些对实际范例的分析结果、个案的详细介绍，加深了读者对基本知识原理的理解与对方法技术的掌握程度。该教材是以普通高等院校专业设置为基础，综合民办院校专业设置与现实的市场需求，而编写的一套适合民办本科院校学生使用的综合性文献信息检索配套教材。

多媒体信息检索与管理 冯大淦、萧允治、张宏江著，刘晓冬译，清华大学出版社，2009 年 11 月。丛书名为"世界著名计算机教材精选"。本书共两部分二十一章，第一部分是技术基础篇，为第一到第十章；第二部分是应用篇，为第十一到第二十章。内容包括对于数字音频、音乐、图像和视频基于内容检索的一套完整的技术；多媒体低级特征提取和高级语义描述，以及最新的 MPEG－7 标准；多媒体认证和水印；广泛的实际应用（例如，数字图书馆、医学图像和生物特征识别等）。本书是一本多媒体信息检索和管理领域内的一部经典著作，不仅倾注了世界上该领域内的众多知名学者的研究成果和贡献，还添加了作者多年教学工作的总结。本书在国外许多重点大学都用来作为计算机专业本科生与研究生的参考教材。同时，该书也填补了我国在这一领域研究译著的空白。本书从理论基础和实践应用两个方面展开，对当前流行的多媒体信息检索和管理领域的技术及系统进行了系统详细的介绍。

现代药学文献利用指南　陈光、刘秉文主编，中国医药科技出版社，2009 年 11 月。全书共分八章，主要介绍了药学文献检索概论、药学文献与图书馆的利用、中文药学文献、外文药学文献、国外药学及相关专业的数据库、引进外文全文电子期刊、药学特种文献、互联网上的药学文献与利用等内容。本书是编者们在多年来从事现代药学文献检索教学研究经验积累的基础上，又通过广泛的征询药学专业人员的意见后编撰而成的。因此，本书在对经典的药学检索工具上力求贯通阐述，同时力争全面地反映各个时期经典药学检索工具的发展历程及其使用方法，此外还增加了药学方面相关专业资源的介绍。书中还提出随着时间的推移，药学专业的数据源将会变得越来越多，而依据专业软件平台来完成复杂的、交叉的、混合的多功能检索必将成为趋势。本书既全面阐述了药学文献的基础知识，同时又涉及了药学文献的使用方法，并且，立足于以读者的角度学习和掌握现代药学文献。

基于用户动机模型的搜索引擎研究　王川、常桂然，《小型微型计算机系统》，2009 年第 11 期。全文共分三部分。第一部分，简要介绍了模型的适用及分析框架；第二部分作者首先对问题进行描述，然后又解析用户动机，以此为基础，构建用户模型，最后对模型进行评估；第三部分做了总结和展望。本文提出了一种基于用户动机模型的网络搜索引擎以及一种提高用户行为的模型来构建效率的方案。动机模型是建立于用户与搜索引擎之间的一个模型，用来辅助用户检索，以求达到提高搜索引擎检索效率和准确率的双重目的。以人类行为学作为其理论基础，以个性化技术作为辅助手段，从而合并相似的用户行为模型以达到构建用户动机模型。并且通过实验，验证了基于用户动机模型的搜索引擎的搜索结果比通用搜索引擎更能适应不同用户的需求。

基于知识检索机制的网络出版模式　胡誉耀，《情报理论与实践》，2009 年第 11 期。全文共分两部分。第一部分简要介绍了作者对知识检索知识的简要认识；第二部分则探讨了知识检索机制对网络出版的刺激机制，以及知识检索环境下的网络出版模式创新。本文主要阐述了网络出版活动的高效开展要求传统出版商由单纯的内容提供者转向知识服务者，同时对于网络出版来说，自身存在对网络信息资源的内在性检索需求和搜集渴望，在当前智能检索技术条件不太成熟，网络出版商整体信息素质水平不是很高，检索能力欠缺的背景之下，运用知识检索来给网络出版提供保障无疑是一种理想选择。本文通过对知识检索概念与特征的简要介绍，充分分析了网络出版在知识检索机制的影响下的发展现状及其未来前景，并进一步地提出了基于知识检索机制的网络出版模式的一个创新思路。

基于科技文献资源的跨语言信息检索系统研究　张金柱，《情报理论与实践》，2009 年第 11 期。本文共分为三部分。第一部分分析了跨语言检索的国内外现状；第二部分，就科技文献资源的跨语言信息检索展开，主要分析了问题产生，并从跨库与跨语言两方面进行探讨；第三部分是结语部分，作者作了简要总结并对未来发展前景进行展望。本文在充分调研的基础上分析了跨语言信息检索的现状，并介绍与描述了跨语言信息检索所面临的主要问题，作者针对万方数据与 NSTL 的现有资源，构建出了一个基于科技文献的跨语言信息检索的原型系统，此原型系统可以通过字典查询而得到检索词翻译，并可应用 Google 在线翻译进行标题、摘要等的翻译，同时还预留了中国科学院自动化所提供的翻译引擎扩展。文中强调跨语言信息检索所注重的是检索结果翻译的可读性，并能帮助用户理解基本大意，而并不刻意追求准确性，因此，力求本系统在应用过程中能促进机器翻译技术的进步与进一步发展，起到辅助科研的作用。

基于翻译检索一体化的跨语言信息检索研究　张金柱、蒋勇青，《情报杂志》，2009 年第 11 期。本文分为三部分。第一部分，作者提出国内大多数跨语言检索研究使用的是自然语言的处理方式进行查询翻译，把跨语言信息检索人为分割成查询翻译和单语检索两部分，而没有把它们当作有机整体。本文则使用翻译检索一体化的方法对其进行说明。第二部分为正文部分。第三部分是结语，展望了文中方法的未来发展。本文从检索方法、结果展现以及评估方法这三方面分析跨语言信息检索的现状，从而引出了翻译检索一体化的跨语言信息检索方法，把翻译与检索有机地结合在同一检索模型中。翻译检索一体化将翻译与检索中的不确定因素组合在一起，从而做出了更为全局的优化处理，进而减少跨语言信息检索和单语检索之间的差距，并充分利用在单语检索中的有用方法；针对万方数据库等现有资源，构建出一个跨语言的面向科技文献的信息检索系统框架。

60 年来情报检索语言及其互操作进展（1949~2009）　侯汉清、刘华梅、郝嘉树，《图书馆杂志》，2009 年第 12 期。本文首先对新中国成立 60 年以来我国图书分类方法的编制修订情况与各时期不同特点进行了概括与总结，其次依照出版年代、词表规模、词汇性能、学科分布、词汇显示与修订状况等不同方面，对近 30 年以来的主题词表的研制进行了详细的统计分析，以便了解我国主题词表的发展状况、发展水平以及其中所存在的一些问题。最后作者分四个不同时期，简要地回顾了我国的情报检索语言互操作的进展状况，其中包括主要项目及其特点，并且，对于一些成功项目进行了详细分析和认真总结，以此希望能为情报检索语言互操作研究提供更多的成功经验和可借鉴使用的方法。

网络环境下信息组织的创新与发展——全国第五次情报检索语言发展方向研讨会论文综述　戴维民、包冬梅，《图书馆杂志》，2009 年第 12 期。本文是一篇综述性文章，主要汇集了全国第五次情报检索语言发展方向研讨会的主要论文的一些基本论点，简要地介绍了网络环境下信息组织的创新能力与发展前景，同时还分析了信息组织在未来的研究思路与方向。

科技信息检索（第四版）　陈英（主编），姚乐野（主审），科学出版社，2009 年 12 月。全书共十章。主要包括信息概论、信息检索原理及其检索技术、网络信息资源的检索、国内网络数据库信息的检索、国外网络数据库的信息检索、专利与专利信息的检索、电子图书的检索、信息资源的分析和利用等内容。本书在第三版的基础上紧密结合国内外的信息检索系统研究的最新发展动态修订而成。本书以现代信息检索技术为全书核心，对信息检索基本原理与基本方法、信息资源检索以及信息资源的分析与利用三方面进行了详细的阐述。以国内外主要常用网络数据库为介绍重点，全面系统地介绍其检索方法与使用技巧，充分反映了现代科技信息检索系统研究和利用的最新成果。

基于本体和文档重构的语义检索方法 陈兵、邰晓英，《现代图书情报技术》，2009 年第 12 期。本文提出一种创新型的检索方法，即基于本体和文档重构的语义的检索方法，该方法可以通过构造本体知识库，并依据本体知识进行文档的重构，从而将本体的语义描述及语义关联能力都应用到现有的信息检索系统中来。还可将隐形语义索引技术应用到语义检索结果的排序过程当中，并使之与传统的向量空间模型方法进行对比。众多的实验结果表明本文所提出方法极具有效性与可行性，比与之相对应的 VSM 方法可将性能提高大约 10.55% ~ 17.63%。

基于混合 P2P 网络模型的语义检索方法研究 刘震、邓苏、黄宏斌，《计算机科学》，2009 年第 12 期。本文共分两部分。第一部分为引言部分，主要提出了针对 P2P 网络一些问题；第二部分为正文部分，分别从语义描述模型与混合 P2P 网络模型提出改进，并提出了语义检索方法以及进行了实验分析。本文旨在在语义理解的基础上，通过不同手段可以检索出满足用户需求的信息，这是 P2P 走向更广泛应用的关键技术之一。本文提出了一种新的支持语义的混合 P2P 网络模型 M – Chord，该模型采用基于元数据规范模板（MST）的语义描述模型，并结合了 Chord 和语义覆盖网的相关技术特点，对于基于 MST 的语义覆盖网动态生成方法进行了设计，且提出了语义扩展路由的概念，由此在上述研究的基础上又提出了语义检索方法。并且通过实验分析表明，M – Chord 具有较好的扩展性及语义检索性能。

情报检索语言的兼容转换 张雪英（作者），侯汉清（丛书主编），东南大学出版社，2009 年 12 月。丛书名为"情报检索语言与智能信息处理"。全书共分七章，分别介绍了多元信息空间、情报检索语言，基于集成词表的叙词表转换，基于相似度计算的分类表转换，基于 FLogl 的分类表——钡词表转换，基于粗糙集的情报检索语言转换，基于 FN – gram 的关键词自动抽取，《中图法》知识库的构建及应用。本书较为详细地阐述了情报学中检索语言兼容转换的研究意义与现实意义以及技术方法和应用案例，并深入探讨了中文文本的关键词抽取技术与中图法知识库的构建技术。该书内容以智能化、应用化发展趋势为向导，不仅介绍了从传统方法到机器学习方法，还通过文献知识组织到领域信息处理给予多角度诠释。

跨语言信息检索查询翻译消歧方法　吴丹，《图书情报工作》，2009年第13期。本文共分为三部分。第一部分阐述了查询翻译歧义性问题，第二部分则详细介绍了各种不同的消歧方法，第三部分为结语部分。本文指出查询翻译歧义性问题是影响跨语言信息检索结果的关键问题，因此针对查询翻译过程中的消歧研究已成为信息检索领域的研究热点及重点。在对现有研究成果与应用调研的基础之上，作者详尽地分析了四类自动消歧的方法，分别是对查询进行结构化处理、通过语言分析帮助消歧、借助机读化语言资源进行消歧、通过人机交互消歧。通过对上述四种方法的论述以期可以为跨语言信息检索查询翻译提供更优的消歧解决方法。

基于本体论的 Web 知识检索及其应用研究　陈森博、石振国、王春明，《电脑知识与技术》，2009年第18期。本文简明扼要地介绍了基于本体论的知识抽取与检索的基本概念，深入分析了知识抽取技术的分类与技术发展现状。并在文中着重对知识抽取的信息源以及对知识抽取的典型方法进行了详细的探讨。最后作者通过给出的一个实际运用案例，表明了采取知识抽取工具，形成相对应的知识库，并配合适当的知识检索方法，以此来实现一个完整的知识检索系统的思路是明确的、可行的。

基于本体的课程知识检索系统研究　周宇，《图书情报工作》，2009年第22期。本文可分为三个部分。首先，作者提出课程信息组织与检索系统的现实问题；其次，找寻解决办法；最后总结了基于本体课程知识检索系统的可行性与不足之处。本文针对课程信息组织和检索系统所面临的实现问题，通过采用文献调研、模型建立法、比较分析、原形法等情报学分析与研究方法，阐述了课程语义在信息提取、存储、推理、查询以及表示的研究过程。并通过问卷调查所采集来的课程信息加以整理与分析，建立课程信息本体；从而实现 Web 信息系统中课程本体的推理、查询和表示；又利用 Lucene 进行了语义索引，同时，还利用 ICTCLAS 中文分词系统进行了停用词的过滤；最后，证实其可实现课程知识本体的可视化结果。

一种基于本体的语义检索算法　盛秋艳、印桂生，《计算机工程与应用》，2009 年第 36 期。本文共分三个部分。第一部分解释了本体技术以及提出相关问题；第二部分则通过本体，RDF 模型等的阐述，给出了一种处理方法并提出了一种基于本体的语义检索算法；第三部分是结语部分。本体技术是一种可在语义与知识层次上描述概念体系的十分有效工具，并且该技术在数字图书馆得到了广泛的关注。本文给出了本体结构及其词法的形式化的定义。为了解决 RDF 在语义检索中所存在的问题，本文利用 Jena 工具，提出了一种提取与处理 RDF 层本体处理办法，并给出了一个基于本体语义检索的算法。该算法基于软件工程的基本思想，忽略了不同的本体语言以及本体的 RDF 层集合之间的差异。该算法共分为五个步骤进行，包括：将 RDF 层本体信息从网页中分离，然后构建 RDF 模型；对 RDF 模型进行集合运算；对 RDF 层本体查询；修正 RDF 层本体；RDF 层本体的序列化。该实验的实验结果表明了该算法可以缩短查询时间，并提高了检索的查全率以及查询准确率。

第四节　信息服务

面向多自治域网格的信息服务模型及其实现　张海辉、周兴社、杨志义、吴小钧、杨刚，《计算机学报》，2008 年第 S1 期。本文分为两个部分。第一部分为正文，包括可拓展的网络信息模型、层次化信息管理、虚拟全局资源视图、相关研究及评价四方面的内容。第二部分为结尾，对全文进行总结，并对后续工作进行展望。本文主要论述了网格这种实现分布异构和资源共享的有效模式，而信息服务中实现系统服务和资源的有效管理，是网格系统的重要组成部分。文中指出 ChinaGrid 是多个自治域所组成的大型网格，而以现有的信息服务，却不能满足诸如此类的系统特性及应用需求。本文提出了一个网格信息服务体系 GISA2.0，强化了域自治管理以及资源信息的安全度。同时表明，GISA2.0 确实实现了可扩展的网格信息模型及其层次化信息管理框架。此外，还提出了一个基于分布 XPath 引擎的多域资源的信息检索机制，并以此实现了安全高效及用户相关的虚拟全局资源视图。

面向个性化服务的知识组织机制研究　王曰芬、熊铭辉、吴鹏，《情报理论与实践》，2008 年第 1 期。本文正文部分从如下几个方面展开：面向个性化服务的知识组织的目标、定位、对象和原则；面向个性化服务的知识组织机制与构成要素；面向个性化服务的知识组织过程与方法。文章结尾，作者作了简要展望。本文主要在分析了面向个性化的服务的知识组织的目标、对象及原则的基础上，深入讨论了面向个性化服务知识组织机制的内涵和其组成要素，全面剖析了面向个性化服务的知识组织机制之中的影响因素间的作用。最后，作者以显性的用户信息资源及知识资源这些知识组织的对象为主，深入地研究了面向个性化服务的知识组织的主要过程与常用方法。

多媒体数据挖掘在知识服务中的应用　汪全莉，《科技情报开发与经济》，2008 年第 1 期。本文首先分析了多媒体数据挖掘与知识服务的含义，又从实际需求、知识服务的特点要求多媒体数据挖掘技术两方面分析了多媒体数据挖掘对知识服务的适应性。其次，又从文本、音频、视频、图像四方面分析了多媒体数据挖掘在知识服务中的应用。最后作了简要总结。

个性化知识服务中基于 Ontology 的用户兴趣挖掘研究　左晖、张玉峰、艾丹祥，《情报学报》，2008 年第 1 期。本文主要阐述了个性化的知识服务不仅仅是知识大爆炸时代环境下信息服务的发展的必然趋势，同时，又是满足信息用户的多样化以及专门化的知识需求的更高层次的一种服务模式。本文以对用户兴趣知识的深入挖掘以及用户兴趣模型的建立作为提供个性化知识服务的十分重要研究内容进行深入研究，同时，本文又将 Ontology 技术同个性化知识服务相结合，以此来研究用户兴趣知识的 Ontology 表示方法，而且在此基础上，作者提出了一个动态用户兴趣学习与挖掘方法，分析了此方法中参考 Ontology 建立、用户兴趣知识初步学习以及用户兴趣模型完善等重要步骤。其研究结果发现，凡是基于 Ontology 的用户兴趣挖掘不仅可以十分准确地表示、跟踪并学习信息用户的个性化知识，还可以实现隐性用户兴趣发现及利用，并能满足用户的特殊信息需求，因此，这是一种可以提高个性化知识服务质量行之有效的方法。

试析以用户为中心的信息集成服务模式　周永红，《图书馆论坛》，2008 年第 1 期。本文引言部分引出正文部分所述问题，即分析目前图书情报领域内的七种以用户为中心的信息集成服务模式。这七种模式如下：

个人数字图书馆集成服务模式，学科门户集成的服务模式和集成检索的服务模式，合作数字咨询服务模式，基于代理的集成服务模式与基于 WebServices 的集成服务模式以及集成化的知识服务模式。文中所述的以用户为中心的信息集成服务模式是一种信息的个性化集成服务。在本文中，作者通过分析目前在图书情报领域内所存在的七种以用户为中心的信息集成服务模式，提出如下观点：服务过程应该强调用户个性化体验，主要强调应该从用户的角度进行服务质量的评价，以提供令用户满意的服务为目标，因此在信息服务机构对用户提供信息集成服务的时候，信息服务机构应从用户的信息活动及其行为出发，特别要注重发挥信息用户在服务活动之中的主观能动性和其参与作用，同时，也应该关注及挖掘用户的潜在需求。

RFID 信息服务中发布/订阅系统若干关键技术问题研究 刘殿兴、赵文、邓鹏鹏、张世琨、王立福，《电子学报》，2008 年第 S1 期。本文为"总－分－总"结构。其中"分"的部分包括 RFID 信息服务及相关研究工作介绍、描述逻辑与时间本体。订阅语言、匹配算法、实验五部分内容。总括全文，作者在分析 RFID 信息服务对发布/订阅系统要求的基础上，将描述逻辑中基于个体的推理方法引入 RFID 信息服务的发布与订阅系统中，利用时间本体来描述事件与事件间的时间序列关系，通过判断事件断言集和订阅间的一致性来解决语义匹配和与时间序列相关的复合事件同复合订阅的匹配问题，此外，还给出了订阅语言及匹配算法。实验结果表明，匹配算法的效率确实可以满足实际应用上的需求。

基于知识供应链的知识服务模型研究 夏立新、韩永青、邓胜利，《中国图书馆学报》，2008 年第 2 期。本文正文部分主要从如下方面展开：知识供应链与图书情报机构知识服务的相关性、基于知识供应链的图书情报机构知识服务模型框架、图书情报机构外部知识供应链结构模式。本文指出，知识服务的目的就是能为用户提供全面的知识及合适的问题解决方案。而知识供应链则与知识服务的目标及宗旨是十分相近的。并且它作为一种管理机制及方法，不仅可以通过知识流的活动，将知识服务的提供方和最终的知识用户相联系，还可以实现按用户的行为过程来进行组织服务活动。因此，研究一个以知识供应链为基础的图书情报机构的知识模型，能有助于其知识服务目标的更好实现。文中指出，此服务模型主要是由五个分模块构成，即知识采集模块、知识存储模块、知识处理模块、知识转换模块以及知识服务模块。

信息设备资源共享协同服务模式研究　曹志杰，《现代图书情报技术》，2008 年第 2 期。随着当今社会信息技术的发展，人们希望现有信息服务机构可以将计算机、有线电视、手机等设备所提供的大量信息与服务进行整合，打破"信息孤岛"，并能提供一个集无缝连接，资源的智能数字化、网络化、共享化的环境。所以，信息服务的设备之间的资源共享方法与技术就十分受人关注。本文详细介绍国内外目前的信息服务设备资源共享的技术及其标准，简要概述了信息服务设备所能实现协同服务的一些关键技术，文中以闪联（IGRS）标准为实例，从其体系结构、基础协议、应用框架等方面进行了深入总结，并阐明了信息服务设备资源共享的模式及方法，同时，作者展望了互联网世界、广播世界以及移动世界三者的协同服务前景，并描绘出了一个集智能化、数字化、网络化于一体的信息服务环境。

图书馆网络专题知识组织与个性化服务系统的开发研究　谈春梅、沈固朝，《中国图书馆学报》，2008 年第 2 期。本文为"总 - 分"结构。"总"的部分，作者对图书馆网络专题知识组织与个性化服务系统做了简明的阐述，并点明了它的重要性。"分"的部分为横向分论式，包括：加强图书馆网络专题知识组织和个性化服务系统开发研究的依据；开发研究网络专题知识组织和个性化服务系统必须把握好几个重要的环节；系统组成；开发研究网络专题知识组织和个性化服务系统的关键技术四部分内容。作者着重论述了开发研究图书馆网络专题知识组织和个性化服务系统要重点把握好的几个环节和几项关键技术，如开发平台的选择、数据格式的标准化、知识标引、数据库的智能化构建、UML 系统软件设计建模以及用例图的设计、html 网页元数据的获取、自动化知识标引等。

试论高校图书馆教师读者个性化知识服务　尉迟文珠，《图书馆工作与研究》，2008 年第 2 期。本文从以下方面展开：知识经济时代高校教师对图书馆服务再认识、构建高校图书馆教师读者的个性化知识服务体系。文中指出，面对知识经济时代的到来，作为教学前线的高校师资人才教学、科研及学习要求都应该及时随时代的发展而进行改变，特别是目前高校教师在其进行科研、教学与学习过程中对知识的需求已经与以往产生巨大变化。因此，作者采用了对比的方式，以高校教师在 20 世纪与 21 世纪两个不同时代的发展要求为全文的切入点，首创性地运用知识服务的相关理论，提出了一个构建以我国高校图书馆教学工作者为知识用户的个性化的知识服务体系的大胆且现实的设想。

电子商务环境中个性化信息推荐服务的发展 王静蕾、高继勋，《河南工程学院学报》（自然科学版），2008 年第 2 期。本文以如下方面展开：国内外个性化推荐系统在电子商务环境中研究与应用现状、高效率个性化信息推荐服务的内涵、电子商务环境下的推荐系统以及推荐技术的比较分析和存在问题。本文基于目前因特网环境下电子商务蓬勃发展的大背景，提出目前的信息强度和密度是前所未有的，而且用户数量及项目数量同时也呈级数增长，因此，个性化的信息推荐服务越来越凸显它的重要性。经过几年发展，电子商务理论下的个性化信息推荐系统在理论以及实践上都取得了很大的进步，同时，作者强调，协同过强推荐技术就目前情况来说，算是最成功的个性化推荐系统。

交互式信息服务中的用户体验分析 邓胜利，《图书馆论坛》，2008 年第 2 期。本文正文部分主要论述如下内容：交互式信息服务中的用户体验内涵、交互式信息服务中的用户体验韦恩图及信息服务中的用户体验目标与价值实现。文中指出，交互式的信息服务所关注的重点内容是如何提供有价值的信息，从而满足信息用户的信息需求，此外还可使之获得积极的用户体验。本文在研究了用户体验内涵的基础上，通过利用韦恩图的方式深入地分析了交互式信息服务中的用户体验的构成要素。在文章的最后，作者从用户体验及其知识结构的交互作用这一层面出发，深层次地探讨了交互式信息服务的目标及其价值实现等问题。

浅谈医学知识组织与服务问题 李书宾，《图书情报工作》，2008 年第 52 期。本文主要通过如下部分展开：首先，分析了传统知识组织体系的局限性；其次，阐述了语义网络在医学知识组织中的实践；最后阐述了基于语义 Web 的知识组织应用与基于语义 Web 的知识组织的技术。本文通过对传统医学的知识组织体系以及信息检索服务中所存在的问题进行分析，探索了语义网络及语义 Web 技术的应用前景，基于此，作者提出基于语义 Web 的医学知识组织的应用研究，是发展我国医学知识服务的必然趋势。

多尺度空间信息服务技术及其农业应用 肖桂荣、涂平、汪小钦、励惠国，《农业工程学报》，2008 年第 3 期。本文分为引言、正文和结论三部分。正文主要从以下几部分论述：数据整合与业务模型构建、信息交换与服务技术、应用分析。本文以省市县三级空间维度以及应用特征的区域信息服务为切入点，深入地研究了基于网络信息的农业空间信息的共享及其服务技术。作者集成应用空间信息技术和 Web 服务技术，并在此基础上开展多源多尺度的农业空间信息资源的数据整合和统一业务模型构造以及信息交换与共享、元数据目录服务等关键技术研究，并依此建立了多尺度的基础信息数据库群，同时，又开发了可以实现省级区域多源多尺度应用的空间信息服务平台。作者的研究可以有效地整合多源多尺度的农业信息资源，并能够促进区域空间信息应用和服务的发展。

面向协同创新的公共信息服务平台构建　张敏、邓胜利，《情报理论与实践》，2008 年第 3 期。本文研究面向协同创新的公共信息服务平台的构建问题，正文部分包括以下两方面内容：基于资源整合的公共信息服务平台实践及其基于知识协同的发展、面向协同创新的公共信息服务平台构建与实现。文中指出，公共信息服务平台不仅是国家创新系统的重要组成部分，同时也是建设创新型国家以及实现我国自主创新发展的重要保证。作者在深入分析了我国公共信息服务平台跨系统资源整合的现状及其实践基础上，结合欧美各国先进的公共信息服务平台和其基于知识协同的发展启示，构建了面向协同创新的公共信息服务平台的模型，并提出了其技术实现的方式以及基于创新价值链的服务组织。

面向信息服务的网格资源管理器的设计　李培峰、朱巧明、支丽艳，《计算机工程》，2008 年第 3 期。本文正文部分主要探讨了如下两个方面内容：网格资源管理器及网格作业调度算法。本文所设计的面向信息服务的网格资源管理器架构，是一个分为全局和局部管理器的网格资源管理架构。作者介绍了一个新型的作业调度算法，并指出此算法的特点就是依据历史作业的执行时间来对当前作业的执行时间进行预测，并在调度时将作业执行时间与其截止时间这两个要素考虑进去。作者通过试验证明了通过该算法得出的结果可以比目前通用的 Max – Min 以及 Min – Min 算法获得更好的实验结果。

关于医学知识组织与医学知识服务的再思考　李书宾，《中华医学图书情报杂志》，2008 年第 3 期。本文研究知识组织与医学知识服务问题。

正文部分主要阐述了如下内容：传统知识组织方式存在的问题、基于语义网络的统一医学语言系统及其应用、基于语义 Web 技术的知识组织研究、基于语义 Web 技术的知识服务应用等。本文作者针对传统知识组织体系中缺乏语义关系描述，影响数据转换、信息检索以及知识发现所存在的相关问题进行了深入细致的研究，同时，作者还深入的探讨了语义网络以及语义 Web 技术应用于医学知识组织方面的前景，并在此基础上提出基于语义 Web 的医学知识组织体系建设将是我国医学知识服务发展的必然趋势。

交互式信息服务环境及其影响因素分析 邓胜利、张敏，《情报科学》，2008 年第 3 期。本文正文部分主要阐述交互式信息服务环境以及交互式服务环境对服务组织的影响这两个主要问题。作者指出以用户需求为指导的这种服务模式必然决定信息服务具有开放性与互动性的特点。作者深入地分析了交互式信息服务中用户的需求环境以及技术环境，并进一步的探讨了一些基于环境的交互式信息服务的相关影响因素，同时也从宏观层面进行了逐一分析。本文通过对交互式信息服务环境的仔细扫描，以求探寻其影响因素，谋求找到可以提升交互式信息服务质量的关键影响因素，希望借此推动交互式信息服务的发展。

图书馆 2.0：升级你的服务 图书馆 2.0 工作室编，北京图书馆出版社，2008 年 4 月。全书共十一章，分为三大部分。第一部分是总纲，该部分从总体上详细地论述了 Web 2.0 和图书馆 2.0 的基本构成与思想，并简要提及了作者对 Web 2.0 以及图书馆 2.0 的一些深入思考；第二部分是分论部分，详细地论述了 RSS、Blog、Wiki、Tag 以及 SNS 在图书馆的应用，这一部分是图书馆 2.0 的主要内容，也是信息量最大的一部分；而本书的第三部分则是 Web 2.0 技术及理念在图书馆服务中的综合性运用，这一部分主要论述了 Web 2.0 在参考咨询方面、个性化服务提供、OPAC 和图书馆员中的具体应用，本部分的内容是 Web 2.0 技术与理念综合运用于图书馆服务的最直接、最明显的体现。书中指出 Web 2.0 改变了图书馆的技术环境，提示我们唯有跟上技术的发展，图书馆才可以在技术变革中生存。SNS、博客、RSS、播客、Ajax 等具体技术的应用，都使得读者可以更便捷地使用图书馆，同时，还能参与图书馆管理，与图书馆馆员时时进行在线的互动。

改进空间信息服务质量的设计策略 邹志强、江南、张正，《计算机工程》，2008 年第 5 期。本文正文部分主要阐述了如下内容：对 OGC 服务框架的改进、AOP 策略的引入、空间信息领域服务实现的策略及对原型的测试。本文针对分布式空间的信息领域服务的独特特点，并结合"国家科学数据共享工程"的开发实践结果，在此基础上，提出了三种改进空间服务质量的策略：第一，针对组件纵向关系设计，提出采用面向服务结构及中心元数据服务器对 OGC 服务框架的改进的策略；第二，针对组件的横向关系设计，引进面向方面编程的策略；第三，针对空间信息的领域特点，建议采用地图服务以及空间数据缓冲池的设计策略。本文给出了一个原型系统的实现的拓扑结构及其相应的测试数据，这些数据验证了上述三种策略优越性。

网格环境下空间信息服务注册中心的设计与实现　章汉武、桂志鹏、吴华意，《武汉大学学报》（信息科学版），2008 年第 5 期。本文可分为引言和正文两部分。正文部分主要阐述了基于 MDS 的空间信息服务注册中心的设计、基于 MDS 的空间信息服务注册中心的实现两方面的内容。本文提出了一个构建空间信息服务注册中心的可行性方案，此方案是以 OGSA、WSRF 和 OpenGIS 系列规范为基础，依托 GT4 所提供的中间件及开发框架，在确保标准遵循性的同时，很好地解决了网格环境空间信息服务所面临的共享难题。同时，作者最后指出在本文所提出的实现中，并没有实现注册信息的持久化，而所有的信息都在内存里。此外，基于 XPath 的查询能力还并不令人满意，仍需开发更为高级的查询接口，所以，这还有待进一步的完善与发展。

个性化网络协同推荐服务的扩展及其实现　胡昌平、孙高岭，《中国图书馆学报》，2008 年第 5 期。本文正文部分，主要阐述了如下内容：基于个性化需求信息过滤的推荐服务演进、可扩展的个性化协同推荐服务模型构建、个性化网络协同推荐服务的扩展实现等内容。本文指出随着目前系统用户的数量以及服务项目的骤然增多，对传统的推荐服务形成很大挑战，传统的推荐服务难以满足扩展要求。因此，有必要提高其协同过滤的可扩展性，以实现全面满足用户个性化需求及可扩展的个性化网络协同推荐服务。传统的网络协同推荐服务，在处理分散的数据时，很难开展协同服务。基于这一缺陷，推荐服务系统的可扩展问题也日益凸显。而就目前来说，用户的信息行为及其需求结构的对应关系已经为构建可扩展的个性化协同推荐服务系统的发展提供了一个全新的思路。在本文中作者指出，对于可开展的个性化协同推荐服务模型的构建应该从需求层次这一基本点出发，并通过对行为层、过滤层、推荐层、交互层以及资源库的深层扩展，最终达到个性化协同推荐系统的扩展。

图书馆 2.0 环境下信息集成服务研究 焦玉英、刘颖，《中国图书馆学报》，2008 年第 5 期。本文主要从以下几方面展开：图书馆 2.0——理念与应用、图书馆 2.0 环境下的集成服务特征分析、图书馆 2.0 环境下集成服务涉及的内容，同时还举出了一些重点案例。本文指出图书馆 2.0 是 Web2.0 这一技术在图书馆信息服务领域中的实际应用，这种运用是图书馆服务范式的一大转变。在图书馆 2.0 环境下的信息集成服务，其特征是参与性、开放性、个性化以及友好性。图书馆 2.0 环境之下的集成服务所涉及的主要内容有信息资源的集成、技术的集成、服务的集成以及人员的集成，而 Web OPAC 服务则是目前最为活跃的图书馆 2.0 应用，它所使用的插件以及 Ajax 等技术，不仅集成了众多资源及服务，同时，也是图书馆 2.0 环境之下信息集成服务的一种重要方式。

数字图书馆电子商务服务忠诚用户的培育 许春漫，《中国图书馆学报》，2008 年第 5 期。本文的正文部分主要阐述了如下内容：数字图书馆忠诚用户的内涵及其价值、忠诚用户培育模式的建立、忠诚用户的培育策略等。本文指出忠诚的用户对于电子商务服务是具有十分重要的价值的。而在现实环境条件下的数字图书馆则可依据卡诺模型而采取确保当然质量、提升期望质量、打造迷人质量这三位一体的培育模式来培养忠诚的用户。文中还提出培育忠诚用户的可用策略：一是建立安全可靠的支付系统；二是保证用户信息安全；三是善于识别用户潜在需求；四是及时进行服务效果评价与反馈；五是提供优质知识服务；六是开展多种形式的推销活动；七是制定合理的价格体系；八是创建学术网络社区等。希望能借此，抛砖引玉，为数字图书馆培育忠实客户，稳定用户数量。

基于网络信息组织的图书馆个性化信息服务 李碧珍，《经济师》，2008 年第 5 期。本文主要分为两部分。第一部分主要介绍了图书馆个性化服务的含义及其特征，第二部分则重点介绍了图书馆个性化服务的形式及其发展。全文基于网络信息组织之中的个性化信息服务，提出该服务是针对用户的个性及其特点，主动地为用户选择且传递动态的信息服务。作者提出，图书馆信息服务的发展方向就是要构建以用户为核心，以信息技术作为支撑，并以个性化服务为主要特征的网络信息服务平台，同时，这也是提高检索效率以及服务质量的有效手段之一。随着目前的网络信息技术的发展与完善，个性化的信息服务必将在图书馆服务方面得到更为广泛的应用。

基于情景模型的数字图书馆个性化服务研究　焦玉英、袁静，《中国图书馆学报》，2008 年第 6 期。本文主要从以下几部分展开：情景信息与情景感知服务、情景模型构建、基于情景模型的数字图书馆个性化信息服务及其需要注意和解决的问题。作者提出由于在 Web 环境下的用户个性化需求极具易变性、动态性与情景敏感性等不同特征，因此，个性化服务的提供则变得越来越需要情景模型的有力支持。而目前，基于情景模型的数字图书馆个性化服务则主要是通过个性化检索与个性化推荐这两种方式得以实现。而将情景模型运用在数字图书馆的个性化服务上，就还需要注意与解决诸如用户情景捕捉的准确性、服务提供的适用性、用户的安全隐私问题、用户模型和情景模型的结合、数字图书馆中的各种资源整合及集成等相关问题。

数字化信息服务交互性影响因素及服务推进分析　胡昌平、周怡，《中国图书馆学报》，2008 年第 6 期。本文主要通过如下三方面展开：数字化信息服务的交互性、数字化信息服务交互性影响因素分析、基于三层协同模型的数字化交互服务推进。作者在文章中指出，用户、内容、系统三要素是数字化信息交互过程之中必不可少的重要组成部分。作者在分析数字化的信息服务中的交互过程之中，深入探究了数字化信息服务的交互性影响因素，这不仅有利于提升数字化信息服务的交互性，同时还提高了数字化信息服务的质量及其效果。文中指出数字化的信息服务交互性主要体现在用户和系统基于界面层的交互、用户与内容基于内容层的交互、系统与内容的基于组织层的交互这三个方面。同时，还分析了在不同层面上，有多种因素可以影响数字化信息的交互性。在三大因素中，用户因素是对其最重要的影响因素。所以，要提升数字化信息服务的交互性，就必须以用户为中心，并着重于用户与系统、用户与内容的相互间沟通，并最终在用户与信息服务商之间构建一个良性的发展的交互式信息服务环境。

基于主动数据库的城市交通信息服务　周翔、刘勇、翁剑成、荣建，

《北京工业大学学报》，2008 年第 6 期。本文主要从如下几方面展开：主动数据库、基于主动数据库的城市交通信息服务设计、实例研究。作者主要探讨了目前城市交通信息服务的不足，全面阐述了主动数据库和城市交通信息服务相结合的必要性与紧迫性，并基于此，提出了在主动机制下的交通信息服务体系的大致结构，此后又通过实例验证，研究了一些基于主动数据库的城市交通信息服务系统的实例，并证明了其可行性以及高效性。

一种基于 Web 使用挖掘的个性化信息推荐系统实现方法　何英、何丹、聂承启，《计算机与现代化》，2008 年第 7 期。本文分为三个部分，其中正文部分主要包括如下内容：个性化信息推荐问题分析、RSPIBOWUM 系统的基本思想、系统结构及基本工作流程。作者为了使基于 Web 使用挖掘的个性化信息推荐的结果更为有效及获得效率提高，提出了将顺序模式与 KP 混合聚类遗传的算法相结合的一种推荐策略，即在 Web 日志的预处理基础之上，设计了一种基于 Web 使用挖掘的个性化信息推荐系统即 RSPIBOWUM 系统的框架结构，同时，给出基于该框架结构的实现流程。实验结果表明，该推荐策略既可进行有效的个性化信息推荐，同时还能提高个性化信息推荐的效率。

基于模块化本体的知识组织与服务体系研究　冯兰萍、朱礼军、张继国，《现代图书情报技术》，2008 年第 7 期。本文主要有三部分构成，其中正文部分主要阐述了如下内容：Mo‒KOS体系结构及Mo‒KOS个性化知识服务应用方案。本文针对目前知识组织与服务中所存在的各类现实问题，提出了一种基于模块化本体的知识组织和服务体系结构，即Mo‒KOS体系结构，之后，作者详细分析了Mo‒KOS体系结构的自治知识组织原则、质量控制及其实现流程，并探讨了自治的个性化知识服务的实施方案。作者认为与当前的知识组织与服务体系相比，Mo‒KOS体系可以使用户能够自治地参与知识组织，并且还可以方便地依据自己的个人兴趣而进行个性化的知识组织，从而实现自治的个性化知识服务。

基于知识元的知识组织与知识服务　李锐、王泰森，《图书馆学研究》，2008 年第 8 期。本文正文部分主要详细论述了如下内容：知识模块的划分及原则、知识元的确定与构成及相关链接、具体实施方案及其评价。本文所采用的模块式与分层次的方法，可以将知识分割成为由模块与知识元所组成的知识体系，作者指出，通过按相关层次直接点击查询或者是按知识元的名称进行所需求的知识检索，可以实现以知识元为基础的知识组织和知识服务的目的。

交互式信息服务中的微内容重组分析　林鑫、胡昌平，《情报杂志》，2008年第9期。本文正文部分主要阐述了如下内容：交互式信息服务与微内容重组、微内容重组的技术实现、基于微内容重组的交互式信息服务的推进。在本文中，作者指出随着互联网的发展，特别是在Web2.0的出现及其应用扩展之后，用户的网络信息交流以及发布都拓展了新的渠道和空间，从而导致了网络上大量微内容的涌现，并因此而形成了基于网络的微内容重组和服务模式。作者从交互式的服务与微内容的重组这一结合点切入，深入地分析了微内容的重组的实现方式，并在此基础之上，深入讨论了有关微内容重组对信息服务内容的拓展及其相关推进策略。

中国图书馆学会年会论文集（2008年卷）　中国图书馆学会编，国家图书馆出版社，2008年10月。本书中收录的是中国图书馆学会2008年度会议征文活动中所有获得一等奖的论文。收录的论文内容主要涉及了图书馆的服务价值研究，图书馆服务的公益性及社会化，图书馆服务和图书馆员的发展状况，目录学研究及相关内容，图书馆服务的法律及制度保障，文献资源的建设与其共享研究，覆盖全社会的图书馆服务体系的理论及实践，图书馆学教育和图书馆员职业竞争力等。

科研协同信息空间 Research Commons 的服务现状分析和功能扩展
鄢小燕、李娜，《图书馆杂志》，2008年第11期。本文正文部分主要介绍了如下两部分内容，即RC的服务现状以及RC的服务功能的扩展。在本文中，作者提出科研协同信息空间 Research Commons 不仅可以看作 Information Commons 的一个延伸，还可以当作IC的另一种表现形式，而其核心的功能就是通过图书馆所提供的相关资源和不同服务来促进科学交流和科研合作。作者综合分析了我国及国外已经开展的RC虚拟网络平台及实体物理空间的服务功能，重点研究了RC虚拟网络平台的四种主要形式——即机构知识库、科研过程协助、主题资源共享以及科研数据共享，进一步对RC现有的服务功能进行深入扩展，提出由科研人员交流平台、图书馆馆员服务平台、相关信息发布平台以及用户需求的互动平台组合而成的RC服务平台。

面向创新型国家的知识信息服务系统协同运行研究　刘昆雄、杨文奎，《图书馆学研究》，2008 年第 11 期。本文正文部分主要阐述了如下内容：有关知识服务系统协同运行的历史回顾与现实分析、我国创新主体的分析、面向创新型国家的知识信息服务系统协同运行的框架与推进策略以及建立信息资源共享系统。在文中，作者首先回顾了我国的知识服务系统协同的历史发展轨迹，同时对知识信息服务系统协同的现实状况进行了深度剖析；之后，作者在分析了我国创新主体的基础上，提出了一个面向创新型国家发展的知识服务系统协同运行的框架模型，即管理协同、技术协同以及人机协同。最后，作者就如何推进与开展知识服务协同运行提出了一些思路。

高职院校图书馆基于知识管理的个性化知识服务　葛晓春，《现代情报》，2008 年第 11 期。本文正文部分主要阐述了如下内容：图书馆知识管理与个性化知识服务、高职院校图书馆基于知识管理的个性化知识服务、高职院校图书馆基于知识管理的个性化知识服务的实现措施。文中指出知识管理是一种新型的科学的管理理念，知识服务的内涵就是面向知识内容，并且围绕知识创新，同时是基于专业化、个性化与综合集成的服务。本文详细论述了图书馆知识管理以及个性化的知识服务的含义，并研究了二者之间的关系，同时，作者还细致地研究了高职院校中图书馆的职能和高职院校图书馆的个性化知识服务的特征，并且，作者还提出了一些有关高职院校图书馆基于知识管理所提供个性化知识服务的措施。

交互式信息服务的用户认知因素及其对策分析　邓胜利，《图书情报工作》，2008 年第 11 期。本文的正文部分主要以如下几部分展开：信息技术对用户认知活动的影响、交互式信息服务的认知因素及认知心理因素的影响、交互式信息服务中用户认知信息的获取。在文中，作者指出，信息技术的进步及其发展已经改变了用户的思维方式和分析深度，因此，通过交互获取用户的认知信息已经成为信息服务中的一个重大研究课题。作者围绕网络环境中的用户认知问题展开分析，深入地分析了信息技术对用户认知活动的影响程度及作用。作者通过对交互式信息服务认知因素和认知心理因素的全方位研究，提出了交互式信息服务中的用户认知信息获取策略，从而为交互式信息服务的认知机制的构建奠定了基础。

图书馆合作式虚拟参考咨询服务若干问题研究　陈林，《情报探索》，2008 年第 12 期。本文主要分析了如下内容：图书馆合作式虚拟参考咨询服务的特点（参考资源综合化、咨询方式网络化、服务方式智能化、服务对象全球化）、国内图书馆开展合作式虚拟参考咨询服务现状、图书馆合作式虚拟参考咨询的发展对策等。本文详细地介绍了有关图书馆合作式虚拟参考咨询服务的相关特点，并深入地分析了图书馆的合作式虚拟参考咨询服务的发展现状，基于此，作者提出了一些图书馆合作式虚拟参考咨询服务的发展对策。

银行短信息服务系统的设计与实现　崔颖安、刘明明、尹磊，《计算机工程》，2008 年第 17 期。本文正文部分主要包括如下内容：概述了银行短信息服务系统存在的问题、介绍了银行短信息服务系统并阐述了其系统的设计和实现及其开发技巧。本文在深入分析了现有银行短信息服务系统所存在的问题之后，作者基于对问题的分析，介绍了新系统的设计思想、功能与开发技巧、关键数据结构以及代码。作者指出，该系统借鉴面向服务思想，同时，运用了分层设计的技巧，从而降低了短信息服务引擎以及具体应用之间的耦合性，提高了系统的性能与可维护性。实际测试表明，新系统的运行效果可以达到预期要求。

构建高校读者个性化知识服务模式　洪明禄，《中国集体经济》，2008 年第 22 期。本文的正文部分主要论述了如下两部分内容：高校图书馆个性化知识服务、高校图书馆知识服务模式。本文论述了有关图书馆个性化知识服务的特点，选择学校的不同学历层次、不同知识需求这些异质特征为切入点，尝试性地提出了针对专家与学者、教师、学生这三个不同的服务群体，分别开展读者个性化知识服务的观点，并且作者还在其主要构成要素的变化中，探讨了在新形势情况下的图书馆个性化知识服务的模式构建方法。

基于嵌入式 GIS 的农业经济信息服务系统　鄂越、张建兵、诸叶平、孙开梦，《计算机工程》，2008 年第 23 期。本文主要从以下几方面展开：概述、关键技术、系统设计及系统实现。本文针对我国现有的农业经济信息服务不足这一缺陷，深入研究了嵌入式的 GIS 技术应用于农业经济信息服务中这一课题，作者提出了一个基于空间信息服务的系统结构框架，这其中包括了属性数据的处理以及空间数据的分析，作者采用功能模块的组建方法，独立开发一套适用于农业经济空间信息服务系统软件。经实验表明，嵌入式 GIS 技术应用于农业经济信息服务中，具有良好的发展前景。

基于用户体验的交互式信息服务模型构建　邓胜利、张敏，《中国图书馆学报》，2009 年第 1 期。本文的正文部分主要阐述了如下内容：交互式信息服务的产生、交互式信息服务的用户体验设计以及基于用户体验的交互式信息服务模型设计。本文指出，人际互动的深化及原创内容的挖掘，开拓了互联网的信息来源，同时，还密切了用户与用户之间的关联，并提出，在此基础上形成了基于用户体验的交互式信息服务模式。这种交互式的信息服务模型不仅强调人机在交互过程中对用户的动态反映，而且还注重用户的认知因素和非认知因素的结合。本文旨在提出一个支持对用户自适应的用户模型。

交互式信息服务的构成要素与定位分析　邓胜利，《情报理论与实践》，2009 年第 1 期。本文正文部分主要包括如下内容：交互环境分析、交互式信息服务的构成要素、交互式信息服务的目标选择与定位。作者在文中指出，社会、技术以及用户环境的日新月异，不仅决定了交互式信息服务的组织形式和业务开展，而且还不断地影响着信息服务行业的发展。作者通过对交互环境的深入分析，探讨了交互式信息服务组织的基本构成要素。并且通过对交互式信息服务的全方位的分析扫描，确定了交互式信息服务的总体目标和其组织定位，这一研究有利于交互式信息服务业务的顺利开展。

面向智能空间信息服务的网格 GIS 节点构建　王家耀、孙庆辉、吴明光、成毅，《武汉大学学报》（信息科学版），2009 年第 1 期。本文正文部分主要探讨了如下内容：智能空间信息服务、网格节点分类、网格节点的实现流程以及系统的应用。本文分析了网格空间的信息智能服务系统的特点，在此基础之上，将空间信息服务的节点划分为如下四个大类：门户节点、管理节点、空间信息服务节点以及功能服务节点。此外，作者对每一大类节点的构建进行了阐述与分析，还结合系统应用，设计了一个试验环境，并且对该实验结果进行了总结分析。

图书馆竞争情报服务　董素音、蔡莉静主编，海洋出版社，2009 年 1 月。丛书名为"图书馆馆员业务学习与岗位培训教程"。全书共分为九章。第一章讨论了图书馆开展竞争情报服务的必要性与可行性；第二章阐述了竞争情报的相关基础理论知识，譬如竞争情报的定义、特征等；第三章构建了竞争情报研究的内容体系；第四章讨论了竞争情报工作的组织和规划，如部门建立、人际网络建设、情报需求及其调查等相关内容；第五章详细介绍了一些常用的竞争情报的搜集方法，例如文献资源检索、网络媒体监测、人际网络情报搜集、实地调查等；第六章进一步讨论了竞争情报的加工和整理方法；第七章研究了竞争情报的一些分析方法，如SWOT分析模型、BCG矩阵分析法以及专利分析法等；第八章介绍了竞争情报的传播方法；最后一章，即第九章，则讨论了企业商业秘密的保护方法，比如企业保密制度的确立以及商业秘密的法律保护问题等，目的是为了使受教育者养成良好的竞争情报道德品质，并能自觉遵守竞争情报伦理和竞争情报道德的准则，同时提出要抵制非道德竞争情报行为，以确保竞争情报活动可以向着健康的、积极的方向发展。

论信息服务十大走向　王知津、徐芳，《中国图书馆学报》，2009年第1期。作者指出，在目前的网络信息环境之下，信息服务的未来发展有以下十大走向：一是服务理念由信息本位向用户本位过渡；二是服务目标将由信息资源转向为问题求解；三是服务的对象将由大众服务转为细分市场；四是服务的内容将由信息服务转向知识服务；五是服务的方式将由单一化转向多元化；六是服务人员将由专门型人才转向复合型人才；七是服务的环境从物理空间进而转向虚拟空间；八是服务时间将从有限时间过渡到无限时间；九是用户的角色将由被动加入转向主动参与；十是用户的经历将从功能走向体验。这些分析给读者展示了一个十分清晰的信息服务前景。

基于Widget的个性化图书馆服务　卢培文、赵荣、朱宗霞、温孝东，《图书情报工作》，2009年第S1期。本文正文部分主要介绍了有关Widget在图书馆中的应用问题，作者指出，Widget系统以其灵活、简单、便捷的诸多特点，彰显了网络环境下的信息服务的个性化。文中通过介绍北美图书馆使用Widget宣传图书馆活动，便捷利用图书馆的资源，搭建用户共享资源和社会交往平台以及在线参考咨询服务。提出了图书馆应以"服务"为其工作核心，加大力度开发与使用Widget系统，以经济、高效为目标，满足图书馆用户的个性化信息服务的高标准需求。

论基于实景影像的城市空间信息服务——以影像城市·武汉为例　李德仁、沈欣，《武汉大学学报》（信息科学版），2009年第2期。本文主要从以下方面展开：什么是 LBS、下一代互联网和 Web 2.0 给空间信息服务带来的机遇、DMI 及其特点、基于实景影像的空间信息服务的实例影像城市——武汉网站、基于实景影像的城市空间信息服务的产业化道路。作者从市民的衣食住行对城市的地理信息服务需求和下一代互联网 Web 2.0 所可能提供的机遇为切入点，提出了一个信息服务的新模式即基于实景影像的城市空间信息服务。文中重点介绍了目前已在中国电信网上运行的影像城市——武汉网站，并介绍了这种基于实景影像的城市空间信息服务系统的各种功能，同时，还全面阐述了该模型产业化方向发展的可行性。

创新型国家建设中的公共信息服务发展战略分析 胡潜，《中国图书馆学报》，2009 年第 2 期。本文主要从如下两个方面展开：国家知识创新网络中的公共信息服务及其战略定位与知识创新需求引动下的公共信息服务转型发展。文中指出，在创新型国家建设的大环境、大背景下，公共信息服务正处于深刻地变革与发展当中，因此，这就需要我们在国家的体制变革这一前提下进行服务组织模式的创新，并且进行以创新发展为前提的社会化的服务定位。其发展目标应当锁定在为自主创新服务上，在宏观方面，搭建以知识创新为中心的信息服务及支撑平台，在微观方面，支持国家自主创新，与此同时，实现公共信息服务的自我完善与创新。

基于知识挖掘的数字图书馆增值服务研究 王卫军，《情报资料工作》，2009 年第 2 期。本文的正文部分主要阐述了如下内容：数字图书馆开展增值服务的必要性、知识挖掘在数字图书馆增值服务中的应用、基于知识挖掘的数字图书馆增值服务策略等。文中指出，目前所开展的增值服务是用户需求所推动的必然结果，同时也是数字图书馆为了获得可持续发展的而进行的必然选择。作者指出，通过对用户知识的挖掘以及学科知识的挖掘可以十分有效地支持数字图书馆的发展及其增值服务。文中作者提出，数字图书馆的增值服务可以包括诸如效益增值服务、效用增值服务以及服务体验增值等内容。最后，作者提出一些基于知识挖掘技术的增值服务策略，例如：超越用户需求服务策略、知识服务策略、人本服务策略等。

试论高校图书馆知识增值服务 彭小平，《重庆文理学院学报》（自然科学版），2009 年第 2 期。本文正文部分主要阐述了如下内容：知识增值服务理念的基本内涵、信息环境对高校图书馆职能的挑战、开展知识增值服务对高校图书馆建设的作用、高校图书馆开展知识增值服务对策。作者在文章中指出，知识的增值服务就是围绕知识增值与创新的一种服务，而且，还是新时期背景下高校图书馆工作新的生长点。本文通过对知识增值服务及其新理念的基本内涵的深入分析，得出了新形势下高校图书馆未来信息服务的发展趋向及高校图书馆在开展知识增值服务中的作用，并依此提出了高校图书馆应该如何开展知识增值服务的相应对策。

简约 HJ 神经网络在图书馆个性化信息推荐中的应用　冯蕾、张宇光、唐丽，《现代情报》，2009 年第 2 期。本文正文部分主要阐述了如下内容：简约 HJ 神经网络、简约 HJ 神经网络信息分离的程序设计与仿真。文中，作者通过仿真实验得出，在运用了简约 HJ 神经网络原理的情况下，可以从我们所收集到的信息中分离出与读者需求信息最为接近与近似的信息，这一步骤可以有效克服个性化信息推荐中的盲目性和低效性等缺陷，从而能更进一步提升我们在图书馆个性化信息服务过程中所提供的服务质量。

空间信息服务模式研究　孙庆辉、王家耀、钟大伟、李少梅，《武汉大学学报》（信息科学版），2009 年第 3 期。本文正文部分主要分析了如下内容：基于信息流分析的 GISM 研究、未来的空间信息增值服务网络、基于网状模式的网格 GIS 应用。本文通过分析空间信息服务中的典型空间信息流动这一增值过程，提出了三种空间信息的服务模式即链状的线性传递模式、星状的共建共享模式和基于 Web 2.0 的网状模式。作者深入分析了每种模式的空间信息流模型及其增值过程，并且讨论了适合的空间信息服务应用，还研究了 Internet 背景下，未来会形成的空间信息增值服务的网络，并以此为依据，展望了空间信息服务的大众化、社会化的发展方向。同时，结合所应用的案例，分析了网状服务模式在网格 GIS 中的应用。

数字图书馆个性化知识服务的问题与对策探讨　高红文、李莹，《现代情报》，2009 年第 3 期。本文主要论述了数字图书馆个性化知识服务存在的几个问题（即信息资源建设问题、用户信息安全及隐私权问题、著作权保护问题）和数字图书馆实施个性化知识服务的对策等。文中，作者探讨了数字图书馆个性化知识服务研究的基本理论，并对数字图书馆知识服务的研究进行了全面的综述。作者针对目前我国现行数字图书馆知识服务的状况，分析了数字图书馆知识服务实施中所存在的一些问题，并基于此，提出了相应的解决对策与方法。

分布资源管理信息服务的研究与实现　曾琼，《计算机工程》，2009 年第 4 期。本文主要从以下几方面展开：概述、资源管理模型、资源信息服务、系统性能测试及结论和实验测试。本文针对目前分布资源管理中所存在的信息服务问题，建立了一种基于 CIM 模型的资源信息模型，根据这种模型设计和实现了能够提供集中、统一的资源信息服务的资源信息服务器。对这种资源信息服务器对整个系统性能的影响进行测试和分析，结果证明该信息服务器能够提高整个分布式系统的综合性能。

基于用户需求的复合图书馆服务优化研究　方向明，《情报资料工作》，2009 年第 4 期。本文的正文部分主要阐述了如下内容：资源、技术、服务——复合图书馆的基本要素；复合图书馆优化服务的重要性；复合图书馆用户需求特点及优化措施。本文作者在深入剖析了当前网络环境条件下的图书馆发展趋势和用户对于图书馆文献服务提出全新要求的基础上，阐明了复合图书馆条件下优化用户服务这一目标的重要性，作者从资源、技术和服务等多角度全面分析了网络环境下用户信息需求的一些新特点，并结合上海大学图书馆的案例进行深入分析，提出了在复合图书馆条件下优化文献信息服务的多种途径与方法。

图书馆信息服务与知识服务的再解读——以信息服务为基础发展知识服务，实现二者协调兼顾的服务模式　曹静仁，《贵图学刊》，2009 年第 4 期。本文主要包括如下内容：信息服务与知识服务的内涵剖析；信息服务与知识服务的比较；从信息服务到知识服务——图书馆服务发展的必然方向；图书馆信息服务与知识服务的发展现状；以信息服务为基础发展知识服务，实现二者协调兼顾的服务模式。作者指出，信息服务和知识服务之间既有区别又有联系，二者是在目标同一这个前提下各有侧重。在平时的服务提供过程中，应当在确保信息服务的基础地位的同时，以其为基础达成向知识服务的迈进，实现信息服务与知识服务二者并重、协调兼顾的理想的图书馆服务新模式。

基于数字图书馆的公共图书馆个性化信息服务研究　刘梅，《图书馆》，2009 年第 4 期。本文主要从以下几方面展开：公共图书馆个性化服务、数字图书馆个性化信息服务、基于数字图书馆的公共图书馆个性化服务。作者指出现代公共图书馆担负着传播知识信息等很多十分重要的职能，是重要的提供公众学习环境以及知识获取的场所之一。而数字图书馆的个性化服务既是数字环境下提高图书馆的服务质量、效益及服务水平的内在要求，又是提升数字化信息资源使用率的一个重要手段。由于目前数字环境下的用户个性化需求极具易变性、动态性及情景敏感性等不同特征，公共图书馆界渐渐地认识到了数字图书馆需要加强个性化信息服务的重要性与紧迫性。

短时交通预测的动态出行信息服务协同工作平台　陆锋、段滢滢、臧志刚，《地球信息科学学报》，2009 年第 5 期。本文主要阐述了如下几方面的内容：出行信息服务协同工作体系结构，短时交通预测，平台的设计与应用等。作者指出，目前来说，国内的城市出行信息服务平台以及网络地图平台主要提供一些静态的信息服务，所以城市交通的动态特征很难得到最真实的反映，而这些因素对以时间与费用为主准则的公众出行来说，缺乏真正的实用价值。本文作者在研究了众多案例基础上，提出了以历史数据推理与微观交通仿真结合的方案；该方案是进行短时交通预测以服务公众出行的一种全新的方法；该方案设计了实时的交通信息处理及发布服务器、GIS 应用服务器和数据库管理系统这三者的结合协作的体系结构；从而实现了短时交通状况预测的公众出行路径规划过程，同时，作者还对此进行了严格验证。因此，该方案为公众的动态出行信息服务以及未来实现动态网络电子地图提供了一个现实、可行的解决办法。

创新性信息服务：图书馆信息服务质量的新型管理模式　杨丽娟编著，云南大学出版社，2009 年 5 月。全书共八章，主要内容有信息、服务、信息服务、信息服务质量、图书馆馆员与图书馆信息用户、新型质量管理、六西格玛管理在图书馆信息服务中的应用、六西格玛管理在图书馆信息服务绩效管理中的融入与整合。本书主要针对图书馆信息服务的管理，立足于网络化与数字化大发展的信息环境，基于以信息用户的需求为导向的服务宗旨，全面系统地阐述了信息服务和信息服务质量的相关理论与实践问题；并在分析了图书馆的信息服务质量以及绩效现状的基础上，创造性地提出了一个可以提高图书馆信息服务质量以及绩效水平的全新型的管理模式，该模式引入了目前国际上最流行、最前沿的企业管理理念与方法——六西格玛管理。作者将其应用在现代图书馆的信息服务质量管理以及绩效管理当中，从而科学地构建了改进信息服务质量以及绩效现状的全新的评价指标体系，并为广大图书馆提供了一个图书馆信息服务质量及绩效管理如何实施六西格玛管理运作的思路，同时，还对图书馆的信息服务如何成功的实施六西格玛管理提出了许多建设性的建议。

高校图书馆服务社区的思考 王军，《图书馆》，2009 年第 5 期。《图书馆服务宣言》的发表，向全社会宣示一个有关现代图书馆的"开放"理念。本文指出，高校图书馆不仅是学校信息化以及社会信息化的一个重要基地，同时，开展社区服务是高校图书馆服务的一个延伸，具有巨大的社会影响力及社会价值。高校图书馆应该在解决好社区服务的同时，注重社区调查，深入社区，并加强其与社区图书馆间的合作，全面开展多层次、多形式、多方位的服务。

主动式地理信息服务质量（QoAGIS）评估研究 黄全义、朱海国、钟少波、郭际明，《测绘学报》，2009 年第 6 期。本文主要阐述了如下内容：主动式地理信息服务及其质量特点、QoAGIS 评估体系结构、事件集合与质量评估指标及其实验应用。本文设计了主动式的地理信息服务质量（quality of active geospatial information service，QoAGIS）的评估系统，阐述了主动式的地理信息服务的内涵及其逻辑结构，提出了 AGIS 质量评估指标的概念，同时，对这里面的本征质量指标和广义质量指标的定量化实现都进行了深入的研究，给出了综合的评估指标。最后，通过实验表明，该评估系统的适用性及可靠性良好。

图书馆数字参考咨询服务的理论与实践 张绍武著，云南大学出版社，2009 年 6 月。全书共分为九章，主要包括数字参考咨询服务的产生与发展、数字参考咨询服务研究现状、国内外数字参考咨询服务的实践与发展、数字参考咨询的服务模式、数字参考咨询服务平台的构建、数字参考咨询服务的质量控制、数字参考咨询服务的评价体系、数字参考咨询服务的知识产权保护、数字参考咨询服务的前景展望几个方面的内容。书中所介绍的数字参考咨询服务是一项系统工程和高智能创造活动，是一种能集中体现计算机网络技术和图书馆情报资源及资深专家优势的新型参考咨询。在本书中作者对此做了全面介绍，并结合国内外的研究前沿，为读者提供了十分广阔的阅读空间及求知空间。

论参考咨询服务的知识组织体系构建 杨力、陈曦，《西南石油大学学报》（社会科学版），2009 年第 6 期。本文主要介绍了如下两部分内容：参考咨询知识服务与知识组织、参考咨询知识服务中的知识组织研究。本文作者指出传统的参考咨询服务已经难以很好地满足现时读者的需要。作者针对这一现实问题，在分析了参考咨询知识服务体系中的知识组织相关内容的基础上，重点探讨了参考咨询知识服务当中的知识组织研究和参考咨询知识服务的体系构建问题，并指出，参考咨询服务将会转化为参考咨询知识服务的历史必然性。进而进一步从显性知识组织与隐性知识组织两方面着手，建立了一个包括 FAQ 库、导航库、问答知识库、咨询专家库以及知识地图的显性知识体系，同时，作者还构建了参考咨询团队建设与隐性知识显性化的隐性知识组织体系。以上研究对图书馆在开展参考咨询知识服务时具有一定的参考价值和借鉴意义。

本体驱动的地理信息服务发现模型研究　张立朝、潘贞、王青山、郑海鹰，《武汉大学学报》（信息科学版），2009 年第 6 期。本文正文部分主要阐述如下问题：地理信息服务本体建模、语义描述的地理信息服务多级匹配算法、本体驱动的地理信息服务发现模型及其实验验证。本文作者引入了地理信息服务本体这一概念，并提出了一个基于本体驱动的地理信息服务发现的模型，研究了有关地理信息服务的多级匹配算法，通过量化地理信息服务功能相似度以及信誉相似度，依据待选服务与服务请求间的相似度阈值，对服务进行了匹配及筛选。作者还设计了一个本体驱动的地理信息服务注册中心，并且从查全/准率、响应的时间以及副本负载等诸多指标对本体驱动的地理信息服务发现进行了测试。其结果证明，该模型确实具有查全率及查准率高、动态负载平衡等特点。

图书馆参考咨询工作　程应红编著，安徽大学出版社，2009 年 7 月。全书共有七章，主要对图书馆的参考咨询发展概况，参考咨询工作的组织，参考咨询馆员的素质要求，参考信息源建设，参考咨询服务的内容及方法，网络环境下的图书馆数字参考咨询发展趋势几个方面作了较为全面、系统的论述与研究，具有学术性、实用性以及简明性等特点。同时，本书是作者长期工作以及业务实践中所接触到的实际问题和切身体会，并且在查阅、参考了相关文献的基础上撰写而成，因而也具有一定的现实意义与很高的实用价值。

知识服务型高校门户网站信息组织模式研究　李希海、赵俊杰、费志勇，《情报杂志》，2009 年第 7 期。本文正文部分主要按如下内容展开：高校门户网站知识服务现状分析、高校门户网站信息组织现状分析——以十佳高校门户网站为例、以分面分类方法为基础的高校门户网站信息组织规范化设计、以分面分类法为基础的高校门户网站信息组织模式研究。本文是以教育部所发布的 2007 年度的十佳高校门户网站作为研究的对象，在认真分析了其信息组织的特点以及服务功能的基础上，结合某高校的门户网站设计，提出了一个以分面分类法作为基础的知识服务型的高等院校门户网站的信息组织方法。

一种基于个性化信息服务的移动搜索引擎　周秀明、王康华，《情报科学》，2009 年第 7 期。本文正文主要从以下部分展开：移动搜索技术概述、基于个性化信息服务的移动搜索引擎系统设计、系统硬件体系结构。本文作者提出了一个基于个性化信息服务的移动搜索引擎系统，该系统分别从个性化以及系统体系结构进行了不同设计。该系统不仅可以为用户提供诸如 WAPS（无线访问协议服务）、SMS（短信息服务）或者 MMS（多媒体服务）的搜索功能，而且还可以提供如 Web 搜索功能以及系统管理功能等，从而使各类用户都可以按照各自的不同需求获得更加精确的信息，提高了移动搜索的效率，降低了用户的通信成本。

以用户为中心的数字图书馆 2.0 服务模式研究　杨林芳、王雪珍，《现代情报》，2009 年第 7 期。本文正文部分主要从以下几部分展开：数字图书馆的内涵、特征、发展现状等，Web2.0 时代下的数字图书馆，数字图书馆 2.0 中的用户服务。本文作者指出随着目前互联网正在由 Web1.0 向 Web2.0 过渡与演变，依赖于网络而生存的数字图书馆则必然深受影响。本文作者试图从用户和馆藏资源间的关系切入，对 Web2.0 环境下的数字图书馆服务模式的改进问题进行深入研究。依据数字图书馆 2.0 的用户具有双重身份这一特点，作者提出了针对用户的身份来利用 Web2.0 技术，从而提升数字图书馆的用户服务。

面向装备制造企业集群业务协同的信息化服务支持平台　谢鹏寿、芮执元，《机械制造》，2009 年第 8 期。本文正文部分主要阐述了如下内容：平台软件结构及主要功能、平台开发涉及的关键技术、平台运作模式及应用前景。本文作者指出，面向装备制造业企业集群的业务协同信息化服务的支持平台包括：采用分工协作的运营模式、互利共赢的合同价格的商业模式；为装备制造业关键产品创新设计、数字制造、技术服务提供有力支持；同时为关联企业提供产品展示服务、包含网上技术咨询以及远程人才培训等诸多业务的公共平台服务；能够实现企业信息、设备资源以及科技资源共享；降低集聚企业关键产品的成本及其生产周期；提高企业对市场需求的快速反应能力以及市场竞争能力。

我国数字信息服务的社会协调与管理研究　刘昆雄、吕亚娟，《图书馆学研究》，2009 年第 8 期。本文主要阐述了以下内容：我国数字信息服务业的现状、我国数字信息服务社会协调与管理、我国数字信息服务协调发展的实现机制。本文作者指出，基于数字信息技术的不断发展，从而使得数字信息服务逐步成为目前我国信息服务的发展主流。本文通过对我国的数字信息服务现状以及其存在的问题进行了深入分析，探析了有关数字信息服务的社会协调问题及其管理的实现机制。

高校图书馆读者服务新探　臧鸿妹编著，安徽大学出版社，2009 年 8 月。丛书名为"图书馆管理学"。本书共分为八章，主要介绍了包括读者服务工作概述、高校图书馆服务概述、高校图书馆读者服务对象分析和读者服务体系的构建、高校图书馆服务数字化、高校图书馆服务创新及高校图书馆发展趋势以及读者需要理解的名词等内容。其中主要内容有读者服务工作的具体内容、原则及其发展；高校图书馆服务的相关内容、发展现状以及所存在的问题和应采取的对应对策；高校图书馆的读者心理、行为分析以及阅读要求、阅读动机和阅读兴趣及阅读能力的相关分析与研究；读者服务体系的主要内容、如何构建等一系列问题的研究及探讨。

移动泛在业务环境下图书馆服务研究　冯浩然、李娜、张邓锁、方曙，《图书馆杂志》，2009 年第 8 期。本文内容主要有如下两部分构成：未来数字化社会生活环境主要特征分析、对图书馆服务产生的影响。作者在文中指出，依据当今数字化社会的生活环境发展及其趋势显示，移动及泛在是未来的数字化社会生活中的两个必不可少的特征。在融合了移动泛在业务的环境下，人们的社会生活方式、工作方式以及信息交流方式都将有所改变，从而进一步影响图书馆服务中的文献服务、咨询服务、信息服务以及其跨界服务。那么，在此环境下，图书馆就应该利用不断发展的网络与终端设备，实现泛在图书馆服务，满足用户在将来的泛在知识环境下的信息需求。

提升图书馆服务从 OPAC 革新开始　何颂英、于静，《图书馆理论与实践》，2009 年第 8 期。本文正文部分主要由以下几部分展开：OPAC 面临的挑战、如何改进 OPAC 以及 OPAC 革新的几个途径。作者在文中主要阐述了在 Web2.0 的环境之下 OPAC 在发展中所面临的来自自身以及外部的诸多挑战，作者提出了 OPAC 的革新应该是围绕着 "以用户为中心" 这一理念展开的，并采用 Web2.0 的技术实现来达到目标。作者提出了通过简化检索的界面、构建分面导航、同时提供检索帮助、相关度排序、FRBR 显示、挖掘深层次信息及用户参与等做法改进 OPAC。文章的最后，作者还举例说明了 OPAC 实践的三个主要途径。

基于 Web Service 的农业信息协同服务系统　牛方曲、甘国辉、徐勇、焦丽，《农业网络信息》，2009 年第 9 期。作者指出农业信息的协同服务不仅是农业信息化发展的一个重要方向，同时也是目前农业信息领域中备受关注的一个热点学术问题。本文在分析了搜索引擎在农业信息服务方面的不足和缺陷、农业信息协同服务系统的特点和 Web Service 的技术特点之后，在此基础上又用农业过程本体作为索引，以 Web Service 技术作为支撑，构建了一个农业信息协同服务的系统架构。并且通过在构建奶牛、苹果、玉米等行业过程本体的基础之上，选取了几个具有典型代表意义的农业网站，开发了农业信息协同服务原型系统。实验结果表明，以农业生产经营过程本体为基础，以 Web Service 技术作为支撑，所构建的农业信息协同服务系统，在研究思路与架构设计的技术路线上是可行的。

农业信息协同服务总体架构解析　徐勇、甘国辉、牛方曲，《农业网络信息》，2009 年第 9 期。本文的正文部分主要解析了如下两方面的内容：农业信息协同服务架构、农业信息协同服务相关概念。本文指出，农业的信息协同服务不仅是农业信息化发展的一个新趋势，同时也是目前被广泛关注的一个热点问题。作者出于开展学术讨论与交流的目的，不仅对农业的信息协同服务的总体架构和其相关概念进行了细致的分析，同时，还提出了可基于农业过程本体研发以及构建农业信息协同服务系统构架的建议。

基于本体的个性化知识服务系统的构建　程南清，《计算机应用与软件》，2009 年第 9 期。本文正文部分主要阐述了基于本体的个性化知识服务系统的结构、主要技术实现以及实验结果与分析等内容。在文中，作者提出，为服务对象提供有效的个性化的知识服务是今后图书馆等机构信息服务发展方向之一。作者引入了本体理论，从而构建了一个建立在本体基础上的个性化知识服务系统。该系统可以利用本体对多领域、跨数据库的不同文献库进行统一扫描、描述及重构。在此基础上作者进一步提出了用户个性特征模型及个性化知识检索模型，使系统可以实现在不同的文献库之间进行语义层面上的个性化检索，从而提高了知识服务的效率与质量。

支持语义互操作的以用户为中心的融合服务架构及关键技术　乔秀全、李晓峰，《电子与信息学报》，2009 年第 9 期。本文正文部分主要阐述了网络发展趋势和国内外相关重大研究计划、"以用户为中心"的智能化融合服务提供思路的重大转向、支持语义互操作的以用户为中心的融合服务提供架构及关键技术四部分内容。在本文中，作者指出，提供动态自适应的、上下文感知的普适服务是泛在融合网络未来的发展目标，而现有的基于传统分布式计算技术的电信服务开放架构，就目前情况来说已无法满足在不久将来"以用户为中心"的智能化的融合服务这一发展趋势。本文提出了"以用户为中心"的融合服务提供模式的重大转向，并且在此基础上还提出了支持语义互操作的以用户为中心的融合服务架构以及涉及的关键技术。本方案可以在语义层面上实现电信网和互联网在服务层面的全方位融合，从而形成一个虚拟融合的服务计算环境。

农业信息协同服务知识库设计　牛方曲、刘艳华、高雅、祁铮，《农业网络信息》，2009 年第 10 期。本文正文部分包含如下几部分内容：农业信息协同服务知识库的相关概念及知识库的作用、农业过程本体结构描述与存储、基于过程本体的农业信息协同服务知识库设计。在文中，作者指出开展农业信息的协同服务时下已经成为热点的学术问题，而知识库则是农业信息协同服务得以实现的基础。本文即在全面阐述了相关的概念的同时深入地讨论了知识库的重要作用。作者参照本体理论的研究思想，提出在划分生产经营阶段以及信息需求单元的基础上建立农业过程本体，并且利用 XML 技术对农业过程本体的概念体系进行了描述，基于此，作者设计出了有关奶牛养殖业以及苹果种植业的信息协同服务的知识库结构，这一设计为农业的信息协同服务的实现奠定基础。

Internet 个性化信息服务系统的研究与实现　阳沛湘、吴东、王松俊，《情报理论与实践》，2009 年第 10 期。本文主要阐述了如下内容：Internet 个性化信息服务的概念和特点、国内外 Internet 个性化信息服务发展现状、

Internet 个性化信息服务系统的体系结构和工作原理、实现 Internet 个性化信息服务系统的关键技术、应用探讨——生物医药咨询网站的建立。作者通过对 Internet 的个性化信息服务的基本概念、特点和目前国内外的发展现状的周密调研，系统分析和总结了 Internet 的个性化信息服务系统中的体系结构、工作原理以及关键技术，并建立了一个生物医药咨询的网站，该网站为企业和科研人员开展个性化的信息服务进行了十分有益且积极的尝试。

高校图书馆服务营销现状与策略研究　郑文晖、司莉，《图书馆理论与实践》，2009 年第 10 期。本文主要详细论述了如下内容：高校图书馆服务营销的内涵、高校图书馆服务营销现状、高校图书馆服务营销的 4P 营销策略。本文的创新点在于将营销的理念引入了图书馆服务，从服务产品的策略、服务定价的策略、渠道沟通的策略以及服务的推广策略等不同方面对高校的图书馆服务营销的现状进行全面的总结分析，并基于此提出了高校图书馆的服务营销策略。作者认为，服务产品的策略包括三种不同形式：即产品定位策略、新产品的开发策略以及服务产品的质量策略；服务定价策略应在降低使用者心理成本、精力成本以及体力成本的基础上，确定合理的收费价格；渠道策略包括实体沟通及网络沟通；服务推广策略通过广告、促销、公关、人员销售等活动，从而更为积极主动地针对目标市场读者群的不同需要提供差异化的图书馆服务。

数字图书馆个性化信息服务的知识产权问题探讨　刘永庆，《图书馆工作与研究》，2009 年第 11 期。本文主要阐述了如下内容：个性化信息服务的特点、数字图书馆个性化信息服务知识产权的风险、个性化信息服务的知识产权应用策略、个性化信息服务的知识产权对策。文中指出，随着对个性化的信息服务研究的逐步深入与扩展，个性化的信息服务已经成为图书馆的重要的服务方式之一。作者针对个性化的信息服务中所面临的有关知识产权的问题进行了探讨，并提出了一些初步解决问题的对策。

面向个性化服务的信息组织本体模式　司徒俊峰、曹树金，《情报理论与实践》，2009 年第 11 期。本文正文部分主要阐述了如下内容：个性化服务的信息组织、本体与个性化服务信息组织、面向个性化服务的信息组织本体模式。本文在总结了目前的个性化服务信息组织的特点与不同模式的基础上，结合智能化本体方法，提出了一个基于用户本体以及领域本体双方面的面向个性化服务的信息组织模式，同时，作者还详述了其中的相关资源描述、用户建模以及信息重组这三个模块的详细流程、描述语言及具体的算法。

Web 挖掘：现代图书馆知识服务的技术支持　刘恒波，《图书馆理论与实践》，2009 年第 12 期。本文主要介绍了如下内容：Web 挖掘的原理与类型（包括 Web 挖掘的基本原理和 Web 数据挖掘的类型）、Web 挖掘是图书馆知识服务的技术支持（包含 Web 内容挖掘对图书馆知识服务的技术支持、Web 结构挖掘对图书馆知识服务的技术支持、Web 使用记录挖掘对图书馆知识服务的技术支持）。该文提出知识服务必将是图书馆信息服务未来的发展方向。文中简要地介绍了知识服务的一般特点、Web 挖掘的基本原理及类型，并从三个方面对 Web 挖掘的现况及其对现代图书馆的知识服务技术支持方面的内容，进行了一些简要阐述。

数字图书馆个性化知识服务技术探析　刘红鹰、冯东，《医学信息学杂志》，2009 年第 12 期。本文主要阐述了个性化服务技术的内涵与模式、个性化知识服务过程中的核心技术与特征两方面内容。作者认为用户的兴趣与行为表达、聚类和分类、个性化的信息服务安全以及系统评价等技术即为目前的核心技术，并指出其知识产权和隐私保护、知识服务评价以及反馈机制的建立、系统复杂性以及易用性等问题都是尚待研究解决的重大问题。这些问题，作者希望得到该领域专业人员的重视，并相信不久的将来，个性化服务最终会满足用户"所得即所需"的渴望。

高校图书馆个性化信息服务探析　朱宝林，《南京社会科学》，2009 年第 12 期。本文正文部分主要阐述了如下内容：倡导高校图书馆个性化信息服务的理念、推行高校图书馆个性化信息服务模式、构建高校图书馆个性化信息服务机制。作者指出，信息技术、网络技术以及通信技术的高速发展，为我国高校的图书馆发展带来了新的契机。正因为如此，我国的高校图书馆只有顺应时代的潮流，倡导个性化的信息服务理念，全面推行个性化的信息服务模式，努力构建个性化的信息服务机制，才能够极大地丰富服务内容，扩展服务功能，满足不同读者的不同需求，以此来保障高校图书事业的可持续、健康的发展。

Second Life 中图书馆的服务模式　武琳、张亚，《图书情报工作》，2009 年第 17 期。本文主要通过以下两个方面展开：Second Life 图书馆的发展历程及 Second Life 图书馆服务模式的启示。本文详细介绍了 Second Life 图书馆，表明 Second Life 图书馆是一种新型的、在三维虚拟世界展示的、完全不同于传统类型服务的图书馆。作者在深入调研了 Second Life 图书馆的多元化服务模式（如召开国际会议、参考咨询服务、阅读讨论会、创新用户教育、青少年图书馆、游戏娱乐等）的基础上，详细地分析了 Second Life 图书馆的服务模式以及它的优点及缺点，并总结了该发展模式对于中国的图书馆在虚拟空间开展虚拟服务的有益启示及借鉴意义。

大学图书馆服务质量读者感知与期望差距的实证分析 施国洪、陈敬贤、刘庆广，《图书情报工作》，2009 年第 19 期。本文主要包括如下内容：大学图书馆服务质量读者感知与期望差距的实证分析的研究设计（包括问卷设计、调研设计等）以及实证分析。本文基于 SERVQUAL 设计图书馆服务质量评价调研问卷，以我国五个大学图书馆的详细调研数据为依据，对问卷进行可信度与效度分析，结合各个图书馆的实际情况，将图书馆服务质量归纳为六个维度，即可靠性、个性化的需求、魅力性、有形性、接触性以及情感性，同时，还对各个质量维度及其影响因素进行统计分析。该研究结果表明，魅力性作为六个因素中的一个，是读者评价最低的质量维度，而有形性则是读者评价最高的质量维度。研究还证实性别以及使用频率十分显著地影响了读者对图书馆质量的评价。

个性化——医院网站信息服务的趋势 战坤、曾凡、康运生、戴黎阳，《重庆医学》，2009 第 21 期。文中指出，如今的社会，已经是一个进入全面信息化的社会，而医院的网站则是进入这个信息化社会的一个重要标志，因此，信息服务即医院的网站功能的一个十分重要的组成部分，也是一个有机的组成部分，所以，个性化的信息服务必然是医院网站建设所要走的必由之路。而医院网站的建设也只有实现个性化的信息服务才能更加适合社会未来的发展，适应社会未来的需要，跟上时代的步伐。

利用 RSS 技术实现图书馆个性化知识服务的研究 邱茹林、尚顶洪，《科技信息》，2009 年第 22 期。本文主要阐述了如下内容：RSS 技术概况、个性化知识服务中的关键问题、RSS 技术在图书馆个性化知识服务中的应用。文章指出 RSS 的强大的信息发布、推送以及聚合功能等特点使其可以在图书馆的个性化知识服务中发挥出十分巨大的作用。本文详细地分析了 RSS 的特点（如：信息来源多样、聚合个性化、技术难度低、信息发布时效强、信息无干扰、资料可管理等）以及目前图书馆提供个性化知识服务中所遇到的关键性问题，然后，又详细地讨论了有关 RSS 技术在提高图书馆个性化知识服务水平的各方面的具体应用。

基于关联规则和 Multi – Agent 的个性化信息推荐系统研究　沈思，《图书情报工作》，2009 年第 23 期。本文正文部分主要包括如下内容：关联规则算法与 Multi – Agent 概述、基于关联规则和 Multi – Agent 的个性化信息推荐系统设计。文中，作者提出为了提高网络信息激增中的个性化信息推荐的有效性以及智能性问题，应将关联规则技术及 Multi – Agent 技术综合应用到个性化的信息推荐系统中。作者设计了一个目标是通过对用户的日志挖掘以希望能产生个性化信息推荐的 PIRS 系统。该系统共包含了六个不同的层次，且具有独立的功能而又是相互关联的 Agent 任务模块，并且引入多个 Agent 收集且分析用户的信息，用来学习用户的兴趣及其行为，体现了个性化的信息推荐的智能性这一特点；同时，在利用 PIRAgent 程序对用户日志中进行挖掘时，所采用的关联规则挖掘方法是一个基于位对象技术以及改进的 FP – Tree 构造的方法，希望以此来提高系统的推荐效率。

基于个性化 Web 信息推荐模型的研究　陈雪刚、杨磊，《科学技术与工程》，2009 年第 24 期。本文主要内容有个性化 Web 信息服务模型（模型框架、个性化需求库、个性化资源库）及对实验结果的分析。本文针对目前情况下的推荐系统所存在的个性化程度不高的缺陷，提出采用一个新的语义 Web 的个性化 Web 信息服务的模型，之后，作者又对该模型的实现过程中的关键问题进行深入的分析与研究。实验结果表明，该模型实现了个性化的需求库以及个性化的资源库的语义构建，其个性化程度更高、更为智能，所以，该模型是有效的、可行的。

个性化信息推荐服务与个性化搜索引擎　丁振凡、邓磊，《微计算机信息》，2009 年第 36 期。本文正文部分主要包含如下内容：个性化信息推荐服务的概念及分类、个性化信息推荐服务在个性化搜索引擎中的应用模型（包括其设计思路）以及本系统的关键算法——PageRank 算法。作者指出，目前流行的大多数搜索引擎所提供的信息服务还不能令用户满意。因而本文借鉴在大量网站中广泛使用的个性化信息推荐服务，提出了在搜索引擎中采用个性化信息推荐服务，以实现个性化搜索引擎。

图书在版编目（CIP）数据

图书情报学发展导览：2008～2009 / 赵海江编著 . —北京：社会
科学文献出版社，2014.7
ISBN 978 - 7 - 5097 - 5900 - 4

Ⅰ. ①图… Ⅱ. ①赵… Ⅲ. ①图书情报学 - 研究成果 - 中国 -
2008～2009 Ⅳ. ①G250 - 12

中国版本图书馆 CIP 数据核字（2014）第 073376 号

图书情报学发展导览（2008～2009）

编 著／赵海江

出 版 人／谢寿光
出 版 者／社会科学文献出版社
地 址／北京市西城区北三环中路甲 29 号院 3 号楼华龙大厦
邮政编码／100029

责任部门／经济与管理出版中心（010）59367226 责任编辑／蔡莎莎
电子信箱／caijingbu@ ssap. cn 责任校对／岳宗华
项目统筹／恽 薇 蔡莎莎 责任印制／岳 阳
经 销／社会科学文献出版社市场营销中心（010）59367081 59367089
读者服务／读者服务中心（010）59367028

印 装／北京鹏润伟业印刷有限公司
开 本／787mm×1092mm 1/16 印 张／32.25
版 次／2014 年 7 月第 1 版 字 数／525 千字
印 次／2014 年 7 月第 1 次印刷
书 号／ISBN 978 - 7 - 5097 - 5900 - 4
定 价／128.00 元